北京文物与考古系列丛书

大兴古墓葬考古发掘报告集

北京市文物研究所 编著

科学出版社
北　京

内 容 简 介

本书是 2007~2017 年北京市大兴区采育西组团、黄村双高花园、康庄安置房、康庄 C 地块、首创机务队、青云店联宾、医学科学院、新城北区项目工程的考古发掘报告集。共清理汉、北魏、唐、辽、金、元、明、清时期墓葬 161 座，发掘面积 4500 平方米，出土陶、瓷、银、铜、玉器等随葬器物。墓葬形制和随葬器物时代特点鲜明，为北京地区汉、北魏、唐、辽、金、元、明、清各时期墓葬考古学研究提供了新的资料，对了解永定河流域的历史文化与社会发展具有重要意义。

本书可供从事考古、文物、历史研究的学者及大专院校相关专业师生阅读和参考。

图书在版编目（CIP）数据

大兴古墓葬考古发掘报告集/北京市文物研究所编著. —北京：科学出版社，2020.9

（北京文物与考古系列丛书）

ISBN 978-7-03-065857-9

Ⅰ.①大… Ⅱ.①北… Ⅲ.①墓葬（考古）–发掘报告–汇编–大兴区 Ⅳ.①K878.85

中国版本图书馆CIP数据核字（2020）第151801号

责任编辑：孙　莉　王　蕾／责任校对：邹慧卿
责任印制：肖　兴／封面设计：北京美光设计制版有限公司

科学出版社 出版
北京东黄城根北街16号
邮政编码：100717
http://www.sciencep.com

中国科学院印刷厂 印刷
科学出版社发行　各地新华书店经销

*

2020年9月第　一　版　开本：889×1194　1/16
2020年9月第一次印刷　印张：20　插页：46
字数：720 000

定价：328.00元
（如有印装质量问题，我社负责调换）

北京文物与考古系列丛书

主　编：白　岩

编　委（按姓氏笔画排序）：

申红宝　刘乃涛　张中华

郭京宁　曾祥江　魏永鑫

目　　录

第一章　绪论 ··（1）

　　第一节　地理环境与历史概况 ···（1）

　　　一、地理环境 ···（1）

　　　二、历史沿革 ···（2）

　　　三、文化资源 ···（3）

　　第二节　发掘经过与报告编排 ···（3）

　　　一、采育西组团墓葬 ··（3）

　　　二、黄村双高花园墓葬 ···（6）

　　　三、康庄安置房墓葬 ··（7）

　　　四、康庄C地块墓葬 ··（8）

　　　五、首创机务队墓葬 ··（9）

　　　六、青云店联宾墓葬 ··（10）

　　　七、医学科学院墓葬 ··（11）

　　　八、新城北区墓葬 ···（12）

第二章　采育西组团墓葬 ···（15）

　　　一、M1 ···（15）

　　　二、M2 ···（16）

　　　三、M3 ···（17）

　　　四、M4 ···（22）

　　　五、M5 ···（26）

　　　六、M6 ···（28）

　　　七、M7 ···（30）

　　　八、M8 ···（31）

　　　九、M9 ···（33）

　　　十、M10 ···（34）

　　　十一、M11 ···（35）

　　　十二、M12 ···（37）

十三、M13 ………………………………………………………………………………（40）
十四、M14 ………………………………………………………………………………（41）
十五、M15 ………………………………………………………………………………（42）
十六、M16 ………………………………………………………………………………（43）
十七、M17 ………………………………………………………………………………（45）
十八、M18 ………………………………………………………………………………（46）
十九、M19 ………………………………………………………………………………（48）
二十、M20 ………………………………………………………………………………（50）
二十一、M21 ……………………………………………………………………………（51）
二十二、M22 ……………………………………………………………………………（53）
二十三、M23 ……………………………………………………………………………（55）
二十四、M24 ……………………………………………………………………………（56）
二十五、M25 ……………………………………………………………………………（58）
二十六、M26 ……………………………………………………………………………（59）
二十七、M27 ……………………………………………………………………………（61）
二十八、M28 ……………………………………………………………………………（62）
二十九、M29 ……………………………………………………………………………（63）
三十、M30 ………………………………………………………………………………（64）
三十一、M31 ……………………………………………………………………………（66）
三十二、M32 ……………………………………………………………………………（67）
三十三、M33 ……………………………………………………………………………（68）
三十四、M34 ……………………………………………………………………………（69）
三十五、M35 ……………………………………………………………………………（70）
三十六、M36 ……………………………………………………………………………（71）
三十七、M37 ……………………………………………………………………………（72）
三十八、M38 ……………………………………………………………………………（75）
三十九、M39 ……………………………………………………………………………（77）
四十、M40 ………………………………………………………………………………（79）
四十一、M41 ……………………………………………………………………………（80）
四十二、M42 ……………………………………………………………………………（81）
四十三、M43 ……………………………………………………………………………（83）
四十四、M44 ……………………………………………………………………………（85）
四十五、M45 ……………………………………………………………………………（86）
四十六、M46 ……………………………………………………………………………（87）

四十七、M47	(89)
四十八、M48	(92)
四十九、M49	(95)
五十、M50	(98)
五十一、M51	(99)
五十二、M52	(101)
五十三、M53	(103)
五十四、M54	(104)
五十五、M55	(104)
五十六、M56	(107)
五十七、M57	(109)
五十八、M58	(111)
五十九、M59	(113)
六十、M60	(113)
六十一、M61	(114)
六十二、M62	(116)
六十三、M63	(117)
六十四、M64	(118)
六十五、M65	(119)
六十六、M66	(121)
六十七、M67	(122)
六十八、M68	(123)
六十九、M69	(124)
七十、M70	(125)
七十一、M71	(127)
七十二、M72	(129)
七十三、M73	(130)
七十四、M74	(131)
七十五、M75	(132)
七十六、M76	(133)
七十七、M77	(134)
七十八、M78	(137)
七十九、M79	(138)
八十、M80	(139)

第三章　黄村双高花园墓葬 （142）

一、M1 （142）
二、M2 （144）
三、M3 （145）
四、M4 （146）
五、M5 （148）
六、M6 （149）
七、M7 （152）
八、M8 （153）
九、M9 （154）
十、M10 （155）
十一、M11 （157）
十二、M12 （158）
十三、M13 （158）
十四、M14 （160）
十五、M15 （161）
十六、M16 （163）
十七、M17 （163）
十八、M18 （164）
十九、M19 （166）
二十、M20 （167）
二十一、M21 （169）
二十二、M22 （170）
二十三、M23 （171）
二十四、M24 （172）
二十五、M25 （174）
二十六、M26 （176）
二十七、M27 （177）
二十八、M28 （177）
二十九、M29 （178）
三十、M30 （179）
三十一、M31 （180）
三十二、M32 （182）
三十三、M33 （184）
三十四、M34 （185）

三十五、M35 (186)
三十六、M36 (187)
三十七、M37 (189)

第四章 康庄安置房墓葬 (191)

一、M1 (191)
二、M2 (192)
三、M3 (192)
四、M4 (195)
五、M5 (195)
六、M6 (196)
七、M7 (197)
八、M8 (198)

第五章 康庄C地块墓葬 (201)

一、M1 (201)
二、M2 (201)
三、M3 (204)

第六章 首创机务队墓葬 (206)

一、M1 (206)
二、M2 (207)

第七章 青云店联宾墓葬 (209)

一、M1 (209)
二、M2 (210)

第八章 医学科学院墓葬 (211)

一、辽代墓葬 (211)
二、金代墓葬 (213)
三、元代墓葬 (219)
四、明代墓葬 (230)
五、清代墓葬 (237)

第九章 新城北区墓葬 (241)

一、汉代墓葬 (241)
二、北魏墓葬 (256)

三、唐代墓葬 （258）
　　四、清代墓葬 （263）

第十章　初步分析 （267）
　　一、汉代墓葬 （267）
　　二、北魏墓葬 （268）
　　三、唐代墓葬 （268）
　　四、辽代墓葬 （268）
　　五、金代墓葬 （269）
　　六、元代墓葬 （269）
　　七、明代墓葬 （270）
　　八、清代墓葬 （271）

附表 （273）
后记 （295）

插图目录

图一　大兴古墓葬位置示意图 …………………………………………………………（4）
图二　采育西组团墓葬位置示意图 ……………………………………………………（4）
图三　采育西组团墓葬发掘平面图 ……………………………………………………（5）
图四　黄村双高花园墓葬位置示意图 …………………………………………………（6）
图五　黄村双高花园墓葬发掘平面图 …………………………………………………（7）
图六　康庄安置房墓葬位置示意图 ……………………………………………………（8）
图七　康庄安置房墓葬发掘平面图 ……………………………………………………（8）
图八　康庄C地块墓葬位置示意图 ……………………………………………………（9）
图九　康庄C地块墓葬发掘平面图 ……………………………………………………（9）
图一〇　首创机务队墓葬位置示意图 …………………………………………………（10）
图一一　首创机务队墓葬发掘平面图 …………………………………………………（10）
图一二　青云店联宾墓葬位置示意图 …………………………………………………（11）
图一三　青云店联宾墓葬发掘平面图 …………………………………………………（11）
图一四　医学科学院墓葬位置示意图 …………………………………………………（12）
图一五　医学科学院墓葬发掘平面图 …………………………………………………（12）
图一六　新城北区墓葬位置示意图 ……………………………………………………（13）
图一七　新城北区墓葬发掘平面图 ……………………………………………………（13）
图一八　采育西组团M1平、剖面图 …………………………………………………（15）
图一九　采育西组团M2平、剖面图 …………………………………………………（16）
图二〇　采育西组团M2出土铜钱（拓片） …………………………………………（17）
图二一　采育西组团M3平、剖面图 …………………………………………………（18）
图二二　采育西组团M3出土器物 ……………………………………………………（19）
图二三　采育西组团M3出土铜钱（拓片） …………………………………………（20）
图二四　采育西组团M3出土铜钱（拓片） …………………………………………（22）
图二五　采育西组团M4平、剖面图 …………………………………………………（23）
图二六　采育西组团M4出土铜钱（拓片） …………………………………………（24）
图二七　采育西组团M4出土铜钱、铜币（拓片） …………………………………（26）
图二八　采育西组团M5平、剖面图 …………………………………………………（27）
图二九　采育西组团M5出土器物 ……………………………………………………（28）

图三〇	采育西组团M6平、剖面图	（29）
图三一	采育西组团M6出土器物	（29）
图三二	采育西组团M7平、剖面图	（30）
图三三	采育西组团M8平、剖面图	（31）
图三四	采育西组团M8出土器物	（32）
图三五	采育西组团M9平、剖面图	（33）
图三六	采育西组团M9出土器物	（34）
图三七	采育西组团M10平、剖面图	（35）
图三八	采育西组团M11平、剖面图	（36）
图三九	采育西组团M11出土器物	（37）
图四〇	采育西组团M12平、剖面图	（38）
图四一	采育西组团M12出土器物	（39）
图四二	采育西组团M13平、剖面图	（40）
图四三	采育西组团M13出土瓷罐（M13:1）	（41）
图四四	采育西组团M14平、剖面图	（41）
图四五	采育西组团M15平、剖面图	（42）
图四六	采育西组团M15出土乾隆通宝（拓片）	（43）
图四七	采育西组团M16平、剖面图	（44）
图四八	采育西组团M16出土釉陶罐（M16:1）	（44）
图四九	采育西组团M17平、剖面图	（45）
图五〇	采育西组团M17出土器物	（46）
图五一	采育西组团M18平、剖面图	（47）
图五二	采育西组团M18出土乾隆通宝（拓片）	（48）
图五三	采育西组团M19平、剖面图	（49）
图五四	采育西组团M19出土器物	（49）
图五五	采育西组团M20平、剖面图	（50）
图五六	采育西组团M20出土器物	（51）
图五七	采育西组团M21平、剖面图	（52）
图五八	采育西组团M21出土器物	（53）
图五九	采育西组团M22平、剖面图	（54）
图六〇	采育西组团M22出土器物	（55）
图六一	采育西组团M23平、剖面图	（56）
图六二	采育西组团M24平、剖面图	（57）
图六三	采育西组团M24出土器物	（57）
图六四	采育西组团M25平、剖面图	（58）

图六五	采育西组团M25出土器物	（59）
图六六	采育西组团M26平、剖面图	（60）
图六七	采育西组团M26出土器物	（60）
图六八	采育西组团M27平、剖面图	（61）
图六九	采育西组团M27出土景德元宝（M27:1）（拓片）	（61）
图七〇	采育西组团M28平、剖面图	（62）
图七一	采育西组团M28出土器物	（63）
图七二	采育西组团M29平、剖面图	（63）
图七三	采育西组团M30平、剖面图	（64）
图七四	采育西组团M30出土瓷罐	（65）
图七五	采育西组团M31平、剖面图	（66）
图七六	采育西组团M31出土釉陶罐（M31:1）	（66）
图七七	采育西组团M32平、剖面图	（67）
图七八	采育西组团M32出土康熙通宝（M32:1）（拓片）	（67）
图七九	采育西组团M33平、剖面图	（68）
图八〇	采育西组团M33出土瓷罐（M33:1）	（69）
图八一	采育西组团M34平、剖面图	（69）
图八二	采育西组团M34出土陶罐（M34:1）	（70）
图八三	采育西组团M35平、剖面图	（70）
图八四	采育西组团M35出土器物	（71）
图八五	采育西组团M36平、剖面图	（72）
图八六	采育西组团M36出土天启通宝（拓片）	（72）
图八七	采育西组团M37平、剖面图	（73）
图八八	采育西组团M37出土器物	（74）
图八九	采育西组团M38平、剖面图	（75）
图九〇	采育西组团M38出土器物	（76）
图九一	采育西组团M39平、剖面图	（78）
图九二	采育西组团M39出土器物	（78）
图九三	采育西组团M40平、剖面图	（79）
图九四	采育西组团M40出土器物	（80）
图九五	采育西组团M41平、剖面图	（81）
图九六	采育西组团M42平、剖面图	（82）
图九七	采育西组团M42出土器物	（83）
图九八	采育西组团M43平、剖面图	（84）
图九九	采育西组团M43出土器物	（84）

图一〇〇	采育西组团M44平、剖面图	（85）
图一〇一	采育西组团M44出土铜钱（拓片）	（86）
图一〇二	采育西组团M45平、剖面图	（87）
图一〇三	采育西组团M46平、剖面图	（88）
图一〇四	采育西组团M46出土铜钱（拓片）	（88）
图一〇五	采育西组团M47平、剖面图	（90）
图一〇六	采育西组团M47出土陶罐（M47：1）	（90）
图一〇七	采育西组团M47出土器物	（91）
图一〇八	采育西组团M48平、剖面图	（92）
图一〇九	采育西组团M48出土瓷碗（M48：1）	（93）
图一一〇	采育西组团M48出土铜钱（拓片）	（94）
图一一一	采育西组团M49平、剖面图	（95）
图一一二	采育西组团M49出土器物	（96）
图一一三	采育西组团M49出土铜钱（拓片）	（97）
图一一四	采育西组团M50平、剖面图	（98）
图一一五	采育西组团M50出土器物	（99）
图一一六	采育西组团M51平、剖面图	（100）
图一一七	采育西组团M51出土铜钱（拓片）	（100）
图一一八	采育西组团M52平、剖面图	（101）
图一一九	采育西组团M52出土铜钱（拓片）	（102）
图一二〇	采育西组团M53平、剖面图	（103）
图一二一	采育西组团M54平、剖面图	（104）
图一二二	采育西组团M55平、剖面图	（105）
图一二三	采育西组团M55出土器物	（106）
图一二四	采育西组团M56平、剖面图	（107）
图一二五	采育西组团M56出土器物	（108）
图一二六	采育西组团M57平、剖面图	（109）
图一二七	采育西组团M57出土器物	（110）
图一二八	采育西组团M58平、剖面图	（111）
图一二九	采育西组团M58出土器物	（112）
图一三〇	采育西组团M59平、剖面图	（113）
图一三一	采育西组团M60平、剖面图	（114）
图一三二	采育西组团M60出土铜币（M60：1-1）（拓片）	（114）
图一三三	采育西组团M61平、剖面图	（115）
图一三四	采育西组团M61出土器物	（116）

图一三五	采育西组团M62平、剖面图	（117）
图一三六	采育西组团M63平、剖面图	（118）
图一三七	采育西组团M63出土铜钱（拓片）	（118）
图一三八	采育西组团M64平、剖面图	（119）
图一三九	采育西组团M64出土康熙通宝（拓片）	（119）
图一四〇	采育西组团M65平、剖面图	（120）
图一四一	采育西组团M65出土器物	（120）
图一四二	采育西组团M66平、剖面图	（121）
图一四三	采育西组团M66出土康熙通宝（拓片）	（122）
图一四四	采育西组团M67平、剖面图	（122）
图一四五	采育西组团M68平、剖面图	（123）
图一四六	采育西组团M68出土瓷罐（M68：1）	（124）
图一四七	采育西组团M69平、剖面图	（124）
图一四八	采育西组团M69出土康熙通宝（M69：1）（拓片）	（125）
图一四九	采育西组团M70平、剖面图	（126）
图一五〇	采育西组团M70出土器物	（126）
图一五一	采育西组团M71平、剖面图	（127）
图一五二	采育西组团M71出土器物	（128）
图一五三	采育西组团M72平、剖面图	（129）
图一五四	采育西组团M73平、剖面图	（130）
图一五五	采育西组团M73出土陶罐（M73：1）	（131）
图一五六	采育西组团M74平、剖面图	（131）
图一五七	采育西组团M75平、剖面图	（132）
图一五八	采育西组团M75出土器物	（133）
图一五九	采育西组团M76平、剖面图	（134）
图一六〇	采育西组团M76出土铜钱（拓片）	（134）
图一六一	采育西组团M77平、剖面图	（135）
图一六二	采育西组团M77出土器物	（136）
图一六三	采育西组团M78平、剖面图	（137）
图一六四	采育西组团M78出土铜钱（拓片）	（138）
图一六五	采育西组团M79平、剖面图	（138）
图一六六	采育西组团M79出土瓷罐（M79：1）	（139）
图一六七	采育西组团M80平、剖面图	（139）
图一六八	采育西组团M80出土器物	（140）
图一六九	黄村双高花园M1平、剖面图	（142）

图一七〇	黄村双高花园M1出土器物	（143）
图一七一	黄村双高花园M2平、剖面图	（145）
图一七二	黄村双高花园M2出土银簪	（145）
图一七三	黄村双高花园M3平、剖面图	（146）
图一七四	黄村双高花园M4平、剖面图	（147）
图一七五	黄村双高花园M4出土铜钱（拓片）	（147）
图一七六	黄村双高花园M5平、剖面图	（148）
图一七七	黄村双高花园M5出土器物	（149）
图一七八	黄村双高花园M6平、剖面图	（150）
图一七九	黄村双高花园M6出土器物	（151）
图一八〇	黄村双高花园M7平、剖面图	（152）
图一八一	黄村双高花园M7出土瓷罐（M7:1）	（153）
图一八二	黄村双高花园M8平、剖面图	（153）
图一八三	黄村双高花园M9平、剖面图	（154）
图一八四	黄村双高花园M9出土银扁方（M9:1）	（155）
图一八五	黄村双高花园M10平、剖面图	（155）
图一八六	黄村双高花园M10出土器物	（156）
图一八七	黄村双高花园M11平、剖面图	（157）
图一八八	黄村双高花园M11出土咸丰重宝（M11:1）（拓片）	（157）
图一八九	黄村双高花园M12平、剖面图	（158）
图一九〇	黄村双高花园M13平、剖面图	（159）
图一九一	黄村双高花园M13出土银耳环	（159）
图一九二	黄村双高花园M14平、剖面图	（160）
图一九三	黄村双高花园M14出土同治重宝（M14:1-1）（拓片）	（160）
图一九四	黄村双高花园M15平、剖面图	（161）
图一九五	黄村双高花园M15出土器物	（162）
图一九六	黄村双高花园M16平、剖面图	（163）
图一九七	黄村双高花园M17平、剖面图	（164）
图一九八	黄村双高花园M18平、剖面图	（165）
图一九九	黄村双高花园M18出土器物	（166）
图二〇〇	黄村双高花园M19平、剖面图	（167）
图二〇一	黄村双高花园M20平、剖面图	（168）
图二〇二	黄村双高花园M20出土器物	（169）
图二〇三	黄村双高花园M21平、剖面图	（170）
图二〇四	黄村双高花园M21出土铜钱（拓片）	（170）

图二〇五	黄村双高花园M22平、剖面图	(171)
图二〇六	黄村双高花园M22出土道光通宝（M22：1）（拓片）	(171)
图二〇七	黄村双高花园M23平、剖面图	(172)
图二〇八	黄村双高花园M24平、剖面图	(173)
图二〇九	黄村双高花园M24出土康熙通宝（M24：1）（拓片）	(173)
图二一〇	黄村双高花园M25平、剖面图	(174)
图二一一	黄村双高花园M25出土器物	(175)
图二一二	黄村双高花园M26平、剖面图	(176)
图二一三	黄村双高花园M27平、剖面图	(177)
图二一四	黄村双高花园M28平、剖面图	(178)
图二一五	黄村双高花园M29平、剖面图	(179)
图二一六	黄村双高花园M30平、剖面图	(180)
图二一七	黄村双高花园M31平、剖面图	(181)
图二一八	黄村双高花园M31出土器物	(182)
图二一九	黄村双高花园M32平、剖面图	(183)
图二二〇	黄村双高花园M32出土铜钱（拓片）	(183)
图二二一	黄村双高花园M33平、剖面图	(184)
图二二二	黄村双高花园M34平、剖面图	(185)
图二二三	黄村双高花园M35平、剖面图	(186)
图二二四	黄村双高花园M35出土器物	(187)
图二二五	黄村双高花园M36平、剖面图	(188)
图二二六	黄村双高花园M36出土瓷罐（M36：1）	(188)
图二二七	黄村双高花园M37平、剖面图	(189)
图二二八	黄村双高花园M37出土陶罐（M37：1）	(190)
图二二九	康庄安置房M1平、剖面图	(191)
图二三〇	康庄安置房M2平、剖面图	(192)
图二三一	康庄安置房M3平、剖面图	(193)
图二三二	康庄安置房M3出土器物	(194)
图二三三	康庄安置房M4平、剖面图	(195)
图二三四	康庄安置房M5平、剖面图	(196)
图二三五	康庄安置房M6平、剖面图	(197)
图二三六	康庄安置房M7平、剖面图	(198)
图二三七	康庄安置房M8平、剖面图	(199)
图二三八	康庄安置房M8出土器物	(200)
图二三九	康庄C地块M1平、剖面图	(201)

图二四〇	康庄C地块M2平、剖面图	（202）
图二四一	康庄C地块M2出土器物	（203）
图二四二	康庄C地块M3平、剖面图	（204）
图二四三	康庄C地块M3出土银簪	（205）
图二四四	首创机务队M1平、剖面图	（206）
图二四五	首创机务队M1出土铜币（M1∶1-1）（拓片）	（207）
图二四六	首创机务队M2平、剖面图	（208）
图二四七	首创机务队M2出土器物	（208）
图二四八	青云店联宾M1平、剖面图	（209）
图二四九	青云店联宾M2平、剖面图	（210）
图二五〇	医学科学院M1平、剖面图	（211）
图二五一	医学科学院M1出土器物	（212）
图二五二	医学科学院M2平、剖面图	（213）
图二五三	医学科学院M2出土器物	（214）
图二五四	医学科学院M3平、剖面图	（215）
图二五五	医学科学院M3出土器物	（216）
图二五六	医学科学院M4平、剖面图	（217）
图二五七	医学科学院M4出土器物	（218）
图二五八	医学科学院M5平、剖面图	（220）
图二五九	医学科学院M5出土器物	（221）
图二六〇	医学科学院M6平、剖面图	（223）
图二六一	医学科学院M6出土器物	（224）
图二六二	医学科学院M6出土器物	（226）
图二六三	医学科学院M6出土器物	（227）
图二六四	医学科学院M6出土铜钱（拓片）	（229）
图二六五	医学科学院M7平、剖面图	（230）
图二六六	医学科学院M7出土器物	（231）
图二六七	医学科学院M7出土铜钱（拓片）	（233）
图二六八	医学科学院M7出土铜钱（拓片）	（234）
图二六九	医学科学院M8平、剖面图	（235）
图二七〇	医学科学院M8出土陶罐（M8∶1）	（236）
图二七一	医学科学院M9平、剖面图	（236）
图二七二	医学科学院M9出土瓷罐（M9∶1）	（237）
图二七三	医学科学院M10平、剖面图	（237）
图二七四	医学科学院M11平、剖面图	（238）

图二七五	医学科学院M12平、剖面图	（239）
图二七六	医学科学院M13平、剖面图	（240）
图二七七	新城北区M1平、剖面图	（242）
图二七八	新城北区M2平、剖面图	（243）
图二七九	新城北区M2出土陶罐	（244）
图二八〇	新城北区M3平、剖面图	（245）
图二八一	新城北区M3出土陶罐	（245）
图二八二	新城北区M4平、剖面图	（246）
图二八三	新城北区M4出土器物	（247）
图二八四	新城北区M5平、剖面图	（249）
图二八五	新城北区M5出土器物	（250）
图二八六	新城北区M6平、剖面图	（252）
图二八七	新城北区M6出土五铢（拓片）	（253）
图二八八	新城北区M7平、剖面图	（253）
图二八九	新城北区M8平、剖面图	（254）
图二九〇	新城北区M9平、剖面图	（255）
图二九一	新城北区M9出土器物	（256）
图二九二	新城北区M10平、剖面图	（257）
图二九三	新城北区M10出土货泉（M10：1）（拓片）	（258）
图二九四	新城北区M10出土墓志砖（拓片）	（258）
图二九五	新城北区M11平、剖面图	（259）
图二九六	新城北区M12平、剖面图	（260）
图二九七	新城北区M12出土器物	（261）
图二九八	新城北区M13平、剖面图	（262）
图二九九	新城北区M13出土釉陶碗（M13：1）	（263）
图三〇〇	新城北区M14平、剖面图	（263）
图三〇一	新城北区M15平、剖面图	（264）
图三〇二	新城北区M15出土器物	（265）
图三〇三	新城北区M16平、剖面图	（266）

图版目录

图版一　　采育西组团墓葬局部
图版二　　采育西组团M5、M6
图版三　　采育西组团M9、M11
图版四　　采育西组团M14、M15
图版五　　采育西组团M17、M18
图版六　　采育西组团M20、M22
图版七　　采育西组团M23、M30
图版八　　采育西组团M33、M34、M38、M39
图版九　　采育西组团M40~M42
图版一○　采育西组团M44~M47
图版一一　采育西组团M55、M59、M63
图版一二　采育西组团M71~M73
图版一三　采育西组团M77、M80
图版一四　采育西组团M5、M8、M20、M26、M34、M37出土陶器
图版一五　采育西组团M38~M40、M42、M47、M50出土陶罐
图版一六　采育西组团M55、M56、M73、M75、M80出土陶罐
图版一七　采育西组团M6、M16、M19、M22、M24出土釉陶罐
图版一八　采育西组团M24、M26、M31、M65、M70、M71出土釉陶罐
图版一九　采育西组团M5、M8、M13、M21出土瓷罐
图版二○　采育西组团M25、M30、M33、M35出土瓷罐
图版二一　采育西组团M37、M38、M48、M57出土瓷器
图版二二　采育西组团M58、M61、M68、M71、M77出土瓷器
图版二三　采育西组团M79、M80出土瓷罐
图版二四　采育西组团M3出土银簪
图版二五　采育西组团M3出土银器
图版二六　采育西组团M6、M9、M11出土器物
图版二七　采育西组团M12、M17、M43出土器物
图版二八　采育西组团M47、M49出土器物
图版二九　采育西组团M49、M55出土器物

图版三〇　采育西组团M55、M77出土银饰
图版三一　采育西组团M3、M4、M9、M15出土铜钱
图版三二　采育西组团M21、M35、M36、M38、M40、M48出土铜钱
图版三三　黄村双高花园发掘前现场、墓葬局部
图版三四　黄村双高花园M1、M2
图版三五　黄村双高花园M3、M4
图版三六　黄村双高花园M5、M6
图版三七　黄村双高花园M7~M10
图版三八　黄村双高花园M12~M15
图版三九　黄村双高花园M16~M19
图版四〇　黄村双高花园M23、M24
图版四一　黄村双高花园M25、M26
图版四二　黄村双高花园M28~M31
图版四三　黄村双高花园M6、M7、M36、M37出土器物
图版四四　黄村双高花园M1、M2出土银饰
图版四五　黄村双高花园M2、M5、M6、M9、M10出土银饰
图版四六　黄村双高花园M10、M13出土银饰
图版四七　黄村双高花园M15、M18出土银饰
图版四八　黄村双高花园M18、M20、M25出土银饰
图版四九　黄村双高花园M25、M31、M35出土银饰
图版五〇　黄村双高花园M1、M10、M21、M22、M25、M32出土铜钱
图版五一　康庄安置房M2、M3、M8
图版五二　康庄安置房M3出土银饰
图版五三　康庄安置房M8出土器物
图版五四　康庄C地块M1、M3
图版五五　康庄C地块M2出土银饰
图版五六　康庄C地块、首创机务队出土器物
图版五七　青云店联宾M1、M2
图版五八　医学科学院M1、M2
图版五九　医学科学院M3、M4
图版六〇　医学科学院M5、M6
图版六一　医学科学院M7、M8
图版六二　医学科学院M9、M10
图版六三　医学科学院M11、M12
图版六四　医学科学院M1~M3出土器物

图版六五　医学科学院M3～M5出土瓷瓶
图版六六　医学科学院M5出土陶器
图版六七　医学科学院M5、M6出土器物
图版六八　医学科学院M6出土陶罐
图版六九　医学科学院M6出土陶器
图版七〇　医学科学院M6出土陶盆
图版七一　医学科学院M6出土陶桶
图版七二　医学科学院M6出土陶器
图版七三　医学科学院M6出土瓷器
图版七四　医学科学院M6出土器物
图版七五　医学科学院M7～M9出土器物
图版七六　医学科学院M7出土瓷瓶
图版七七　医学科学院M1～M4、M7出土铜钱
图版七八　医学科学院M6、M7出土铜钱
图版七九　新城北区M1～M3
图版八〇　新城北区M4、M5
图版八一　新城北区M6、M7
图版八二　新城北区M8、M9
图版八三　新城北区M10、M11
图版八四　新城北区M12、M13
图版八五　新城北区M14、M15
图版八六　新城北区M2、M3出土陶罐
图版八七　新城北区M4、M5出土陶器
图版八八　新城北区M5出土陶器
图版八九　新城北区M5、M9、M10出土器物
图版九〇　新城北区M4、M10、M12、M13、M15出土器物

第一章 绪　　论

第一节　地理环境与历史概况

一、地理环境

大兴区位于北京市东南部，距北京市区约13千米，是北京首都的南大门。东北与通州区接壤，西与房山区以永定河相隔，南临河北省固安县、霸州市等，北接丰台区、朝阳区，是首都重要的农副食品生产供应基地、高新技术产业基地。区政府位于黄村镇兴政街。全区地理位置为北纬39°26′~39°51″，东经116°13′~116°43″。东西宽、南北长均为44千米，地域面积1040平方千米，有550余个自然村，常住人口115.9万，汉族占总人口的96%，回族、满族、蒙古族、朝鲜族等少数民族占3.6%。

大兴全区均属于永定河洪冲积平原，地势自西北向东南缓倾，地面高程14~45米，坡降0.5‰~1‰。大部分地区海拔14~52米。土壤主要有风沙土、褐土、潮土、水稻土、沼泽土5种。永定河为西、南边界河流。境内还有天堂河、龙河、凉水河、凤河、新凤河等10余条河，自西北向东南流经全境。因受永定河决口及河床摆动影响，全境分为三个地貌单元：北部属永定河冲积扇下缘、泉线地带及扇缘洼地。东部凤河沿岸地势较高，为冲积平原带状微高地。西部、西南部为永定河洪冲积形成的条状沙带，东南部沙带尚残存少量风积沙丘，西部沿永定河一线属现代河漫滩，自北而南沉积物质由粗变细，堤外缘洼地多盐碱土。全区土壤分布与地貌类型明显一致，近河多沙壤土，向东沉积物质由粗变细，沙壤土、轻壤土呈与地形坡向一致的带状交错分布，区域土壤熟化程度较高。

大兴区地处华北平原北部，属暖温带半湿润大陆性季风气候，冬春季少降水、多风、干旱，夏秋多雨，且时有雷雨大风夹带冰雹天气。全境为平原，西、南边界有永定河，属地上河流，历史上经常泛滥成灾。全区地处Ⅷ度、Ⅶ度高地震烈度地区，受多种气象灾害影响，存在诸多产生突发事件的自然因素。

大兴区主要矿产资源有地下水砂石、黏土、泥炭、石油、天然气、地热。地下水每年补给量3.72亿立方米，可采量每年约28亿立方米，蓄水层含有丰富的地下水，矿化度低，极宜饮用。由于永定河多次改道，砂石沉积面积广，储量丰富，现永定河道砂石蕴藏量达10亿立方米。黏土储量451万立方米。泥炭为平原洼地湖沼形泥炭，含腐殖酸3.34%，储量69万吨。区境南部位于地热带内，面积约470平方千米。含有一定储量的石油和天然气。

大兴区生物资源丰富。野生植物有木本类、禾本类、草本类、藤本类、蕈类及其他水生植物计150余种。野生动物有兽类、禽类、水生类、两栖类、爬行类及昆虫类等120余种。形成了以粮食为基础、瓜果蔬菜为主的新的产业格局，是北京地区主要的农业生产基地之一。

二、历史沿革

大兴区历史悠久，前身为先秦之蓟县。蓟县治蓟城。秦属广阳郡。西汉属广阳国，东汉属幽州广阳郡。魏晋属幽州燕国。北魏属幽州燕郡。隋初属幽州，后属涿郡。唐属幽州，天宝（742~756）中属于范阳郡，至德（756~758）后复属幽州。此前，蓟县皆为幽州或郡、国治所。

五代晋天福元年（936），石敬瑭割燕云十六州贿赂契丹，幽州及蓟县等地入于契丹（辽）之手。

辽会同元年（938），升幽州为南京，又称燕京，建为陪都，并置幽都府，改蓟县为蓟北县。从此北京之地的"幽州""蓟县"之名成为历史陈迹。辽开泰元年（1012），改幽都府为析津府，改蓟北县为析津县，县属南京析津府。

北宋宣和四年（1122）收复燕京，改置燕山府，析津县一度属宋燕山府。但三年后地入于金。

金海陵王贞元元年（1153）迁都燕京，改燕京为中都，改析津府为大兴府；二年（1154）改析津县为大兴县。金大兴县属大兴府，元属大都路。金、元时的大兴县为中都、大都的附郭县，或称京县、赤县，县治在中都城施仁门外的海王村（宣武门外厂甸一带）。

明初建都金陵（今南京），将元大都改称北平，置北平府，所领大兴县失去京县地位。洪武三年（1370），大兴县治迁于北平城内教忠坊，即今东城的大兴胡同。永乐元年（1403）改北平为北京，北平府为顺天府；四年（1406）始营建北京宫殿城池；十八年（1420）底迁都北京。

此后，迄于清末，大兴县又成为京县之一，皆属顺天府，县治仍在东城大兴胡同。

中华民国成立后，废顺天府，改设京兆特别区，大兴县为京兆属县之一。民国十七年（1928）国民政府以南京为都，北京改名北平，设北平特别市，后降为北平市，大兴县又失去"京县"地位，改属河北省。1935年县治迁于南苑北大红门，以清奉宸苑署为县衙。1937年伪大兴县政府迁于南苑镇旧营市街。抗日战争胜利前夕，中国共产党领导下的解放区将平南县划分为大兴和涿良宛二县。抗日战争胜利后，中共大兴县委和县政府曾驻礼贤镇，次年夏因形势需要而撤出。1948年底，大兴县人民政府又迁驻安定小营。1949年春，再迁驻青云店。这时的大兴县为华北人民政府冀中区所辖的十专署属县。

中华人民共和国成立后，大兴县改属河北省。1953年，中共大兴县委和县政府决定迁驻黄村，并于黄村镇修建办公房舍。1954年正式迁治于黄村镇兴政街。1958年3月7日，经国务院批准，大兴县由河北省划归北京市，并与南苑区合并改称大兴区。1960年1月7日，经国务院批准，撤销大兴区，恢复大兴县建制。2001年1月9日，随着改革开放和社会经济深入发展的需要，又撤销大兴县建制，改为大兴区，为北京市现辖的十四个区和两个县之一[①]。

三、文化资源

大兴区是首都的南大门，明清时期即有自京都通往南方各地的驿道、御道过境，清末形成两条官马大道。最南端的十里铺渡口是永定河著名津渡之一。区政府所在地——黄村卫星城，明清时期为古驿道上的驿站之一，后发展成为京南重镇。境内历史遗迹现仍随处可见，有古城镇村落遗址4处，其中年代最早者为青云店镇大、小回城一带的迴城故城遗址和黄村镇芦城一带的间城遗址。境内的南海子是元明清时期京郊最大的皇家苑囿，是帝王临憩、行围、大阅的重要场所。目前，全区有文物保护单位14处，其中市级文物保护单位2处、区级文物保护单位12处，拟公布为区级文物保护单位6处，已正式公布文物普查项目166项，市级埋藏区4项。出土文物年代最早者为战国时期的陶罐、刀币等，大部分为辽金时期遗物，大兴区文物管理所现存文物2000余件，其中二级文物9件、三级文物110件，另存各个时期的古钱5万余枚。

大兴区历史悠久，文化底蕴深厚，形成了丰富的非物质文化遗产资源，涉及民间文学、民间美术、民间手工艺等各个门类，具有鲜明的地域性。同时，大兴区位于皇城的南部，今天的东城和朝阳大部均曾属于大兴区的管辖范围，这里会馆多、文艺场所多。即使中华人民共和国成立以后行政区域的划分使这些地方不再属于大兴区管辖，但随着城市的发展，作为郊区的大兴区与城区的界限逐步模糊，因此，传统的京城文化仍然影响或覆盖着大兴区大部分地区。大兴的非物质文化遗产又成为北京非物质文化遗产资源的重要组成部分。

第二节 发掘经过与报告编排

本报告发掘材料包括采育镇西组团项目二期工程，黄村镇双高花园小区二期工程，黄村镇康庄项目安置房用地工程，大兴新城康庄项目C地块两限房工程，首创机务队（两限房）项目，青云店镇北京联宾塑胶印刷有限公司生产车间、综合楼扩建工程，中国医学科学院病原生物学研究所新建工程，新城北区DX-0301-029、030、039、040地块工程八个项目（图一）。本报告按整理时间的先后对各项目的墓葬分别加以介绍。

一、采育西组团墓葬

采育西组团墓葬发掘区位于大兴区采育镇东南部，北邻采辛路，南邻育镇街，东邻福源路，西邻采华路（图二）。

---

① 大兴县志编纂委员会：《大兴县志》，北京出版社，2002年。

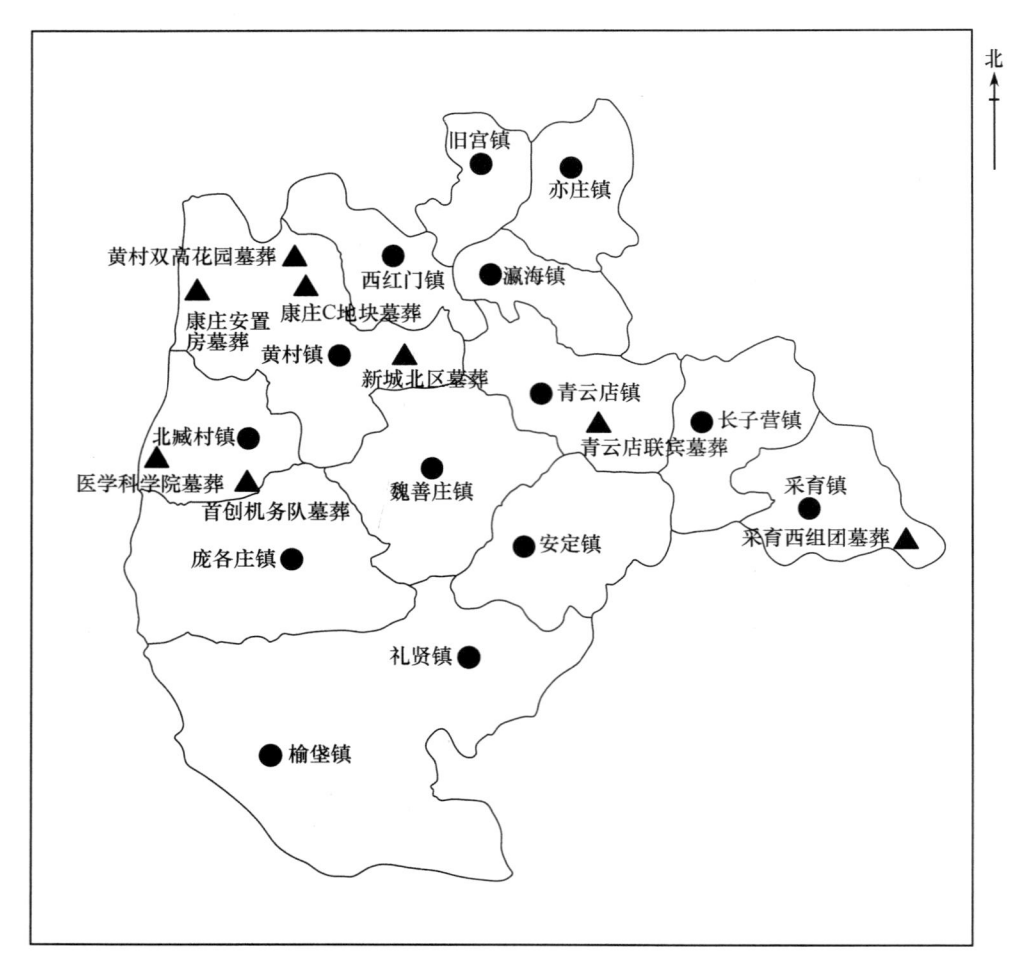

图一　大兴古墓葬位置示意图

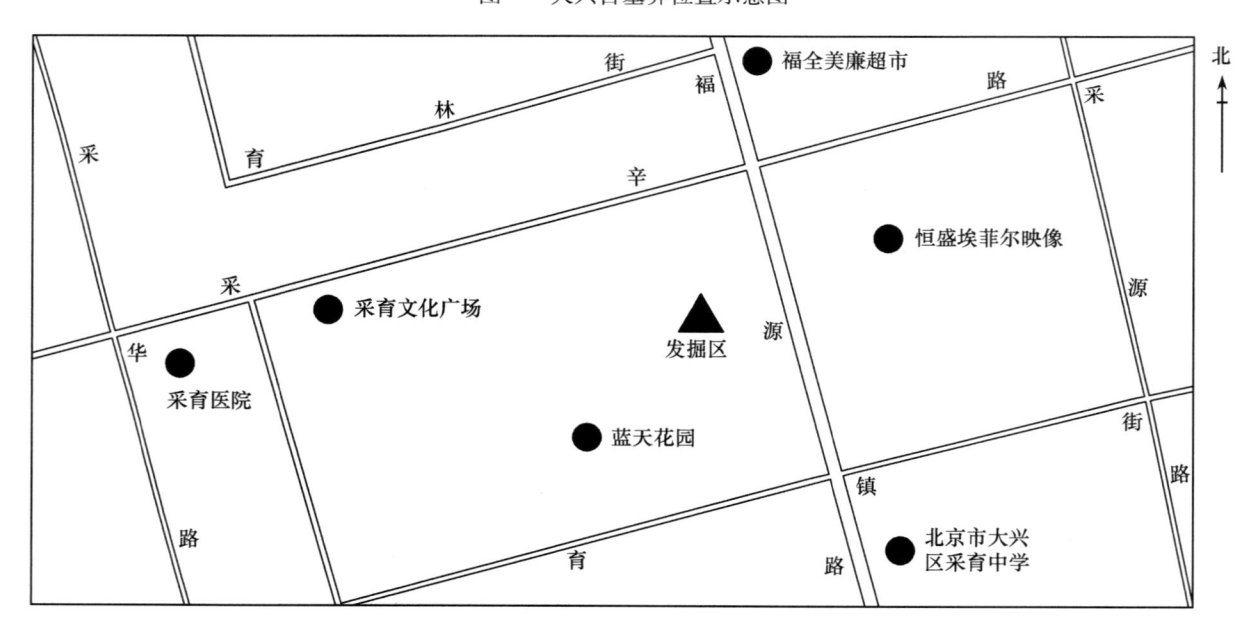

图二　采育西组团墓葬位置示意图

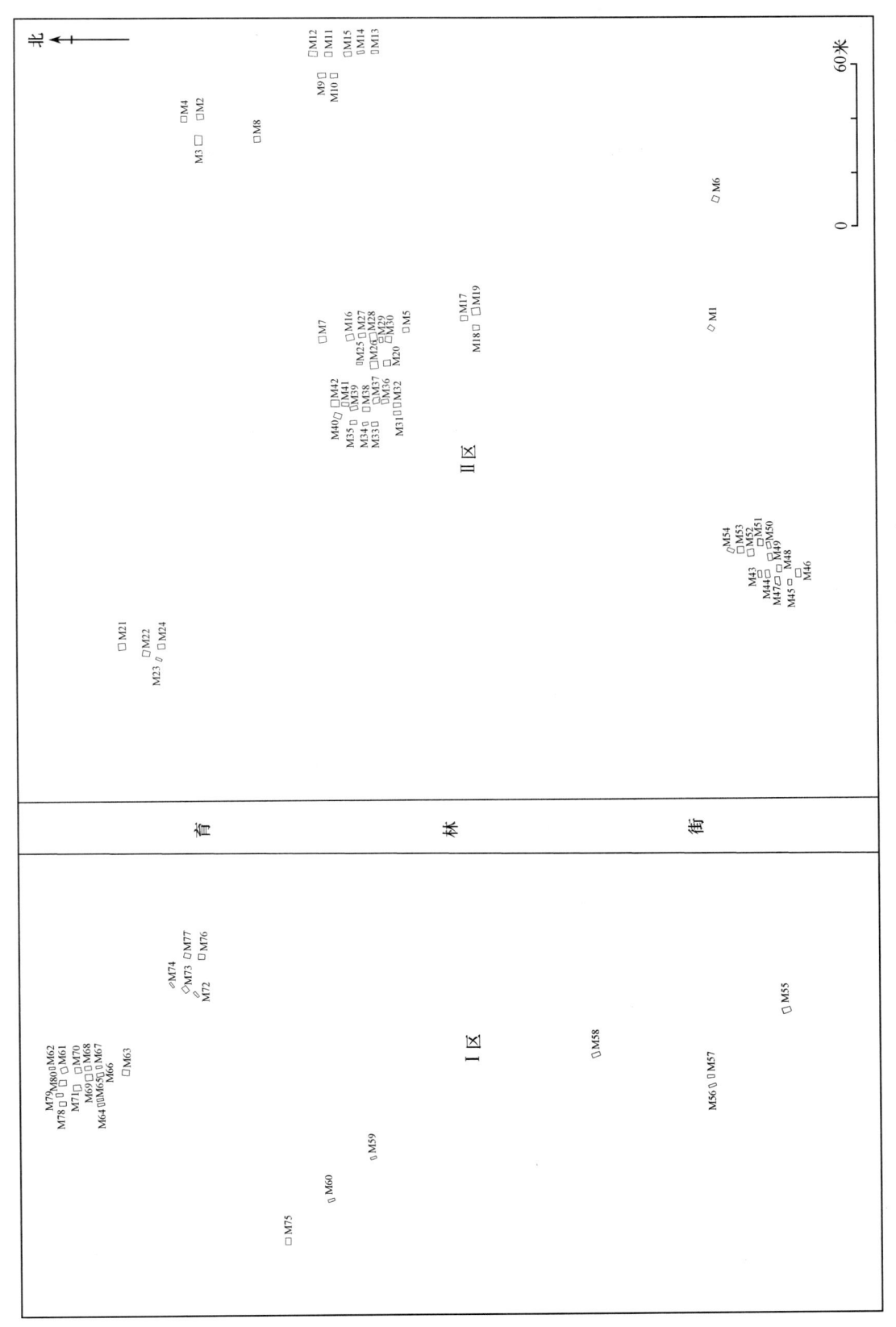

图三 采育西组团墓葬发掘平面图

为配合采育镇西组团项目二期工程建设，2008年3~5月，北京市文物研究所对墓葬进行了考古发掘，发掘区划分为两个区，分别编号Ⅰ、Ⅱ区（图三；图版一）。

Ⅰ区位于墓地的西部，该区分布墓葬26座，编号为M55~M80，其中明代墓葬4座，编号为M56~M58、M61，余为清代墓葬。

Ⅱ区位于墓地的东部，该区分布墓葬54座，编号为M1~M54，其中明代墓葬10座，编号为M21、M25、M27、M28、M30、M35、M36、M39、M40、M42，余为清代墓葬。

采育西组团墓葬发掘面积2600平方米，清理明清时期墓葬80座。出土陶、釉陶、瓷、银、铜、铁、料、骨器等随葬器物。

二、黄村双高花园墓葬

黄村双高花园墓葬发掘区位于大兴区黄村镇北部，北邻双高路，南邻金星西路，东邻辅高路，西邻兴丰大街（图四）。

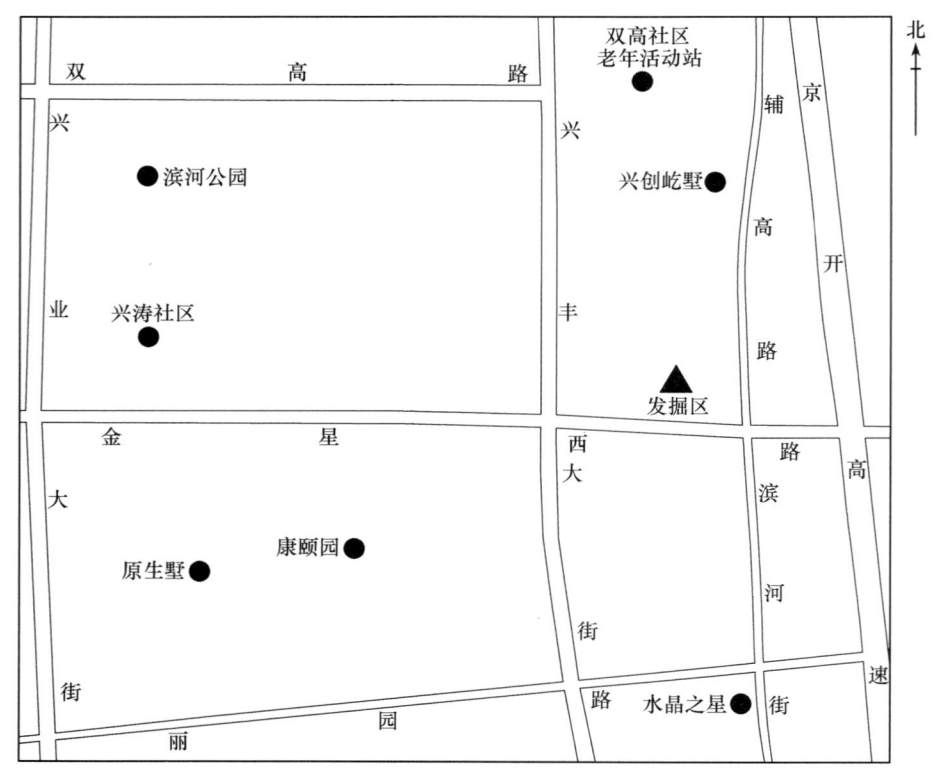

图四　黄村双高花园墓葬位置示意图

为配合黄村镇双高花园小区二期工程建设，2008年6~7月，北京市文物研究所对墓葬进行了考古发掘，发掘面积250平方米，清理清代墓葬37座（图五；图版三三）。出土陶、瓷、银、铜器等随葬器物。

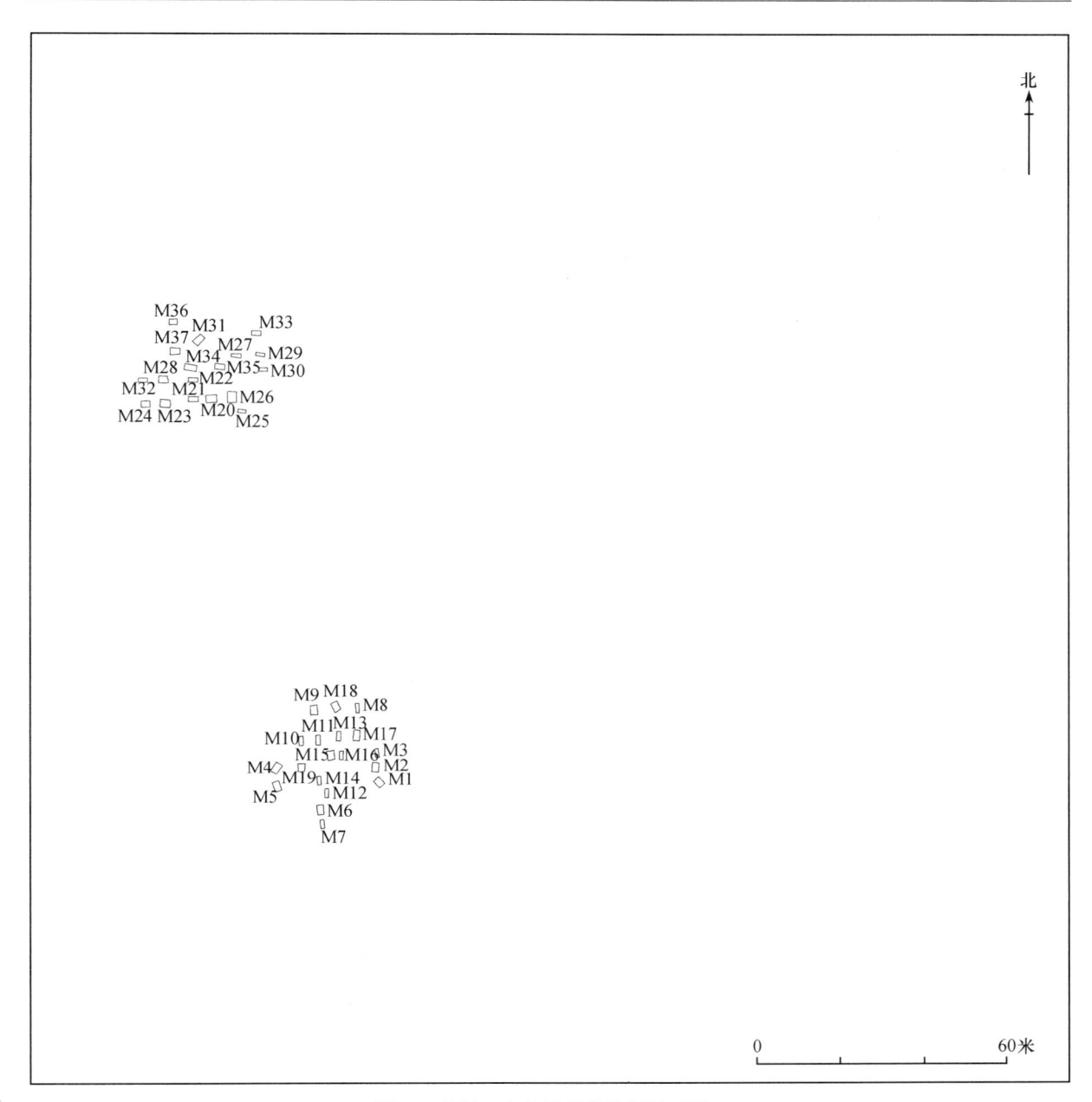

图五　黄村双高花园墓葬发掘平面图

三、康庄安置房墓葬

康庄安置房墓葬发掘区位于黄村镇西北部，北邻康庄路，南邻枣园路，东邻兴盛街，西邻兴望路（图六）。

为配合黄村镇康庄项目安置房用地工程建设，2008年4月，北京市文物研究所对墓葬进行了考古发掘，发掘面积320平方米，清理清代墓葬8座（图七）。出土了银、玉、铜器等随葬器物。

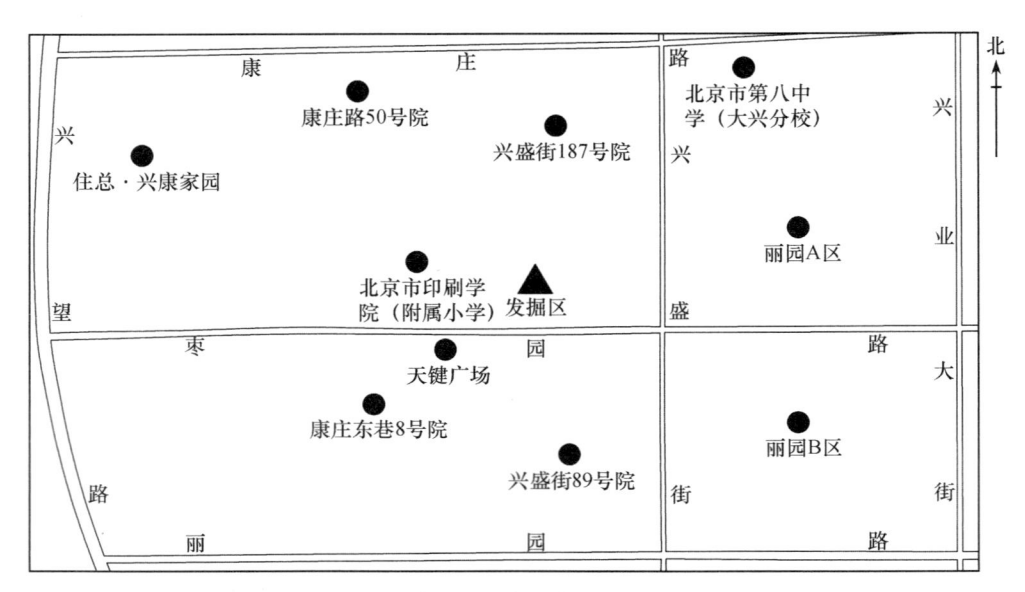

图六　康庄安置房墓葬位置示意图

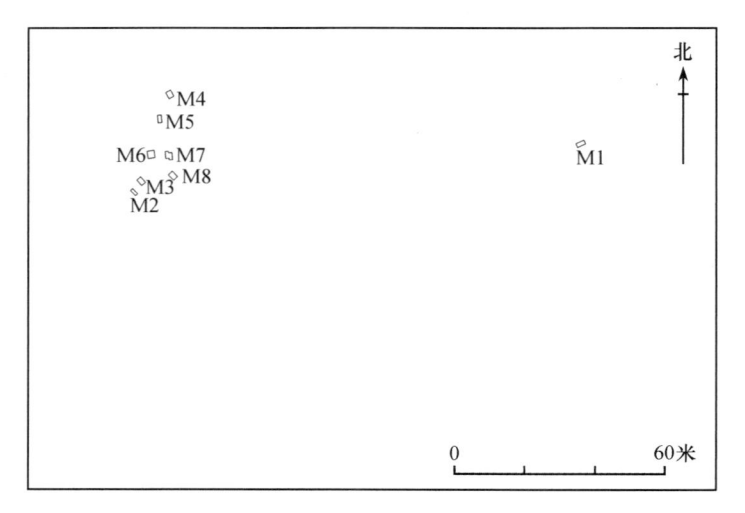

图七　康庄安置房墓葬发掘平面图

四、康庄C地块墓葬

　　康庄C地块墓葬发掘区位于黄村镇北部，北邻清源北路，南邻清源路，东邻滨河街，西邻兴丰大街（图八）。

　　为配合大兴新城康庄项目C地块两限房工程建设，2009年11月，北京市文物研究所对墓葬进行了考古发掘，发掘面积100平方米，清理清代墓葬3座（图九）。出土了银、铜器等随葬器物。

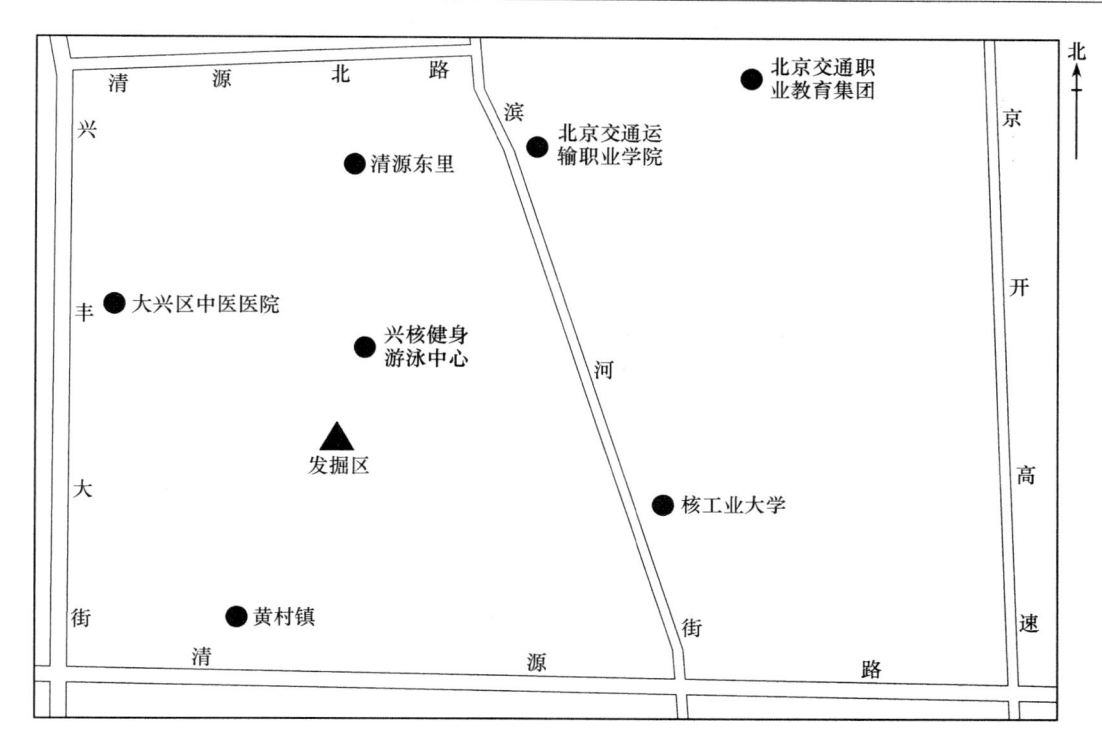

图八　康庄 C 地块墓葬位置示意图

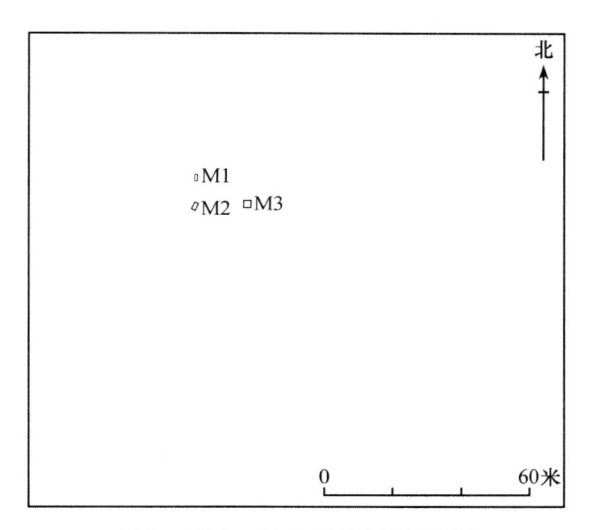

图九　康庄 C 地块墓葬发掘平面图

五、首创机务队墓葬

首创机务队墓葬发掘区位于大兴区大广高速路东侧，南邻魏永路，西邻大广高速路（图一〇）。

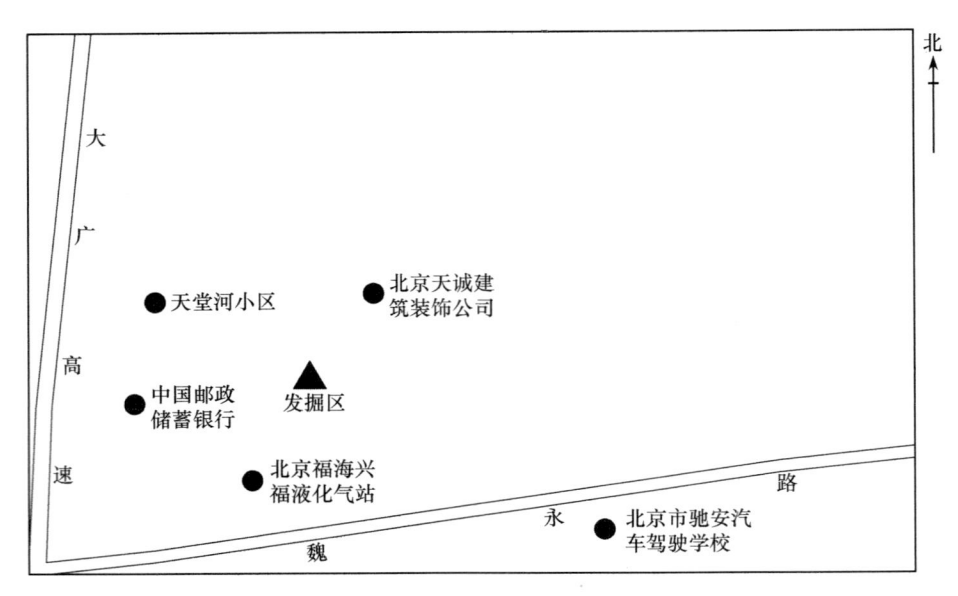

图一〇　首创机务队墓葬位置示意图

为配合首创机务队（两限房）项目建设，2007年9月，北京市文物研究所对墓葬进行了考古发掘，发掘面积20平方米，清理清代墓葬2座（图一一）。出土了银、铜器等随葬器物。

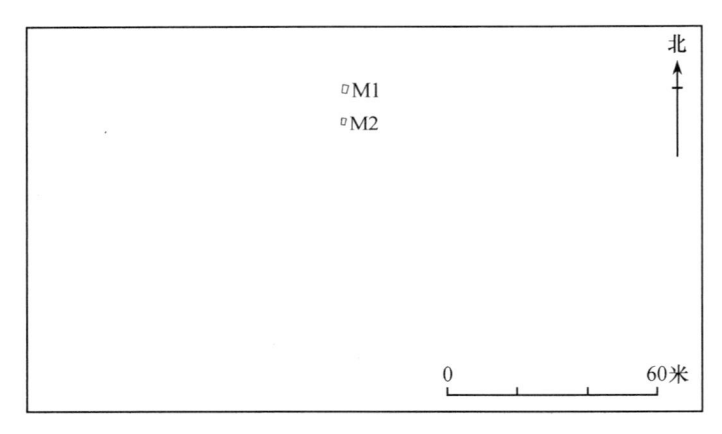

图一一　首创机务队墓葬发掘平面图

六、青云店联宾墓葬

青云店联宾墓葬发掘区位于青云店镇北京联宾塑胶印刷有限公司生产车间、综合楼扩建工程区域内，南邻京福线，东邻西孝路，西邻石鲍路（图一二）。

为配合北京联宾塑胶印刷有限公司生产车间、综合楼扩建工程建设，2007年9月，北京市文物研究所对墓葬进行了考古发掘，发掘面积55平方米，清理辽代墓葬1座、清代墓葬1座（图一三）。墓葬内未发现随葬品。

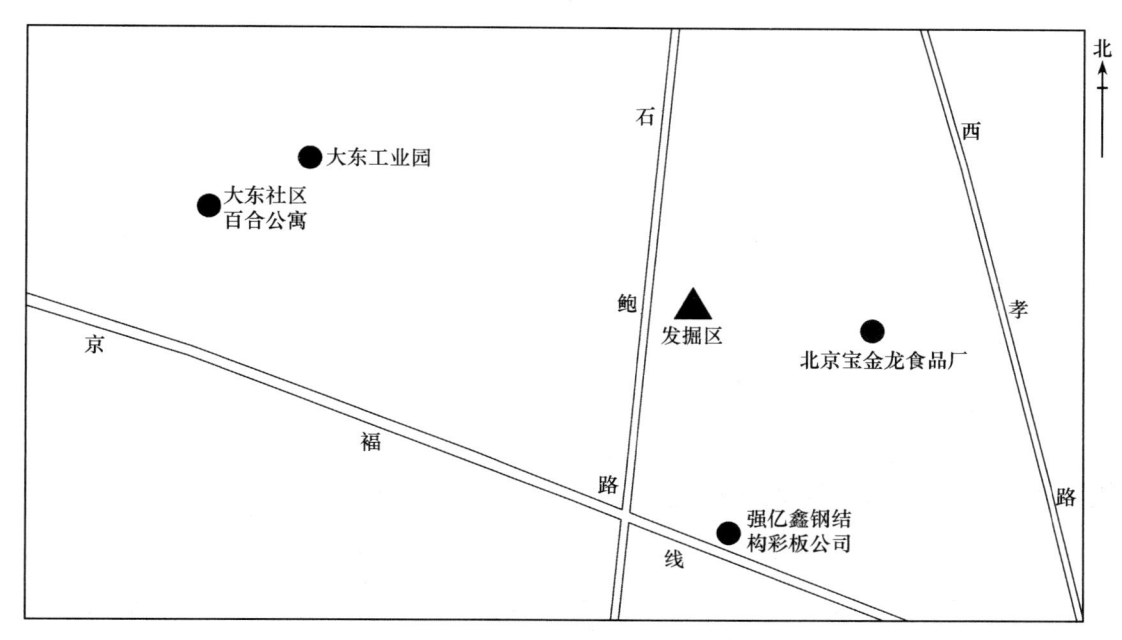

图一二　青云店联宾墓葬位置示意图

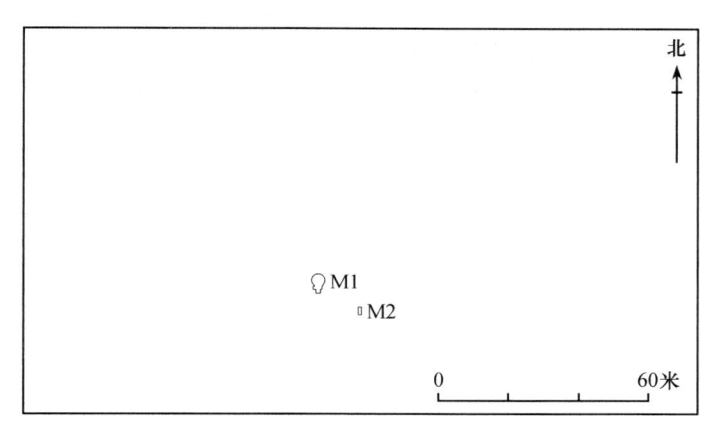

图一三　青云店联宾墓葬发掘平面图

七、医学科学院墓葬

医学科学院墓葬发掘区位于大兴区郡悦国际南侧，北邻永兴路，南邻永旺路，东邻天华大街，西邻天荣大街（图一四）。

为配合中国医学科学院病原生物学研究所新建工程建设，2016年6月，北京市文物研究所对墓葬进行了考古发掘，发掘面积255平方米，清理辽代墓葬1座、金代墓葬3座、元代墓葬2座、明代墓葬3座、清代墓葬4座（图一五）。出土了陶、釉陶、瓷、银、铜器等随葬器物。

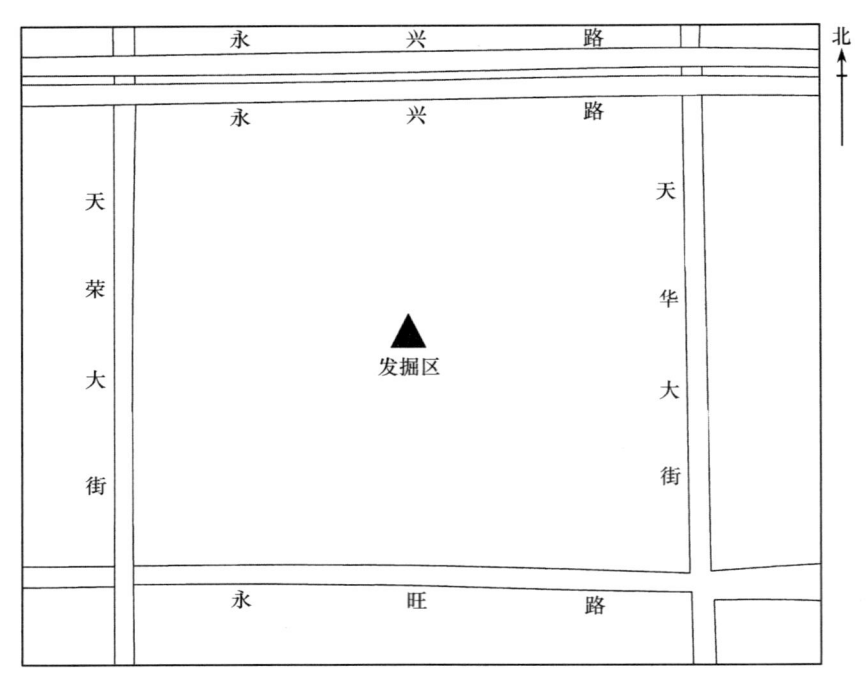

图一四　医学科学院墓葬位置示意图

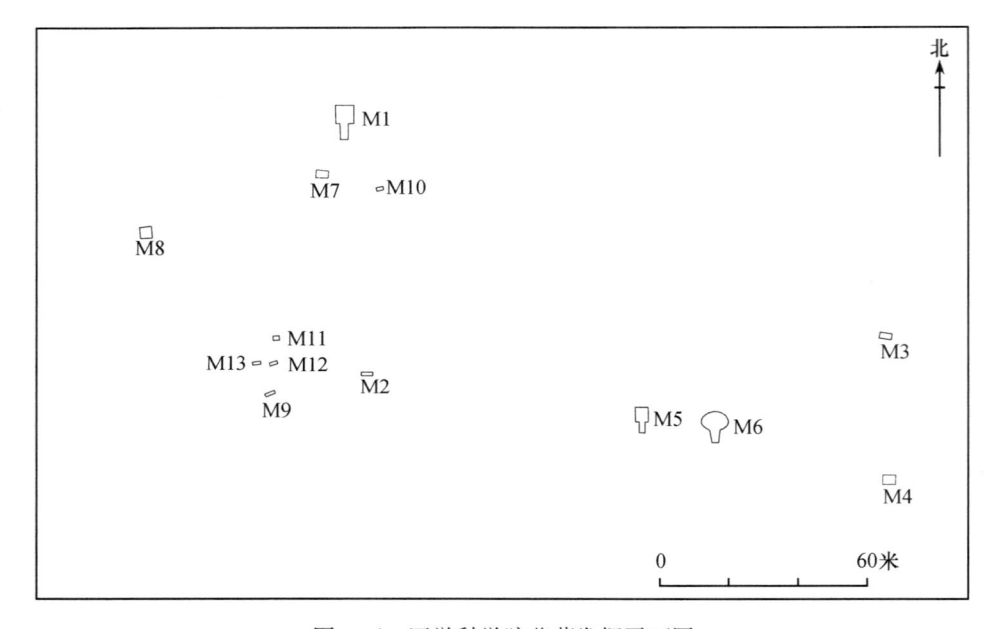

图一五　医学科学院墓葬发掘平面图

八、新城北区墓葬

新城北区墓葬发掘区位于大兴区西红门南桥东南侧，北邻规划二路，南邻盛坊路，东邻广阳大街，西邻广茂大街（图一六）。

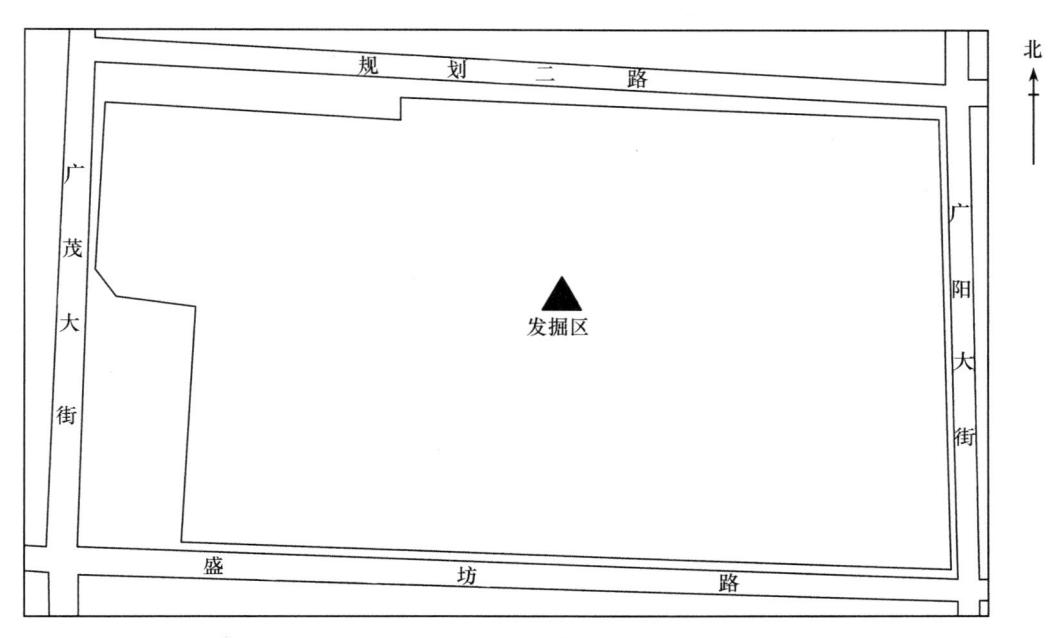

图一六　新城北区墓葬位置示意图

为配合新城北区DX-0301-029、030、039、040地块工程建设，2017年7月，北京市文物研究所对墓葬进行了考古发掘，发掘面积900平方米，清理汉代墓葬9座、北魏墓葬1座、唐代墓葬3座、清代墓葬3座（图一七）。出土了陶、釉陶、银、铜器等随葬器物。

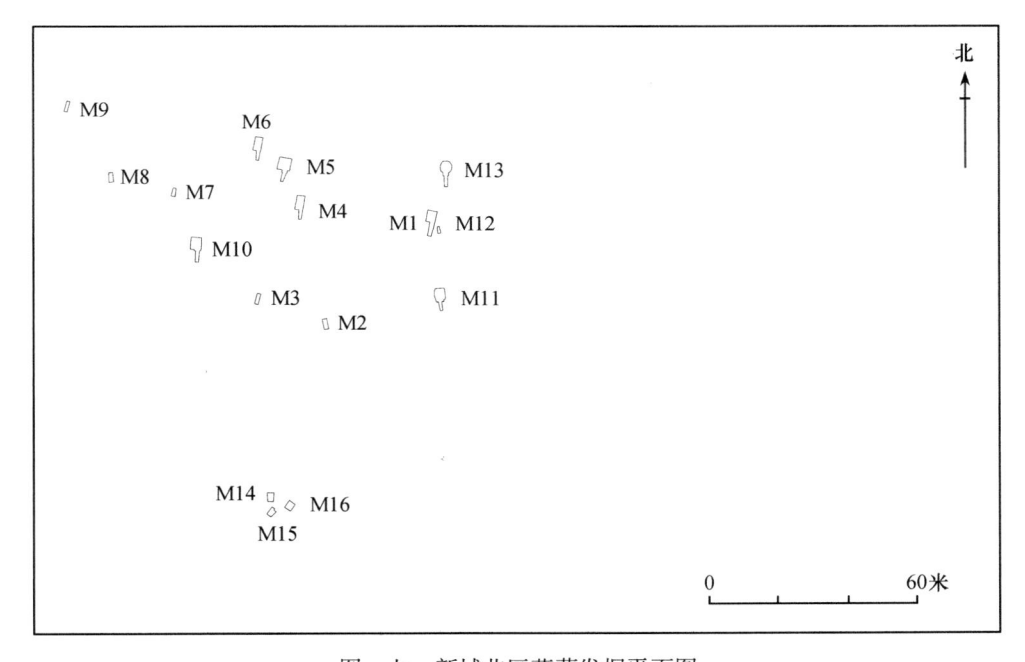

图一七　新城北区墓葬发掘平面图

由于配合基本建设考古发掘任务的繁重及其他原因，大兴采育西组团、黄村双高花园、康庄安置房、康庄C地块、青云店联宾、医学科学院、新城北区墓葬发掘结束后，室内整理工作并未立即进行，相关工作开展较晚，且断断续续。系统整理相关材料始于2015年4月，至2019年8月完成全部数据的校核、修改，报告定稿。室内整理工作由张智勇主持，参加人员有刘乃涛、曾祥江、戬征、安喜林、黄星、彭美娟。

大兴区各项目考古发掘工作，得到了北京市文物局、北京市文物研究所各科室、大兴区文物管理所、相关建设单位等的协助和支持，特此致谢。

第二章　采育西组团墓葬

一、M1

1. 墓葬形制

该墓位于发掘Ⅱ区东南部，东邻M6。开口于第2层下，东北—西南向，方向30°。

墓平面呈梯形，竖穴土圹双棺合葬墓。墓口距地表深0.5米，墓底距地表深0.9~1.3米。墓圹南北长2.2、东西宽1.8~2、深0.4~0.8米。内填花土，土质较硬。内置双棺，棺木已朽。东棺长1.94、宽0.46~0.74、残高0.12米，棺板厚0.08米，前封板厚0.06米，后封板厚0.04米；骨架保存较差，头向东，面向北，葬式不明，为男性。西棺痕长1.78、宽0.5~0.64、残高0.14米；骨架保存较差，头向东，面向北，仰身直肢，为女性（图一八）。

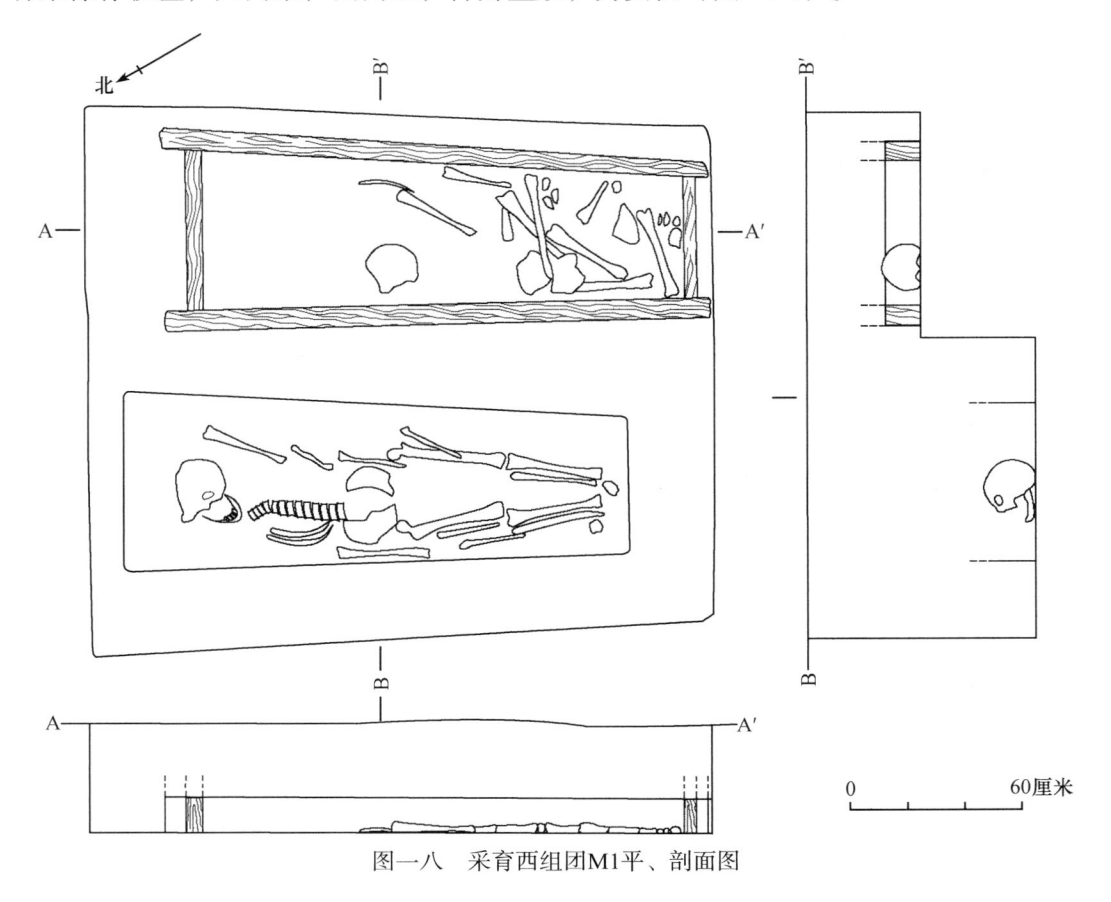

图一八　采育西组团M1平、剖面图

2. 随葬品

未发现随葬品。

二、M2

1. 墓葬形制

该墓位于发掘Ⅱ区东北部，北邻M4。开口于第2层下，南北向，方向355°。

墓平面呈梯形，竖穴土圹单棺墓。墓口距地表深0.5米，墓底距地表深0.9米。墓圹南北长2.5、东西宽1.9~2.1、深0.4米。内填花土，土质较松。内置单棺，棺木已朽，棺痕长1.9、宽0.6~0.78、残高0.1米。骨架保存较好，头向北，面向上，仰身直肢，为男性（图一九）。

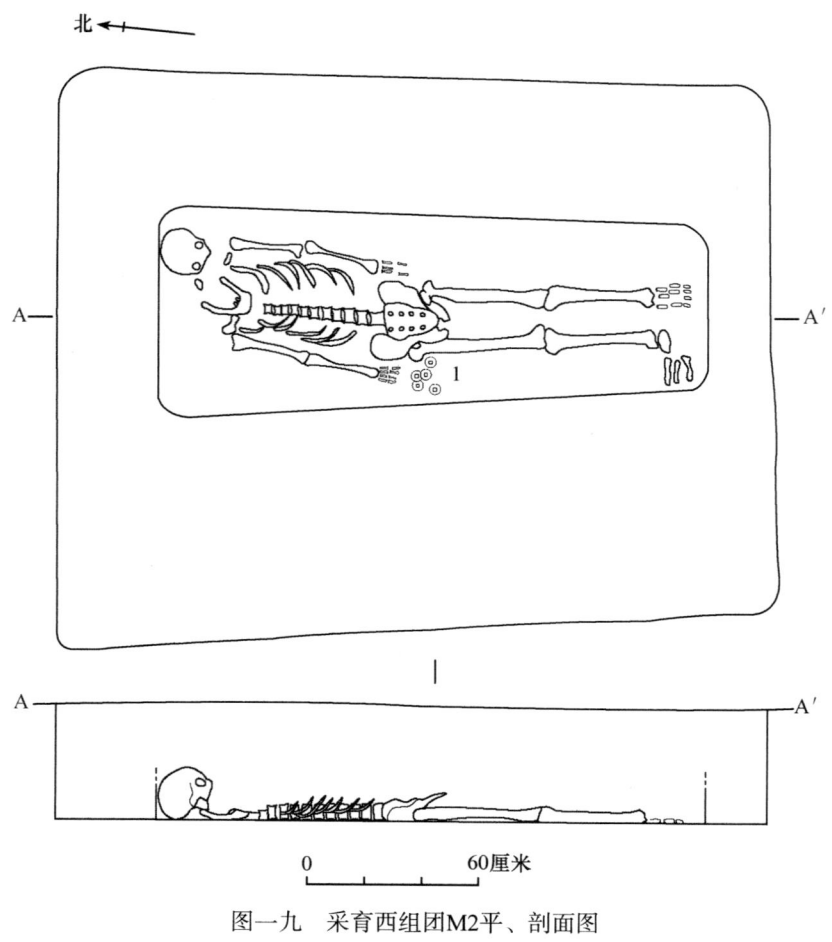

图一九 采育西组团M2平、剖面图
1.铜钱

2. 随葬品

棺内右上肢骨下方出土铜钱5枚，有乾隆通宝、嘉庆通宝。

乾隆通宝 4枚。标本M2：1-1，平钱，圆形，方穿，正背面郭缘较宽，正面楷书"乾隆通寶"四字，对读，背穿左右为满文"宝泉"局名。钱径2.5、穿径0.47、郭厚0.1厘米（图二〇，1）。

嘉庆通宝 1枚。M2：1-2，平钱，圆形，方穿，正背面郭缘略宽，正面楷书"嘉慶通寶"四字，对读，背穿左右为满文"宝泉"局名。钱径2.6、穿径0.51、郭厚0.12厘米（图二〇，2）。

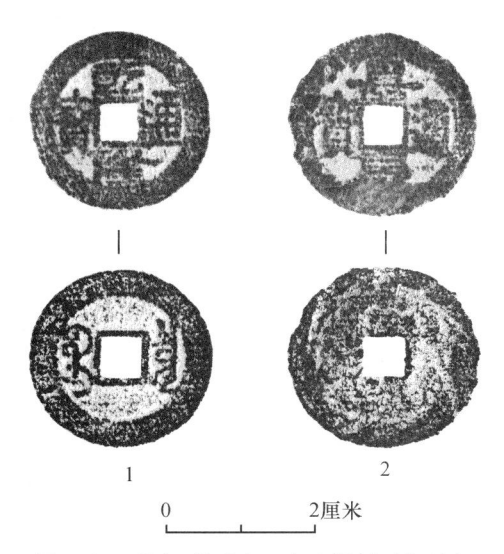

图二〇 采育西组团M2出土铜钱（拓片）
1. 乾隆通宝（M2：1-1） 2. 嘉庆通宝（M2：1-2）

三、M3

1. 墓葬形制

该墓位于发掘Ⅱ区东北部，东邻M2。开口于第2层下，南北向，方向0°。

墓平面呈梯形，竖穴土圹双棺合葬墓。墓口距地表深0.5米，墓底距地表深1.3米。墓圹南北长2.4、东西宽3.41～3.78、深0.8米。内填花土，土质较松。内置双棺，棺木已朽。东棺长2.1、宽0.82～0.88、残高0.24～0.26米，棺板厚0.1～0.14米，前封板厚0.1米；骨架保存较差，头向北，面向上，仰身直肢，为男性。西棺长1.97、宽0.61～0.72、残高0.66米，棺板厚0.1米，前封板厚0.1米；骨架保存较差，头向北，面向东，葬式不明，为女性（图二一）。

2. 随葬品

东棺内右上肢骨下方出土银元宝2件，左下肢骨上方出土铜钱43枚；西棺内头骨上方出土银簪6件，两侧出土银耳环各1件，左下肢骨下方出土铜钱29枚。

银簪 6件。M3：1，簪首圆形呈花瓣状，中部凸起呈圆环形，内焊接掐丝"福"字，背面錾刻"萬珍"、"足纹"四字，簪体呈圆柱锥形。长9.4厘米（图二二，1；图版二四，1）。M3：2，簪首圆形呈花瓣状，中部凸起呈圆环形，内焊接掐丝"寿"字，簪体呈圆柱锥形。长9.1厘米（图二二，2；图版二四，2）。M3：3，簪首呈佛手状，手持金刚杵，簪体呈圆柱锥形。长13.4厘米（图二二，3；图版二四，3）。M3：4，簪首呈镂空花球状，簪体呈圆柱锥形。长13.6厘米（图二二，4；图版二四，4）。M3：5，莲花包珠状簪首，莲花形簪托，内镶嵌橘黄色玛瑙珠一颗，珠子上方锤揲成梅花状帽铆焊，簪体呈圆柱锥形。长9.8厘米

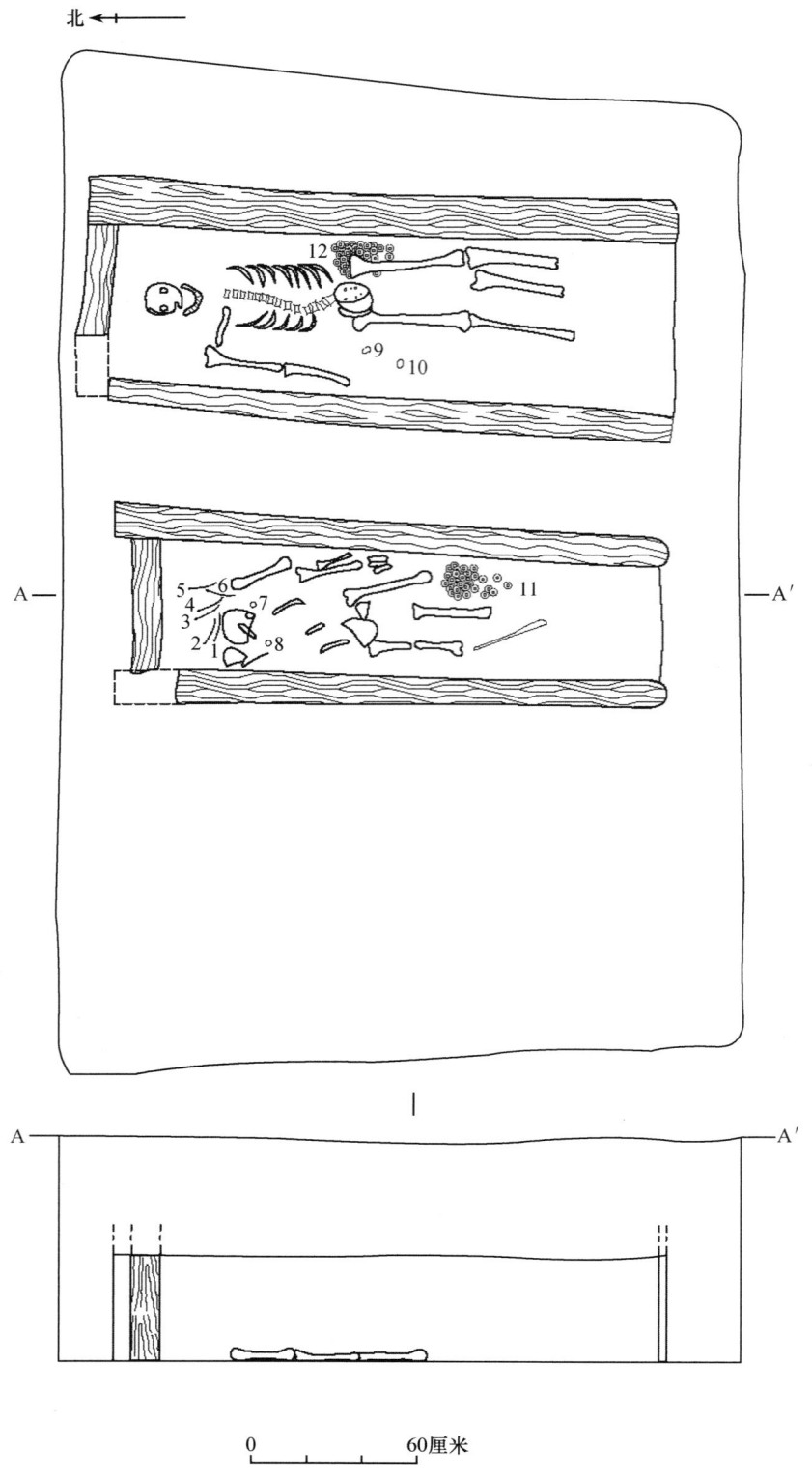

图二一　采育西组团M3平、剖面图

1~6.银簪　7、8.银耳环　9、10.银元宝　11、12.铜钱

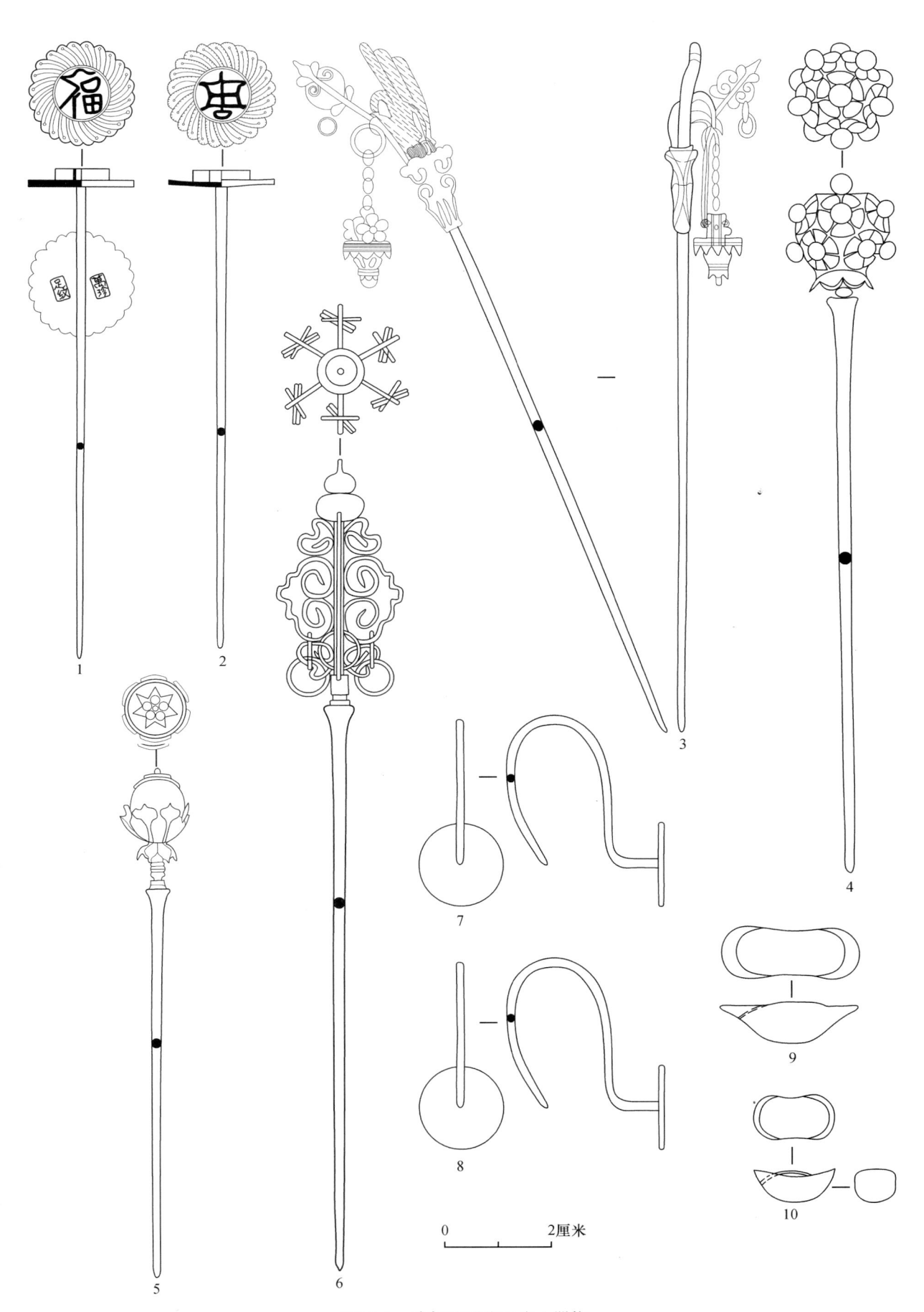

图二二 采育西组团M3出土器物

1~6. 银簪（M3:1、M3:2、M3:3、M3:4、M3:5、M3:6） 7、8.银耳环（M3:7、M3:8）
9、10.银元宝（M3:9、M3:10）

（图二二，5；图版二五，1）。M3：6，九连环禅杖形，簪顶呈葫芦状，簪体呈圆柱锥状。长15.8厘米（图二二，6；图版二五，2）。

银耳环　2件。形制相同。M3：7、M3：8，呈"S"形，一端圆钩状，一端圆饼形，两端焊接而成。通高3.6厘米（图二二，7、8；图版二五，3、4）。

银元宝　2件。形制相同。体似船形，中部收束，寰形底。M3：9，长2.6、宽1、高0.8厘米（图二二，9；图版二五，5）。M3：10，长1.6、宽0.8、高0.6厘米（图二二，10；图版二五，6）。

铜钱　72枚。有大观通宝、乾隆通宝、嘉庆通宝、道光通宝、咸丰通宝、同治重宝、光绪通宝、光绪重宝、宣统通宝、宽永通宝（图版三一，1）。

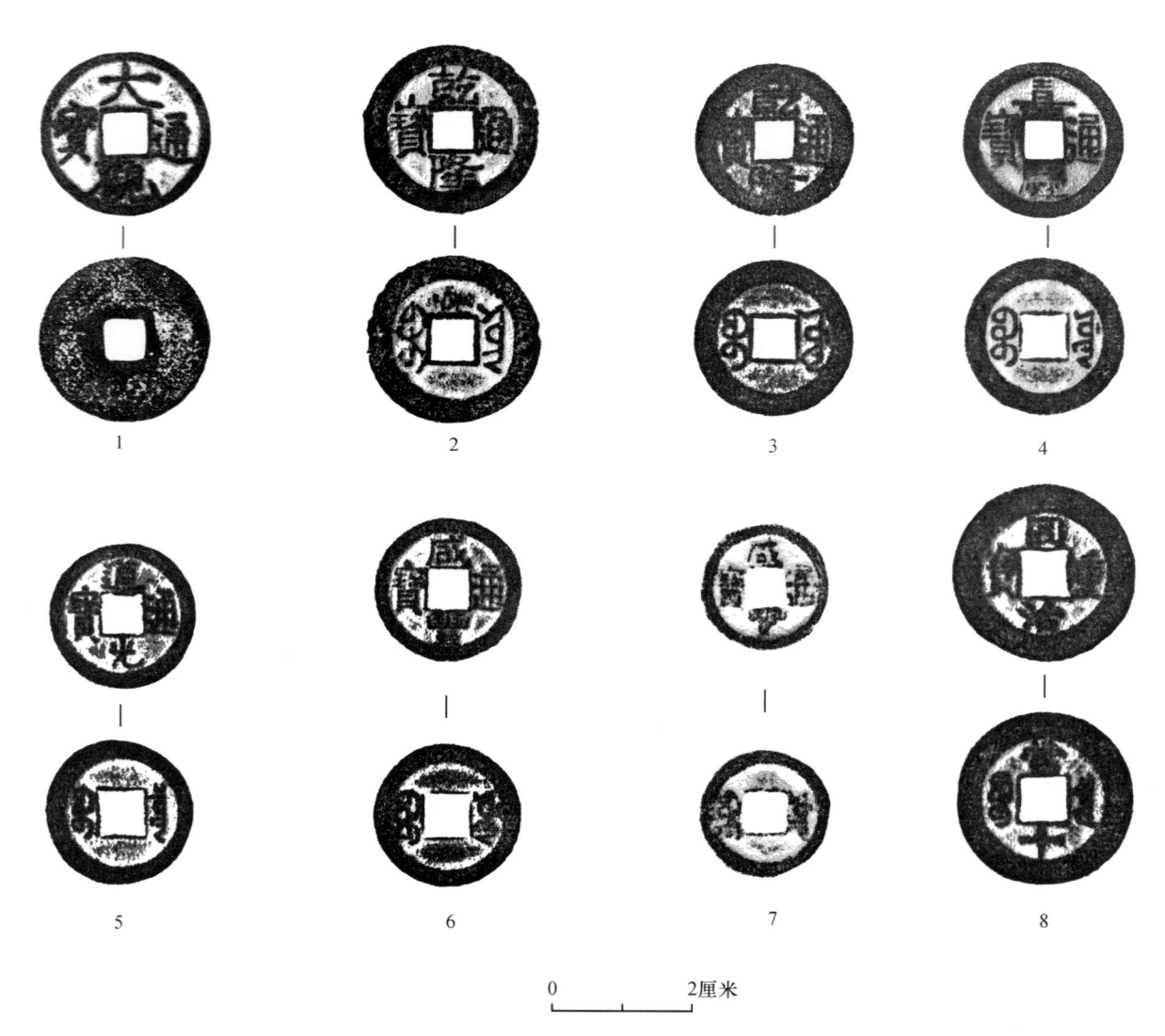

图二三　采育西组团M3出土铜钱（拓片）
1. 大观通宝（M3：11-1）　2、3. 乾隆通宝（M3：11-2、M3：11-3）　4. 嘉庆通宝（M3：11-4）
5. 道光通宝（M3：11-5）　6、7. 咸丰通宝（M3：11-6、M3：11-7）　8. 同治重宝（M3：11-8）

大观通宝　1枚。M3：11-1，平钱，圆形，方穿，正面郭缘较窄，背面无郭，正面御书"大觀通寶"四字，对读。钱径2.48、穿径0.6、郭厚0.11厘米（图二三，1）。

乾隆通宝　20枚。平钱，圆形，方穿，正背面郭缘较宽，正面楷书"乾隆通寶"四字，对读。标本M3：11-2，背穿左右为满文"宝泉"局名。钱径2.56、穿径0.56、郭厚0.1厘米（图二三，2）。标本M3：11-3，背穿左右为满文"宝源"局名。钱径2.28、穿径0.53、郭厚0.14厘米（图二三，3）。

嘉庆通宝　5枚。标本M3：11-4，平钱，圆形，方穿，正背面郭缘较宽，正面楷书"嘉慶通寶"四字，对读，背穿左右为满文"宝源"局名。钱径2.36、穿径0.55、郭厚0.09厘米（图二三，4）。

道光通宝　17枚。标本M3：11-5，平钱，圆形，方穿，正背面郭缘较窄，正面楷书"道光通寶"四字，对读，背穿左右为满文"宝泉"局名。钱径2.16、穿径0.55、郭厚0.13厘米（图二三，5）。

咸丰通宝　3枚。平钱，圆形，方穿，正背面郭缘略宽，正面楷书"咸豐通寶"四字，对读。标本M3：11-6，背穿左右为满文"宝泉"局名。钱径2.2、穿径0.54、郭厚0.13厘米（图二三，6）。标本M3：11-7，背穿左右为满文"宝源"局名。钱径1.94、穿径0.47、郭厚0.15厘米（图二三，7）。

同治重宝　3枚。大平钱，圆形，方穿，正背面郭缘较宽，正面楷书"同治重寶"四字，对读，背穿上下楷书"當十"二字，左右为满文"宝泉"局名。标本M3：11-8，钱径2.76、穿径0.62、郭厚0.13厘米（图二三，8）。标本M3：12-1，钱径2.66、穿径0.55、郭厚0.13厘米（图二四，1）。

光绪通宝　17枚。平钱，圆形，方穿，正背面郭缘略宽，正面楷书"光緒通寶"四字，对读。标本M3：12-2，背穿左右为满文"宝泉"局名。钱径2.22、穿径0.53、郭厚0.14厘米（图二四，2）。标本M3：12-3，背穿左右为满文"宝源"局名。钱径2.22、穿径0.48、郭厚0.12厘米（图二四，3）。

光绪重宝　1枚。M3：12-4，平钱，圆形，方穿，正背面郭缘略宽，正面楷书"光緒重寶"四字，对读，背穿上下楷书"當拾"二字，左右为满文"宝源"局名。钱径2.66、穿径0.58、郭厚0.14厘米（图二四，4）。

宣统通宝　4枚。标本M3：12-5，小平钱，圆形，方穿，正背面郭缘略宽，正面楷书"宣統通寶"四字，对读，背穿左右为满文"宝泉"局名。钱径1.92、穿径0.38、郭厚0.13厘米（图二四，5）。

宽永通宝　1枚。M3：12-6，平钱，圆形，方穿，正背面郭缘略宽，正面楷书"寬永通寶"四字，对读。钱径2.41、穿径0.6、郭厚0.1厘米（图二四，6）。

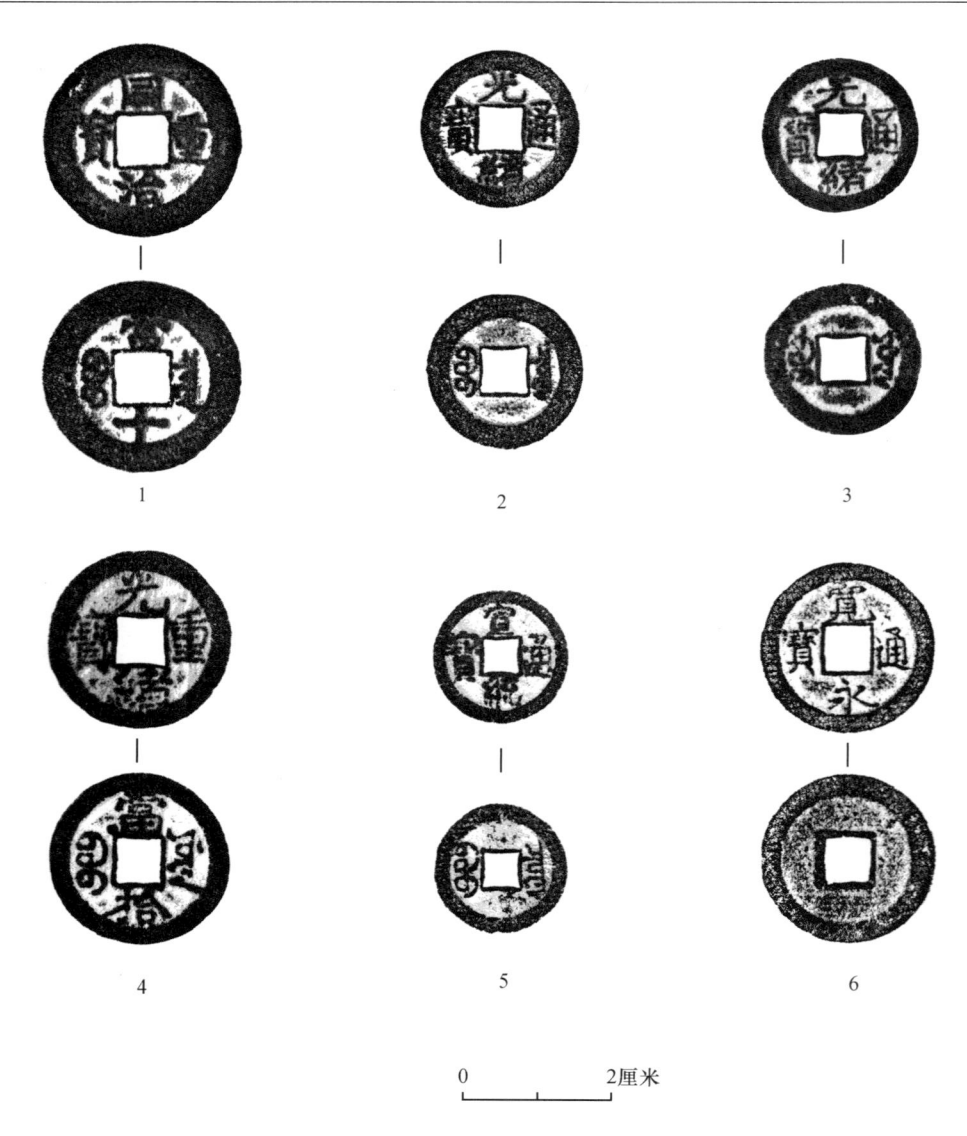

图二四 采育西组团M3出土铜钱（拓片）

1. 同治重宝（M3：12-1） 2、3. 光绪通宝（M3：12-2、M3：12-3） 4. 光绪重宝（M3：12-4）
5. 宣统通宝（M3：12-5） 6. 宽永通宝（M3：12-6）

四、M4

1. 墓葬形制

该墓位于发掘Ⅱ区东北部，南邻M2。开口于第2层下，南北向，方向0°。

墓平面呈长方形，竖穴土圹双棺合葬墓。墓口距地表深0.4米，墓底距地表深0.8～1.1米。墓圹南北长2.2、东西宽2.16、深0.4～0.7米。内填花土，土质较松。内置双棺，棺木已朽。东棺痕长1.94、宽0.6~0.66、残高0.09米；骨架保存较差，头向北，面向上，仰身直肢，为男性。西棺长2.14、宽0.72~0.88、残高0.32米，棺板厚0.04~0.08米，前封板厚0.06米；骨架保存较差，头向北，面向上，仰身直肢，为女性（图二五）。

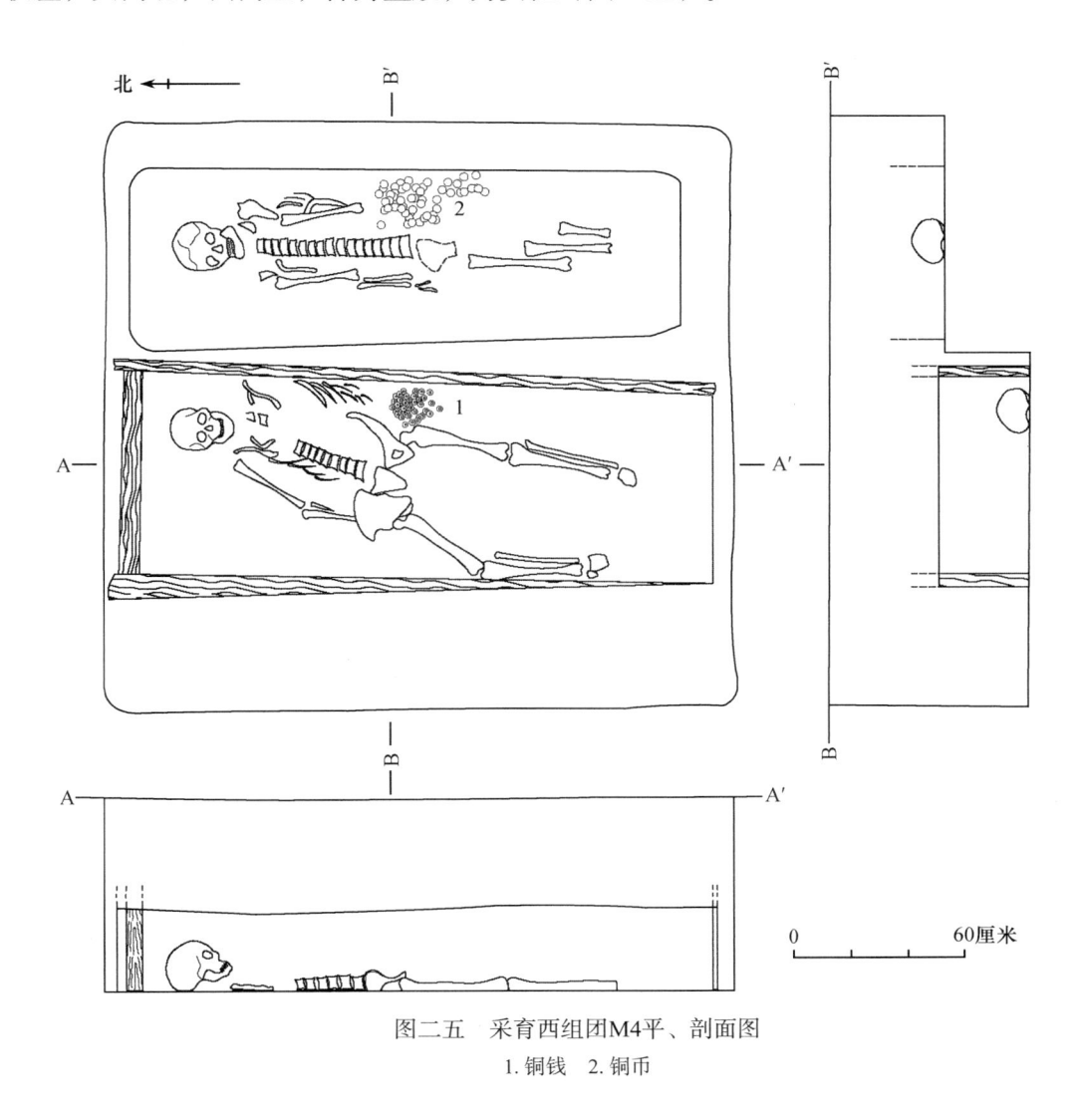

图二五　采育西组团M4平、剖面图
1. 铜钱　2. 铜币

2. 随葬品

东棺内左上肢骨下方出土铜币50枚；西棺内左下肢骨上方出土铜钱55枚。

铜钱　55枚。有嘉祐通宝、嘉祐元宝、顺治通宝、乾隆通宝、嘉庆通宝、道光通宝、光绪通宝、光绪重宝、宣统通宝、宽永通宝（图版三一，2~4）。

嘉祐通宝　1枚。M4∶1-1，平钱，圆形，方穿，正面郭缘略宽，背面无郭，正面楷书"嘉祐通寳"四字，对读。钱径2.4、穿径0.7、郭厚0.09厘米（图二六，1）。

嘉祐元宝　1枚。M4∶1-2，平钱，圆形，方穿，正面郭缘较窄，背面郭缘较宽，正面篆书

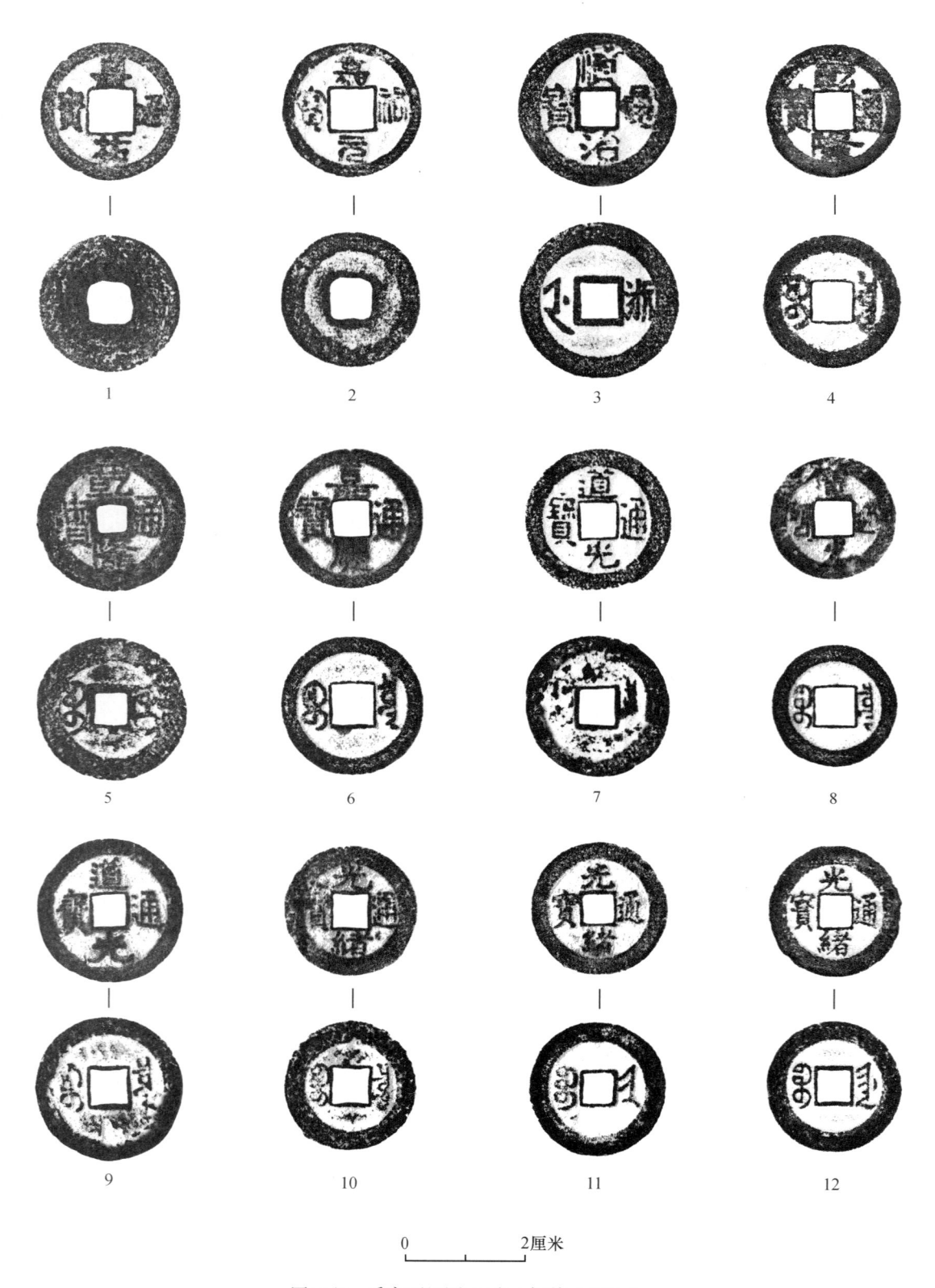

图二六 采育西组团M4出土铜钱（拓片）

1. 嘉祐通宝（M4:1-1） 2. 嘉祐元宝（M4:1-2） 3. 顺治通宝（M4:1-3） 4、5. 乾隆通宝（M4:1-4、M4:1-5） 6. 嘉庆通宝（M4:1-6） 7~9. 道光通宝（M4:1-7、M4:1-8、M4:1-9） 10~12. 光绪通宝（M4:1-10、M4:1-11、M4:1-12）

"嘉祐元寶"四字，旋读。钱径2.35、穿径0.68、郭厚0.11厘米（图二六，2）。

顺治通宝　1枚。M4∶1-3，大平钱，圆形，方穿，正背面郭缘较宽，正面楷书"顺治通寶"四字，对读，背穿左为满文"浙"字、右为楷书"浙"字，为"宝浙"局名。钱径2.68、穿径0.55、郭厚0.08厘米（图二六，3）。

乾隆通宝　13枚。平钱，圆形，方穿，正背面郭缘略宽，正面楷书"乾隆通寶"四字，对读，背穿左右为满文"宝泉"局名。标本M4∶1-4，钱径2.32、穿径0.58、郭厚0.12厘米（图二六，4）。标本M4∶1-5，钱径2.54、穿径0.47、郭厚0.09厘米（图二六，5）。

嘉庆通宝　5枚。标本M4∶1-6，平钱，圆形，方穿，正背面郭缘略宽，正面楷书"嘉慶通寶"四字，对读，背穿左右为满文"宝泉"局名。钱径2.46、穿径0.58、郭厚0.12厘米（图二六，6）。

道光通宝　13枚。平钱，圆形，方穿，正背面郭缘较窄，正面楷书"道光通寶"四字，对读，背穿左右为满文"宝泉"局名。标本M4∶1-7，钱径2.54、穿径0.56、郭厚0.14厘米（图二六，7）。标本M4∶1-8，钱径2.18、穿径0.56、郭厚0.14厘米（图二六，8）。标本M4∶1-9，钱径2.52、穿径0.46、郭厚0.12厘米（图二六，9）。

光绪通宝　15枚。平钱，圆形，方穿，正面楷书"光绪通寶"四字，对读。标本M4∶1-10，正背面郭缘较宽，背穿左右为满文"宝泉"局名。钱径2.28、穿径0.52、郭厚0.1厘米（图二六，10）。标本M4∶1-11，正背面郭缘较宽，背穿左右为满文"宝晋"局名。钱径2.4、穿径0.44、郭厚0.08厘米（图二六，11）。标本M4∶1-12，正背面郭缘较宽，背穿左右为满文"宝源"局名。钱径2.3、穿径0.43、郭厚0.12厘米（图二六，12）。标本M4∶1-13，正背面郭缘较窄，背穿左右为满文"宝源"局名。钱径1.84、穿径0.42、郭厚0.08厘米（图二七，1）。

光绪重宝　2枚。标本M4∶1-14，平钱，圆形，方穿，正背面郭缘较宽，正面楷书"光緒重寶"四字，对读，背穿上下楷书"當拾"二字，左右为满文"宝泉"局名。钱径2.66、穿径0.54、郭厚0.17厘米（图二七，2）。

宣统通宝　3枚。小平钱，圆形，方穿，正背面郭缘略宽，正面楷书"宣統通寶"四字，对读，背穿左右为满文"宝泉"局名。标本M4∶1-15，钱径1.92、穿径0.38、郭厚0.09厘米（图二七，3）。标本M4∶1-16，钱径1.88、穿径0.38、郭厚0.12厘米（图二七，4）。

宽永通宝　1枚。M4∶1-17，平钱，圆形，方穿，正背面郭缘略宽，正面楷书"寬永通寶"四字，对读，背穿上方为楷书"十"字。钱径2.45、穿径0.6、郭厚0.11厘米（图二七，5）。

铜币　50枚（图版三一，4）。标本M4∶2-1，平钱，圆形，正背面郭缘较窄，正面珠圈内楷书"大清銅幣"四字，对读，齿缘上方为满文"天命汉钱"四字，下方楷书"當制钱十文"五字，左右楷书"丁未"二字。背面珠圈内铸蟠龙戏火珠，齿缘上方楷书"光緒年造"四字。钱径2.82、郭厚0.14厘米（图二七，6）。标本M4∶2-2，平钱，圆形，正背面郭缘较窄，正面珠圈内楷书"大清銅幣"四字，对读，齿缘上方为满文"天命汉钱"四字，下方楷书"當制钱十文"五字，左右楷书"己酉"二字。背面齿缘上方楷书"宣統年造"四字。钱径2.8、郭厚0.13厘米（图二七，7）。标本M4∶2-3，平钱，正面珠圈内楷书"光緒元寶"

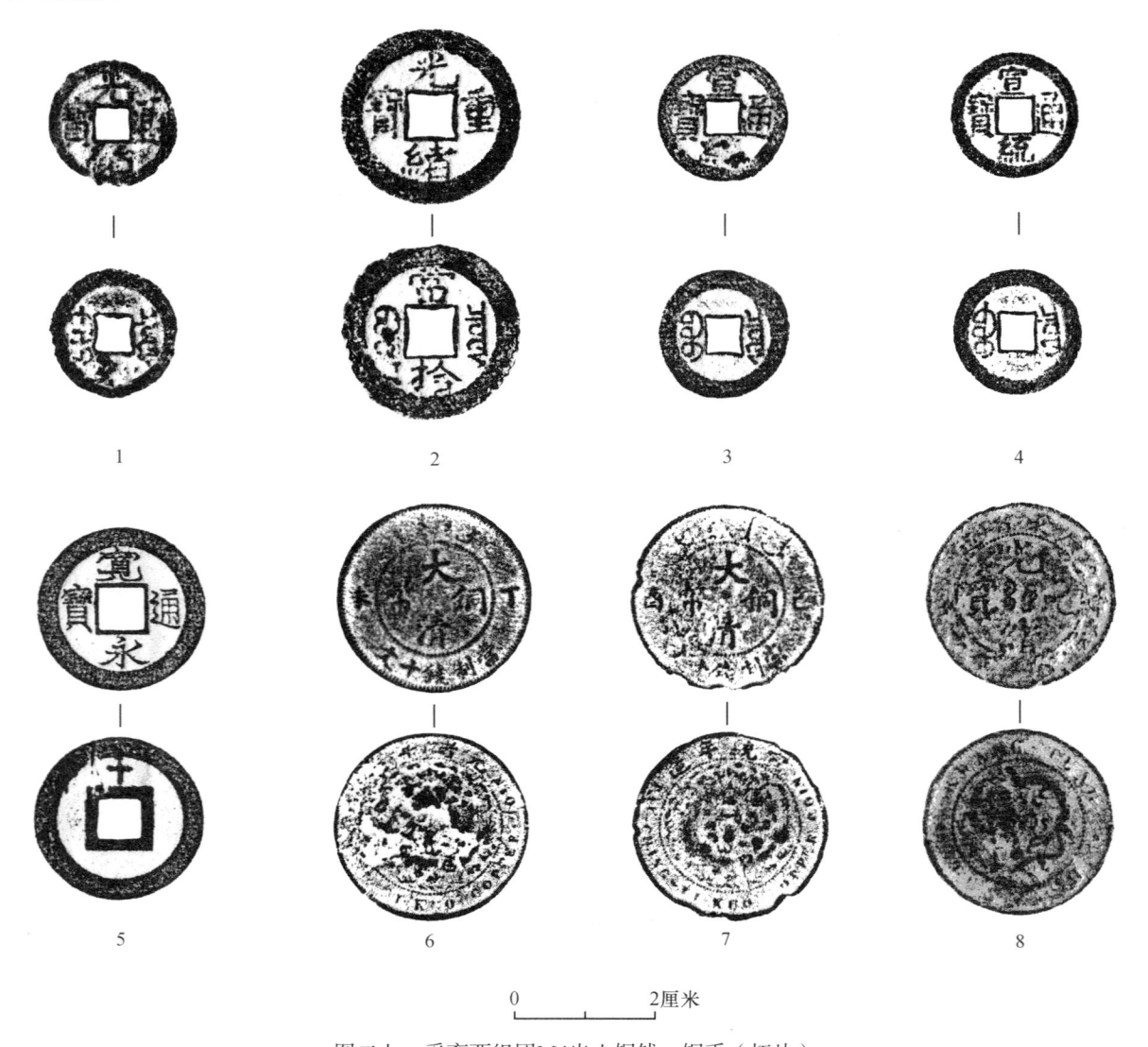

图二七　采育西组团M4出土铜钱、铜币（拓片）

1. 光绪通宝（M4：1-13）　2. 光绪重宝（M4：1-14）　3、4. 宣统通宝（M4：1-15、M4：1-16）　5. 宽永通宝（M4：1-17）
6~8. 铜币（M4：2-1、M4：2-2、M4：2-3）

四字，对读，中间为满文"宝广"局名，齿缘上方楷书"廣東省造"四字。背面珠圈内铸蟠龙戏火珠。钱径2.77、郭厚0.14厘米（图二七，8）。

五、M5

1. 墓葬形制

该墓位于发掘Ⅱ区东中部，西北邻M30。开口于第2层下，南北向，方向355°。

墓平面呈梯形，竖穴土圹双棺合葬墓。墓口距地表深0.45米，墓底距地表深0.85米。墓圹南北长2.3、东西宽1.7~1.8、深0.4米。内填花土，土质较松。内置双棺，棺木已朽。东棺痕长1.76、宽0.44~0.5、残高0.09米；骨架保存较好，头向北，面向上，仰身直肢，为男性。西棺痕长1.66、宽0.48~0.52、残高0.1米；骨架保存较好，头向北，面向东，仰身直肢，为女性（图二八；图版二，1）。

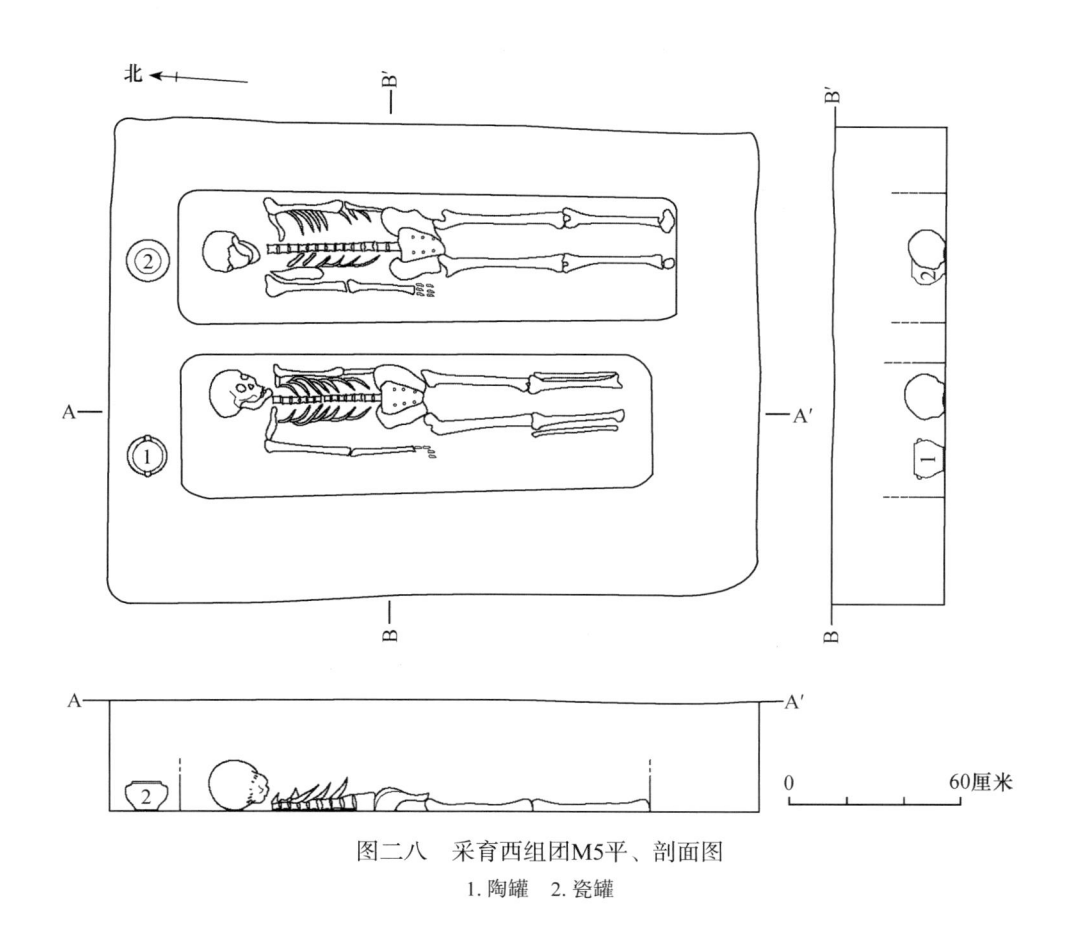

图二八 采育西组团M5平、剖面图
1. 陶罐　2. 瓷罐

2. 随葬品

东棺外前方出土瓷罐1件；西棺外右前方出土陶罐1件。

陶罐　1件。M5：1，泥质灰陶。敛口，圆唇，短颈，斜肩，弧腹，平底，颈肩部置对称双系，均残。轮制，通体遗有轮旋痕。口径11.6、腹径15、底径12、高11.2厘米（图二九，1；图版一四，1）。

瓷罐　1件。M5：2，敛口，圆唇，短颈，溜肩，圆腹，矮圈足。器体内外施酱色釉，腹下部及圈足无釉，露黄褐色胎，胎质较粗。轮制，通体遗有轮旋痕。口径9.3、腹径14.6、底径7.3、高11.4厘米（图二九，2；图版一九，1）。

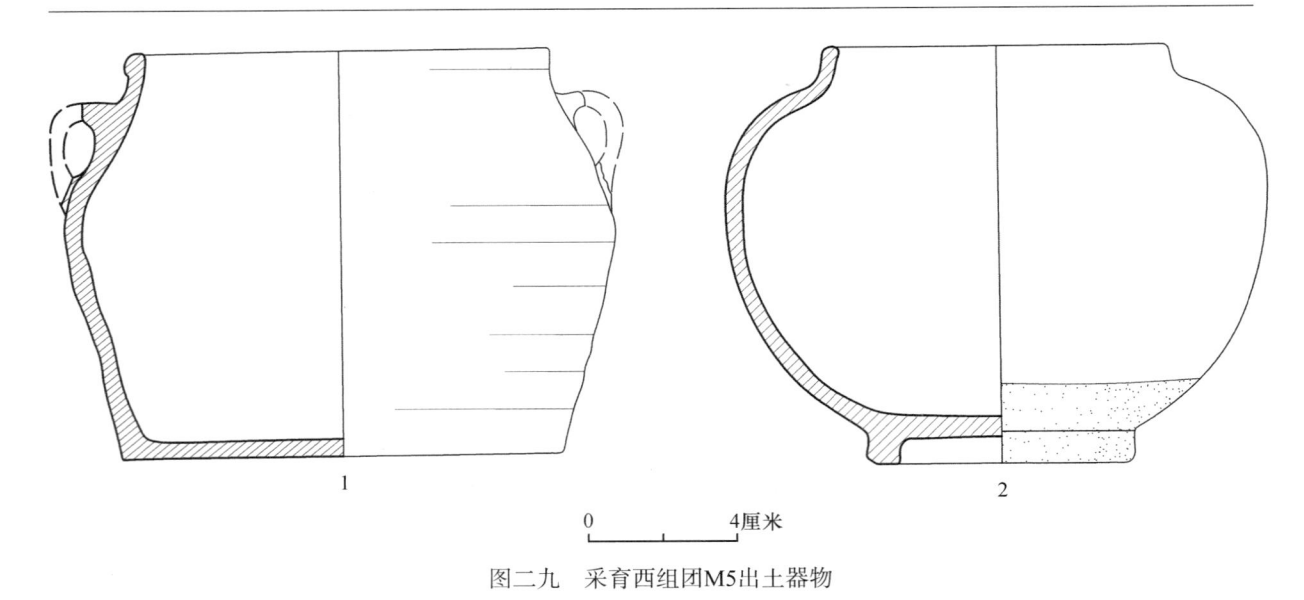

图二九　采育西组团M5出土器物
1. 陶罐（M5∶1）　2. 瓷罐（M5∶2）

六、M6

1. 墓葬形制

该墓位于发掘Ⅱ区东南部，西邻M1。开口于第2层下，南北向，方向280°。

墓平面呈梯形，竖穴土圹双棺合葬墓。墓口距地表深0.7米，墓底距地表深1.1米。墓圹南北长1.92~1.98、东西宽2.3、深0.4米。内填花土，土质较松。内置双棺，棺木已朽。东棺长1.92、宽0.52~0.64、残高0.16米，棺板厚0.06~0.08米，前封板厚0.05米；骨架保存较好，头向北，面向下，仰身直肢，为男性。西棺痕长1.68、宽0.58~0.68、残高0.24米；骨架保存较好，头向北，面向东，仰身直肢，为女性（图三〇；图版二，2）。

2. 随葬品

东棺外前方出土釉陶罐1件，棺内右上肢骨中部出土料珠1颗，左下肢骨上方出土铜币3枚。

釉陶罐　1件。M6∶1，侈口，平沿，尖唇，斜直颈，折肩，鼓腹，束腰，平底。通体施黄绿色釉。轮制，腹下部遗有流釉痕。口径8.4、腹径10.3、底径9.4、高13.5厘米（图三一，1；图版一七，1）。

料珠　1颗。M6∶2，圆球状，上下为平顶，中部有穿孔。直径1.4、孔径0.2厘米（图三一，2；图版二六，1）。

铜币　3枚。标本M6∶3-1，大平钱，圆形，正背面郭缘较窄，正面楷书"大清銅幣"四字，对读，齿缘左右楷书"己酉"二字。背面铸蟠龙戏火珠。钱径3.3、郭厚0.13厘米（图三一，3）。

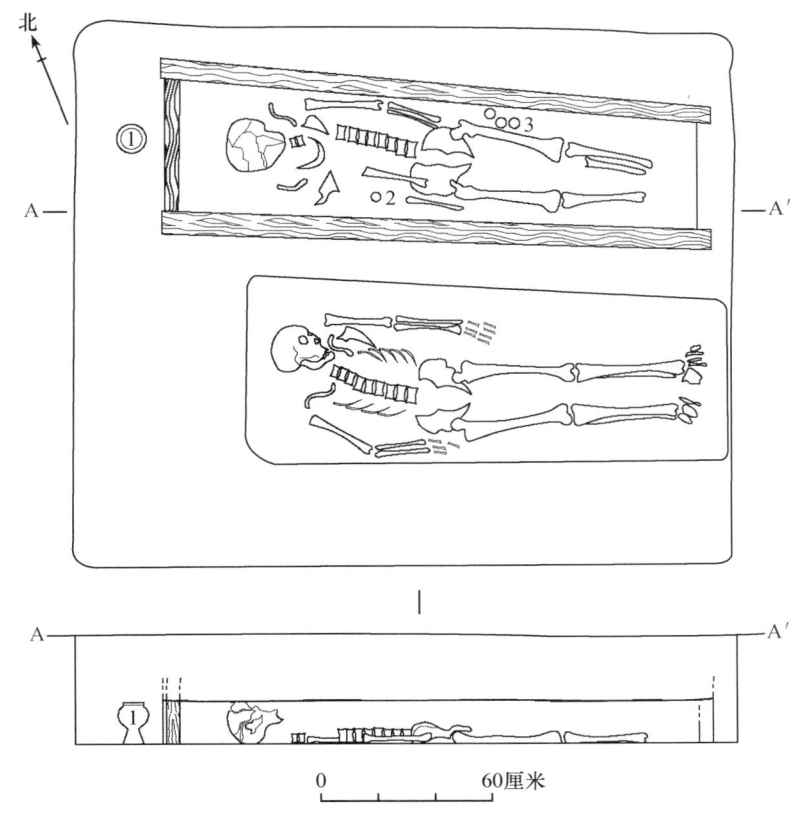

图三〇　采育西组团M6平、剖面图
1. 釉陶罐　2. 料珠　3. 铜币

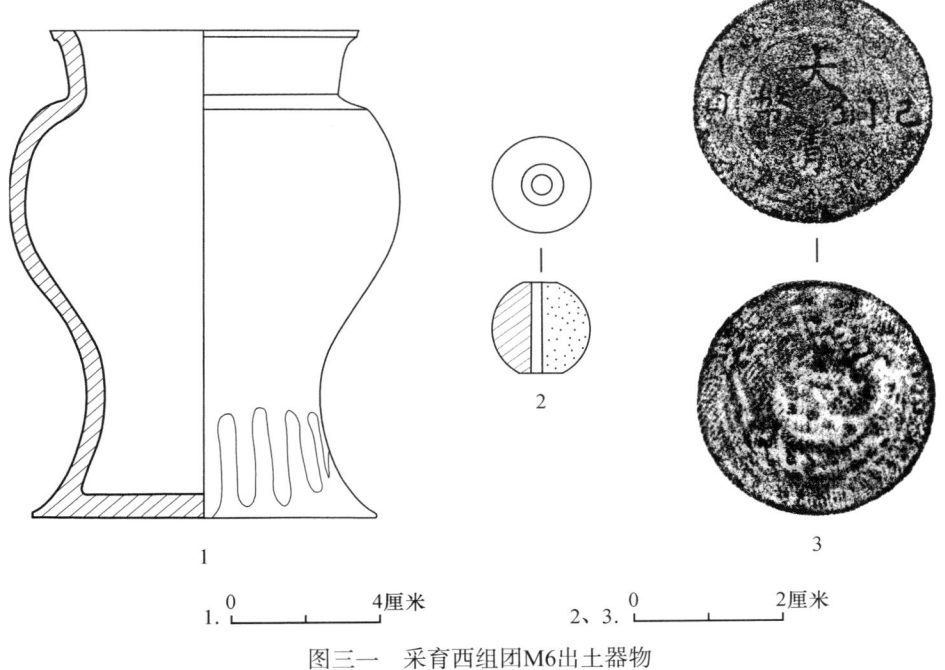

图三一　采育西组团M6出土器物
1. 釉陶罐（M6∶1）　2. 料珠（M6∶2）　3. 铜币（M6∶3-1）

七、M7

1. 墓葬形制

该墓位于发掘Ⅱ区东中部，南邻M16。开口于第2层下，南北向，方向353°。

墓平面呈梯形，竖穴土圹双棺合葬墓。墓口距地表深0.3米，墓底距地表深0.9米。墓圹南北长2.7、东西宽2.1~2.4、深0.6米。内填花土，土质较松。内置双棺，棺木已朽。东棺痕长1.82、宽0.58~0.6、残高0.1米；骨架保存较差，头向北，面向上，葬式、性别不明。西棺痕长2.08、宽0.58~0.66、残高0.1米；为迁葬墓，葬式、性别不明（图三二）。

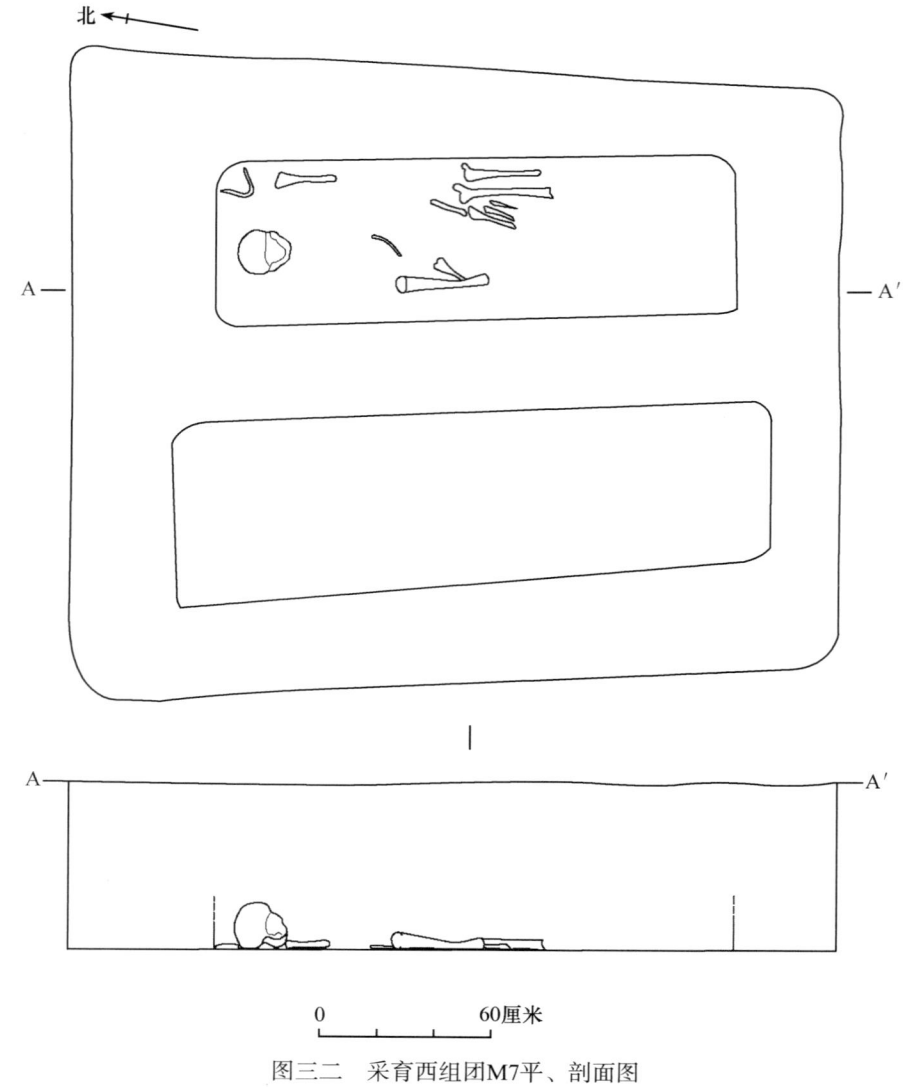

图三二 采育西组团M7平、剖面图

2. 随葬品

未发现随葬品。

八、M8

1. 墓葬形制

该墓位于发掘Ⅱ区东北部，北邻M3。开口于第2层下，南北向，方向355°。

墓平面呈长方形，竖穴土圹双棺合葬墓。墓口距地表深0.5米，墓底距地表深1.3米。墓圹南北长2.3、东西宽2.1、深0.8米。内填花土，土质较松。内置双棺，棺木已朽。东棺痕长1.78、宽0.44~0.56、残高0.1米；骨架保存较差，头向北，面向上，仰身直肢，为男性。西棺痕长1.7、宽0.5~0.53、残高0.08米；骨架保存较差，头向北，面向西，侧身屈肢，为女性（图三三）。

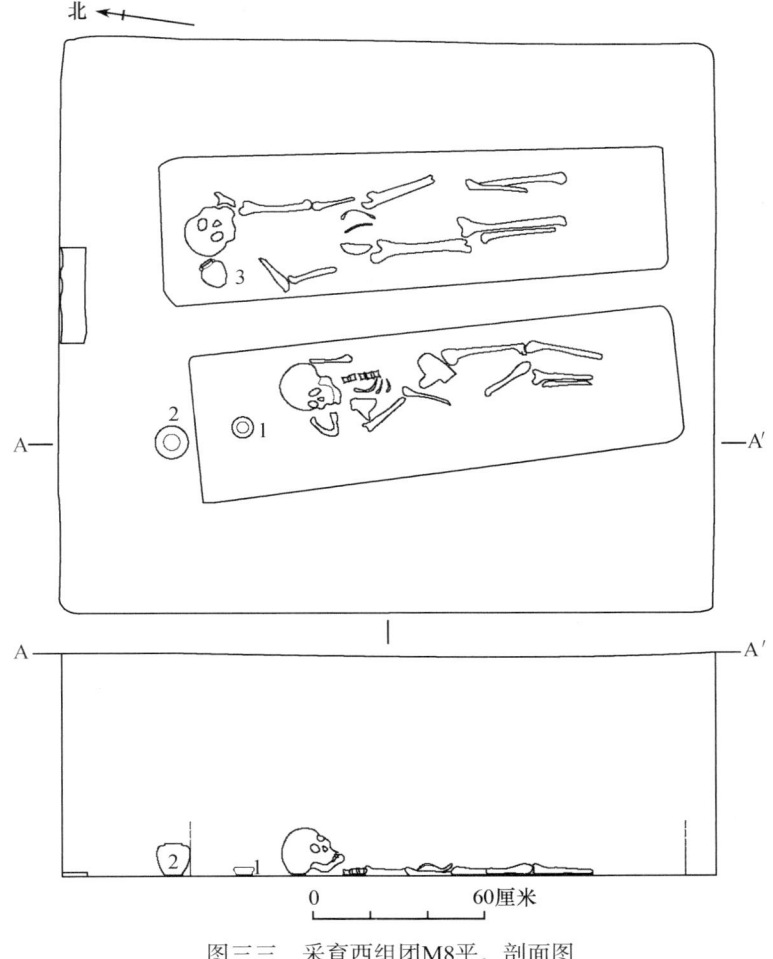

图三三　采育西组团M8平、剖面图
1. 陶盏　2、3. 瓷罐

2. 随葬品

东棺内头骨右侧出土瓷罐1件；西棺外右前方出土瓷罐1件，棺内头骨右前方出土陶盏1件。

陶盏　1件。M8:1，泥质红褐陶。敞口，圆唇，浅弧腹，平底。内部施酱黄色釉，外腹无釉。轮制。口径6.3、底径5.3、高2.7厘米（图三四，1；图版一四，2）。

瓷罐　2件。M8:2，直口，圆唇，短颈，圆肩，弧腹，假圈足。器体外部施乳白色釉，内部施酱黑色釉，足底露黄褐色胎。轮制，通体遗有轮旋痕。口径6、腹径11.9、底径6.4、高11.8厘米（图三四，2；图版一九，2）。M8:3，敛口，尖圆唇，斜直颈，溜肩，圆弧腹，矮圈足。颈肩部置对称倒鼻状双系。器体内外施黑色釉，外腹下部及圈足无釉，遗有流釉痕，露黄褐色胎。轮制，通体遗有轮旋痕。口径10、腹径15.5、底径6.8、高15.4厘米（图三四，3；图版一九，3）。

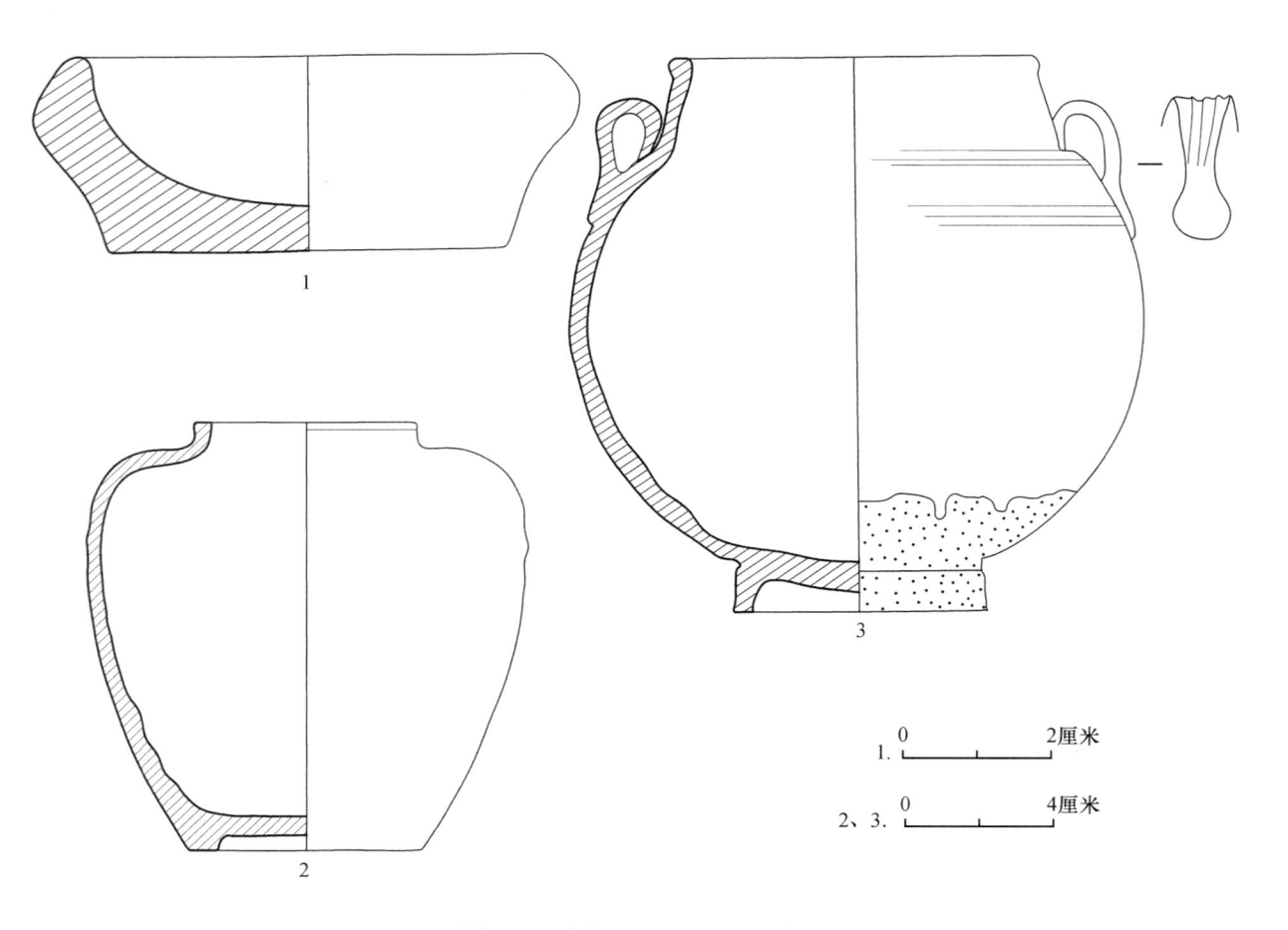

图三四　采育西组团M8出土器物
1. 陶盏（M8:1）　2、3. 瓷罐（M8:2、M8:3）

九、M9

1. 墓葬形制

该墓位于发掘Ⅱ区东部，南邻M10。开口于第2层下，南北向，方向356°。

墓平面呈不规则形，竖穴土圹双棺合葬墓。墓口距地表深0.5米，墓底距地表深1.1米。墓圹南北长2.7~2.9、东西宽1.7~1.9、深0.6米。内填花土，土质较松。内置双棺，棺木已朽。东棺痕长2、宽0.48~0.58、残高0.13米；骨架保存较差，头向北，面向东，仰身直肢，为男性。西棺痕长1.82、宽0.55~0.72、残高0.14米；骨架保存较差，头向北，面向东，仰身直肢，为女性（图三五；图版三，1）。

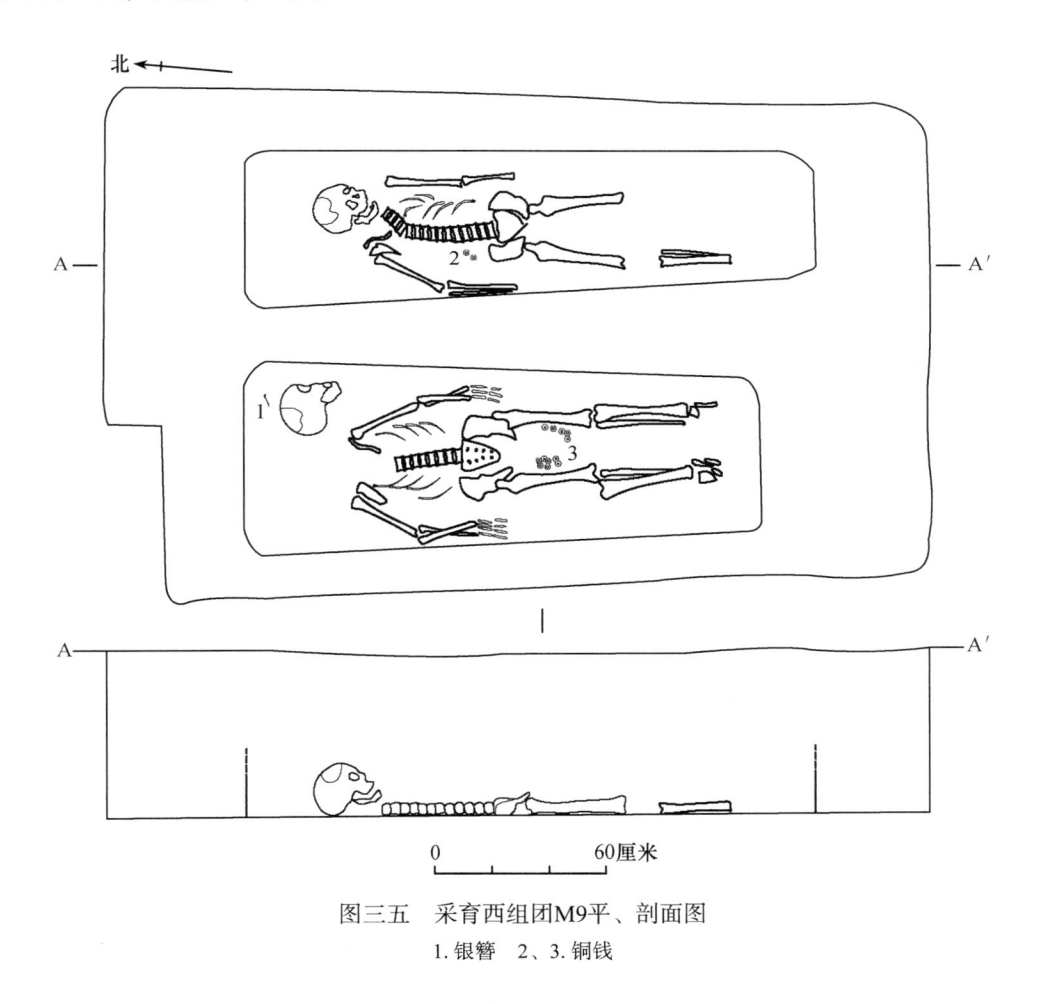

图三五 采育西组团M9平、剖面图
1. 银簪 2、3. 铜钱

2. 随葬品

东棺内右上肢骨下方出土铜钱2枚；西棺内头骨上方出土银簪1件，下肢骨中部出土铜钱12枚。

银簪　1件。M9：1，簪首呈如意状，簪体呈扁条形，向后弯曲，末端残，簪体上部錾刻梅花纹，背面錾刻"天和"二字。残长8.4厘米（图三六，1；图版二六，2）。

铜钱　14枚。有雍正通宝、乾隆通宝。

雍正通宝　2枚。标本M9：2-1，平钱，圆形，方穿，正背面郭缘较宽，正面楷书"雍正通寶"四字，对读，背穿左右为满文"宝泉"局名。钱径2.54、穿径0.52、郭厚0.13厘米（图三六，2；图版三一，5）。

乾隆通宝　12枚。标本M9：3-1，平钱，圆形，方穿，正背面郭缘较宽，正面楷书"乾隆通寶"四字，对读，背穿左右为满文"宝泉"局名。钱径2.56、穿径0.54、郭厚0.11厘米（图三六，3；图版三一，5）。

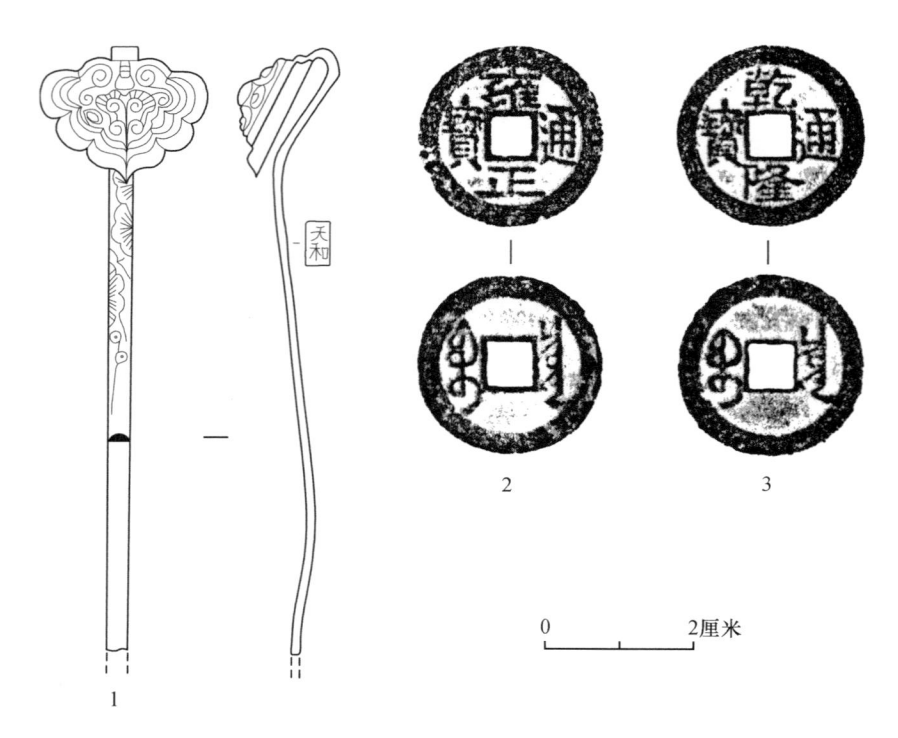

图三六　采育西组团M9出土器物
1. 银簪（M9：1）　2. 雍正通宝（M9：2-1）　3. 乾隆通宝（M9：3-1）

十、M10

1. 墓葬形制

该墓位于发掘Ⅱ区东部，北邻M9。开口于第2层下，南北向，方向0°。

墓平面呈梯形，竖穴土圹单棺墓。墓口距地表深0.5米，墓底距地表深1.6米。墓圹南北长2.6、东西宽1.62~1.7、深1.1米。内填花土，土质较松。内置单棺，棺木已朽，棺痕长2.2、宽

0.7、残高0.19米。骨架保存较差，头骨缺失，仰身直肢，为男性（图三七）。

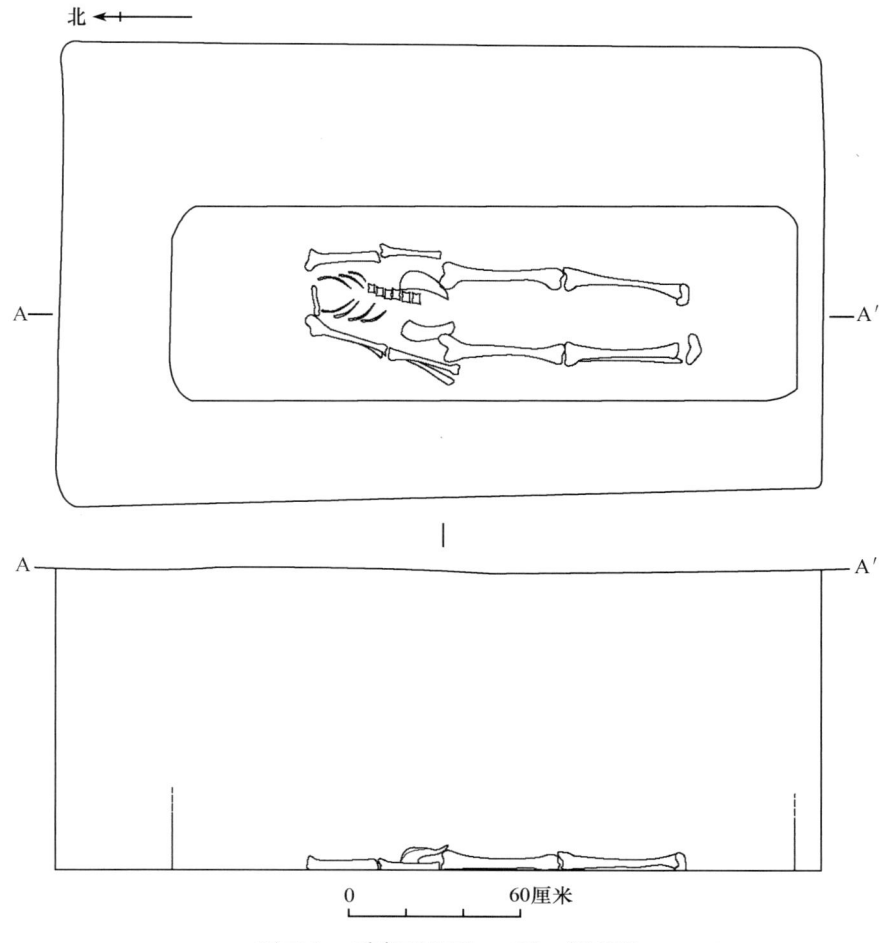

图三七　采育西组团M10平、剖面图

2. 随葬品

未发现随葬品。

十一、M11

1. 墓葬形制

该墓位于发掘Ⅱ区东部，北邻M12。开口于第2层下，南北向，方向0°。

墓平面呈梯形，竖穴土圹双棺合葬墓。墓口距地表深0.5米，墓底距地表深1.8米。墓圹南北长2.68、东西宽1.6～1.72、深1.3米。内填花土，土质较松。内置双棺，棺木已朽。东棺痕长1.5、宽0.44～0.5、残高0.18米；骨架保存较差，头向北，面向上，仰身直肢，为女性。

西棺痕长1.6、宽0.46～0.52、残高0.08米；骨架保存较好，头向北，面向西，仰身直肢，为男性（图三八；图版三，2）。

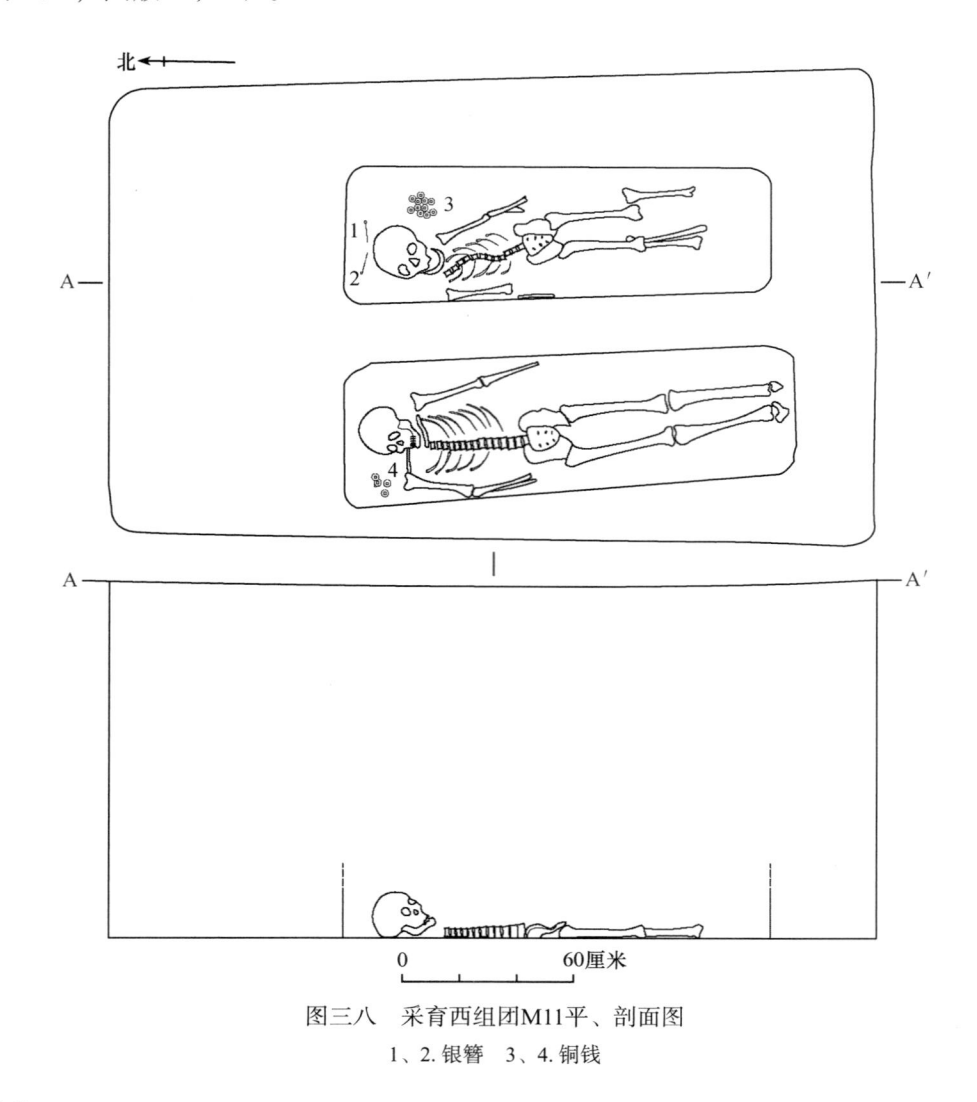

图三八　采育西组团M11平、剖面图
1、2.银簪　3、4.铜钱

2. 随葬品

东棺内头骨上方出土银簪2件，左上肢骨上方出土铜钱11枚；西棺内右上肢骨上方出土铜钱4枚。

银簪　2件。M11∶1，簪首呈如意状，簪体呈扁条锥形，向后弯曲，簪体上部錾刻梅花纹，背面錾刻"天寶雪"三字。长13厘米（图三九，1；图版二六，3）。M11∶2，簪首呈竹节状，向后弯曲，平顶，竹节处錾刻两排圆珠纹间隔，簪体呈扁条锥形，中上部錾刻竹叶纹，簪首背面錾刻"金牛"二字。长15.4厘米（图三九，2；图版二六，4）。

乾隆通宝　15枚。平钱，圆形，方穿，正背面郭缘略宽，正面楷书"乾隆通寶"四字，对读。标本M11∶3-1，背穿左右为满文"宝泉"局名。钱径2.34、穿径0.54、郭厚0.13厘米

（图三九，3）。标本M11：4-1，背穿左右为满文"宝源"局名。钱径2.38、穿径0.5、郭厚0.12厘米（图三九，4）。

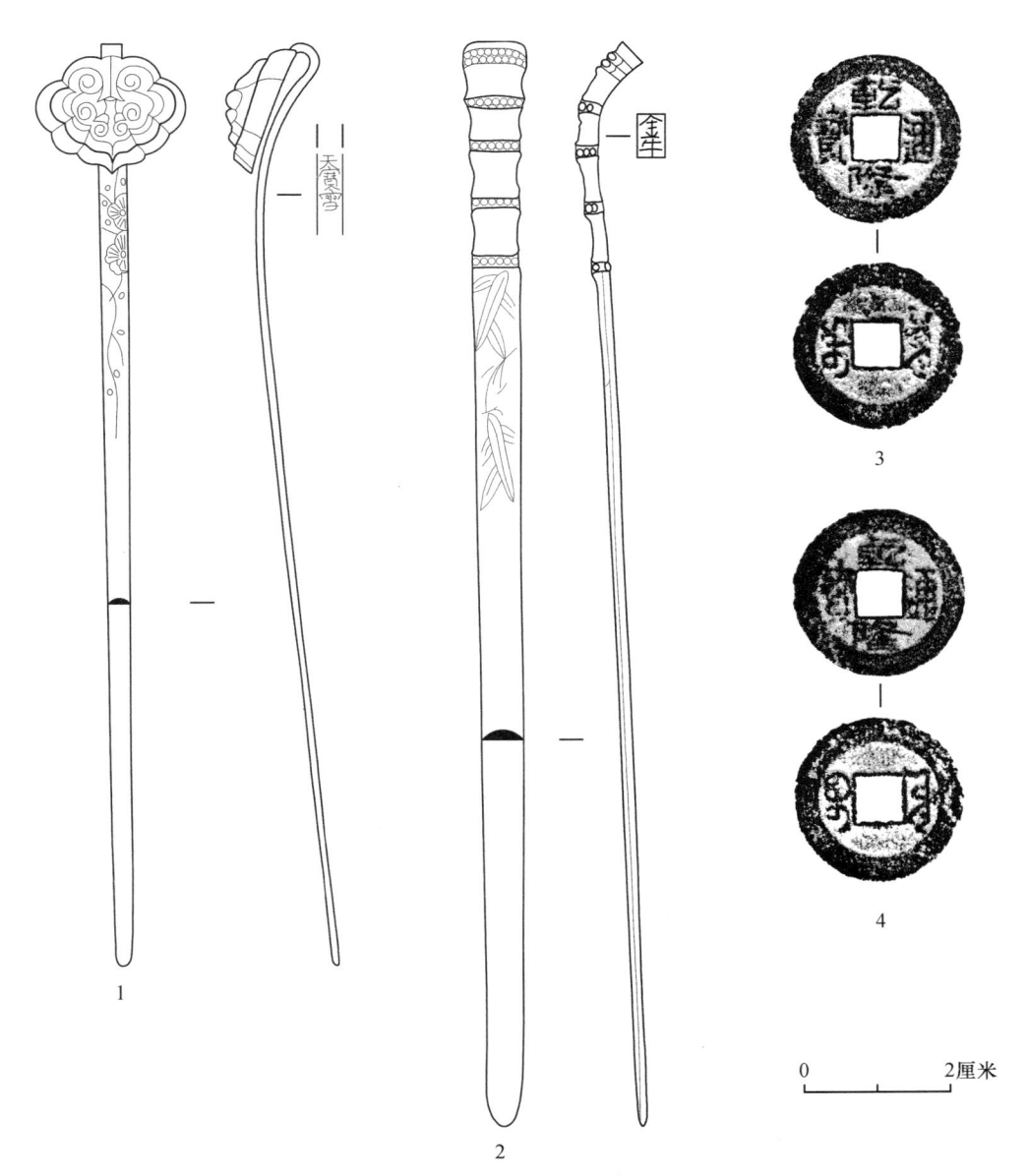

图三九　采育西组团M11出土器物
1、2. 银簪（M11：1、M11：2）　3、4. 乾隆通宝（M11：3-1、M11：4-1）

十二、M12

1. 墓葬形制

该墓位于发掘Ⅱ区东部，南邻M11。开口于第2层下，南北向，方向5°。

墓平面呈梯形，竖穴土圹双棺合葬墓。墓口距地表深0.5米，墓底距地表深1.55米。墓圹南北长3.13、东西宽1.86~1.92、深1.05米。内填花土，土质较松。内置双棺，棺木已朽。东棺痕长1.85、宽0.47~0.58、残高0.08米；骨架保存较差，头向北，面向上，仰身直肢，为女性。西棺痕长1.59、宽0.42~0.51、残高0.08米；骨架保存较差，头向北，面向上，仰身直肢，为男性（图四〇）。

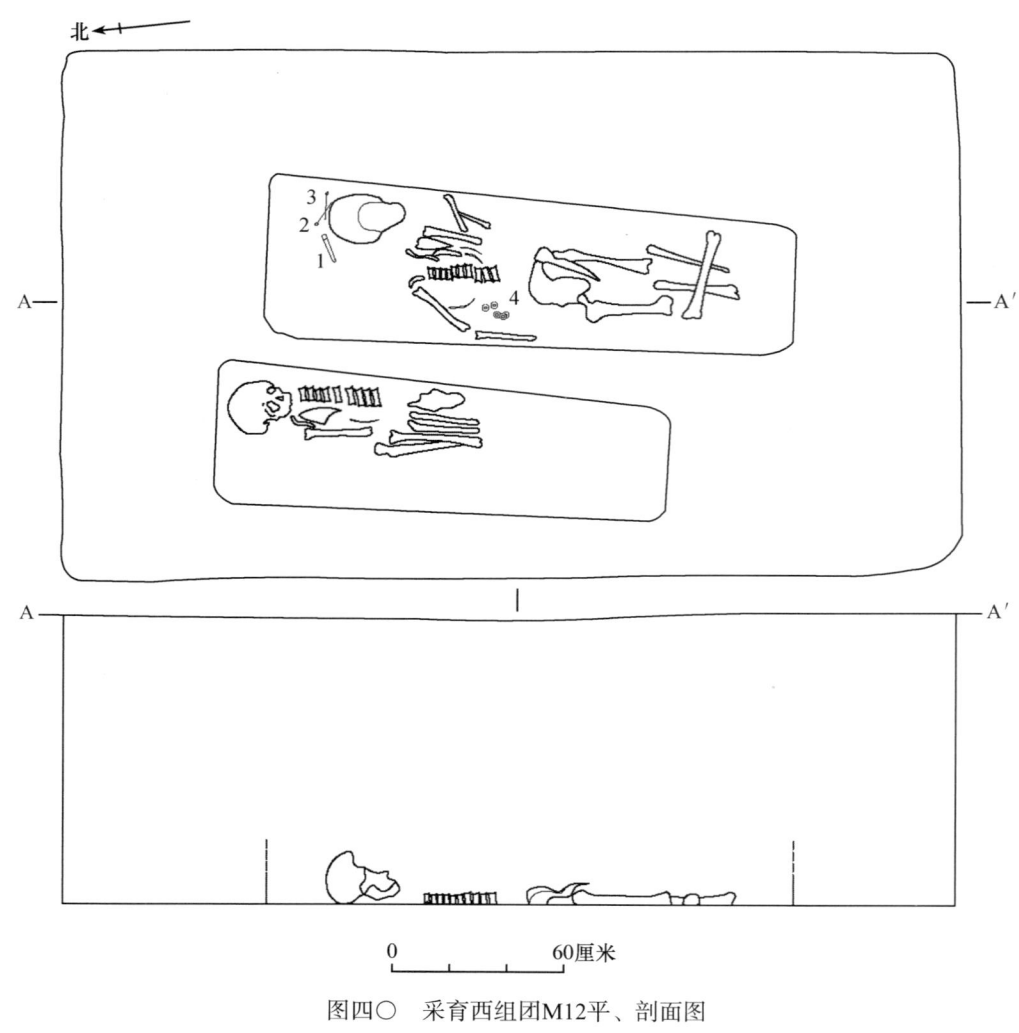

图四〇　采育西组团M12平、剖面图
1.银扁方　2、3.银簪　4.铜钱

2. 随葬品

东棺内头骨上方出土银扁方1件、银簪2件，右上肢骨下方出土铜钱5枚。

银扁方　1件。M12:1，首呈梅花棱状，向后折曲，方体上宽下窄呈长条形，末端圆弧状。长13.4、宽0.3~0.8厘米（图四一，1；图版二七，1）。

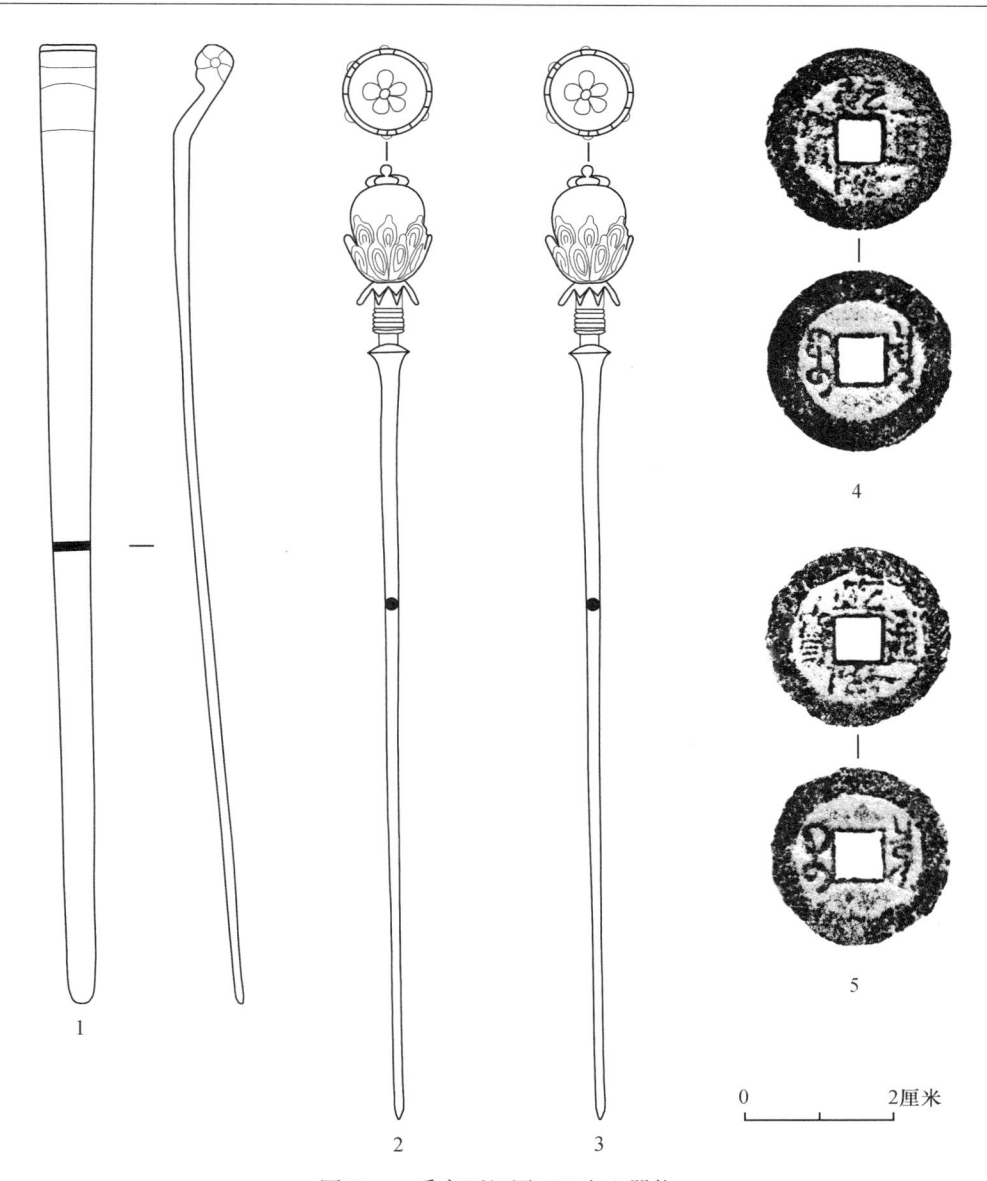

图四一 采育西组团M12出土器物
1.银扁方（M12:1） 2、3.银簪（M12:2、M12:3） 4、5.乾隆通宝（M12:4-1、M12:4-2）

银簪　2件。形制相同。莲花包珠状簪首，莲花形簪托，内镶嵌橘黄色玛瑙珠一颗，珠子上方锤揲成梅花状帽铆焊，簪体呈圆柱锥形。M12:2，长13.2厘米（图四一，2；图版二七，2）。M12:3，长13.2厘米（图四一，3；图版二七，3）。

乾隆通宝　5枚。平钱，圆形，方穿，正背面郭缘较宽，正面楷书"乾隆通寶"四字，对读，背穿左右为满文"宝泉"局名。标本M12:4-1，钱径2.53、穿径0.5、郭厚0.12厘米（图四一，4）。标本M12:4-2，钱径2.51、穿径0.56、郭厚0.09厘米（图四一，5）。

十三、M13

1. 墓葬形制

该墓位于发掘Ⅱ区东部，北邻M14。开口于第2层下，南北向，方向358°。

墓平面呈长方形，竖穴土圹单棺墓。墓口距地表深0.5米，墓底距地表深1.3米。墓圹南北长2.6、东西宽1.1、深0.8米。内填花土，土质较松。内置单棺，棺木已朽，棺痕长1.88、宽0.57～0.59、残高0.1米。骨架保存较差，头向北，面向东，仰身直肢，为男性（图四二）。

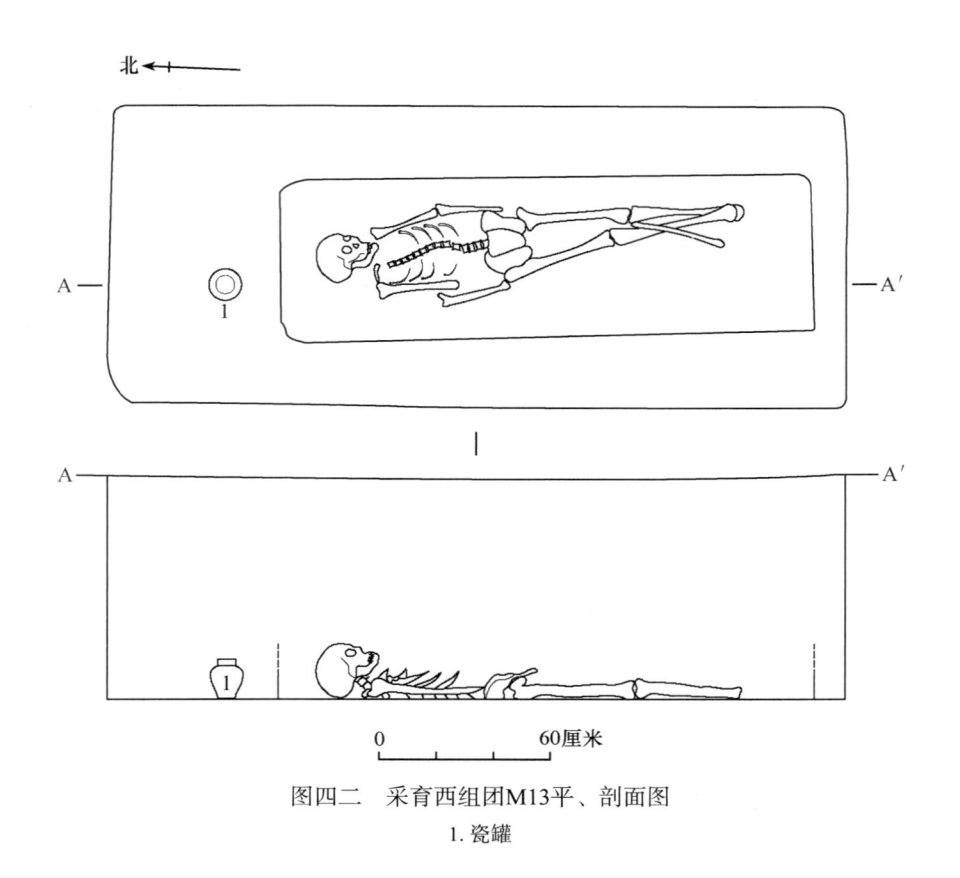

图四二　采育西组团M13平、剖面图
1. 瓷罐

2. 随葬品

棺外右前方出土瓷罐1件。

瓷罐　1件。M13：1，敛口，方圆唇，短颈，圆肩，圆弧腹，平底。通体施青白色釉，口沿上部施一周酱黄色釉，底部无釉，露黄褐色胎。轮制。口径7.8、腹径11.8、底径7.8、高11.8厘米（图四三；图版一九，4）。

十四、M14

1. 墓葬形制

该墓位于发掘Ⅱ区东部，南邻M13。开口于第2层下，南北向，方向353°。

墓平面呈长方形，竖穴土圹单棺墓。墓口距地表深0.5米，墓底距地表深1.44米。墓圹南北长2.6、东西宽1、深0.94米。内填花土，土质较松。内置单棺，棺木已朽，棺痕长1.88、宽0.5～0.54、残高0.16米。骨架保存较好，头向北，面向上，仰身直肢，为男性（图四四；图版四，1）。

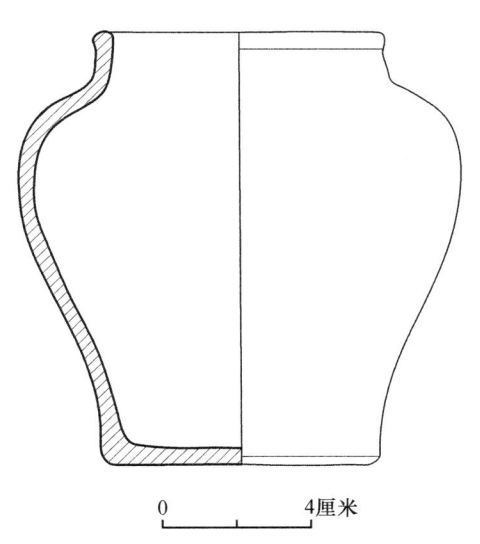

图四三 采育西组团M13出土瓷罐（M13：1）

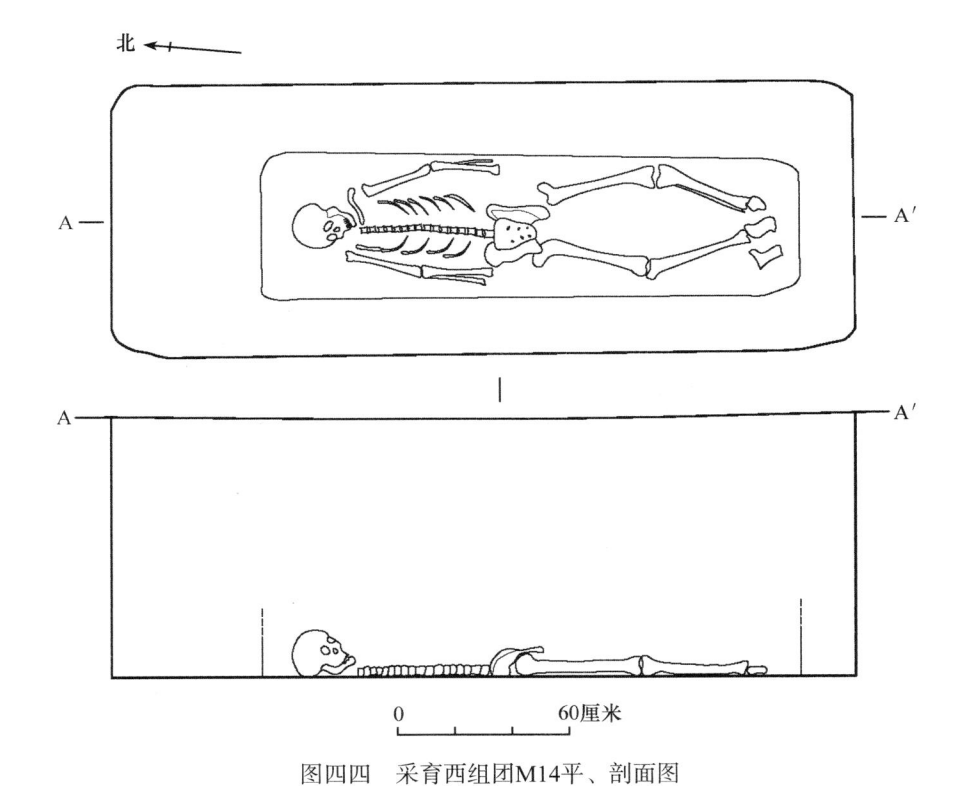

图四四 采育西组团M14平、剖面图

2. 随葬品

未发现随葬品。

十五、M15

1. 墓葬形制

该墓位于发掘Ⅱ区东部，南邻M14。开口于第2层下，南北向，方向355°。

墓平面呈不规则形，竖穴土圹双棺合葬墓。墓口距地表深0.5米，墓底距地表深0.98米。墓圹南北长2.49~2.73、东西宽1.69~1.72、深0.48米。内填花土，土质较硬。内置双棺，棺木已朽。东棺痕长1.86、宽0.41~0.51、残高0.1米；骨架保存较好，头向北，面向上，仰身直肢，为男性。西棺痕长1.78、宽0.37~0.51、残高0.08米；骨架保存较差，头向西北，面向东，侧身屈肢，为女性（图四五；图版四，2）。

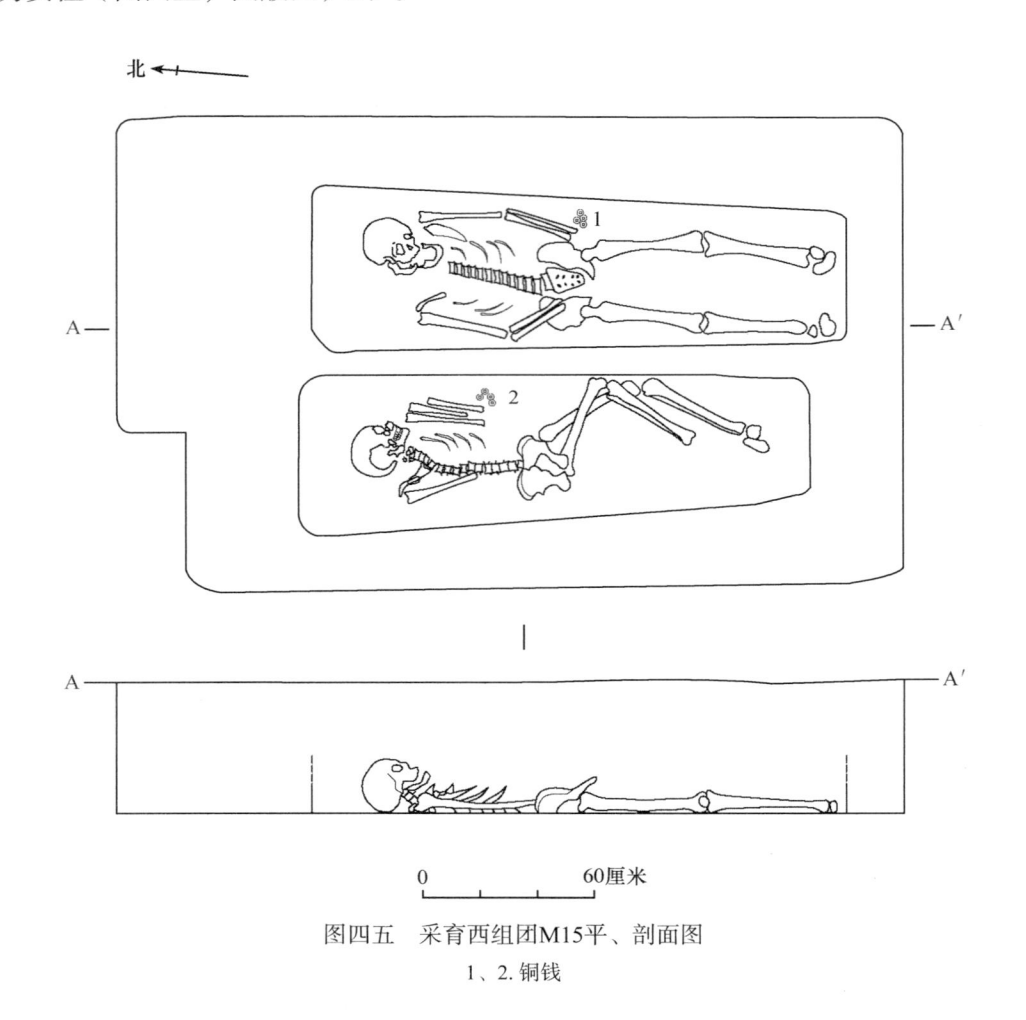

图四五 采育西组团M15平、剖面图
1、2. 铜钱

2. 随葬品

东棺内左上肢骨下方出土铜钱4枚；西棺内左上肢骨下方出土铜钱4枚。

乾隆通宝 8枚。平钱，圆形，方穿，正背面郭缘较宽，正面楷书"乾隆通寶"四字，对读，背穿左右为满文"宝泉"局名。标本M15：1-1，钱径2.55、穿径0.5、郭厚0.11厘米（图四六，1；图版三一，6）。标本M15：2-1，钱径2.44、穿径0.54、郭厚0.12厘米（图四六，2；图版三一，6）。

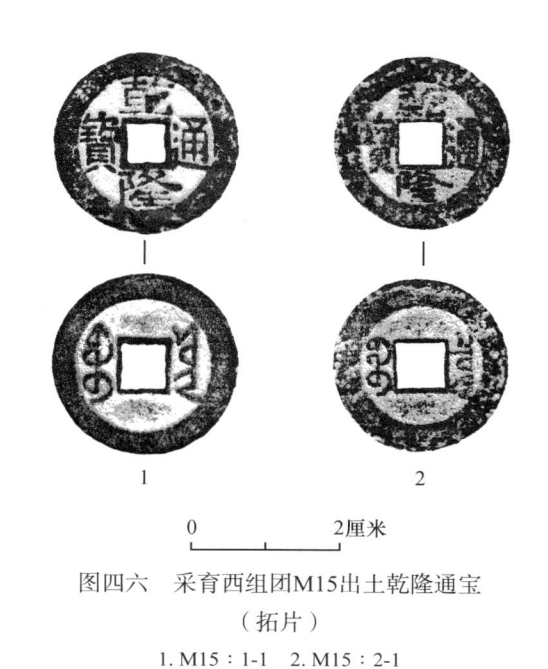

图四六 采育西组团M15出土乾隆通宝
（拓片）
1. M15：1-1 2. M15：2-1

十六、M16

1. 墓葬形制

该墓位于发掘Ⅱ区东中部，南邻M27。开口于第2层下，南北向，方向348°。

墓平面呈梯形，竖穴土圹单棺墓。墓口距地表深0.5米，墓底距地表深1.1米。墓圹南北长2.8、东西宽2.21~2.3、深0.6米。内填花土，土质较松。内置单棺，棺木已朽，棺痕长1.9、宽0.5~0.6、残高0.12米。骨架保存较差，头向北，面向不明，仰身直肢，为男性（图四七）。

2. 随葬品

棺内头骨右侧出土釉陶罐1件。

釉陶罐 1件。M16：1，直口，圆唇，短颈，溜肩，圆腹，高圈足。颈肩部施酱黄色釉，内侧施酱黑色釉，腹部及圈足无釉。泥质黄褐陶。轮制，通体遗有轮旋痕。口径9.2、腹径15.7、底径8.4、高14厘米（图四八；图版一七，2）。

北

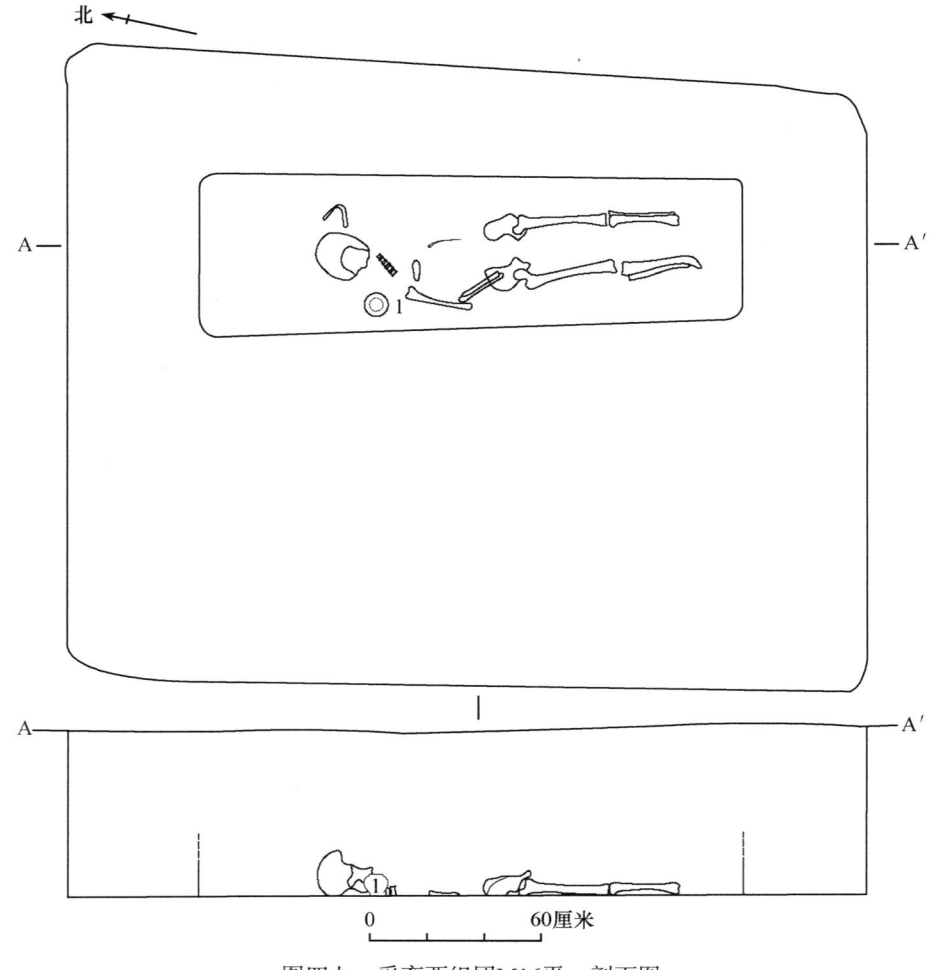

0　　　60厘米

图四七　采育西组团M16平、剖面图
1.釉陶罐

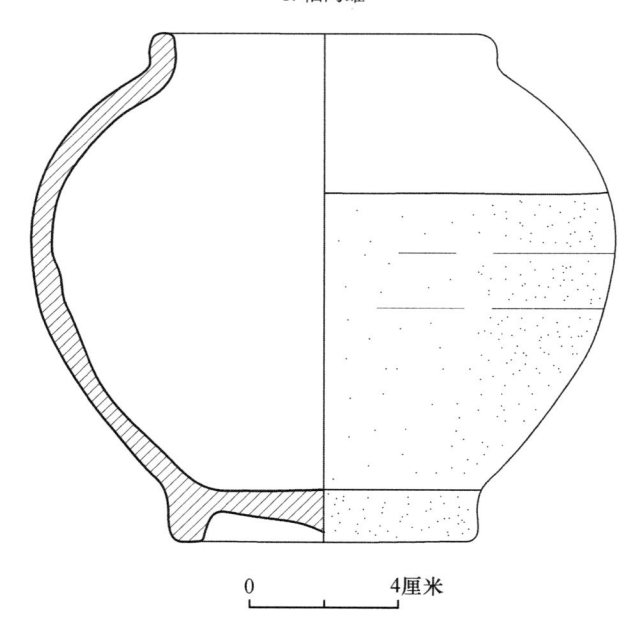

0　　　4厘米

图四八　采育西组团M16出土釉陶罐
（M16∶1）

十七、M17

1. 墓葬形制

该墓位于发掘Ⅱ区东中部，东南邻M19，西南邻M18。开口于第2层下，南北向，方向0°。

墓平面呈梯形，竖穴土圹双棺合葬墓。墓口距地表深0.5米，墓底距地表深1.2米。墓圹南北长2.6、东西宽1.8～1.9、深0.7米。内填花土，土质较松。内置双棺，棺木已朽。东棺痕长1.74、宽0.54～0.6、残高0.12米；骨架保存较好，头向北，面向西，仰身直肢，为男性。西棺痕长1.73、宽0.5～0.6、残高0.08米；骨架保存稍差，头向北，面向上，仰身直肢，为女性（图四九；图版五，1）。

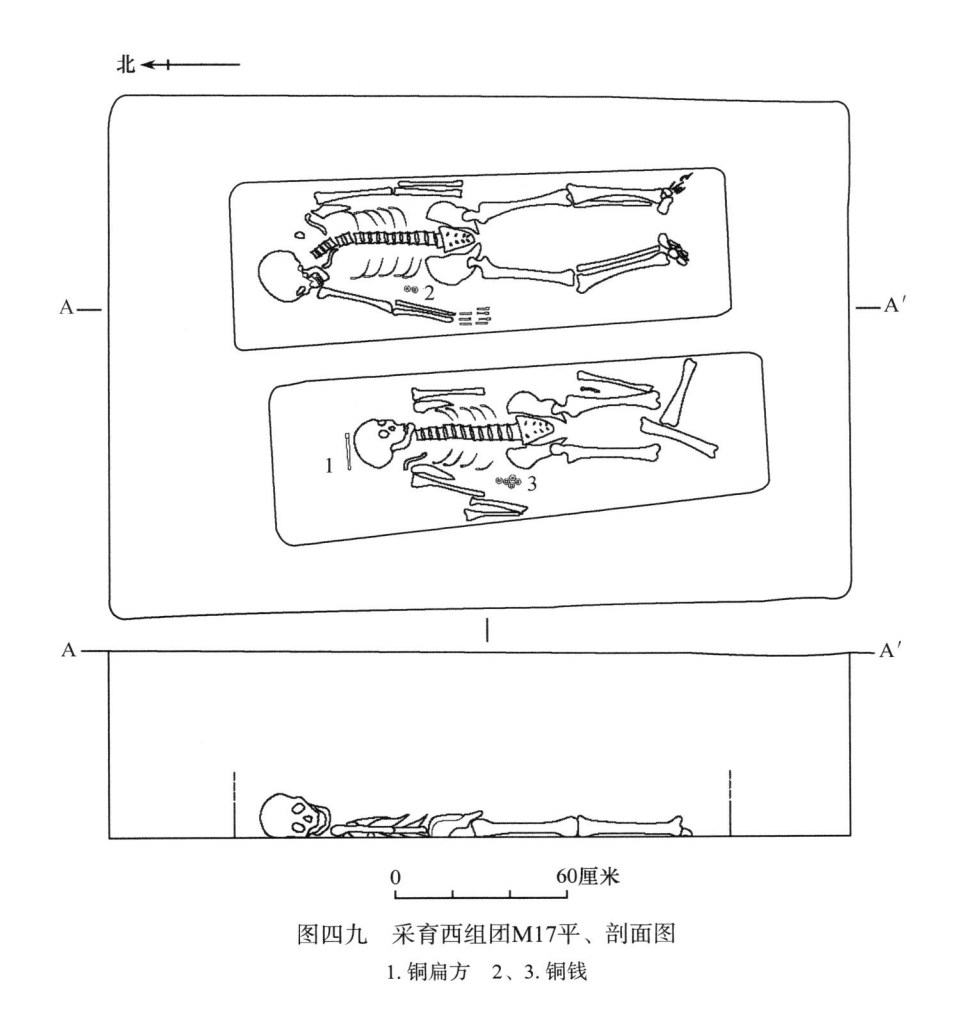

图四九　采育西组团M17平、剖面图
1. 铜扁方　2、3. 铜钱

2. 随葬品

东棺内右上肢骨下方出土铜钱2枚；西棺内头骨上方出土铜扁方1件，右上肢骨下方出土铜钱5枚。

铜扁方　1件。M17：1，首呈梅花棱状，向后折曲，方体上宽下窄呈长条形，末端残。残长7.5厘米（图五〇，1；图版二七，4）。

铜钱　7枚。有康熙通宝、乾隆通宝。

康熙通宝　2枚。标本M17：2-1，平钱，圆形，方穿，正背面郭缘较宽，正面楷书"康熙通寳"四字，对读，背穿左右为满文"宝泉"局名。钱径2.32、穿径0.5、郭厚0.07厘米（图五〇，2）。

乾隆通宝　5枚。标本M17：3-1，平钱，圆形，方穿，正背面郭缘略宽，正面楷书"乾隆通寳"四字，对读，背穿左右为满文"宝泉"局名。钱径2.34、穿径0.48、郭厚0.14厘米（图五〇，3）。

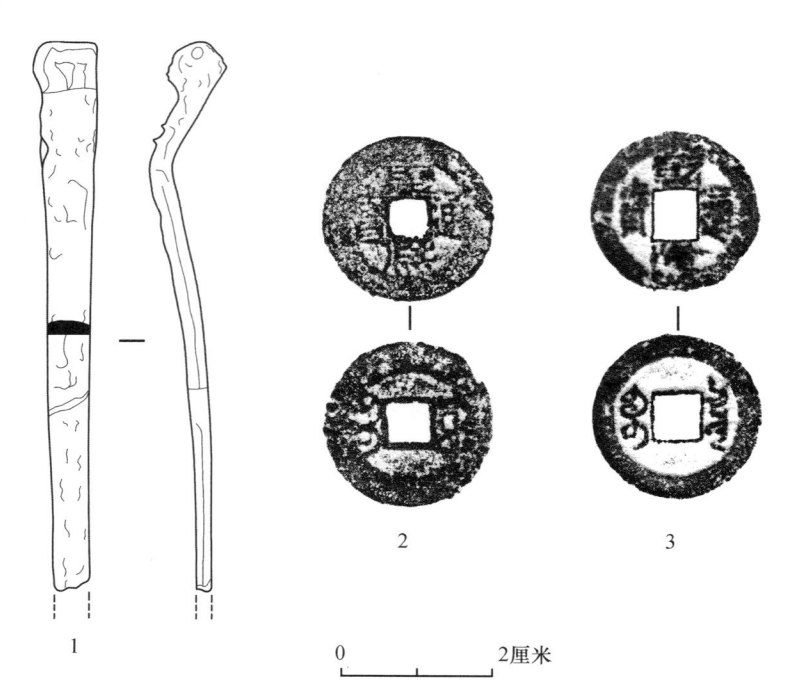

图五〇　采育西组团M17出土器物
1. 铜扁方（M17：1）　2. 康熙通宝（M17：2-1）　3. 乾隆通宝（M17：3-1）

十八、M18

1. 墓葬形制

该墓位于发掘Ⅱ区东中部，东邻M19。开口于第2层下，南北向，方向0°。

墓平面呈梯形，竖穴土圹双棺合葬墓。墓口距地表深0.5米，墓底距地表深1.2米。墓圹南北长2.4、东西宽1.72~2、深0.7米。内填花土，土质较松。内置双棺，棺木已朽。东棺痕长1.8、宽0.52~0.66、残高0.14米；骨架保存稍差，头向下，面向西北，仰身直肢，为男性。西棺痕长1.88、宽0.56~0.72、残高0.08米；骨架保存较差，头向西，面向南，仰身直肢，为女性（图五一；图版五，2）。

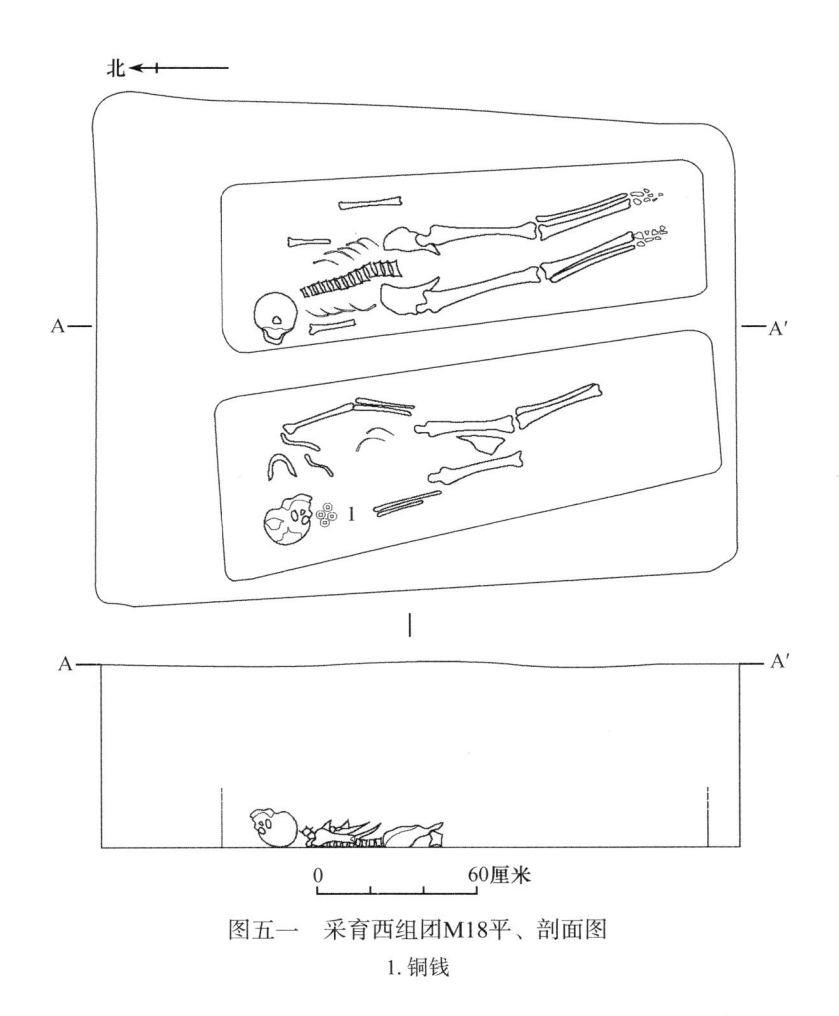

图五一　采育西组团M18平、剖面图
1.铜钱

2. 随葬品

西棺内右上肢骨上方出土铜钱4枚。

乾隆通宝　4枚。平钱，圆形，方穿，正背面郭缘略宽，正面楷书"乾隆通寶"四字，对读。标本M18:1-1，背穿左右为满文"宝泉"局名。钱径2.24、穿径0.46、郭厚0.14厘米（图五二，1）。标本M18:1-2，背穿左右为满文"宝源"局名。钱径2.42、穿径0.58、郭厚0.13厘米（图五二，2）。

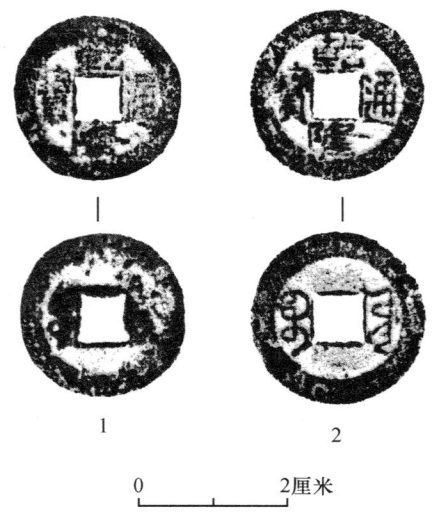

图五二　采育西组团M18出土乾隆
通宝（拓片）
1. M18∶1-1　2. M18∶1-2

十九、M19

1. 墓葬形制

该墓位于发掘Ⅱ区东中部，西邻M18。开口于第2层下，南北向，方向353°。

墓平面呈梯形，竖穴土圹双棺合葬墓。墓口距地表深0.5米，墓底距地表深1.72~1.96米。墓圹南北长2.98、东西宽2.53~2.66、深1.22~1.46米。内填花土，土质较松。内置双棺，棺木已朽。东棺未发现棺痕，为迁葬墓；未发现骨架。西棺痕长1.86、宽0.56~0.69、残高0.09米；骨架保存较差，头向北，面向上，仰身直肢，为女性（图五三）。

2. 随葬品

西棺外前方出土釉陶罐1件，棺内右上肢骨下方出土铜钱2枚。

釉陶罐　1件。M19∶1，侈口，尖圆唇，斜颈，弧腹，平底内凹。上腹部、颈部及口沿内侧施黄绿色釉，下腹及底部无釉。泥质红褐陶。轮制，通体遗有轮旋痕。口径9.1、腹径8.4、底径6.2、高9.5厘米（图五四，1；图版一七，3）。

乾隆通宝　2枚。标本M19∶2-1，平钱，圆形，方穿，正背面郭缘略宽，正面楷书"乾隆通寶"四字，对读，背穿左右为满文"宝源"局名。钱径2.34、穿径0.48、郭厚0.15厘米（图五四，2）。

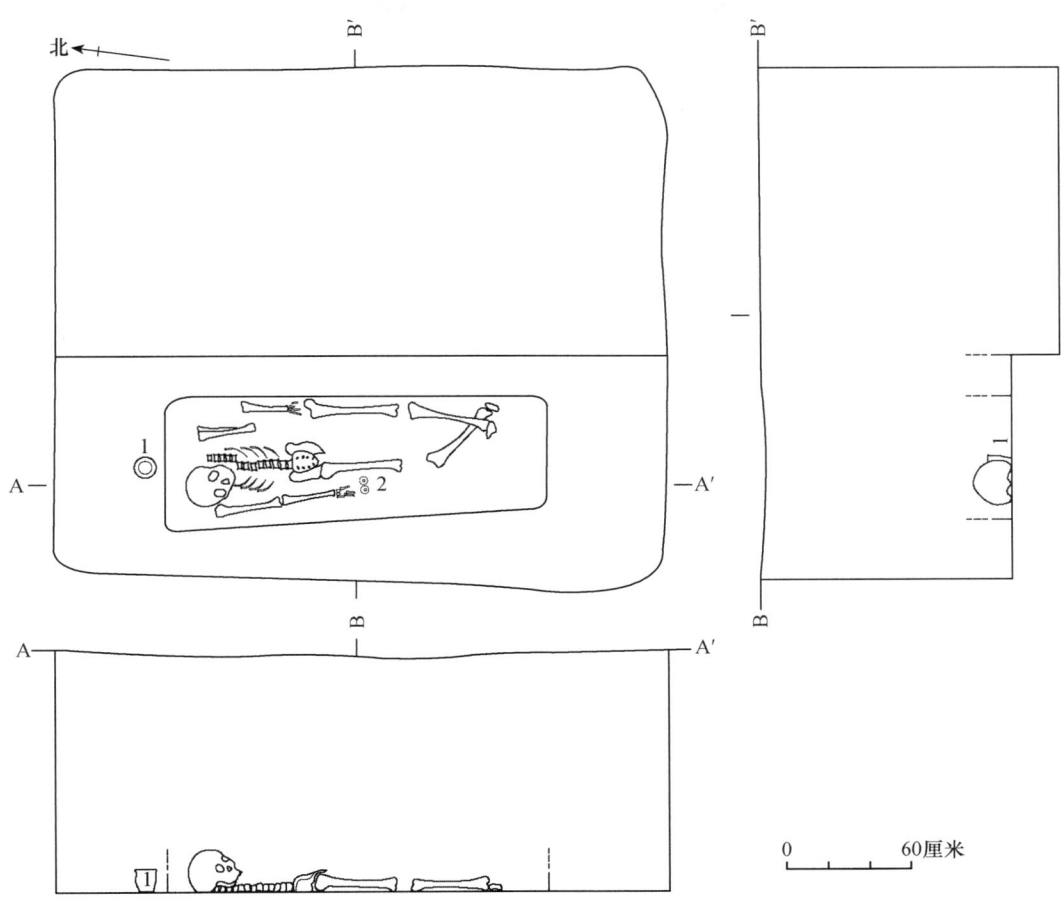

图五三　采育西组团M19平、剖面图
1. 釉陶罐　2. 铜钱

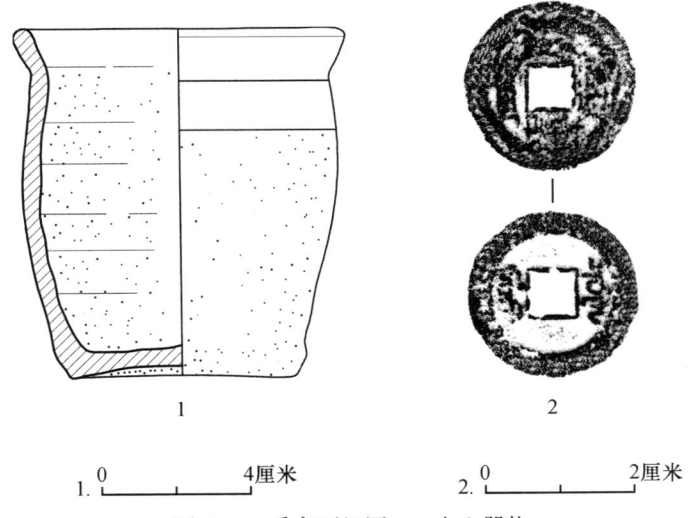

图五四　采育西组团M19出土器物
1. 釉陶罐（M19∶1）　2. 乾隆通宝（M19∶2-1）

二十、M20

1. 墓葬形制

该墓位于发掘Ⅱ区东中部，北邻M26。开口于第2层下，南北向，方向356°。

墓平面呈梯形，竖穴土圹双棺合葬墓。墓口距地表深0.5米，墓底距地表深1.08~1.19米。墓圹南北长2.5、东西宽2.13~2.22、深0.58~0.69米。内填花土，土质较松。内置双棺，棺木已朽。东棺痕长2.02、宽0.61~0.66、残高0.09米；骨架保存较差，头向北，面向上，仰身直肢，为男性。西棺痕长1.78、宽0.64~0.74、残高0.1米；骨架保存较差，头向西北，面向上，仰身直肢，为女性（图五五；图版六，1）。

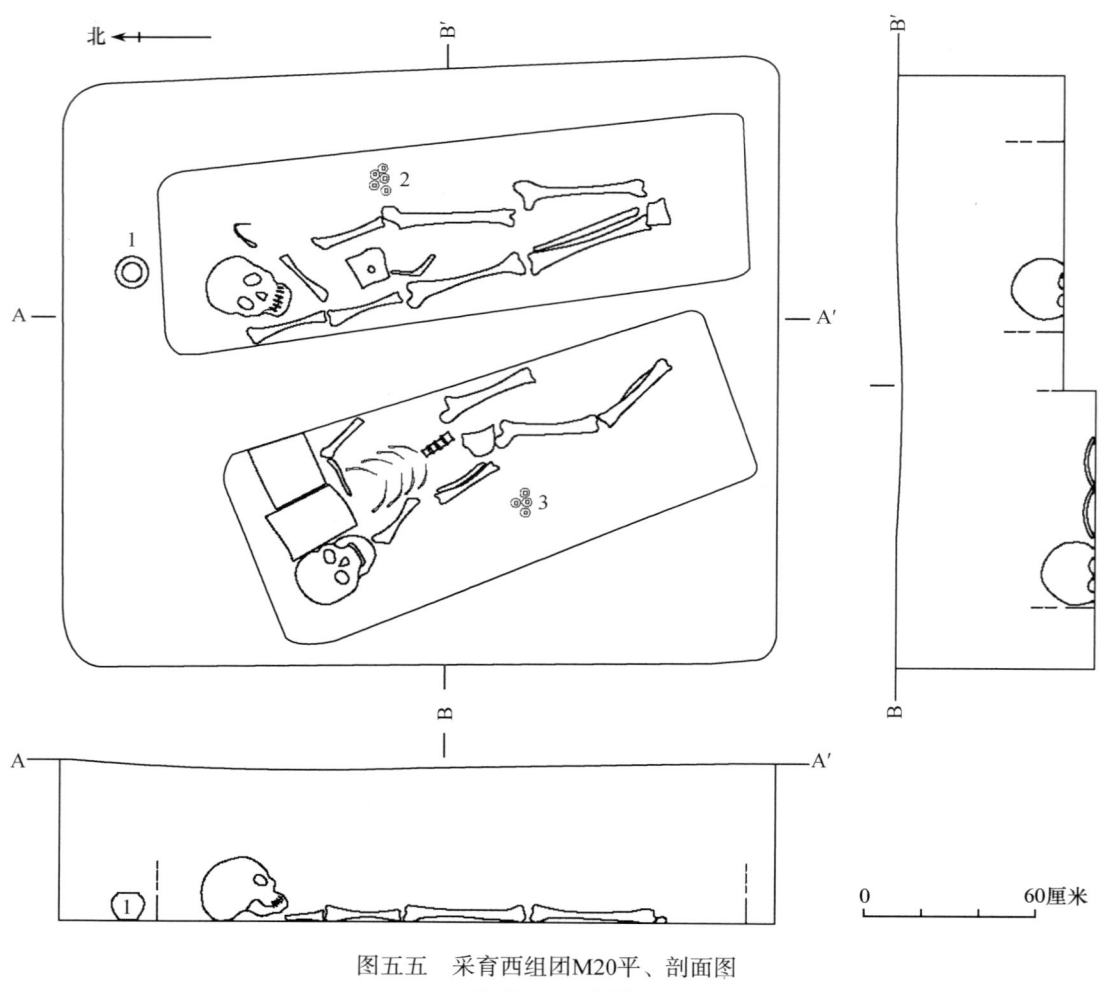

图五五　采育西组团M20平、剖面图
1. 陶罐　2、3. 铜钱

2. 随葬品

东棺外前方出土陶罐1件，棺内左上肢骨下方出土铜钱5枚；西棺内右上肢骨下方出土铜钱4枚。

陶罐　1件。M20：1，泥质红陶。敛口，圆唇，短颈，溜肩，圆弧腹，平底。轮制，通体遗有轮旋痕。口径8.8、腹径13.4、底径7.8、高11.6厘米（图五六，1；图版一四，3）。

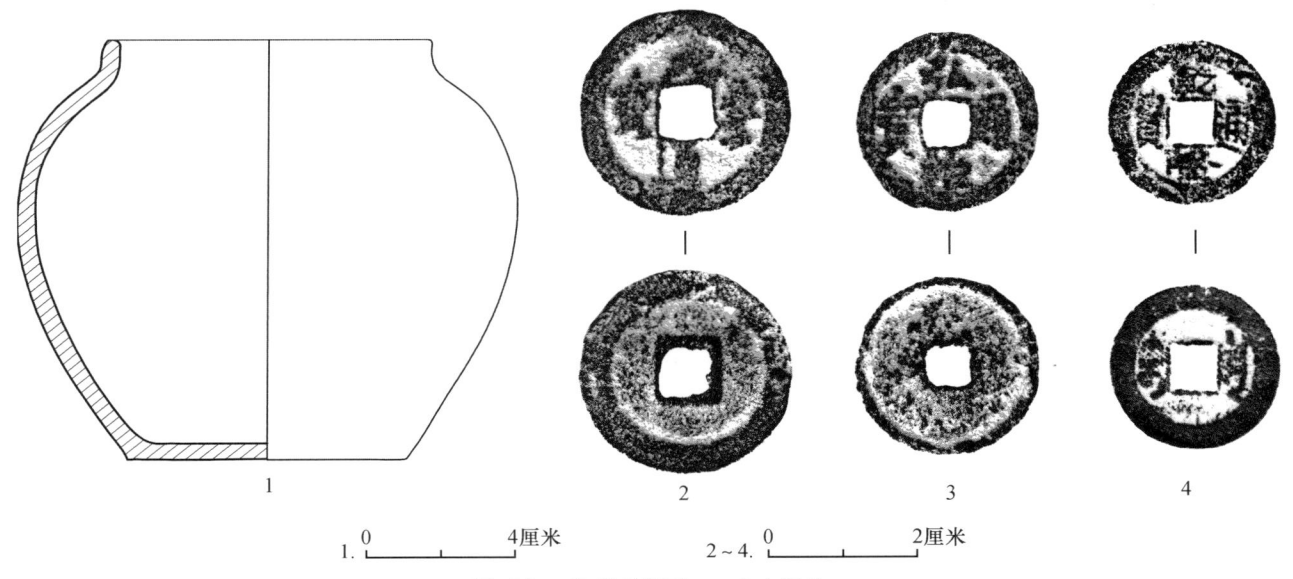

图五六　采育西组团M20出土器物
1. 陶罐（M20：1） 2. 元丰通宝（M20：2-1） 3. 弘治通宝（M20：2-2） 4. 乾隆通宝（M20：3-1）

铜钱　9枚。有元丰通宝、弘治通宝、乾隆通宝。

元丰通宝　2枚。标本M20：2-1，大平钱，圆形，方穿，正背面郭缘较宽，正面行书"元豐通寳"四字，旋读。钱径2.89、穿径0.65、郭厚0.16厘米（图五六，2）。

弘治通宝　3枚。标本M20：2-2，平钱，圆形，方穿，正背面郭缘较窄，正面楷书"弘治通寳"四字，对读。钱径2.32、穿径0.48、郭厚0.1厘米（图五六，3）。

乾隆通宝　4枚。标本M20：3-1，平钱，圆形，方穿，正背面郭缘较宽，正面楷书"乾隆通寳"四字，对读，背穿左右为满文"宝泉"局名。钱径2.24、穿径0.5、郭厚0.13厘米（图五六，4）。

二十一、M21

1. 墓葬形制

该墓位于发掘Ⅱ区西北部，南邻M22。开口于第2层下，南北向，方向355°。

墓平面呈梯形，竖穴土圹双棺合葬墓。墓口距地表深0.4米，墓底距地表深1.1米。墓圹南北长2.6、东西宽2.4~2.61、深0.7米。内填花土，土质较松。内置双棺，棺木已朽。东棺痕长2、宽0.62~0.76、残高0.1米；骨架保存较差，头向东北，面向上，仰身直肢，为男性。西棺痕长1.86、宽0.46~0.61、残高0.21米；骨架保存较差，头向西北，面向西南，葬式不明，为女性（图五七）。

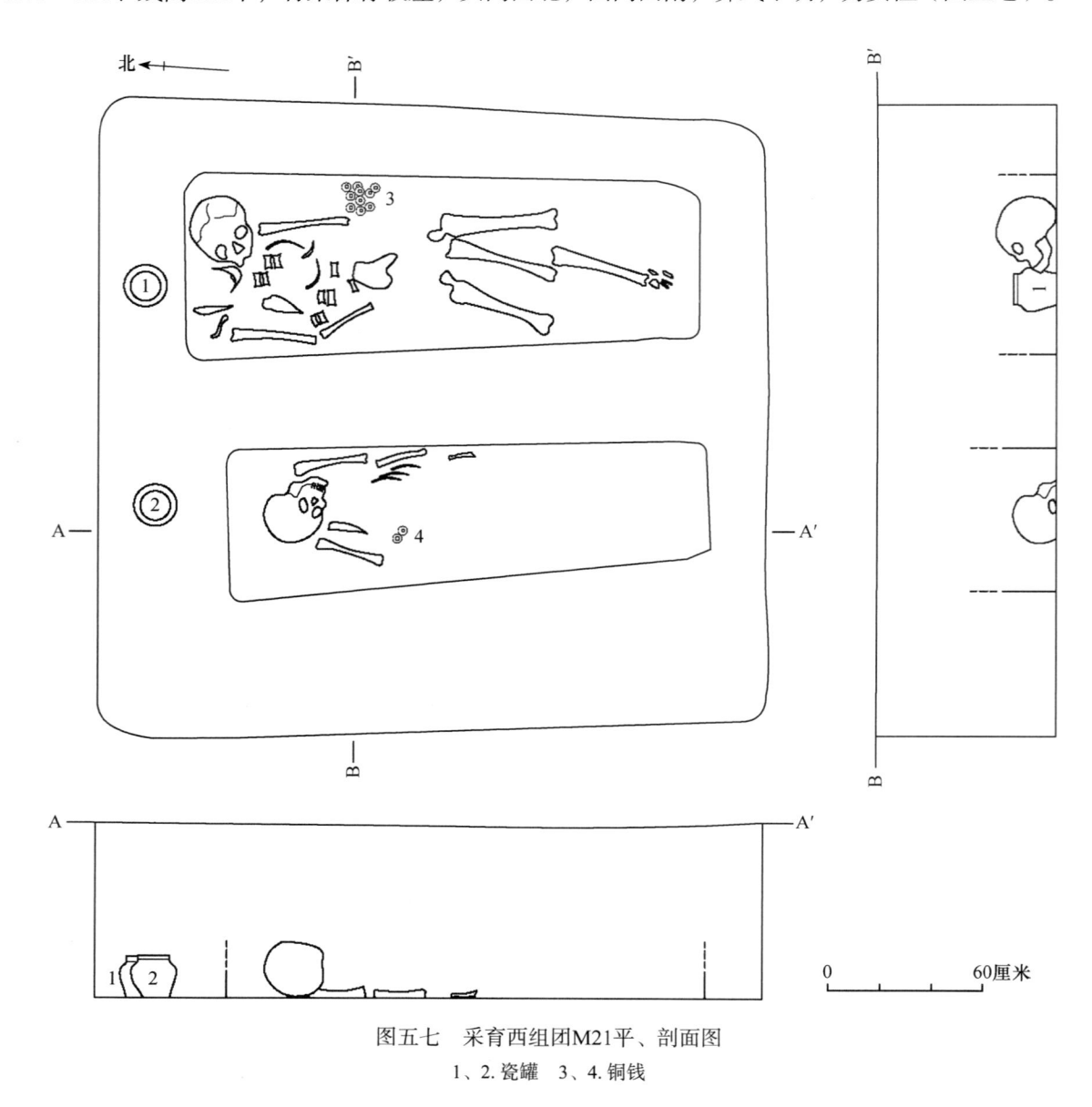

图五七　采育西组团M21平、剖面图
1、2. 瓷罐　3、4. 铜钱

2. 随葬品

东棺外右前方出土瓷罐1件，棺内左上肢骨下方出土铜钱10枚；西棺外左前方出土瓷罐1件，棺内右上肢骨下方出土铜钱2枚。

瓷罐　2件。M21∶1，敛口，方圆唇，斜直颈，圆肩，弧腹，假圈足。器体内外施酱黑色釉，口沿施一周灰白色釉，下腹及足底无釉，露灰褐色胎，胎质较粗。轮制，内壁遗有轮旋痕。口径10.4、腹径16.4、底径11.2、高15.6厘米（图五八，1；图版一九，5）。M21:2，敛口，方圆唇，斜直颈，溜肩，鼓腹，假圈足。器体内外施黑色釉，口沿上部施一周灰白色釉，下腹及足底无釉，露灰褐色胎，胎质较粗。轮制，内壁遗有轮旋痕。口径10.6、腹径16.6、底径11、高14.4厘米（图五八，2；图版一九，6）。

万历通宝　12枚。标本M21:3-1，平钱，圆形，方穿，正背面郭缘较宽，正面楷书"萬曆通寶"四字，对读。钱径2.53、穿径0.52、郭厚0.12厘米（图五八，3；图版三二，1）。标本M21:4-1，锈蚀严重。

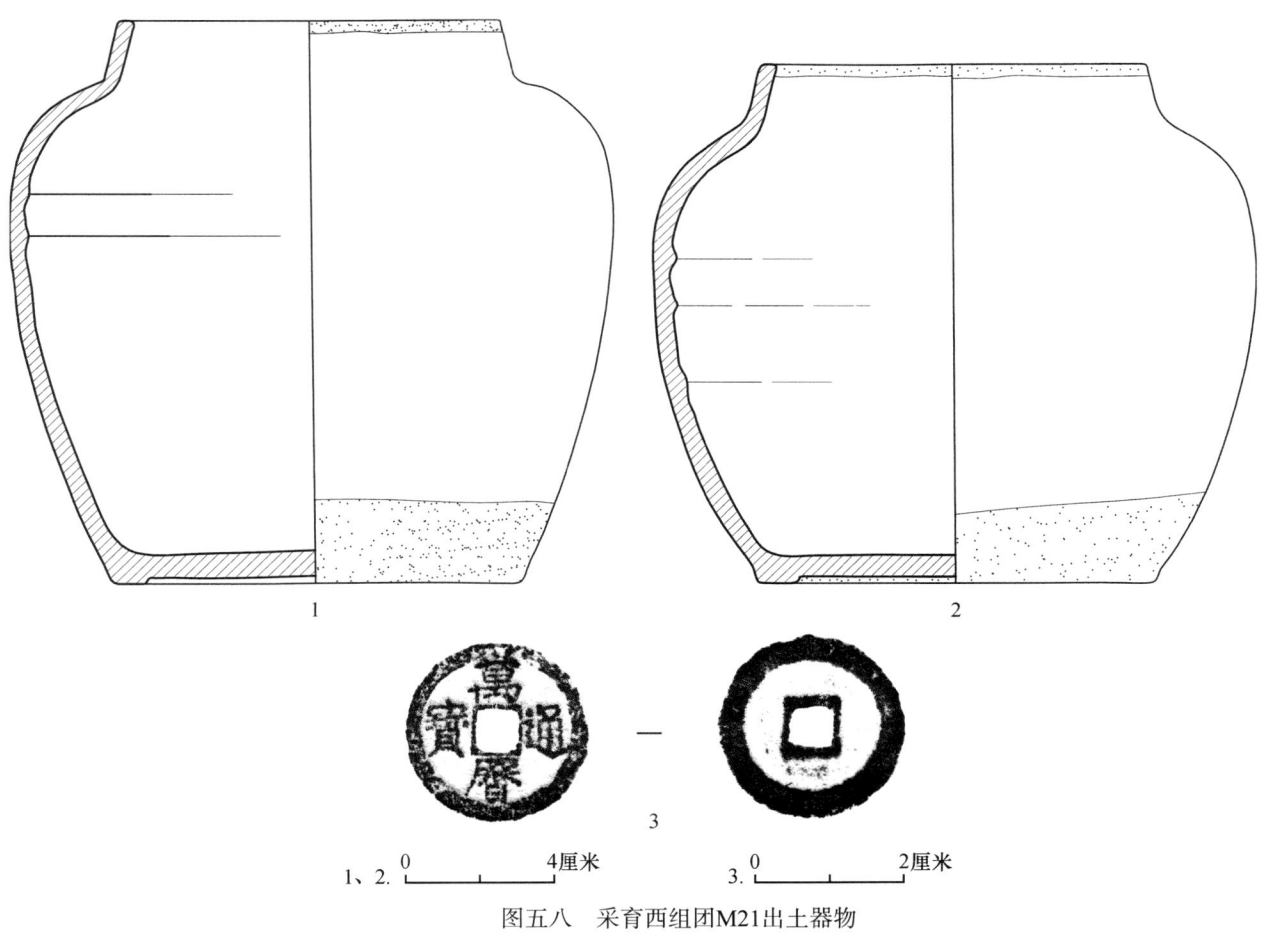

图五八　采育西组团M21出土器物
1、2. 瓷罐（M21:1、M21:2）　3. 万历通宝（M21:3-1）

二十二、M22

1. 墓葬形制

该墓位于发掘Ⅱ区西北部，西南邻M23。开口于第2层下，南北向，方向10°。

墓平面呈梯形，竖穴土圹双棺合葬墓。墓口距地表深0.6米，墓底距地表深1.5米。墓圹南北长2.6、东西宽1.8~2.2、深0.9米。内填花土，土质较松。内置双棺，棺木已朽。东棺痕长1.74、宽0.62~0.67、残高0.09米；骨架保存稍差，头向北，面向东，仰身直肢，为男性。西棺痕长1.72、宽0.56~0.64、残高0.09米；骨架保存较差，头向西，面向上，葬式不明，为女性（图五九；图版六，2）。

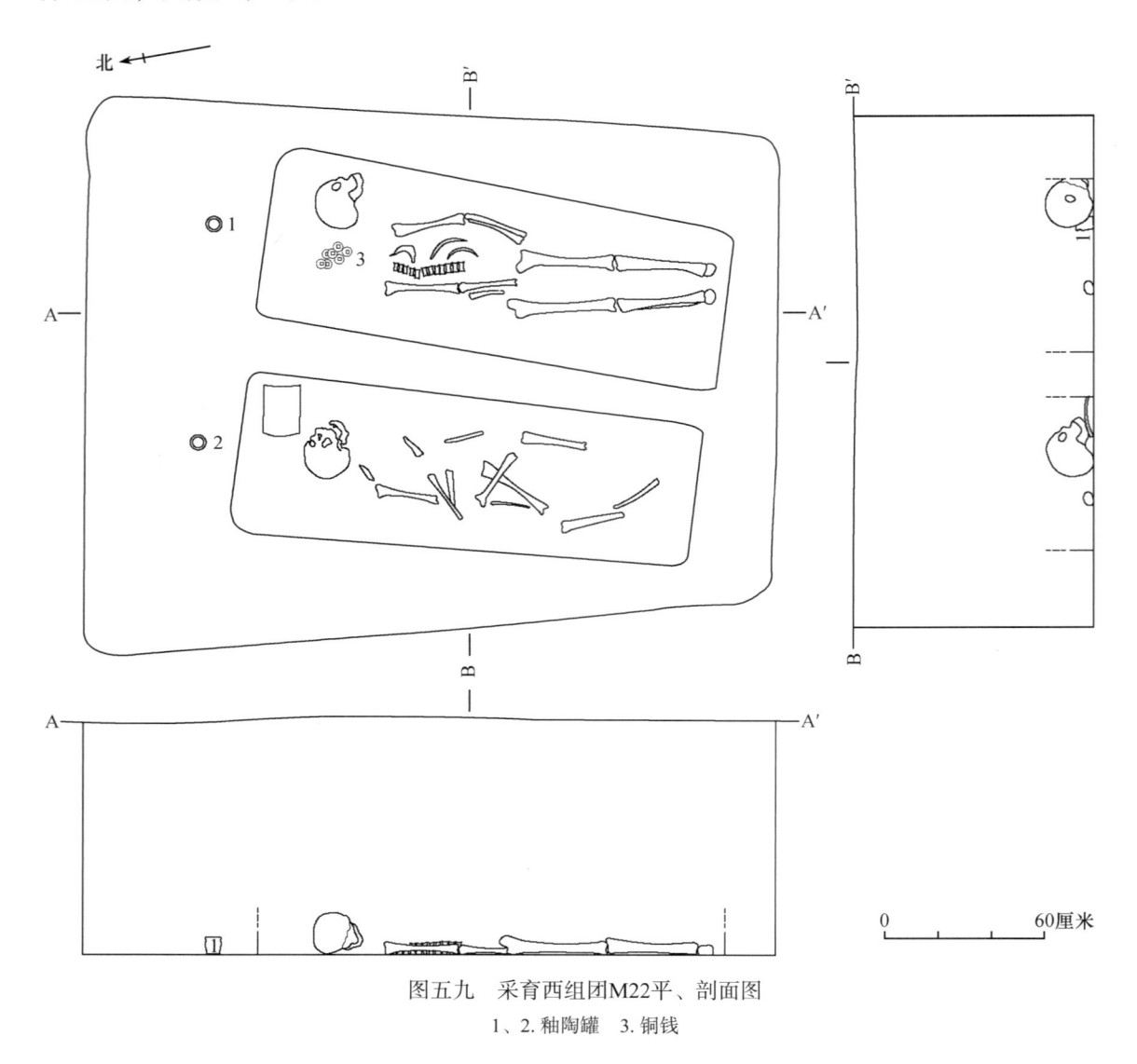

图五九　采育西组团M22平、剖面图
1、2.釉陶罐　3.铜钱

2. 随葬品

东棺外前方出土釉陶罐1件，棺内右上肢骨上方出土铜钱7枚；西棺外前方出土釉陶罐1件。

釉陶罐　2件。M22：1，侈口，方圆唇，束颈，溜肩，斜弧腹，平底内凹。肩上部及口沿内侧施酱黄色釉，腹及底部无釉，遗有流釉痕。泥质黄褐陶。轮制，通体遗有轮旋痕。

口径9.7、腹径9.7、底径7.4、高10.3厘米（图六〇，1；图版一七，4）。M22：2，侈口，圆唇，束颈，溜肩，斜弧腹，平底内凹。上腹部及口沿内侧施浅绿色釉，下腹及底部无釉，遗有流釉痕。泥质黄褐陶。轮制，通体遗有轮旋痕。口径10.4、腹径10.2、底径7.4、高10.4厘米（图六〇，2；图版一七，5）。

康熙通宝　7枚。标本M22：3-1，平钱，圆形，方穿，正背面郭缘略宽，正面楷书"康熙通寶"四字，对读，背穿左右为满文"宝泉"局名。钱径2.3、穿径0.5、郭厚0.1厘米（图六〇，3）。

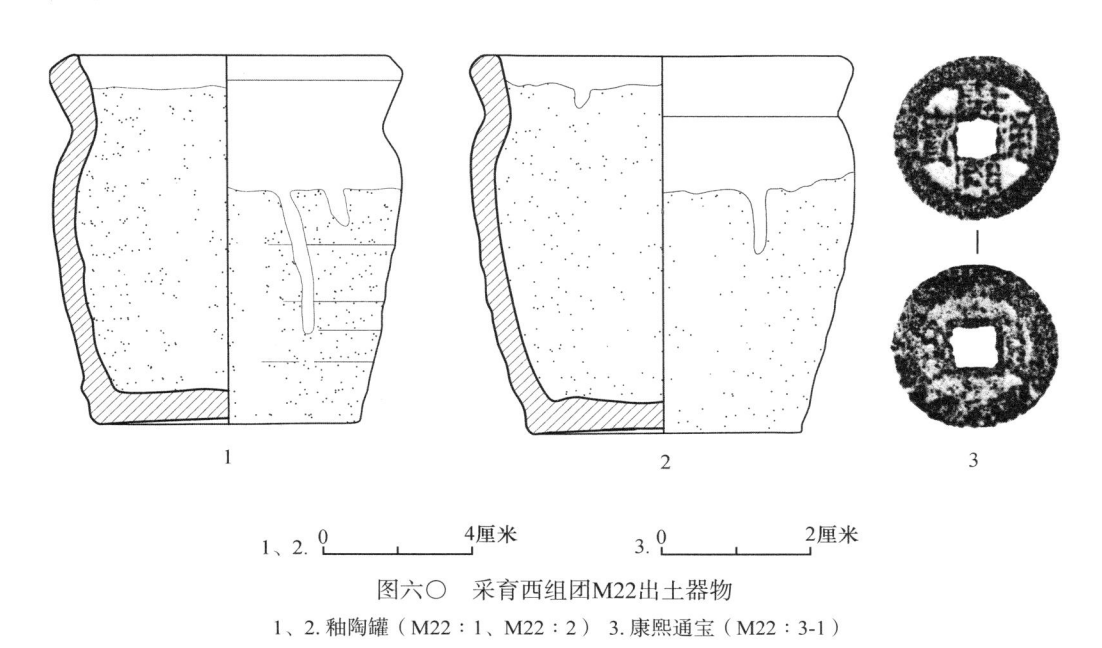

图六〇　采育西组团M22出土器物
1、2. 釉陶罐（M22：1、M22：2）　3. 康熙通宝（M22：3-1）

二十三、M23

1. 墓葬形制

该墓位于发掘Ⅱ区西北部，东北邻M22。开口于第2层下，南北向，方向22°。

墓平面呈梯形，竖穴土圹单棺墓。墓口距地表深0.5米，墓底距地表深1.1米。墓圹南北长2.23、东西宽0.8～0.84、深0.6米。内填花土，土质较松。内置单棺，棺木已朽，棺痕长1.87、宽0.5～0.6、残高0.14米。骨架保存较好，头向北，面向西，仰身直肢，为男性（图六一；图版七，1）。

2. 随葬品

未发现随葬品。

图六一　采育西组团M23平、剖面图

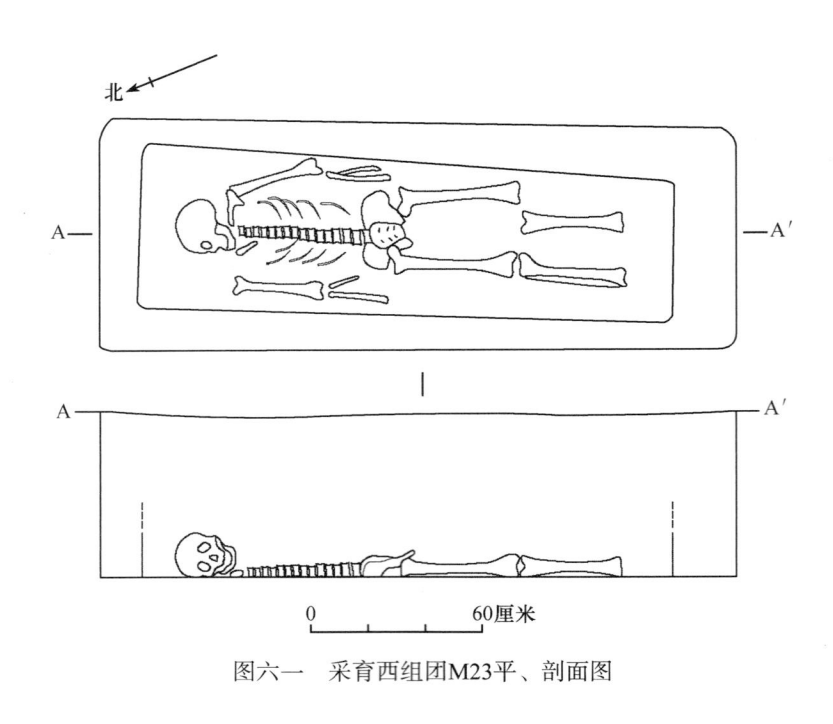

二十四、M24

1. 墓葬形制

该墓位于发掘Ⅱ区西北部，西邻M23。开口于第2层下，南北向，方向355°。

墓平面呈梯形，竖穴土圹双棺合葬墓。墓口距地表深0.3米，墓底距地表深0.84～0.9米。墓圹南北长2.6、东西宽1.8～1.9、深0.54～0.6米。内填花土，土质较松。内置双棺，棺木已朽。东棺痕长1.84、宽0.54～0.7、残高0.24米；骨架保存较差，头向北，面向西，仰身直肢，为男性。西棺痕长1.86、宽0.52～0.62、残高0.3米；骨架保存较差，头向东，面向上，仰身直肢，为女性（图六二）。

2. 随葬品

东棺内头骨左上方出土釉陶罐1件，左上肢骨上方出土铜钱1枚；西棺内头骨左上方出土釉陶罐1件，左上肢骨下方出土铜钱3枚。

釉陶罐　2件。M24：1，侈口，方圆唇，束颈，溜肩，斜直腹，平底内凹。颈肩部及口沿内侧施黄绿色釉，腹及底部无釉。泥质黄褐陶。轮制，通体遗有轮旋痕。口径10.4、腹径10、底径7.4、高10.5厘米（图六三，1；图版一七，6）。M24：2，侈口，圆唇，束颈，溜肩，斜直腹，平底内凹。颈肩部及口沿内侧施黄绿色釉，腹及底部无釉。泥质黄褐陶。轮制，通体遗有轮旋痕。口径11.2、腹径10.6、底径7.6、高10.5厘米（图六三，2；图版一八，1）。

第二章　采育西组团墓葬

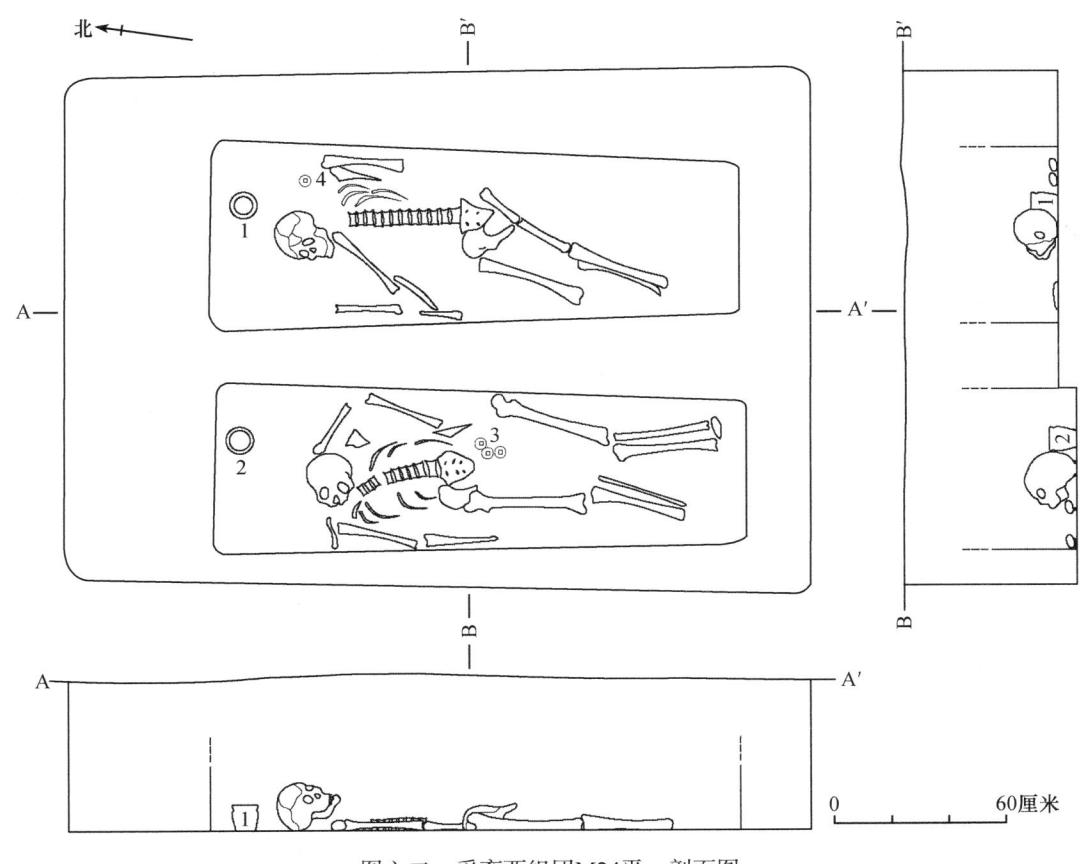

图六二　采育西组团M24平、剖面图
1、2. 釉陶罐　3、4. 铜钱

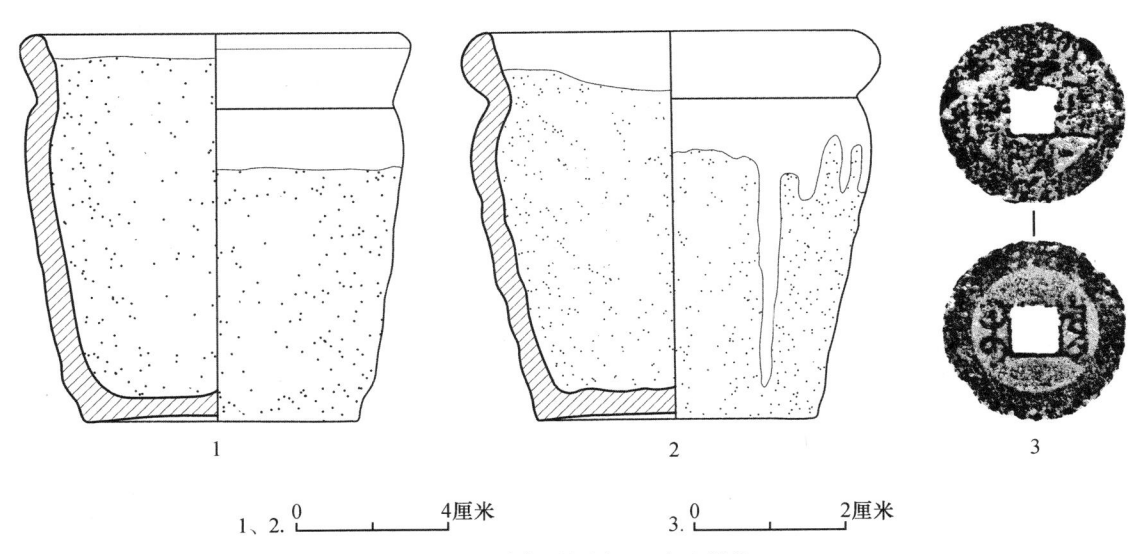

图六三　采育西组团M24出土器物
1、2. 釉陶罐（M24∶1、M24∶2）　3. 乾隆通宝（M24∶3-1）

乾隆通宝 4枚。标本M24：3-1，平钱，圆形，方穿，正背面郭缘较宽，正面楷书"乾隆通寶"四字，对读，背穿左右为满文"宝泉"局名。钱径2.5、穿径0.52、郭厚0.12厘米（图六三，3）。标本M24：4，锈蚀严重。

二十五、M25

1. 墓葬形制

该墓位于发掘Ⅱ区东中部，南邻M26。开口于第2层下，南北向，方向0°。

墓平面呈长方形，竖穴土圹单棺墓。墓口距地表深0.5米，墓底距地表深1.1米。墓圹南北长2.12、东西宽0.9、深0.6米。内填花土，土质较松。内置单棺，棺木已朽，棺痕长1.66、宽0.48~0.56、残高0.08米。骨架保存较差，头向北，面向上，仰身直肢，为男性（图六四）。

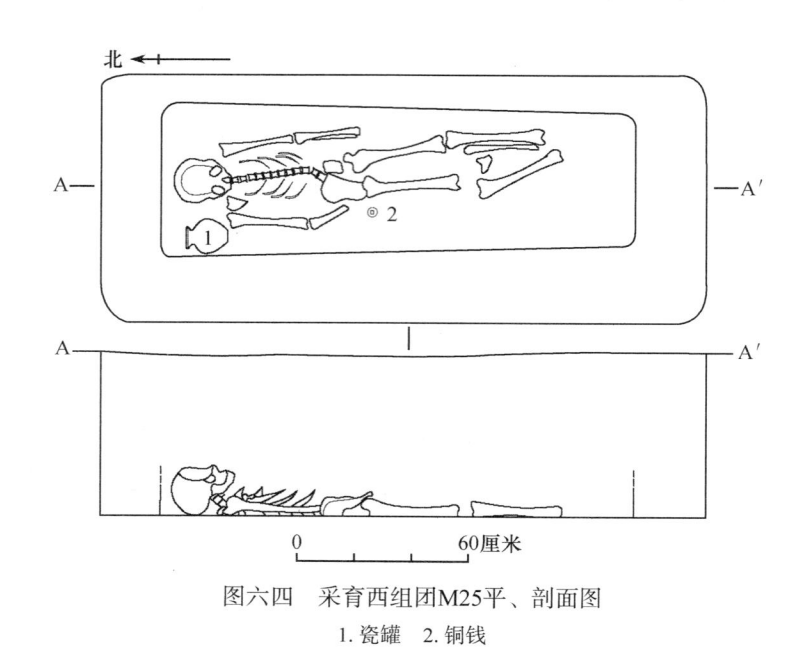

图六四 采育西组团M25平、剖面图
1. 瓷罐 2. 铜钱

2. 随葬品

棺内头骨右侧出土瓷罐1件，右上肢骨下方出土铜钱1枚。

瓷罐 1件。M25：1，侈口，双唇，束颈，溜肩，鼓腹，小平底。内外壁施一层紫褐色釉浆水，灰褐色胎。轮制，通体遗有轮旋痕。口径4.4、腹径11.6、底径5、高14厘米（图六五，1；图版二〇，1）。

祥符通宝 1枚。M25：2，平钱，圆形，方穿，正背面郭缘略宽，正面楷书"祥符通寶"四字，旋读。钱径2.47、穿径0.63、郭厚0.09厘米（图六五，2）。

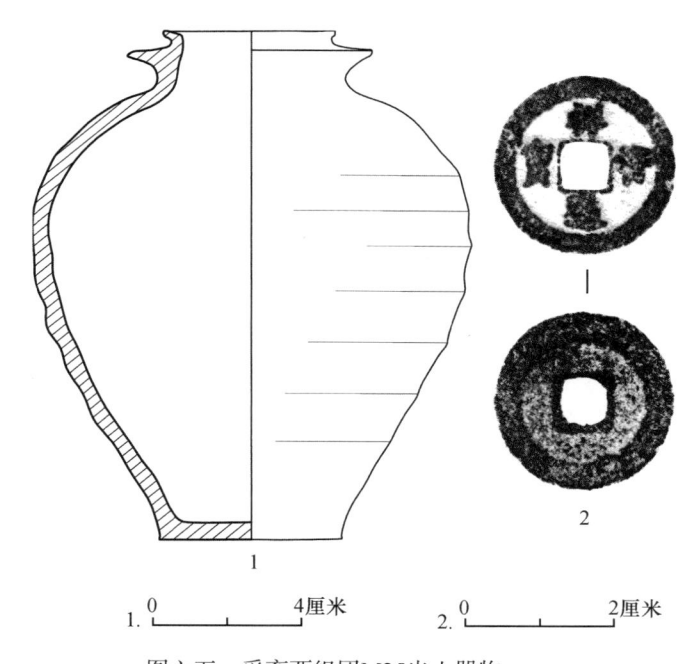

图六五　采育西组团M25出土器物
1. 瓷罐（M25：1）　2. 祥符通宝（M25：2）

二十六、M26

1. 墓葬形制

该墓位于发掘Ⅱ区东中部，北邻M25。开口于第2层下，南北向，方向355°。

墓平面呈梯形，竖穴土圹双棺合葬墓。墓口距地表深0.5米，墓底距地表深1.16米。墓圹南北长2.85、东西宽2.66~2.73、深0.66米。内填花土，土质较松。内置双棺，棺木已朽。东棺痕长1.78、宽0.53~0.72、残高0.1米；骨架保存稍差，头向北，面向上，仰身直肢，为男性。西棺痕长1.71、宽0.5~0.66、残高0.26米；骨架保存较差，头向西南，面向上，仰身直肢，为女性（图六六）。

2. 随葬品

东棺外前方出土陶罐1件；西棺外左前方出土釉陶罐1件。

陶罐　1件。M26：1，泥质灰陶。敛口，圆唇，短颈，斜肩，鼓腹，下腹部斜收，平底，颈肩部置对称鼻状双系。轮制，通体遗有轮旋痕。口径10.2、腹径13.8、底径8.2、高8.6厘米（图六七，1；图版一四，4）。

釉陶罐　1件。M26：2，直口，圆唇，斜直颈，圆肩，圆鼓腹，高圈足，颈肩部及口沿内侧施酱黄色釉，腹及足底部无釉。泥质黄褐陶。轮制，通体遗有轮旋痕。口径8.2、腹径13.7、

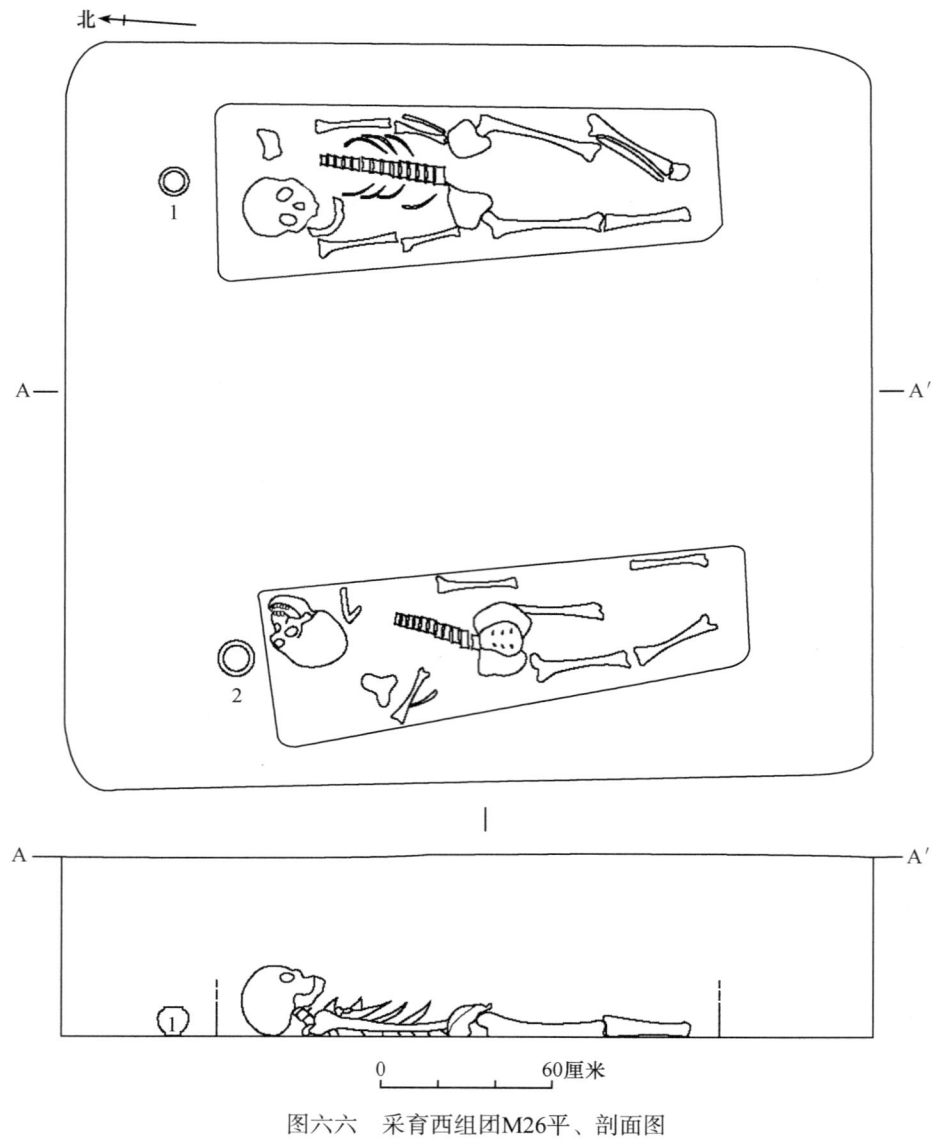

图六六 采育西组团M26平、剖面图
1. 陶罐 2. 釉陶罐

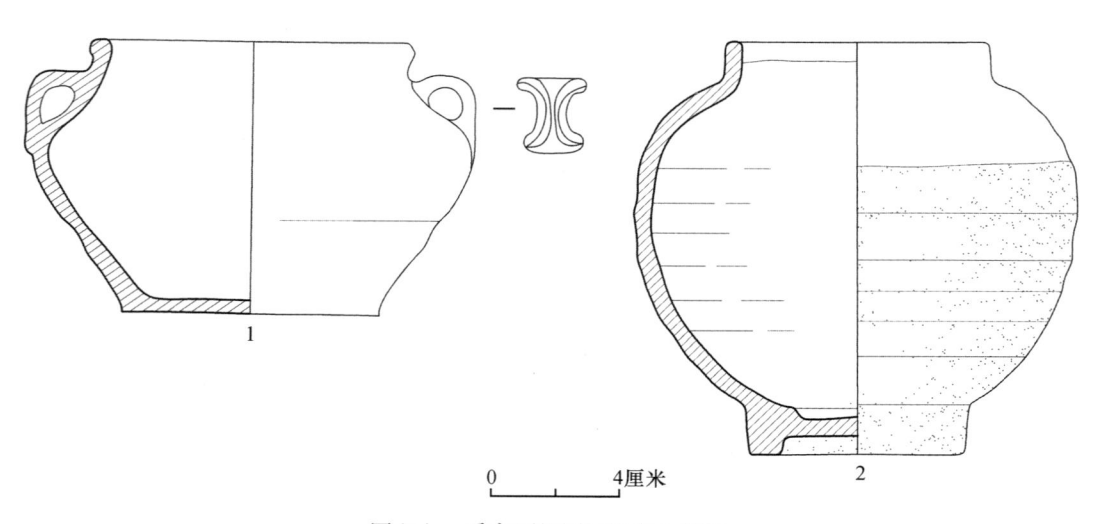

图六七 采育西组团M26出土器物
1. 陶罐（M26:1） 2. 釉陶罐（M26:2）

底径6.8、高13厘米（图六七，2；图版一八，2）。

二十七、M27

1. 墓葬形制

该墓位于发掘Ⅱ区东中部，南邻M28。开口于第2层下，南北向，方向355°。

墓平面呈梯形，竖穴土圹单棺迁葬墓。墓口距地表深0.5米，墓底距地表深0.9米。墓圹南北长2.62、东西宽1.52～1.6、深0.4米。内填花土，土质较松。内置单棺，棺木已朽，棺痕长1.66、宽0.48～0.56、残高0.09米。棺内未发现骨架（图六八）。

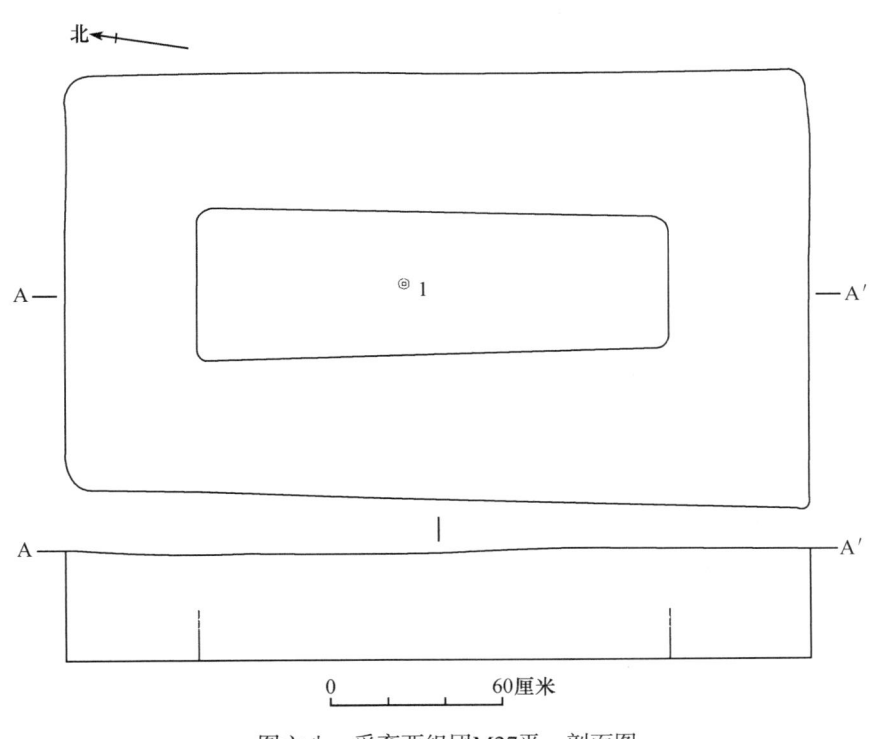

图六八　采育西组团M27平、剖面图
1. 铜钱

2. 随葬品

棺内中部出土铜钱1枚。

景德元宝　1枚。M27：1，平钱，圆形，方穿，正背面郭缘略宽，正面楷书"景德元寶"四字，旋读。钱径2.44、穿径0.5、郭厚0.09厘米（图六九）。

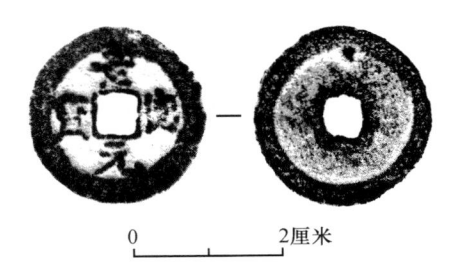

图六九　采育西组团M27出土景德元宝（M27：1）（拓片）

二十八、M28

1. 墓葬形制

该墓位于发掘Ⅱ区东中部，北邻M27。开口于第2层下，东西向，方向260°。

墓平面呈梯形，竖穴土圹单棺火葬墓。墓口距地表深0.45米，墓底距地表深0.77米。墓圹东西长2.5、南北宽2~2.2、深0.32米。内填花土，土质较松。内置单棺，棺木已朽，棺痕长0.93、宽0.53、残高0.1米。棺内遗有零碎骨灰，葬式、性别不明（图七〇）。

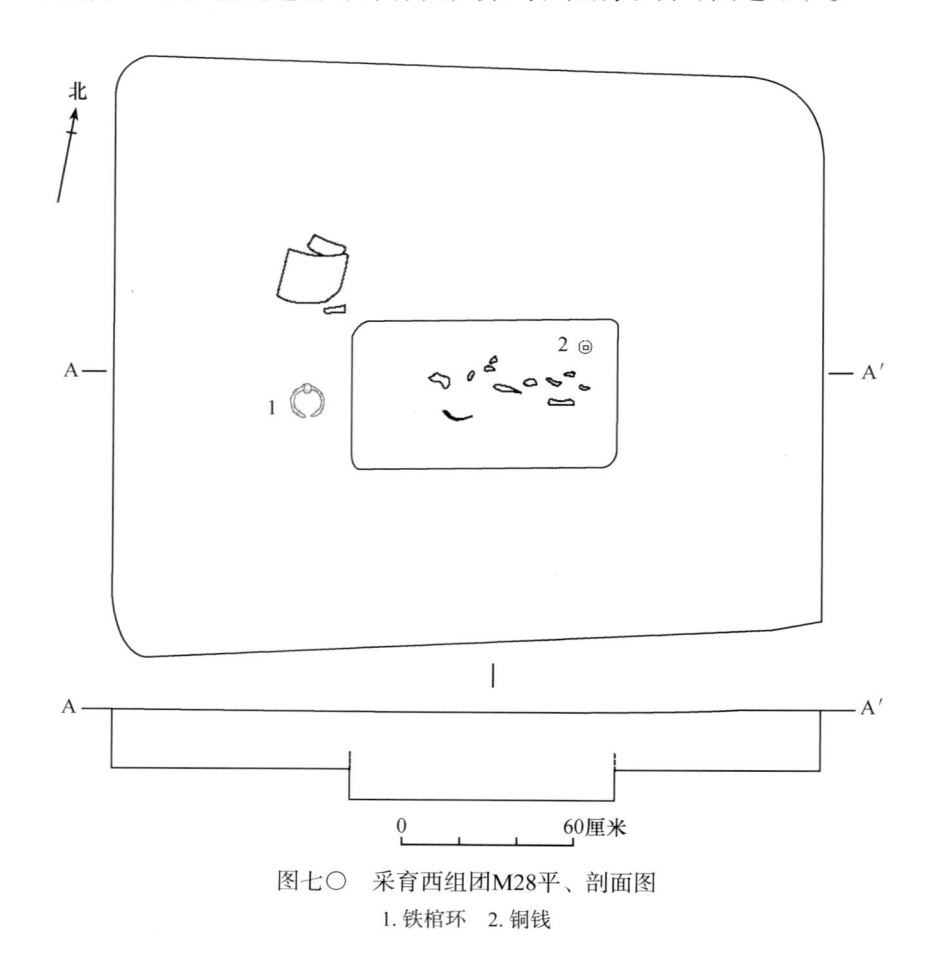

图七〇　采育西组团M28平、剖面图
1.铁棺环　2.铜钱

2. 随葬品

棺外前方出土铁棺环1件，棺内左下方出土铜钱1枚。

铁棺环　1件。M28：1，衔环状，圆环形，环钉已残。直径10.4厘米（图七一，1）。

天禧元宝　1枚。M28：2，平钱，圆形，方穿，正面郭缘较窄，背面无郭，正面楷书"天禧元寳"四字，旋读。钱径2.34、穿径0.54、郭厚0.09厘米（图七一，2）。

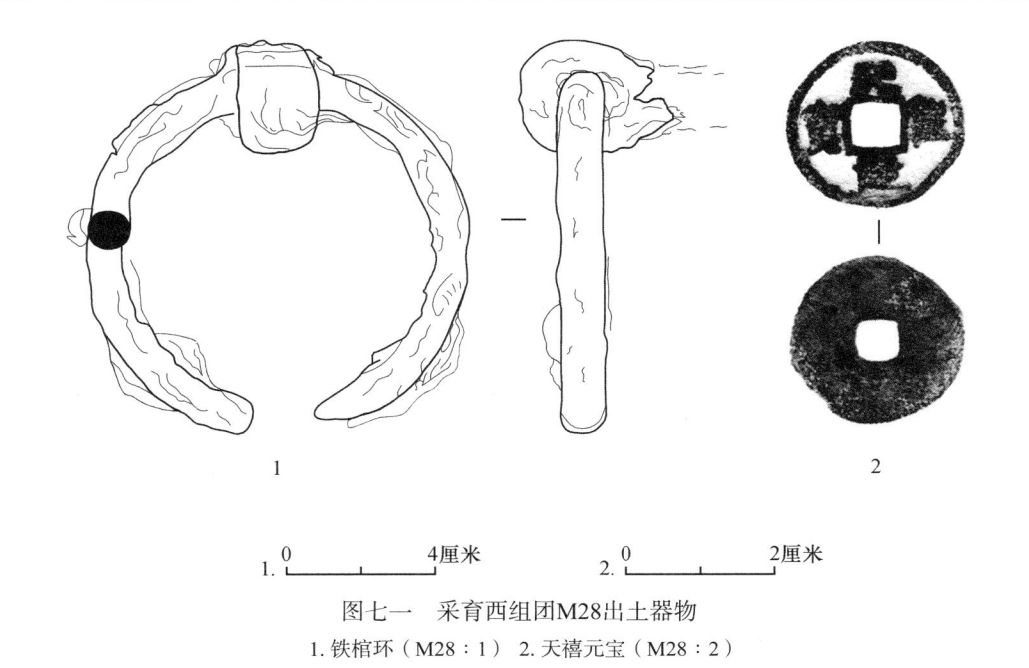

图七一　采育西组团M28出土器物
1. 铁棺环（M28∶1）　2. 天禧元宝（M28∶2）

二十九、M29

1. 墓葬形制

该墓位于发掘Ⅱ区东中部，北邻M28，南邻M30。开口于第2层下，东西向，方向265°。

墓平面呈长方形，竖穴土圹单棺迁葬墓。墓口距地表深0.5米，墓底距地表深1米。墓圹东西长1.92、南北宽1.34、深0.5米。内填花土，土质较松。内置单棺，棺木已朽，棺痕长1.74、宽0.48~0.56、残高0.09米。棺内未发现骨架（图七二）。

2. 随葬品

未发现随葬品。

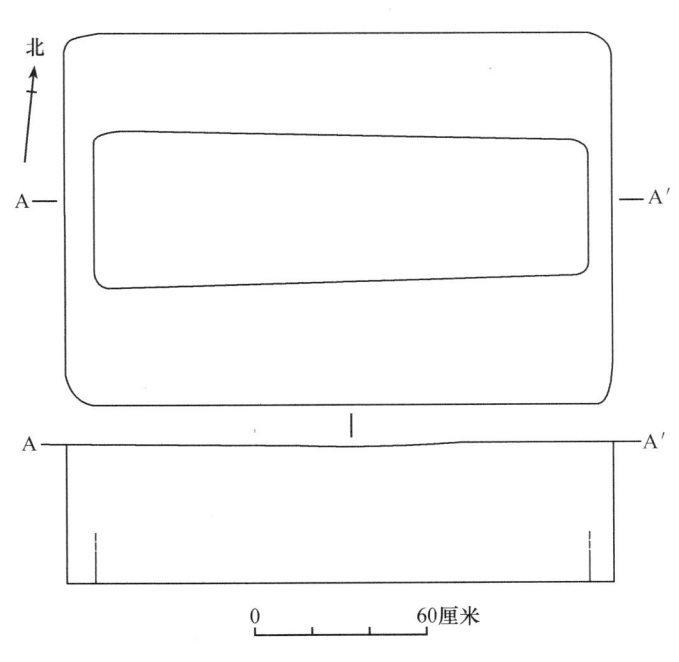

图七二　采育西组团M29平、剖面图

三十、M30

1. 墓葬形制

该墓位于发掘Ⅱ区东中部，北邻M29。开口于第2层下，南北向，方向3°。

墓平面呈梯形，竖穴土圹双棺合葬墓。墓口距地表深0.5米，墓底距地表深0.82米。墓圹南北长2.28、东西宽2~2.4、深0.32米。内填花土，土质较松。内置双棺，棺木已朽。东棺痕长1.84、宽0.56~0.61、残高0.08米；骨架保存较差，头向北，面向上，仰身直肢，为男性。西棺痕长1.6、宽0.45~0.53、残高0.21米；骨架保存较差，头向北，葬式不明，为女性（图七三；图版七，2）。

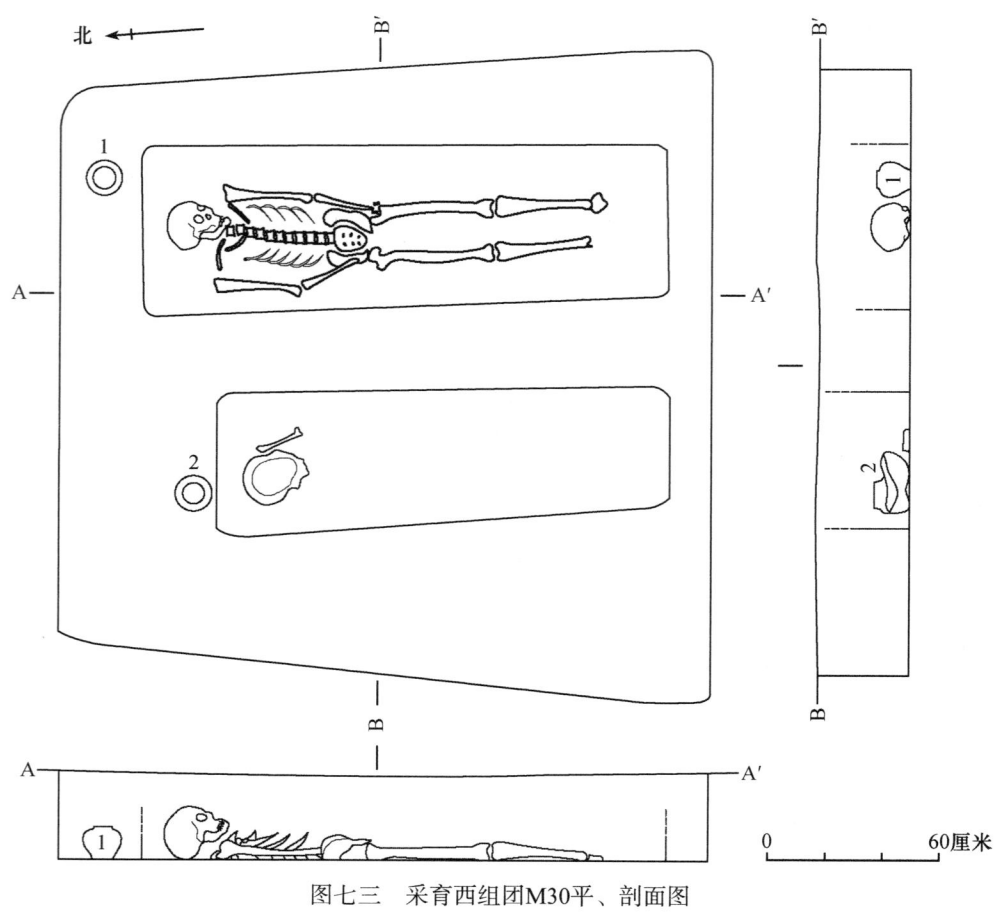

图七三 采育西组团M30平、剖面图
1、2. 瓷罐

2. 随葬品

东棺外左前方出土瓷罐1件；西棺外右前方出土瓷罐1件。

瓷罐　2件。M30:1，敛口，圆唇，斜高颈，圆肩，弧腹，矮圈足，颈肩部置对称双系，均残。器体内外施酱黑色釉，外下腹部及圈足无釉，足底露黄褐色胎，胎质较粗。轮制，通体遗有轮旋痕。口径10.1、腹径14、底径7.2、高12.8厘米（图七四，1；图版二〇，2）。M30:2，敛口，尖圆唇，斜颈，丰肩，鼓腹，下腹弧收，平底内凹。口沿饰一周弦纹，肩部饰四周弦纹，弦纹中间饰四组如意头纹，腹部饰两组折枝牡丹纹，底上部饰三周弦纹，弦纹中间饰一周宝莲纹。施青白釉，底无釉，露青白色胎。口径7、腹径14.2、底径7.8、高12.8厘米（图七四，2；图版二〇，5）。

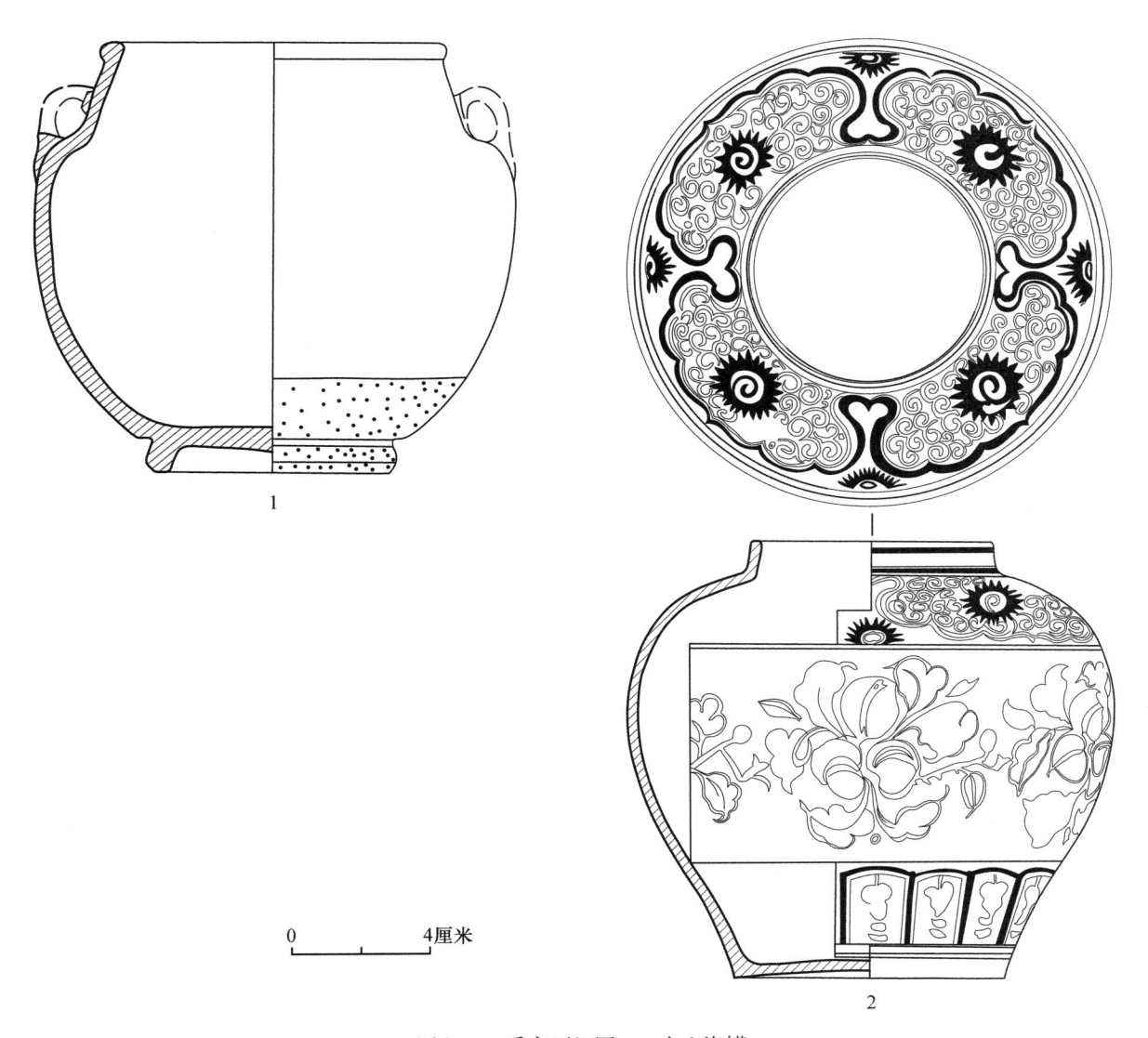

图七四　采育西组团M30出土瓷罐
1. M30:1　2. M30:2

三十一、M31

1. 墓葬形制

该墓位于发掘Ⅱ区东中部，东邻M32。开口于第2层下，南北向，方向355°。

墓平面呈梯形，竖穴土圹单棺墓。墓口距地表深0.5米，墓底距地表深0.7米。墓圹南北长2.65、东西宽1.3～1.35、深0.2米。内填花土，土质较松。内置单棺，棺木已朽，棺痕长1.9、宽0.76～0.81、残高0.04米。骨架保存稍差，头向北，面向上，侧身屈肢，为男性（图七五）。

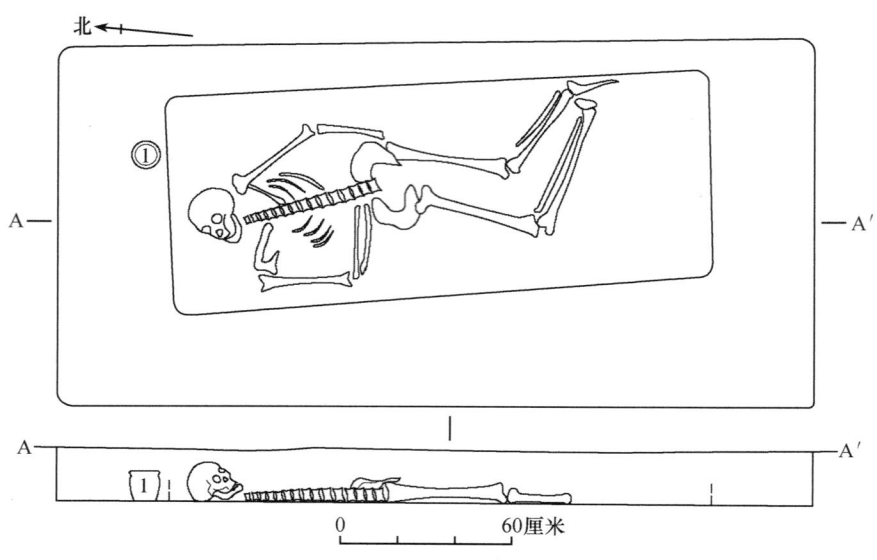

图七五　采育西组团M31平、剖面图
1. 釉陶罐

2. 随葬品

棺外左前方出土釉陶罐1件。

釉陶罐　1件。M31：1，侈口，方圆唇，束颈，溜肩，斜弧腹，平底内凹。肩部及口沿内侧施浅绿色釉，腹及底部无釉，遗有流釉痕。泥质黄褐陶。轮制，通体遗有轮旋痕。口径10.4、腹径10.2、底径7.8、高11厘米（图七六；图版一八，3）。

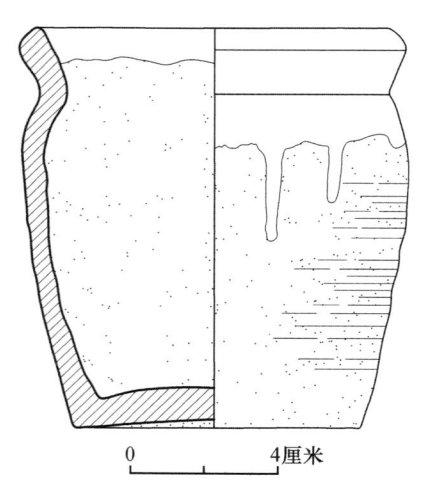

图七六　采育西组团M31出土釉陶罐（M31：1）

三十二、M32

1. 墓葬形制

该墓位于发掘Ⅱ区东中部，西邻M31。开口于第2层下，南北向，方向356°。

墓平面呈梯形，竖穴土圹单棺墓。墓口距地表深0.5米，墓底距地表深0.64米。墓圹南北长2.7、东西宽1.39~1.8、深0.14米。内填花土，土质较松。内置单棺，棺木已朽，棺痕长2.02、宽0.61~0.72、残高0.04米。骨架保存稍差，头向北，面向上，仰身直肢，为男性（图七七）。

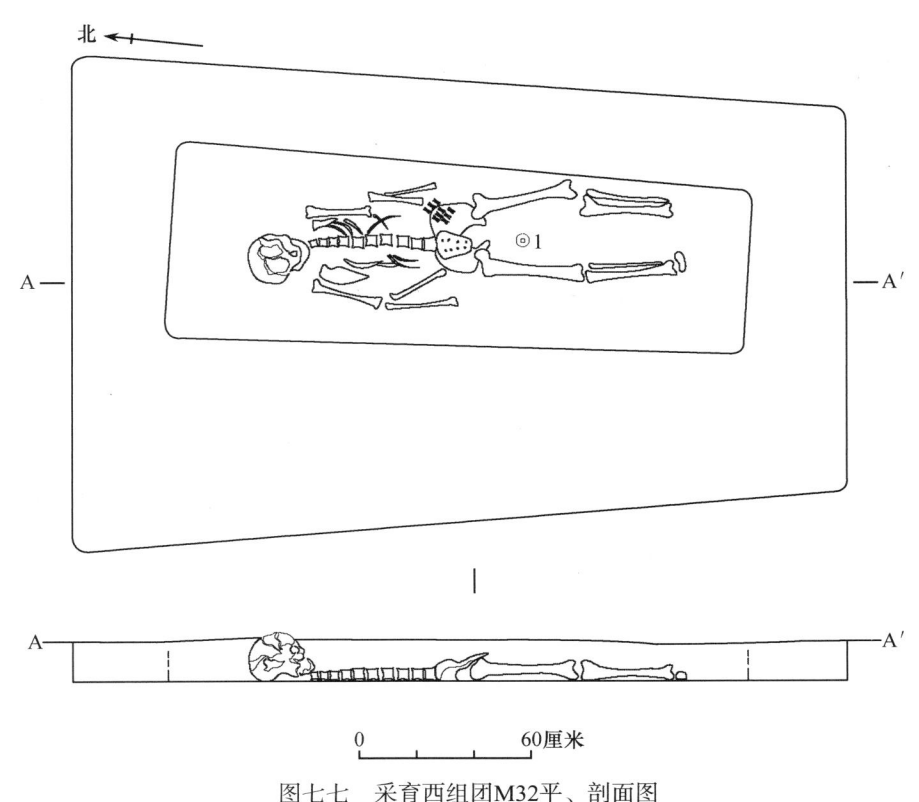

图七七　采育西组团M32平、剖面图
1. 铜钱

2. 随葬品

棺内右下肢骨中部出土铜钱1枚。

康熙通宝　1枚。M32：1，平钱，圆形，方穿，正背面郭缘略宽，正面楷书"康熙通寶"四字，对读，背穿左右为满文"宝源"局名。钱径2.25、穿径0.48、郭厚0.1厘米（图七八）。

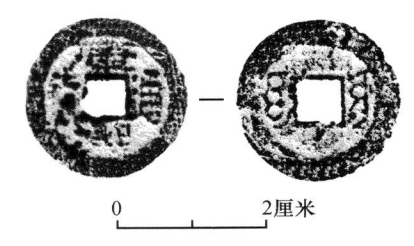

图七八　采育西组团M32出土康熙通宝（M32：1）（拓片）

三十三、M33

1. 墓葬形制

该墓位于发掘Ⅱ区东中部，北邻M34。开口于第2层下，南北向，方向357°。

墓平面呈长方形，竖穴土圹单棺墓。墓口距地表深0.5米，墓底距地表深1.06米。墓圹南北长2.4、东西宽1.5、深0.56米。内填花土，土质较松。内置单棺，棺木已朽，棺痕长1.9、宽0.56~0.6、残高0.1米。骨架保存稍好，头向北，面向东，仰身直肢，为男性（图七九；图版八，1）。

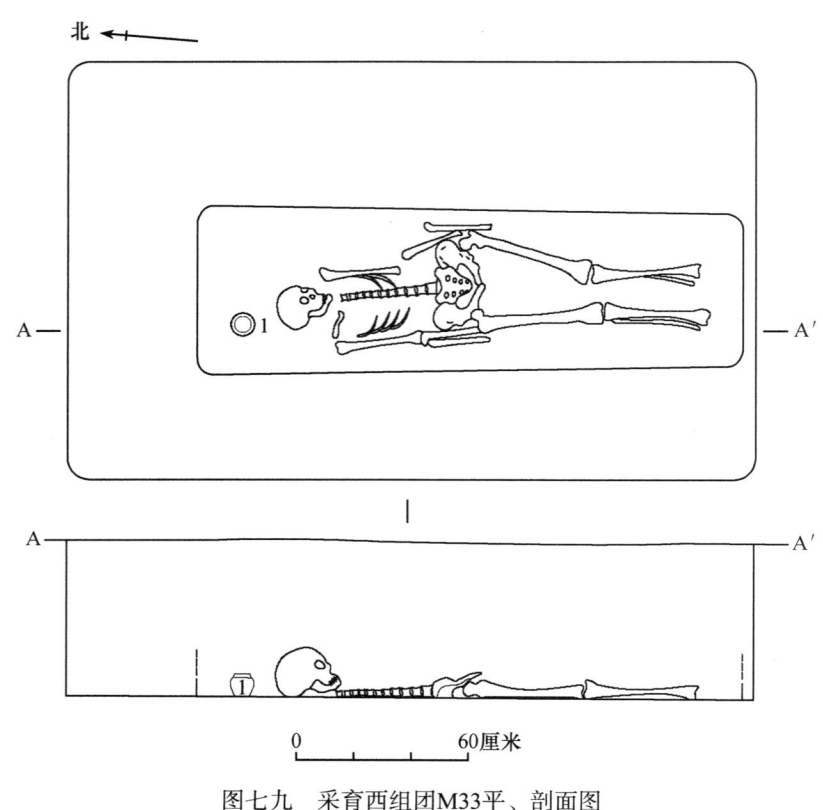

图七九　采育西组团M33平、剖面图
1. 瓷罐

2. 随葬品

棺内头骨右上方出土瓷罐1件。

瓷罐　1件。M33:1，敛口，圆唇，斜直颈，折肩，圆鼓腹，矮圈足。器体内外施酱黑色釉，腹下部及圈足无釉，露灰褐色胎，胎质较粗。轮制，通体遗有轮旋痕。口径8、腹径12.4、底径5.6、高9厘米（图八〇；图版二〇，3）。

三十四、M34

1. 墓葬形制

该墓位于发掘Ⅱ区东中部，南邻M33。开口于第2层下，南北向，方向350°。

墓平面呈梯形，竖穴土圹单棺墓。墓口距地表深0.4米，墓底距地表深0.9米。墓圹南北长2.1、东西宽1.1~1.2、深0.5米。内填花土，土质较松。内置单棺，棺木已朽，棺痕长1.75、宽0.44~0.68、残高0.12米。骨架保存稍差，头向北，面向东，仰身直肢，为男性（图八一；图版八，2）。

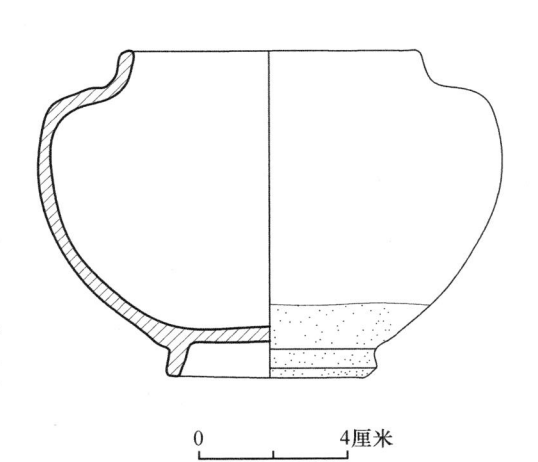

图八〇 采育西组团M33出土瓷罐（M33：1）

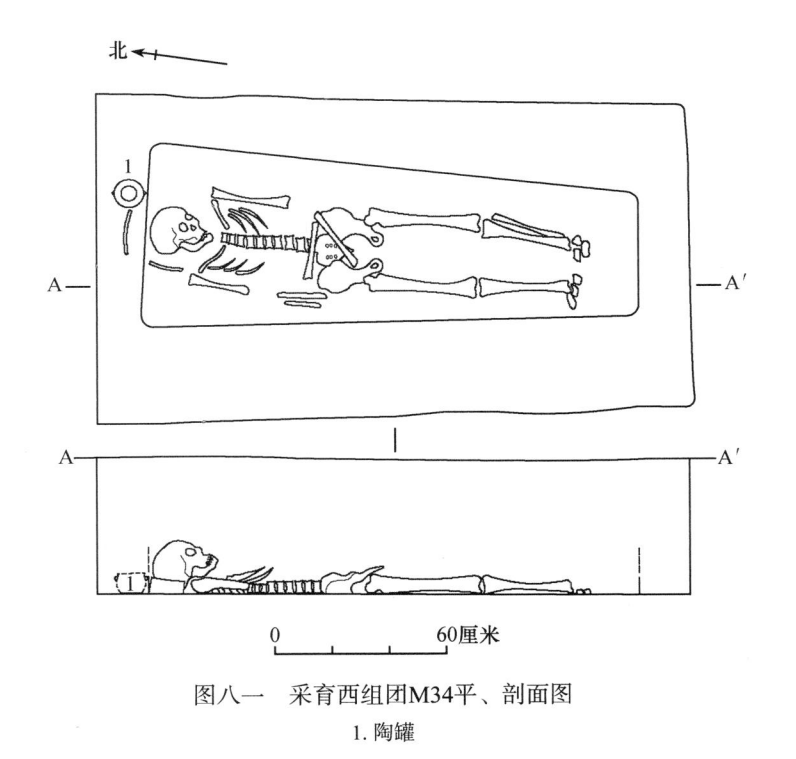

图八一 采育西组团M34平、剖面图
1. 陶罐

2. 随葬品

棺外左前方出土陶罐1件。

陶罐 1件。M34：1，泥质灰陶。敛口，平沿，圆唇，斜肩，鼓腹，平底，肩部置对称双系，均残。轮制，通体遗有轮旋痕。口径15.6、腹径16.8、底径12.6、高11.6厘米（图八二；图版一四，5）。

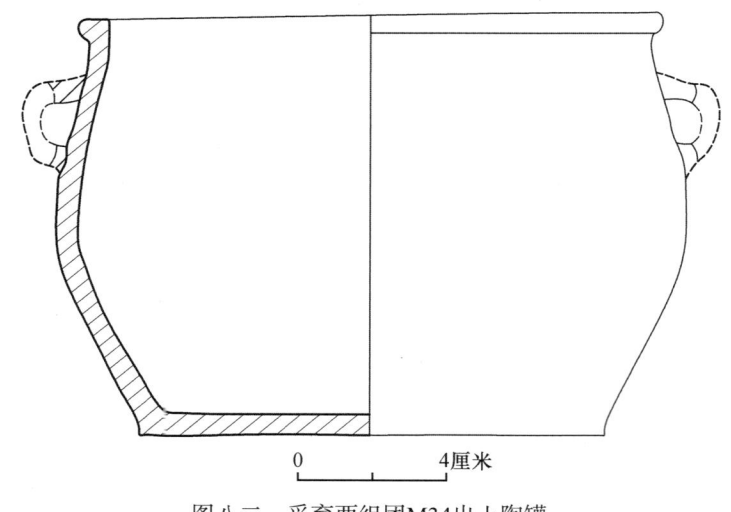

图八二　采育西组团M34出土陶罐
（M34：1）

三十五、M35

1. 墓葬形制

该墓位于发掘Ⅱ区东中部，南邻M34。开口于第2层下，南北向，方向357°。

墓平面呈长方形，竖穴土圹单棺墓。墓口距地表深0.5米，墓底距地表深0.8米。墓圹南北长2.5、东西宽1.4、深0.3米。内填花土，土质较松。内置单棺，棺木已朽，棺痕长1.74、宽0.42～0.52、残高0.1米。骨架保存较差，头向北，面向西，仰身直肢，为男性（图八三）。

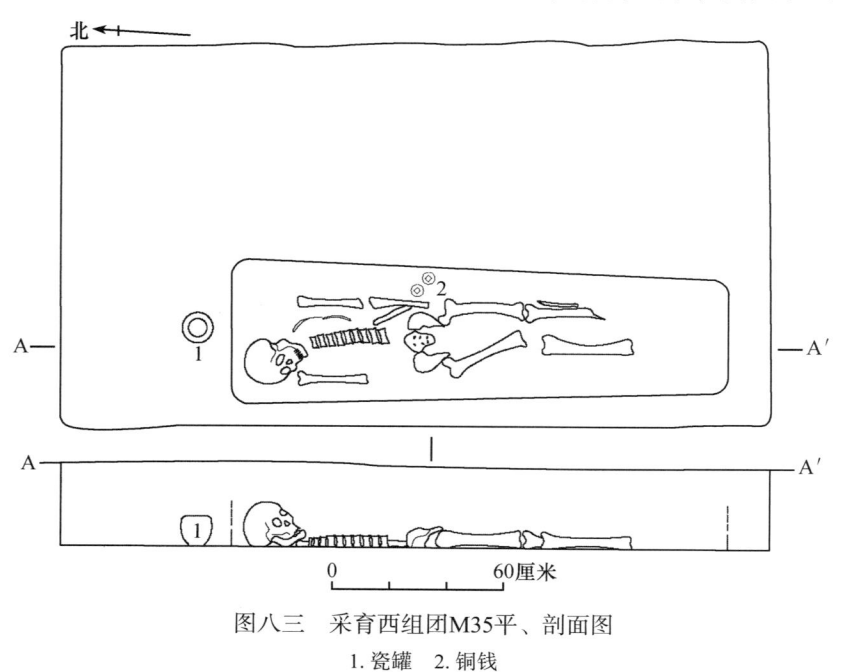

图八三　采育西组团M35平、剖面图
1. 瓷罐　2. 铜钱

2. 随葬品

棺外前方出土瓷罐1件，棺内左上肢骨下方出土铜钱2枚。

瓷罐　1件。M35：1，直口，圆唇，直领，圆肩，弧腹，矮圈足，颈肩部置鼻形对称双系。器体外颈肩部及内壁口沿下部施酱黑色釉，腹及底部无釉，露黄褐色胎，胎质较粗。轮制，通体遗有轮旋痕。口径8.5、腹径11.4、底径6、高10.8厘米（图八四，1；图版二〇，4）。

崇祯通宝　2枚。标本M35：2-1，平钱，圆形，方穿，正背面郭缘略宽，正面楷书"崇祯通寳"四字，对读。钱径2.63、穿径0.59、郭厚0.11厘米（图八四，2；图版三二，2）。

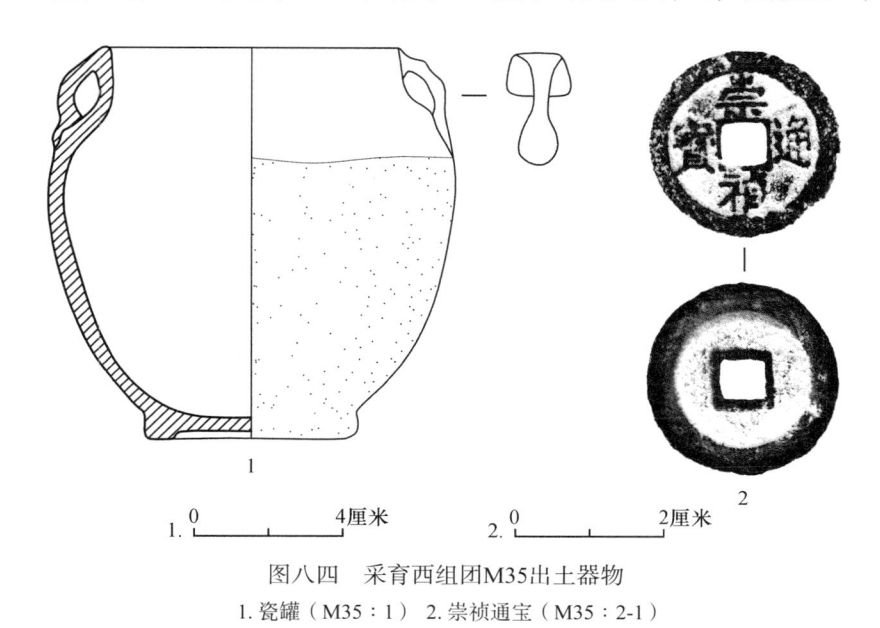

图八四　采育西组团M35出土器物
1. 瓷罐（M35：1）　2. 崇祯通宝（M35：2-1）

三十六、M36

1. 墓葬形制

该墓位于发掘Ⅱ区东中部，北邻M37。开口于第2层下，南北向，方向350°。

墓平面呈梯形，竖穴土圹单棺迁葬墓。墓口距地表深0.4米，墓底距地表深1.3米。墓圹南北长2.6、东西宽1.4~1.5、深0.9米。内填花土，土质较松。内置单棺，棺木已朽，棺痕长1.96、宽0.48~0.58、残高0.1米。棺内未发现骨架（图八五）。

2. 随葬品

棺内中部出土铜钱3枚。

图八五　采育西组团M36平、剖面图
1. 铜钱

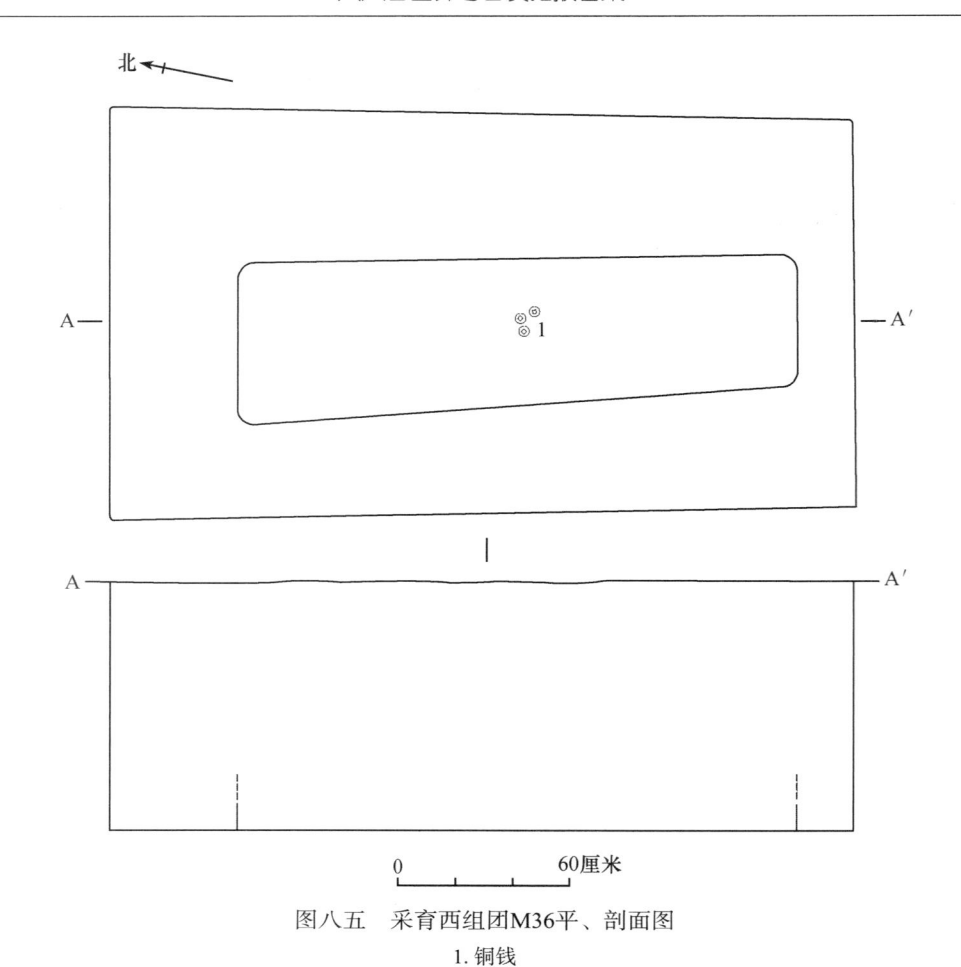

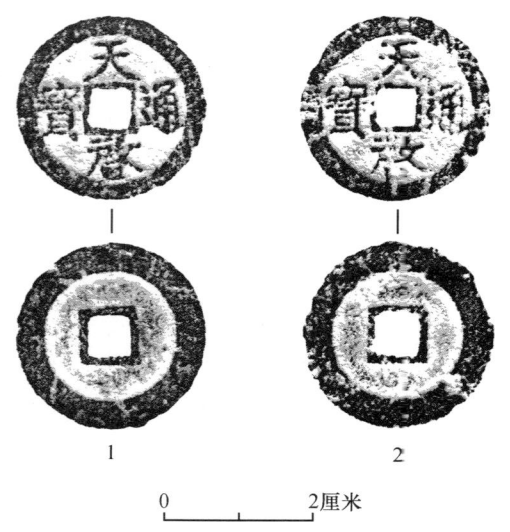

图八六　采育西组团M36出土天启通宝（拓片）
1. M36∶1-1　2. M36∶1-2

天启通宝　3枚。平钱，圆形，方穿，正背面郭缘较宽，正面楷书"天啓通寳"四字，对读。标本M36∶1-1，钱径2.55、穿径0.47、郭厚0.12厘米（图八六，1；图版三二，3）。标本M36∶1-2，钱径2.56、穿径0.49、郭厚0.13厘米（图八六，2；图版三二，3）。

三十七、M37

1. 墓葬形制

该墓位于发掘Ⅱ区东中部，南邻M36。开口于第2层下，南北向，方向348°。

墓平面呈不规则形，竖穴土圹三棺合葬墓。墓口距地表深0.4米，墓底距地表深0.8米。墓圹南北长3.1~3.14、东西宽2.8~2.9、深0.4米。内填花土，土质较硬。内置三棺，棺木已朽。东棺痕长2.1、宽0.58~0.67、残高0.2米；骨架保存较差，头向南，面向西，仰身直肢，为男性。中棺痕长2、宽0.48~0.62、残高0.14米；骨架保存稍差，头向北，面向东，仰身直肢，为女性。西棺痕长1.9、宽0.48~0.58、残高0.1米；骨架保存稍好，头向北，面向上，仰身直肢，为女性（图八七）。

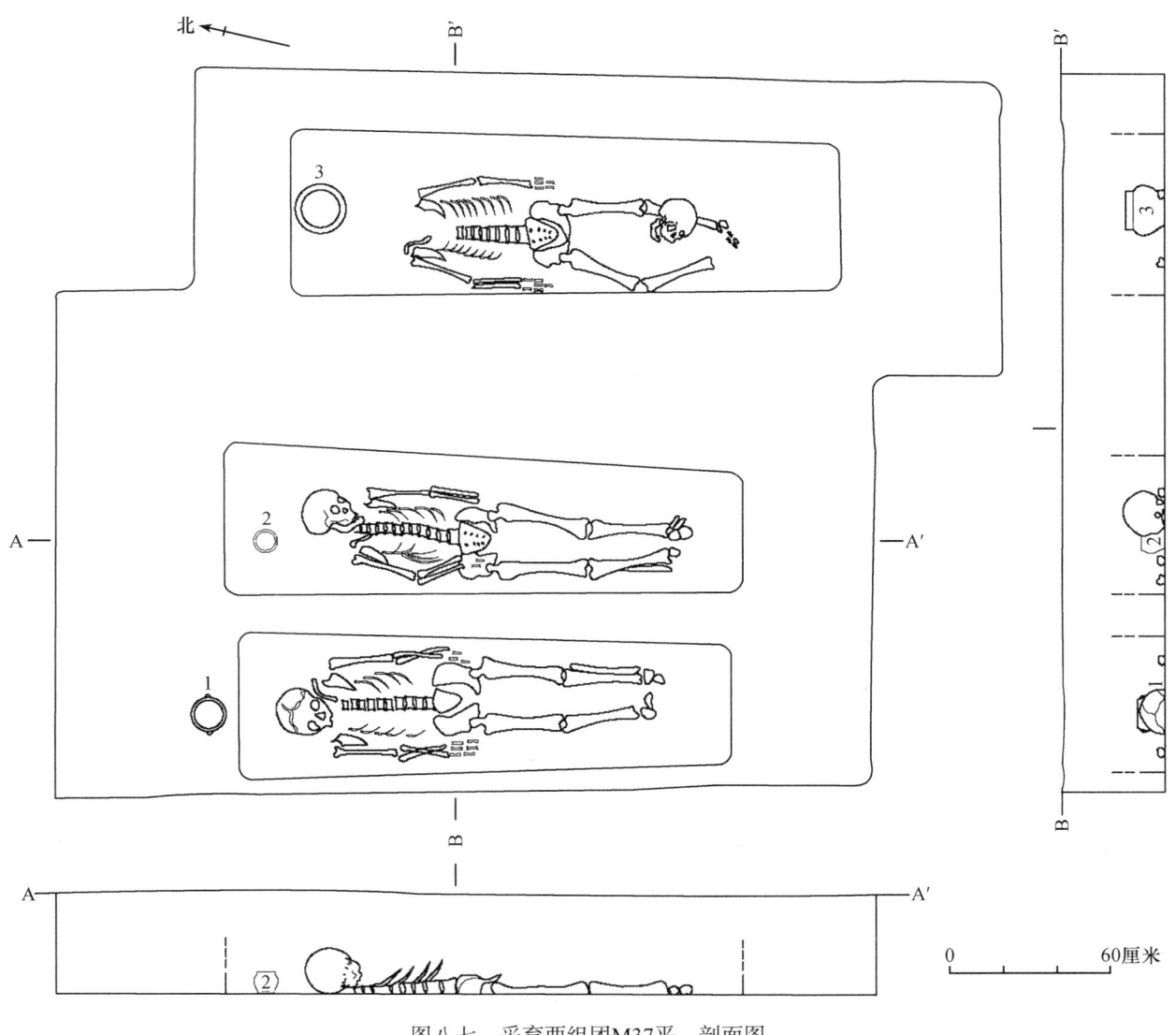

图八七　采育西组团M37平、剖面图
1. 陶罐　2、3. 瓷罐

2. 随葬品

东棺内上方出土瓷罐1件；中棺内头骨右上方出土瓷罐1件；西棺外右前方出土陶罐1件。

陶罐　1件。M37：1，泥质灰陶。直口、尖圆唇，斜肩，弧腹，平底，肩部置对称倒鼻状双系。轮制，通体遗有轮旋痕。口径12.6、腹径14.6、底径11、高10.8厘米（图八八，1；图版一四，6）。

瓷罐　2件。M37：2，敛口，方圆唇，斜直颈，圆肩，弧腹，矮圈足，颈肩部置对称双系，均残。肩部及内部施酱色釉，腹及圈足无釉，露灰褐色胎，胎质较粗。底部阳印一"王"字。轮制，通体遗有轮旋痕。口径8.8、腹径11.3、底径6.2、高11.2厘米（图八八，2；图版二一，1）。M37：3，敛口，方圆唇，斜直颈，圆肩，鼓腹，矮圈足，颈肩部置对称四系，均残。腹部及口沿内侧施黑色釉，内壁施酱色釉，下腹及圈足无釉，露灰白色胎，胎质较粗。轮制，通体遗有轮旋痕。口径15、腹径20.4、底径12、高15.6厘米（图八八，3；图版二一，2）。

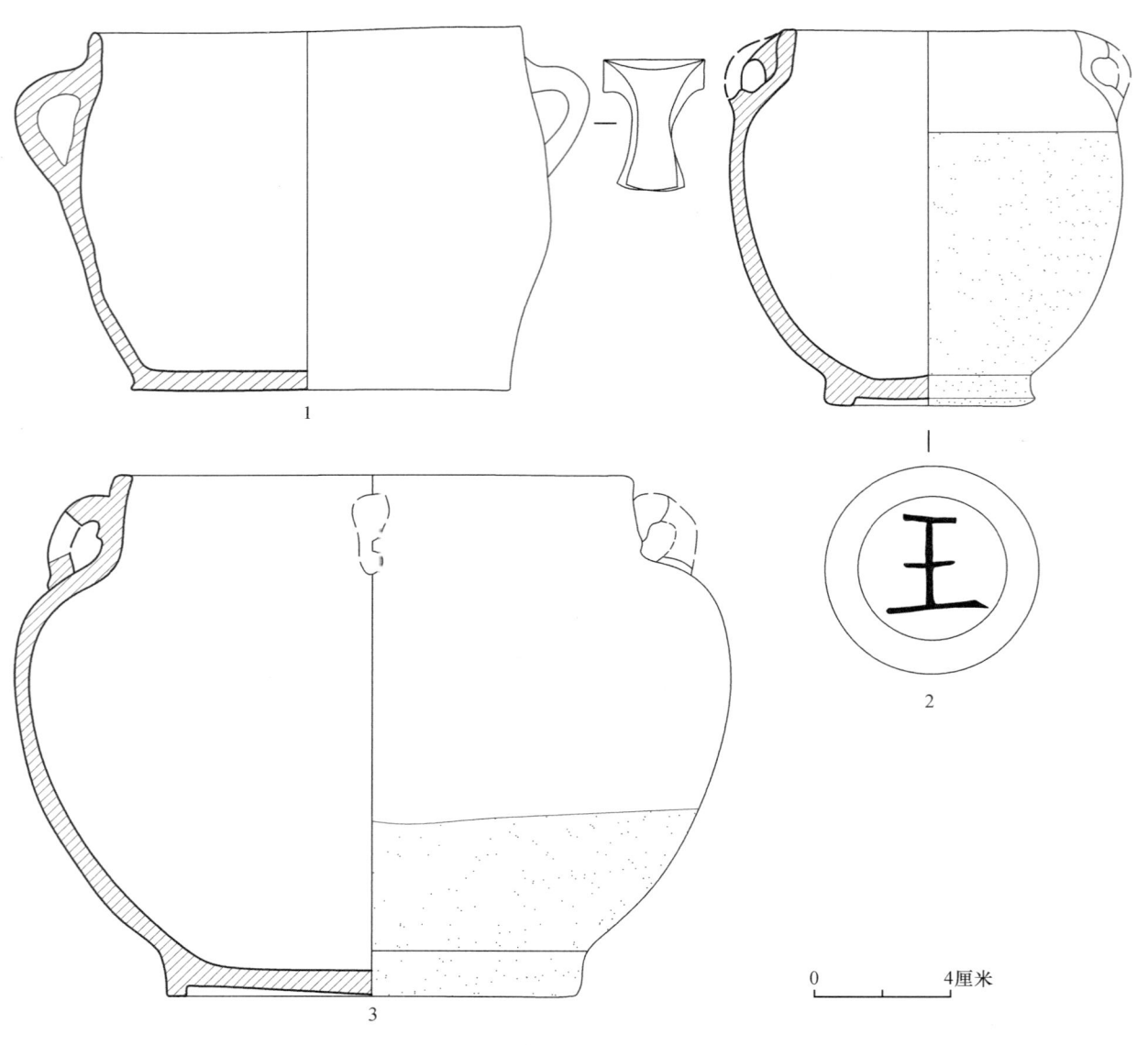

图八八　采育西组团M37出土器物
1. 陶罐（M37：1）　2、3. 瓷罐（M37：2、M37：3）

三十八、M38

1. 墓葬形制

该墓位于发掘Ⅱ区东中部，北邻M39。开口于第2层下，南北向，方向0°。

墓平面呈梯形，竖穴土圹双棺合葬墓。墓口距地表深0.4米，墓底距地表深1~1.2米。墓圹南北长2.7、东西宽1.6~1.68、深0.6~0.8米。内填花土，土质较硬。内置双棺，棺木已朽。东棺痕长1.86、宽0.48~0.62、残高0.34米；骨架保存较好，头向北，面向西，仰身直肢，为男性。西棺痕长1.86、宽0.6~0.66、残高0.14米；骨架保存较差，头向西，面向上，仰身直肢，为女性（图八九；图版八，3）。

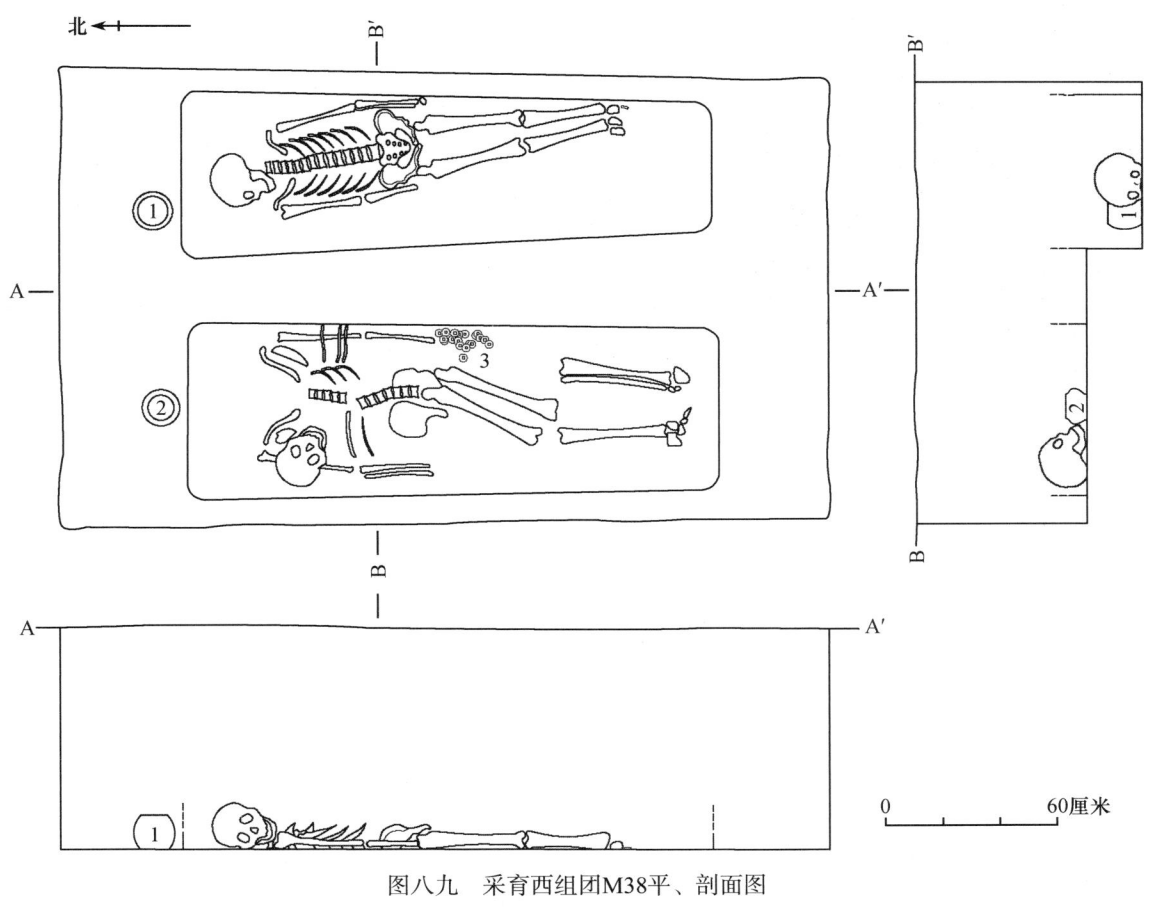

图八九 采育西组团M38平、剖面图
1. 陶罐 2. 瓷罐 3. 铜钱

2. 随葬品

东棺外右前方出土陶罐1件；西棺外前方出土瓷罐1件，棺内左上肢骨下方出土铜钱20枚。

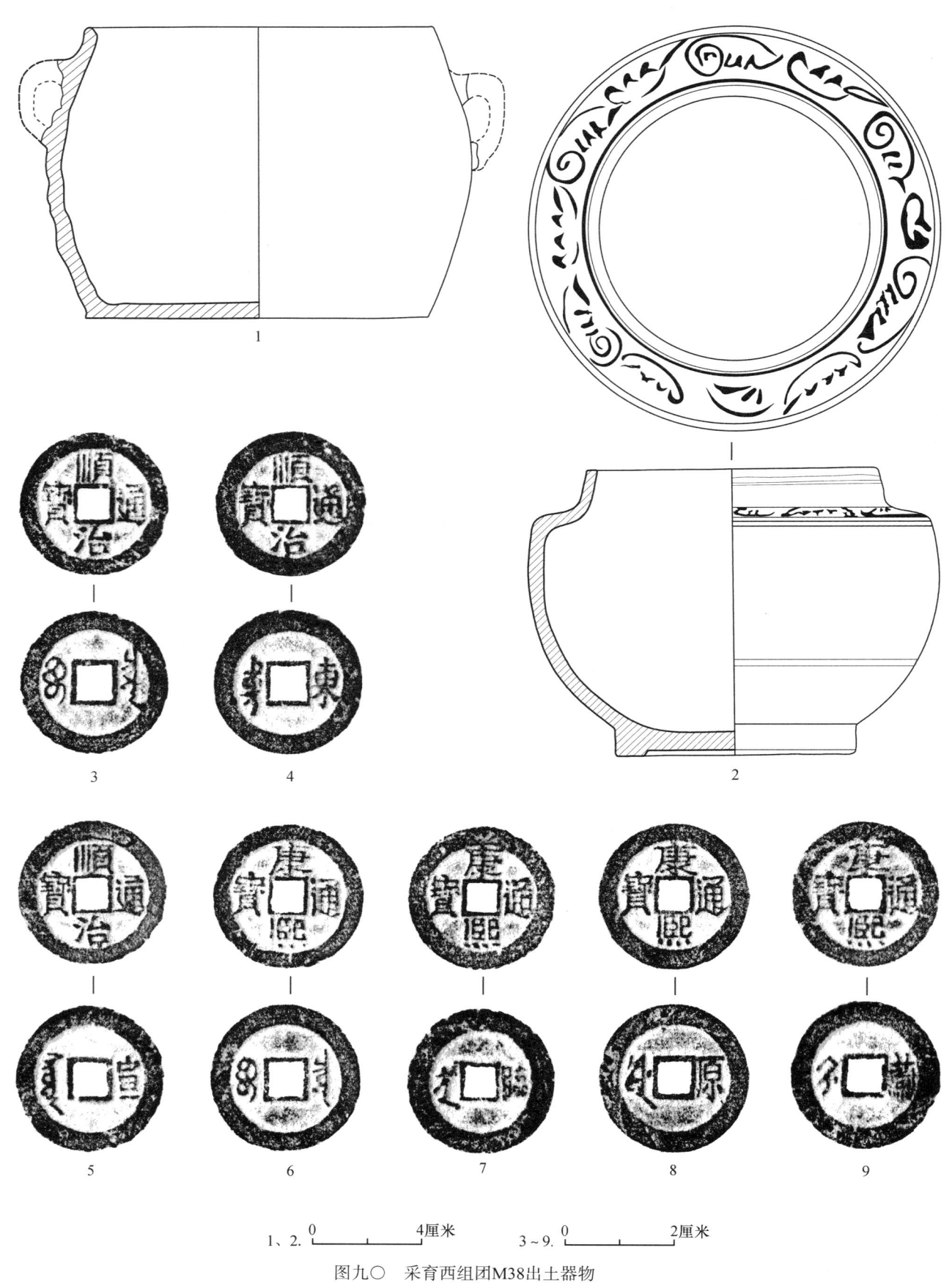

图九〇 采育西组团M38出土器物

1. 陶罐（M38：1） 2. 瓷罐（M38：2） 3～5. 顺治通宝（M38：3-1、M38：3-2、M38：3-3） 6～9. 康熙通宝（M38：3-4、M38：3-5、M38：3-6、M38：3-7）

陶罐　1件。M38：1，泥质灰陶。敛口，尖圆唇，斜肩，弧腹，平底，肩部置对称双系，均残。轮制，通体遗有轮旋痕。口径12.8、腹径15.6、底径12.8、高11厘米（图九〇，1；图版一五，1）。

瓷罐　1件。M38：2，敛口，方圆唇，斜直颈，折肩，圆鼓腹，圈足。器体上腹部施黄白色釉，口沿及肩部饰四周酱色弦纹，肩中部饰酱色卷草纹，下腹部饰两周酱色弦纹。内侧施酱色釉，下腹及圈足无釉，露灰褐色胎，胎质较粗。轮制，通体遗有轮旋痕。口径10.8、腹径15.2、底径9、高10.8厘米（图九〇，2；图版二一，3）。

铜钱　20枚。有顺治通宝、康熙通宝（图版三二，4）。

顺治通宝　5枚。大平钱，圆形，方穿，正背面郭缘较宽，正面楷书"顺治通寶"四字，对读。标本M38：3-1，背穿左右为满文"宝泉"局名。钱径2.74、穿径0.54、郭厚0.11厘米（图九〇，3）。标本M38：3-2，背穿左为满文"东"字，右为楷书"東"字，山东省局名。钱径2.78、穿径0.52、郭厚0.13厘米（图九〇，4）。标本M38：3-3，背穿左为满文"宣"字，右为楷书"宣"字，直隶宣府局名。钱径2.75、穿径0.53、郭厚0.12厘米（图九〇，5）。

康熙通宝　15枚。大平钱，圆形，方穿，正背面郭缘较宽，正面楷书"康熙通寶"四字，对读。标本M38：3-4，背穿左右为满文"宝泉"局名。钱径2.78、穿径0.54、郭厚0.08厘米（图九〇，6）。标本M38：3-5，背穿左为满文"临"字，右为楷书"臨"字，山东省临清局名。钱径2.72、穿径0.49、郭厚0.1厘米（图九〇，7）。标本M38：3-6，背穿左为满文"原"字，右为楷书"原"字，山西省局名。钱径2.79、穿径0.53、郭厚0.08厘米（图九〇，8）。标本M38：3-7，背穿左为满文"蓟"字，右为楷书"蓟"字，直隶蓟州局名。钱径2.77、穿径0.56、郭厚0.11厘米（图九〇，9）。

三十九、M39

1. 墓葬形制

该墓位于发掘Ⅱ区东中部，南邻M38。开口于第2层下，南北向，方向355°。

墓平面呈长方形，竖穴土圹单棺墓。墓口距地表深0.4米，墓底距地表深1.4米。墓圹南北长2.74、东西宽1.4、深1米。内填花土，土质较松。内置单棺，棺木已朽，棺痕长1.92、宽0.38~0.5、残高0.14米。骨架保存较好，头向北，面向上，仰身直肢，为男性（图九一；图版八，4）。

2. 随葬品

棺外左前方出土陶罐1件，棺内右上肢骨下方出土铜钱3枚。

陶罐　1件。M39：1，泥质灰陶。敛口，方圆唇，溜肩，圆弧腹，平底，肩腹部置对称双系，均残。轮制，通体遗有轮旋痕。口径13.5、腹径16.2、底径12.2、高10.8厘米（图九二，1；图版一五，2）。

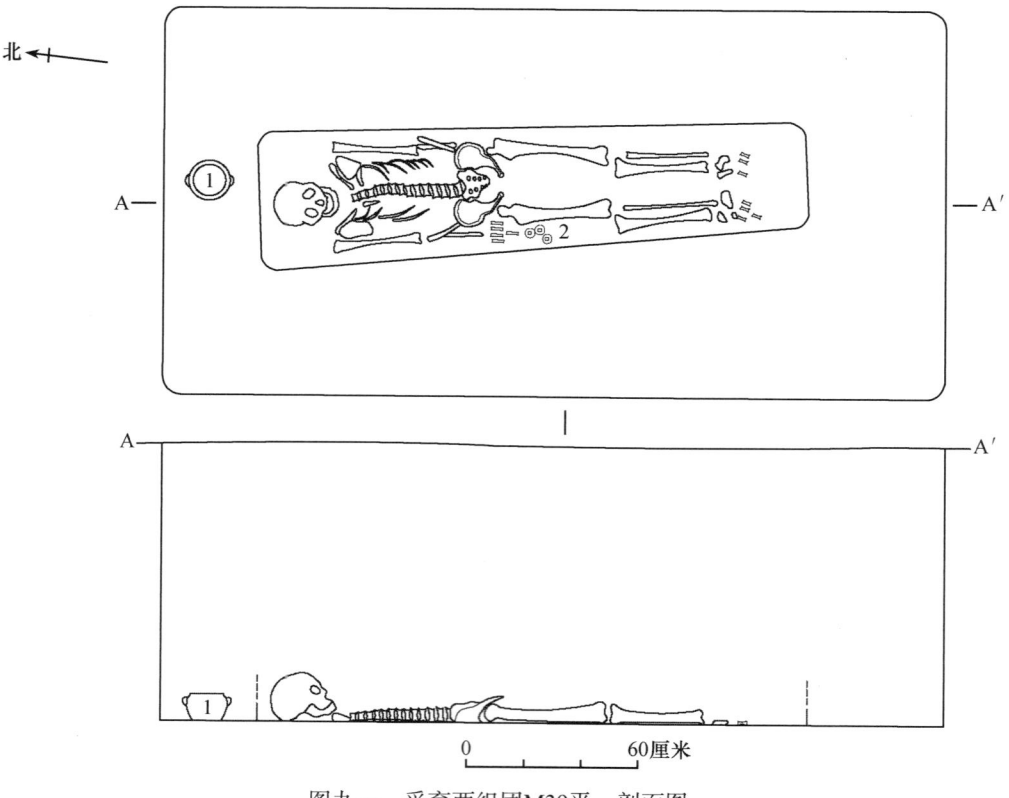

图九一 采育西组团M39平、剖面图
1. 陶罐 2. 铜钱

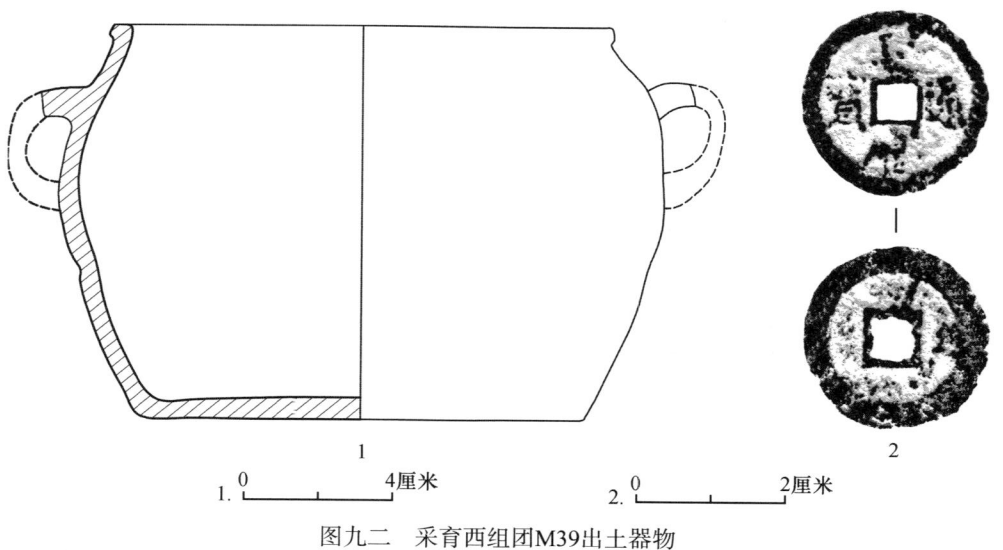

图九二 采育西组团M39出土器物
1. 陶罐（M39：1） 2. 万历通宝（M39：2-1）

万历通宝　3枚。标本M39:2-1，平钱，圆形，方穿，正背面郭缘略宽，正面楷书"萬曆通寶"四字，对读。钱径2.58、穿径0.58、郭厚0.13厘米（图九二，2）。

四十、M40

1. 墓葬形制

该墓位于发掘Ⅱ区东中部，东邻M42。开口于第2层下，南北向，方向18°。

墓平面呈梯形，竖穴土圹双棺合葬墓。墓口距地表深0.5米，墓底距地表深1.14米。墓圹南北长2.7、东西宽1.78～1.94、深0.64米。内填花土，土质较松。内置双棺，棺木已朽。东棺痕长1.8、宽0.48～0.52、残高0.12米；骨架保存较差，头向北，面向西，仰身直肢，为男性。西棺痕长1.68、宽0.54～0.64、残高0.06米；骨架保存较差，头向北，面向上，仰身直肢，为女性（图九三；图版九，1）。

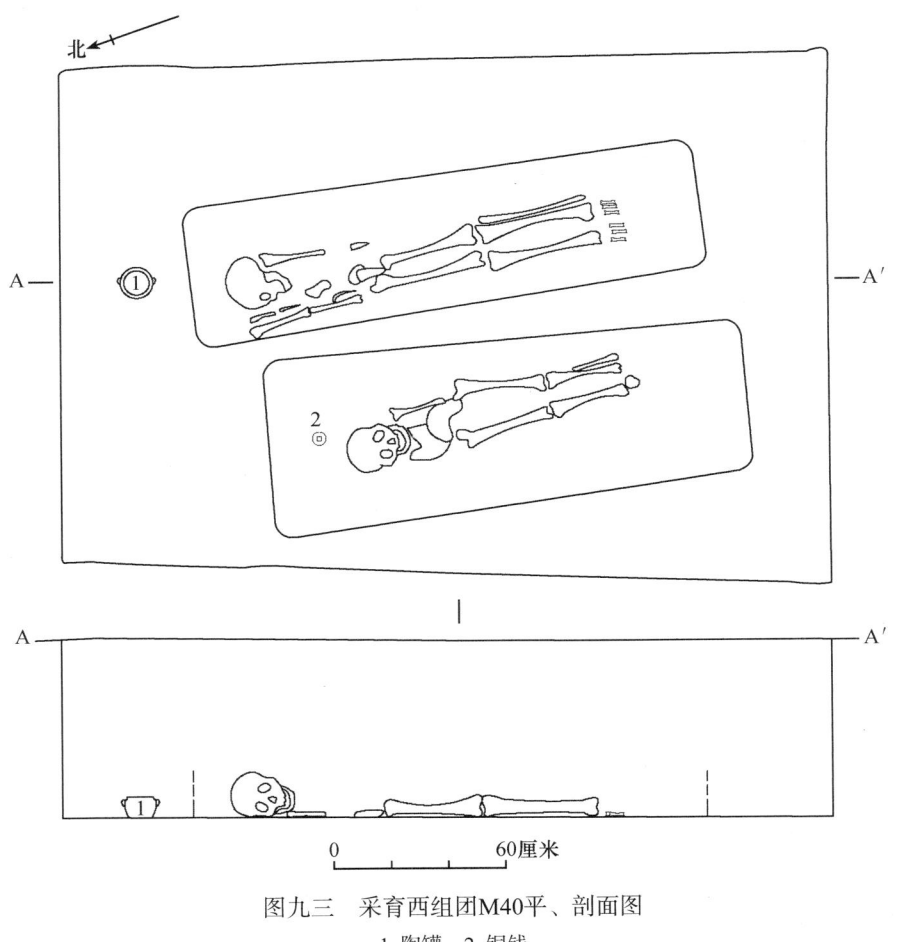

图九三　采育西组团M40平、剖面图
1.陶罐　2.铜钱

2. 随葬品

东棺外前方出土陶罐1件；西棺内头骨左上方出土铜钱1枚。

陶罐　1件。M40：1，泥质灰陶。敛口，方唇，溜肩，圆弧腹，平底，肩腹部置对称双系，均残。轮制，通体遗有轮旋痕。口径14.4、腹径18、底径13.2、高11.2厘米（图九四，1；图版一五，3）。

崇宁重宝　1枚。M40：2，大平钱，圆形，方穿，正背面郭缘较窄，正面隶书"崇宁重寶"四字，对读。钱径3.4、穿径0.8、郭厚0.17厘米（图九四，2；图版三二，5）。

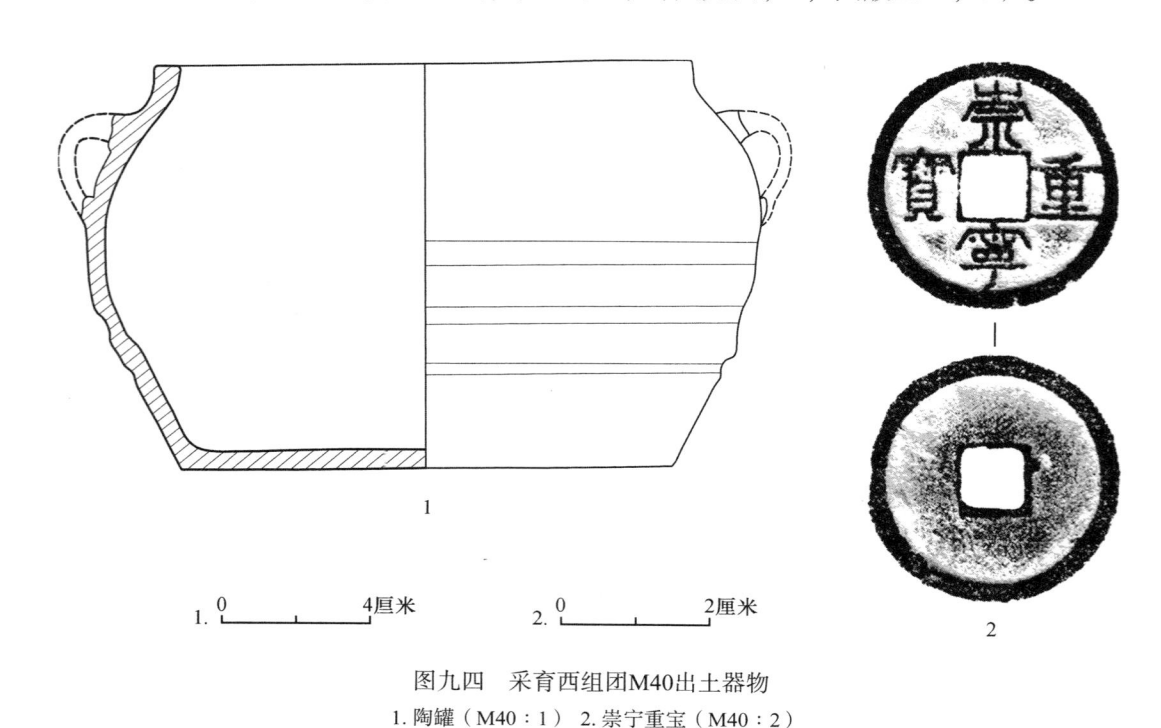

图九四　采育西组团M40出土器物
1.陶罐（M40：1） 2.崇宁重宝（M40：2）

四十一、M41

1. 墓葬形制

该墓位于发掘Ⅱ区东中部，北邻M42。开口于第2层下，南北向，方向3°。

墓平面呈长方形，竖穴土圹双棺合葬墓。墓口距地表深0.4米，墓底距地表深1.1~1.2米。墓圹南北长2.63、东西宽1.3、深0.7~0.8米。内填花土，土质较松。内置双棺，棺木已朽。东棺痕长1.78、宽0.42~0.46、残高0.24米；骨架保存稍差，头向北，面向西，仰身直肢，为男性。西棺痕长1.65、宽0.44~0.48、残高0.14米；骨架保存较差，头向北，面向东，葬式不明，为女性（图九五；图版九，2）。

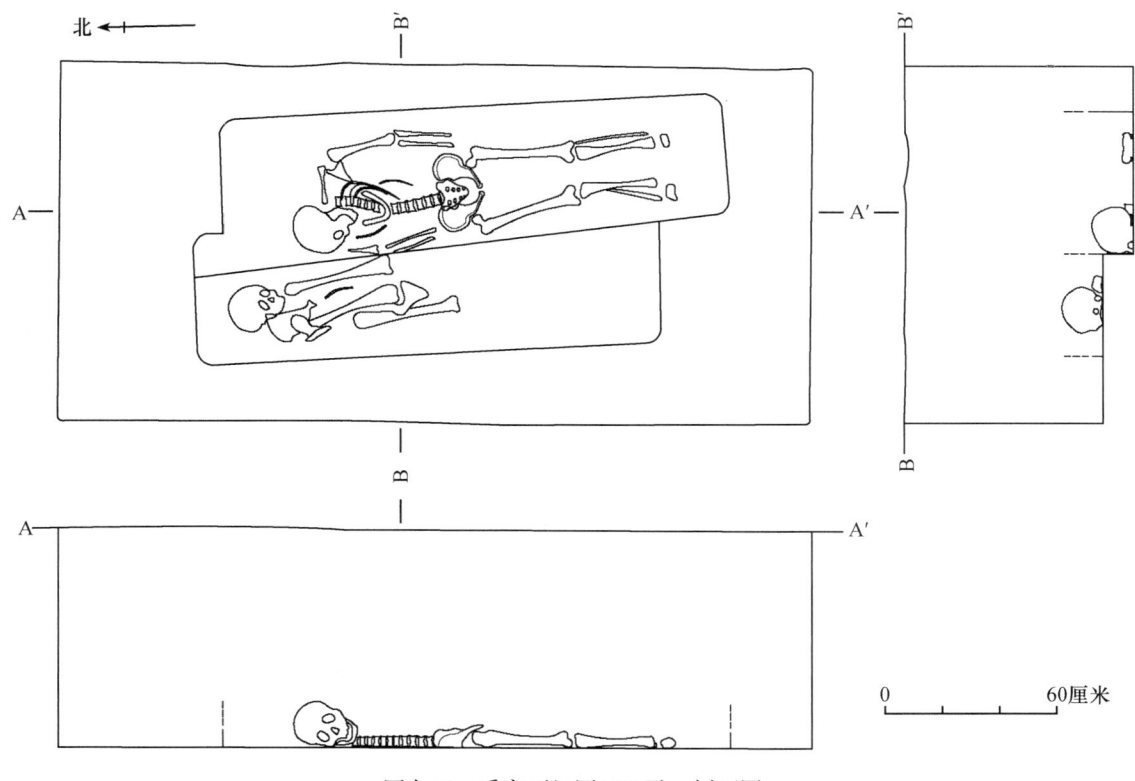

图九五 采育西组团M41平、剖面图

2. 随葬品

未发现随葬品。

四十二、M42

1. 墓葬形制

该墓位于发掘Ⅱ区东中部，南邻M41。开口于第2层下，南北向，方向0°。

墓平面呈梯形，竖穴土圹双棺合葬墓。墓口距地表深0.5米，墓底距地表深0.95~1.15米。墓圹南北长3、东西宽2.4~2.44、深0.45~0.65米。内填花土，土质较松。内置双棺，棺木已朽。东棺痕长1.82、宽0.44~0.62、残高0.24米；骨架保存较差，头向西，面向南，仰身直肢，为男性。西棺痕长1.78、宽0.36~0.6、残高0.1米；骨架保存较差，头向北，面向西，侧身屈肢，为女性（图九六；图版九，3）。

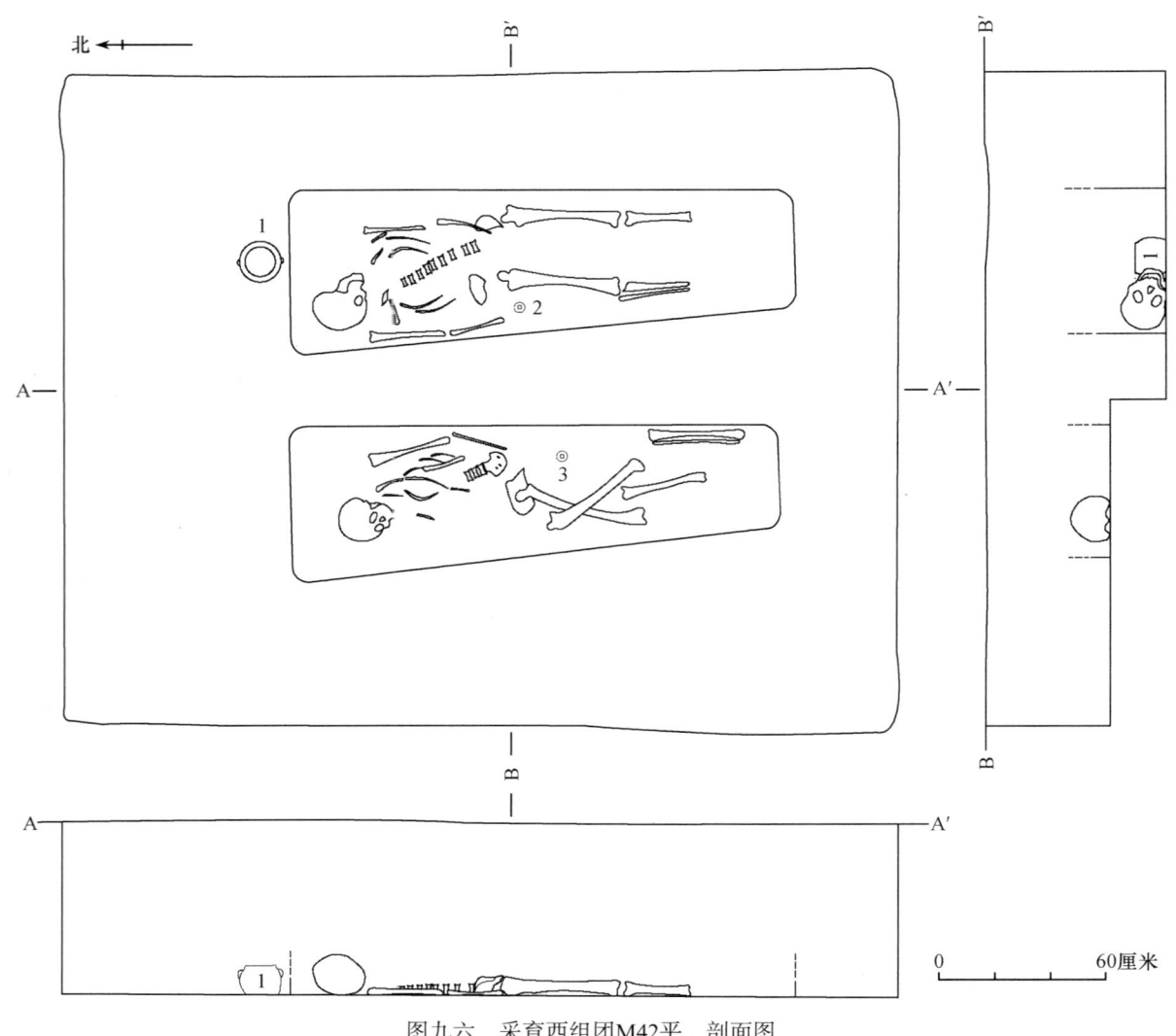

图九六 采育西组团M42平、剖面图
1. 陶罐 2、3. 铜钱

2. 随葬品

东棺外前方出土陶罐1件，棺内右上肢骨下方出土铜钱1枚；西棺左下肢骨上方出土铜钱1枚。

陶罐 1件。M42：1，泥质灰陶。敛口，方唇，溜肩，弧腹，平底，肩腹部置对称倒鼻形双系。轮制，通体遗有轮旋痕。口径12、腹径15.8、底径12.8、高11.8厘米（图九七，1；图版一五，4）。

铜钱 2枚。有元丰通宝、万历通宝。

元丰通宝 1枚。M42：2，大平钱，圆形，方穿，正背面郭缘较宽，正面行书"元豐通寶"四字，旋读。钱径2.76、穿径0.62、郭厚0.12厘米（图九七，2）。

万历通宝 1枚。M42：3，平钱，圆形，方穿，正背面郭缘略宽，正面楷书"萬曆通寶"

四字，对读。钱径2.56、穿径0.52、郭厚0.11厘米（图九七，3）。

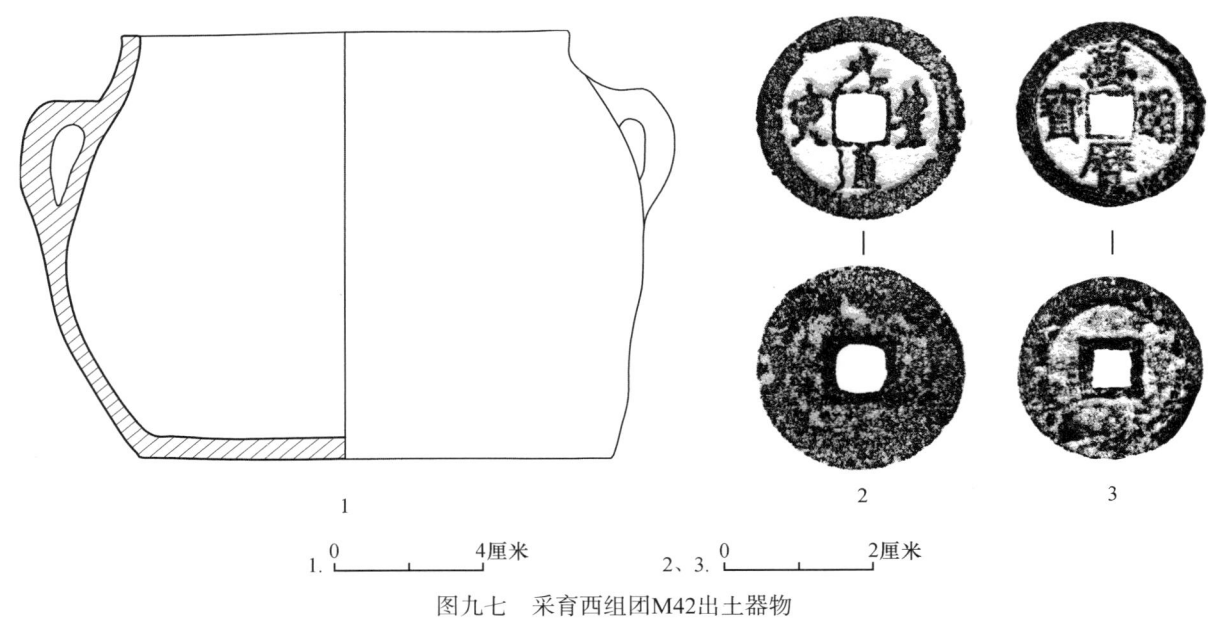

图九七　采育西组团M42出土器物
1.陶罐（M42∶1）　2.元丰通宝（M42∶2）　3.万历通宝（M42∶3）

四十三、M43

1. 墓葬形制

该墓位于发掘Ⅱ区西南部，南邻M44。开口于第2层下，东西向，方向265°。

墓平面呈梯形，竖穴土圹单棺墓。墓口距地表深0.4米，墓底距地表深0.74米。墓圹东西长2.58、南北宽1.3~1.32、深0.34米。内填花土，土质较松。内置单棺，棺木已朽，棺痕长1.96、宽0.53~0.69、残高0.14米。骨架保存较差，头向西，面向北，仰身直肢，为女性（图九八）。

2. 随葬品

棺内头骨上方出土银簪1件，右上肢骨下方出土铜钱8枚。

银簪　1件。M43∶1，九连环禅杖形，簪首已残，簪体呈圆柱锥形。残长14.3厘米（图九九，1；图版二七，5）。

铜钱　8枚。有嘉庆通宝、道光通宝、同治重宝。

嘉庆通宝　1枚。M43∶2-1，平钱，圆形，方穿，正背面郭缘略宽，正面楷书"嘉慶通寶"四字，对读，背穿左右为满文"宝泉"局名。钱径2.4、穿径0.54、郭厚0.12厘米（图九九，2）。

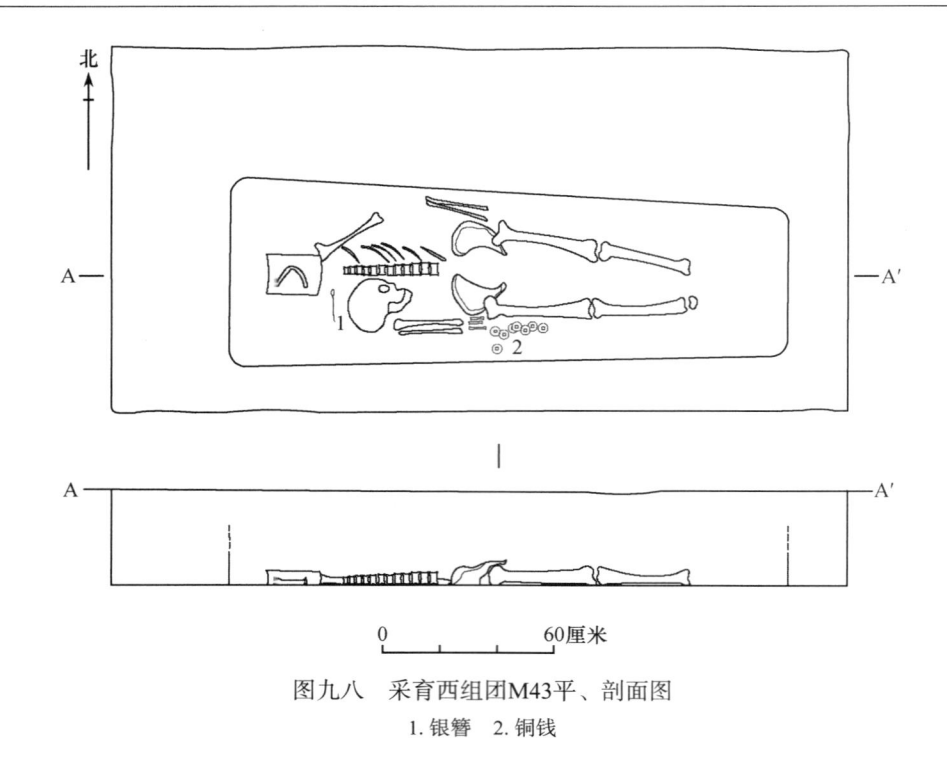

图九八 采育西组团M43平、剖面图
1. 银簪 2. 铜钱

道光通宝 2枚。标本M43：2-2，小平钱，圆形，方穿，正背面郭缘略宽，正面楷书"道光通寶"四字，对读，背穿左右为满文"宝源"局名。钱径2.26、穿径0.55、郭厚0.12厘米（图九九，3）。

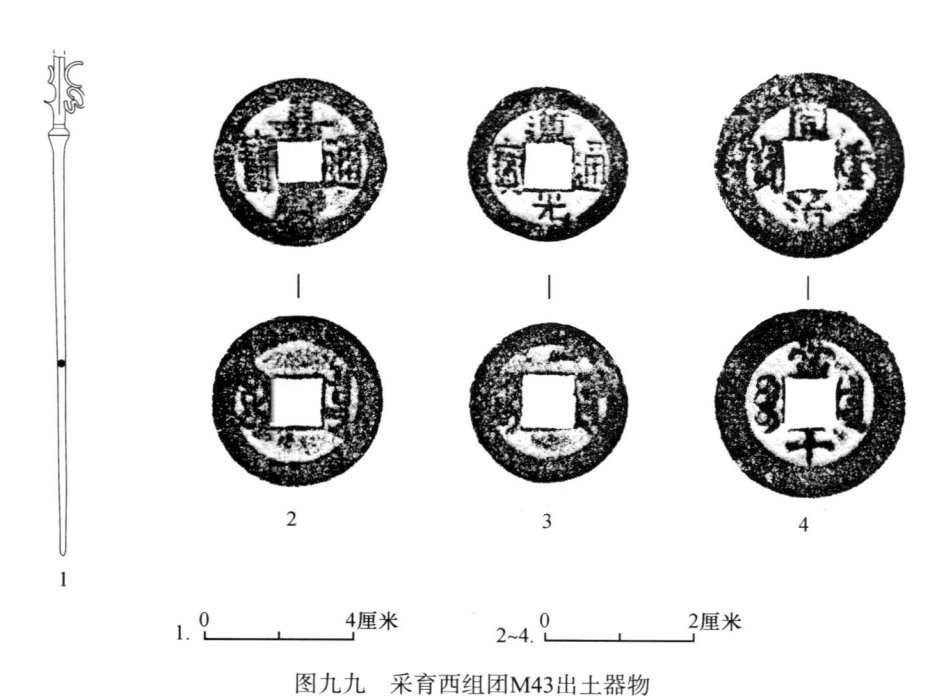

图九九 采育西组团M43出土器物
1. 银簪（M43：1） 2. 嘉庆通宝（M43：2-1） 3. 道光通宝（M43：2-2） 4. 同治重宝（M43：2-3）

同治重宝　5枚。标本M43：2-3，平钱，圆形，方穿，正背面郭缘较宽，正面楷书"同治重寶"四字，对读，背穿上下楷书"當十"二字，左右为满文"宝泉"局名。钱径2.66、穿径0.61、郭厚0.11厘米（图九九，4）。

四十四、M44

1. 墓葬形制

该墓位于发掘Ⅱ区西南部，北邻M43。开口于第2层下，东西向，方向263°。

墓平面呈梯形，竖穴土圹双棺合葬墓。墓口距地表深0.4米，墓底距地表深0.7米。墓圹东西长2.82、南北宽1.52～1.62、深0.3米。内填花土，土质较松。内置双棺，棺木已朽。北棺痕长1.02、宽0.52～0.56、残高0.12米；为迁葬墓，骨架保存较差，头向西，面向上，仰身直肢，为男性。南棺痕长1.9、宽0.53～0.66、残高0.1米；骨架保存稍好，头向西，面向上，仰身直肢，为女性（图一〇〇；图版一〇，1）。

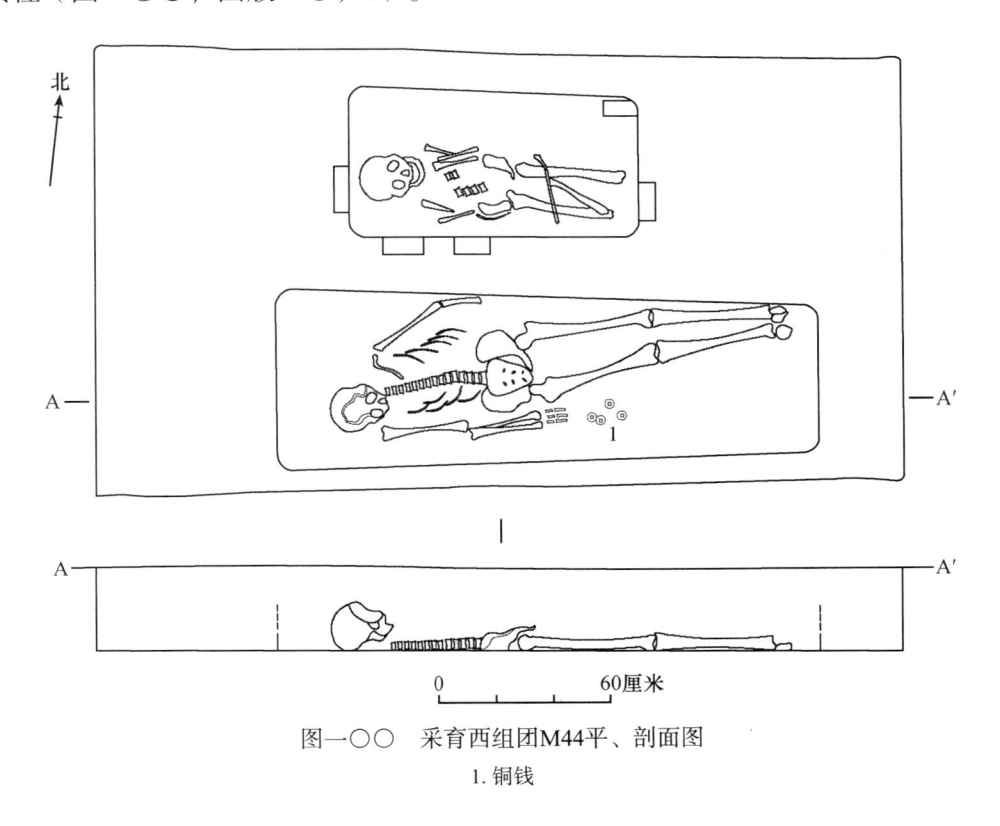

图一〇〇　采育西组团M44平、剖面图
1. 铜钱

2. 随葬品

南棺内右上肢骨下方出土铜钱4枚，有乾隆通宝、嘉庆通宝、道光通宝、宽永通宝。

乾隆通宝　1枚。M44：1-1，平钱，圆形，方穿，正背面郭缘较宽，正面楷书"乾隆通寶"四字，对读，背穿左右为满文"宝泉"局名。钱径2.48、穿径0.62、郭厚0.08厘米（图一〇一，1）。

嘉庆通宝　1枚。M44：1-2，平钱，圆形，方穿，正背面郭缘略宽，正面楷书"嘉慶通寶"四字，对读，背穿左右为满文"宝泉"局名。钱径2.48、穿径0.54、郭厚0.11厘米（图一〇一，2）。

道光通宝　1枚。M44：1-3，平钱，圆形，方穿，正背面郭缘较宽，正面楷书"道光通寶"四字，对读，背穿左右为满文"宝泉"局名。钱径2.38、穿径0.52、郭厚0.12厘米（图一〇一，3）。

宽永通宝　1枚。M44：1-4，平钱，圆形，方穿，正背面郭缘较窄，正面楷书"寛永通寶"四字，对读。钱径2.4、穿径0.68、郭厚0.06厘米（图一〇一，4）。

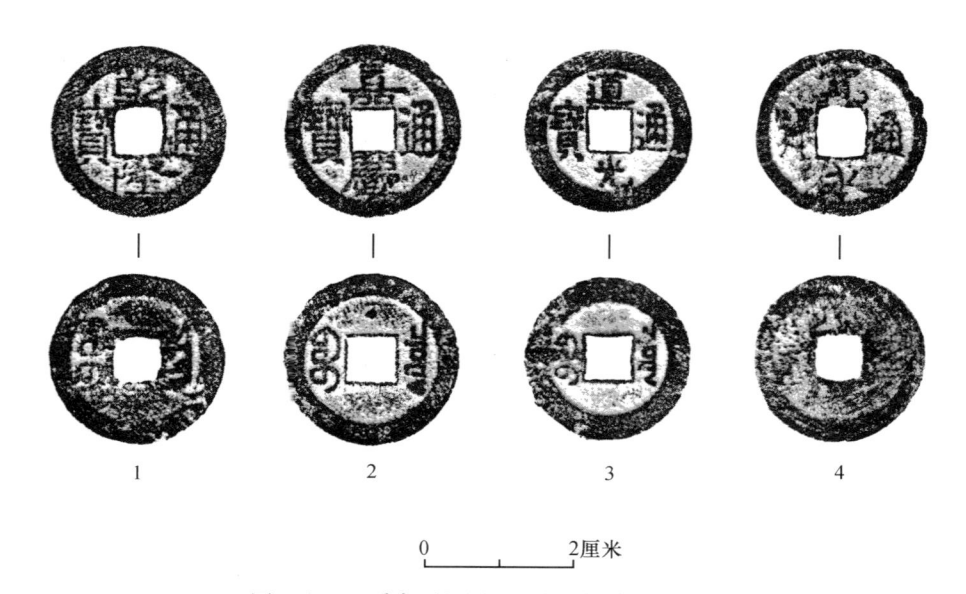

图一〇一　采育西组团M44出土铜钱（拓片）
1.乾隆通宝（M44：1-1）　2.嘉夫通宝（M44：1-2）　3.道光通宝（M44：1-3）　4.宽永通宝（M44：1-4）

四十五、M45

1. 墓葬形制

该墓位于发掘Ⅱ区西南部，北邻M47。开口于第2层下，东西向，方向270°。

墓平面呈梯形，竖穴土圹双棺合葬墓。墓口距地表深0.4米，墓底距地表深0.7米。墓圹东西长2.1、南北宽1.32~1.4、深0.3米。内填花土，土质较硬。为迁葬墓，内置双棺，棺木已朽。北棺痕长1.12、宽0.34~0.33、残高0.1米；骨架保存较差，头向西，面向下，仰身直肢，为男性。南棺痕长1.06、宽0.34～0.38、残高0.1米；骨架保存较差，头向下，面向东，仰身直肢，为女性（图一〇二；图版一〇，2）。

图一〇二　采育西组团M45平、剖面图

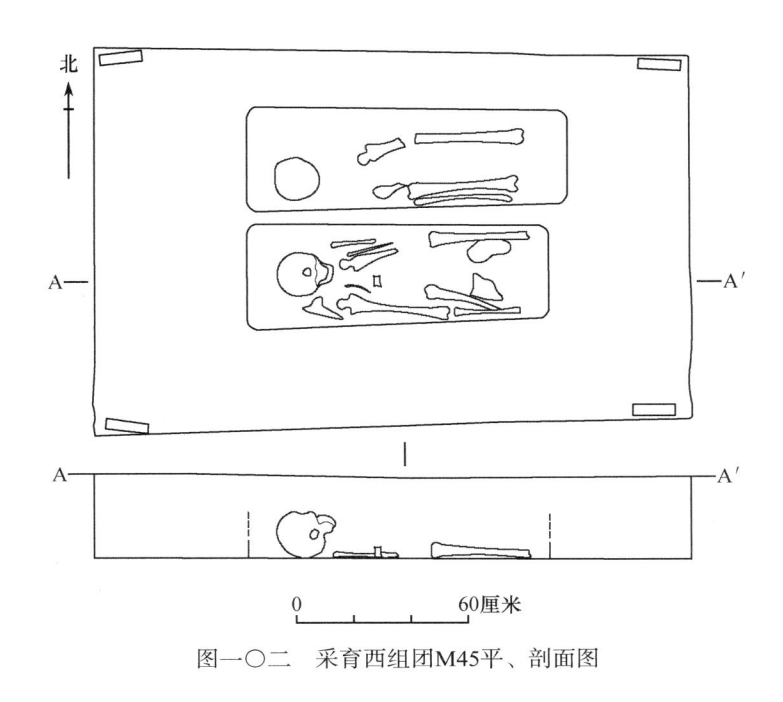

2. 随葬品

未发现随葬品。

四十六、M46

1. 墓葬形制

该墓位于发掘Ⅱ区西南部，西北邻M45。开口于第2层下，东西向，方向267°。

墓平面呈梯形，竖穴土圹双棺合葬墓。墓口距地表深0.4米，墓底距地表深0.9米。墓圹东西长3.1、南北宽1.8～1.92、深0.5米。内填花土，土质较松。内置双棺，棺木已朽。北棺痕长1.98、宽0.54～0.66、残高0.1米；骨架保存稍好，头向西，面向上，仰身直肢，为男性。南棺痕长1.96、宽0.46～0.62、残高0.14米；骨架保存稍好，头向西，面向南，仰身直肢，为女性（图一〇三；图版一〇，3）。

2. 随葬品

北棺内左上肢骨下方出土铜钱2枚；南棺内右上肢骨下方出土铜钱1枚。

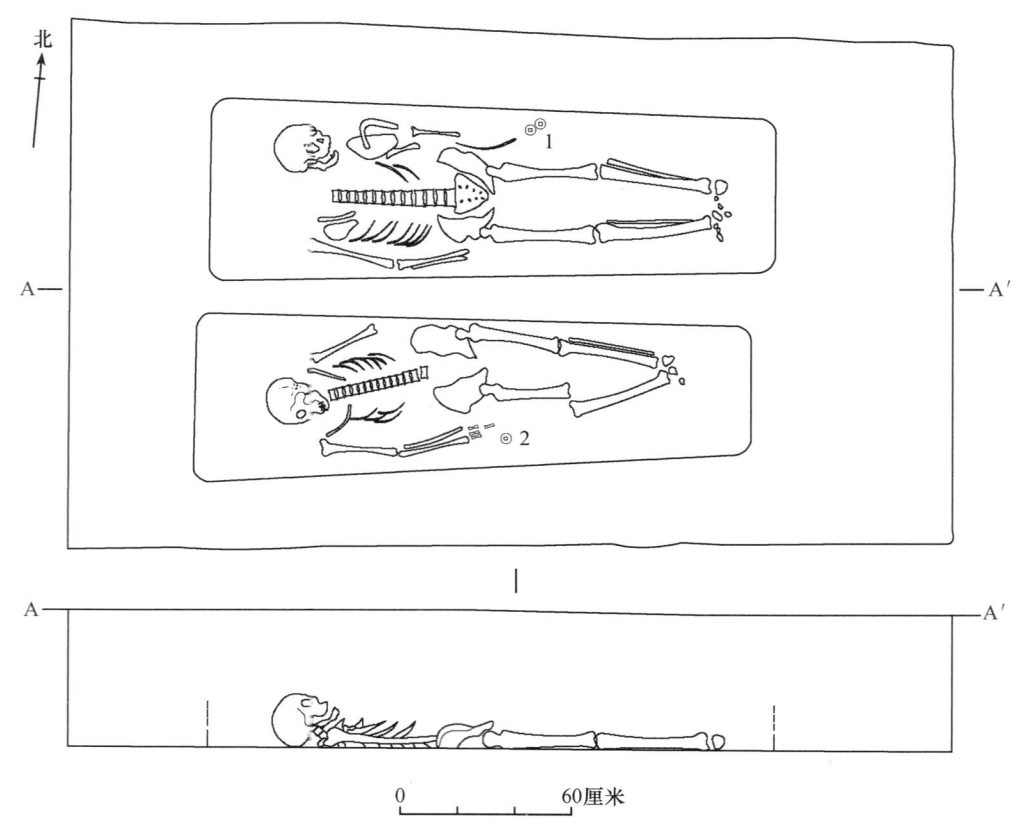

图一〇三 采育西组团M46平、剖面图
1、2.铜钱

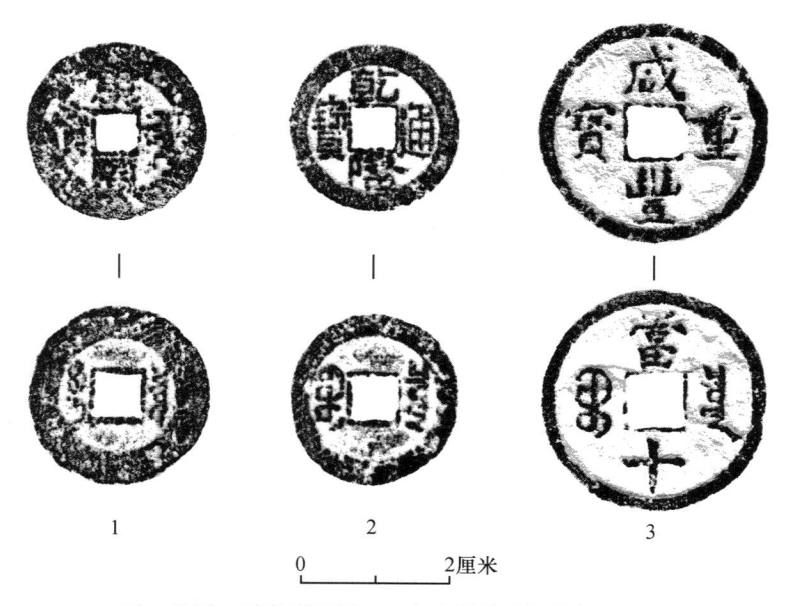

图一〇四 采育西组团M46出土铜钱（拓片）
1.康熙通宝（M46:1-1） 2.乾隆通宝（M46:1-2） 3.咸丰重宝（M46:2）

铜钱　3枚。有康熙通宝、乾隆通宝、咸丰重宝。

康熙通宝　1枚。M46：1-1，平钱，圆形，方穿，正背面郭缘较宽，正面楷书"康熙通寶"四字，对读，背穿左右为满文"宝泉"局名。钱径2.45、穿径0.58、郭厚0.13厘米（图一〇四，1）。

乾隆通宝　1枚。M46：1-2，平钱，圆形，方穿，正背面郭缘较宽，正面楷书"乾隆通寶"四字，对读，背穿左右为满文"宝泉"局名。钱径2.34、穿径0.58、郭厚0.14厘米（图一〇四，2）。

咸丰重宝　1枚。M46：2，大平钱，圆形，方穿，正背面郭缘较窄，正面楷书"咸豐重寶"四字，对读，背穿上下楷书"當十"二字，左右为满文"宝泉"局名。钱径3、穿径0.68、郭厚0.25厘米（图一〇四，3）。

四十七、M47

1. 墓葬形制

该墓位于发掘Ⅱ区西南部，东邻M48。开口于第2层下，东西向，方向265°。

墓平面呈不规则形，竖穴土圹双棺合葬墓。墓口距地表深0.4米，墓底距地表深0.7米。墓圹东西长2.66~3.16、南北宽1.7、深0.3米。内填花土，土质较松。内置双棺，棺木已朽。北棺痕长1.84、宽0.54~0.68、残高0.1米；骨架保存较差，头向北，面向东，仰身直肢，为女性。南棺痕长1.86、宽0.44~0.62、残高0.1米；骨架保存稍好，头向南，面向西，仰身直肢，为男性（图一〇五；图版一〇，4）。

2. 随葬品

北棺外前方出土陶罐1件，棺内头骨上方出土银簪3件、骨簪1件，右上肢骨下方出土铜钱5枚；南棺内右上肢骨下方出土铜钱5枚。

陶罐　1件。M47：1，泥质黄褐陶。敛口，斜平沿，尖唇，束颈，溜肩，斜弧腹，平底。轮制，通体遗有轮旋痕。口径11.7、腹径13.4、底径9.2、高11.6厘米（图一〇六；图版一五，5）。

银簪　3件。M47：2、M47：3，形制相同。簪首圆形呈花瓣状，中部凸起呈圆环形，内焊接掐丝"寿"字，簪体呈圆柱锥形。M47：2，背面錾刻"彩珍"二字。长11.8厘米（图一〇七，1；图版二八，1）。M47：3，背面錾刻"永和"二字。长10.6厘米（图一〇七，2；图版二八，2）。M47：4，簪首呈镂空花球状，簪体呈圆柱锥形。长16厘米（图一〇七，3；图版二八，3）。

骨簪　1件。M47：5，簪首呈四方棱状，已残，簪体呈圆柱锥形。残长12.4厘米（图一〇七，4；图版二八，4）。

铜钱　10枚。有嘉庆通宝、道光通宝。

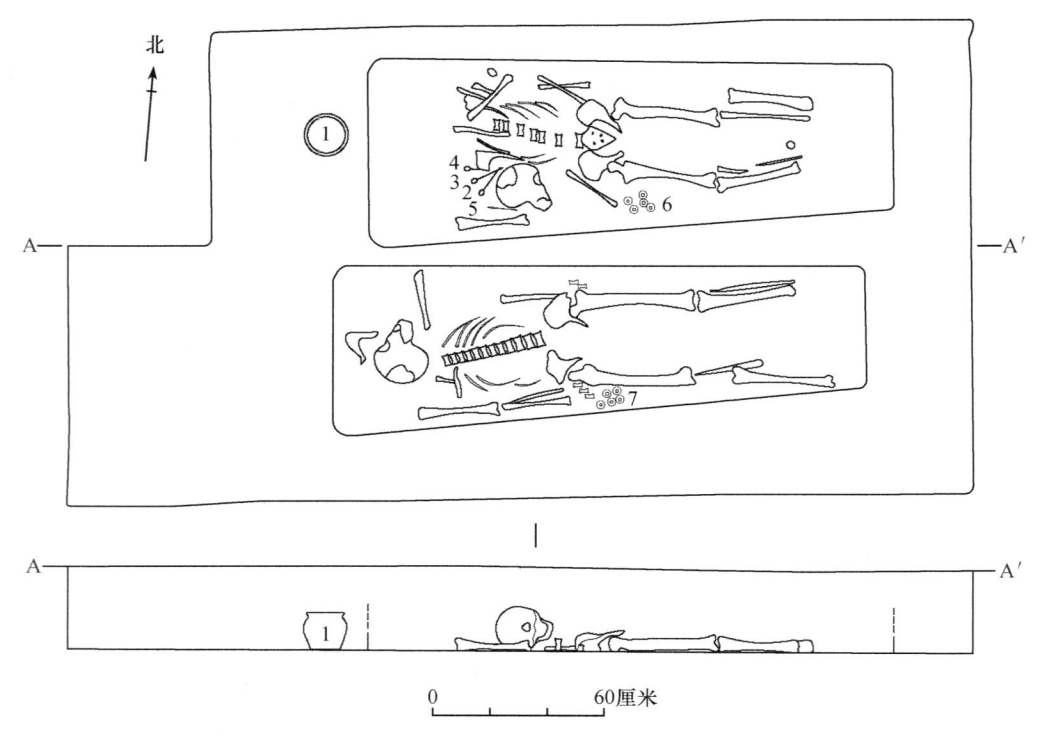

图一〇五 采育西组团M47平、剖面图
1.陶罐 2~4.银簪 5.骨簪 6、7.铜钱

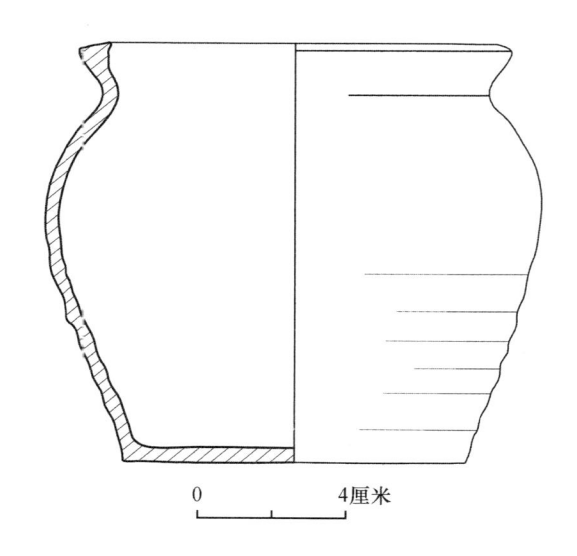

图一〇六 采育西组团M47出土陶罐（M47:1）

嘉庆通宝 5枚。平钱，圆形，方穿，正背面郭缘略宽，正面楷书"嘉慶通寶"四字，对读。标本M47:6-1，背穿左右为满文"宝泉"局名。钱径2.45、穿径0.54、郭厚0.13厘米（图一〇七，5）。标本M47:6-2，背穿左右为满文"宝源"局名。钱径2.58、穿径0.5、郭厚

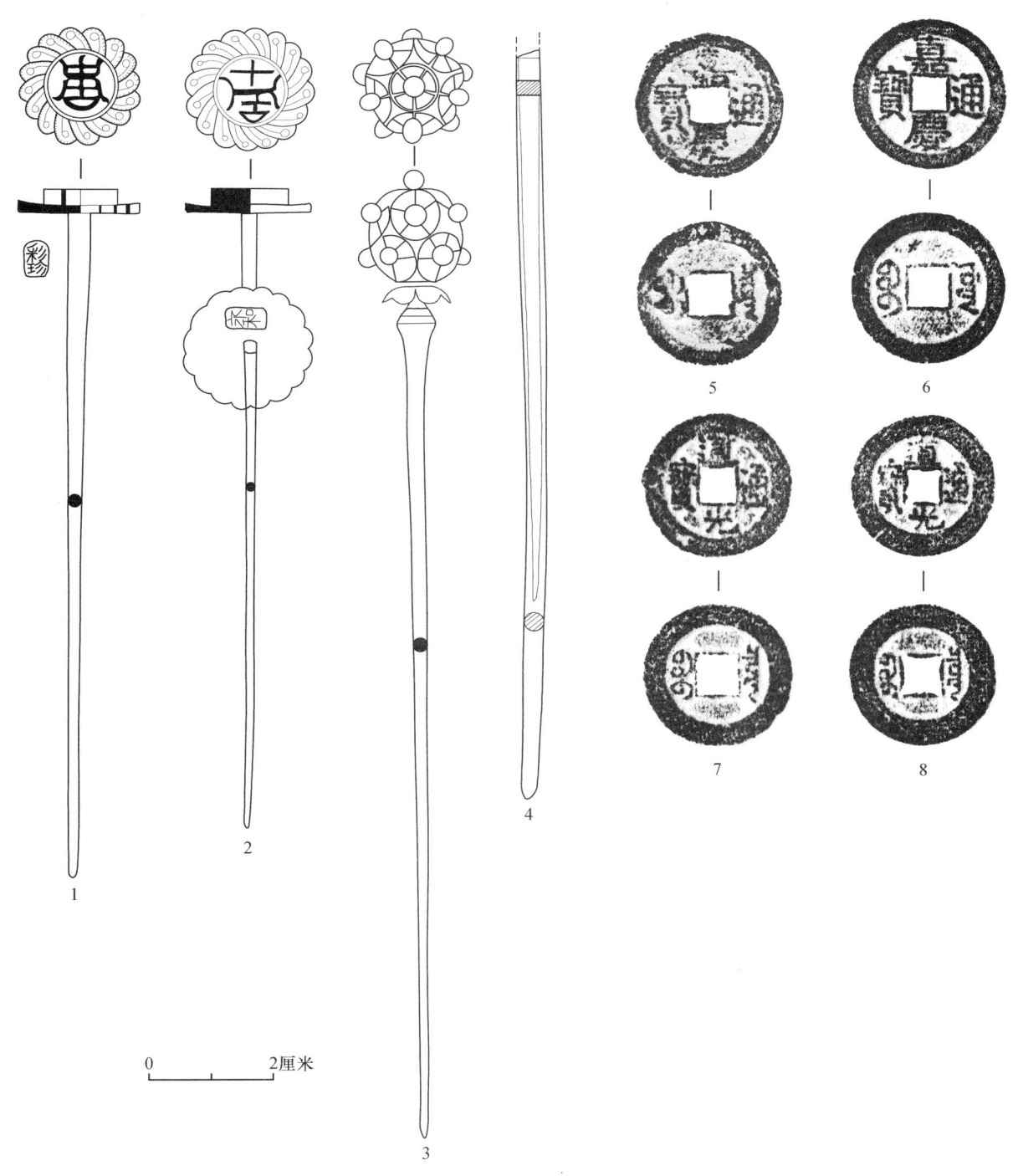

图一〇七 采育西组团M47出土器物
1~3.银簪（M47:2、M47:3、M47:4） 4.骨簪（M47:5）
5、6.嘉庆通宝（M47:6-1、M47:6-2） 7、8.道光通宝（M47:7-1、M47:7-2）

0.11厘米（图一〇七，6）。

道光通宝　5枚。平钱，圆形，方穿，正背面郭缘较宽，正面楷书"道光通寶"四字，对读，背穿左右为满文"宝泉"局名。标本M47：7-1，钱径2.54、穿径0.52、郭厚0.13厘米（图一〇七，7）。标本M47：7-2，钱径2.5、穿径0.49、郭厚0.12厘米（图一〇七，8）。

四十八、M48

1. 墓葬形制

该墓位于发掘Ⅱ区西南部，西邻M47。开口于第2层下，东西向，方向270°。

墓平面呈不规则形，竖穴土圹双棺合葬墓。墓口距地表深0.4米，墓底距地表深0.84米。墓圹东西长2.56~2.6、南北宽1.7、深0.44米。内填花土，土质较松。内置双棺，棺木已朽。北棺痕长1.74、宽0.58~0.62、残高0.14米；骨架保存较差，头向东，面向上，仰身直肢，为男性。南棺痕长1.74、宽0.42~0.56、残高0.14米；骨架保存稍差，头向西，面向南，仰身直肢，为女性（图一〇八）。

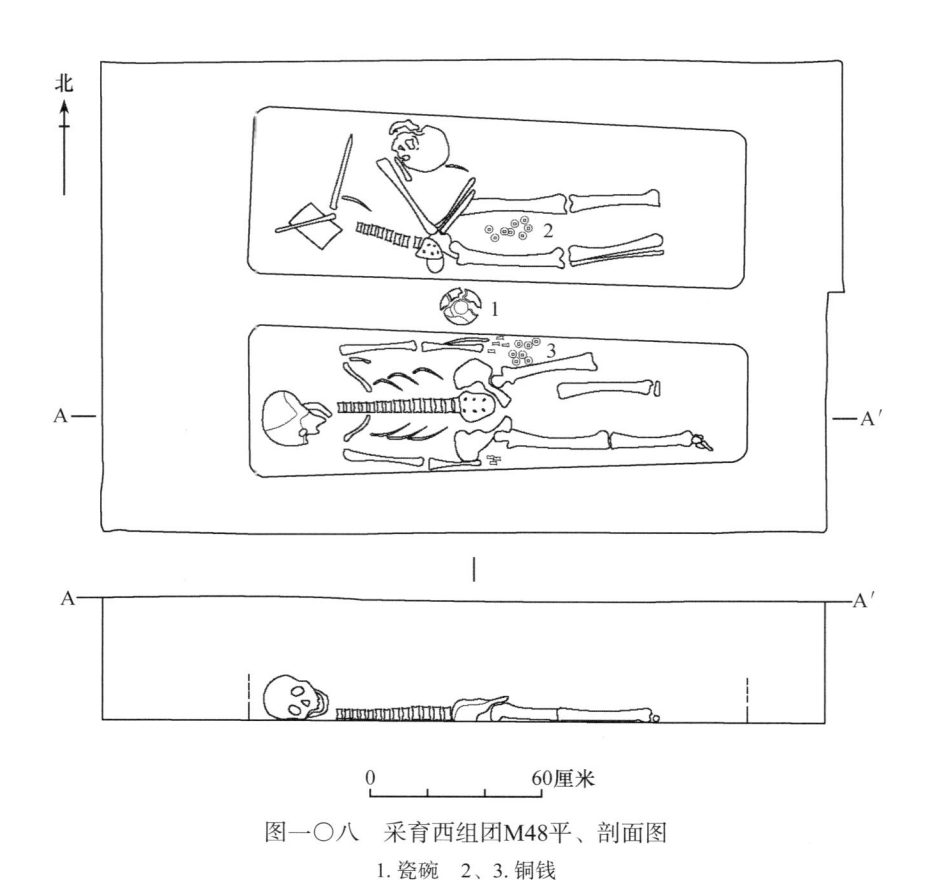

图一〇八　采育西组团M48平、剖面图
1.瓷碗　2、3.铜钱

2. 随葬品

南、北棺外中部出土瓷碗1件；北棺内下肢骨中部出土铜钱8枚；南棺内左上肢骨下方出土铜钱7枚。

瓷碗　1件。M48：1，敞口，尖圆唇，斜壁，深腹，下腹折收，圈足。内侧饰酱色釉五行八卦及草书"福"字，通体施乳白色釉，腹下部及圈足无釉，露黄褐色胎，胎质较粗。轮制，器体外侧遗有轮旋痕。口径10.8、底径4.4、高4.8厘米（图一○九；图版二一，5）。

铜钱　15枚。有乾隆通宝、嘉庆通宝、道光通宝、同治重宝。

图一○九　采育西组团M48出土瓷碗（M48：1）

乾隆通宝 8枚。平钱，圆形，方穿，正面楷书"乾隆通寶"四字，对读。标本M48：2-1，正背面郭缘较宽，背穿左右为满文"宝泉"局名。钱径2.28、穿径0.56、郭厚0.14厘米（图一一〇，1）。标本M48：2-2，正背面郭缘较窄，背穿左右为满文"宝泉"局名。钱径1.82、穿径0.55、郭厚0.06厘米（图一一〇，2）。标本M48：2-3，正背面郭缘较宽，背穿左右为满文"宝雲"局名。钱径2.6、穿径0.52、郭厚0.13厘米（图一一〇，3；图版三二，6）。标本M48：2-4，正背面郭缘较宽，背穿左右为满文"宝昌"局名。钱径2.48、穿径0.58、郭厚0.12厘米（图一一〇，4）。

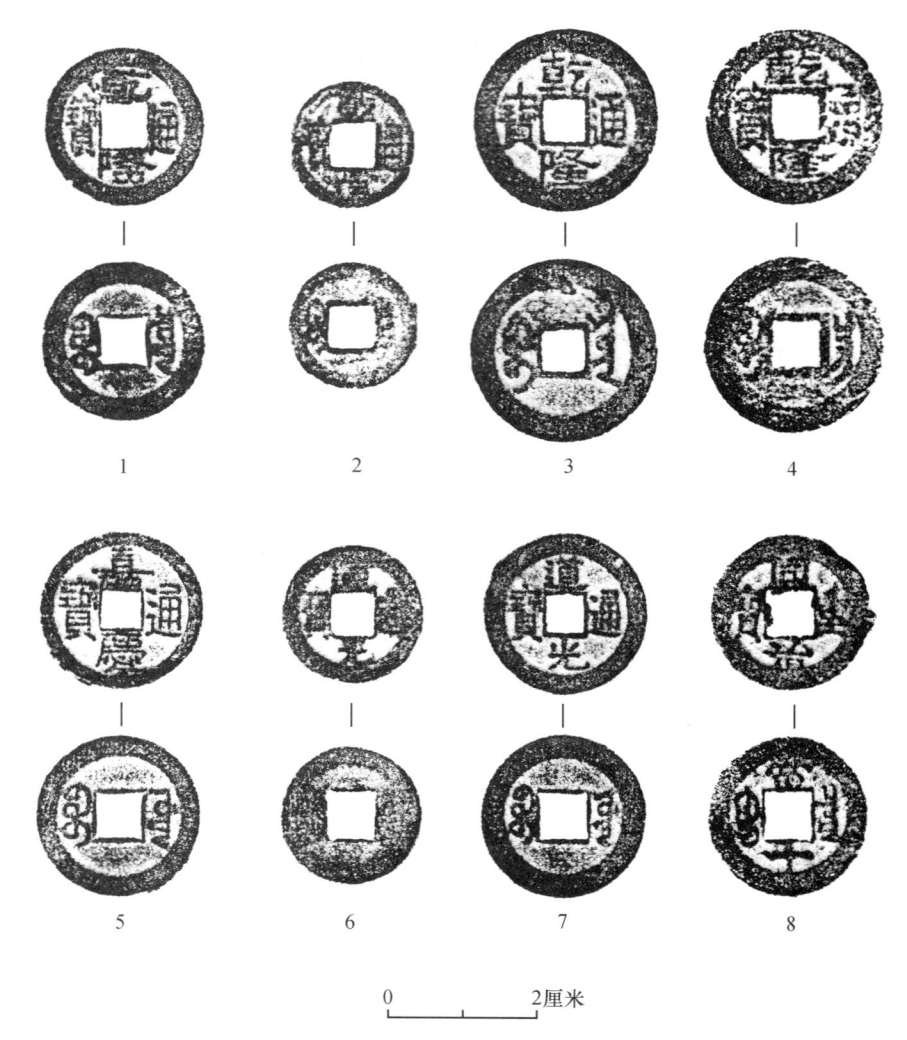

图一一〇 采育西组团M48出土铜钱（拓片）

1~4.乾隆通宝（M48：2-1、M48：2-2、M48：2-3、M48：2-4） 5.嘉庆通宝（M48：3-1） 6、7.道光通宝（M48：3-2、M48：3-3） 8.同治重宝（M48：3-4）

嘉庆通宝 2枚。标本M48：3-1，平钱，圆形，方穿，正背面郭缘略宽，正面楷书"嘉慶通寶"四字，对读，背穿左右为满文"宝源"局名。钱径2.38、穿径0.52、郭厚0.14厘米（图一一〇，5）。

道光通宝　4枚。平钱，圆形，方穿，正背面郭缘较宽，正面楷书"道光通寶"四字，对读。标本M48：3-2，背穿左右为满文"宝泉"局名。钱径2.09、穿径0.52、郭厚0.14厘米（图一一〇，6）。标本M48：3-3，背穿左右为满文"宝源"局名。钱径2.4、穿径0.52、郭厚0.13厘米（图一一〇，7；图版三二，6）。

同治重宝　1枚。M48：3-4，平钱，圆形，方穿，正背面郭缘略宽，正面楷书"同治重寶"四字，对读，背穿上下楷书"當十"二字，左右为满文"宝泉"局名。钱径2.3、穿径0.58、郭厚0.09厘米（图一一〇，8）。

四十九、M49

1. 墓葬形制

该墓位于发掘Ⅱ区西南部，东邻M50。开口于第2层下，东西向，方向263°。

墓平面呈梯形，竖穴土圹单棺墓。墓口距地表深0.4米，墓底距地表深0.68米。墓圹东西长2.6、南北宽1.6～1.7、深0.28米。内填花土，土质较松。内置单棺，棺木已朽，棺痕长1.9、宽0.64～0.7、残高0.1米。骨架保存稍差，头向西，面向上，仰身直肢，为女性（图一一一）。

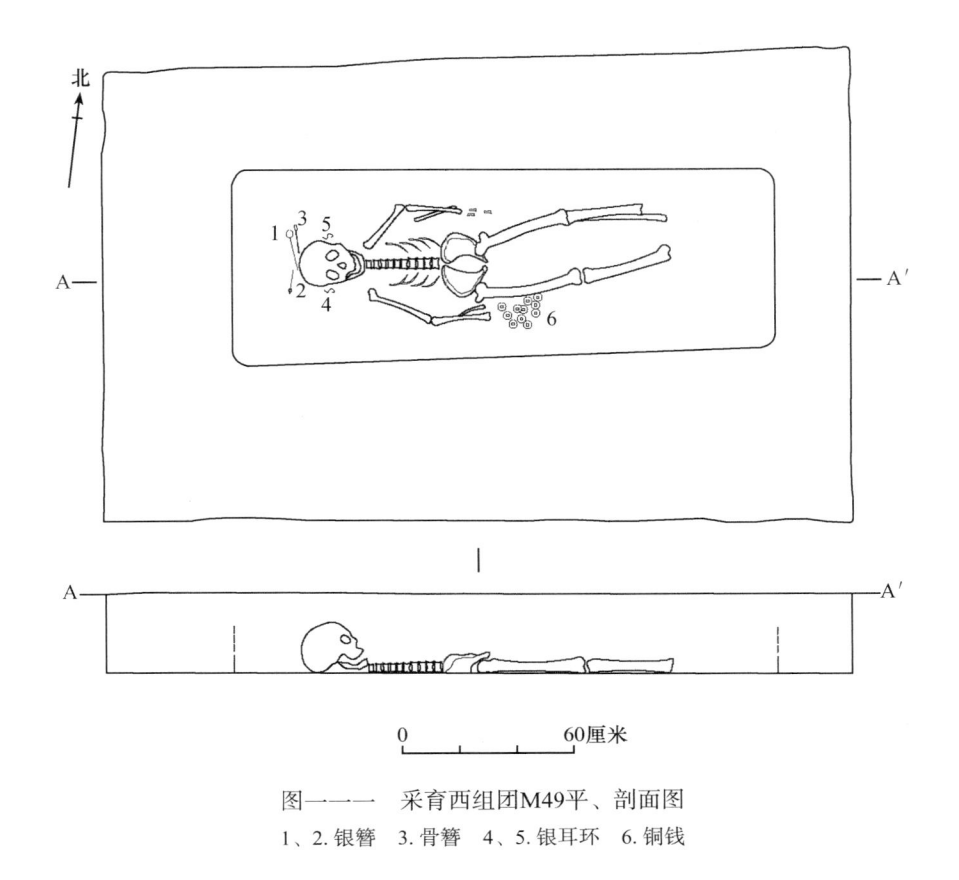

图一一一　采育西组团M49平、剖面图
1、2.银簪　3.骨簪　4、5.银耳环　6.铜钱

2. 随葬品

棺内头骨上方出土银簪2件、骨簪1件，头骨两侧出土银耳环各1件，右上肢骨下方出土铜钱11枚。

银簪　2件。M49∶1，簪首呈圆形片状，上部錾刻"福"字，簪体呈圆柱锥形。长11.4厘米（图一一二，1；图版二八，5）。M49∶2，九连环禅杖形，簪顶呈葫芦状，簪体呈圆柱锥形。长6.7厘米（图一一二，2；图版二八，6）。

骨簪　1件。M49∶3，簪首呈长方形，已残。上部钻有13个圆孔，簪体呈长条勺柄形，中下部錾刻6个圆钱纹。残长7.9厘米（图一一二，3；图版二九，1）。

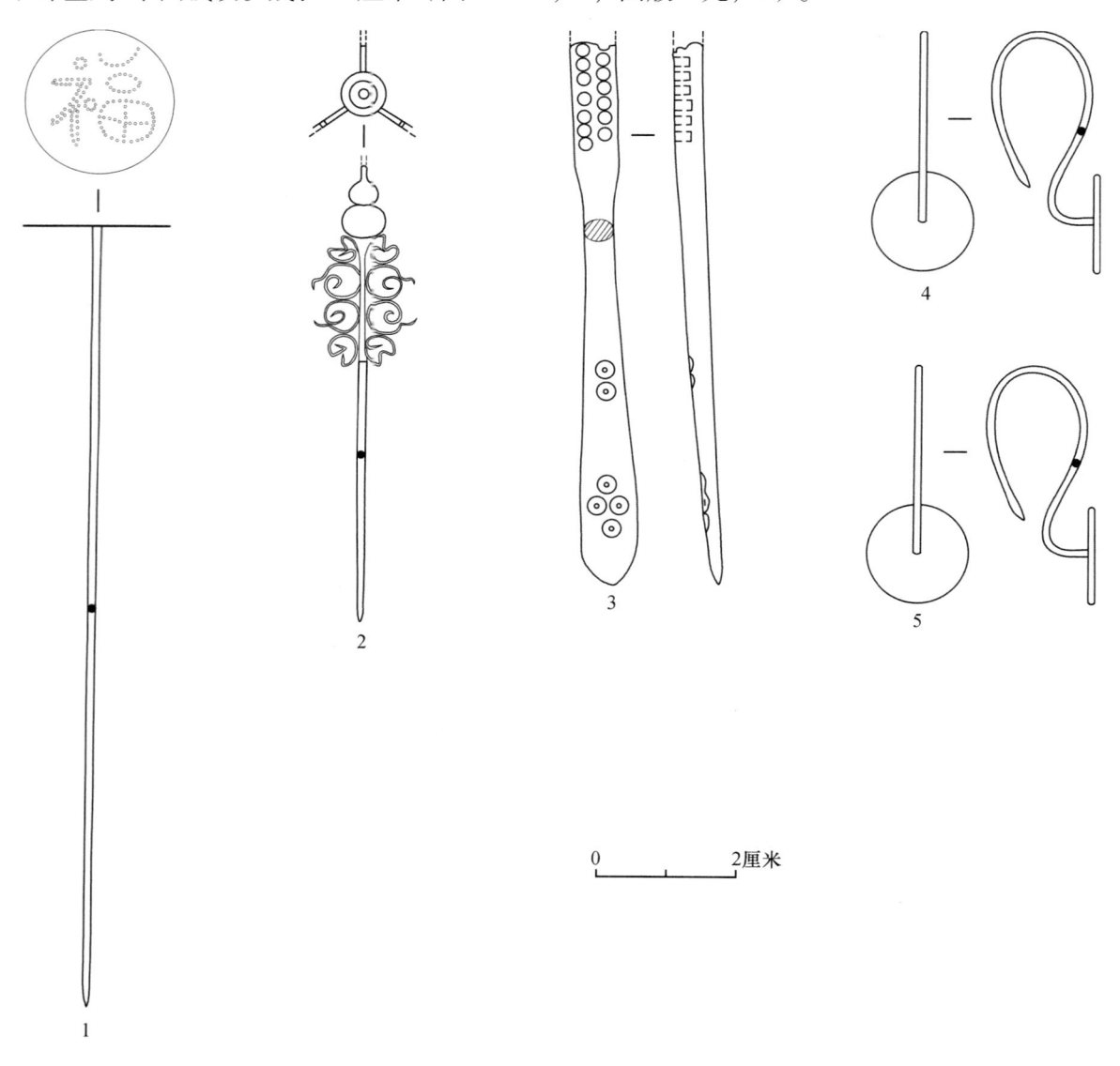

图一一二　采育西组团M49出土器物
1、2. 银簪（M49∶1、M49∶2）　3. 骨簪（M49∶3）　4、5. 银耳环（M49∶4、M49∶5）

银耳环　2件。形制相同。M49：4、M49：5，呈"S"形，一端圆钩状，一端圆饼形，两端焊接而成。通高3.5厘米（图一一二，4、5；图版二九，2、3）。

铜钱　11枚。有乾隆通宝、嘉庆通宝、道光通宝、光绪通宝。

乾隆通宝　3枚。标本M49：6-1，平钱，圆形，方穿，正背面郭缘较宽，正面楷书"乾隆通寶"四字，对读，背穿左右为满文"宝泉"局名。钱径2.45、穿径0.52、郭厚0.13厘米（图一一三，1）。

嘉庆通宝　4枚。平钱，圆形，方穿，正背面郭缘较宽，正面楷书"嘉慶通寶"四字，对读。标本M49：6-2，背穿左右为满文"宝源"局名。钱径2.44、穿径0.53、郭厚0.14厘米（图一一三，2）。标本M49：6-3，背穿左右为满文"宝蘇"局名。钱径2.55、穿径0.56、郭厚0.11厘米（图一一三，3）。

道光通宝　2枚。标本M49：6-4，平钱，圆形，方穿，正背面郭缘略宽，正面楷书"道

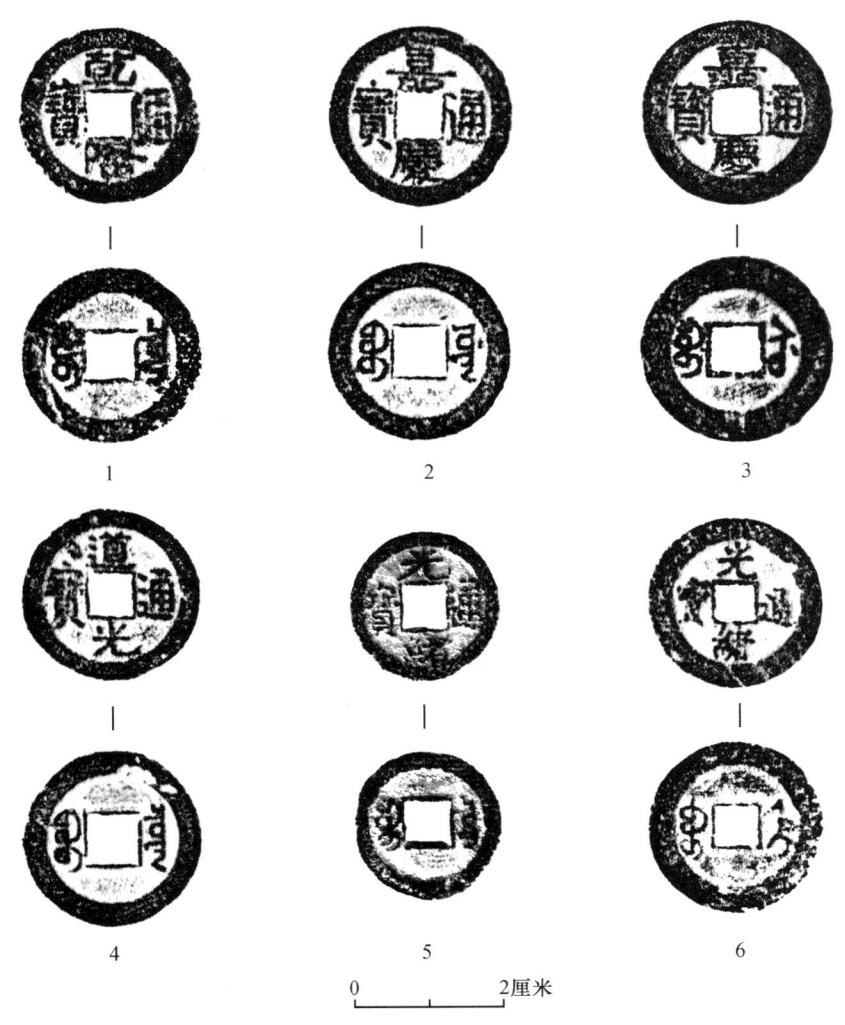

图一一三　采育西组团M49出土铜钱（拓片）

1.乾隆通宝（M49：6-1）　2、3.嘉庆通宝（M49：6-2、M49：6-3）　4.道光通宝（M49：6-4）
5、6.光绪通宝（M49：6-5、M49：6-6）

光通寶"四字，对读，背穿左右为满文"宝泉"局名。钱径2.41、穿径0.52、郭厚0.12厘米（图一一三，4）。

光绪通宝　2枚。小平钱，圆形，方穿，正背面郭缘略宽，正面楷书"光緒通寶"四字，对读。标本M49：6-5，背穿左右为满文"宝泉"局名。钱径2.14、穿径0.5、郭厚0.12厘米（图一一三，5）。标本M49：6-6，背穿左右为满文"宝直"局名。钱径2.34、穿径0.48、郭厚0.1厘米（图一一三，6）。

五十、M50

1. 墓葬形制

该墓位于发掘Ⅱ区西南部，西邻M49。开口于第2层下，东西向，方向256°。

墓平面呈梯形，竖穴土圹单棺墓。墓口距地表深0.4米，墓底距地表深0.64米。墓圹东西长2.4、南北宽1.3~1.46、深0.24米。内填花土，土质较松。内置单棺，棺木已朽，棺痕长1.72、宽0.47~0.6、残高0.12米。骨架保存稍差，头向西，面向上，仰身直肢，为男性（图一一四）。

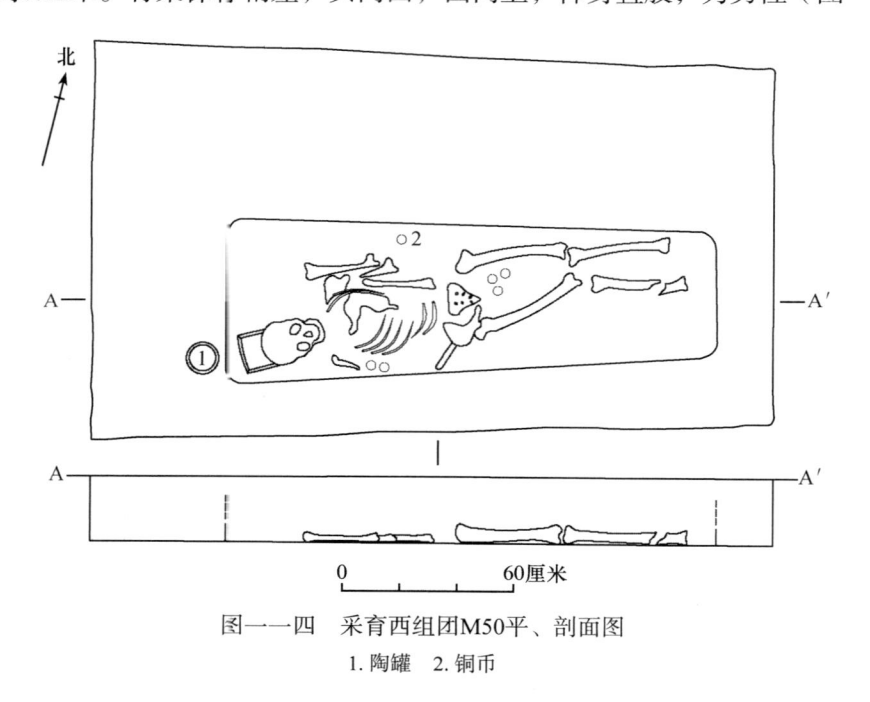

图一一四　采育西组团M50平、剖面图
1. 陶罐　2. 铜币

2. 随葬品

棺外右前方出土陶罐1件，棺内左、右上肢骨下方及下肢骨中部出土铜币共6枚。

陶罐　1件。M50：1，泥质黄褐陶。侈口，圆唇，束颈，溜肩，斜弧腹，平底。轮制，通体遗有轮旋痕。口径9.6、腹径11、底径6.2、高12.2厘米（图一一五，1；图版一五，6）。

铜币　6枚。标本M50：2-1，大平钱，圆形，正背面郭缘较窄，正面楷书"大清銅幣"四字，对读。背面铸蟠龙戏火珠。钱径3.31、郭厚0.12厘米（图一一五，2）。

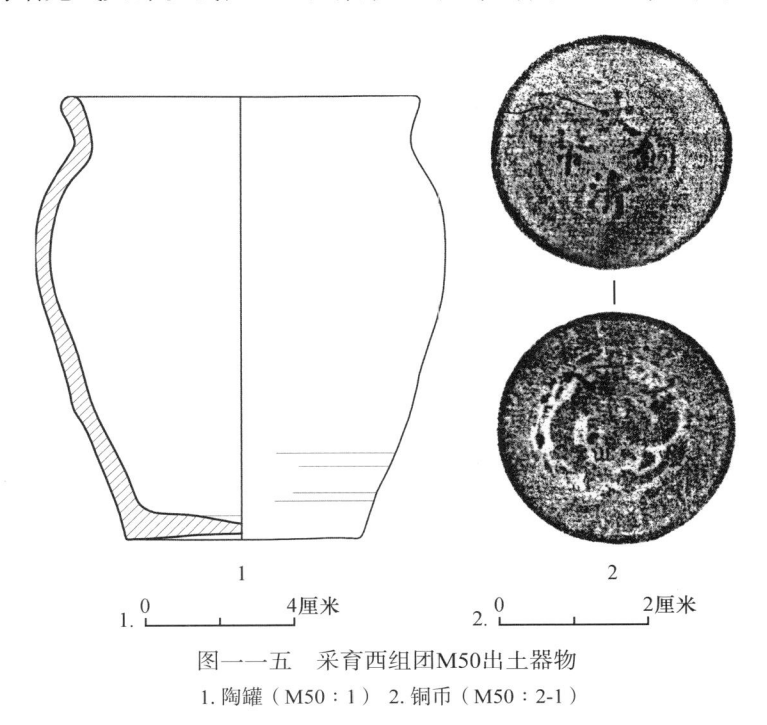

图一一五　采育西组团M50出土器物
1. 陶罐（M50：1）　2. 铜币（M50：2-1）

五十一、M51

1. 墓葬形制

该墓位于发掘Ⅱ区西南部，南邻M50。开口于第2层下，东西向，方向270°。

墓平面呈不规则形，竖穴土圹双棺合葬墓。墓口距地表深0.4米，墓底距地表深0.6米。墓圹东西长2.54~2.68、南北宽1.9、深0.2米。内填花土，土质较松。内置双棺，棺木已朽。北棺痕长1.9、宽0.56~0.62、残高0.12米；骨架保存稍好，头向西，面向上，仰身直肢，为男性。南棺痕长1.74、宽0.5~0.54、残高0.12米；为迁葬墓，未发现骨架（图一一六）。

2. 随葬品

北棺内左上肢骨下方出土铜钱5枚，有万历通宝、顺治通宝、乾隆通宝、道光通宝。

万历通宝　1枚。M51：1-1，平钱，圆形，方穿，正背面郭缘较宽，正面楷书"萬曆通寶"四字，对读。钱径2.52、穿径0.52、郭厚0.12厘米（图一一七，1）。

顺治通宝　1枚。M51：1-2，平钱，圆形，方穿，正背面郭缘较宽，正面楷书"順治通寶"四字，对读，背穿左右为满文"宝泉"局名。钱径2.62、穿径0.58、郭厚0.09厘米（图一一七，2）。

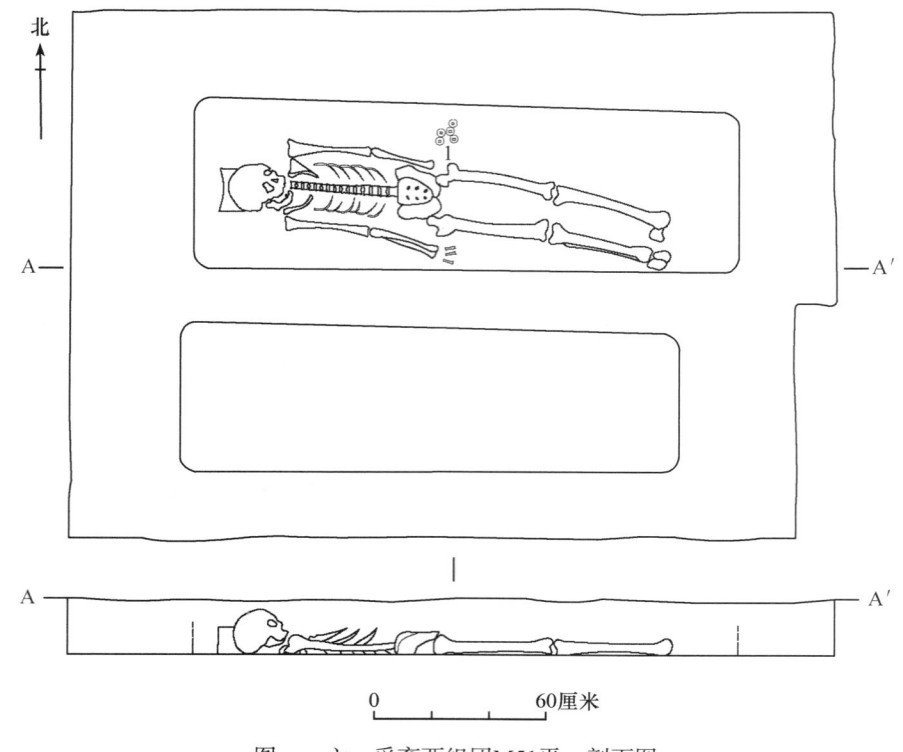

图一一六　采育西组团M51平、剖面图

1.铜钱

乾隆通宝　2枚。标本M51：1-3，平钱，圆形，方穿，正背面郭缘较宽，正面楷书"乾隆通寶"四字，对读，背穿左右为满文"宝泉"局名。钱径2.45、穿径0.48、郭厚0.12厘米（图一一七，3）。

道光通宝　1枚。M51：1-4，平钱，圆形，方穿，正背面郭缘较宽，正面楷书"道光通寶"四字，对读，背穿左右为满文"宝泉"局名。钱径2.52、穿径0.48、郭厚0.14厘米（图一一七，4）。

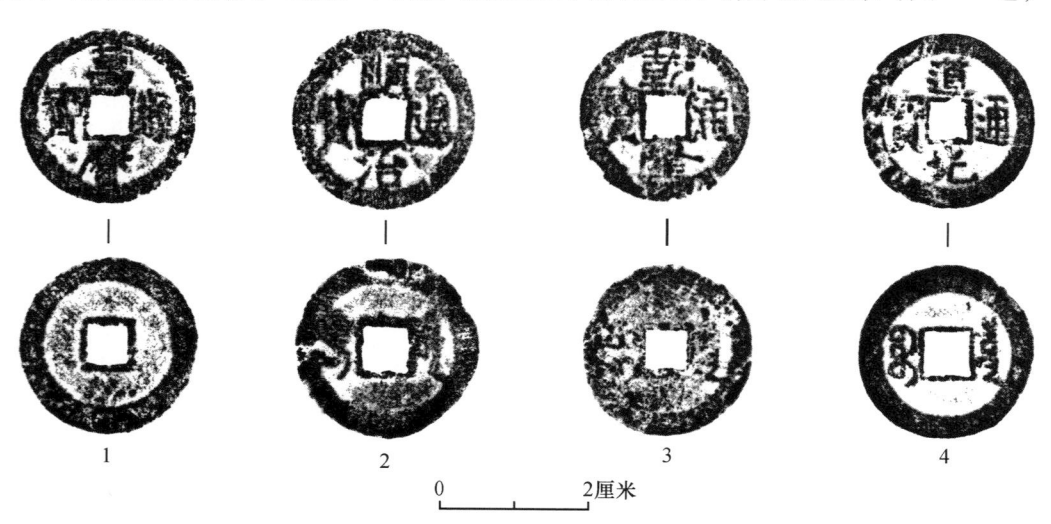

图一一七　采育西组团M51出土铜钱（拓片）
1.万历通宝（M51：1-1）　2.顺治通宝（M51：1-2）　3.乾隆通宝（M51：1-3）　4.道光通宝（M51：1-4）

五十二、M52

1. 墓葬形制

该墓位于发掘Ⅱ区西南部，北邻M53。开口于第2层下，东西向，方向264°。

墓平面呈不规则形，竖穴土圹双棺合葬墓。墓口距地表深0.4米，墓底距地表深0.8米。墓圹东西长2.4~2.6、南北宽2.3~2.5、深0.4米。内填花土，土质较松。内置双棺，棺木已朽。北棺痕长1.64、宽0.48~0.56、残高0.12米；骨架保存较差，头向西北，面向上，仰身直肢，为女性。南棺痕长1.72、宽0.54~0.66、残高0.1米；骨架保存稍好，头向西，面向上，仰身直肢，为男性（图一一八）。

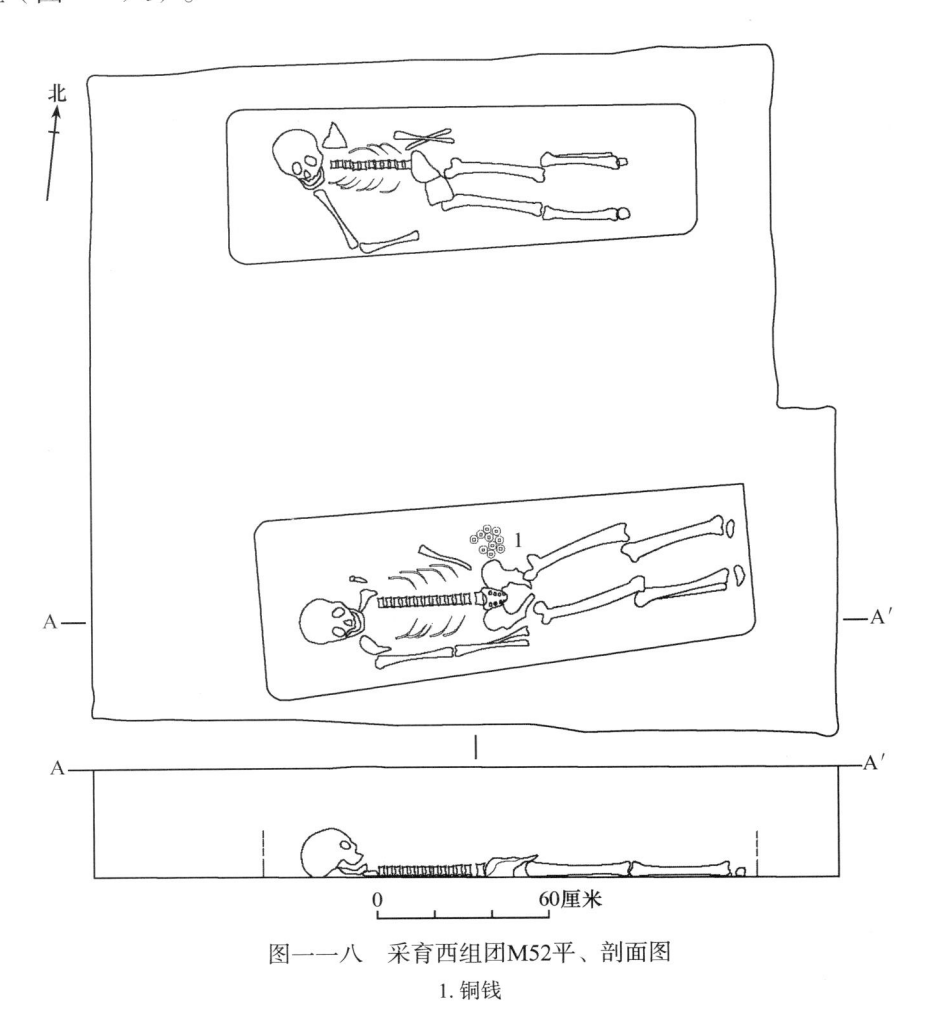

图一一八 采育西组团M52平、剖面图
1. 铜钱

2. 随葬品

南棺内左上肢骨下方出土铜钱10枚，有天禧通宝、康熙通宝、乾隆通宝、嘉庆通宝、道光通宝、光绪通宝。

  天禧通宝　1枚。M52∶1-1，平钱，圆形，方穿，正背面郭缘略宽，正面楷书"天禧通寳"四字，旋读。钱径2.34、穿径0.58、郭厚0.11厘米（图一一九，1）。

  康熙通宝　1枚。M52∶1-2，平钱，圆形，方穿，正背面郭缘较宽，正面楷书"康熙通寳"四字，对读，背穿左右为满文"宝泉"局名。钱径2.34、穿径0.55、郭厚0.13厘米（图一一九，2）。

  乾隆通宝　1枚。M52∶1-3，平钱，圆形，方穿，正背面郭缘较宽，正面楷书"乾隆通寳"四字，对读，背穿左右为满文"宝泉"局名。钱径2.37、穿径0.58、郭厚0.09厘米（图一一九，3）。

  嘉庆通宝　1枚。M52∶1-4，平钱，圆形，方穿，正背面郭缘略宽，正面楷书"嘉慶通寳"四字，对读，背穿左右为满文"宝源"局名。钱径2.38、穿径0.56、郭厚0.09厘米（图一一九，4）。

  道光通宝　4枚。标本M52∶1-5，平钱，圆形，方穿，正背面郭缘略宽，正面楷书"道

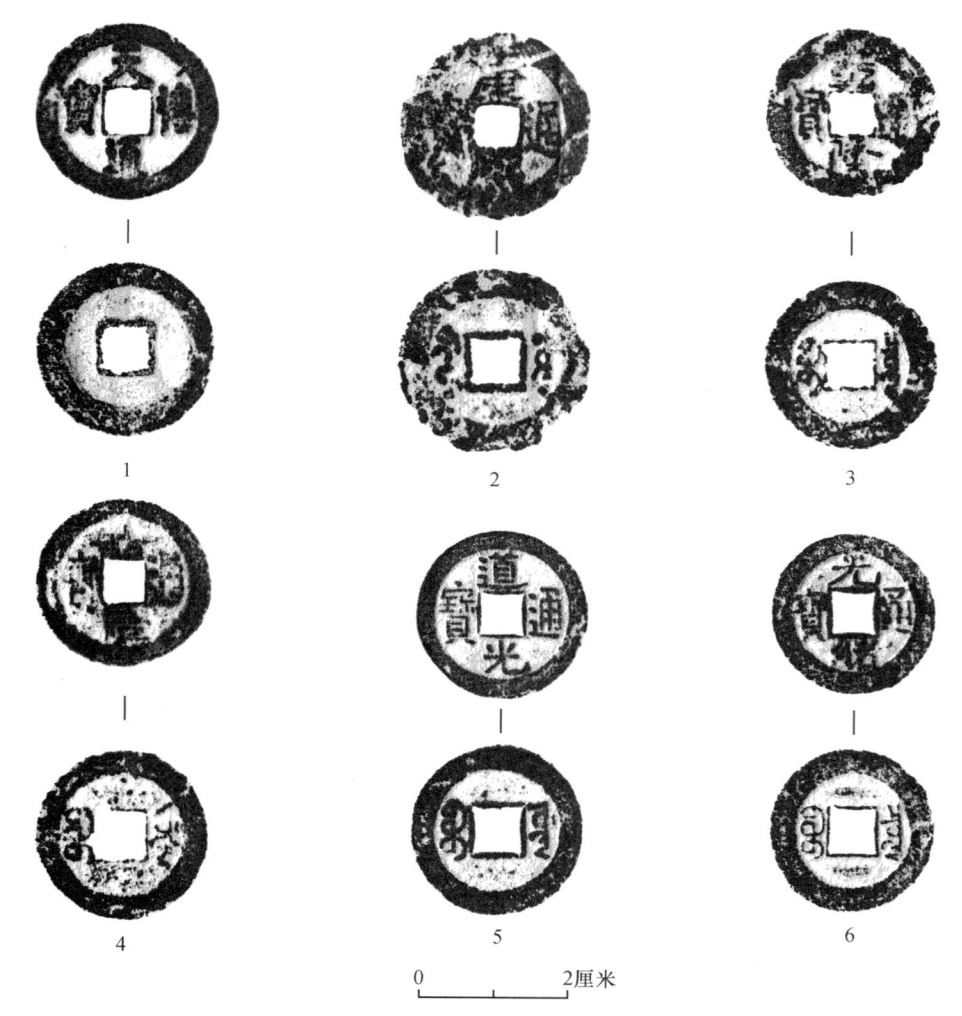

图一一九　采育西组团M52出土铜钱（拓片）

1.天禧通宝（M52∶1-1）　2.康熙通宝（M52∶1-2）　3.乾隆通宝（M52∶1-3）　4.嘉庆通宝（M52∶1-4）
5.道光通宝（M52∶1-5）　6.光绪通宝（M52∶1-6）

光通寶"四字，对读，背穿左右为满文"宝源"局名。钱径2.36、穿径0.52、郭厚0.13厘米（图一一九，5）。

光绪通宝　2枚。标本M52：1-6，平钱，圆形，方穿，正背面郭缘略宽，正面楷书"光緒通寶"四字，对读，背穿左右为满文"宝泉"局名。钱径2.25、穿径0.52、郭厚0.12厘米（图一一九，6）。

五十三、M53

1. 墓葬形制

该墓位于发掘Ⅱ区西南部，北邻M54。开口于第2层下，东西向，方向267°。

墓平面呈长方形，竖穴土圹双棺迁葬墓。墓口距地表深0.4米，墓底距地表深0.7米。墓圹东西长2.46、南北宽2.4、深0.3米。内填花土，土质较松。内置双棺，棺木已朽。北棺痕长1.95、宽0.6～0.67、残高0.06米；未发现骨架。南棺痕长2.05、宽0.51～0.6、残高0.06米；未发现骨架（图一二〇）。

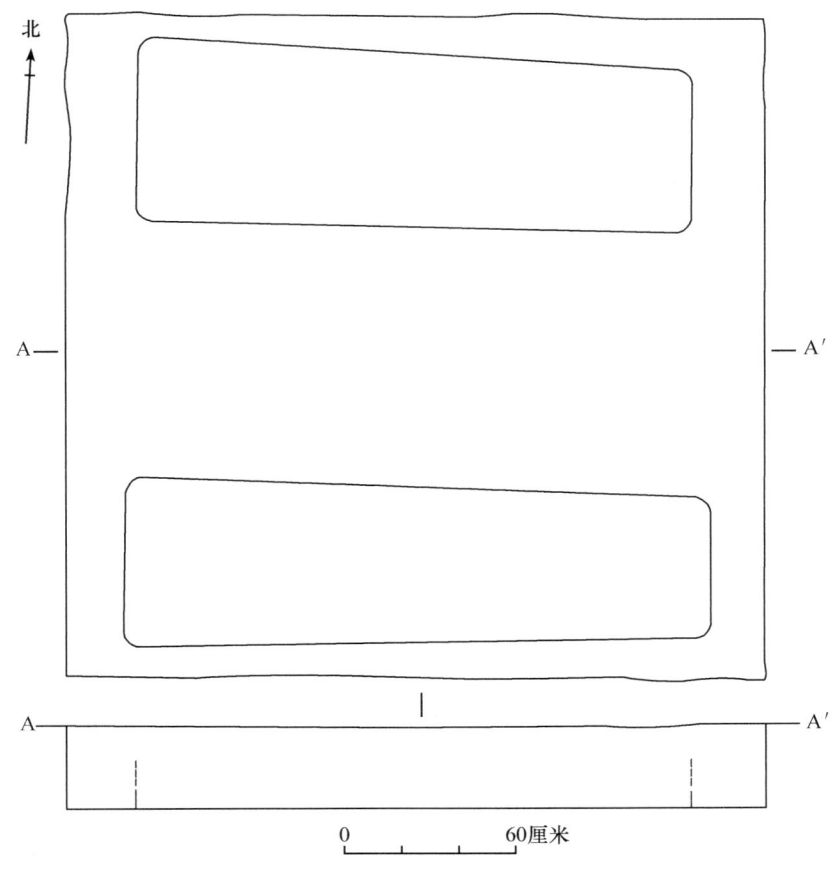

图一二〇　采育西组团M53平、剖面图

2. 随葬品

未发现随葬品。

五十四、M54

1. 墓葬形制

该墓位于发掘Ⅱ区西南部，南邻M53。开口于第2层下，南北向，方向23°。

墓平面呈长方形，竖穴土圹单棺迁葬墓。墓口距地表深0.4米，墓底距地表深0.62米。墓圹南北长2.52、东西宽1.3、深0.22米。内填花土，土质较松。未发现骨架（图一二一）。

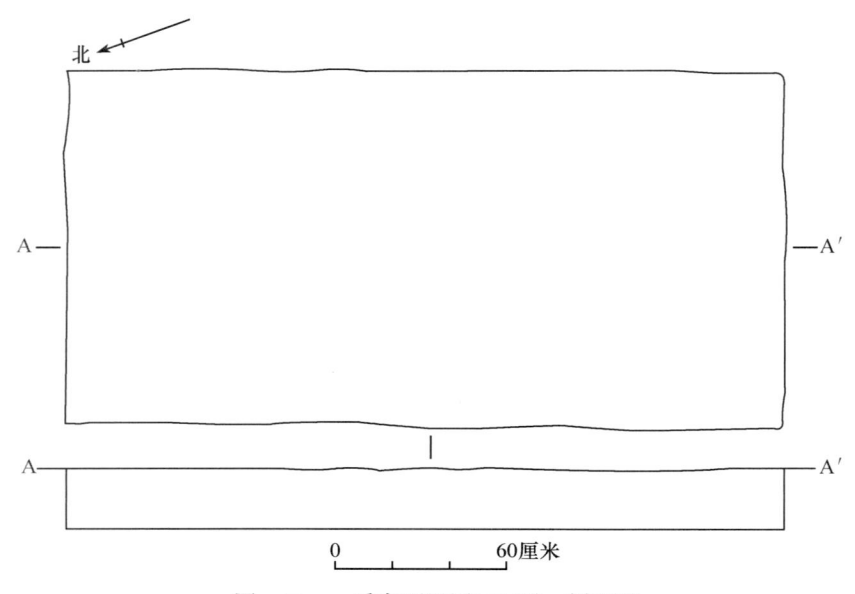

图一二一　采育西组团M54平、剖面图

2. 随葬品

未发现随葬品。

五十五、M55

1. 墓葬形制

该墓位于发掘Ⅰ区东南部。开口于第2层下，南北向，方向342°。

墓平面呈梯形，竖穴土圹双棺合葬墓。墓口距地表深0.4米，墓底距地表深1米。墓圹南北长3、东西宽1.7~2、深0.6米。内填花土，土质较松。内置双棺，棺木已朽。东棺痕长1.92、宽0.54~0.65、残高0.14米；骨架保存稍差，头向北，面向西，仰身直肢，为男性。西棺痕长1.85、宽0.48~0.6、残高0.14米；骨架保存较差，头向北，面向上，仰身直肢，为女性（图一二二；图版一一，1）。

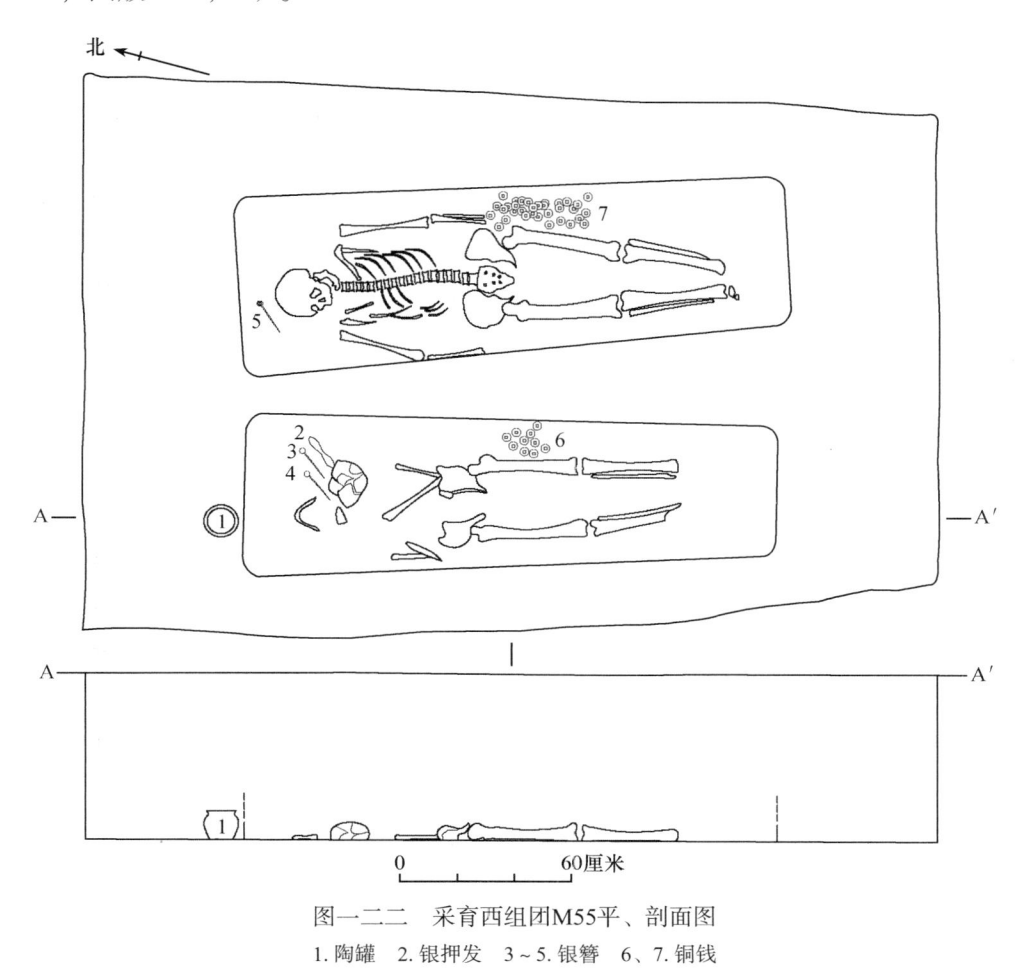

图一二二　采育西组团M55平、剖面图
1. 陶罐　2. 银押发　3~5. 银簪　6、7. 铜钱

2. 随葬品

东棺内头骨上方出土银簪1件，左上肢骨下方出土铜钱33枚；西棺外右前方出土陶罐1件，棺内头骨上方出土银押发1件、银簪2件，左下肢骨上方出土铜钱10枚。

陶罐　1件。M55：1，泥质黄褐陶。侈口，斜平沿，尖圆唇，束颈，溜肩，弧腹，平底内凹。轮制，通体遗有轮旋痕。口径11.4、腹径13.6、底径9.2、高11.8厘米（图一二三，1；图版一六，1）。

银押发　1件。M55：2，两端扁平呈叶状，体呈弓形，中部束腰，两端錾刻牡丹纹，背面竖款字迹不明。长13、宽1.4~2.6厘米（图一二三，2；图版二九，4）。

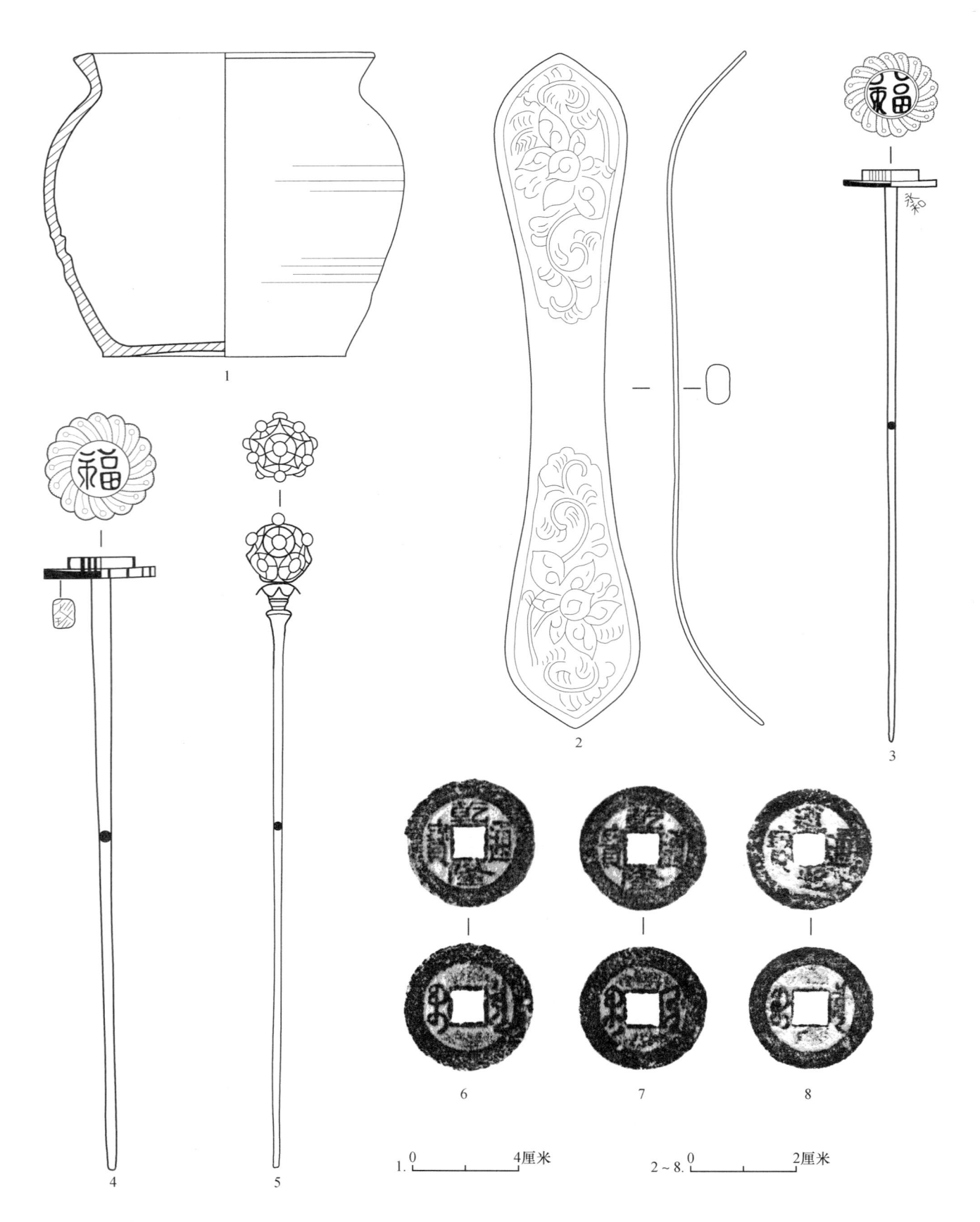

图一二三　采育西组团M55出土器物

1. 陶罐（M55：1）　2. 银押发（M55：2）　3~5. 银簪（M55：3、M55：4、M55：5）
6、7. 乾隆通宝（M55：6-1、M55：6-2）　8. 道光通宝（M55：7-1）

银簪　3件。M55：3、M55：4，形制相同。簪首圆形呈花瓣状，中部凸起呈圆环形，内焊接掐丝"福"字，簪体呈圆柱锥形。M55：3，背面錾刻"永和"二字。长10.5厘米（图一二三，3；图版二九，5）。M55：4，背面錾刻"彩珍"二字。长11.9厘米（图一二三，4；图版二九，6）。M55：5，簪首呈镂空花球状，簪体呈圆柱锥形。长12.7厘米（图一二三，5；图版三〇，1）。

铜钱　43枚。有乾隆通宝、道光通宝。

乾隆通宝　10枚。平钱，圆形，方穿，正背面郭缘较宽，正面楷书"乾隆通寶"四字，对读。标本M55：6-1，背穿左右为满文"宝泉"局名。钱径2.53、穿径0.56、郭厚0.1厘米（图一二三，6）。标本M55：6-2，背穿左右为满文"宝源"局名。钱径2.52、穿径0.52、郭厚0.1厘米（图一二三，7）。

道光通宝　33枚。标本M55：7-1，平钱，圆形，方穿，正背面郭缘较宽，正面楷书"道光通寶"四字，对读，背穿左右为满文"宝泉"局名。钱径2.52、穿径0.54、郭厚0.13厘米（图一二三，8）。

五十六、M56

1. 墓葬形制

该墓位于发掘Ⅰ区南部，东邻M57。开口于第2层下，南北向，方向340°。

墓平面呈梯形，竖穴土圹单棺墓。墓口距地表深0.4米，墓底距地表深0.8米。墓圹南北长2.79、东西宽0.9～0.96、深0.4米。内填花土，土质较硬。内置单棺，棺木已朽，棺痕长1.94、宽0.48～0.56、残高0.16米。骨架保存较差，头骨移位，葬式、性别不明（图一二四）。

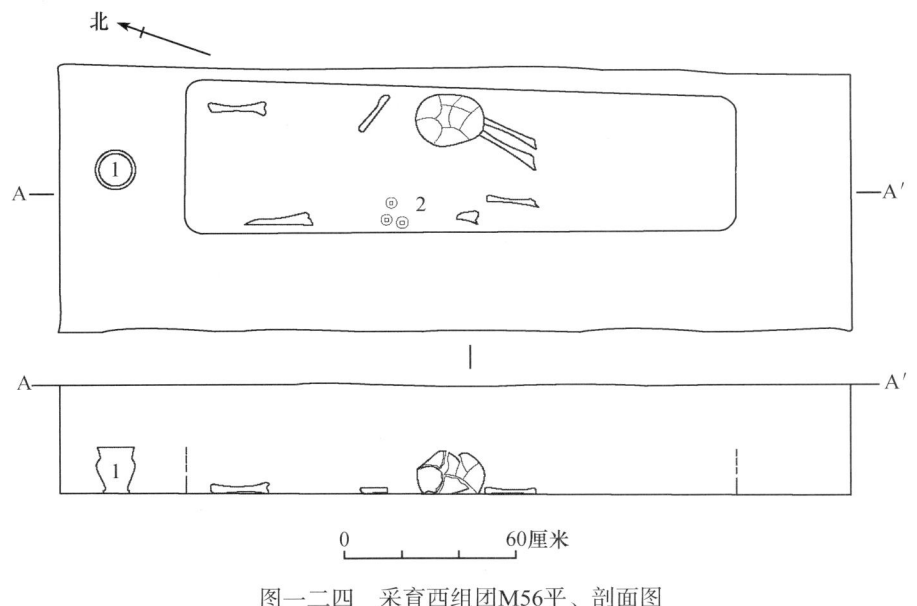

图一二四　采育西组团M56平、剖面图
1. 陶罐　2. 铜钱

2. 随葬品

棺外前方出土陶罐1件，棺内右上肢骨下方出土铜钱3枚。

陶罐　1件。M56：1，泥质灰陶。侈口，平沿，方圆唇，斜高领，圆肩，斜腹微弧，饼足底。颈部饰网格纹，肩腹部饰三周连弧纹，底部有五个圆形镂孔。轮制，通体遗有轮旋痕。口径13、腹径14、底径9.4、高17厘米（图一二五，1；图版一六，3）。

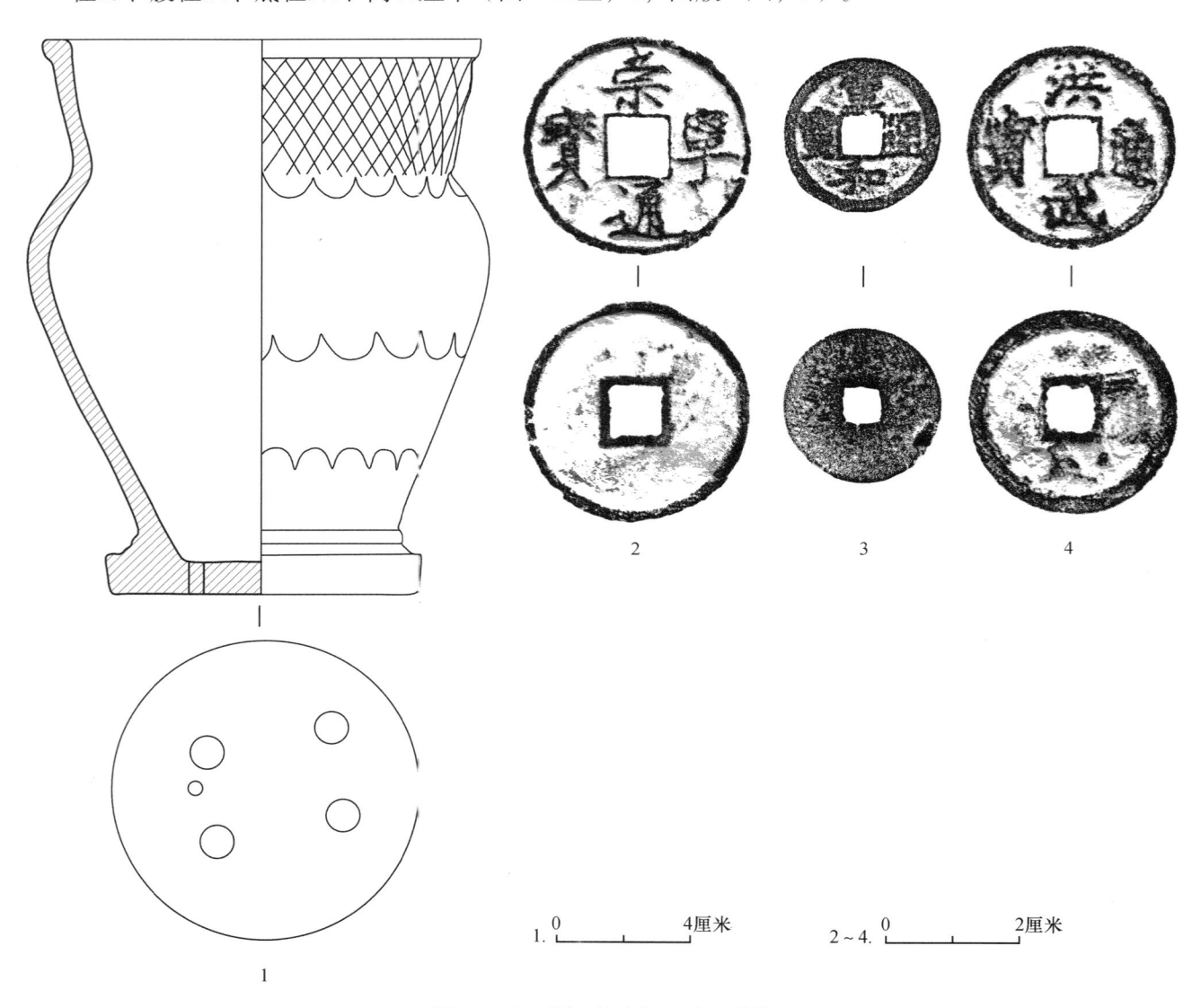

图一二五　采育西组团M56出土器物
1. 陶罐（M56：1）　2. 崇宁通宝（M56：2-1）　3. 宣和通宝（M56：2-2）
4. 洪武通宝（M56：2-3）

铜钱　3枚。有崇宁通宝、宣和通宝、洪武通宝。

崇宁通宝　1枚。M56：2-1，大平钱，圆形，方穿，正背面郭缘较窄，正面瘦金体"崇宁通寳"四字，旋读。钱径3.52、穿径0.78、郭厚0.25厘米（图一二五，2）。

宣和通宝　1枚。M56：2-2，平钱，圆形，方穿，正面郭缘略宽，背面无郭，正面楷书"宣和通寳"四字，对读。钱径2.38、穿径0.55、郭厚0.11厘米（图一二五，3）。

洪武通宝　1枚。M56：2-3，大平钱，圆形，方穿，正背面郭缘较窄，正面楷书"洪武通寳"四字，对读。钱径3.21、穿径0.68、郭厚0.19厘米（图一二五，4）。

五十七、M57

1. 墓葬形制

该墓位于发掘Ⅰ区南部，西邻M56。开口于第2层下，南北向，方向355°。

墓平面呈梯形，竖穴土圹单棺墓。墓口距地表深0.4米，墓底距地表深0.8米。墓圹南北长2.54、东西宽0.92~1.2、深0.4米。内填花土，土质较松。内置单棺，棺木已朽，棺痕长1.9、宽0.5~0.6、残高0.1米。骨架保存较差，头向北，面向上，仰身直肢，为女性（图一二六）。

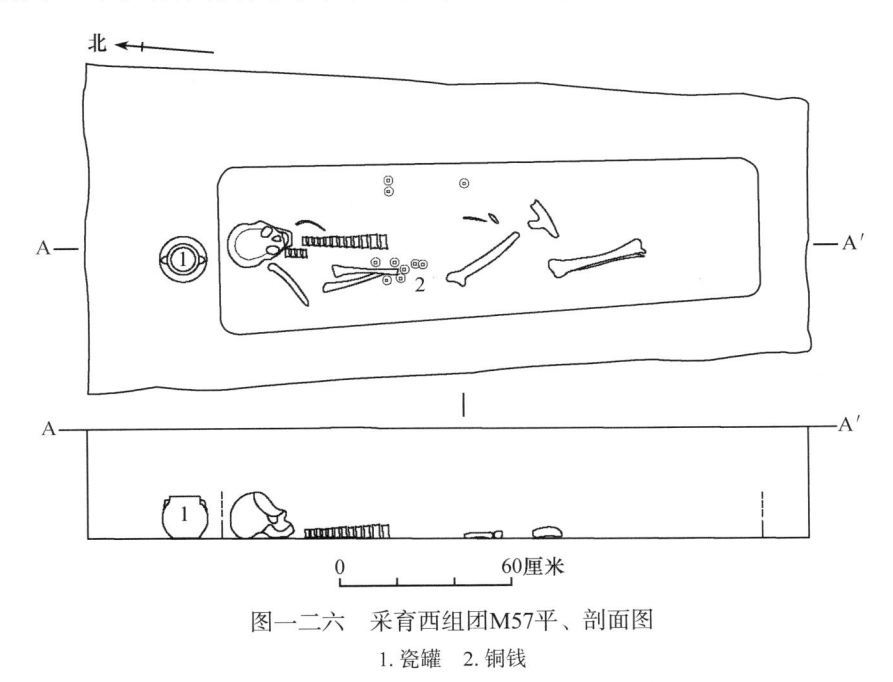

图一二六　采育西组团M57平、剖面图
1. 瓷罐　2. 铜钱

2. 随葬品

棺外前方出土瓷罐1件，棺内左、右上肢骨下方出土铜钱共10枚。

瓷罐　1件。M57：1，敛口，圆唇，斜直颈，溜肩，圆鼓腹，矮圈足，颈肩部置对称倒鼻形双系。器体内外施酱色釉，腹下部及圈足无釉，露红色底釉，黄褐色胎，胎质较细。轮制，通体遗有轮旋痕。口径10.2、腹径16.5、底径6.5、高17.2厘米（图一二七，1；

图版二一，4）。

铜钱 10枚。有淳化元宝、天圣元宝、景祐元宝、皇宋通宝、嘉祐元宝、熙宁元宝。

淳化元宝 1枚。M57:2-1，平钱，圆形，方穿，正背面郭缘略宽，正面草书"淳化元寶"四字，旋读。钱径2.4、穿径0.58、郭厚0.07厘米（图一二七，2）。

天圣元宝 3枚。标本M57:2-2，平钱，圆形，方穿，正背面郭缘较窄，正面楷书"天聖元寶"四字，旋读。钱径2.42、穿径0.62、郭厚0.09厘米（图一二七，3）。

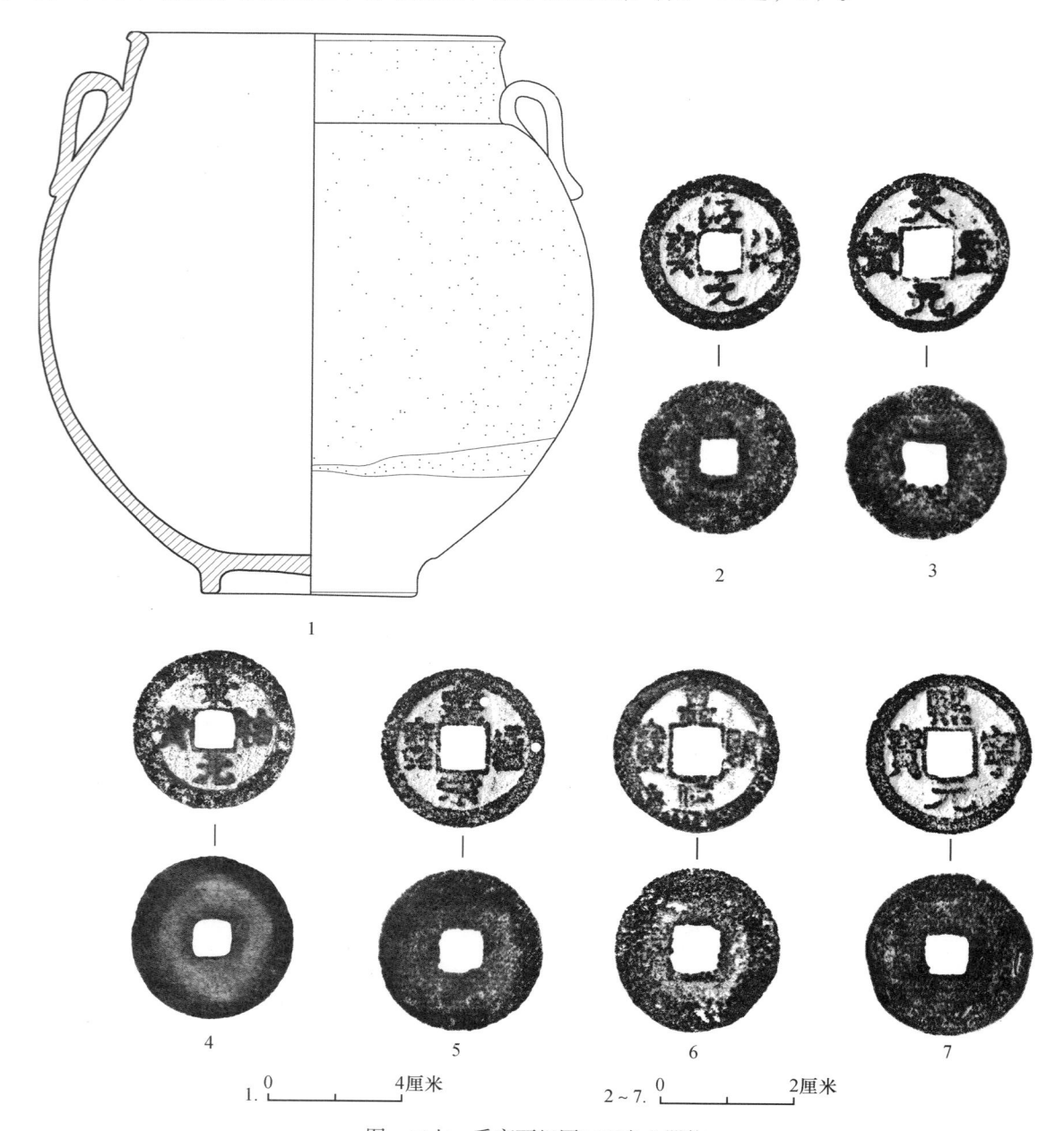

图一二七 采育西组团M57出土器物

1. 瓷罐（M57:1） 2. 淳化元宝（M57:2-1） 3. 天圣元宝（M57:2-2） 4. 景祐元宝（M57:2-3） 5. 皇宋通宝（M57:2-4）
6. 嘉祐元宝（M57:2-5） 7. 熙宁元宝（M57:2-6）

景祐元宝　1枚。M57:2-3，平钱，圆形，方穿，正背面郭缘略宽，正面楷书"景祐元寶"四字，旋读。钱径2.4、穿径0.6、郭厚0.1厘米（图一二七，4）。

皇宋通宝　1枚。M57:2-4，平钱，圆形，方穿，正面郭缘较窄，背面无郭，正面楷书"皇宋通寳"四字，对读。钱径2.48、穿径0.65、郭厚0.08厘米（图一二七，5）。

嘉祐元宝　1枚。M57:2-5，平钱，圆形，方穿，正面郭缘略宽，背面无郭，正面楷书"嘉祐元寳"四字，旋读。钱径2.5、穿径0.65、郭厚0.1厘米（图一二七，6）。

熙宁元宝　3枚。标本M57:2-6，平钱，圆形，方穿，正面郭缘较窄，背面无郭，正面楷书"熙寧元寳"四字，旋读。钱径2.48、穿径0.64、郭厚0.1厘米（图一二七，7）。

五十八、M58

1. 墓葬形制

该墓位于发掘Ⅰ区南部。开口于第2层下，南北向，方向340°。

墓平面呈梯形，竖穴土圹单棺墓。墓口距地表深0.4米，墓底距地表深0.8米。墓圹南北长3、东西宽1.4~1.5、深0.4米。内填花土，土质较硬。内置单棺，棺木已朽，棺痕长1.82、宽0.46~0.56、残高0.08米。骨架保存较差，头向北，面向东，仰身直肢，为男性（图一二八）。

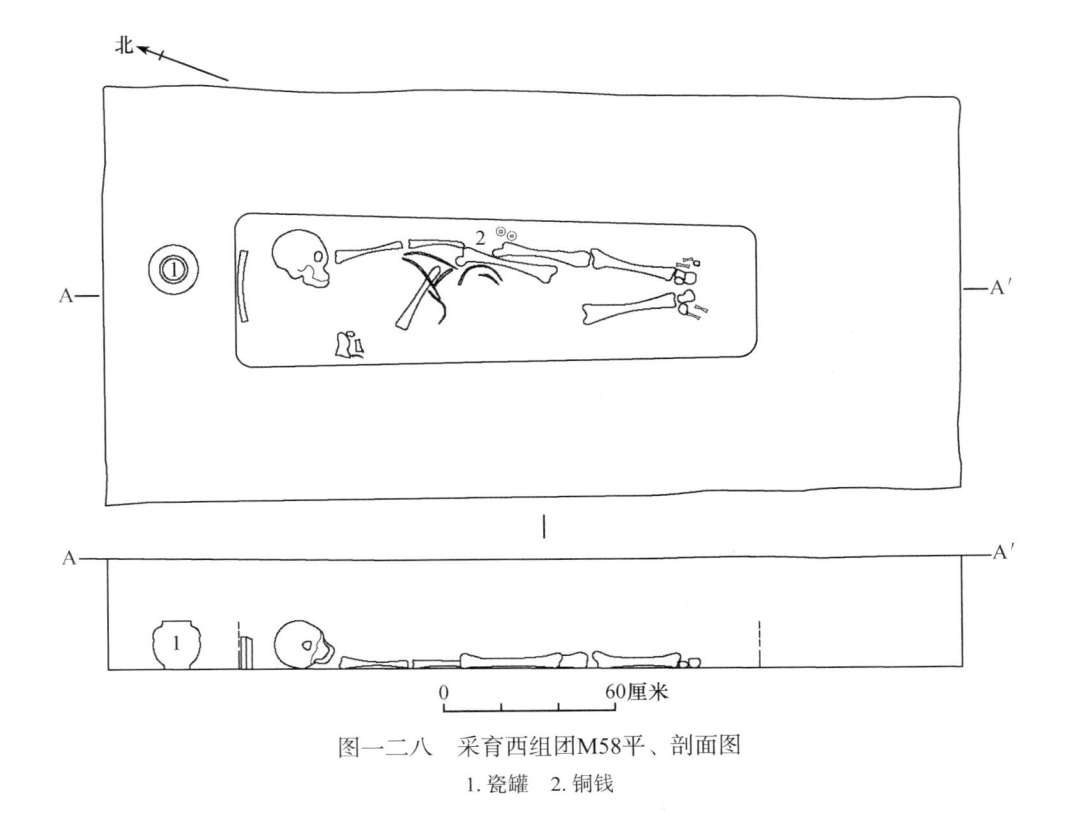

图一二八　采育西组团M58平、剖面图
1. 瓷罐　2. 铜钱

2. 随葬品

棺外左前方出土瓷罐1件，棺内左下肢骨上方出土铜钱2枚。

瓷罐　1件。M58∶1，敛口，圆唇，斜直颈，圆肩，圆鼓腹，矮圈足。肩部压印一周圆形乳钉纹，上腹部压印九组如意云纹，腹部中间压印两周莲瓣纹，下腹部压印一周如意莲瓣纹，底部压印篆书"五"。器体内外施黑色釉，口沿、腹下部及圈足无釉，露黄褐色胎，胎质较粗。轮制，通体遗有轮旋痕。口径11、腹径18.2、底径10、高19.2厘米（图一二九，1；图版二二，1）。

万历通宝　2枚。标本M58∶2-1，平钱，圆形，方穿，正背面郭缘略宽，正面楷书"萬曆通寶"四字，对读。钱径2.51、穿径0.55、郭厚0.11厘米（图一二九，2）。

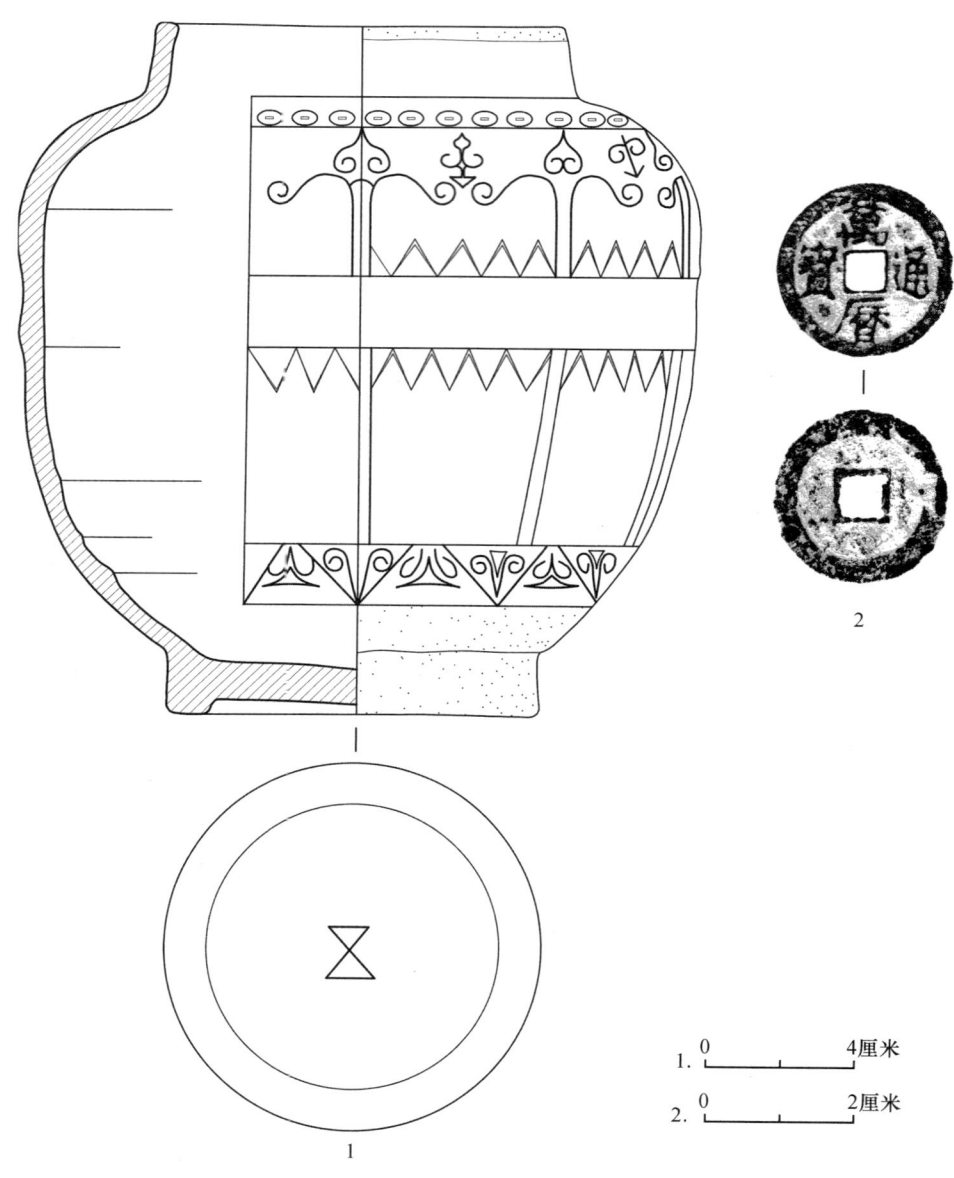

图一二九　采育西组团M58出土器物
1. 瓷罐（M58∶1）　2. 万历通宝（M58∶2-1）

五十九、M59

1. 墓葬形制

该墓位于发掘Ⅰ区西部，西北邻M60。开口于第2层下，南北向，方向340°。

墓平面呈梯形，竖穴土圹单棺墓。墓口距地表深0.4米，墓底距地表深0.94米。墓圹南北长2.2、东西宽0.83~0.9、深0.54米。内填花土，土质较松。内置单棺，棺木已朽，棺痕长1.8、宽0.42~0.62、残高0.22米。骨架保存较好，头向北，面向上，仰身直肢，为男性（图一三〇；图版一一，2）。

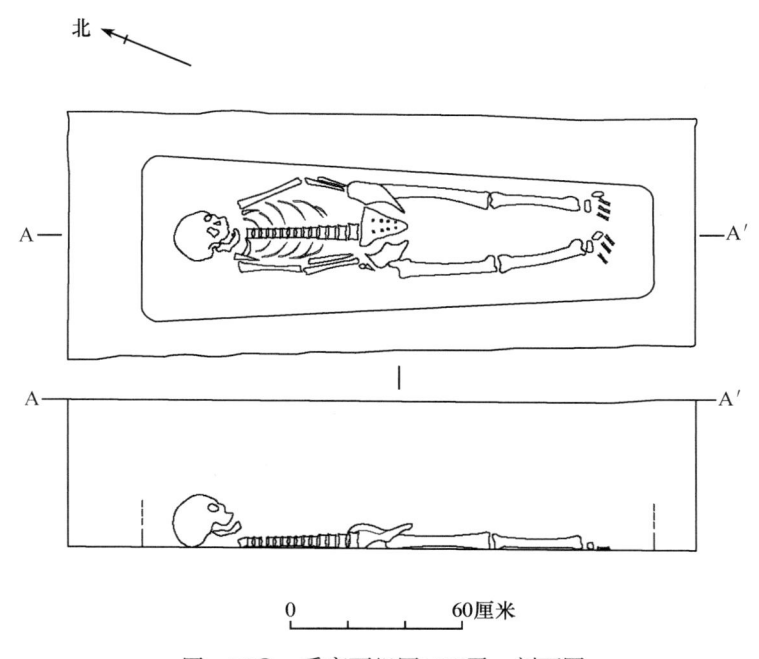

图一三〇　采育西组团M59平、剖面图

2. 随葬品

未发现随葬品。

六十、M60

1. 墓葬形制

该墓位于发掘Ⅰ区西部，东南邻M59。开口于第2层下，南北向，方向162°。

墓平面呈梯形，竖穴土圹单棺墓。墓口距地表深0.45米，墓底距地表深0.66米。墓圹南北长2.45、东西宽0.9～1.02、深0.21米。内填花土，土质较松。内置单棺，棺木已朽，棺痕长1.7、宽0.48～0.58、残高0.14米。骨架保存稍好，头向南，面向上，仰身直肢，为男性（图一三一）。

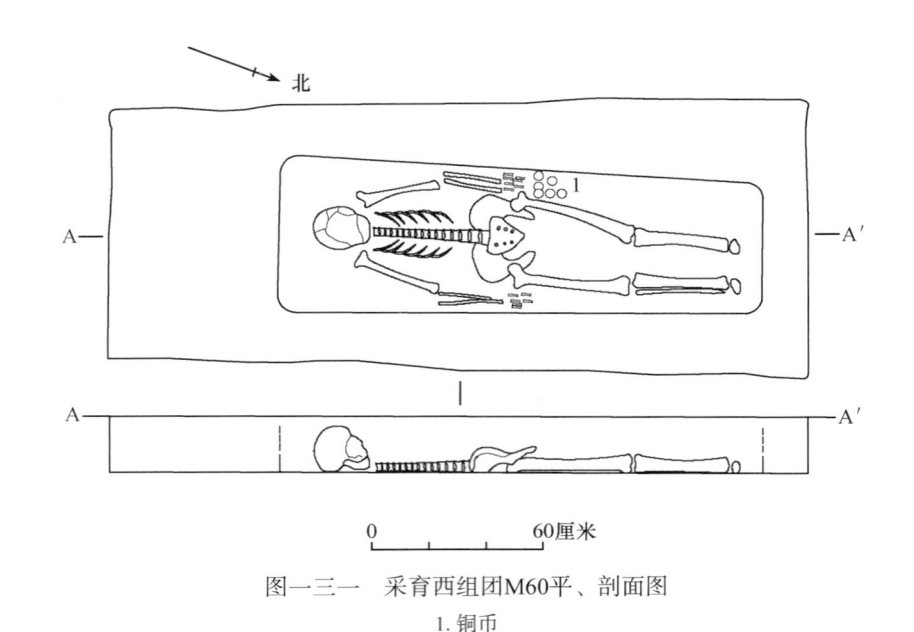

图一三一　采育西组团M60平、剖面图
1. 铜币

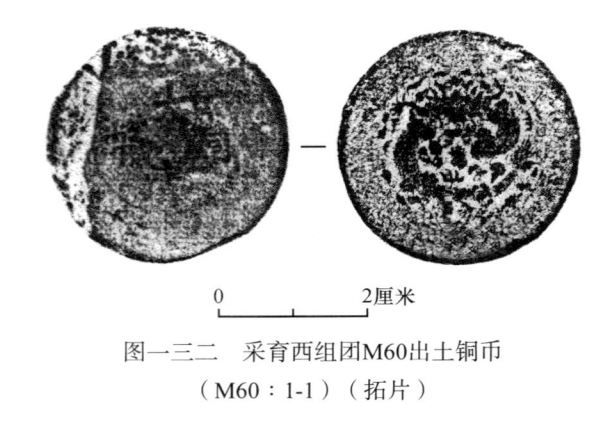

2. 随葬品

棺内左上肢骨下方出土铜币6枚。

铜币　6枚。标本M60：1-1，大平钱，圆形，正背面郭缘较窄，正面楷书"大清铜币"四字，对读。背面铸蟠龙戏火珠。钱径3.2、郭厚0.14厘米（图一三二）。

图一三二　采育西组团M60出土铜币
（M60：1-1）（拓片）

六十一、M61

1. 墓葬形制

该墓位于发掘Ⅰ区北部，北邻M62。开口于第2层下，南北向，方向343°。

墓平面呈长方形，竖穴土圹双棺合葬墓。墓口距地表深0.45米，墓底距地表深0.7米。墓圹南北长2.34、东西宽2、深0.25米。内填花土，土质较松。内置双棺，棺木已朽。东棺痕长1.8、宽0.44～0.76、残高0.1米；为迁葬墓，未发现骨架。西棺痕长1.8、宽0.6～0.62、残高0.1米；骨架保存较差，头向西北，面向上，仰身直肢，为女性（图一三三）。

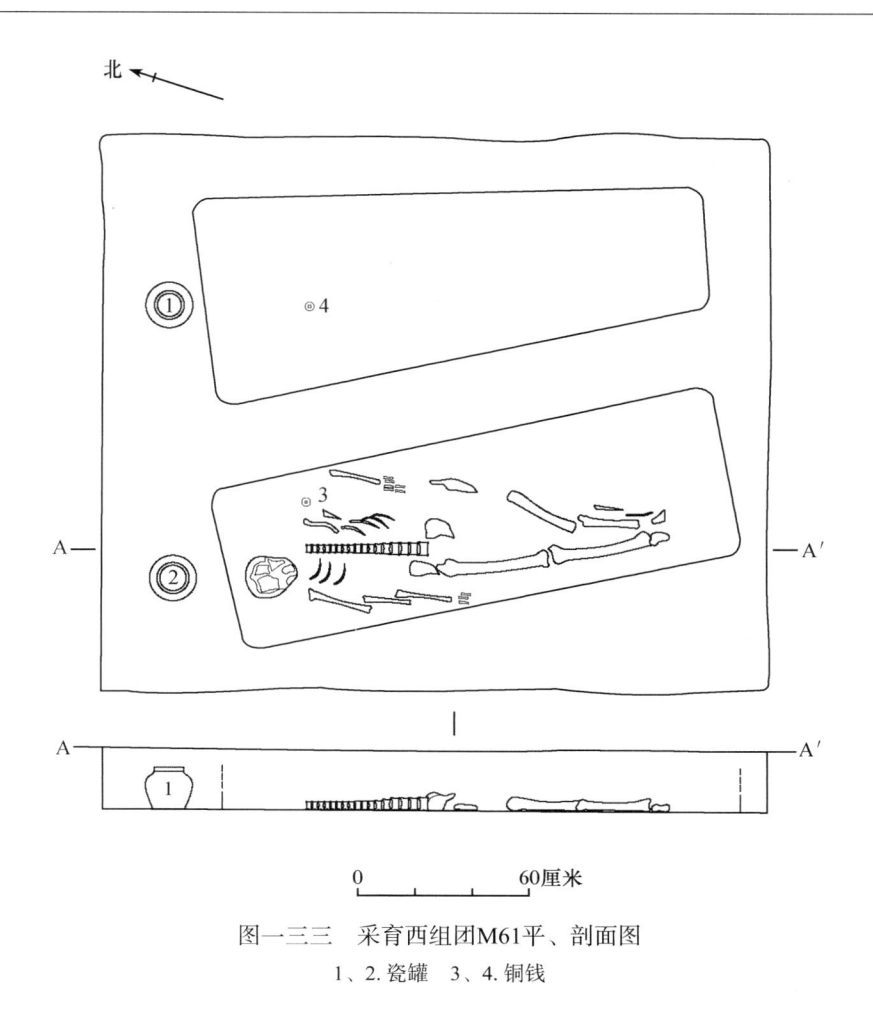

图一三三　采育西组团M61平、剖面图
1、2.瓷罐　3、4.铜钱

2. 随葬品

东棺外前方出土瓷罐1件，棺内上方中部出土铜钱1枚；西棺外前方出土瓷罐1件，棺内左上肢骨上方出土铜钱1枚。

瓷罐　2件。M61∶1，敛口，圆唇，短颈，溜肩，弧腹，矮圈足。器体内部施酱黄色釉，外部施黑色釉，口沿、下腹及圈足无釉，露灰褐色胎，胎质较粗。轮制，通体遗有轮旋痕。口径11.4、腹径16.4、底径12、高14.5厘米（图一三四，1；图版二二，2）。M61∶2，敛口，方圆唇，短颈，溜肩，弧腹，矮圈足。器体内部施酱绿色釉，遗有流釉痕，外部及口沿内侧施黑色釉，口沿、下腹及圈足无釉，露灰褐色胎，胎质较粗。轮制，通体遗有轮旋痕。口径10.4、腹径16.4、底径11.2、高15.6厘米（图一三四，2；图版二二，3）。

铜钱　2枚。有嘉靖通宝、崇祯通宝。

嘉靖通宝　1枚。M61∶3，平钱，圆形，方穿，正背面郭缘略宽，正面楷书"嘉靖通寳"四字，对读。钱径2.48、穿径0.52、郭厚0.11厘米（图一三四，3）。

崇祯通宝 1枚。M61:4，平钱，圆形，方穿，正背面郭缘较宽，正面楷书"崇祯通寶"四字，对读。钱径2.62、穿径0.52、郭厚0.15厘米（图一三四，4）。

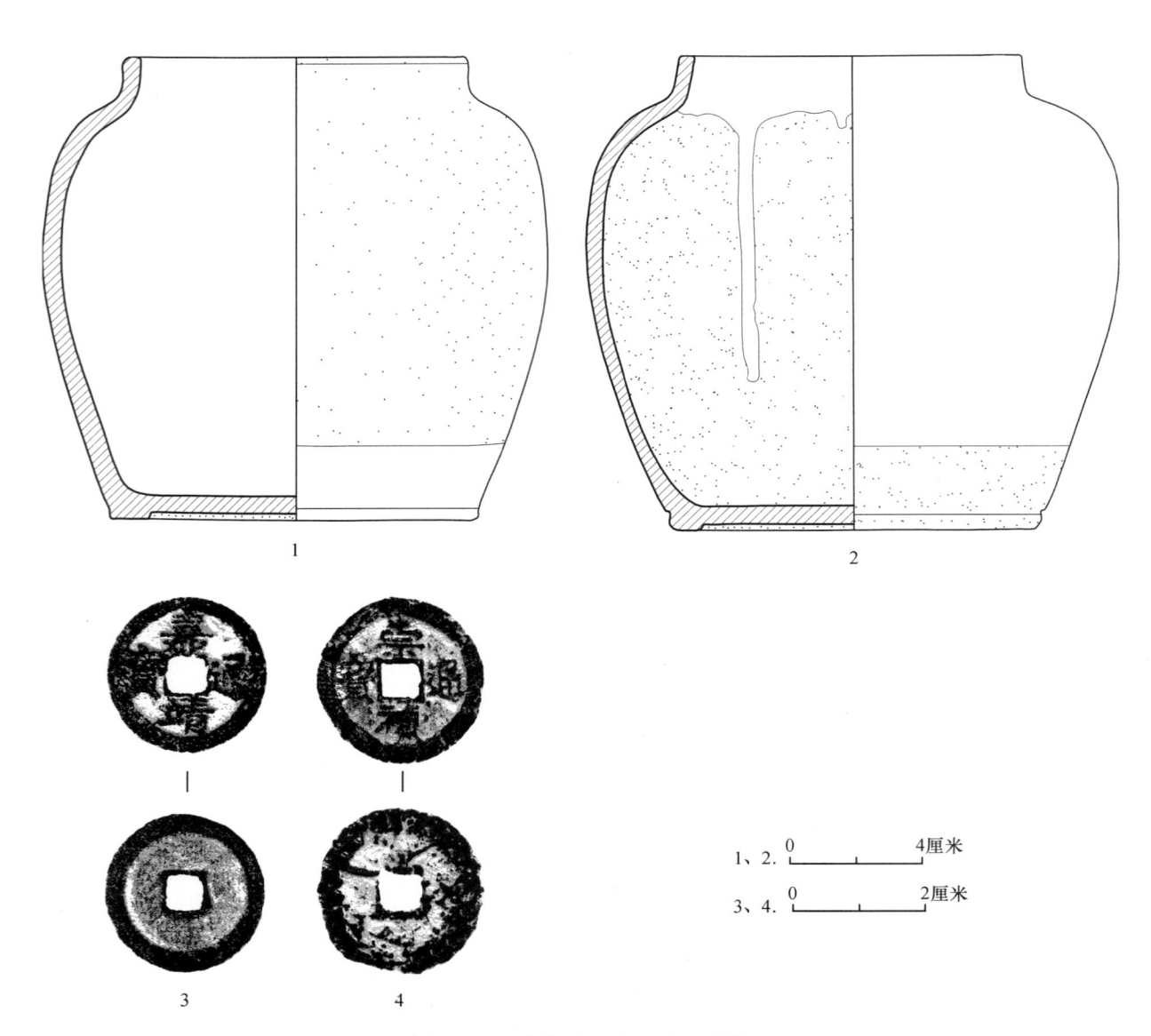

图一三四 采育西组团M61出土器物
1、2. 瓷罐（M61:1、M61:2） 3. 嘉靖通宝（M61:3） 4. 崇祯通宝（M61:4）

六十二、M62

1. 墓葬形制

该墓位于发掘Ⅰ区北部，南邻M61。开口于第2层下，南北向，方向357°。

墓平面呈梯形，竖穴土圹单棺迁葬墓。墓口距地表深0.4米，墓底距地表深0.51米。墓圹南北长2.2、东西宽0.77～0.84、深0.11米。内填花土，土质较松。未发现骨架（图一三五）。

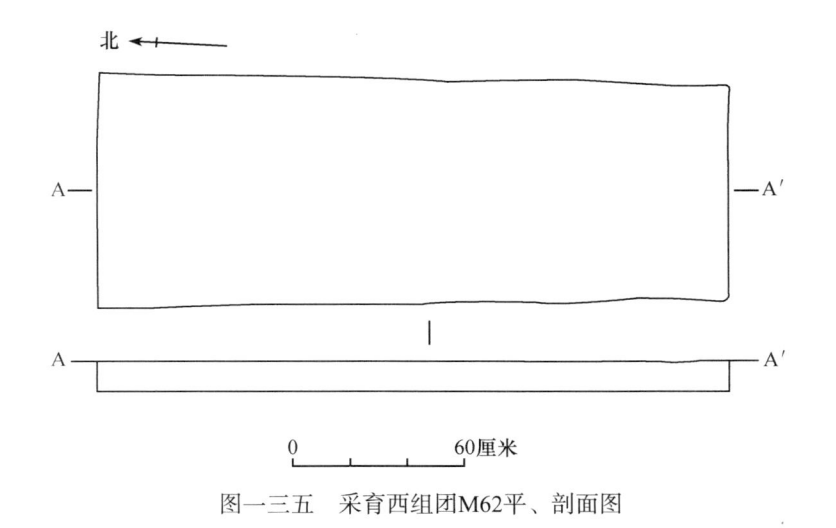

图一三五　采育西组团M62平、剖面图

2. 随葬品

未发现随葬品。

六十三、M63

1. 墓葬形制

该墓位于发掘Ⅰ区北部，北邻M66。开口于第2层下，南北向，方向5°。

墓平面呈长方形，竖穴土圹双棺合葬墓。墓口距地表深0.3米，墓底距地表深0.7～0.8米。墓圹南北长2.6、东西宽2.1、深0.4～0.5米。内填花土，土质较松。内置双棺，棺木已朽。东棺痕长2.04、宽0.5～0.6、残高0.14米；骨架保存较差，头向西北，面向西南，仰身直肢，为男性。西棺痕长1.88、宽0.52～0.62、残高0.24米；骨架保存较差，头向东北，面向东南，仰身直肢，为女性（图一三六；图版一一，3）。

2. 随葬品

东棺内左下肢骨上方出土铜钱2枚；西棺内右上肢骨中部出土铜钱2枚。

铜钱　4枚。有天启通宝、乾隆通宝。

天启通宝　2枚。标本M63∶1-1，平钱，圆形，方穿，正背面郭缘较宽，正面楷书"天启通寶"四字，对读。钱径2.55、穿径0.5、郭厚0.12厘米（图一三七，1）。

乾隆通宝　2枚。标本M63∶2-1，平钱，圆形，方穿，正背面郭缘较宽，正面楷书"乾

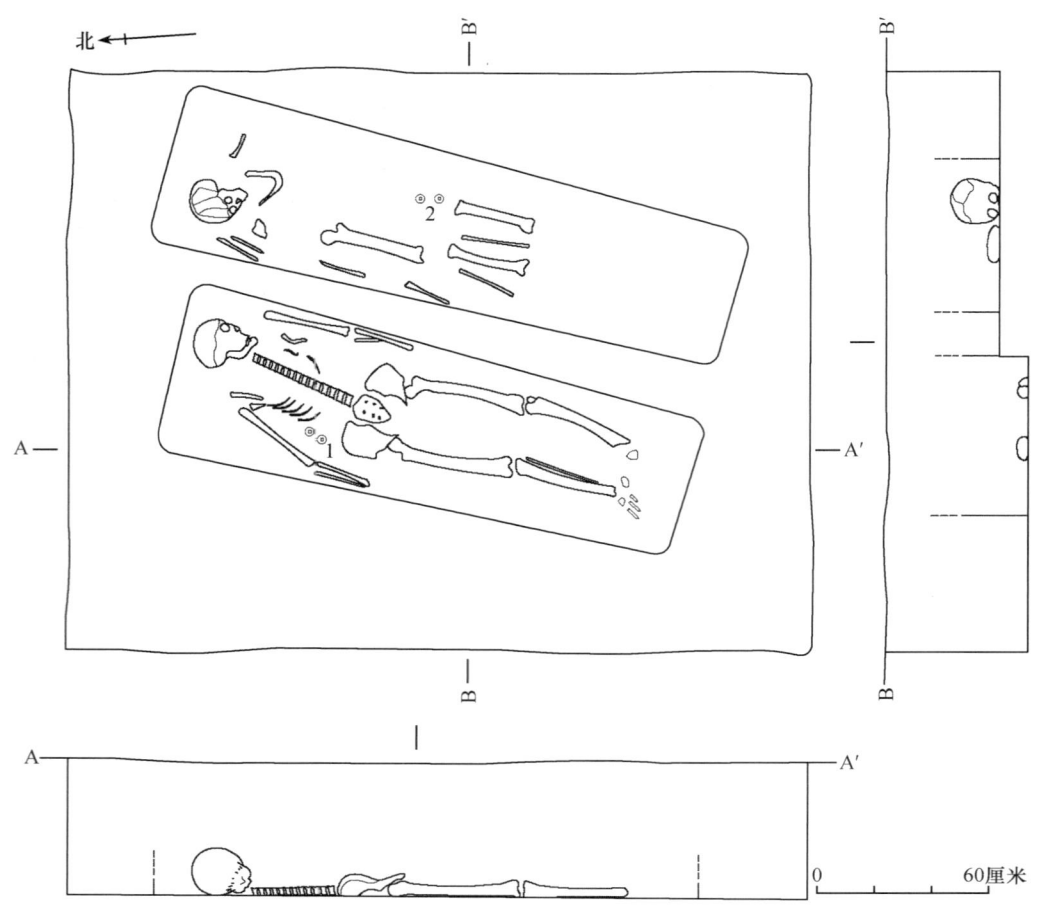

图一三六　采育西组团M63平、剖面图
1、2. 铜钱

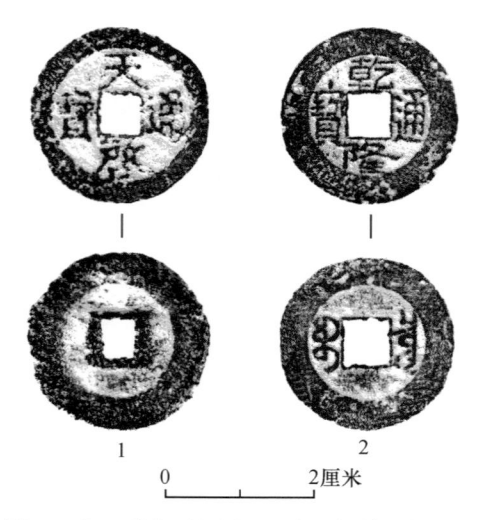

图一三七　采育西组团M63出土铜钱（拓片）
1. 天启通宝（M63∶1-1）　2. 乾隆通宝（M63∶2-1）

隆通寶"四字，对读，背穿左右为满文"宝泉"局名。钱径2.49、穿径0.55、郭厚0.11厘米（图一三七，2）。

六十四、M64

1. 墓葬形制

该墓位于发掘Ⅰ区北部，东邻M65。开口于第2层下，南北向，方向350°。

墓平面呈梯形，竖穴土圹单棺墓。墓口距地表深0.4米，墓底距地表深0.8米。墓圹南北长

2.54、东西宽0.87~1.1、深0.4米。内填花土，土质较硬。内置单棺，棺木已朽，棺痕长1.95、宽0.6~0.76、残高0.08米。骨架保存较差，头向北，面向不明，仰身直肢，为男性（图一三八）。

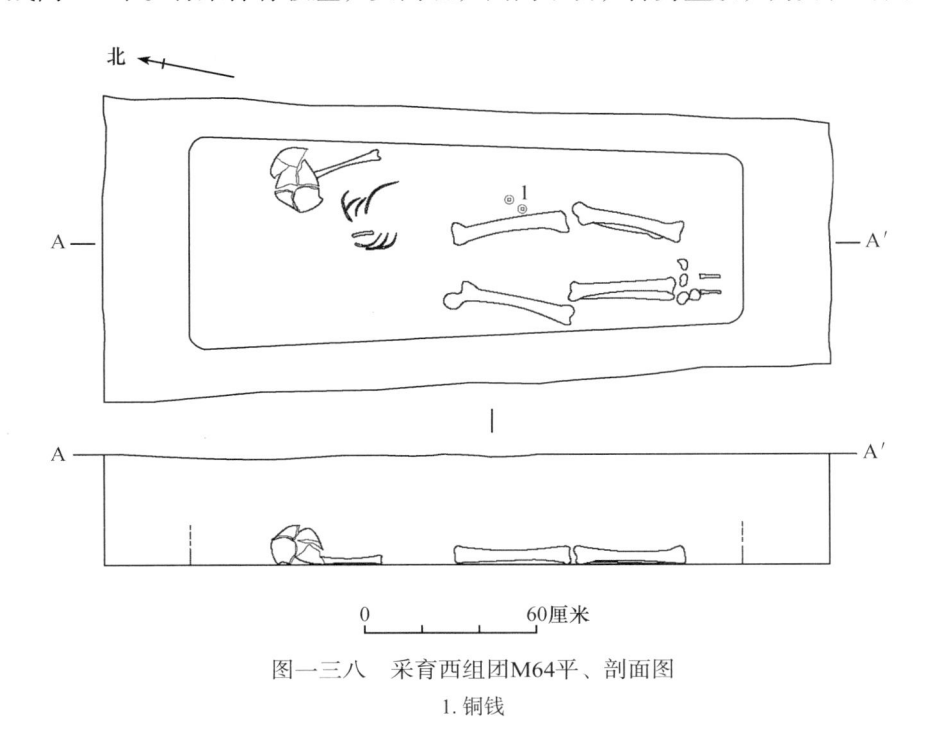

图一三八　采育西组团M64平、剖面图
1. 铜钱

2. 随葬品

棺内左下肢骨上方出土铜钱2枚。

康熙通宝　2枚。平钱，圆形，方穿，正背面郭缘较宽，正面楷书"康熙通寶"四字，对读，背穿左右为满文"宝泉"局名。M64：1-1，钱径2.3、穿径0.5、郭厚0.1厘米（图一三九，1）。M64：1-2，钱径2.31、穿径0.49、郭厚0.1厘米（图一三九，2）。

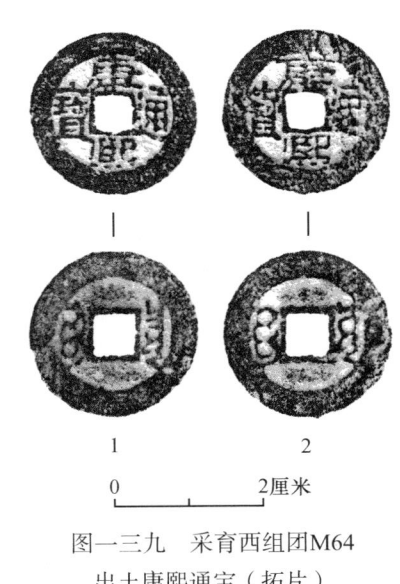

图一三九　采育西组团M64出土康熙通宝（拓片）
1. M64：1-1　2. M64：1-2

六十五、M65

1. 墓葬形制

该墓位于发掘Ⅰ区北部，西邻M64。开口于第2层下，南北向，方向350°。

墓平面呈梯形，竖穴土圹单棺墓。墓口距地表深0.4米，墓底距地表深0.56米。墓圹南北长2.42、东西宽0.86~0.92、深0.16米。内填花土，土质较硬。内置单棺，棺木已朽，棺痕长1.85、宽0.48~0.57、残高0.08米。骨架保存较差，头向西北，面向上，仰身直肢，为男性（图一四〇）。

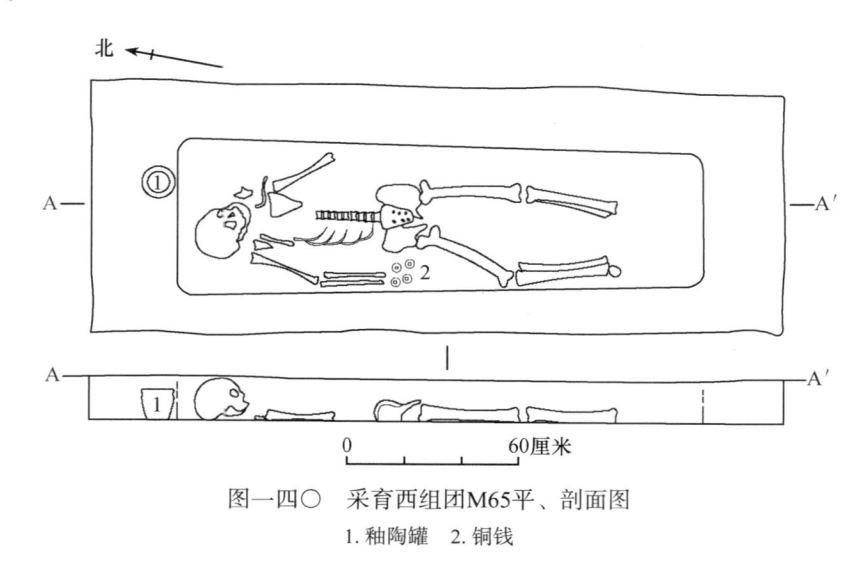

图一四〇　采育西组团M65平、剖面图
1. 釉陶罐　2. 铜钱

2. 随葬品

棺外左前方出土釉陶罐1件，棺内右上肢骨下方出土铜钱4枚。

釉陶罐　1件。M65：1，直口，圆唇，束颈，溜肩，斜弧腹，平底内凹。上腹及口沿内侧施酱黄色釉，下腹及底部无釉。泥质红褐陶。轮制，通体遗有轮旋痕。口径11.5、腹径11.2、底径7.6、高11厘米（图一四一，1；图版一八，4）。

康熙通宝　4枚。平钱，圆形，方穿，正背面郭缘较宽，正面楷书"康熙通寶"四字，

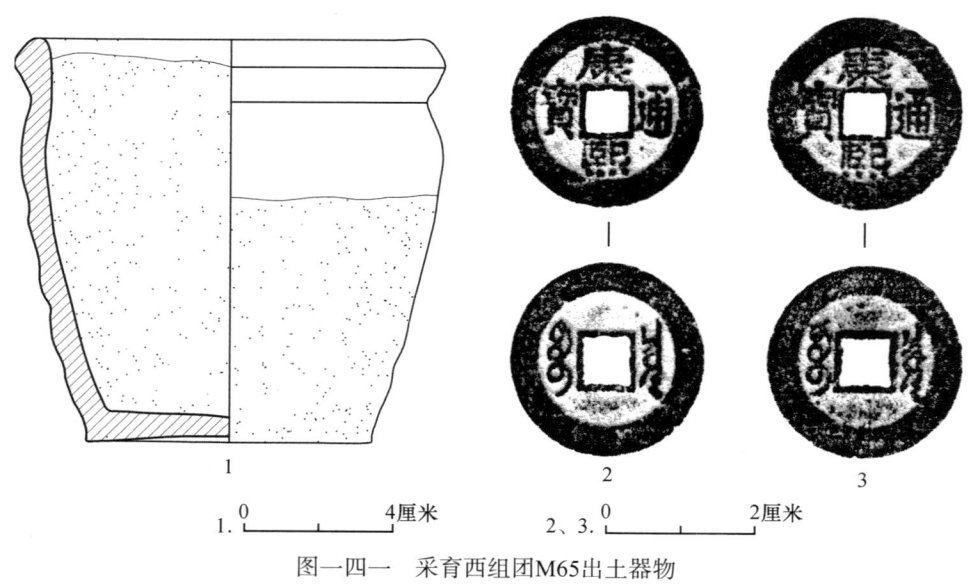

图一四一　采育西组团M65出土器物
1. 釉陶罐（M65：1）　2、3. 康熙通宝（M65：2-1、M65：2-2）

对读，背穿左右为满文"宝泉"局名。标本M65：2-1，钱径2.64、穿径0.54、郭厚0.11厘米（图一四一，2）。标本M65：2-2，钱径2.65、穿径0.54、郭厚0.12厘米（图一四一，3）。

六十六、M66

1. 墓葬形制

该墓位于发掘Ⅰ区北部，东邻M67。开口于第2层下，南北向，方向350°。

墓平面呈梯形，竖穴土圹单棺墓。墓口距地表深0.4米，墓底距地表深0.8米。墓圹南北长2.58、东西宽1.34～1.4、深0.4米。内填花土，土质较硬。内置单棺，棺木已朽，棺痕长1.79、宽0.52～0.6、残高0.2米。骨架保存较差，头向西，面向南，仰身直肢，为男性（图一四二）。

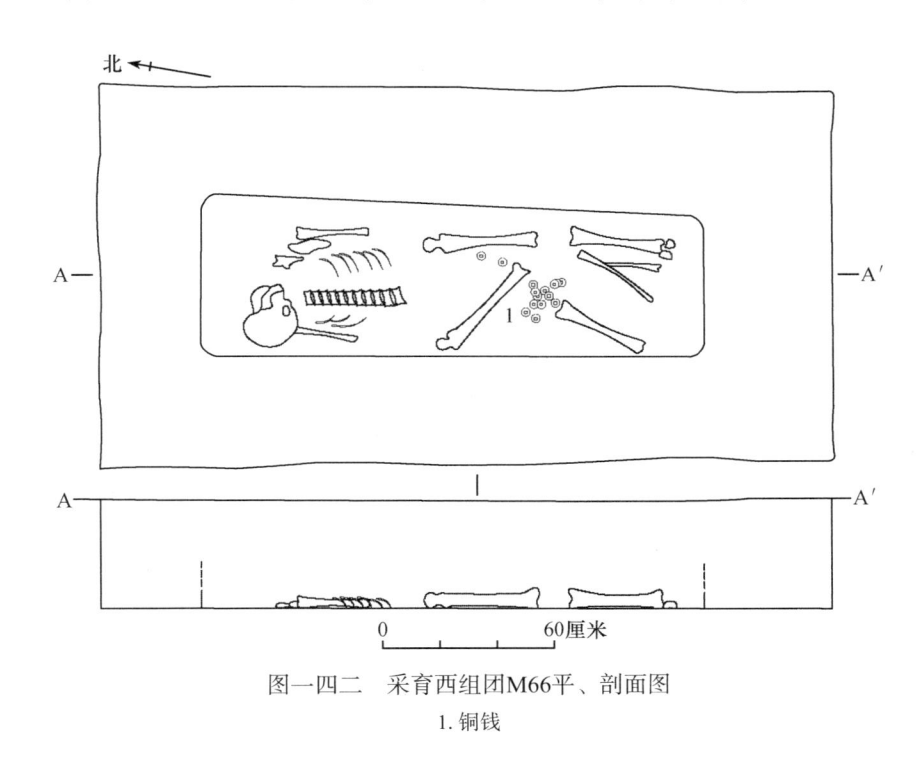

图一四二 采育西组团M66平、剖面图
1.铜钱

2. 随葬品

棺内左下肢骨上方及右下肢骨中部出土铜钱共15枚。

康熙通宝 15枚。平钱，圆形，方穿，正背面郭缘较宽，正面楷书"康熙通寶"四字，对读。标本M66：1-1，背穿左右为满文"宝泉"局名。钱径2.32、穿径0.46、郭厚0.11厘米（图一四三，1）。标本M66：1-2，背穿左为满文"河"字，右为楷书"河"字，为"宝河"局名。钱径2.56、穿径0.54、郭厚0.06厘米（图一四三，2）。

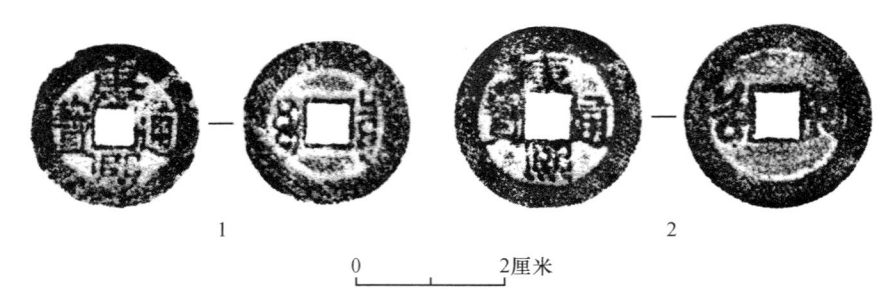

图一四三　采育西组团M66出土康熙通宝（拓片）
1. M66：1-1　2. M66：1-2

六十七、M67

1. 墓葬形制

该墓位于发掘Ⅰ区北部，西邻M66。开口于第2层下，南北向，方向353°。

墓平面呈梯形，竖穴土圹单棺迁葬墓。墓口距地表深0.4米，墓底距地表深0.58米。墓圹南北长2.3、东西宽0.8～0.94、深0.18米。内填花土，土质较松。内置单棺，棺木已朽，棺痕长1.82、宽0.38～0.62、残高0.04米。未发现骨架（图一四四）。

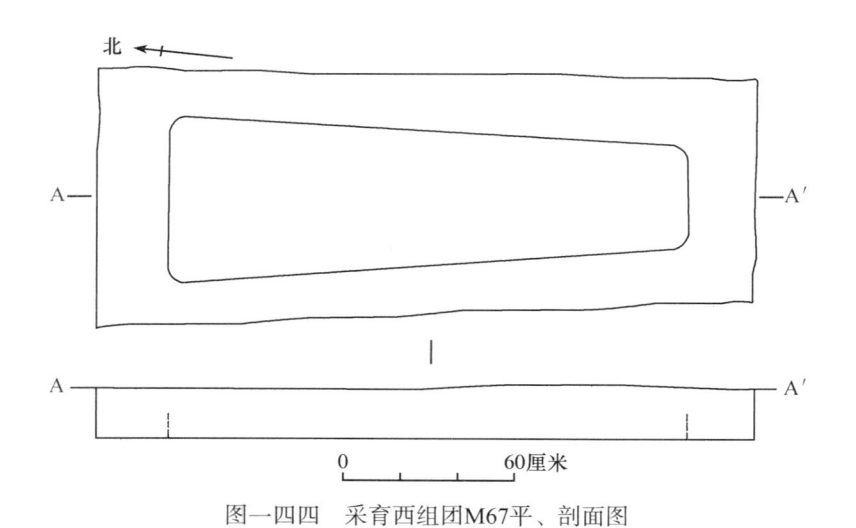

图一四四　采育西组团M67平、剖面图

2. 随葬品

未发现随葬品。

六十八、M68

1. 墓葬形制

该墓位于发掘Ⅰ区北部，西邻M69。开口于第2层下，南北向，方向352°。

墓平面呈梯形，竖穴土圹双棺合葬墓。墓口距地表深0.4米，墓底距地表深0.6～0.97米。墓圹南北长2.42、东西宽1.48～1.52、深0.2～0.57米。内填花土，土质较松。内置双棺，棺木已朽。东棺痕长1.82、宽0.4～0.6、残高0.08米；骨架保存较差，头向北，面向西，侧身屈肢，为男性。西棺痕长1.92、宽0.45～0.47、残高0.08米；骨架保存稍差，头向北，面向上，仰身直肢，为女性（图一四五）。

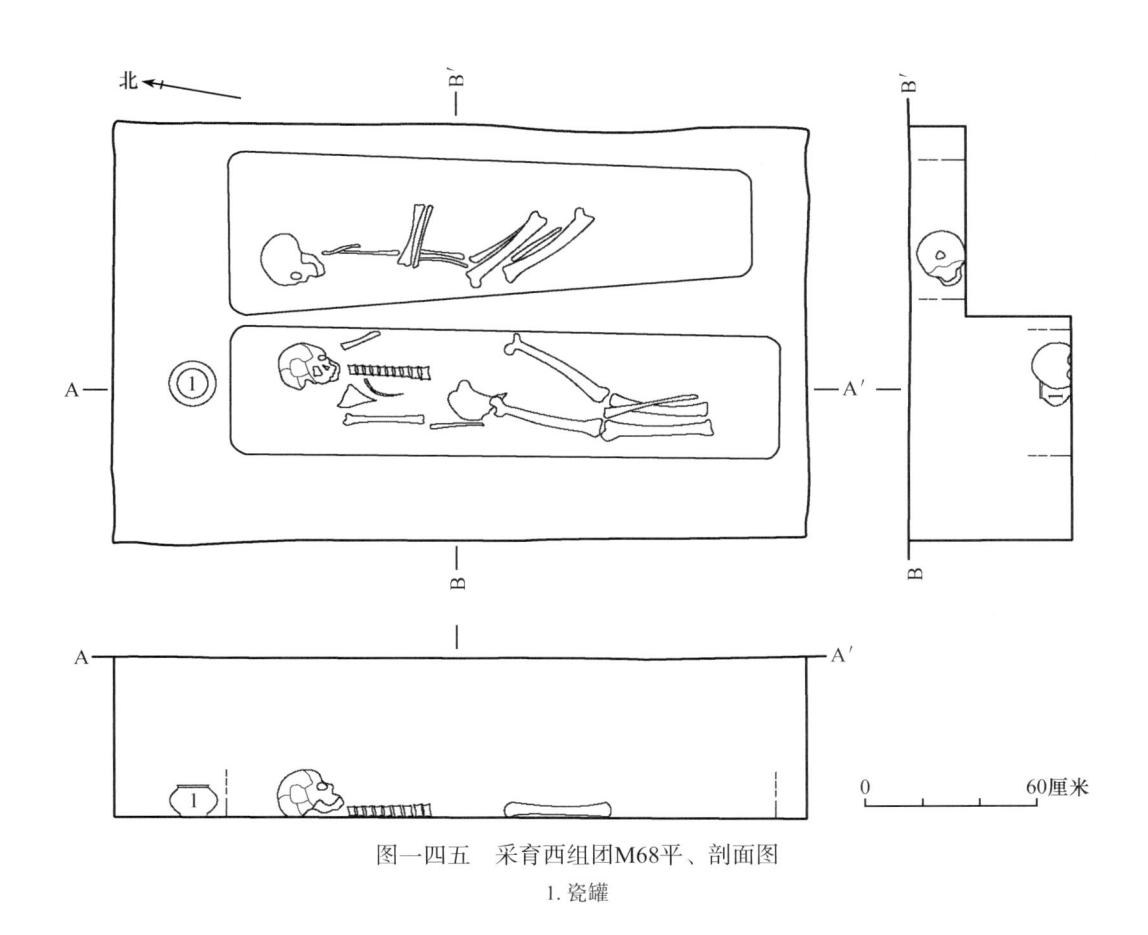

图一四五 采育西组团M68平、剖面图
1.瓷罐

2. 随葬品

西棺外前方出土瓷罐1件。

瓷罐 1件。M68:1，敛口，方唇，矮颈，斜折肩，圆腹，圈足。器体外部及内侧口沿下方施酱黑色釉，内腹壁无釉，下腹、圈足及口沿内侧无釉，露灰褐色胎，胎质较粗。轮制，通体遗有轮旋痕。口径10.6、腹径16.4、底径9、高11厘米（图一四六；图版二二，4）。

六十九、M69

1. 墓葬形制

该墓位于发掘Ⅰ区北部，东邻M68。开口于第2层下，南北向，方向355°。

墓平面呈长方形，竖穴土圹双棺迁葬墓。墓口距地表深0.4米，墓底距地表深0.74~

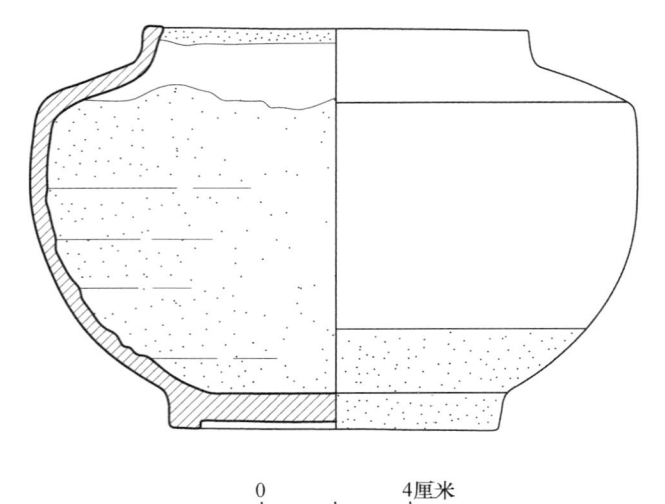

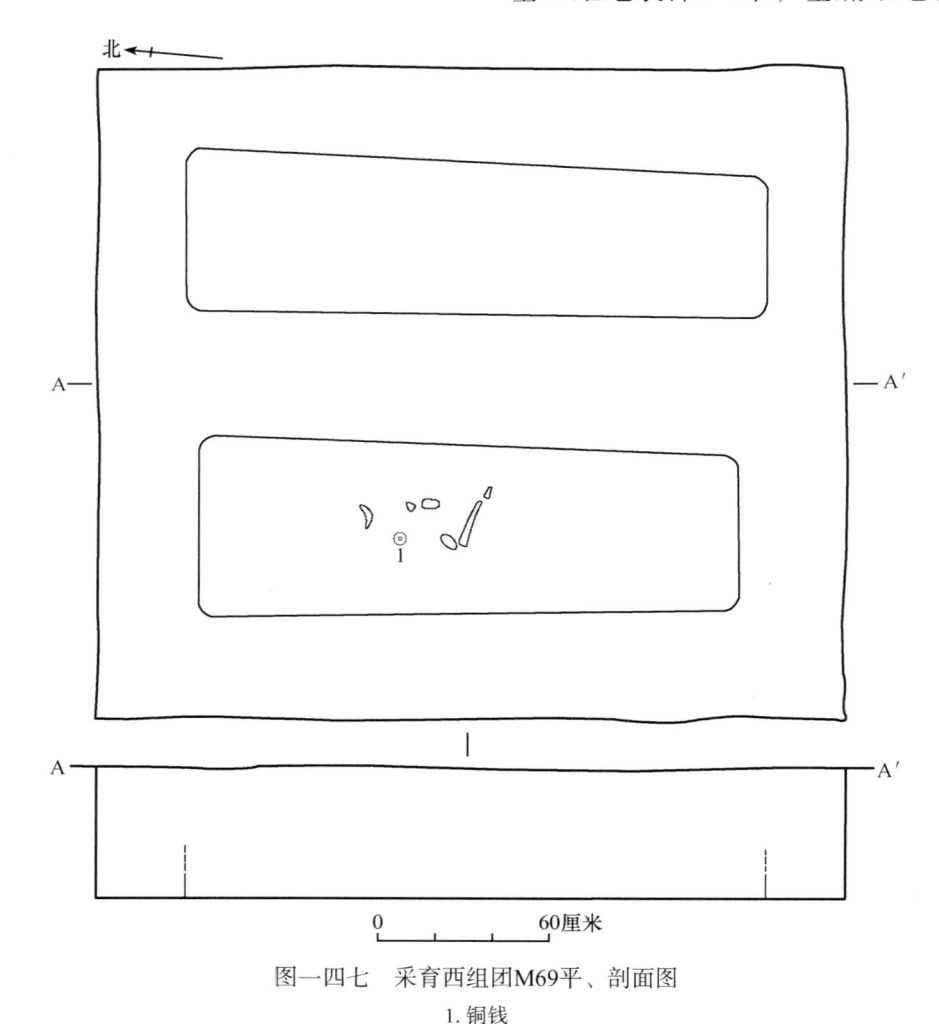

图一四六　采育西组团M68出土瓷罐（M68∶1）

图一四七　采育西组团M69平、剖面图
1.铜钱

0.87米。墓圹南北长2.63、东西宽2.37、深0.34~0.47米。内填花土，土质较松。内置双棺，棺木已朽。东棺痕长2.04、宽0.52~0.6、残高0.08米；未发现骨架。西棺痕长1.9、宽0.56~0.66、残高0.09米；中部遗有零散碎骨（图一四七）。

2. 随葬品

西棺内中上部出土铜钱1枚。

康熙通宝　1枚。M69：1，平钱，圆形，方穿，正背面郭缘较宽，正面楷书"康熙通寶"四字，对读，背穿左右为满文"宝泉"局名。钱径2.23、穿径0.55、郭厚0.08厘米（图一四八）。

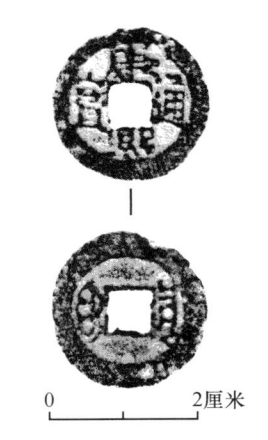

图一四八　采育西组团M69出土康熙通宝（M69：1）（拓片）

七十、M70

1. 墓葬形制

该墓位于发掘Ⅰ区北部，南邻M68。开口于第2层下，南北向，方向355°。

墓平面呈不规则形，竖穴土圹双棺合葬墓。墓口距地表深0.4米，墓底距地表深0.6~0.7米。墓圹南北长2.2~2.5、东西宽1.92~2.12、深0.2~0.3米。内填花土，土质较松。内置双棺，棺木已朽。东棺痕长1.7、宽0.44~0.72、残高0.2米；骨架保存较差，头向东北，面向东南，葬式不明，为男性。西棺痕长1.78、宽0.45~0.62、残高0.1米；骨架保存较差，头向北，面向下，葬式不明，为女性（图一四九）。

2. 随葬品

东棺内右上肢骨上方出土铜钱4枚；西棺外前方出土釉陶罐1件，棺内左下肢骨上方出土铜钱3枚。

釉陶罐　1件。M70：1，侈口，圆唇，束颈，溜肩，斜弧腹，平底内凹。上腹部及口沿内侧施酱黄色釉，下腹及底部无釉。泥质黄褐陶。轮制，通体遗有轮旋痕。口径11.4、腹径12.2、底径8.4、高12.2厘米（图一五〇，1；图版一八，5）。

铜钱　7枚。有顺治通宝、康熙通宝。

顺治通宝　3枚。标本M70：2-1，大平钱，圆形，方穿，正背面郭缘较宽，正面楷书"顺治通寶"四字，对读，背穿左右为满文"宝泉"局名。钱径2.62、穿径0.52、郭厚0.11厘米（图一五〇，2）。

康熙通宝　4枚。标本M70：3-1，大平钱，圆形，方穿，正背面郭缘较宽，正面楷书"康熙通寶"四字，对读，背穿左右为满文"宝泉"局名。钱径2.75、穿径0.64、郭厚0.11厘米（图一五〇，3）。

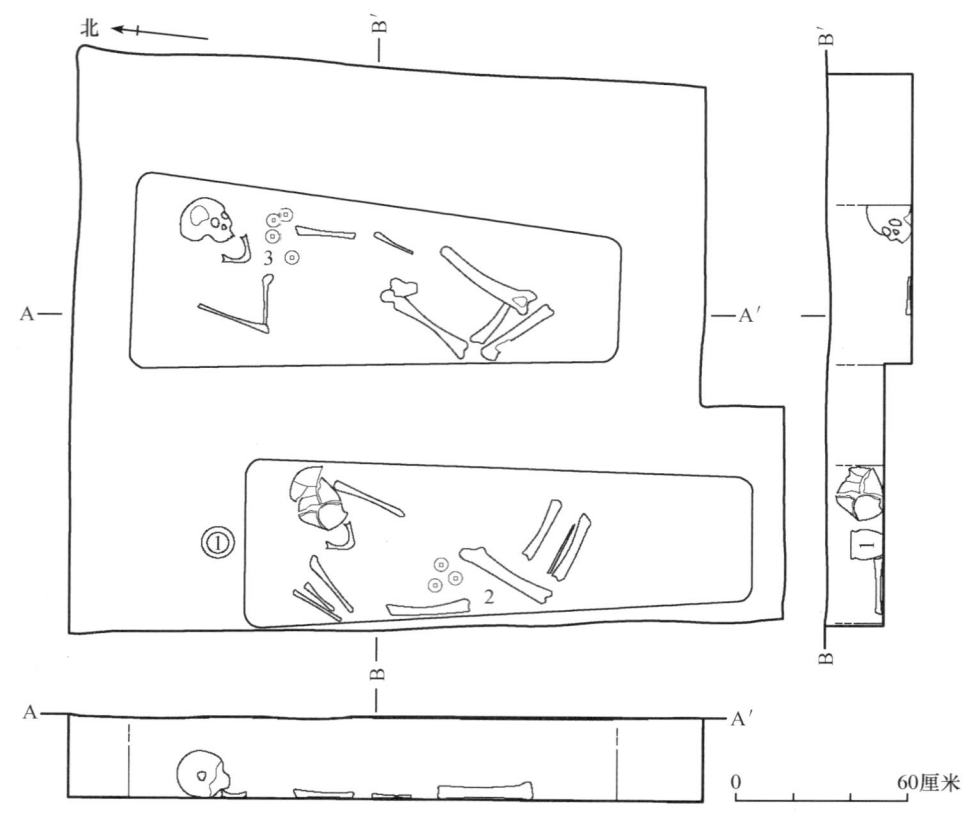

图一四九　采育西组团M70平、剖面图
1. 釉陶罐　2、3. 铜钱

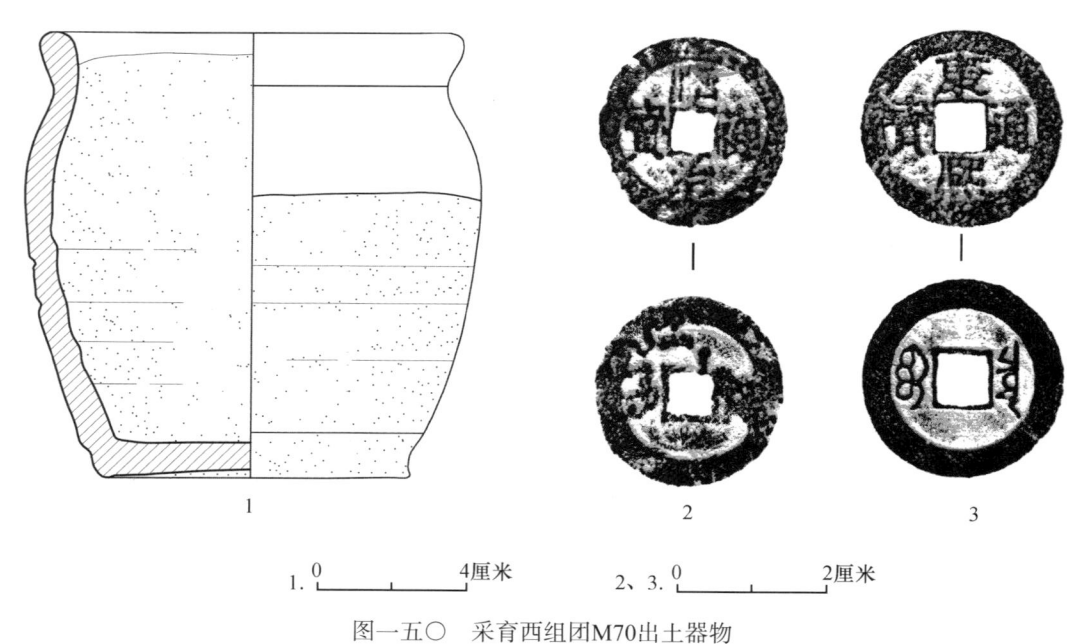

图一五○　采育西组团M70出土器物
1. 釉陶罐（M70∶1）　2. 顺治通宝（M70∶2-1）　3. 康熙通宝（M70∶3-1）

七十一、M71

1. 墓葬形制

该墓位于发掘Ⅰ区北部，东邻M70。开口于第2层下，南北向，方向356°。

墓平面呈不规则形，竖穴土圹双棺合葬墓。墓口距地表深0.4米，墓底距地表深1.1米。墓圹南北长2.6~2.96、东西宽2.1、深0.7米。内填花土，土质较松。内置双棺，棺木已朽。东棺痕长1.8、宽0.48~0.72、残高0.15米；骨架保存稍差，头向北，面向上，仰身直肢，为男性。西棺痕长1.86、宽0.56~0.67、残高0.1米；骨架保存较差，头向北，面向东，侧身屈肢，为女性（图一五一；图版一二，1）。

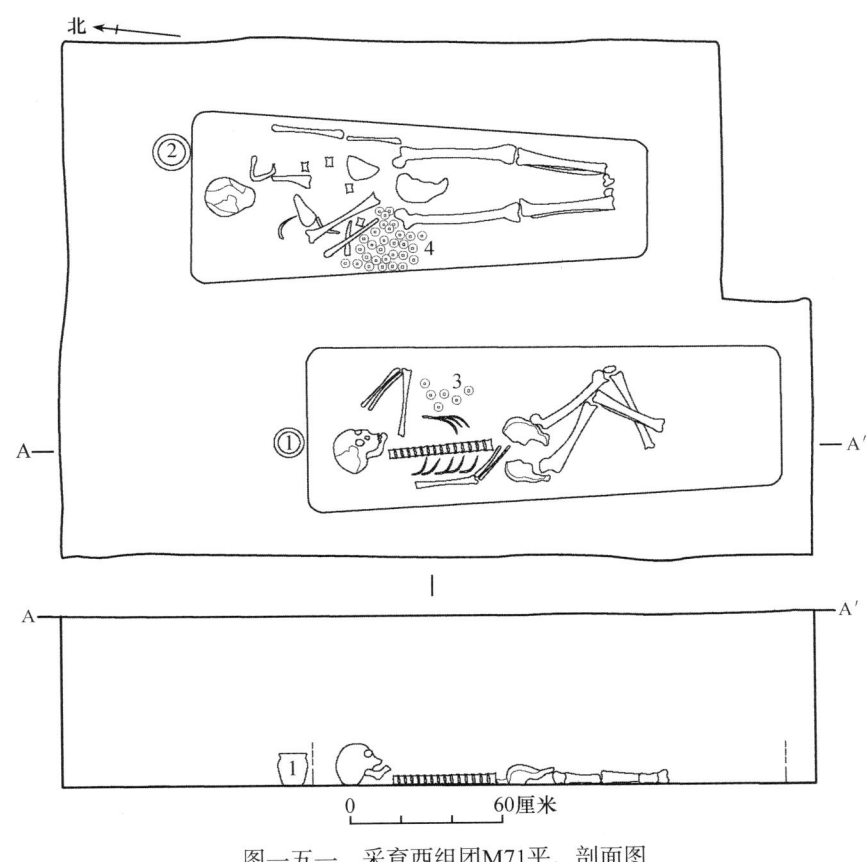

图一五一　采育西组团M71平、剖面图
1. 釉陶罐　2. 瓷罐　3、4. 铜钱

2. 随葬品

东棺外左前方出土瓷罐1件，棺内右下肢骨上方出土铜钱30枚；西棺外右前方出土釉陶罐1

件，棺内左上肢骨下方出土铜钱6枚。

釉陶罐　1件。M71:1，侈口，圆唇，束颈，溜肩，斜弧腹，平底内凹。上腹及口沿内侧施黄绿色釉，下腹及底部无釉。泥质黄褐陶。轮制，通体遗有轮旋痕。口径10.6、腹径11.6、底径7.6、高12.4厘米（图一五二，1；图版一八，6）。

瓷罐　1件。M71:2，敛口，圆唇，矮颈，斜折肩，圆腹，圈足。器体内外施酱黑色釉，口沿、下腹及圈足无釉，露灰褐色胎，胎质较粗。轮制，通体遗有轮旋痕。口径10.8、腹径14.8、底径9.2、高10.6厘米（图一五二，2；图版二二，5）。

铜钱　36枚。有顺治通宝、康熙通宝。

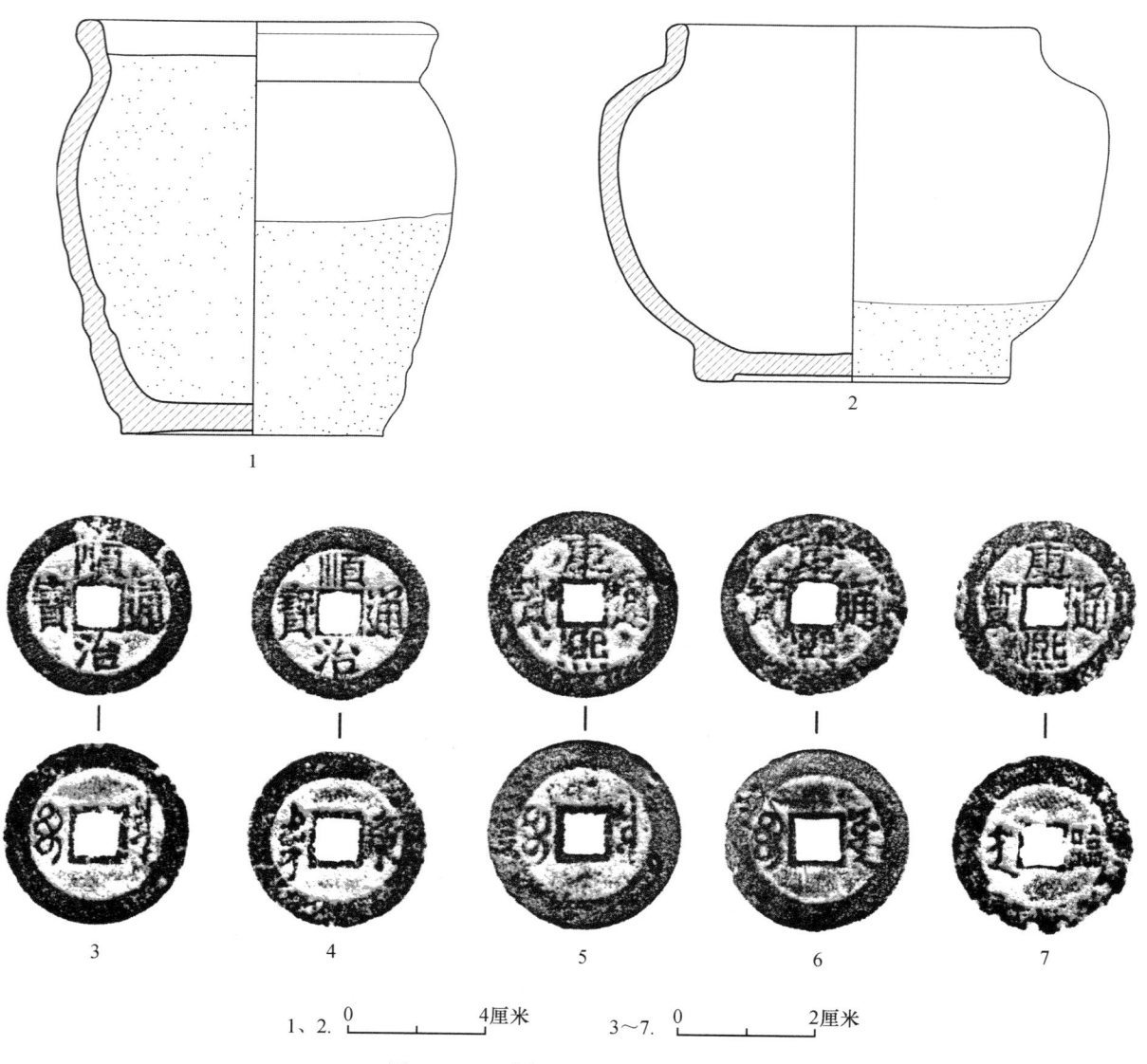

图一五二　采育西组团M71出土器物
1.釉陶罐（M71:1）　2.瓷罐（M71:2）　3、4.顺治通宝（M71:3-1、M71:3-2）
5～7.康熙通宝（M71:4-1、M71:4-2、M71:4-3）

顺治通宝　6枚。大平钱，圆形，方穿，正背面郭缘较宽，正面楷书"顺治通寶"四字，对读。标本M71∶3-1，背穿左右为满文"宝泉"局名。钱径2.77、穿径0.58、郭厚0.12厘米（图一五二，3）。标本M71∶3-2，背穿左为满文"东"字，右为楷书"東"字，为山东省局名。钱径2.68、穿径0.55、郭厚0.11厘米（图一五二，4）。

康熙通宝　30枚。大平钱，圆形，方穿，正背面郭缘较宽，正面楷书"康熙通寶"四字，对读。标本M71∶4-1，背穿左右为满文"宝泉"局名。钱径2.86、穿径0.52、郭厚0.14厘米（图一五二，5）。标本M71∶4-2，背穿左右为满文"宝源"局名。钱径2.76、穿径0.62、郭厚0.12厘米（图一五二，6）。标本M71∶4-3，背穿左为满文"临"字，右为楷书"臨"字，为山东省临清局名。钱径2.72、穿径0.52、郭厚0.12厘米（图一五二，7）。

七十二、M72

1. 墓葬形制

该墓位于发掘Ⅰ区东北部，北邻M73。开口于第2层下，东北—西南向，方向48°。

墓平面呈梯形，竖穴土圹单棺墓。墓口距地表深0.5米，墓底距地表深1.1米。墓圹东西长2.4、南北宽0.82~0.92、深0.6米。内填花土，土质较松。内置单棺，棺木已朽，棺痕长1.8、宽0.48~0.54、残高0.12米。骨架保存稍好，头向东北，面向上，仰身直肢，为男性（图一五三；图版一二，2）。

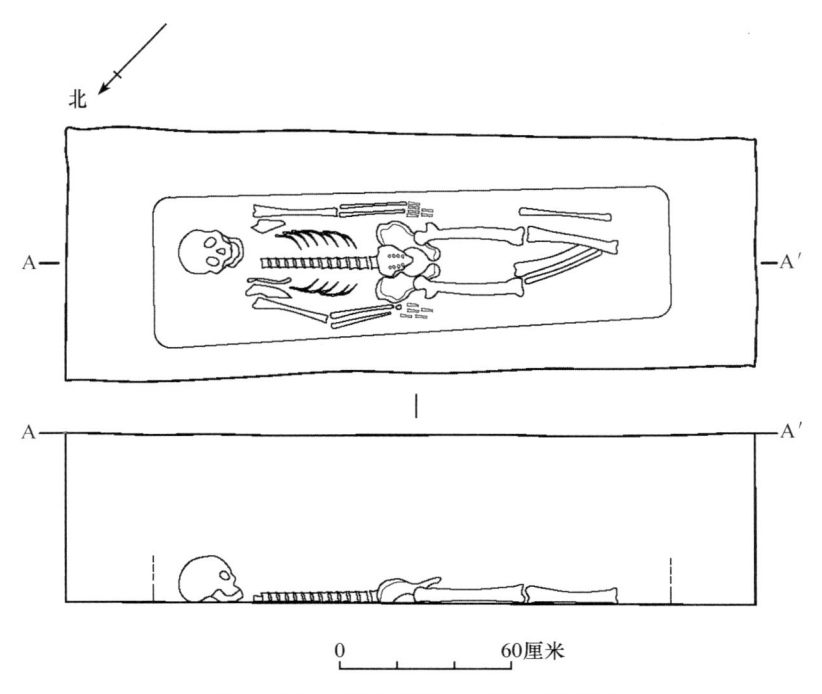

图一五三　采育西组团M72平、剖面图

2. 随葬品

未发现随葬品。

七十三、M73

1. 墓葬形制

该墓位于发掘Ⅰ区东北部，南邻M72。开口于第2层下，东北—西南向，方向52°。

墓平面呈梯形，竖穴土圹双棺合葬墓。墓口距地表深0.5米，墓底距地表深1.2米。墓圹东西长2.4、南北宽1.7～1.8、深0.7米。内填花土，土质较松。内置双棺，棺木已朽。北棺痕长1.8、宽0.55～0.6、残高0.2米；骨架保存稍好，头向东北，面向上，仰身直肢，为女性。南棺痕长1.75、宽0.48～0.64、残高0.16米；骨架保存稍好，头向东，面向上，仰身直肢，为男性。（图一五四；图版一二，3）。

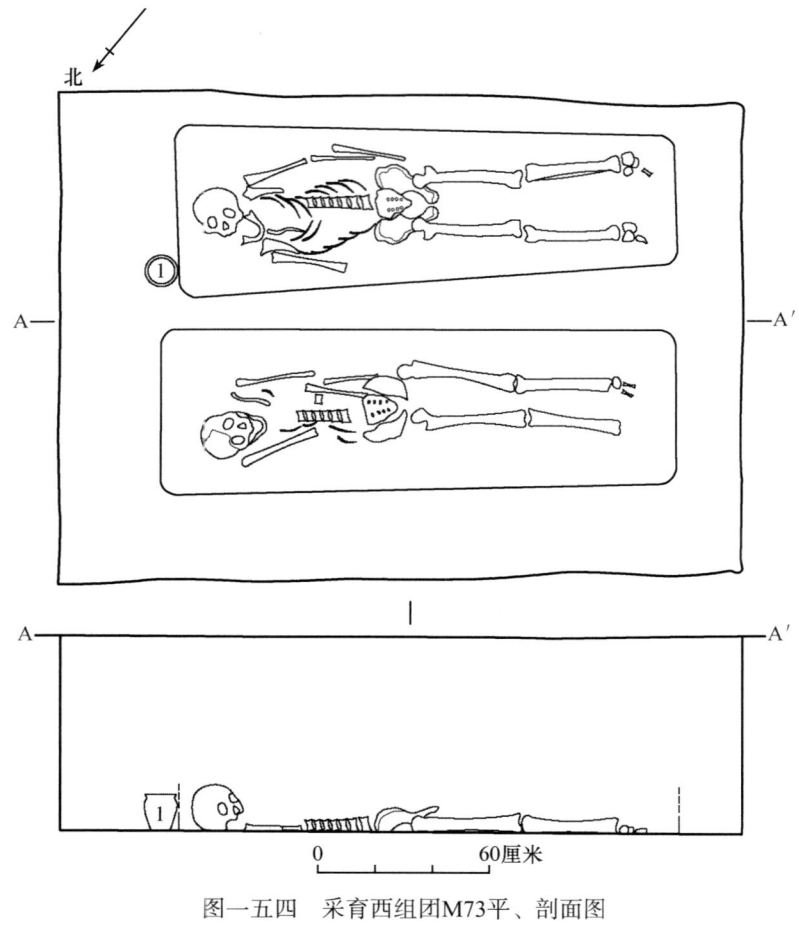

图一五四　采育西组团M73平、剖面图
1. 陶罐

2. 随葬品

南棺外右前方出土陶罐1件。

陶罐　1件。M73∶1，泥质红陶。侈口，平沿，尖圆唇，束颈，溜肩，斜弧腹，平底内凹。轮制，通体遗有轮旋痕。口径10.6、腹径11.4、底径6.8、高12.8厘米（图一五五；图版一六，2）。

七十四、M74

1. 墓葬形制

该墓位于发掘Ⅰ区东北部，南邻M73。开口于第2层下，东北—西南向，方向52°。

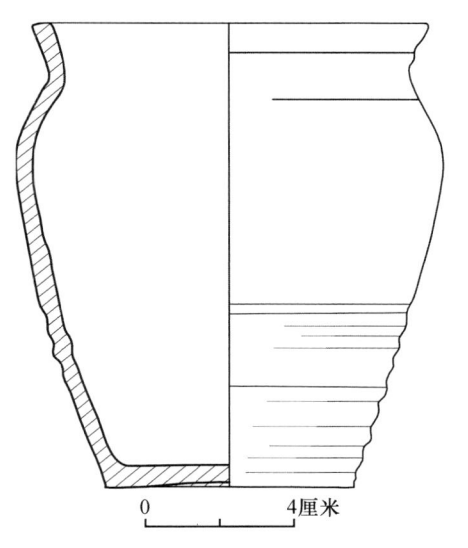

图一五五　采育西组团M73出土陶罐（M73∶1）

墓平面呈梯形，竖穴土圹单棺墓。墓口距地表深0.4米，墓底距地表深0.83米。墓圹东西长2.24、南北宽0.7~0.72、深0.43米。内填花土，土质较松。内置单棺，棺木已朽，棺痕长1.82、宽0.4~0.46、残高0.13米。骨架保存较差，头向东，面向北，仰身直肢，为男性（图一五六）。

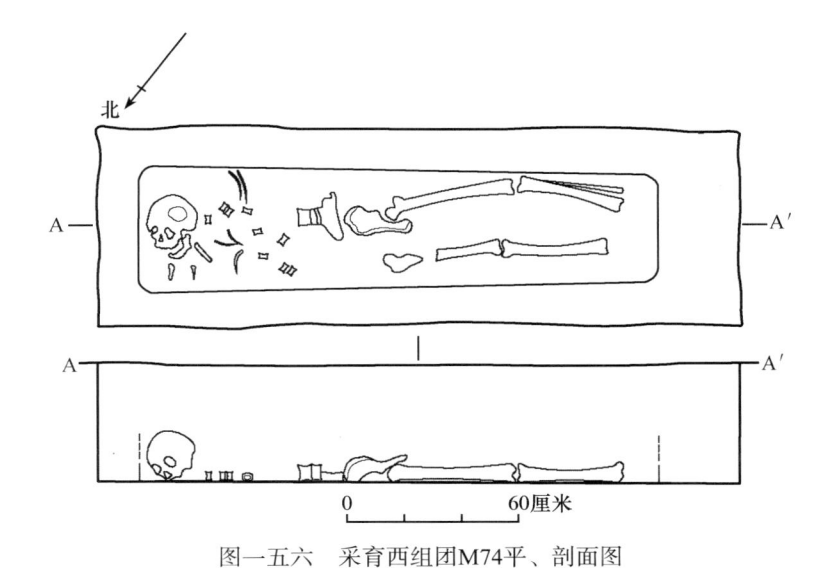

图一五六　采育西组团M74平、剖面图

2. 随葬品

未发现随葬品。

七十五、M75

1. 墓葬形制

该墓位于发掘Ⅰ区西部，东南邻M60。开口于第2层下，东西向，方向270°。

墓平面呈长方形，竖穴土圹双棺合葬墓。墓口距地表深0.4米，墓底距地表深0.95米。墓圹东西长2.56、南北宽1.96、深0.55米。内填花土，土质较松。内置双棺，棺木已朽。北棺长1.92、宽0.46～0.7、残高0.15米，棺板厚0.04～0.08米；骨架保存较差，头向北，面向上，仰身直肢，为男性。南棺长2.04、宽0.52～0.64、残高0.15米，棺板厚0.06～0.08米；骨架保存稍差，头向西北，面向西南，仰身直肢，为女性（图一五七）。

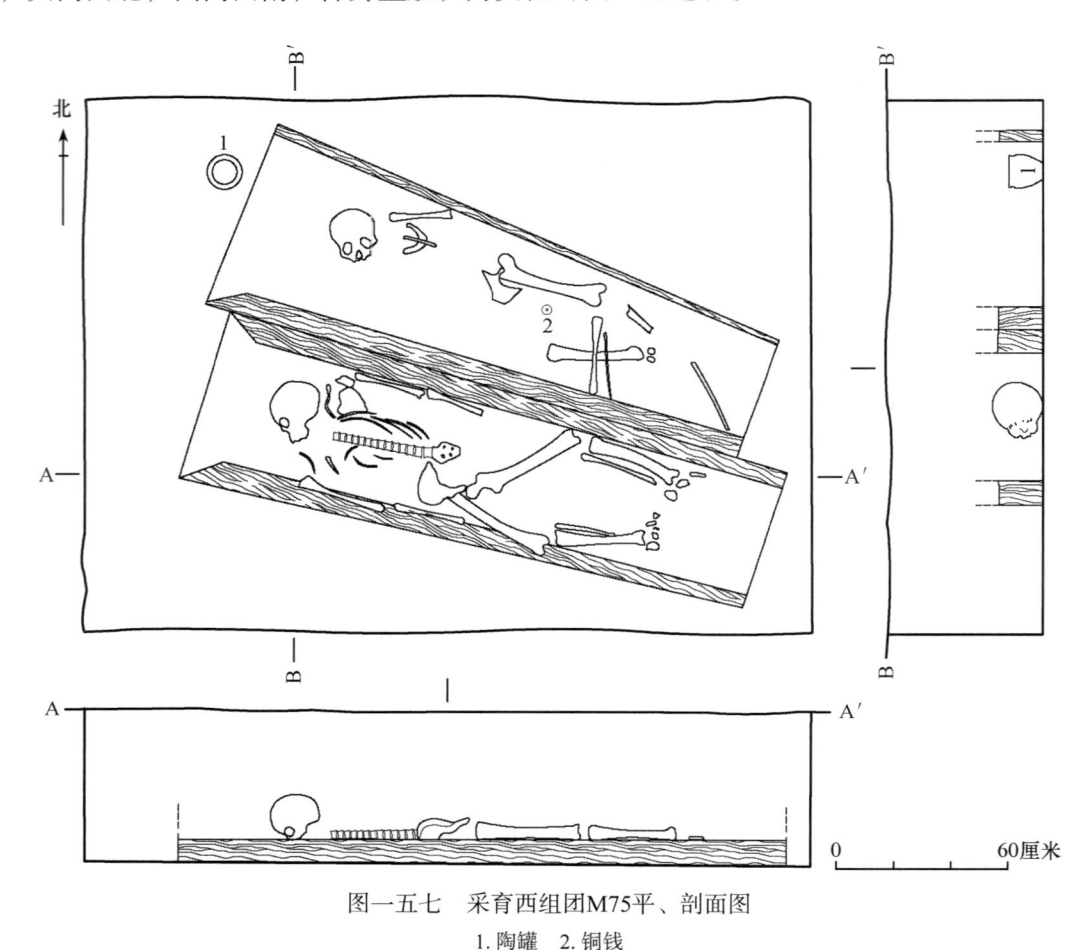

图一五七　采育西组团M75平、剖面图
1. 陶罐　2. 铜钱

2. 随葬品

北棺外左前方出土陶罐1件，棺内左下肢骨上方出土铜钱1枚。

陶罐　1件。M75：1，泥质红陶。侈口，圆唇，束颈，弧腹，小平底。轮制，通体遗有轮旋痕。口径10.8、腹径11.3、底径5.4、高11厘米（图一五八，1；图版一六，4）。

康熙通宝　1枚。M75：2，大平钱，圆形，方穿，正背面郭缘较宽，正面楷书"康熙通寶"四字，对读，背穿左右为满文"宝泉"局名。钱径2.81、穿径0.55、郭厚0.08厘米（图一五八，2）。

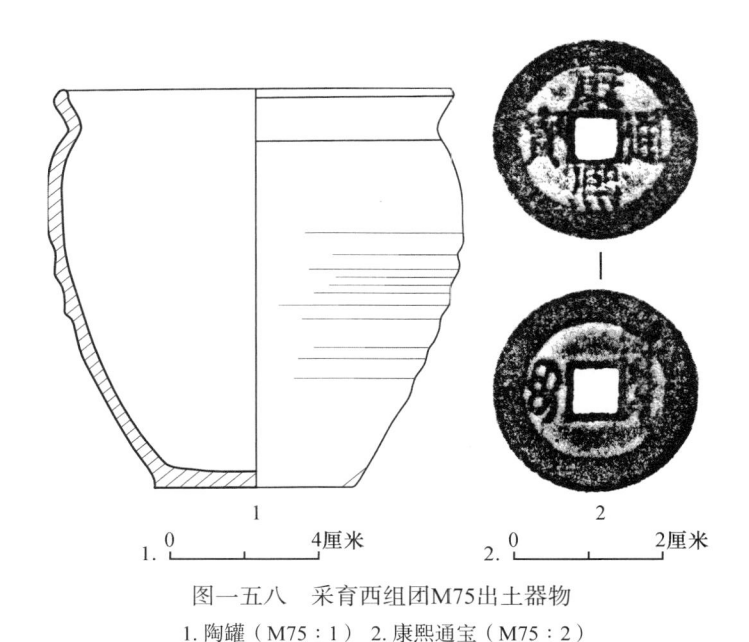

图一五八　采育西组团M75出土器物
1. 陶罐（M75：1）　2. 康熙通宝（M75：2）

七十六、M76

1. 墓葬形制

该墓位于发掘Ⅰ区东北部，北邻M77。开口于第2层下，南北向，方向3°。

墓平面呈梯形，竖穴土圹双棺合葬墓。墓口距地表深0.5米，墓底距地表深0.74~0.9米。墓圹南北长2.28、东西宽1.8~2.1、深0.24~0.4米。内填花土，土质较松。内置双棺，棺木已朽。东棺痕长1.8、宽0.46~0.58、残高0.25米；骨架保存较差，头向西，面向南，仰身直肢，为男性。西棺痕长1.9、宽0.56~0.74、残高0.08米；骨架保存较差，头向东北，面向西北，仰身直肢，为女性（图一五九）。

2. 随葬品

东棺内左上肢骨下方出土铜钱3枚、铜币11枚。

光绪通宝　2枚。标本M76：1-1，小平钱，圆形，方穿，正背面郭缘较宽，正面楷书"光緒通寶"四字，对读，背穿左右为满文"宝泉"局名。钱径2.22、穿径0.48、郭厚0.14厘米（图一六〇，1）。

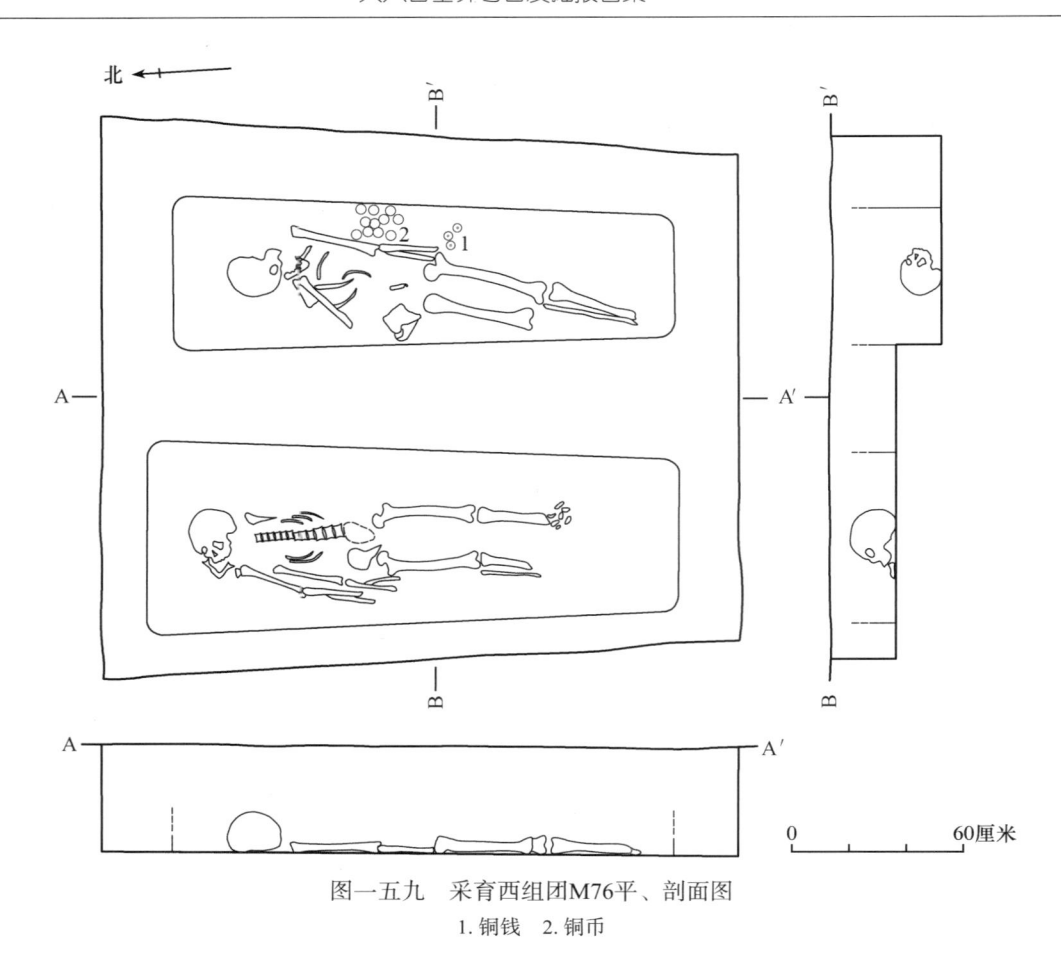

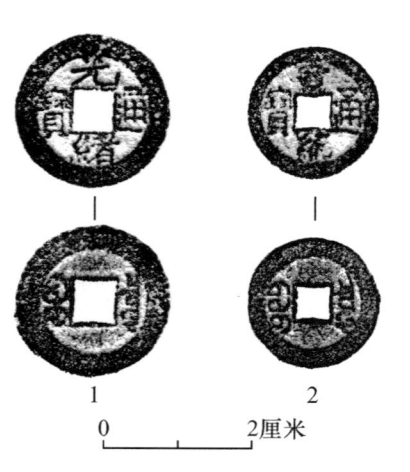

图一五九　采育西组团M76平、剖面图
1. 铜钱　2. 铜币

图一六〇　采育西组团M76出土铜钱
（拓片）
1. 光绪通宝（M76：1-1）　2. 宣统通宝
（M76：1-2）

宣统通宝　1枚。M76：1-2，小平钱，圆形，方穿，正背面郭缘略宽，正面楷书"宣統通寶"四字，对读，背穿左右为满文"宝泉"局名。钱径1.88、穿径0.36、郭厚0.1厘米（图一六〇，2）。

铜币　11枚。标本M76：2-1，大平钱，圆形，正背面郭缘较窄，正面楷书"光緒元寶"四字，对读。背面铸蟠龙戏火珠。钱径3.22、郭厚0.13厘米。

七十七、M77

1. 墓葬形制

该墓位于发掘Ⅰ区东北部，南邻M76。开口于第2层下，南北向，方向15°。

墓平面呈梯形，竖穴土圹双棺合葬墓。墓口距地表深0.5米，墓底距地表深1.26～1.36米。墓圹南北长2.4、东西宽1.64～1.72、深0.76～0.86米。内填花土，土质较松。内置双棺，棺木已朽。东棺长1.96、宽0.54～0.7、残高0.18米，棺板厚0.06～0.08米，前封板厚0.1米；骨架保存稍差，头向东北，面向东南，仰身直肢，为男性。西棺痕长1.7、宽0.5～0.58、残高0.08米；骨架保存较差，头向东北，面向下，仰身直肢，为女性（图一六一；图版一三，1）。

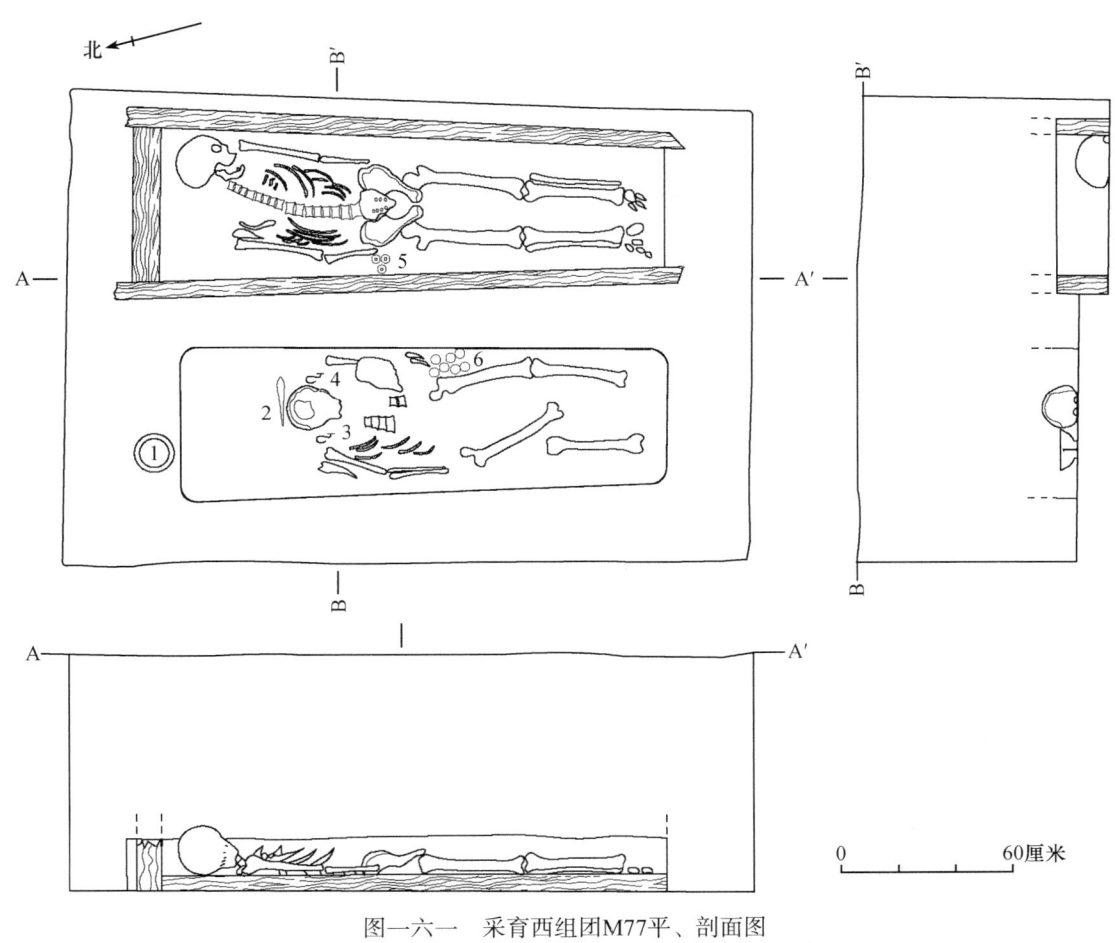

图一六一　采育西组团M77平、剖面图
1. 瓷碗　2. 银押发　3、4. 银耳环　5. 铜钱　6. 铜币

2. 随葬品

东棺内右上肢骨下方出土铜钱3枚；西棺外右前方出土瓷碗1件，棺内头骨上方出土银押发1件，头骨两侧出土银耳环各1件，左下肢骨上方出土铜币7枚。

瓷碗　1件。M77∶1，敞口，尖圆唇，浅弧腹，内底涩圈，圈足。器体施浅蓝釉，圈足内侧无釉。口沿内侧饰两周弦纹，外口沿饰一周弦纹，外腹部饰三组葵纹。轮制，通体遗有轮旋痕。口径14、底径5.6、高5.5厘米（图一六二，1；图版二二，6）。

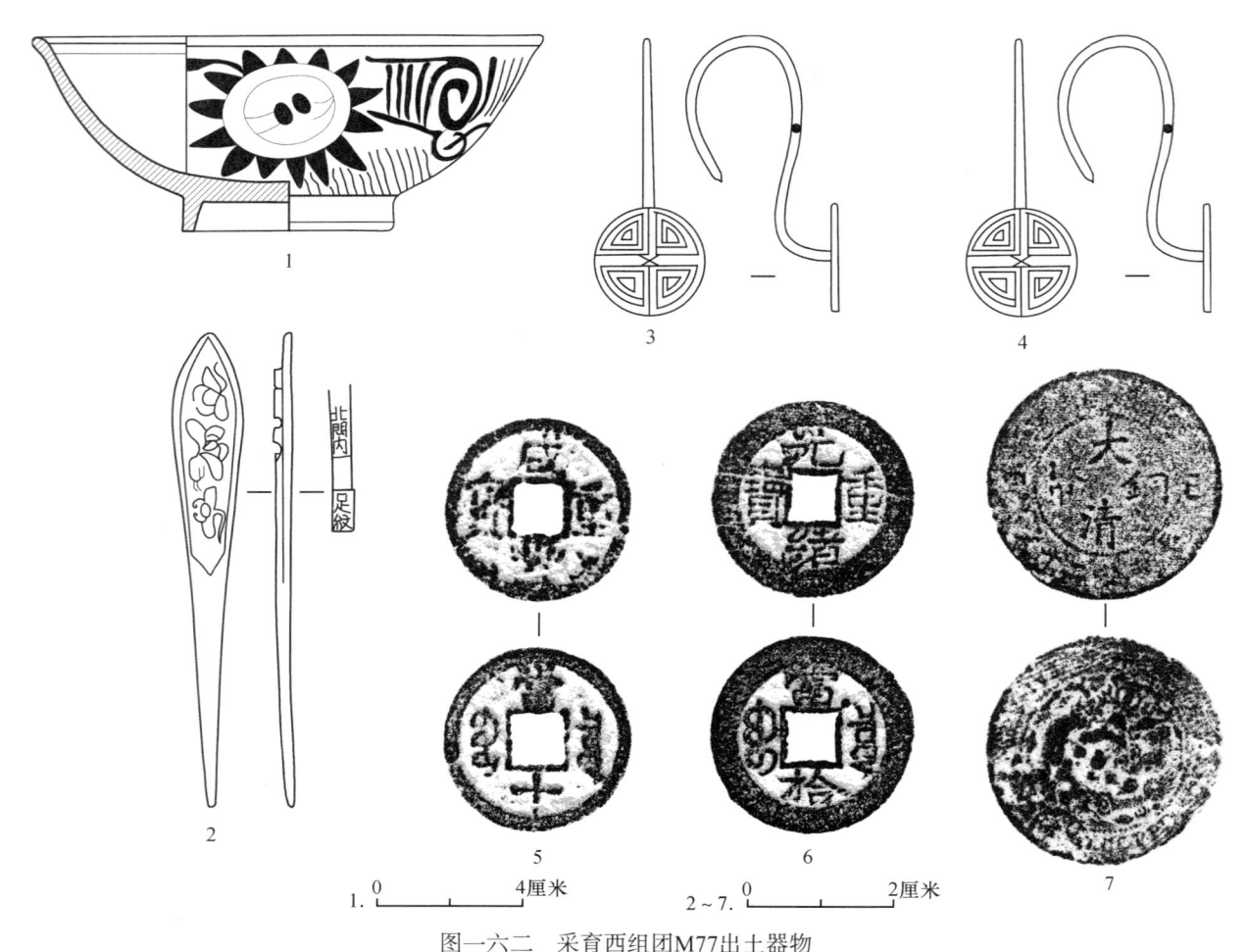

图一六二 采育西组团M77出土器物

1. 瓷碗（M77：1） 2. 银押发（M77：2） 3、4. 银耳环（M77：3、M77：4） 5. 咸丰重宝（M77：5-1）
6. 光绪重宝（M77：5-2） 7. 铜币（M77：6-1）

银押发　1件。M77：2，首呈柳叶状，正面錾刻牡丹纹，下端呈圆柱锥状。背面竖款楷书"北门内"和"足纹"五字。长6.7厘米（图一六二，2；图版三〇，3）。

银耳环　2件。形制相同。M77：3、M77：4，呈"S"形，一端圆钩状，一端圆饼形，上面錾刻圆形篆书"寿"字，两端焊接而成。高3.9厘米（图一六二，3、4；图版三〇，2）。

铜钱　3枚。有咸丰重宝、光绪重宝。

咸丰重宝　1枚。M77：5-1，平钱，圆形，方穿，正背面郭缘较窄，正面楷书"咸豐重寶"四字，对读，背穿上下楷书"當十"二字，左右为满文"宝泉"局名。钱径2.65、穿径0.65、郭厚0.16厘米（图一六二，5）。

光绪重宝　2枚。标本M77：5-2，大平钱，圆形，方穿，正背面郭缘较宽，正面楷书"光緒重寶"四字，对读，背穿上下楷书"當拾"二字，左右为满文"宝泉"局名。钱径2.88、穿径0.52、郭厚0.17厘米（图一六二，6）。

铜币　7枚。标本M77：6-1，大平钱，圆形，正背面郭缘较窄，正面楷书"大清銅幣"四字，对读，齿缘左右楷书"己酉"二字。背面铸蟠龙戏火珠。钱径3.28、郭厚0.12厘米（图一六二，7）。

七十八、M78

1. 墓葬形制

该墓位于发掘Ⅰ区北部，东邻M79。开口于第2层下，南北向，方向0°。

墓平面呈长方形，竖穴土圹单棺墓。墓口距地表深0.4米，墓底距地表深0.64米。墓圹南北长2.48、东西宽1.62、深0.24米。内填花土，土质较松。内置单棺，棺木已朽，棺痕长1.96、宽0.74～0.83、残高0.05米。骨架保存较差，头向东北，面向不明，仰身直肢，为男性（图一六三）。

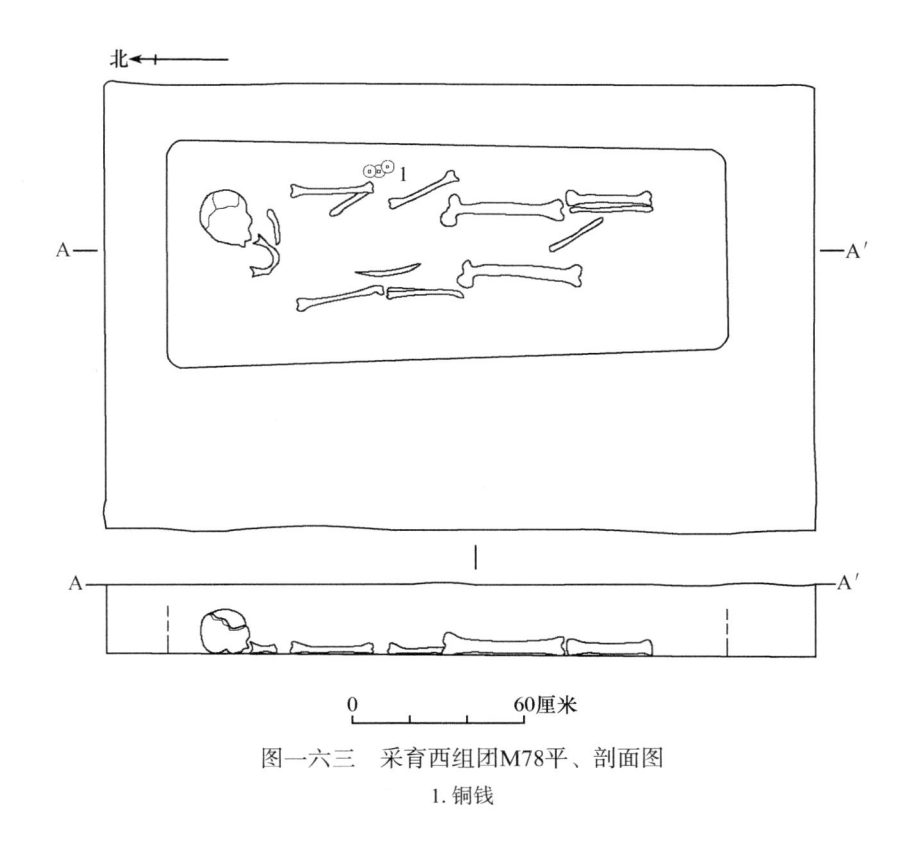

图一六三　采育西组团M78平、剖面图
1. 铜钱

2. 随葬品

棺内左上肢骨下方出土铜钱3枚，有顺治通宝、康熙通宝。

顺治通宝　2枚。标本M78：1-1，大平钱，圆形，方穿，正背面郭缘较宽，正面楷书"順治通寶"四字，对读，背穿左右为满文"宝泉"局名。钱径2.75、穿径0.62、郭厚0.11厘

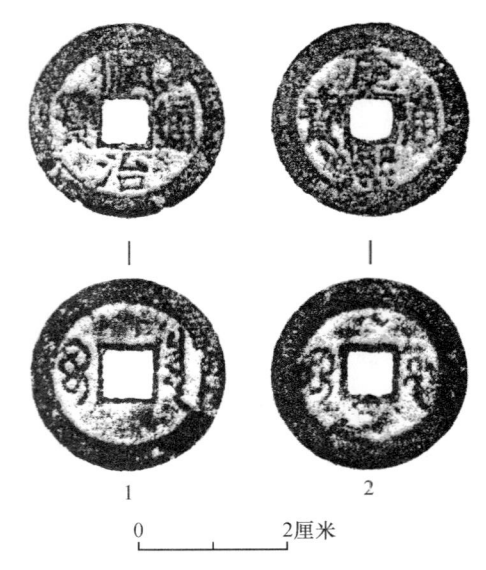

米（图一六四，1）。

康熙通宝　1枚。M78：1-2，大平钱，圆形，方穿，正背面郭缘较宽，正面楷书"康熙通寶"四字，对读，背穿左右为满文"宝源"局名。钱径2.76、穿径0.55、郭厚0.11厘米（图一六四，2）。

七十九、M79

1. 墓葬形制

该墓位于发掘Ⅰ区北部，西邻M78。开口于第2层下，南北向，方向357°。

墓平面呈长方形，竖穴土圹单棺墓。墓口距地表深0.4米，墓底距地表深0.68米。墓圹南北长2.54、东西宽1.2、深0.28米。内填花土，土质较松。内置单棺，棺木已朽，棺痕长2、宽0.52～0.7、残高0.1米。骨架保存较差，头向北，面向、葬式、性别不明（图一六五）。

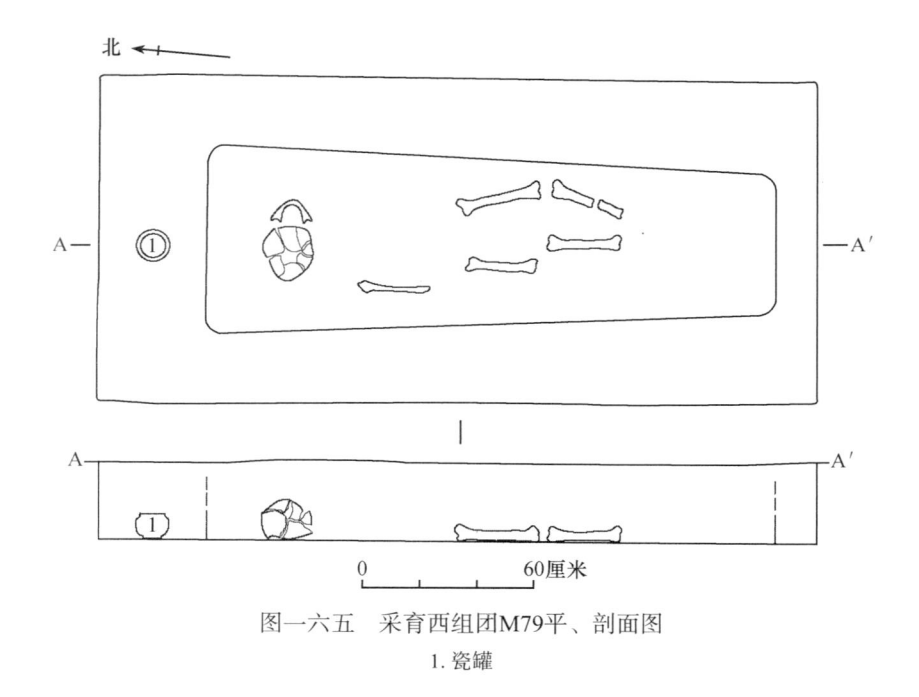

图一六四　采育西组团M78出土铜钱（拓片）
1. 顺治通宝（M78：1-1）　2. 康熙通宝（M78：1-2）

图一六五　采育西组团M79平、剖面图
1. 瓷罐

2. 随葬品

棺外前方出土瓷罐1件。

瓷罐　1件。M79：1，侈口，尖圆唇，直颈，斜折肩，圆鼓腹，矮圈足。上腹部及口沿内侧施黑色釉，内壁施酱黄色釉，外下腹及圈足无釉，露黄褐色胎，胎质较粗。轮制，通体遗有轮旋痕。口径10、腹径13.2、底径7、高9.4厘米（图一六六；图版二三，1）。

八十、M80

1. 墓葬形制

该墓位于发掘Ⅰ区北部，西邻M79。开口于第2层下，南北向，方向357°。

墓平面呈不规则形，竖穴土圹双棺合葬墓。墓口距地表深0.4米，墓底距地表深0.8～1.05米。墓圹南北长2.5～2.8、东西宽2、深0.4～0.65米。

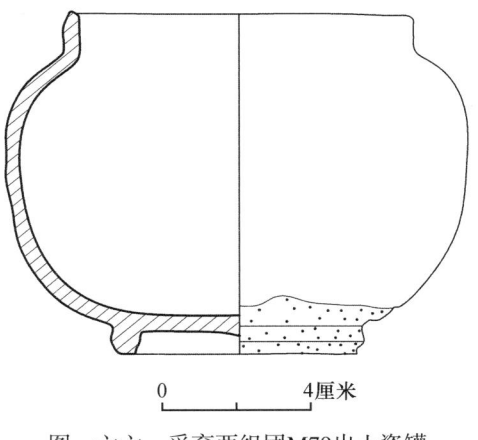

图一六六　采育西组团M79出土瓷罐（M79：1）

图一六七　采育西组团M80平、剖面图
1. 陶罐　2. 瓷罐　3. 铜钱

内填花土，土质较松。内置双棺，棺木已朽。东棺长1.95、宽0.56~0.78、残高0.1米，棺板厚0.05米；骨架保存较差，头向北，面向上，侧身屈肢，为男性。西棺长2.15、宽0.7~0.76、残高0.16米，棺板厚0.05米；骨架保存稍差，头向北，面向上，仰身直肢，为女性（图一六七；图版一三，2）。

2. 随葬品

东棺外左前方出土瓷罐1件，棺内右上肢骨上方及左下肢骨上方、右下肢骨下方出土铜钱25枚；西棺外前方出土陶罐1件。

陶罐　1件。M80：1，泥质灰陶。侈口，圆唇，直颈，溜肩，弧腹，平底。颈肩部置对称双系，均残。轮制，通体遗有轮旋痕。口径12、腹径13.8、底径10.6、高9.6厘米（图一六八，1；图版一六，5）。

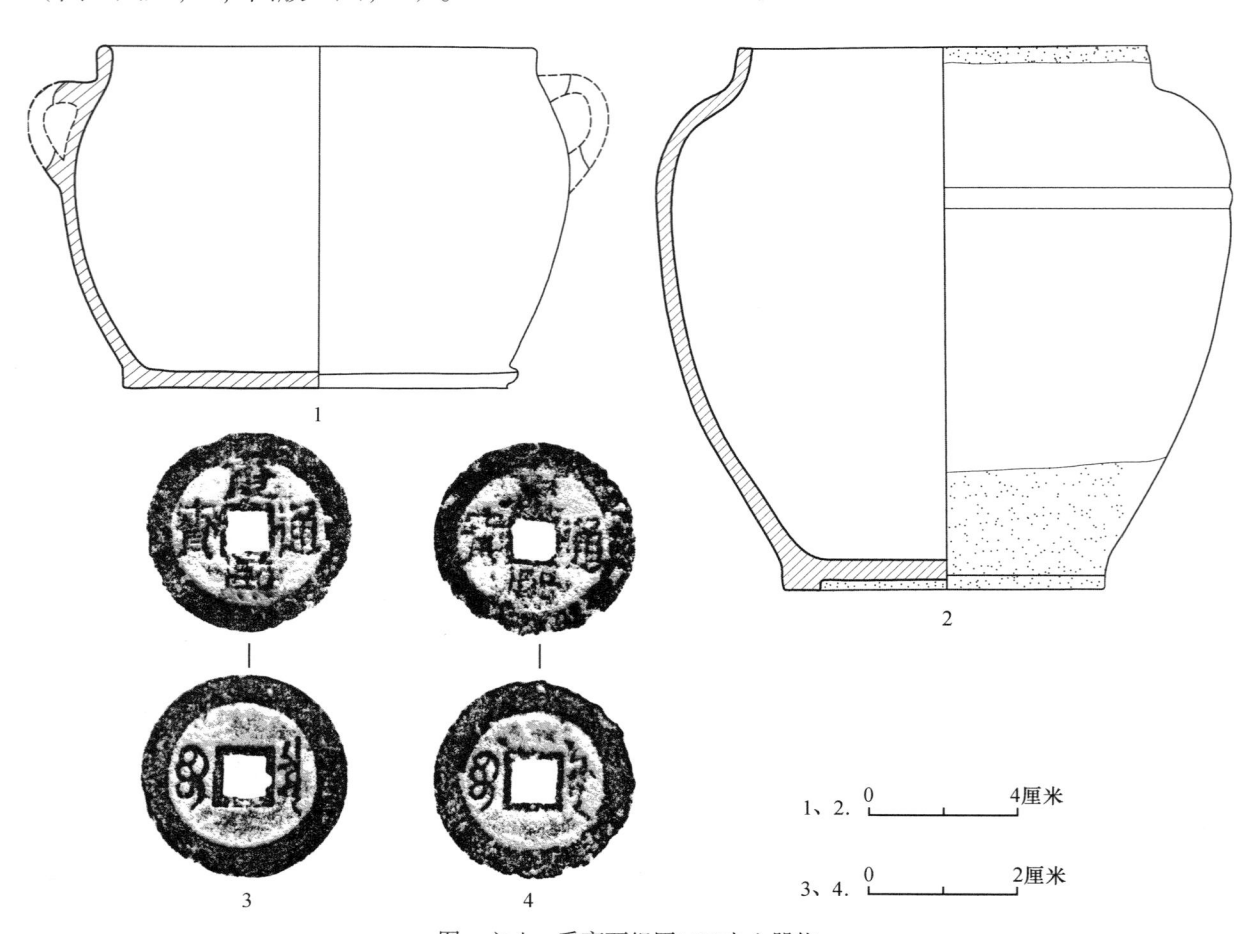

图一六八　采育西组团M80出土器物
1. 陶罐（M80：1）　2. 瓷罐（M80：2）　3、4. 康熙通宝（M80：3-1、M80：3-2）

瓷罐　1件。M80：2，敛口，圆唇，矮颈，圆肩，弧腹，矮圈足。器体内外施黑色釉，口沿、下腹及圈足无釉。上腹部饰一周凹弦纹。轮制，通体遗有轮旋痕。口径11.4、腹径15.8、底径8.8、高15.2厘米（图一六八，2；图版二三，2）。

康熙通宝　25枚。大平钱，圆形，方穿，正背面郭缘较宽，正面楷书"康熙通寶"四字，对读。标本M80:3-1，背穿左右为满文"宝泉"局名。钱径2.83、穿径0.51、郭厚0.13厘米（图一六八，3）。标本M80:3-2，背穿左右为满文"宝源"局名。钱径2.78、穿径0.56、郭厚0.11厘米（图一六八，4）。

第三章　黄村双高花园墓葬

一、M1

1. 墓葬形制

该墓位于发掘区西南部，北邻M2。开口于第2层下，西北—东南向，方向320°。

墓平面呈不规则形，竖穴土圹双棺合葬墓。墓口距地表深0.7米，墓底距地表深1.2～1.36米。墓圹南北长2.2～2.34、东西宽1.7～1.8、深0.5～0.66米。内填花土，土质较松。内置双棺，棺木已朽。东棺痕长1.8、宽0.52～0.6、残高0.12米；骨架保存较好，头向西北，面向东北，仰身直肢，为男性。西棺痕长1.62、宽0.42～0.58、残高0.12米；骨架保存较差，头向西北，面向西南，侧身屈肢，为女性（图一六九；图版三四，1）。

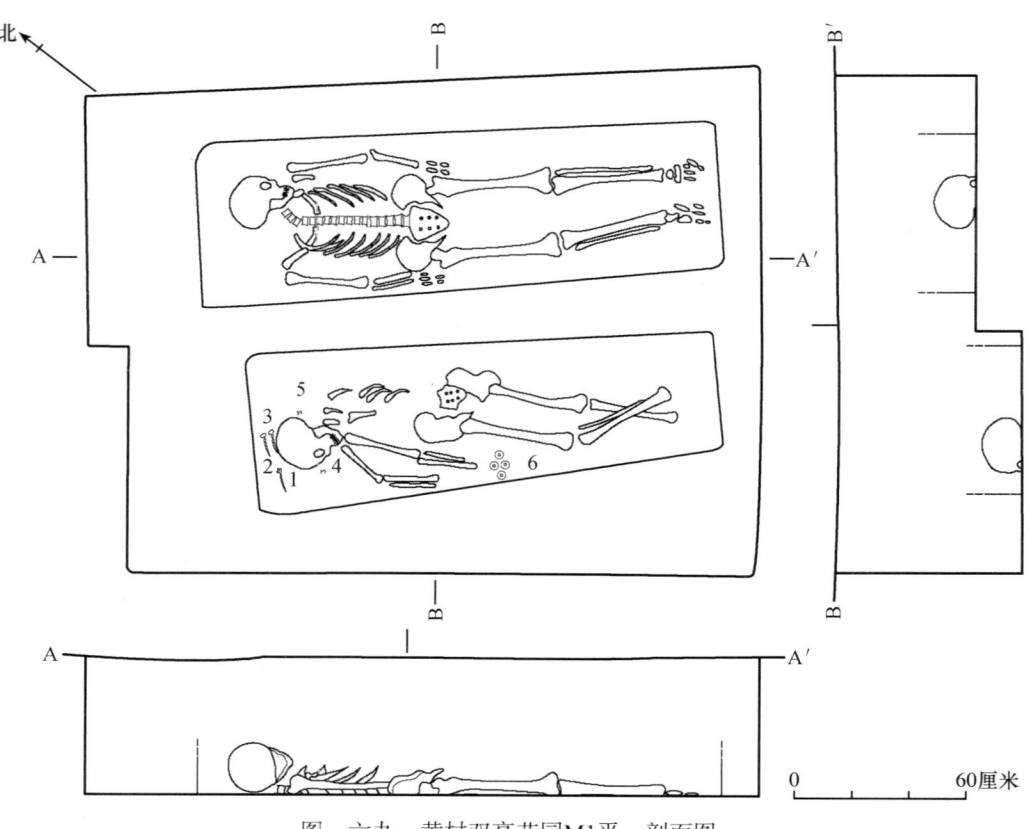

图一六九　黄村双高花园M1平、剖面图

1～3.银簪　4、5.银耳环　6.铜钱

2. 随葬品

西棺内头骨上方出土银簪3件，头骨两侧出土银耳环各1件，右上肢骨下方出土铜钱4枚。

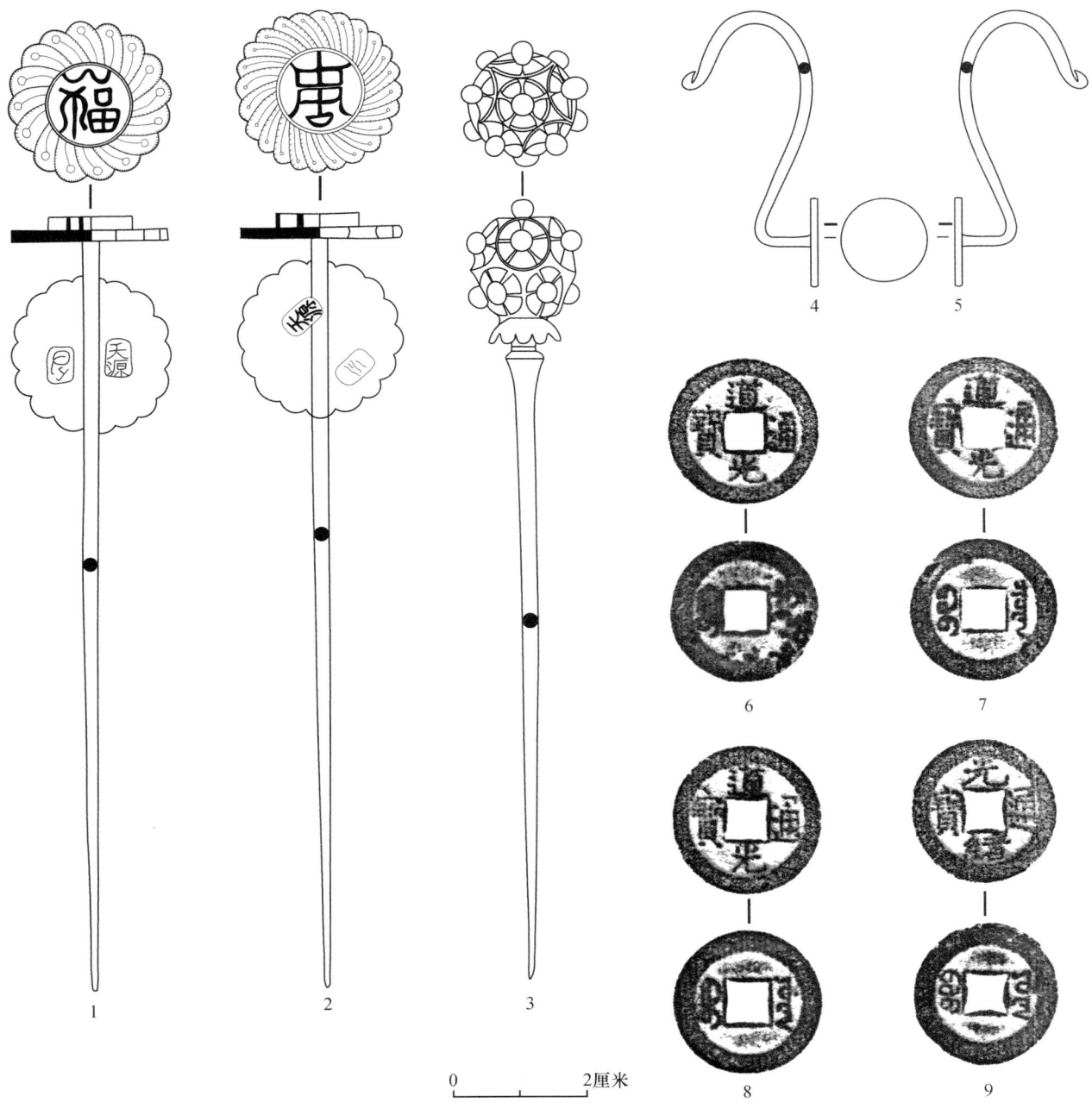

图一七〇　黄村双高花园M1出土器物

1~3.银簪（M1:1、M1:2、M1:3）　4、5.银耳环（M1:4、M1:5）　6~8.道光通宝（M1:6-1、M1:6-2、M1:6-3）
9.光绪通宝（M1:6-4）

银簪　3件。M1：1，簪首圆形呈花瓣状，中部凸起呈圆环形，内焊接掐丝"福"字，背面錾刻四字款"天源"二字，另两字字迹不明，簪体呈圆柱锥形。长12厘米（图一七〇，1；图版四四，1）。M1：2，簪首圆形呈花瓣状，中部凸起呈圆环形，内焊接掐丝"寿"字，簪体呈圆柱锥形。长12厘米（图一七〇，2；图版四四，2）。M1：3，簪首呈镂空花球状，簪体呈圆柱锥形。长12.1厘米（图一七〇，3；图版四四，3）。

银耳环　2件。形制相同。M1：4，呈"S"形，一端圆钩状，一端圆饼形，两端焊接而成。通高4.2厘米（图一七〇，4；图版四四，4）。M1：5，呈"S"形，一端圆钩状，一端残。通高4.2厘米（图一七，5；图版四四，5）。

铜钱　4枚。有道光通宝、光绪通宝。

道光通宝　3枚。平钱，圆形，方穿，正背面郭缘略宽，正面楷书"道光通寶"四字，对读。M1：6-1，背穿左右为满文"宝泉"局名。钱径2.33、穿径0.56、郭厚0.14厘米（图一七〇，6；图版五〇，1）。M1：6-2，背穿左右为满文"宝泉"局名。钱径2.32、穿径0.58、郭厚0.15厘米（图一七〇，7；图版五〇，1）。M1：6-3，背穿左右为满文"宝源"局名。钱径2.32、穿径0.52、郭厚0.15厘米（图一七〇，8；图版五〇，1）。

光绪通宝　1枚。M1：6-4，平钱，圆形，方穿，正背面郭缘略宽，正面楷书"光緒通寶"四字，对读，背穿左右为满文"宝源"局名。钱径2.24、穿径0.46、郭厚0.13厘米（图一七〇，9；图版五〇，1）。

二、M2

1. 墓葬形制

该墓位于发掘区西南部，南邻M1。开口于第2层下，南北向，方向357°。

墓平面呈长方形，竖穴土圹双棺合葬墓。墓口距地表深0.7米，墓底距地表深1.2～1.3米。墓圹南北长2.4、东西宽1.6、深0.5～0.6米。内填花土，土质较松。内置双棺，棺木已朽。东棺痕长2.06、宽0.58～0.74、残高0.1米；骨架保存较好，头向北，面向东，仰身直肢，为男性。西棺痕长1.8、宽0.56～0.58、残高0.1米；骨架保存较差，头向西南，面向西北，仰身直肢，为女性（图一七一；图版三四，2）。

2. 随葬品

西棺内头骨上方出土银簪2件。

银簪　2件。形制相同。M2：1、M2：2，簪首呈镂空圆形梅花瓣状，簪体呈圆柱锥形。长8.2厘米（图一七二，1、2；图版四四，6；图版四五，1）。

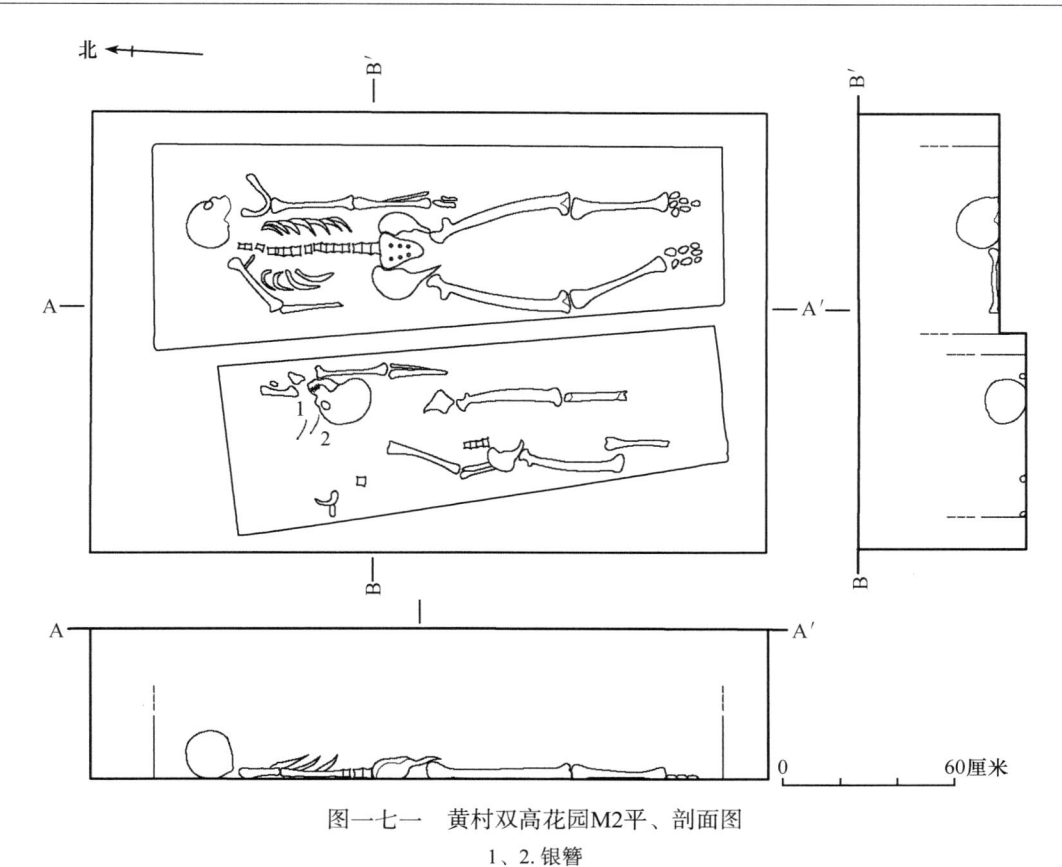

图一七一 黄村双高花园M2平、剖面图
1、2. 银簪

三、M3

1. 墓葬形制

该墓位于发掘区西南部，南邻M2。开口于第2层下，南北向，方向350°。

墓平面呈长方形，竖穴土圹单棺墓。墓口距地表深0.7米，墓底距地表深1.5米。墓圹南北长2.2、东西宽0.88、深0.8米。内填花土，土质较松。内置单棺，棺木已朽，棺痕长1.8、宽0.48、残高0.1米。骨架保存稍好，头向北，面向西，侧身屈肢，为男性（图一七三；图版三五，1）。

2. 随葬品

未发现随葬品。

图一七二 黄村双高花园M2出土银簪
1. M2∶1 2. M2∶2

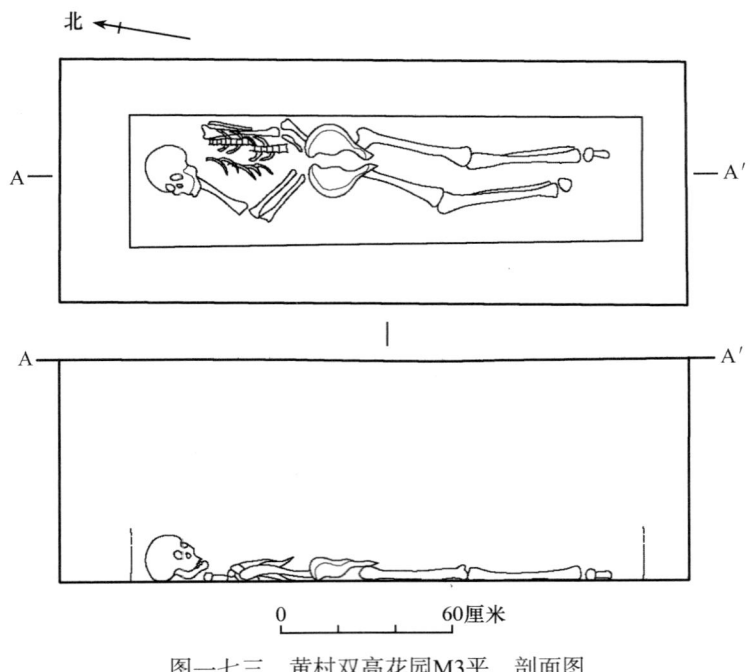

图一七三　黄村双高花园M3平、剖面图

四、M4

1. 墓葬形制

该墓位于发掘区西南部，东邻M19。开口于第2层下，东北—西南向，方向32°。

墓平面呈梯形，竖穴土圹双棺合葬墓。墓口距地表深0.7米，墓底距地表深1.2米。墓圹南北长2.68、东西宽1.7～1.8、深0.5米。内填花土，土质较松。内置双棺，棺木已朽。东棺痕长1.84、宽0.5～0.6、残高0.1米；骨架保存较差，头向北，面向东，仰身直肢，为男性。西棺痕长1.8、宽0.53～0.64、残高0.1米；骨架保存较差，头向东北，面向不明，仰身直肢，为女性（图一七四；图版三五，2）。

2. 随葬品

东棺内左上肢骨下方出土铜钱1枚；西棺内下肢骨下方出土铜钱2枚。

光绪通宝　2枚。标本M4：1-1，小平钱，圆形，方穿，正背面郭缘较窄，正面楷书"光绪通寶"四字，对读，背穿左右为满文"宝泉"局名。钱径2、穿径0.47、郭厚0.1厘米（图一七五，1）。

宣统通宝　1枚。M4：2，小平钱，圆形，方穿，正背面郭缘较窄，正面楷书"宣统通寶"四字，对读，背穿左右为满文"宝泉"局名。钱径1.93、穿径0.38、郭厚0.1厘米（图一七五，2）。

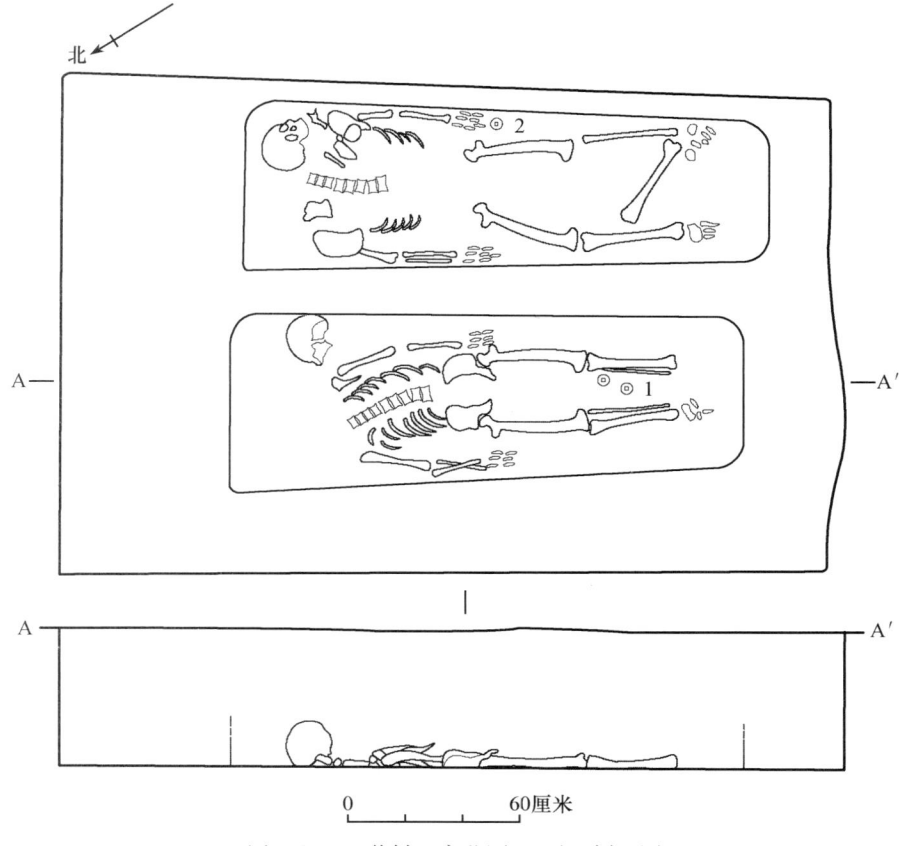

图一七四　黄村双高花园M4平、剖面图
1、2. 铜钱

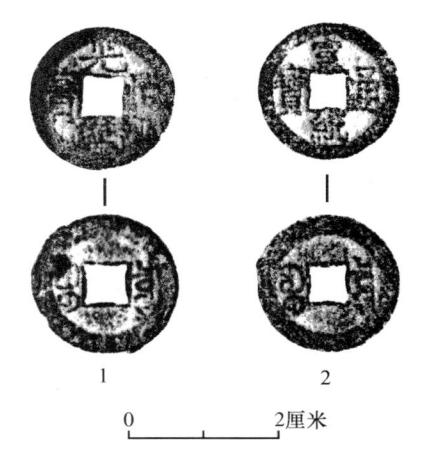

图一七五　黄村双高花园M4出土铜钱（拓片）
1. 光绪通宝（M4：1-1）　2. 宣统通宝（M4：2）

五、M5

1. 墓葬形制

该墓位于发掘区西南部，北邻M4。开口于第2层下，南北向，方向340°。

墓平面呈梯形，竖穴土圹双棺合葬墓。墓口距地表深0.7米，墓底距地表深1.16米。墓圹南北长2.5、东西宽1.6~1.68、深0.46米。内填花土，土质较松。内置双棺，棺木已朽。东棺痕长1.84、宽0.5~0.6、残高0.12米；骨架保存较差，头向北，面向上，仰身直肢，为男性。西棺痕长1.74、宽0.44~0.5、残高0.08米；骨架保存较差，头向北，面向上，仰身直肢，为女性（图一七六；图版三六，1）。

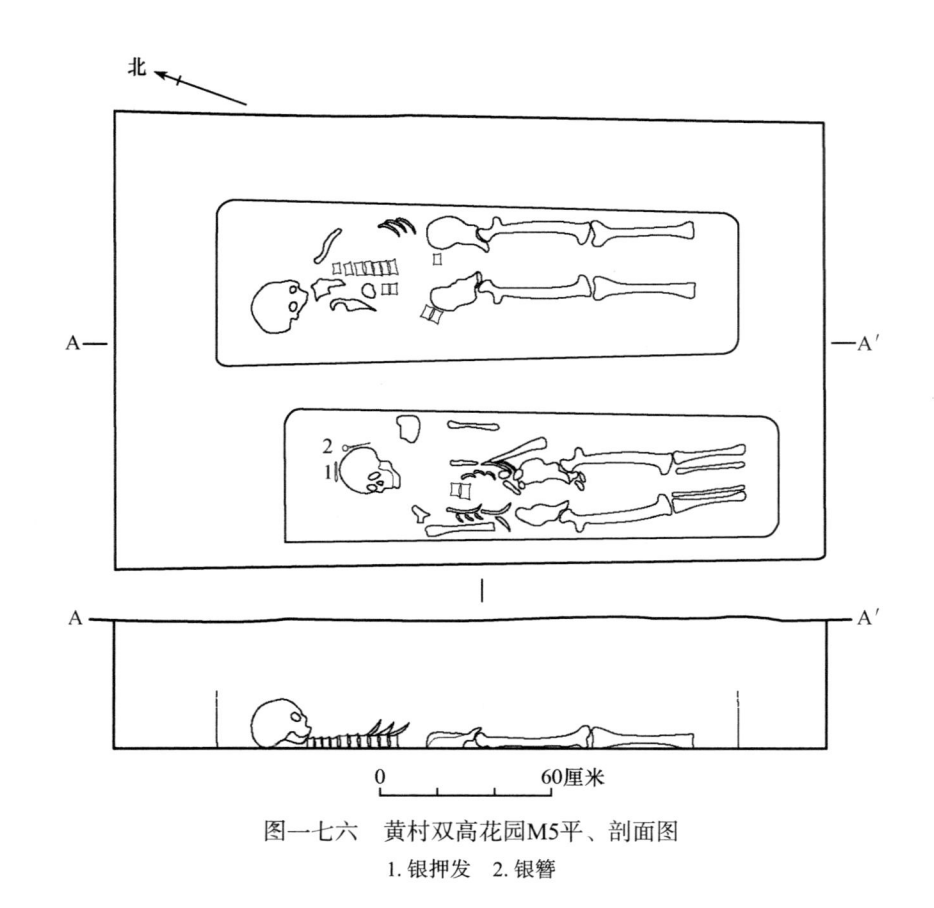

图一七六　黄村双高花园M5平、剖面图
1. 银押发　2. 银簪

2. 随葬品

西棺内头骨上方出土银押发1件、银簪1件。

银押发　1件。M5：1，两端圆尖向后弯曲呈叶状，中部束腰，器体正面两端錾刻回纹，中间錾刻梅花纹，背面竖款楷书"順興"二字。长11、宽0.8~1.2、厚0.1厘米（图一七七，1；图版四五，2）。

银簪　1件。M5：2，簪首呈镂空花球状，簪体呈圆柱锥形，末端残。残长6.8厘米（图一七七，2；图版四五，3）。

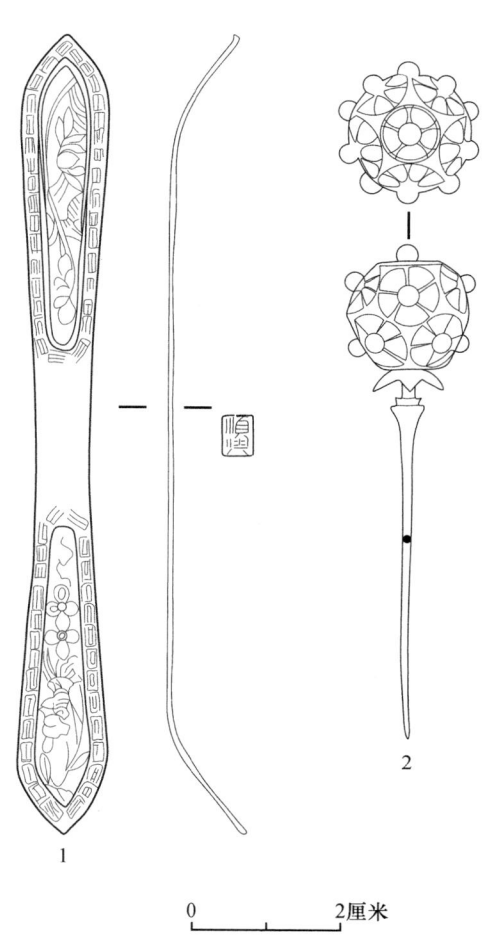

图一七七　黄村双高花园M5出土器物
1. 银押发（M5：1）　2. 银簪（M5：2）

六、M6

1. 墓葬形制

该墓位于发掘区西南部，南邻M7。开口于第2层下，南北向，方向355°。

墓平面呈梯形，竖穴土圹双棺合葬墓。墓口距地表深0.7米，墓底距地表深1.7米。墓圹南北长2.46、东西宽1.5~1.62、深1米。内填花土，土质较松。内置双棺，棺木已朽。东棺痕长1.86、宽0.46~0.6、残高0.14米；骨架保存稍差，头向北，面向东，侧身屈肢，为男性。西棺痕长1.82、宽0.52~0.62、残高0.14米；骨架保存较差，头向北，面向上，仰身屈肢，为女性（图一七八；图版三六，2）。

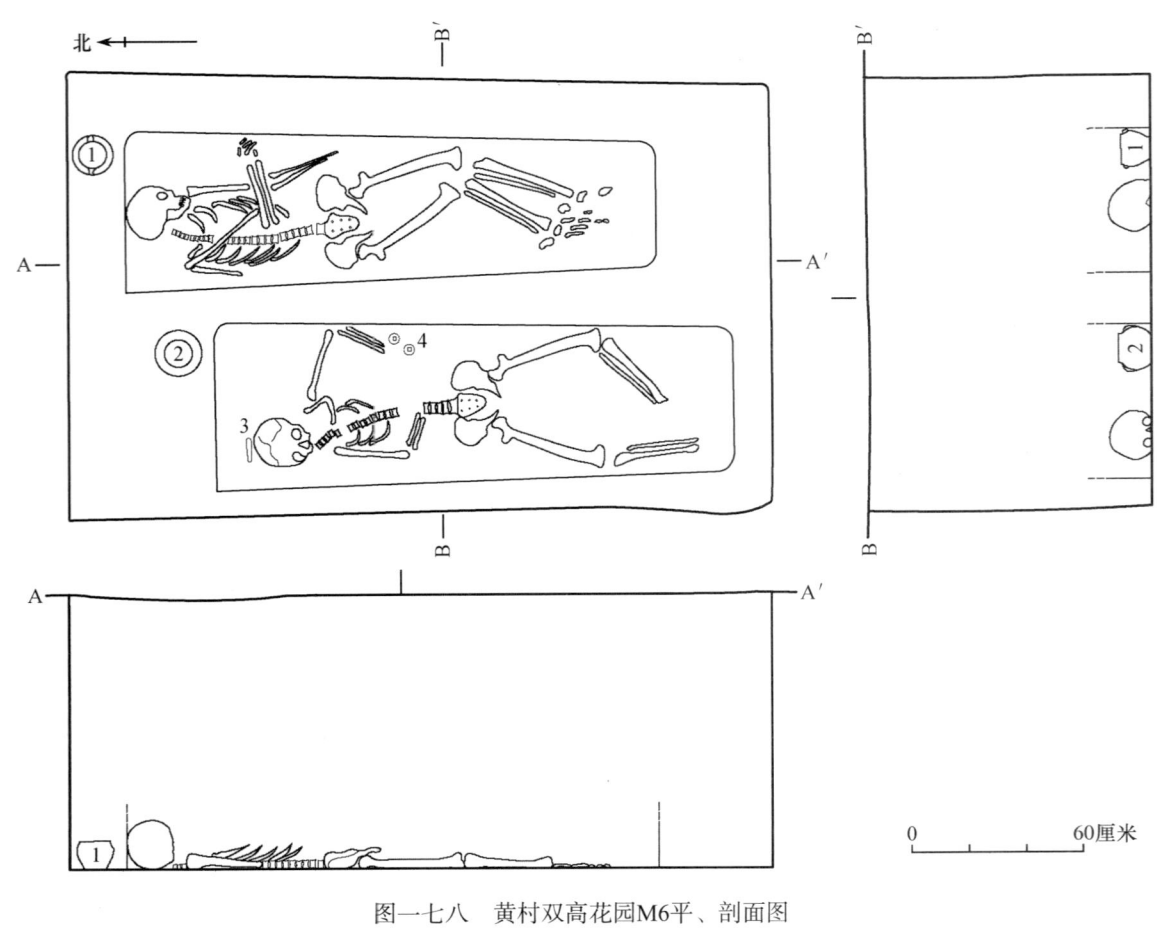

图一七八　黄村双高花园M6平、剖面图
1、2.陶罐　3.银扁方　4.铜钱

2. 随葬品

东棺外左前方出土陶罐1件；西棺外左前方出土陶罐1件，棺内头骨上方出土银扁方1件，左上肢骨下方出土铜钱2枚。

陶罐　2件。M6：1，泥质红陶。直口，平沿，直颈，溜肩，圆弧腹，下腹部斜收，平底，颈肩部置对称双系。轮制，通体遗有轮旋痕。口径12.2、腹径15.4、底径9.4、高11厘米（图一七九，1；图版四三，1）。M6：2，泥质褐陶。直口，平沿，圆唇，溜肩，圆弧腹，下腹部弧收，平底，颈肩部置对称双系，均残。轮制，通体遗有轮旋痕。口径12.2、腹径14.3、底径9、高11.5厘米（图一七九，2；图版四三，2）。

银扁方　1件。M6:3，首卷曲呈筒状，向后弯曲，器体扁平呈长条弧形，末端圆弧状。首上部錾刻蝙蝠纹，下方錾刻圆形篆书"寿"字。长12、宽1.4～2厘米（图一七九，3；图版四五，4）。

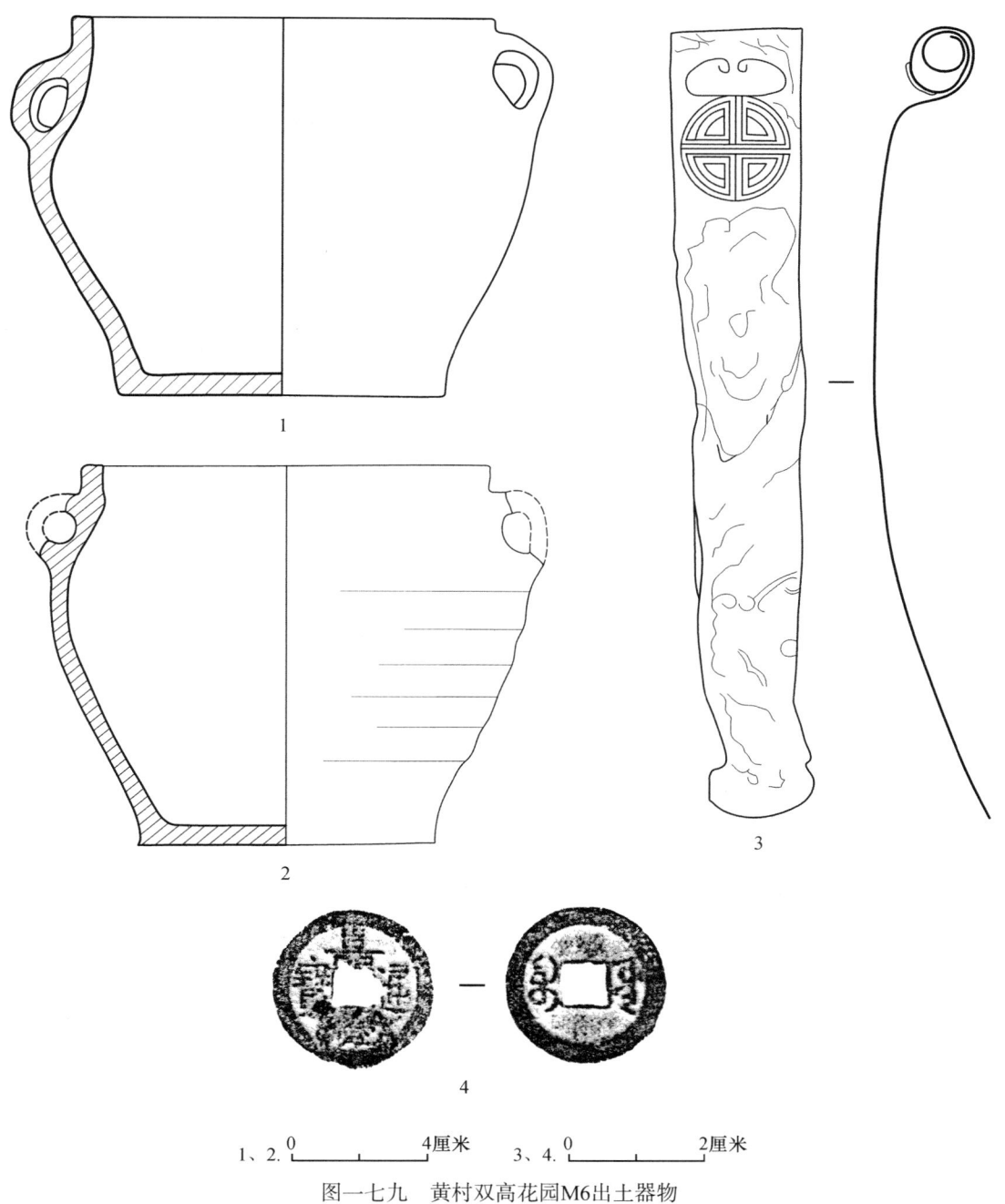

图一七九　黄村双高花园M6出土器物
1、2.陶罐（M6:1、M6:2）　3.银扁方（M6:3）　4.嘉庆通宝（M6:4-1）

嘉庆通宝 2枚。标本M6：4-1，平钱，圆形，方穿，正背面郭缘略宽，正面楷书"嘉庆通寶"四字，对读，背穿左右为满文"宝源"局名。钱径2.46、穿径0.53、郭厚0.15厘米（图一七九，4）。

七、M7

1. 墓葬形制

该墓位于发掘区西南部，北邻M6。开口于第2层下，南北向，方向354°。

墓平面呈长方形，竖穴土圹单棺墓。墓口距地表深0.7米，墓底距地表深1.65米。墓圹南北长2.1、东西宽0.96、深0.95米。内填花土，土质较松。内置单棺，棺木已朽，棺痕长1.76、宽0.56~0.62、残高0.1米。骨架保存较差，头向东北，面向上，仰身直肢，为男性（图一八〇；图版三七，1）。

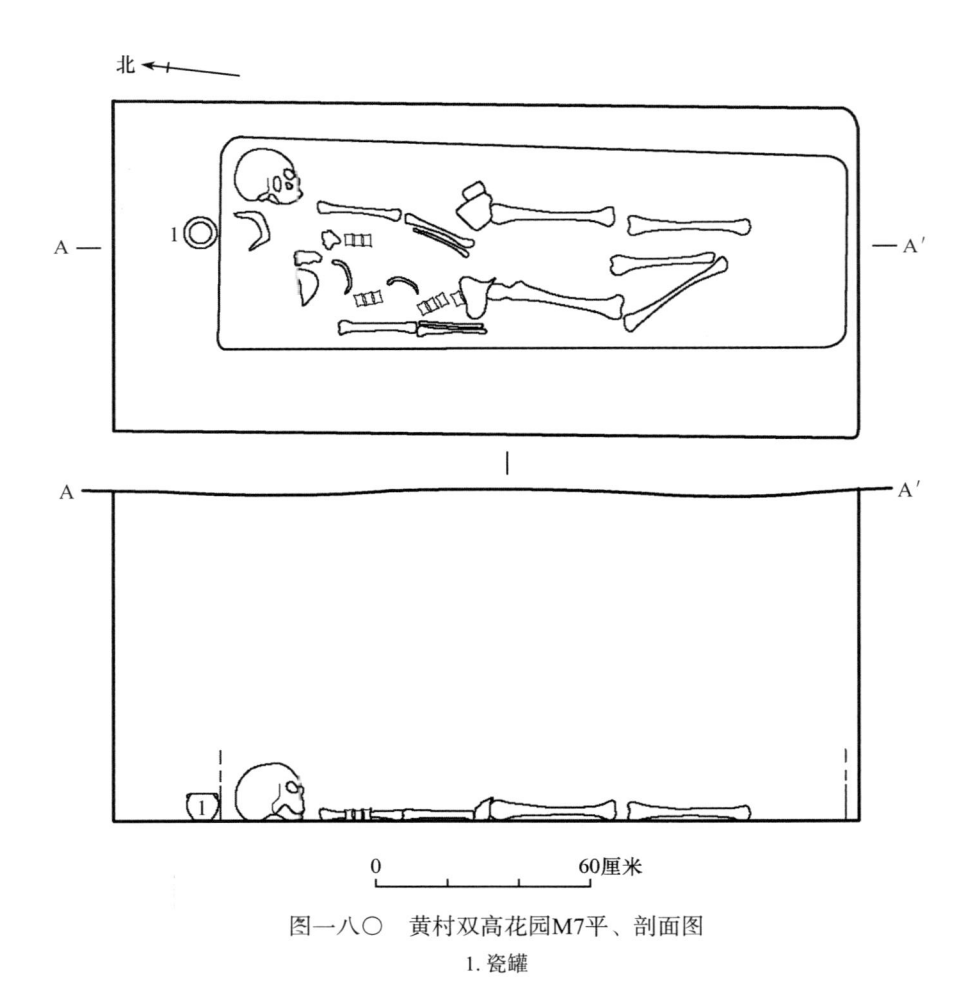

图一八〇 黄村双高花园M7平、剖面图
1. 瓷罐

2. 随葬品

棺外前方出土瓷罐1件。

瓷罐　1件。M7：1，敛口，平沿，矮颈，溜肩，圆腹，矮圈足。颈肩部置对称四系，均残。肩部饰一周圆形鼓钉纹。颈肩部施酱黄色釉，口沿无釉，内壁施酱绿色釉，腹部及圈足无釉，露灰褐色胎，胎质较粗。轮制，通体遗有轮旋痕。口径8.8、腹径11.2、底径6.6、高9.6厘米（图一八一；图版四三，3）。

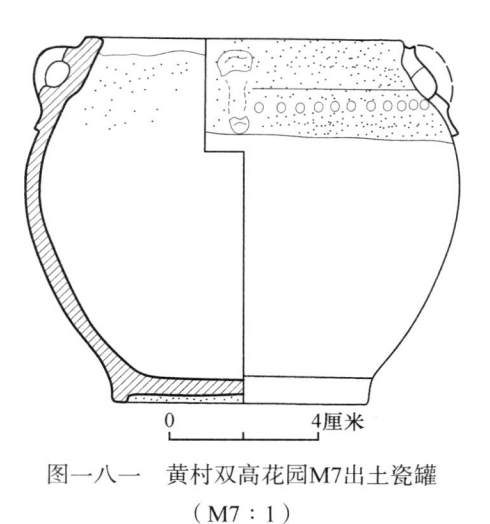

图一八一　黄村双高花园M7出土瓷罐（M7：1）

八、M8

1. 墓葬形制

该墓位于发掘区西南部，西邻M18。开口于第2层下，南北向，方向357°。

墓平面呈梯形，竖穴土圹单棺墓。墓口距地表深0.7米，墓底距地表深1.5米。墓圹南北长2.38、东西宽0.78～0.86、深0.8米。内填花土，土质较松。内置单棺，棺木已朽，棺痕长1.86、宽0.4～0.5、残高0.1米。骨架保存稍差，头向东北，面向东南，仰身直肢，为男性（图一八二；图版三七，2）。

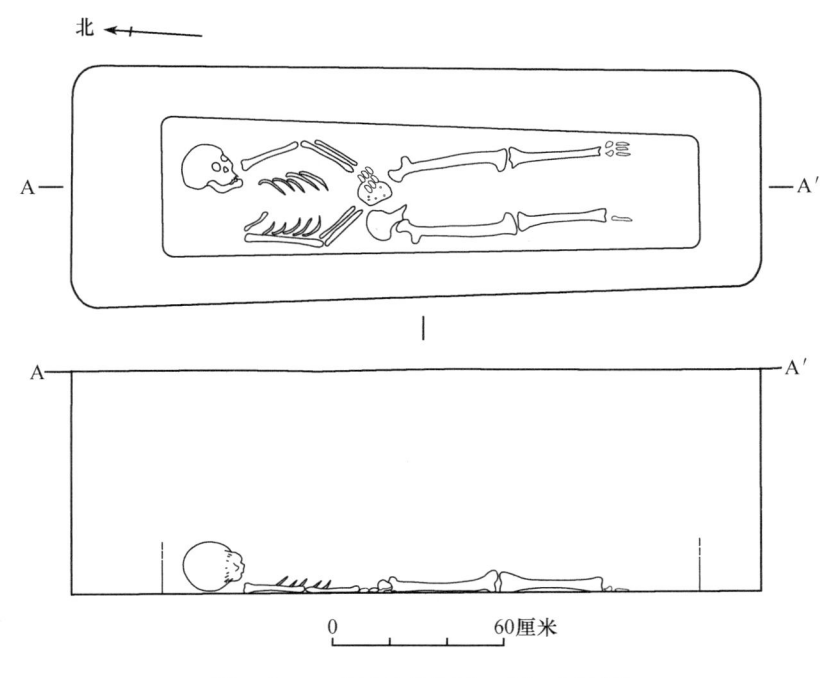

图一八二　黄村双高花园M8平、剖面图

2. 随葬品

未发现随葬品。

九、M9

1. 墓葬形制

该墓位于发掘区西南部，东邻M18。开口于第2层下，南北向，方向356°。

墓平面呈不规则形，竖穴土圹双棺合葬墓。墓口距地表深0.7米，墓底距地表深1.54米。墓圹南北长2.52、东西宽1.6～1.8、深0.84米。内填花土，土质较松。内置双棺，棺木已朽。东棺痕长1.8、宽0.44～0.68、残高0.14米；骨架保存稍差，头向北，面向西，仰身直肢，为男性。西棺痕长1.77、宽0.4～0.58、残高0.14米；骨架保存较差，头向北，面向上，侧身屈肢，为女性（图一八三；图版三七，3）。

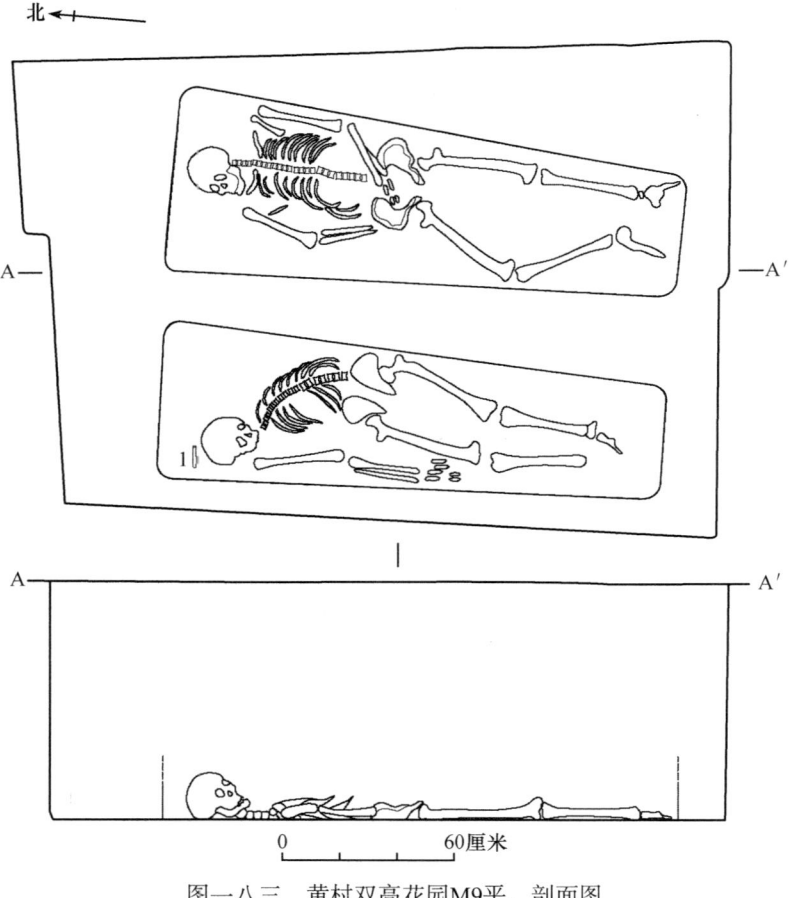

图一八三　黄村双高花园M9平、剖面图
1.银扁方

2. 随葬品

西棺内头骨上方出土银扁方1件。

银扁方　1件。M9:1,首卷曲呈筒状,向后弯曲,器体扁平呈长条弧形,末端圆弧状。首上部錾刻蝙蝠纹,下方錾刻圆形篆书"寿"字,下端錾刻蝙蝠纹。长14、宽1.8厘米(图一八四;图版四五,5)。

十、M10

1. 墓葬形制

该墓位于发掘区西南部,东邻M11。开口于第2层下,南北向,方向358°。

墓平面呈长方形,竖穴土圹单棺墓。墓口距地表深0.7米,墓底距地表深1.48米。墓圹南北长2.28、东西宽1.04、深0.78米。内填花土,土质较松。内置单棺,棺木已朽,棺痕长1.76、宽0.56～0.62、残高0.1米。骨架保存较差,头向北,面向西,侧身屈肢,为女性(图一八五;图版三七,4)。

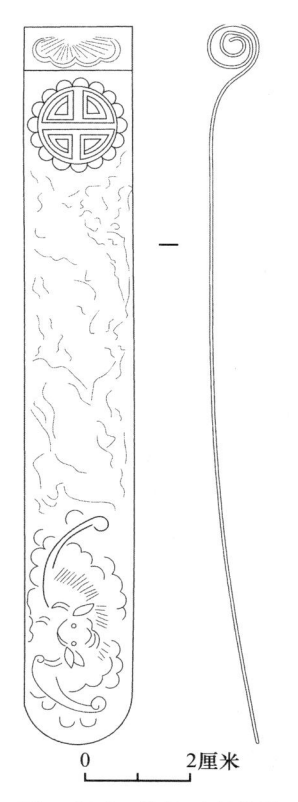

图一八四　黄村双高花园M9出土银扁方(M9:1)

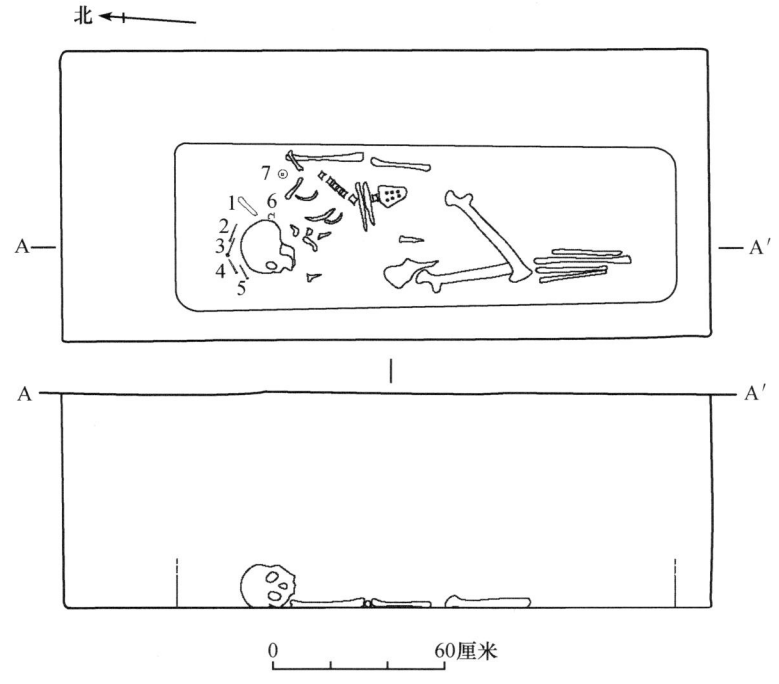

图一八五　黄村双高花园M10平、剖面图
1.银扁方　2～5.银簪　6.银耳环　7.铜钱

2. 随葬品

棺内头骨上方出土银扁方1件、银簪4件，头骨左侧出土银耳环1件，左上肢骨上方出土铜钱1枚。

银扁方　1件。M10：1，首卷曲呈筒状，向后弯曲，器体扁平呈长条弧形，末端圆弧状。首上部錾刻蝙蝠纹，下方錾刻圆形篆书"寿"字，下端錾刻蝙蝠纹。背面竖款楷书"萬聚"、"足纹"四字。长12、宽1.8厘米（图一八六，1；图版四五，6）。

银簪　4件。M10：2，簪首圆形呈花瓣状，中部凸起呈圆环形，内焊接掐丝篆书"福"字，簪体呈圆柱锥形。长9厘米（图一八六，2；图版四六，1）。M10：3，簪首圆形呈花瓣状，中部凸起呈圆环形，内焊接掐丝篆书"寿"字，簪体呈圆柱锥形。长9厘米（图一八六，3；图版四六，2）。M10：4，莲花包珠状簪首，莲花形簪托，内镶嵌珠子缺失，簪体呈圆柱锥形。残长11.3厘米（图一八六，4；图版四六，3）。M10：5，簪首残，簪体呈圆柱锥形。残长8.8厘米（图一八六，5；图版四六，4）。

银耳环　1件。M10：6，呈"S"形，一端圆钩状，一端圆饼形，已缺，两端焊接而成。

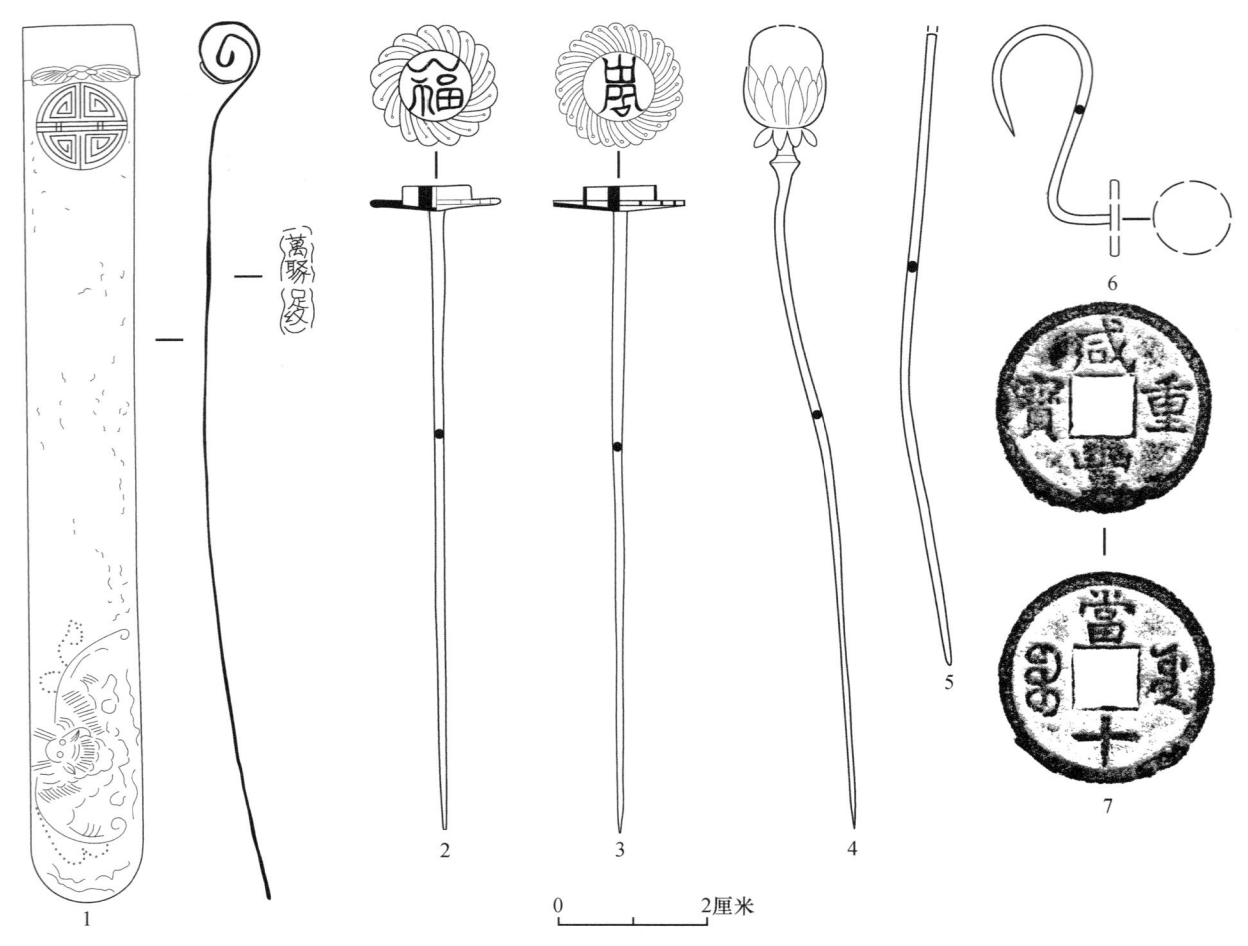

图一八六　黄村双高花园M10出土器物

1.银扁方（M10：1）　2～5.银簪（M10：2、M10：3、M10：4、M10：5）　6.银耳环（M10：6）　7.咸丰重宝（M10：7）

通高2.8厘米（图一八六，6；图版四六，5）。

咸丰重宝　1枚。M10：7，大平钱，圆形，方穿，正背面郭缘较窄，正面楷书"咸豐重寶"四字，对读，背穿上下楷书"當十"二字，左右为满文"宝源"局名。钱径2.8、穿径0.7、郭厚0.2厘米（图一八六，7；图版五〇，2）。

十一、M11

1. 墓葬形制

该墓位于发掘区西南部，西邻M10。开口于第2层下，南北向，方向358°。

墓平面呈梯形，竖穴土圹单棺墓。墓口距地表深0.7米，墓底距地表深0.9米。墓圹南北长2.4、东西宽1.08～1.1、深0.2米。内填花土，土质较松。内置单棺，棺木已朽，棺痕长1.92、宽0.58～0.78、残高0.12米。骨架保存较差，头向南，面向上，仰身直肢，性别不明（图一八七）。

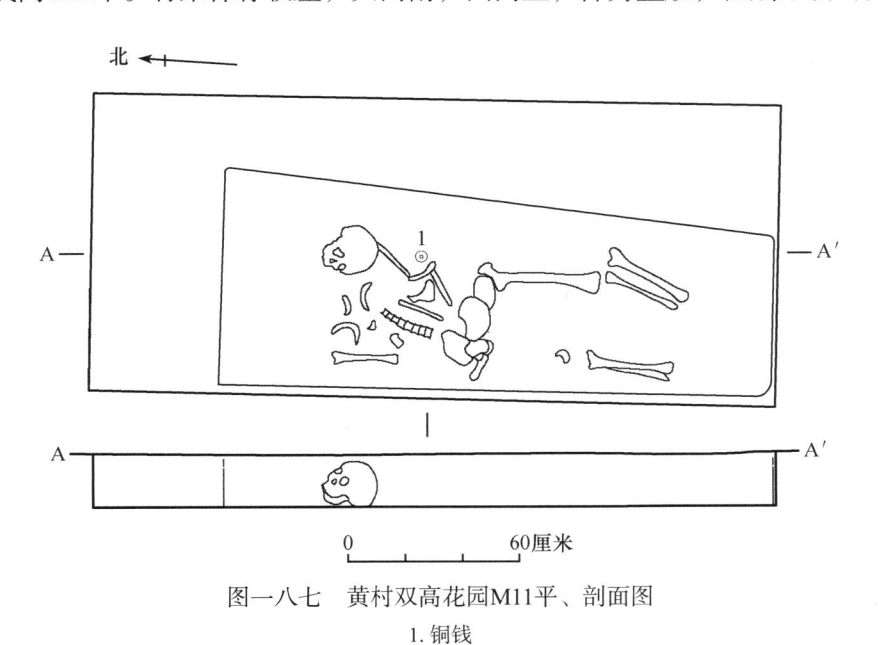

图一八七　黄村双高花园M11平、剖面图
1.铜钱

2. 随葬品

棺内左上肢骨中部出土铜钱1枚。

咸丰重宝　1枚。M11：1，大平钱，圆形，方穿，正背面郭缘略宽，正面楷书"咸豐重寶"四字，对读，背穿上下楷书"當十"二字，左右为满文"宝源"局名。钱径2.9、穿径0.66、郭厚0.24厘米（图一八八）。

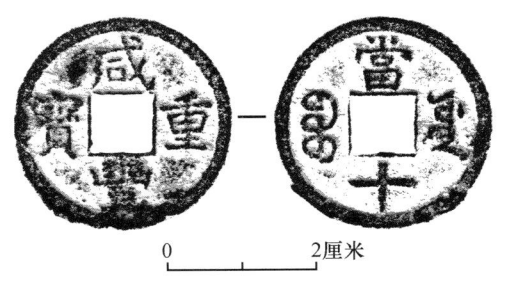

图一八八　黄村双高花园M11出土咸丰重宝（M11：1）（拓片）

十二、M12

1. 墓葬形制

该墓位于发掘区西南部，西北邻M14。开口于第2层下，南北向，方向352°。

墓平面呈梯形，竖穴土圹单棺墓。墓口距地表深0.7米，墓底距地表深1.1米。墓圹南北长2.2、东西宽0.83～0.92、深0.4米。内填花土，土质较松。内置单棺，棺木已朽，棺痕长1.9、宽0.54～0.64、残高0.08米。骨架保存较差，头向北，面向东，仰身直肢，为男性（图一八九；图版三八，1）。

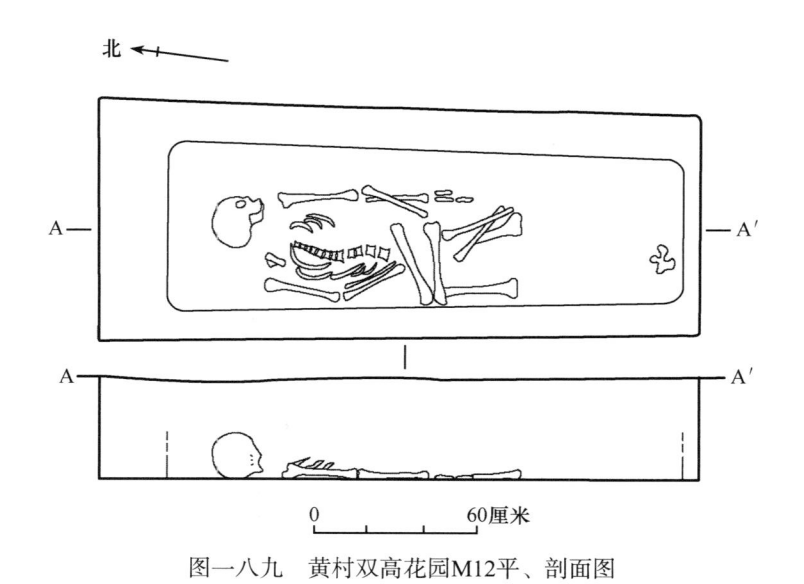

图一八九　黄村双高花园M12平、剖面图

2. 随葬品

未发现随葬品。

十三、M13

1. 墓葬形制

该墓位于发掘区西南部，东邻M17。开口于第2层下，南北向，方向0°。

墓平面呈长方形，竖穴土圹单棺墓。墓口距地表深0.7米，墓底距地表深1.7米。墓圹南北长2.3、东西宽1.01、深1米。内填花土，土质较松。内置单棺，棺木已朽，棺痕长1.8、宽

0.5~0.54、残高0.16米。骨架保存稍差，头向北，面向西，侧身屈肢，为女性（图一九〇；图版三八，2）。

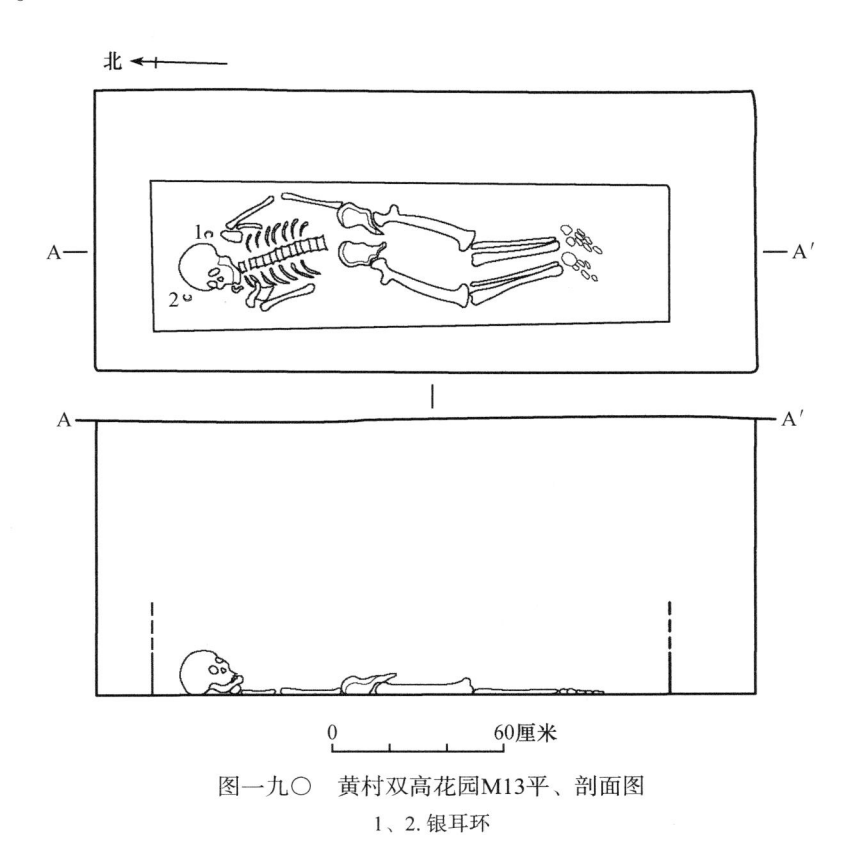

图一九〇　黄村双高花园M13平、剖面图
1、2. 银耳环

2. 随葬品

棺内头骨两侧出土银耳环各1件。

银耳环　2件。形制相同。M13：1、M13：2，呈"C"形，一端圆钩状，一端长条形，中部焊接掐丝花卉纹，已残。直径2.5厘米（图一九一，1、2；图版四六，6）。

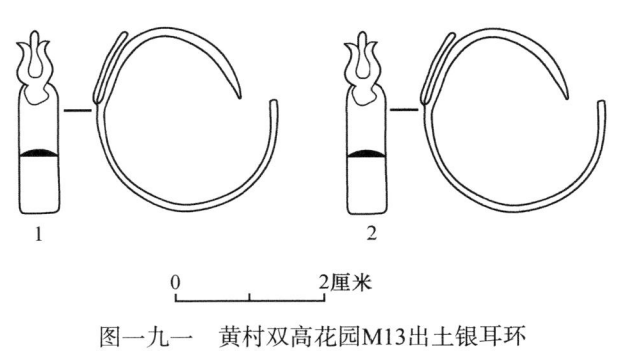

图一九一　黄村双高花园M13出土银耳环
1. M13：1　2. M13：2

十四、M14

1. 墓葬形制

该墓位于发掘区西南部，西北邻M19。开口于第2层下，南北向，方向355°。

墓平面呈梯形，竖穴土圹单棺墓。墓口距地表深0.7米，墓底距地表深1.54米。墓圹南北长2.2、东西宽0.88~0.98、深0.84米。内填花土，土质较松。内置单棺，棺木已朽，棺痕长1.8、宽0.5~0.56、残高0.1米。骨架保存稍差，头向北，面向西，仰身直肢，为男性（图一九二；图版三八，3）。

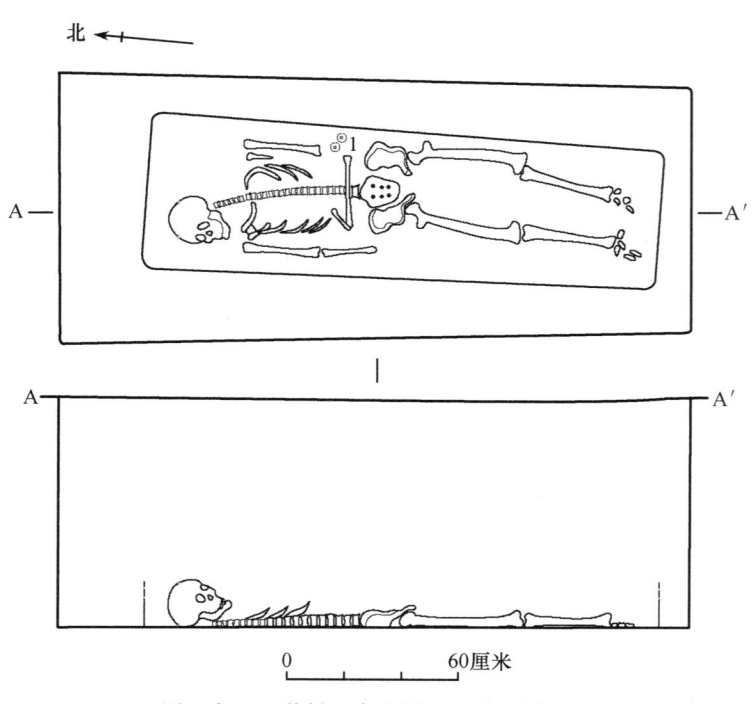

图一九二　黄村双高花园M14平、剖面图
1. 铜钱

2. 随葬品

棺内左上肢骨下方出土铜钱2枚。

同治重宝　2枚。标本M14：1-1，大平钱，圆形，方穿，正背面郭缘较宽，正面楷书"同治重寳"四字，对读，背穿上下楷书"当十"二字，左右为满文"宝泉"局名。钱径3、穿径0.62、郭厚0.18厘米（图一九三）。

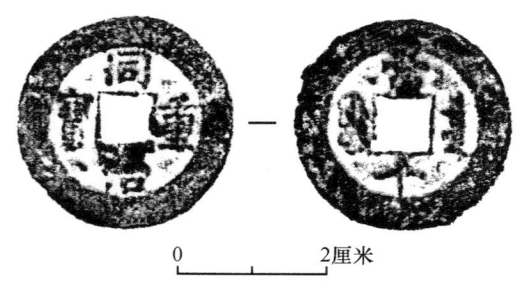

图一九三　黄村双高花园M14出土同治重宝（M14：1-1）（拓片）

十五、M15

1. 墓葬形制

该墓位于发掘区西南部，东邻M16。开口于第2层下，南北向，方向350°。

墓平面呈不规则形，竖穴土圹双棺合葬墓。墓口距地表深0.7米，墓底距地表深1.3米。墓圹南北长2.22~2.32、东西宽1.66~1.86、深0.6米。内填花土，土质较松。内置双棺，棺木已朽。东棺痕长1.78、宽0.6~0.64、残高0.1米；骨架保存较差，头向东，面向上，仰身直肢，为男性。西棺痕长1.78、宽0.62~0.65、残高0.1米；骨架保存稍差，头向西北，面向西南，仰身直肢，为女性（图一九四；图版三八，4）。

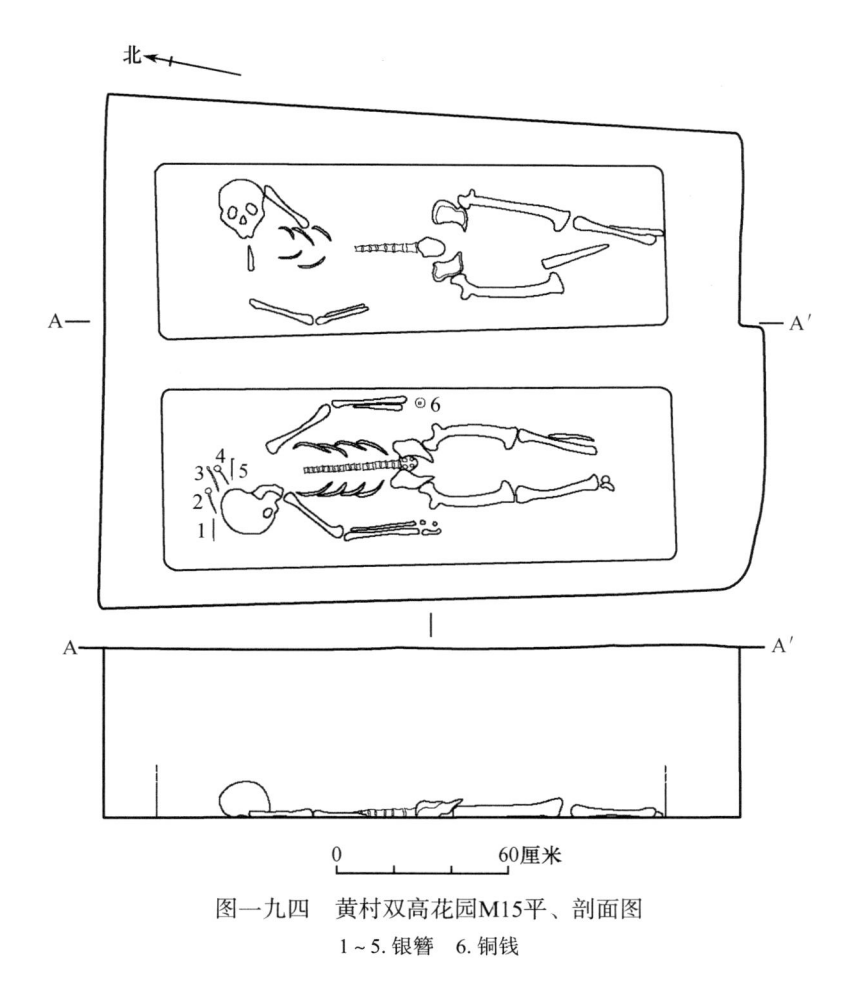

图一九四　黄村双高花园M15平、剖面图
1~5.银簪　6.铜钱

2. 随葬品

西棺内头骨上方出土银簪5件，左上肢骨下方出土铜钱1枚。

银簪 5件。M15：1，簪首圆形呈花瓣状，中部凸起呈圆环形，内焊接掐丝篆书"福"字，簪体呈圆柱锥形，末端残。残长8.8厘米（图一九五，1；图版四七，1）。M15：2，簪首呈椭圆状，簪体呈圆柱锥形，末端残。残长7.8厘米（图一九五，2）。M15：3，簪首圆形呈花瓣状，中部凸起呈圆环形，簪体已残。残长0.2厘米（图一九五，3）。M15：4，簪首呈耳挖状，向后弯曲，簪体呈圆柱锥形。长23.8厘米（图一九五，4；图版四七，2）。M15：5，簪首呈扁圆状，中间一圆形穿孔，簪体呈圆柱锥形。长11.5厘米（图一九五，5；图版四七，3）。

同治重宝 1枚。M15：6，大平钱，圆形，方穿，正背面郭缘较宽，正面楷书"同治重寶"四字，对读，背穿上下楷书"當十"二字，左右为满文"宝泉"局名。钱径3、穿径0.62、郭厚0.2厘米（图一九五，6）。

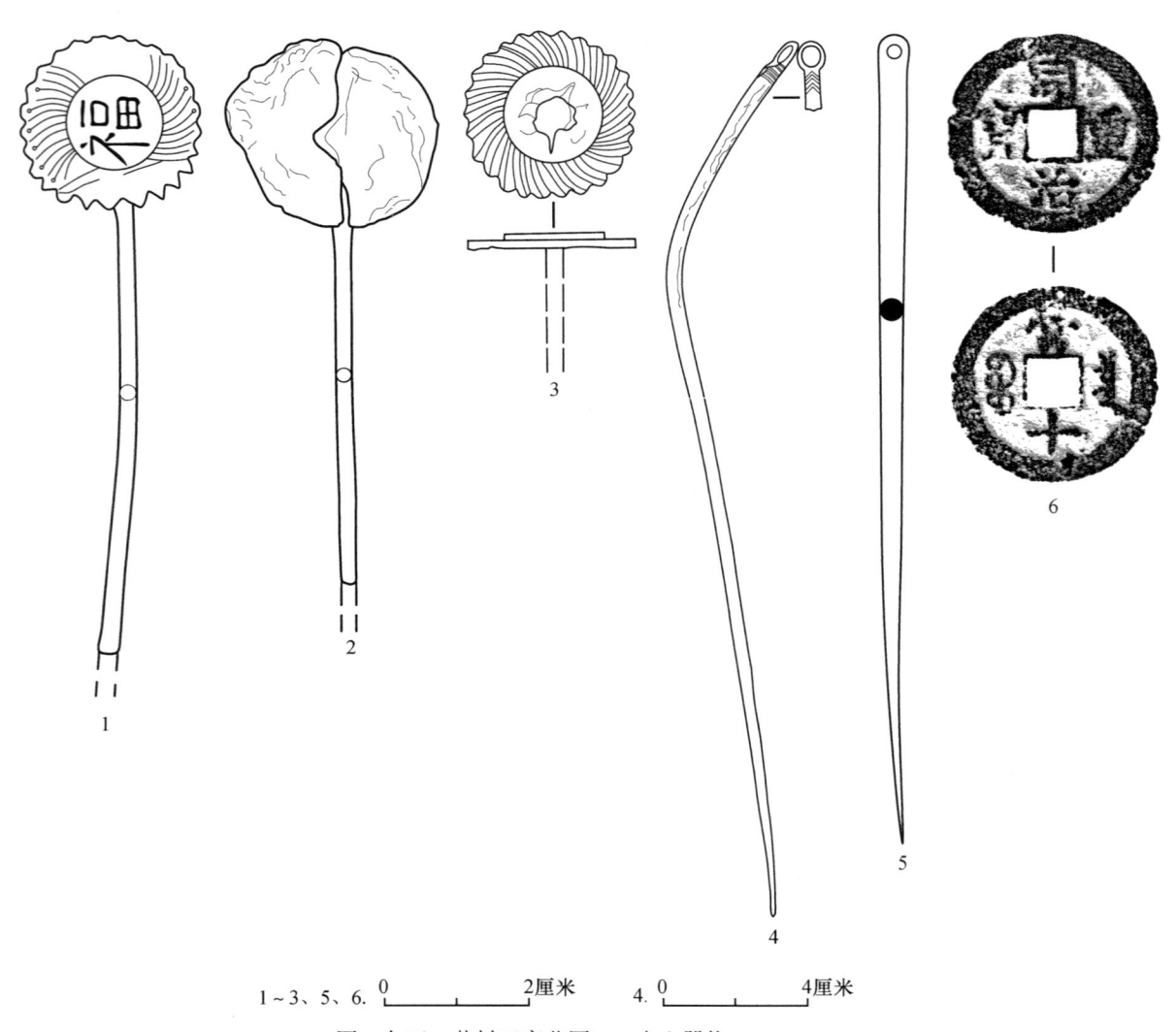

图一九五 黄村双高花园M15出土器物
1~5.银簪（M15：1、M15：2、M15：3、M15：4、M15：5） 6.同治重宝（M15：6）

十六、M16

1. 墓葬形制

该墓位于发掘区西南部，西邻M15。开口于第2层下，南北向，方向0°。

墓平面呈梯形，竖穴土圹单棺墓。墓口距地表深0.7米，墓底距地表深1.4米。墓圹南北长2.1、东西宽0.88~0.92、深0.7米。内填花土，土质较松。内置单棺，棺木已朽，棺痕长1.88、宽0.68~0.82、残高0.2米。骨架保存稍好，头向北，面向下，仰身直肢，为男性（图一九六；图版三九，1）。

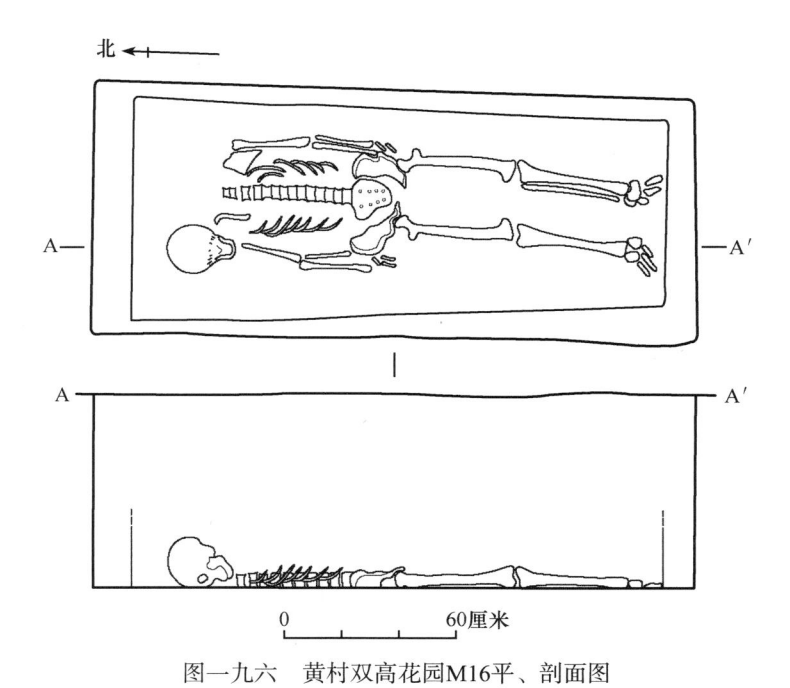

图一九六　黄村双高花园M16平、剖面图

2. 随葬品

未发现随葬品。

十七、M17

1. 墓葬形制

该墓位于发掘区西南部，西邻M13。开口于第2层下，南北向，方向6°。

墓平面呈梯形，竖穴土圹双棺合葬墓。墓口距地表深0.7米，墓底距地表深1.46米。墓圹南北长2.6、东西宽1.52~1.58、深0.76米。内填花土，土质较松。内置双棺，棺木已朽。东棺痕长1.82、宽0.5~0.54、残高0.2米；骨架保存较差，头向北，面向西，仰身直肢，为男性。西棺痕长1.78、宽0.48~0.6、残高0.1米；骨架保存较差，头向西南，面向上，仰身直肢，为女性（图一九七；图版三九，2）。

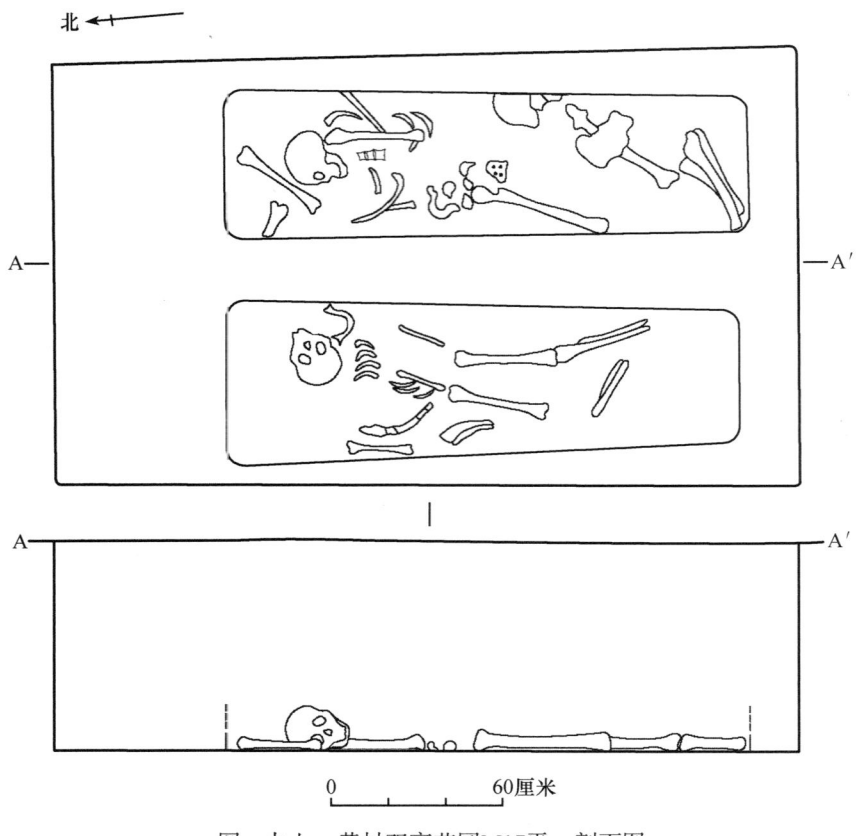

图一九七　黄村双高花园M17平、剖面图

2. 随葬品

未发现随葬品。

十八、M18

1. 墓葬形制

该墓位于发掘区西南部，东邻M8。开口于第2层下，南北向，方向332°。

墓平面呈不规则形，竖穴土圹双棺合葬墓。墓口距地表深0.7米，墓底距地表深1.72米。墓圹南北长2.38~2.48、东西宽1.68、深1.02米。内填花土，土质较松。内置双棺，棺木已朽。东棺痕长1.9、宽0.58~0.64、残高0.1米；骨架保存稍好，头向西北，面向东北，仰身直肢，为男性。西棺痕长1.88、宽0.46~0.64、残高0.12米；骨架保存较差，头向北，面向西，葬式不明，为女性（图一九八；图版三九，3）。

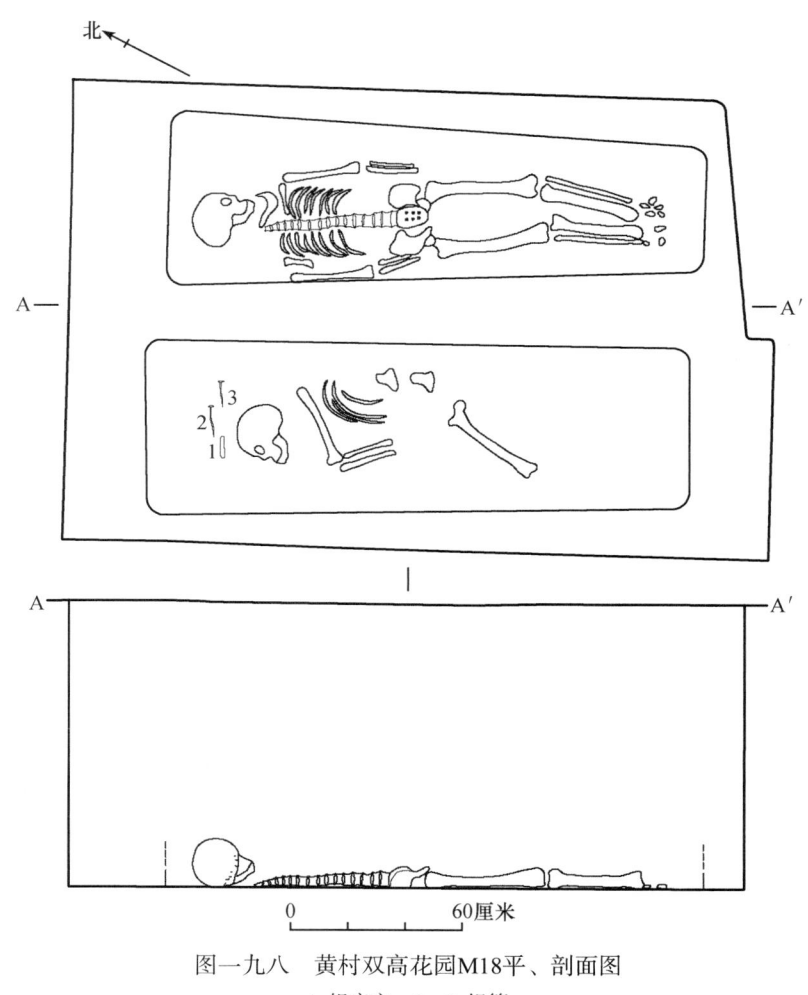

图一九八　黄村双高花园M18平、剖面图
1. 银扁方　2、3.银簪

2. 随葬品

西棺内头骨上方出土银扁方1件、银簪2件。

银扁方　1件。M18：1，首卷曲呈筒状，向后弯曲，器体扁平呈长条弧形，末端圆弧状。首上部錾刻蝙蝠纹，下方錾刻圆形篆书"寿"字，下端錾刻蝙蝠纹。背面竖款楷书"德源"二字。长14.6、宽1.6厘米（图一九九，1；图版四七，5）。

银簪　2件。M18：2，簪首圆形呈花瓣状，中部凸起呈圆环形，内焊接掐丝篆书"福"字。背面竖款楷书"萬聚"、"足纹"四字，簪体呈圆柱锥形。长11.4厘米（图一九九，2；图版四七，

4）。M18：3，簪首圆形呈花瓣状，中部凸起呈圆环形，内焊接掐丝篆书"寿"字。背面竖款楷书"萬聚"、"足纹"四字，簪体呈圆柱锥形。长11.6厘米（图一九九，3；图版四八，1）。

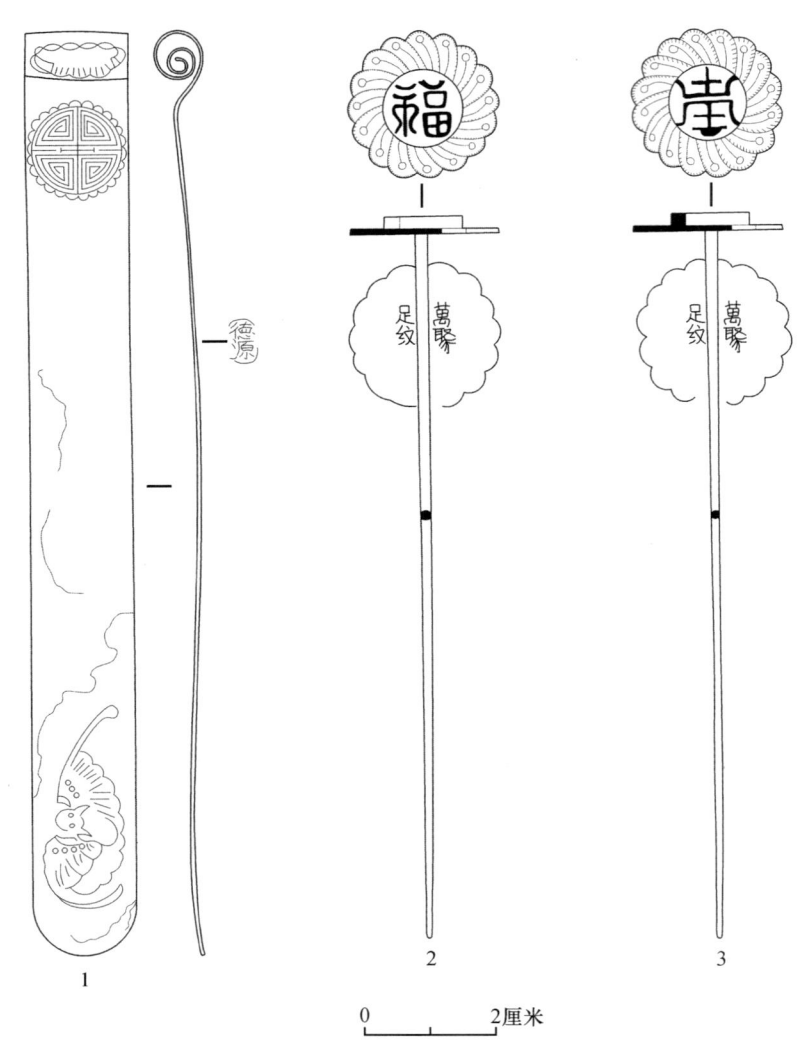

图一九九　黄村双高花园M18出土器物
1. 银扁方（M18：1）　2、3. 银簪（M18：2、M18：3）

十九、M19

1. 墓葬形制

该墓位于发掘区西南部，西邻M4。开口于第2层下，南北向，方向0°。

墓平面呈梯形，竖穴土圹双棺合葬墓。墓口距地表深0.7米，墓底距地表深1.7米。墓圹南北长2.1、东西宽1.46～1.82、深1米。内填花土，土质较松。内置双棺，棺木已朽。东棺痕长

1.84、宽0.56~0.6、残高0.1米；骨架保存较差，头向北，面向上，侧身屈肢，为男性。西棺痕长1.85、宽0.52~0.62、残高0.1米；骨架保存较差，头向北，面向东，仰身直肢，为女性（图二〇〇；图版三九，4）。

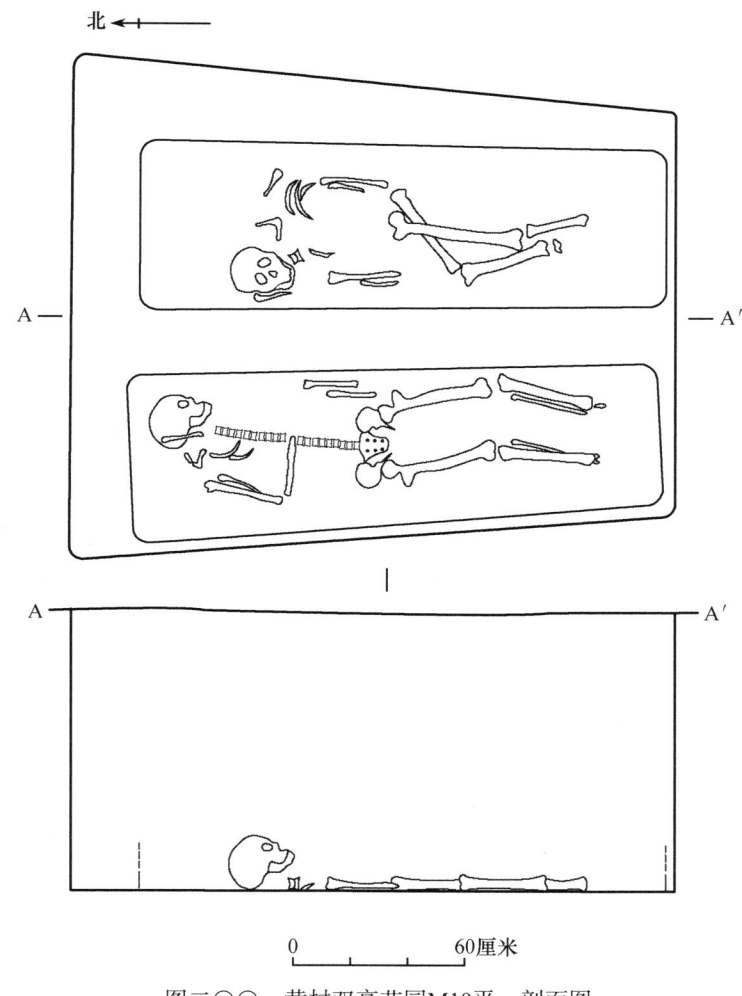

图二〇〇　黄村双高花园M19平、剖面图

2. 随葬品

未发现随葬品。

二十、M20

1. 墓葬形制

该墓位于发掘区西北部，东邻M26。开口于第2层下，东西向，方向275°。

墓平面呈梯形，竖穴土圹双棺合葬墓。墓口距地表深0.7米，墓底距地表深1.5米。墓圹东西长2.6、南北宽1.86~1.96、深0.8米。内填花土，土质较松。内置双棺，棺木已朽。北棺痕长1.8、宽0.56~0.64、残高0.24米；骨架保存较差，头向西，面向北，仰身直肢，为男性。南棺痕长1.84、宽0.52~0.56、残高0.14米；骨架保存较差，头向南，面向上，仰身直肢，为女性（图二〇一）。

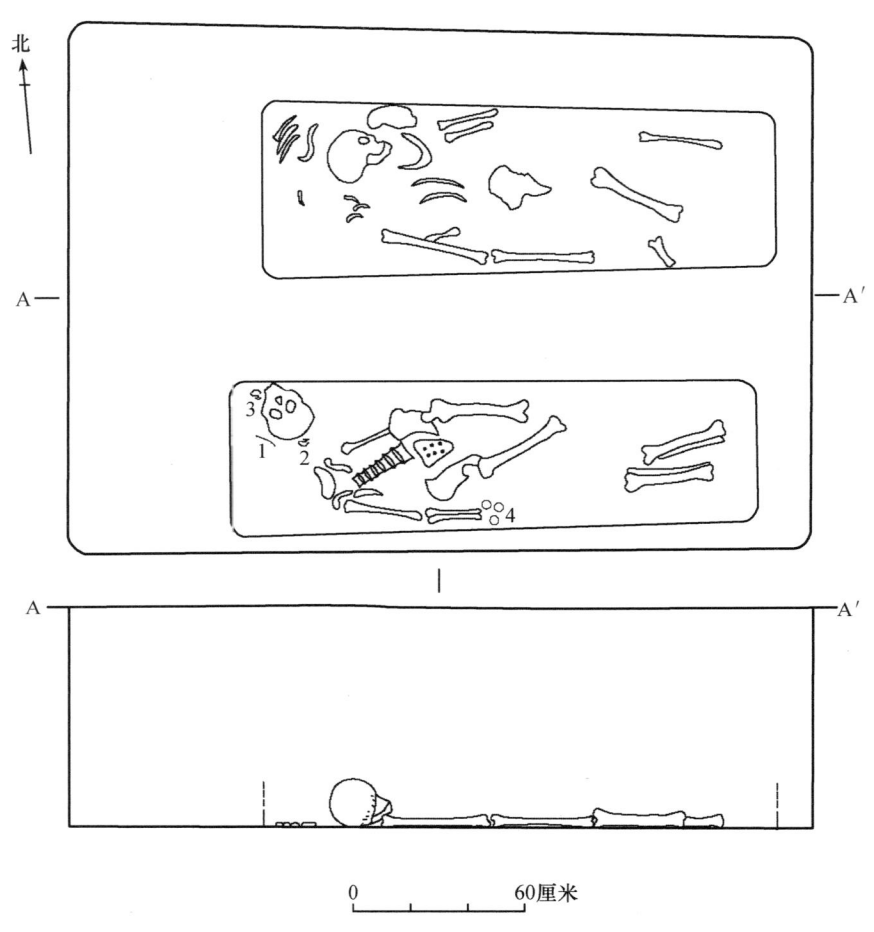

图二〇一　黄村双高花园M20平、剖面图
1.银簪　2、3.银耳环　4.铜币

2. 随葬品

南棺内头骨上方出土银簪1件，头骨两侧出土银耳环各1件，右上肢骨下方出土铜币3枚。

银簪　1件。M20:1，九连环禅杖形，簪顶呈葫芦状，簪体呈圆柱锥形。长14.4厘米（图二〇二，1；图版四八，2）。

银耳环　2件。形制相同。M20:2、M20:3，呈"S"形，一端圆钩状，一端圆饼形，两端焊接而成。通高2.8厘米（图二〇二，2、3；图版四八，3）。

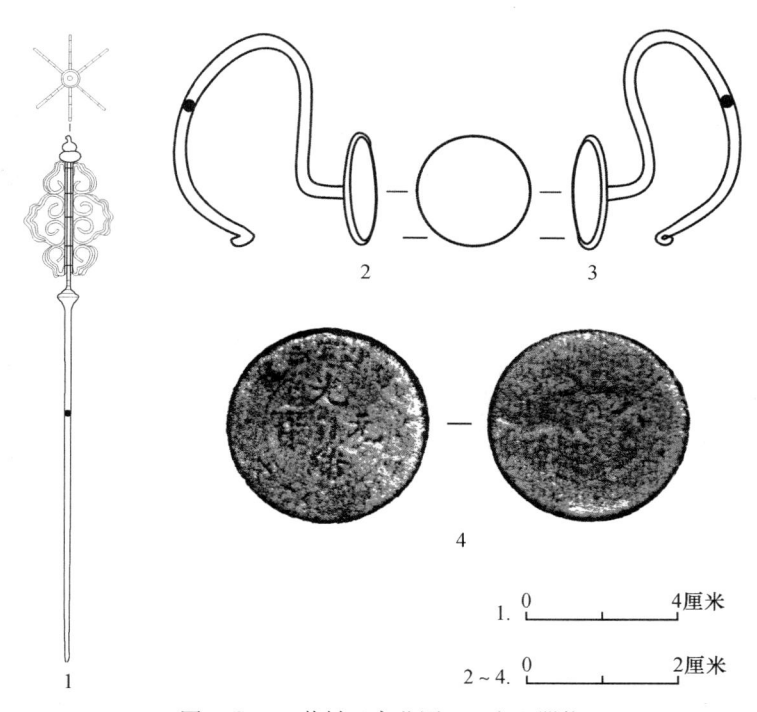

图二〇二 黄村双高花园M20出土器物
1. 银簪（M20：1） 2、3. 银耳环（M20：2、M20：3） 4. 铜币（M20：4-1）

铜币 3枚。标本M20：4-1，平钱，圆形，正背面郭缘较窄，正面楷书"光緒元寶"四字，对读。背面铸蟠龙戏火珠。钱径2.73、郭厚0.15厘米（图二〇二，4）。

二十一、M21

1. 墓葬形制

该墓位于发掘区西北部，东邻M20。开口于第2层下，东西向，方向272°。

墓平面呈梯形，竖穴土圹单棺迁葬墓。墓口距地表深0.7米，墓底距地表深1.4米。墓圹东西长2.4、南北宽1.2~1.3、深0.7米。内填花土，土质较硬。内置单棺，棺木已朽，棺痕长1.9、宽0.58~0.66、残高0.1米。骨架保存较差，仅遗有上下肢骨，葬式、性别不明（图二〇三）。

2. 随葬品

棺内左上肢骨下方出土铜钱7枚，有乾隆通宝、道光通宝。

乾隆通宝 2枚。标本M21：1-1，平钱，圆形，方穿，正背面郭缘略宽，正面楷书"乾隆通寶"四字，对读，背穿左右为满文"宝泉"局名。钱径2.32、穿径0.54、郭厚0.15厘米（图二〇四，1；图版五〇，3）。

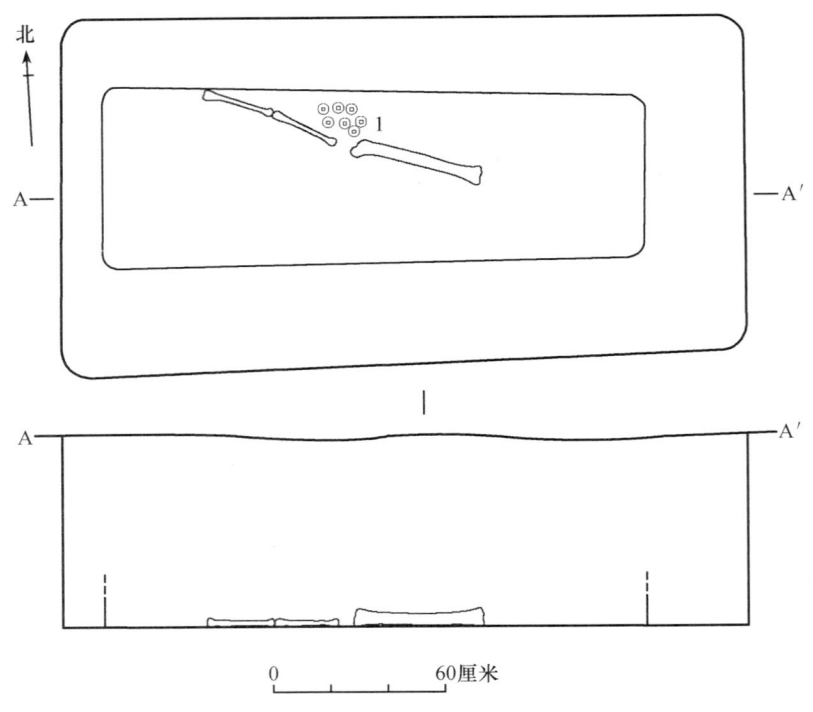

图二〇三 黄村双高花园M21平、剖面图
1.铜钱

道光通宝 5枚。标本M21：1-2，平钱，圆形，方穿，正背面郭缘较宽，正面楷书"道光通寶"四字，对读，背穿左右为满文"宝泉"局名。钱径2.47、穿径0.51、郭厚0.15厘米（图二〇四，2；图版五〇，3）。

二十二、M22

1. 墓葬形制

该墓位于发掘区西北部，南邻M21。开口于第2层下，东西向，方向270°。

墓平面呈长方形，竖穴土圹单棺墓。墓口距地表深0.7米，墓底距地表深1.6米。墓圹东西长2.3、南北宽1.1、深0.9米。内填花土，土质较松。内置单棺，棺木已朽，棺痕长1.74、宽0.44～0.52、残高0.1米。骨架保存稍差，头向东北，面向上，仰身直肢，为男性（图二〇五）。

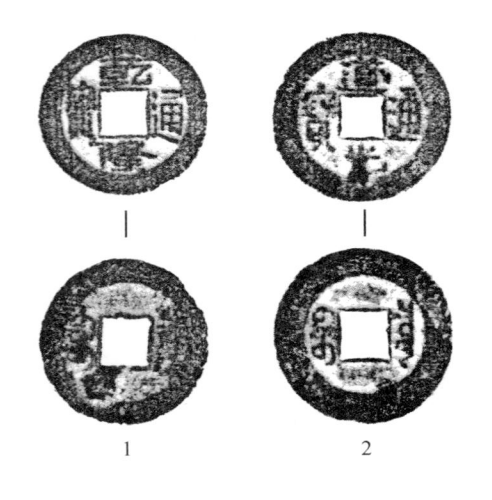

图二〇四 黄村双高花园M21出土铜钱（拓片）
1.乾隆通宝（M21：1-1） 2.道光通宝（M21：1-2）

第三章　黄村双高花园墓葬

图二〇五　黄村双高花园M22平、剖面图
1. 铜钱

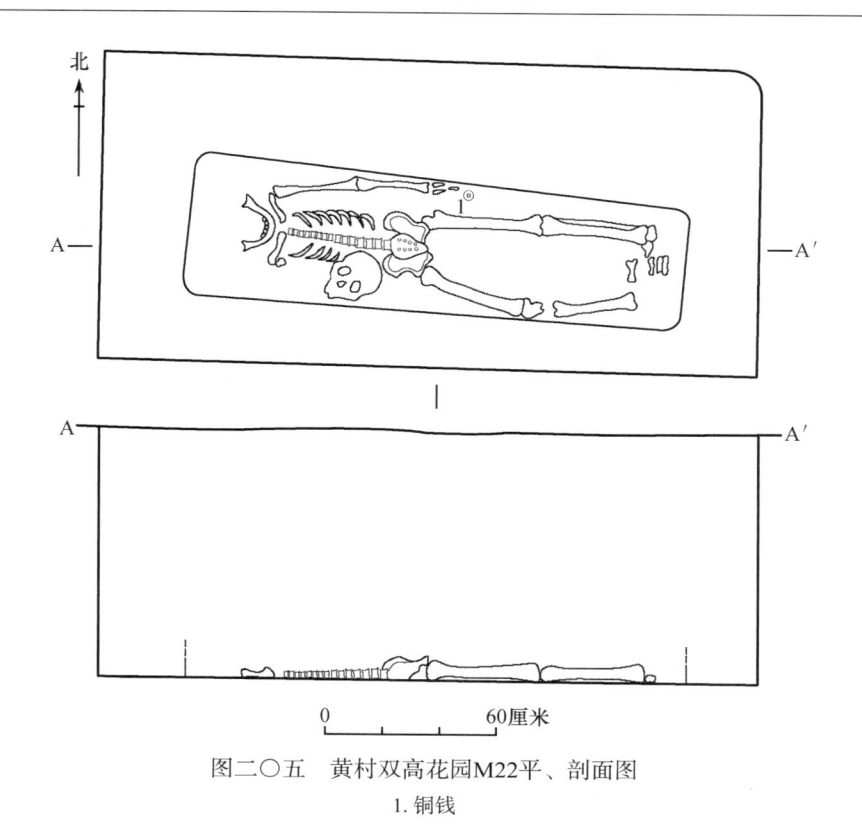

2. 随葬品

棺内左上肢骨下方出土铜钱1枚。

道光通宝　1枚。M22：1，平钱，圆形，方穿，正背面郭缘略宽，正面楷书"道光通寶"四字，对读，背穿左右为满文"宝源"局名。钱径2.24、穿径0.6、郭厚0.13厘米（图二〇六；图版五〇，4）。

二十三、M23

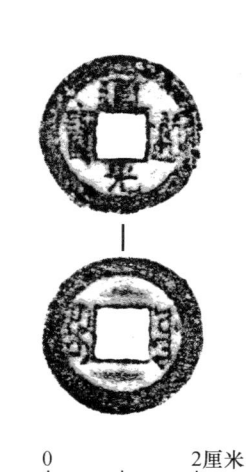

图二〇六　黄村双高花园M22
出土道光通宝
（M22：1）（拓片）

1. 墓葬形制

该墓位于发掘区西北部，西邻M24。开口于第2层下，东西向，方向275°。

墓平面呈不规则形，竖穴土圹双棺合葬墓。墓口距地表深0.7米，墓底距地表深1.76米。墓圹东西长2.38~2.56、南北宽1.88~1.94、深1.06米。内填花土，土质较松。内置双棺，棺木已朽。北棺痕长1.78、宽0.46~0.6、残高0.2米；骨架保存较差，头向西，面向北，仰身屈肢，为男性。南棺痕长1.78、宽0.48~0.66、残高0.2米；骨架保存稍差，头向南，面向上，仰身屈肢，为女性（图二〇七；图版四〇，1）。

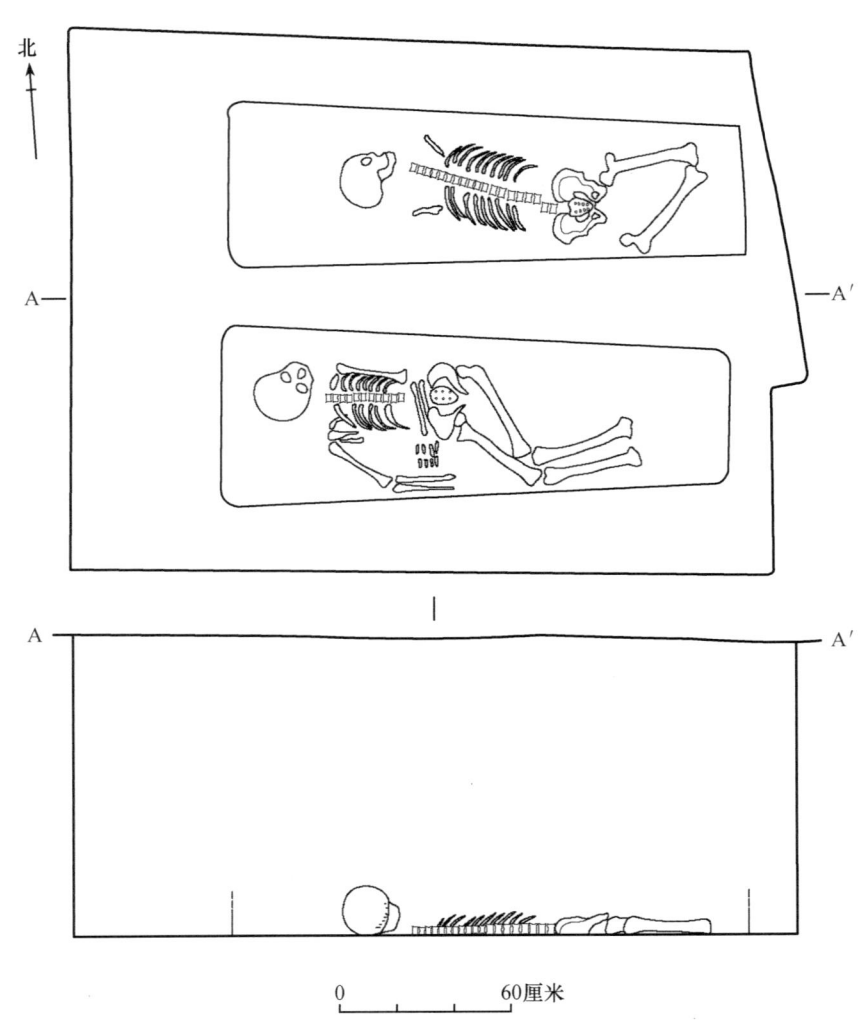

图二〇七　黄村双高花园M23平、剖面图

2. 随葬品

未发现随葬品。

二十四、M24

1. 墓葬形制

该墓位于发掘区西北部，东邻M23。开口于第2层下，东西向，方向268°。

墓平面呈梯形，竖穴土圹双棺合葬墓。墓口距地表深0.7米，墓底距地表深1.9米。墓圹东西长2.26、南北宽1.56~1.6、深1.2米。内填花土，土质较松。内置双棺，棺木已朽。北棺痕长1.8、宽0.62、残高0.1米；骨架保存较差，头向西，面向南，侧身屈肢，为男性。南棺痕长1.78、宽0.58~0.64、残高0.1米；骨架保存稍差，头向西，面向北，仰身直肢，为女性（图二〇八；图版四〇，2）。

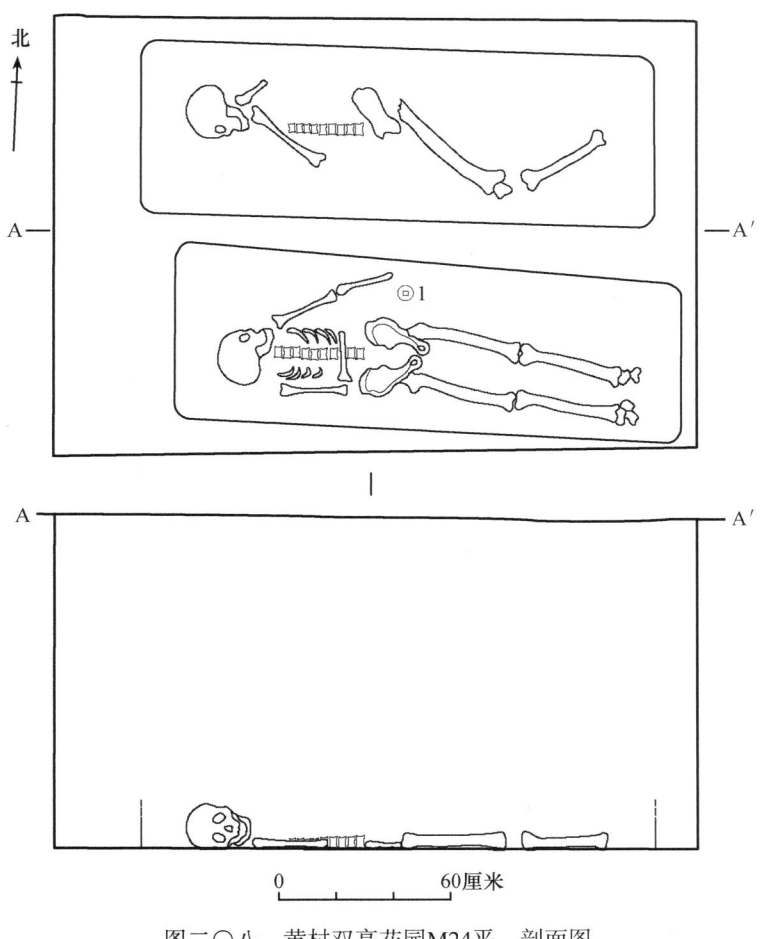

图二〇八　黄村双高花园M24平、剖面图
1. 铜钱

2. 随葬品

南棺内左上肢骨下方出土铜钱1枚。

康熙通宝　1枚。M24：1，平钱，圆形，方穿，正背面郭缘较宽，正面楷书"康熙通寶"四字，对读，背穿左右为满文"宝泉"局名。钱径2.5、穿径0.57、郭厚0.07厘米（图二〇九）。

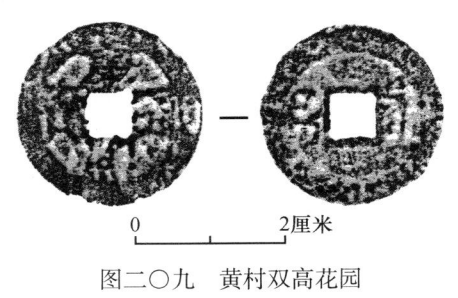

图二〇九　黄村双高花园M24出土康熙通宝（M24：1）（拓片）

二十五、M25

1. 墓葬形制

该墓位于发掘区西北部，西北邻M26。开口于第2层下，东西向，方向275°。

墓平面呈梯形，竖穴土圹单棺墓。墓口距地表深0.7米，墓底距地表深1.15米。墓圹东西长1.98、南北宽0.76~0.86、深0.45米。内填花土，土质较松。内置单棺，棺木已朽，棺痕长1.72、宽0.46~0.54、残高0.08米。骨架保存较差，头向东北，面向上，仰身直肢，为女性（图二一〇；图版四一，1）。

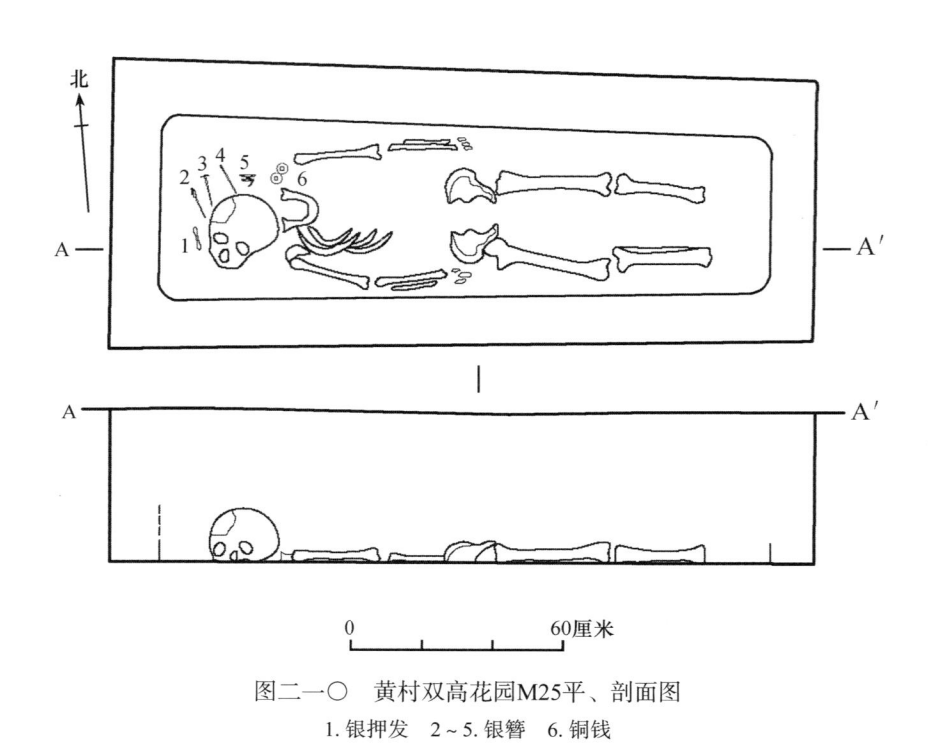

图二一〇　黄村双高花园M25平、剖面图
1.银押发　2~5.银簪　6.铜钱

2. 随葬品

棺内头骨上方出土银押发1件、银簪4件，左上肢骨上方出土铜钱2枚。

银押发　1件。M25：1，两端圆尖向后弯曲呈叶状，中间束腰，正面两端錾刻折枝佛手花纹。长8厘米（图二一一，1；图版四八，4）。

银簪　4件。M25：2，九连环禅杖形，顶呈葫芦状，体呈圆柱锥形。长11厘米（图二一一，2；图版四八，5）。M25：3，首呈佛手花形，体呈圆柱锥状。长8.8厘米（图二一一，3；图版四八，6）。M25：4，首呈方形，上面四周錾刻回纹，中部饰折枝梅花

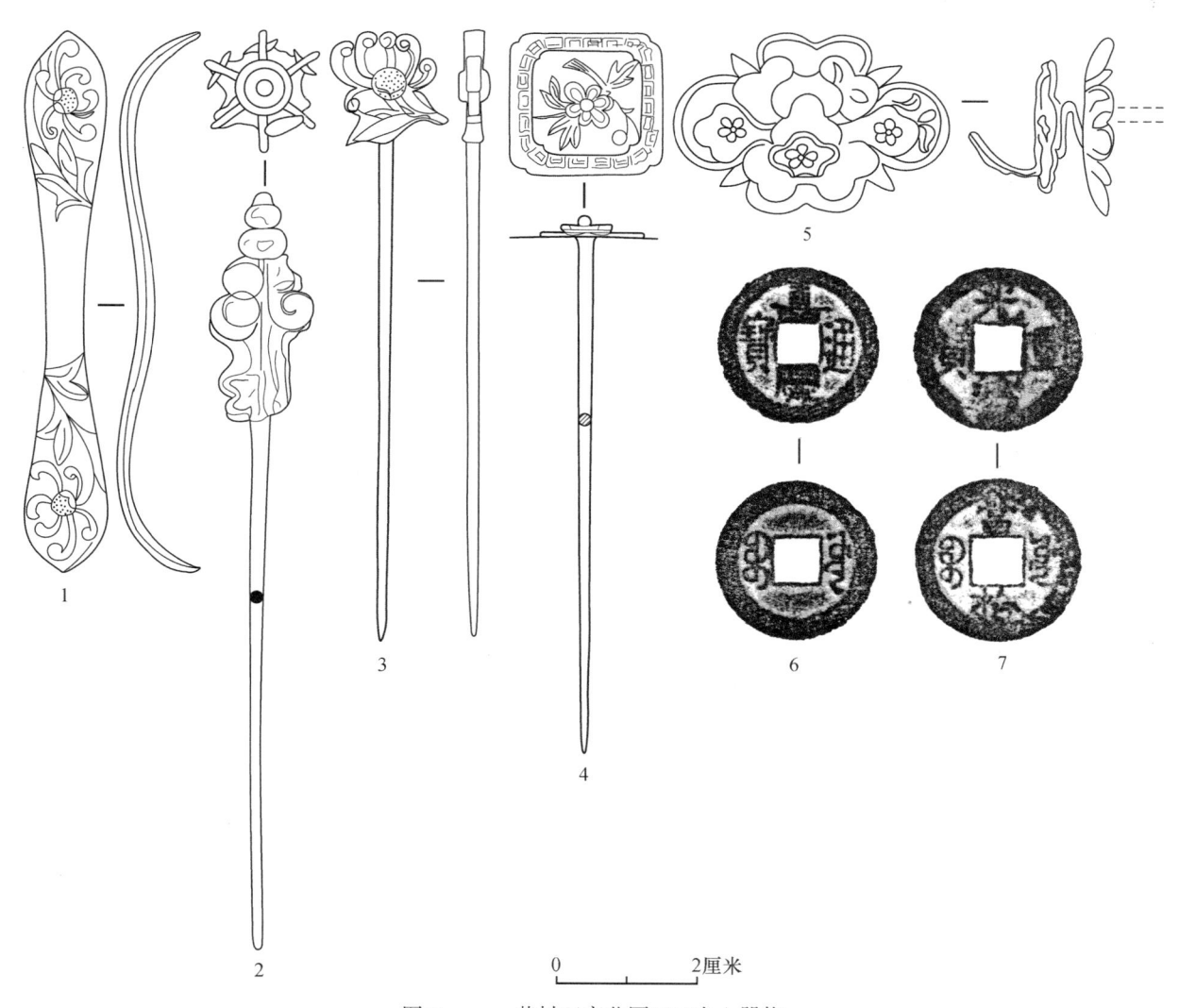

图二一一 黄村双高花园M25出土器物

1.银押发（M25：1） 2~5.银簪（M25：2、M25：3、M25：4、M25：5） 6.嘉庆通宝（M25：6-1）
7.光绪重宝（M25：6-2）

纹，体呈圆柱锥状。长7.9厘米（图二一一，4；图版四九，1）。M25：5，首锤揲两层呈梅花状，体残。残长4厘米（图二一一，5；图版四九，2）。

铜钱 2枚。有嘉庆通宝、光绪重宝。

嘉庆通宝 1枚。M25：6-1，平钱，圆形，方穿，正背面郭缘略宽，正面楷书"嘉慶通寶"四字，对读，背穿左右为满文"宝源"局名。钱径2.45、穿径0.58、郭厚0.12厘米（图二一一，6；图版五〇，5）。

光绪重宝 1枚。M25：6-2，平钱，圆形，方穿，正背面郭缘略宽，正面楷书"光緒重寶"四字，对读，背穿上下楷书"當拾"二字，左右为满文"宝泉"局名。钱径2.48、穿径0.62、郭厚0.1厘米（图二一一，7）。

二十六、M26

1. 墓葬形制

该墓位于发掘区西北部，西邻M20。开口于第2层下，东西向，方向270°。

墓平面呈梯形，竖穴土圹三棺合葬墓。墓口距地表深0.7米，墓底距地表深1.1～1.2米。墓圹东西长2.16、南北宽2.6～2.88、深0.4～0.5米。内填花土，土质较松。内置三棺，棺木已朽。北棺痕长1.7、宽0.46～0.58、残高0.08米；骨架保存稍差，头向西，面向北，仰身直肢，为男性。中棺痕长1.76、宽0.42～0.52、残高0.08米；骨架保存较差，头向北，面向下，仰身直肢，为女性。南棺痕长1.84、宽0.5～0.6、残高0.08米；骨架保存较差，头向西，面向北，仰身直肢，为女性（图二一二；图版四一，2）。

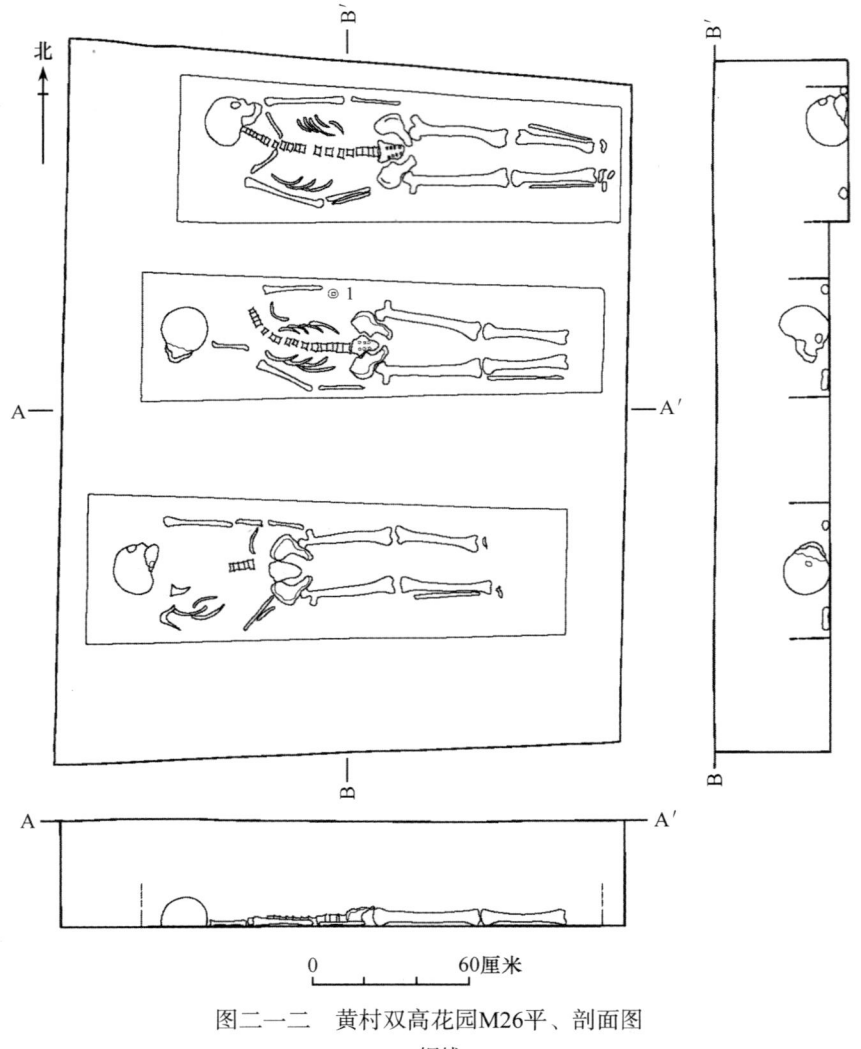

图二一二　黄村双高花园M26平、剖面图
1. 铜钱

2. 随葬品

中棺内左上肢骨下方出土铜钱1枚。

铜钱　1枚。M26∶1，锈蚀严重，无法辨认。

二十七、M27

1. 墓葬形制

该墓位于发掘区西北部，东邻M29。开口于第2层下，东西向，方向274°。

墓平面呈梯形，竖穴土圹单棺迁葬墓。墓口距地表深0.7米，墓底距地表深1.4米。墓圹东西长2.4、南北宽0.72～1.08、深0.7米。内填花土，土质较松。未发现骨架（图二一三）。

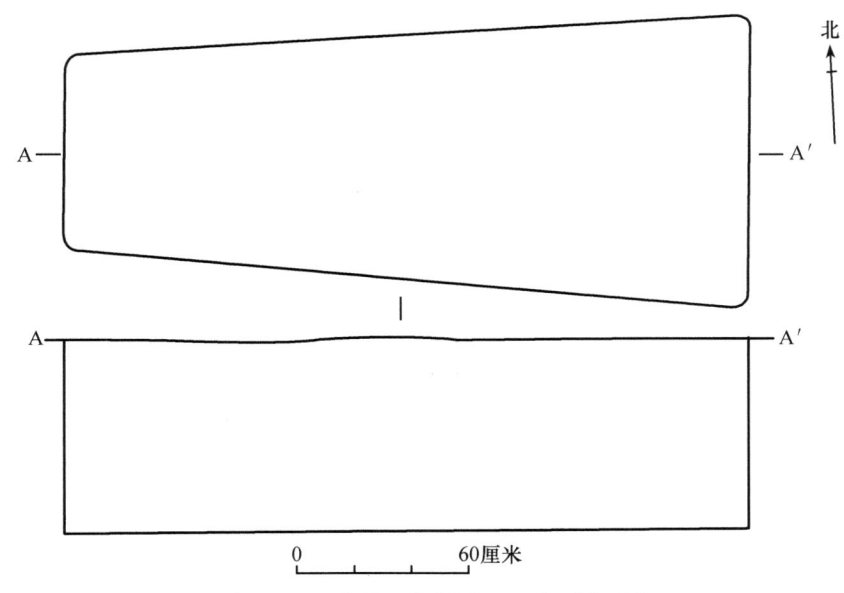

图二一三　黄村双高花园M27平、剖面图

2. 随葬品

未发现随葬品。

二十八、M28

1. 墓葬形制

该墓位于发掘区西北部，西邻M32。开口于第2层下，东西向，方向270°。

墓平面呈不规则形，竖穴土圹双棺合葬墓。墓口距地表深0.7米，墓底距地表深1.9米。墓圹东西长2.2~2.4、南北宽1.7~1.78、深1.2米。内填花土，土质较松。内置双棺，棺木已朽。北棺痕长1.84、宽0.5~0.68、残高0.16米；骨架保存稍差，头向西，面向北，仰身直肢，为男性。南棺痕长1.8、宽0.46~0.64、残高0.2米；骨架保存稍差，头向西南，面向上，仰身直肢，为女性（图二一四；图版四二，1）。

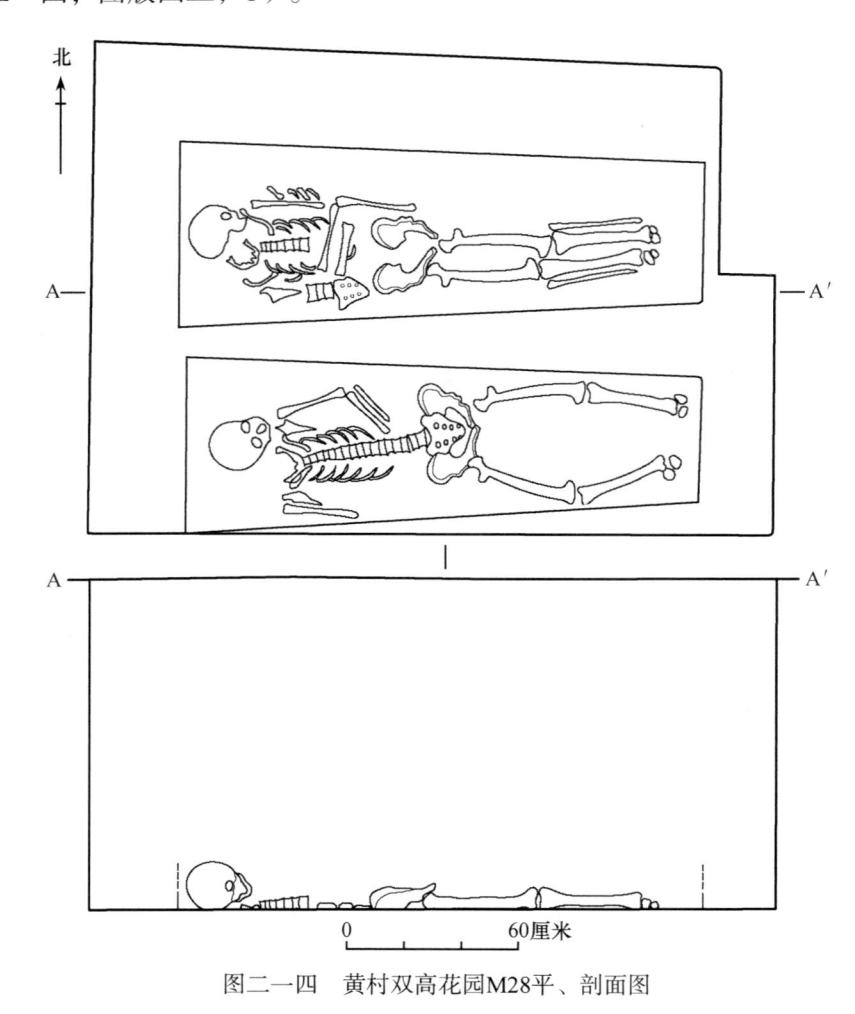

图二一四　黄村双高花园M28平、剖面图

2. 随葬品

未发现随葬品。

二十九、M29

1. 墓葬形制

该墓位于发掘区西北部，南邻M30。开口于第2层下，东西向，方向278°。

墓平面呈长方形，竖穴土圹单棺墓。墓口距地表深0.7米，墓底距地表深1.24米。墓圹东西长2.3、南北宽0.8、深0.54米。内填花土，土质较松。内置单棺，棺木已朽，棺痕长1.82、宽0.5～0.6、残高0.12米。骨架保存较差，头向西，面向南，仰身直肢，为男性（图二一五；图版四二，2）。

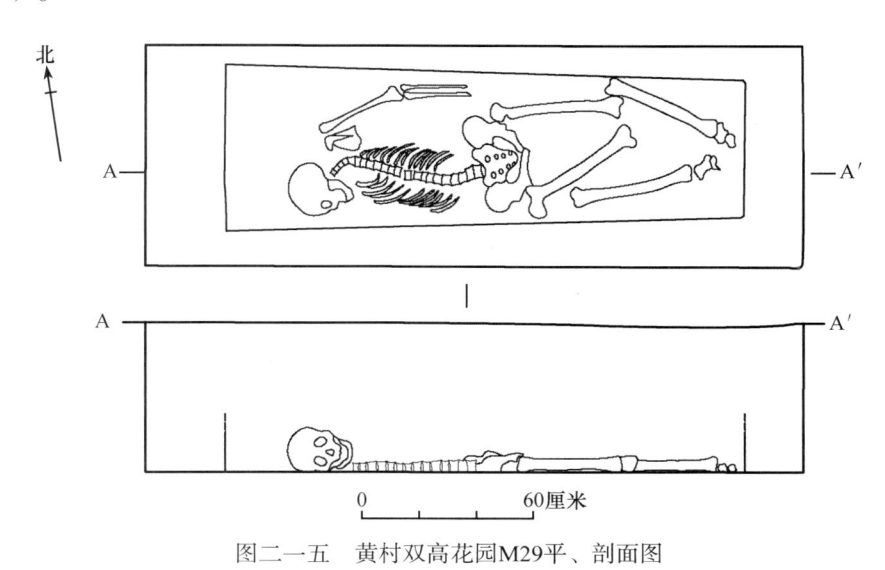

图二一五　黄村双高花园M29平、剖面图

2. 随葬品

未发现随葬品。

三十、M30

1. 墓葬形制

该墓位于发掘区西北部，北邻M29。开口于第2层下，东西向，方向270°。

墓平面呈长方形，竖穴土圹单棺墓。墓口距地表深0.7米，墓底距地表深1.1米。墓圹东西长2.24、南北宽0.88、深0.4米。内填花土，土质较松。内置单棺，棺木已朽，棺痕长1.8、宽0.52～0.62、残高0.1米。骨架保存稍好，头向西南，面向下，仰身屈肢，为男性（图二一六；图版四二，3）。

2. 随葬品

未发现随葬品。

图二一六　黄村双高花园M30平、剖面图

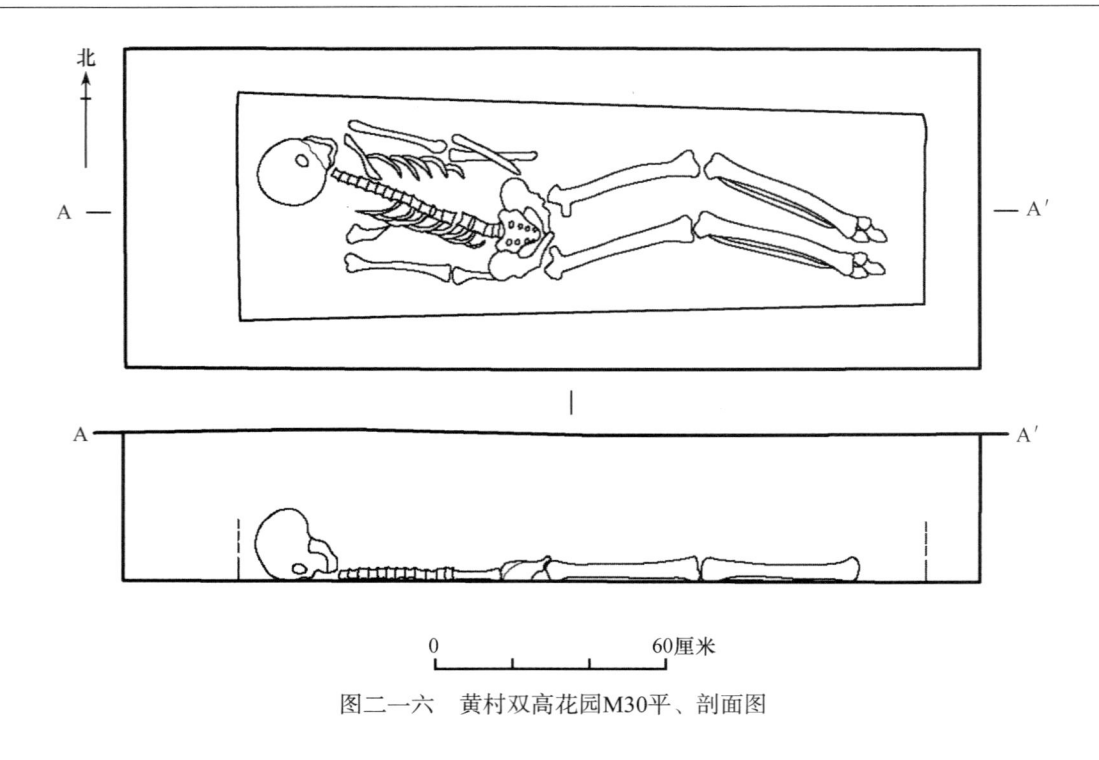

三十一、M31

1. 墓葬形制

该墓位于发掘区西北部，西南邻M37。开口于第2层下，西南—东北向，方向222°。

墓平面呈梯形，竖穴土圹双棺合葬墓。墓口距地表深0.7米，墓底距地表深1.34米。墓圹东西长2.64、南北宽1.48~1.78、深0.64米。内填花土，土质较松。内置双棺，棺木已朽。北棺痕长1.94、宽0.5~0.62、残高0.14米；骨架保存稍好，头向西南，面向东南，侧身屈肢，为女性。南棺痕长1.78、宽0.48~0.62、残高0.14米；骨架保存较差，头向西，面向南，仰身直肢，为男性（图二一七；图版四二，4）。

2. 随葬品

北棺内头骨上方出土银押发1件、银簪1件，右上肢骨下方出土铜钱9枚。

银押发　1件。M31：1，两端圆尖向后弯曲呈叶状，中部束腰，正面两端錾刻佛手花纹。长8.8厘米（图二一八，1；图版四九，3）。

银簪　1件。M31：2，梅花包珠形簪首，锤揲成两层梅花状椭圆形簪托，中部镶嵌蓝色玛瑙珠，簪体呈圆柱锥形。长10厘米（图二一八，2；图版四九，4）。

铜钱　9枚。有乾隆通宝、道光通宝、咸丰重宝、同治重宝。

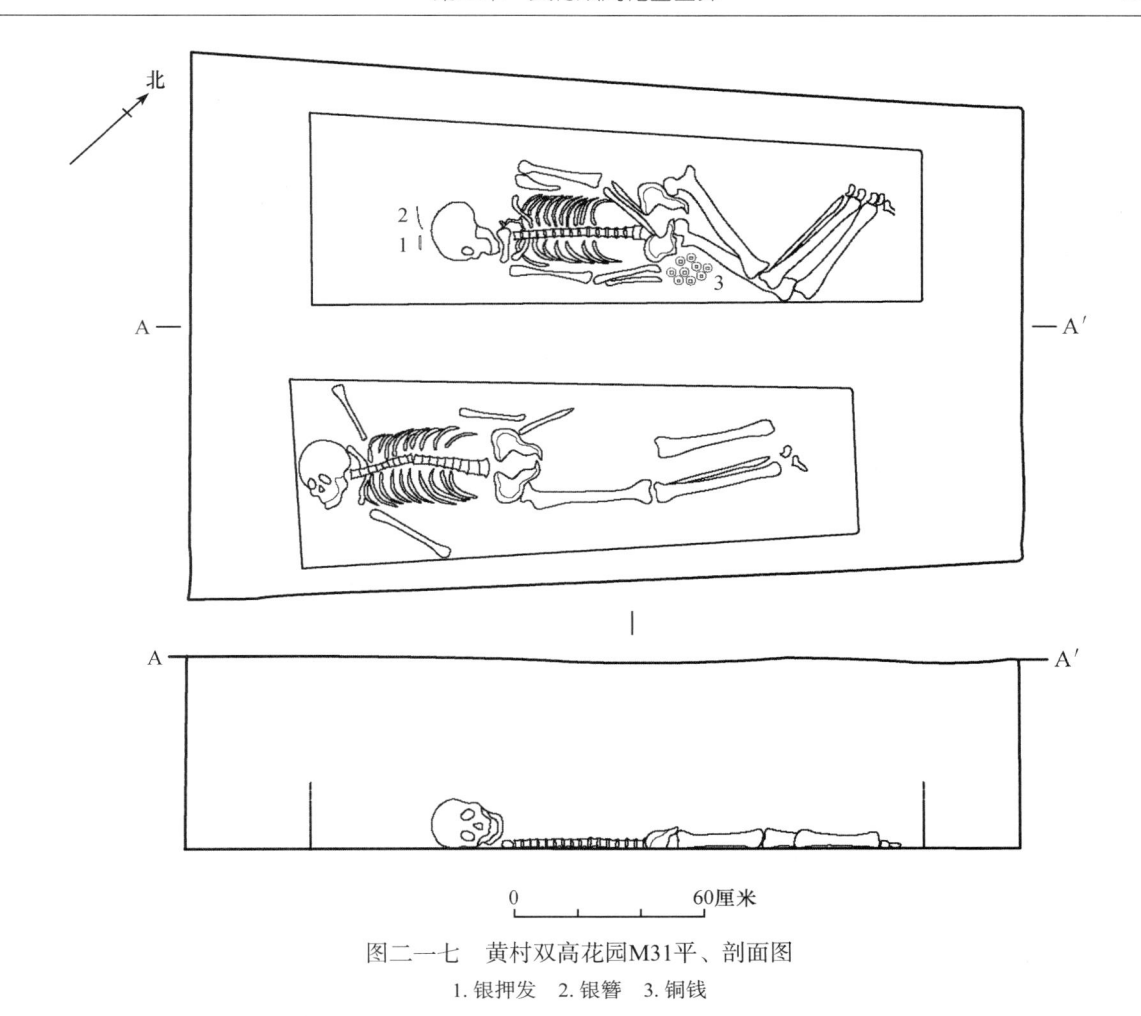

图二一七　黄村双高花园M31平、剖面图
1. 银押发　2. 银簪　3. 铜钱

乾隆通宝　3枚。平钱，圆形，方穿，正背面郭缘略宽，正面楷书"乾隆通寶"四字，对读。标本M31：3-1，背穿左右为满文"宝泉"局名。钱径2.42、穿径0.5、郭厚0.12厘米（图二一八，3）。标本M31：3-2，背穿左右为满文"宝直"局名。钱径2.27、穿径0.55、郭厚0.16厘米（图二一八，4）。

道光通宝　2枚。标本M31：3-3，平钱，圆形，方穿，正背面郭缘较宽，正面楷书"道光通寶"四字，对读，背穿左右为满文"宝泉"局名。钱径2.43、穿径0.55、郭厚0.14厘米（图二一八，5）。

咸丰重宝　2枚。大平钱，圆形，方穿，正面楷书"咸豐重寶"四字，对读。M31：3-4，正背面郭缘较窄，背穿上下楷书"當十"二字，左右为满文"宝泉"局名。钱径2.64、穿径0.7、郭厚0.13厘米（图二一八，6）。M31：3-5，正背面郭缘较宽，背穿上下楷书"當十"二字，左右为满文"宝源"局名。钱径2.85、穿径0.6、郭厚0.2厘米（图二一八，7）。

同治重宝　2枚。标本M31：3-6，大平钱，圆形，方穿，正背面郭缘较宽，正面楷书"同治重寶"四字，对读，背穿上下楷书"當十"二字，左右为满文"宝泉"局名。钱径2.86、穿径0.6、郭厚0.17厘米（图二一八，8）。

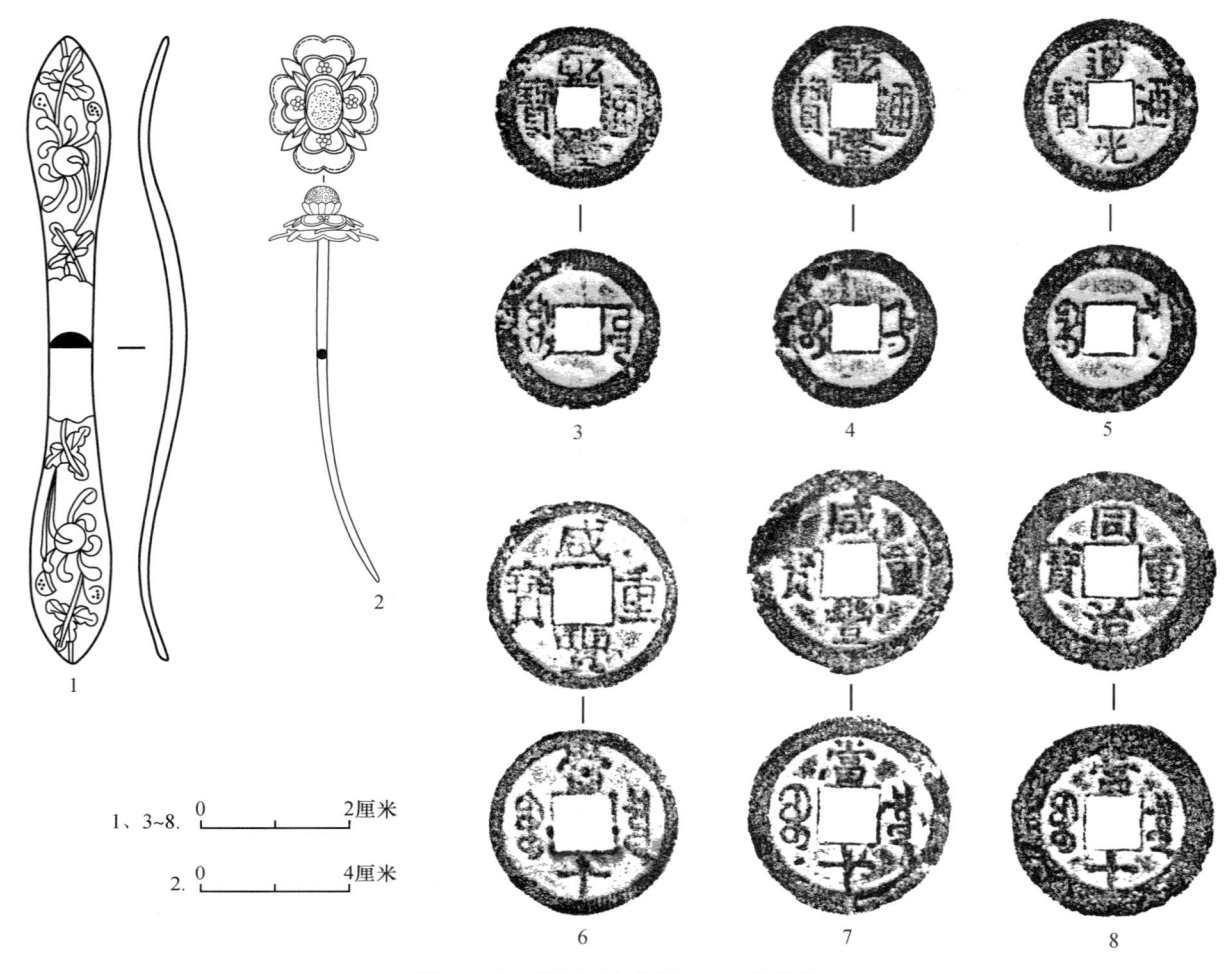

图二一八　黄村双高花园M31出土器物

1. 银押发（M31：1）　2. 银簪（M31：2）　3、4. 乾隆通宝（M31：3-1、M31：3-2）　5. 道光通宝（M31：3-3）
6、7. 咸丰重宝（M31：3-4、M31：3-5）　8. 同治重宝（M31：3-6）

三十二、M32

1. 墓葬形制

该墓位于发掘区西北部，东邻M28。开口于第2层下，东西向，方向270°。

墓平面呈长方形，竖穴土圹单棺墓。墓口距地表深0.7米，墓底距地表深1.78米。墓圹东西长2.28、南北宽1.08、深1.08米。内填花土，土质较松。内置单棺，棺木已朽，棺痕长1.88、宽0.56~0.68、残高0.1米。骨架保存较差，头向西，面向上，侧身屈肢，为男性（图二一九）。

2. 随葬品

棺内右上肢骨下方出土铜钱3枚，有道光通宝、咸丰通宝、宣统通宝。

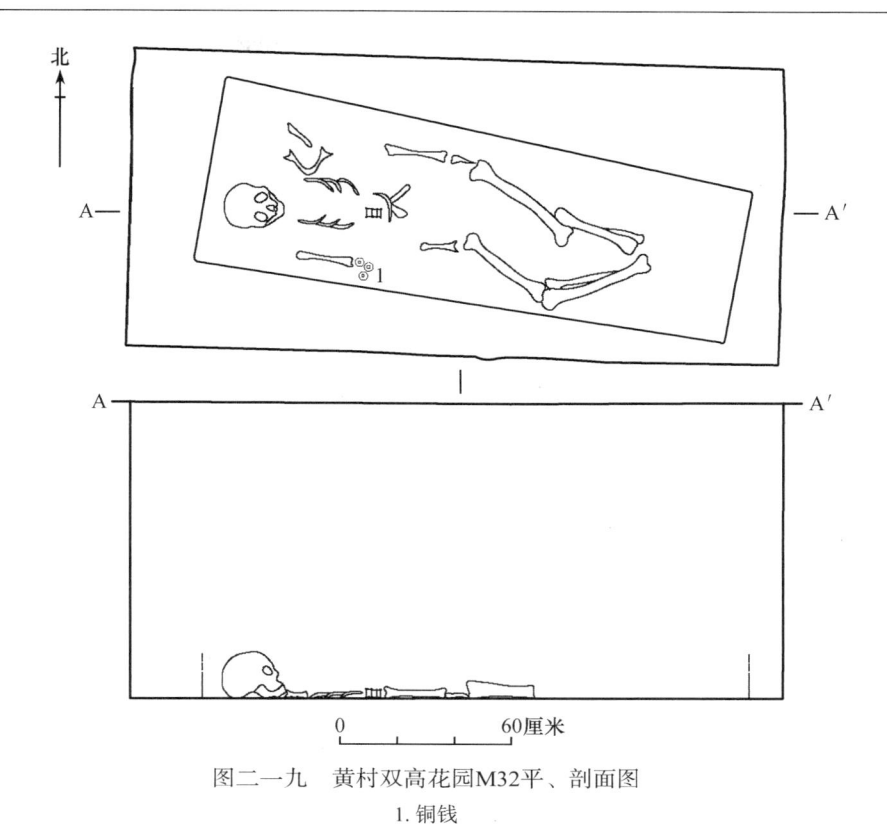

图二一九　黄村双高花园M32平、剖面图
1. 铜钱

道光通宝　1枚。M32：1-1，平钱，圆形，方穿，正背面郭缘较宽，正面楷书"道光通寶"四字，对读，背穿左右为满文"宝泉"局名。钱径2.5、穿径0.54、郭厚0.14厘米（图二二〇，1；图版五〇，6）。

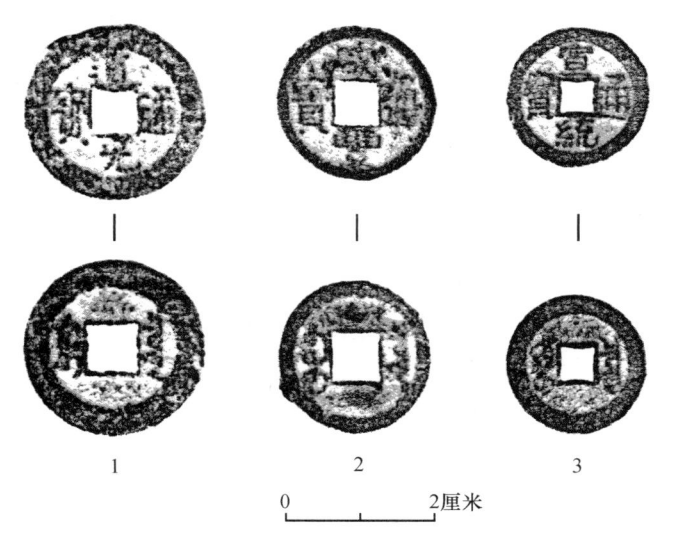

图二二〇　黄村双高花园M32出土铜钱（拓片）
1. 道光通宝（M32：1-1）　2. 咸丰通宝（M32：1-2）　3. 宣统通宝（M32：1-3）

咸丰通宝　1枚。M32：1-2，小平钱，圆形，方穿，正背面郭缘较窄，正面楷书"咸豐通寳"四字，对读，背穿左右为满文"宝泉"局名。钱径2.2、穿径0.5、郭厚0.16厘米（图二二〇，2）。

宣统通宝　1枚。M32：1-3，小平钱，圆形，方穿，正背面郭缘略宽，正面楷书"宣統通寳"四字，对读，背穿左右为满文"宝泉"局名。钱径1.95、穿径0.36、郭厚0.1厘米（图二二〇，3；图版五〇，6）。

三十三、M33

1. 墓葬形制

该墓位于发掘区西北部，南邻M29。开口于第2层下，东西向，方向272°。

墓平面呈梯形，竖穴土圹单棺墓。墓口距地表深0.7米，墓底距地表深1.22米。墓圹东西长2.32、南北宽1.14~1.18、深0.52米。内填花土，土质较松。内置单棺，棺木已朽，棺痕长1.92、宽0.48~0.64、残高0.12米。骨架保存较差，头向西，面向南，仰身直肢，为男性（图二二一）。

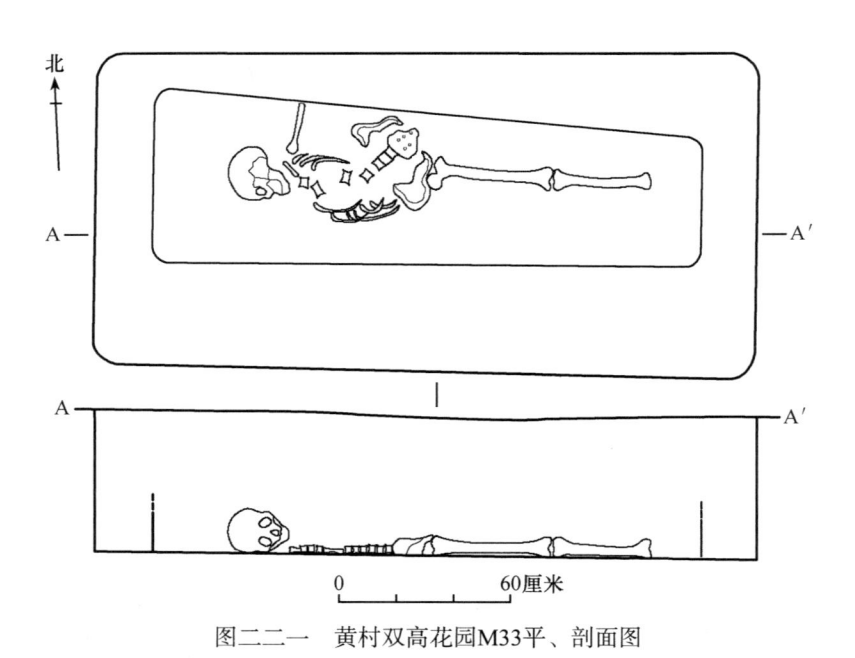

图二二一　黄村双高花园M33平、剖面图

2. 随葬品

未发现随葬品。

三十四、M34

1. 墓葬形制

该墓位于发掘区西北部，南邻M22。开口于第2层下，东西向，方向280°。

墓平面呈长方形，竖穴土圹单棺墓。墓口距地表深0.7米，墓底距地表深1.54米。墓圹东西长2.96、南北宽1.52、深0.84米。内填花土，土质较松。内置单棺，棺木已朽，棺痕长2.02、宽0.58～0.64、残高0.1米。骨架保存稍差，头向西，面向上，仰身直肢，为男性（图二二二）。

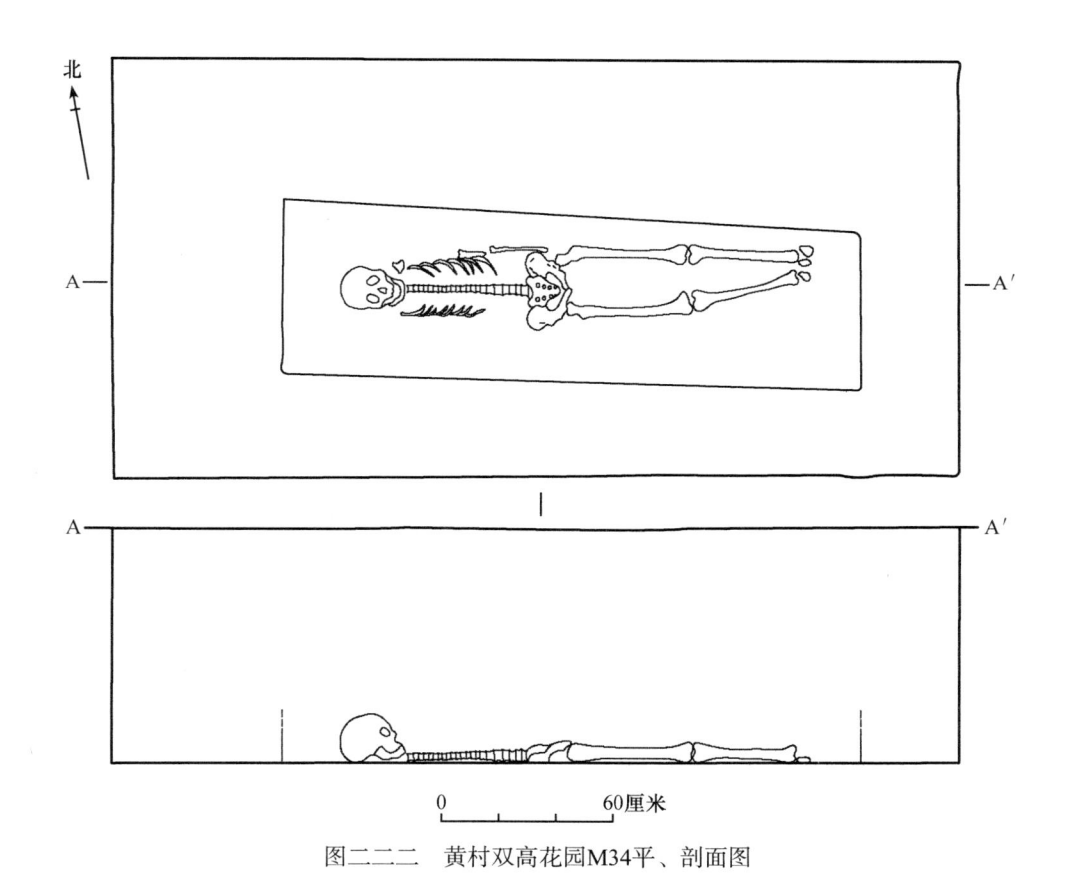

图二二二 黄村双高花园M34平、剖面图

2. 随葬品

未发现随葬品。

三十五、M35

1. 墓葬形制

该墓位于发掘区西北部，西邻M34。开口于第2层下，东西向，方向275°。

墓平面呈梯形，竖穴土圹双棺合葬墓。墓口距地表深0.7米，墓底距地表深1.5米。墓圹东西长2.44、南北宽1.34~1.42、深0.8米。内填花土，土质较松。内置双棺，棺木已朽。北棺痕长1.92、宽0.52~0.6、残高0.18米；骨架保存稍差，头向西北，面向西南，仰身直肢，为男性。南棺痕长1.6、宽0.5~0.56、残高0.18米；骨架保存较差，头向西，面向北，仰身直肢，为女性（图二二三）。

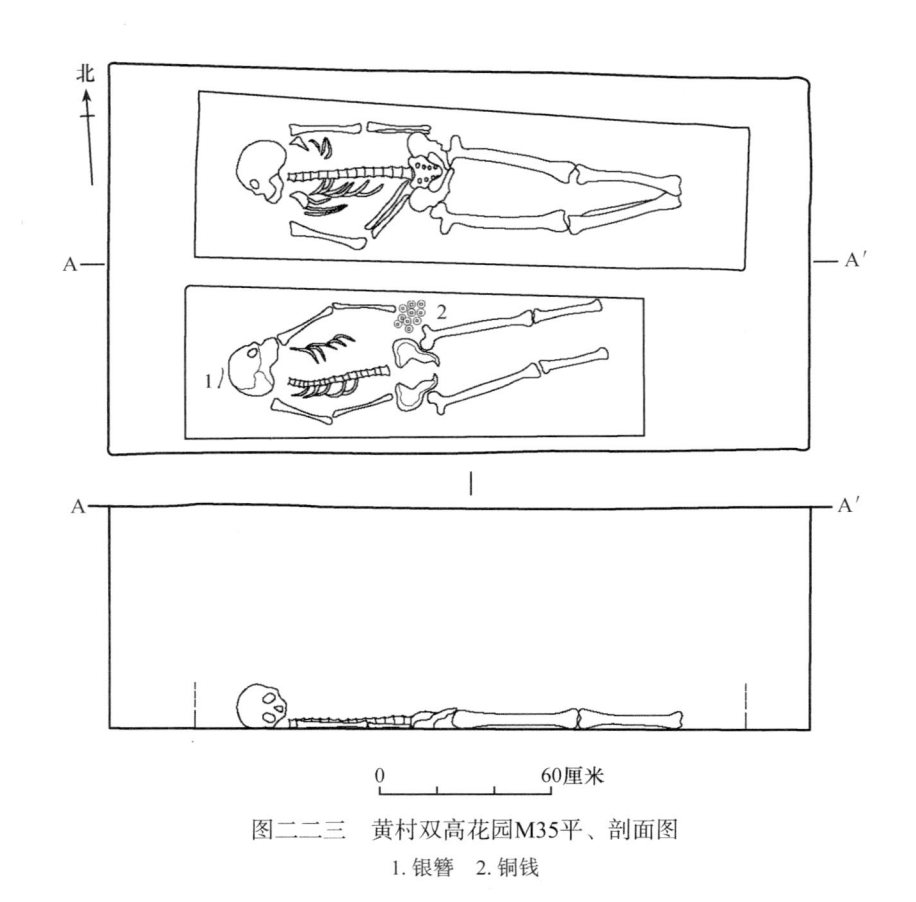

图二二三 黄村双高花园M35平、剖面图
1. 银簪 2. 铜钱

2. 随葬品

南棺内头骨上方出土银簪1件，左上肢骨下方出土铜钱10枚。

银簪 1件。M35:1，簪首呈镂空花球状，簪体呈圆柱锥形。长10.4厘米（图二二四，1；图版四九，5）。

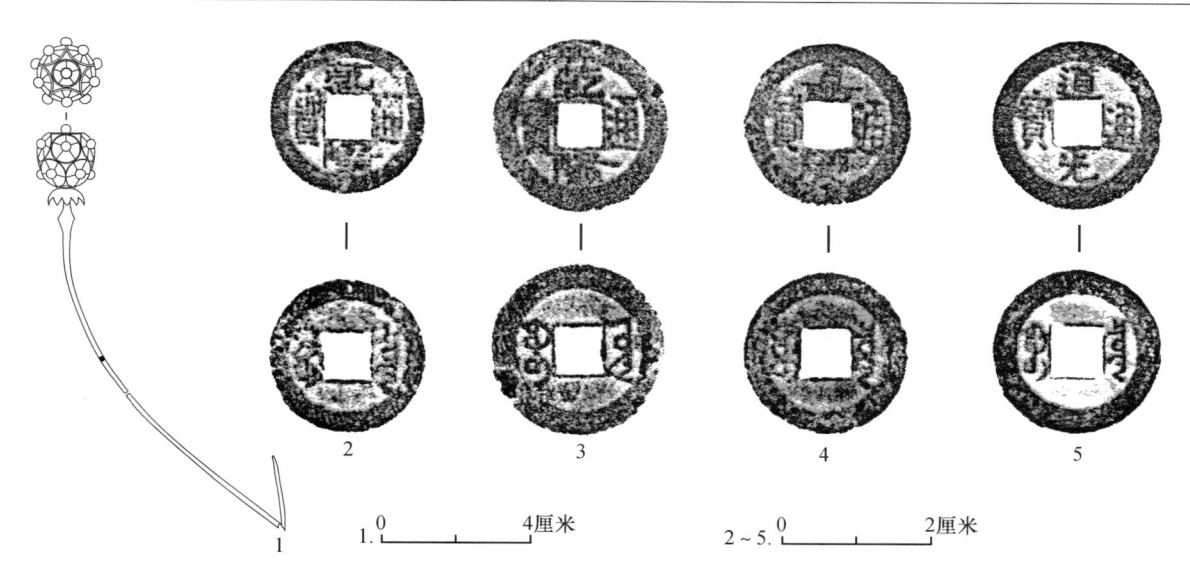

图二二四　黄村双高花园M35出土器物

1. 银簪（M35：1）　2、3. 乾隆通宝（M35：2-1、M35：2-2）　4. 嘉庆通宝（M35：2-3）　5. 道光通宝（M35：2-4）

铜钱　10枚。有乾隆通宝、嘉庆通宝、道光通宝。

乾隆通宝　3枚。平钱，圆形，方穿，正背面郭缘略宽，正面楷书"乾隆通寶"四字，对读。标本M35：2-1，背穿左右为满文"宝泉"局名。钱径2.17、穿径0.54、郭厚0.14厘米（图二二四，2）。标本M35：2-2，背穿左右为满文"宝源"局名。钱径2.4、穿径0.55、郭厚0.1厘米（图二二四，3）。

嘉庆通宝　1枚。M35：2-3，平钱，圆形，方穿，正背面郭缘略宽，正面楷书"嘉慶通寶"四字，对读，背穿左右为满文"宝泉"局名。钱径2.29、穿径0.59、郭厚0.12厘米（图二二四，4）。

道光通宝　6枚。标本M35：2-4，平钱，圆形，方穿，正背面郭缘略宽，正面楷书"道光通寶"四字，对读，背穿左右为满文"宝泉"局名。钱径2.35、穿径0.57、郭厚0.14厘米（图二二四，5）。

三十六、M36

1. 墓葬形制

该墓位于发掘区西北部，南邻M37。开口于第2层下，东西向，方向270°。

墓平面呈长方形，竖穴土圹双棺合葬墓。墓口距地表深0.7米，墓底距地表深1.28～1.66米。墓圹东西长1.98、南北宽1.4、深0.58～0.96米。内填花土，土质较松。内置双棺，棺木已朽。北棺痕长1.7、宽0.48～0.56、残高0.2米；骨架保存稍差，头向西，面向南，仰身直肢，为男性。南棺痕长1.6、宽0.38～0.52、残高0.2米；骨架保存较差，头向南，面向下，仰身直肢，为女性（图二二五）。

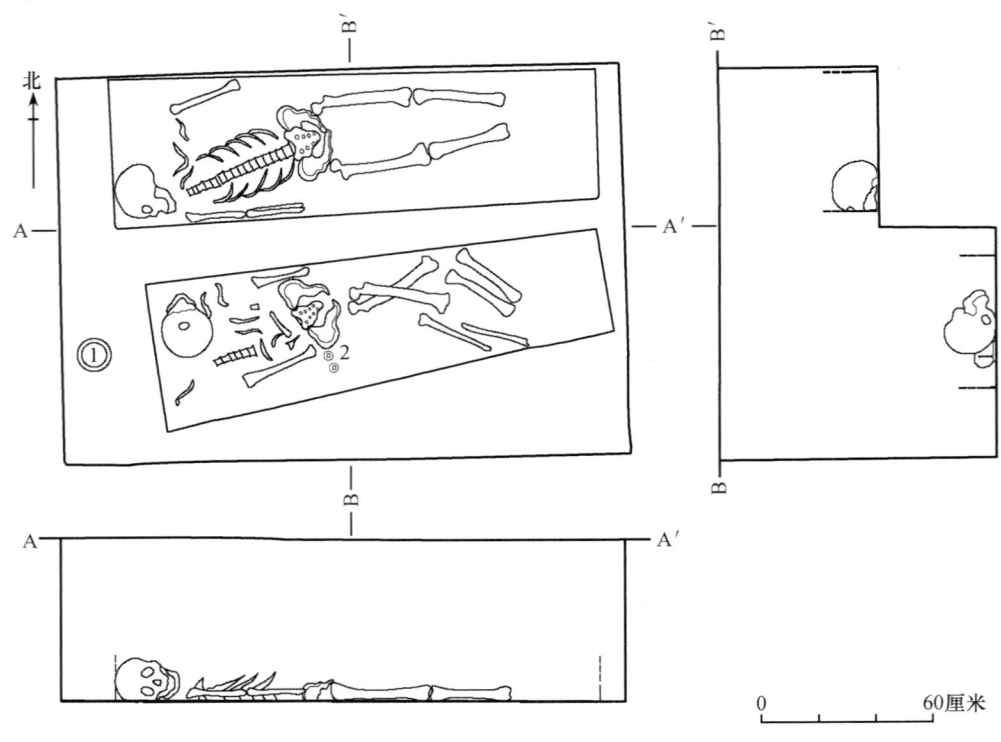

图二二五　黄村双高花园M36平、剖面图
1. 瓷罐　2. 铜钱

2. 随葬品

南棺外前方出土瓷罐1件，棺内右上肢骨下方出土铜钱2枚。

瓷罐　1件。M36:1，直口，方圆唇，矮颈，圆肩，鼓腹，矮圈足。上腹及口沿内侧下方施酱黑色釉，口沿、下腹及圈足无釉，露黄褐色胎，胎质较粗。轮制，通体遗有轮旋痕。口径10.2、腹径13.4、底径8.8、高7.9厘米（图二二六；图版四三，4）。

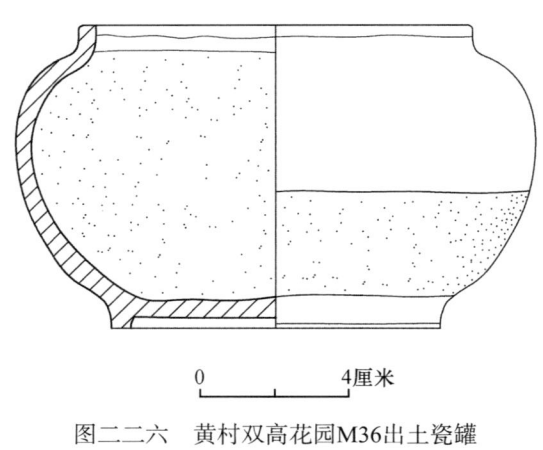

图二二六　黄村双高花园M36出土瓷罐
（M36:1）

铜钱 2枚。锈蚀严重，无法辨认。

三十七、M37

1. 墓葬形制

该墓位于发掘区西北部，北邻M36。开口于第2层下，东西向，方向270°。

墓平面呈梯形，竖穴土圹双棺合葬墓。墓口距地表深0.7米，墓底距地表深1.7米。墓圹东西长2.38、南北宽1.46～1.82、深1米。内填花土，土质较松。内置双棺，棺木已朽。北棺痕长1.9、宽0.44～0.58、残高0.09米；骨架保存稍差，头向西北，面向西南，仰身直肢，为男性。南棺痕长1.9、宽0.48～0.62、残高0.1米；骨架保存较差，头向西北，面向西南，仰身直肢，为女性（图二二七）。

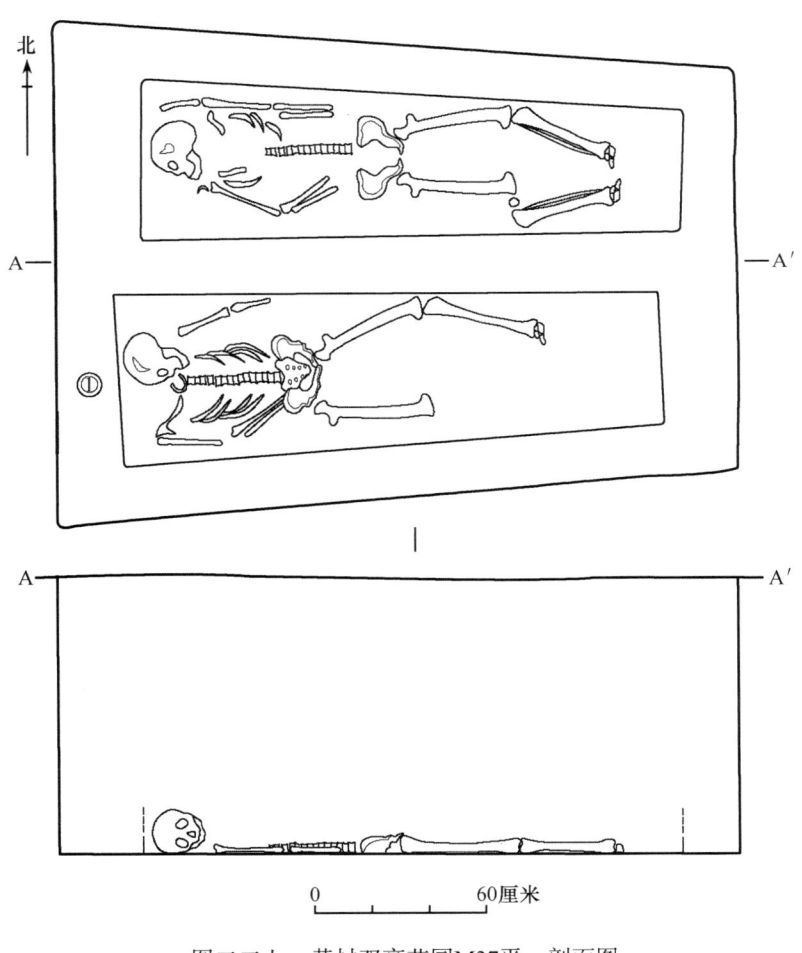

图二二七　黄村双高花园M37平、剖面图

1. 陶罐

2. 随葬品

南棺外前方出土陶罐1件。

陶罐　1件。M37∶1，泥质褐陶。直口，斜平沿，尖唇，束颈，溜肩，弧腹，平底。颈肩部置对称双系，均残。轮制，通体遗有轮旋痕。口径10.8、腹径13.4、底径8、高10.4厘米（图二二八；图版四三，5）。

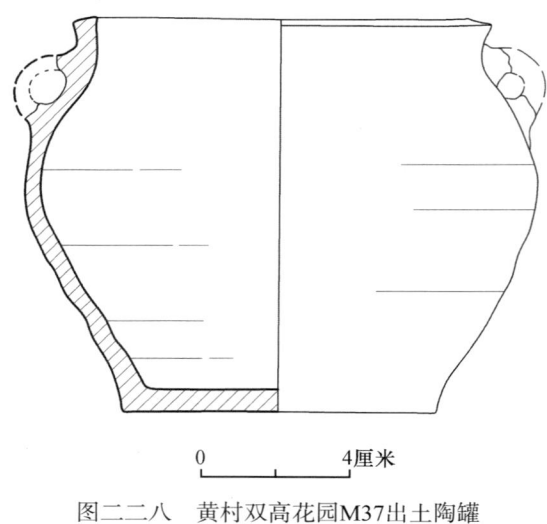

图二二八　黄村双高花园M37出土陶罐（M37∶1）

第四章　康庄安置房墓葬

一、M1

1. 墓葬形制

该墓位于发掘区东北部。开口于第2层下，东西向，方向245°。

墓平面呈长方形，竖穴土圹单棺墓。墓口距地表深0.2米，墓底距地表深0.9米。墓圹东西长2.58、南北宽1.28、深0.7米。内填花土，土质较松。内置单棺，棺木已朽，棺长2.24、宽0.66~0.7、残高0.2米，棺板厚0.1~0.12米，前封板厚0.08米，后封板厚0.06米。骨架保存较差，头向北，面向上，葬式不明，为男性（图二二九）。

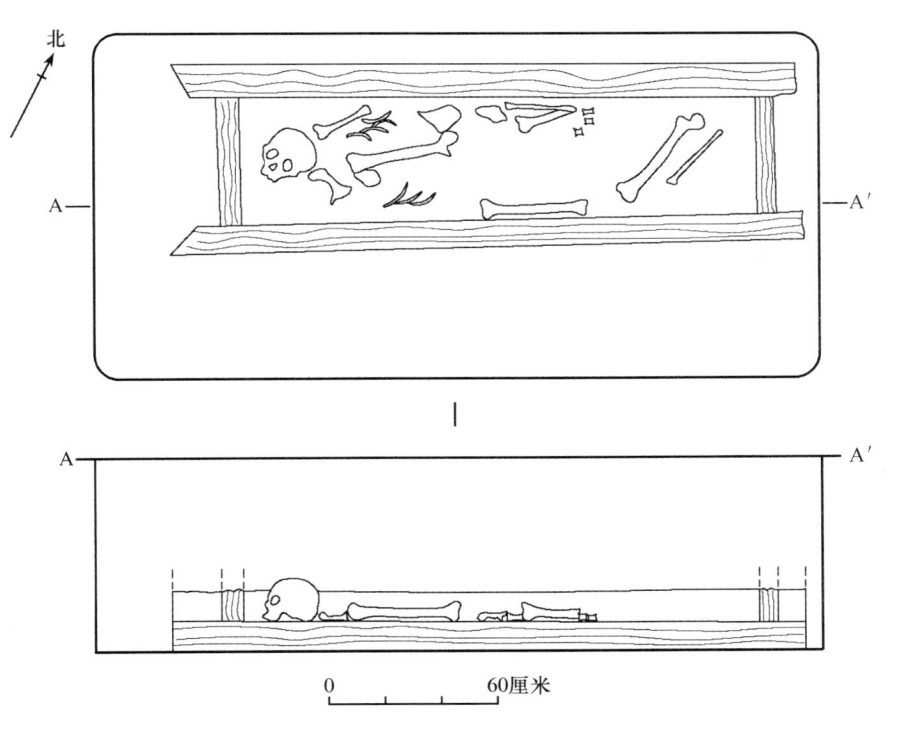

图二二九　康庄安置房M1平、剖面图

2. 随葬品

未发现随葬品。

二、M2

1. 墓葬形制

该墓位于发掘区西北部,北邻M3。开口于第2层下,西北—东南向,方向317°。

墓平面呈长方形,竖穴土圹单棺墓。墓口距地表深0.6米,墓底距地表深1.06米。墓圹南北长2.1、东西宽0.84、深0.46米。内填花土,土质较松。内置单棺,棺木已朽,棺长1.94、宽0.64~0.74、残高0.09米,棺板厚0.04~0.06米。骨架保存较差,头向西南,面向上,仰身直肢,为男性(图二三〇;图版五一,1)。

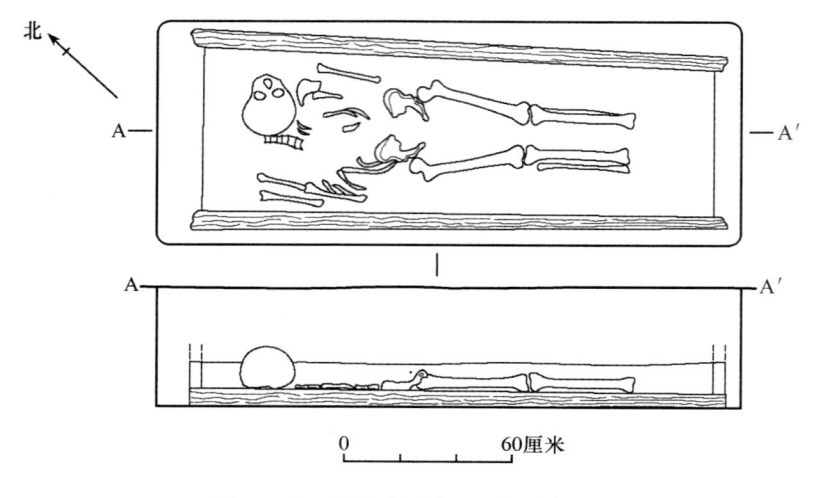

图二三〇　康庄安置房M2平、剖面图

2. 随葬品

未发现随葬品。

三、M3

1. 墓葬形制

该墓位于发掘区西北部,南邻M2。开口于第2层下,西北—东南向,方向320°。

墓平面呈长方形，竖穴土圹双棺合葬墓。墓口距地表深0.6米，墓底距地表深1.3～1.4米。墓圹南北长2.2、东西宽1.48、深0.7～0.8米。内填花土，土质较松。内置双棺，棺木已朽。东棺痕长1.88、宽0.48～0.66、残高0.1米；骨架保存稍差，头向西北，面向东北，仰身直肢，为男性。西棺痕长1.86、宽0.5～0.62、残高0.1米；骨架保存较差，头向东北，面向东南，仰身直肢，为女性（图二三一；图版五一，2）。

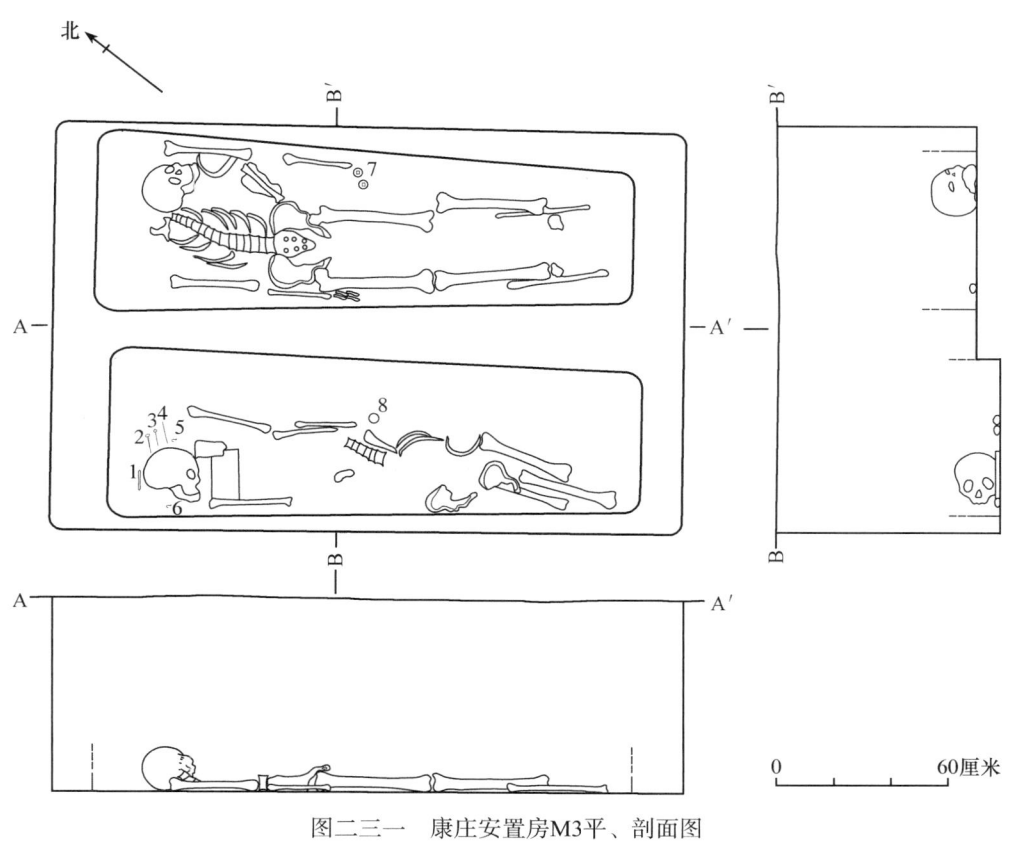

图二三一　康庄安置房M3平、剖面图
1.银押发　2～4.银簪　5、6.银耳环　7.铜钱　8.铜币

2. 随葬品

东棺内左上肢骨下方出土铜钱2枚；西棺内头骨上方出土银押发1件、银簪3件，头骨两侧出土银耳环各1件，左上肢骨下方出土铜币1枚。

银押发　1件。M3:1，两端扁平向后弯曲呈叶状，中部束腰。长8.5、宽0.6～1厘米（图二三二，1；图版五二，1）。

银簪　3件。M3:2，簪首圆形呈花瓣状，中部凸起呈圆环形，内焊接掐丝篆书"福"字，背面錾刻竖款"永顺"二字，簪体呈圆柱锥形，簪首鎏金。长10厘米（图二三二，2；图版五二，2）。M3:3，簪首圆形呈花瓣状，中部凸起呈圆环形，内焊接掐丝篆书"寿"字，背面錾刻竖款"永顺"二字，簪体呈圆柱锥形，簪首鎏金。长10厘米

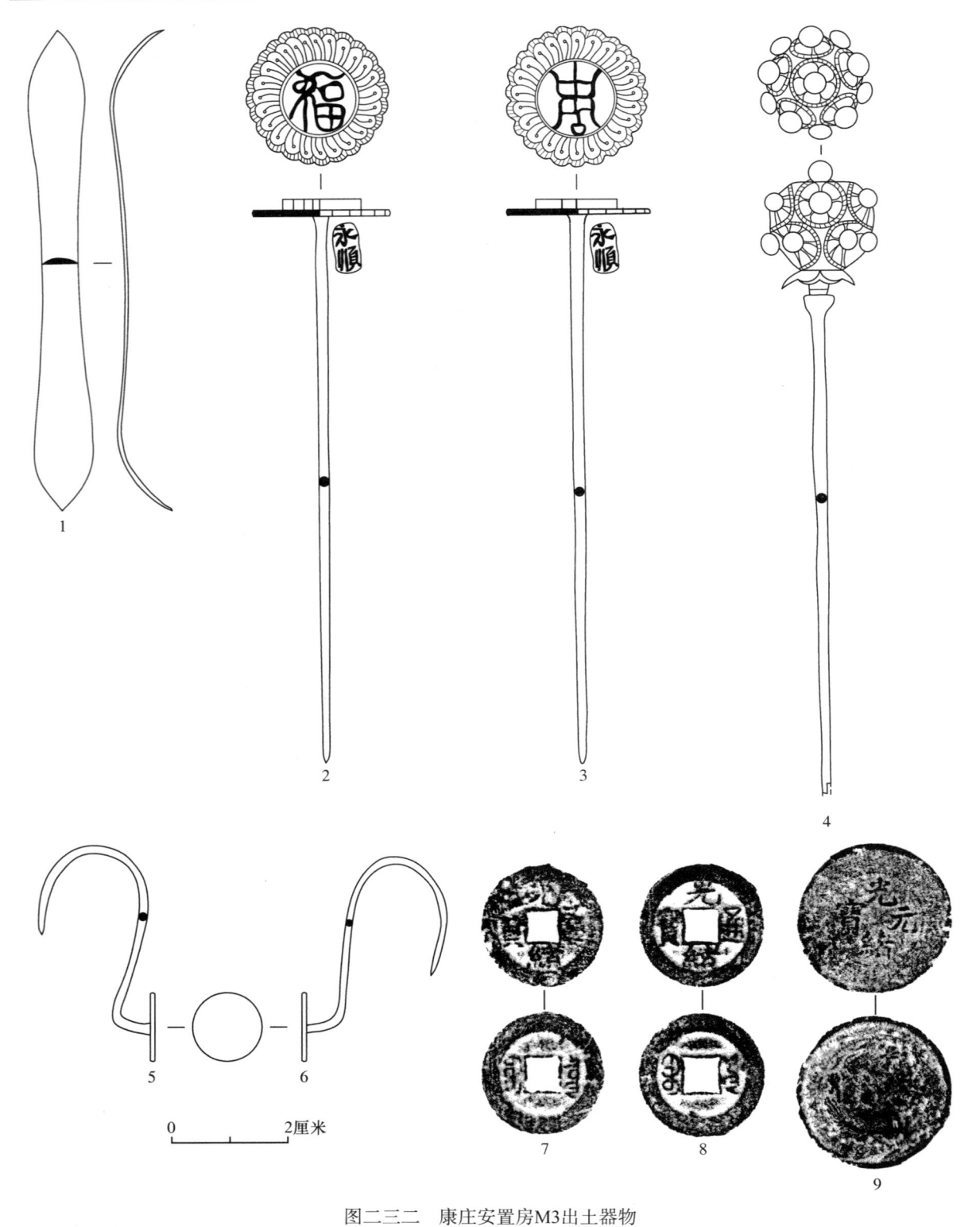

图二三二　康庄安置房M3出土器物
1. 银押发（M3:1）　2~4. 银簪（M3:2、M3:3、M3:4）　5、6. 银耳环（M3:5、M3:6）
7、8. 光绪通宝（M3:7-1、M3:7-2）　9. 铜币（M3:8）

（图二三二，3；图版五二，3）。M3：4，簪首呈镂空花球状，簪体呈圆柱锥形。长11.2厘米（图二三二，4；图版五二，4）。

银耳环　2件。形制相同。M3：5、M3：6，呈"S"形，一端呈圆钩状，一端圆饼形，两端焊接而成。高3.8厘米（图二三二，5、6；图版五二，5、6）。

光绪通宝　2枚。平钱，圆形，方穿，正背面郭缘较宽，正面楷书"光緒通寶"四字，对读。M3：7-1，背穿左右为满文"宝泉"局名。钱径2.24、穿径0.52、郭厚0.12厘米（图二三二，7）。M3：7-2，背穿左右为满文"宝源"局名。钱径2.32、穿径0.56、郭厚0.14厘米（图二三二，8）。

铜币　1枚。M3：8，平钱，圆形，正背面郭缘较窄，正面楷书"光緒元寶"四字，对读。背面铸蟠龙戏火珠。钱径2.5、郭厚0.15厘米（图二三二，9）。

四、M4

1. 墓葬形制

该墓位于发掘区西北部，南邻M5。开口于第2层下，西北—东南向，方向332°。

墓平面呈长方形，竖穴土圹单棺墓。墓口距地表深0.4米，墓底距地表深1.2米。墓圹南北长2.1、东西宽1.6、深0.8米。内填花土，土质较松。内置单棺，棺木已朽，棺痕长1.84、宽0.52~0.66、残高0.14米。骨架保存较差，头向东北，面向东南，仰身直肢，为男性（图二三三）。

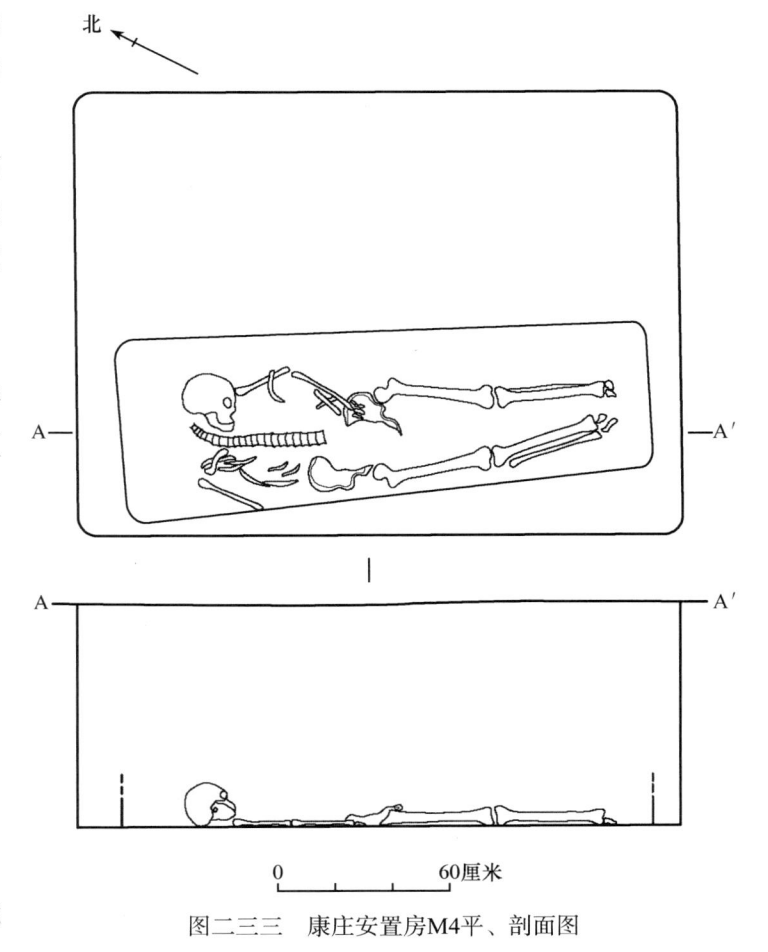

2. 随葬品

未发现随葬品。

五、M5

1. 墓葬形制

该墓位于发掘区西北部，北邻

图二三三　康庄安置房M4平、剖面图

M4。开口于第2层下，南北向，方向354°。

墓平面呈长方形，竖穴土圹单棺迁葬墓。墓口距地表深0.4米，墓底距地表深1.5米。墓圹南北长2.3、东西宽1.1、深1.1米。内填花土，土质较松。内置单棺，棺木已朽，棺痕长1.82、宽0.4~0.64、残高0.1米。未发现骨架（图二三四）。

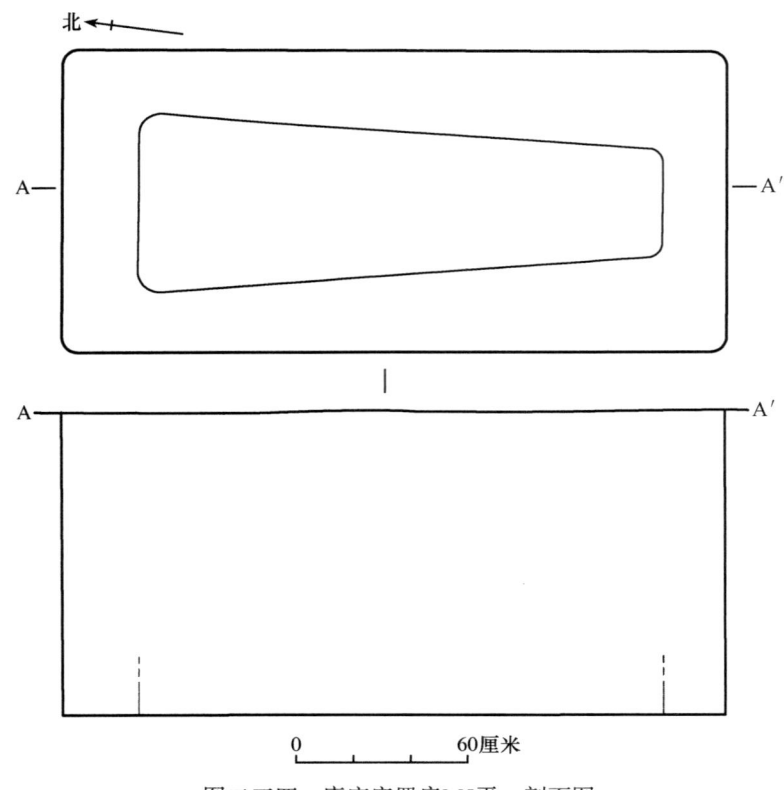

图二三四　康庄安置房M5平、剖面图

2. 随葬品

未发现随葬品。

六、M6

1. 墓葬形制

该墓位于发掘区西北部，东邻M7。开口于第2层下，南北向，方向352°。

墓平面呈长方形，竖穴土圹迁葬墓。墓口距地表深0.4米，墓底距地表深1.33米。墓圹南北长2.24、东西宽2.12、深0.93米。内填花土，土质较松。未发现骨架（图二三五）。

图二三五　康庄安置房M6平、剖面图

2. 随葬品

未发现随葬品。

七、M7

1. 墓葬形制

该墓位于发掘区西北部，西邻M6。开口于第2层下，南北向，方向355°。

墓平面呈不规则形，竖穴土圹双棺迁葬墓。墓口距地表深0.4米，墓底距地表深1.36米。墓圹南北长2.12～2.14、东西宽1.92、深0.96米。内填花土，土质较松。未发现骨架（图二三六）。

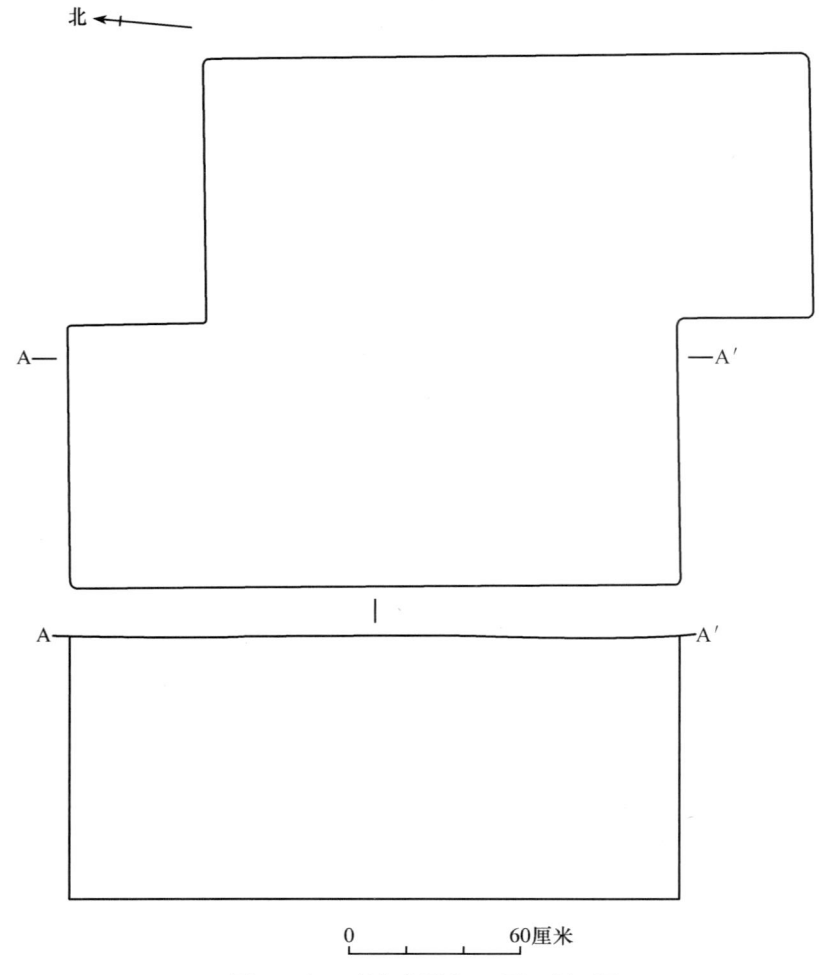

图二三六　康庄安置房M7平、剖面图

2. 随葬品

未发现随葬品。

八、M8

1. 墓葬形制

该墓位于发掘区西北部，北邻M7。开口于第2层下，西北—东南向，方向345°。

墓平面呈梯形，竖穴土圹双棺合葬墓。墓口距地表深0.4米，墓底距地表深1米。墓圹南北长2.28、东西宽1.56～1.68、深0.6米。内填花土，土质较松。内置双棺，棺木已朽。东棺痕长1.7、宽0.44～0.56、残高0.1米；骨架保存稍差，头向西，面向北，仰身直肢，为女性。西棺痕长1.7、宽0.44～0.58、残高0.1米；骨架保存稍差，头向西南，面向上，仰身直肢，为男性（图二三七；图版五一，3）。

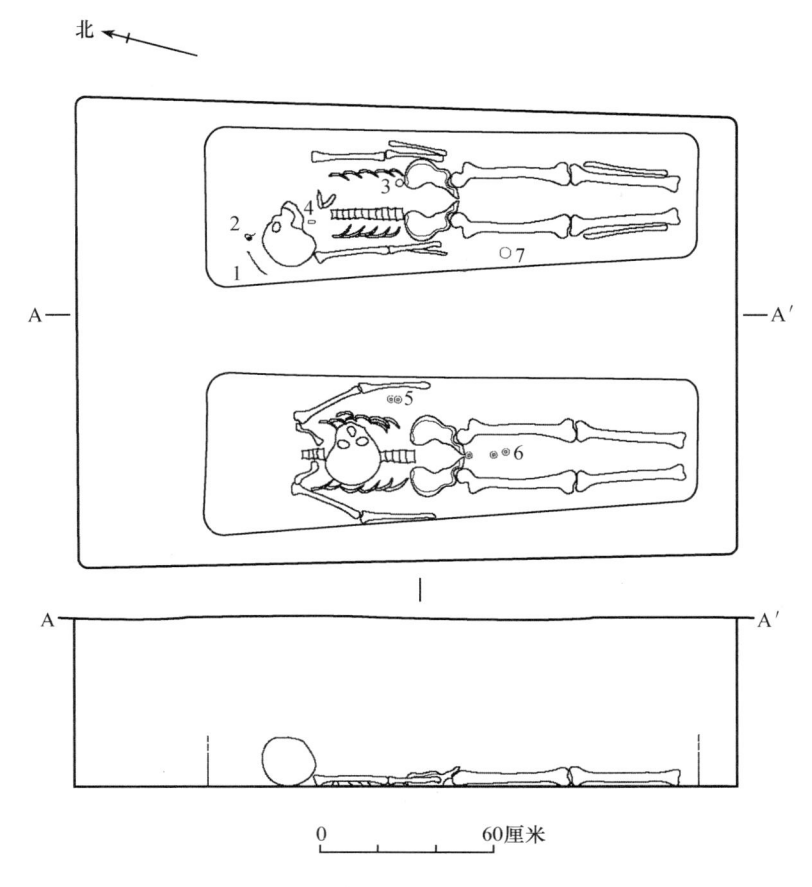

图二三七　康庄安置房M8平、剖面图
1. 银簪　2. 银耳环　3. 银戒指　4. 玉坠饰　5、6. 铜钱　7. 铜币

2. 随葬品

东棺内头骨上方出土银簪1件，头骨左侧出土银耳环1件，头骨下方出土玉坠饰1件，左上肢骨下方出土银戒指1枚，右上肢骨下方出土铜币1枚；西棺内左上肢骨下方、左下肢骨内侧上方出土铜钱5枚。

银簪　1件。M8：1，簪首残，簪体呈圆柱锥形。残长10厘米（图二三八，1；图版五三，1）。

银耳环　1件。M8：2，呈"S"形，一端锤揲成两层佛手花朵状，一端呈圆钩状，两端焊接而成，通体鎏金，部分已脱落。高3.4厘米（图二三八，2；图版五三，2）。

银戒指　1枚。M8：3，圆形。中部锤揲成椭圆形梅花状，两端呈扁条锥形。直径2.2厘米（图二三八，4；图版五三，3）。

玉坠饰　1件。M8：4，乳白色泛黄。呈半圆弧状，侧面呈长方弧形，中间有一穿孔。长1.5、宽1.1、厚0.5厘米（图二三八，3；图版五三，4）。

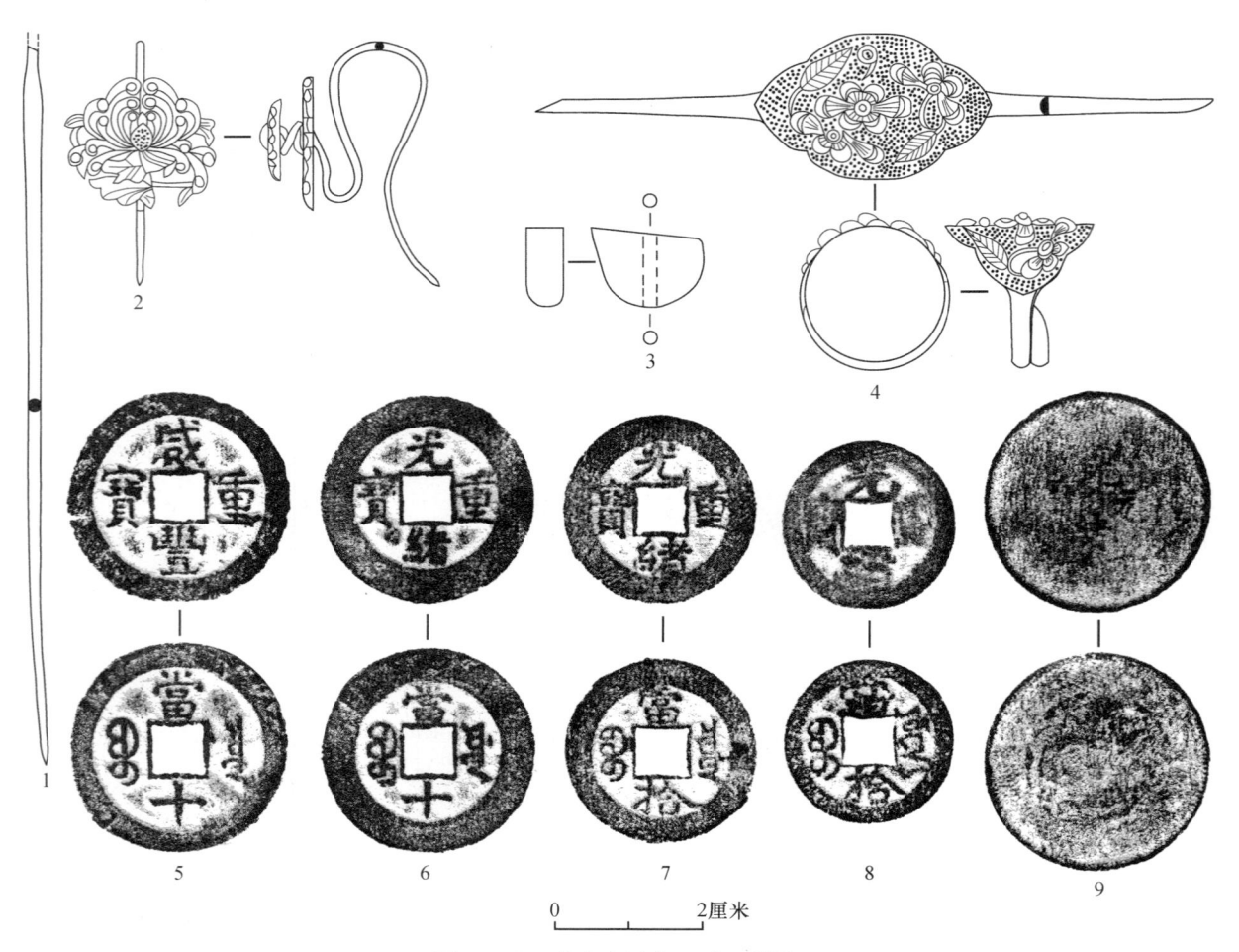

图二三八　康庄安置房M8出土器物

1. 银簪（M8：1） 2. 银耳环（M8：2） 3. 玉坠饰（M8：4） 4. 银戒指（M8：3） 5. 咸丰重宝（M8：5-1）
6~8. 光绪重宝（M8：6-1、M8：6-2、M8：6-3） 9. 铜币（M8：7）

铜钱 5枚。有咸丰重宝、光绪重宝。

咸丰重宝 2枚。标本M8：5-1，大平钱，圆形，方穿，正背面郭缘较宽，正面楷书"咸豐重寶"四字，对读，背穿上下楷书"當十"二字，左右为满文"宝泉"局名。钱径3.25、穿径0.64、郭厚0.21厘米（图二三八，5；图版五三，5）。

光绪重宝 3枚。平钱，圆形，方穿，正背面郭缘较宽，正面楷书"光緒重寶"四字，对读。M8：6-1，背穿上下楷书"當十"二字，左右为满文"宝源"局名。钱径3.15、穿径0.6、郭厚0.15厘米（图二三八，6；图版五三，5）。M8：6-2，背穿上下楷书"當拾"二字，左右为满文"宝泉"局名。钱径2.74、穿径0.55、郭厚0.15厘米（图二三八，7；图版五三，5）。M8：6-3，背穿上下楷书"當拾"二字，左右为满文"宝源"局名。钱径2.52、穿径0.55、郭厚0.15厘米（图二三八，8；图版五三，5）。

铜币 1枚。M8：7，大平钱，圆形，正背面郭缘较窄，正面楷书"光緒元寶"四字，对读。背面铸蟠龙戏火珠。钱径3.23、郭厚0.15厘米（图二三八，9）。

第五章　康庄C地块墓葬

一、M1

1. 墓葬形制

该墓位于发掘区西北部,南邻M2。开口于第2层下,南北向,方向180°。

墓平面呈长方形,竖穴土圹单棺墓。墓口距地表深1.7米,墓底距地表深2.4米。墓圹南北长2、东西宽0.8、深0.7米。内填花土,土质较松。内置单棺,棺木已朽,棺长1.8、宽0.6~0.64、残高0.2米,棺板厚0.04~0.06米。骨架保存稍差,头向南,面向西,仰身屈肢,为男性(图二三九;图版五四,1)。

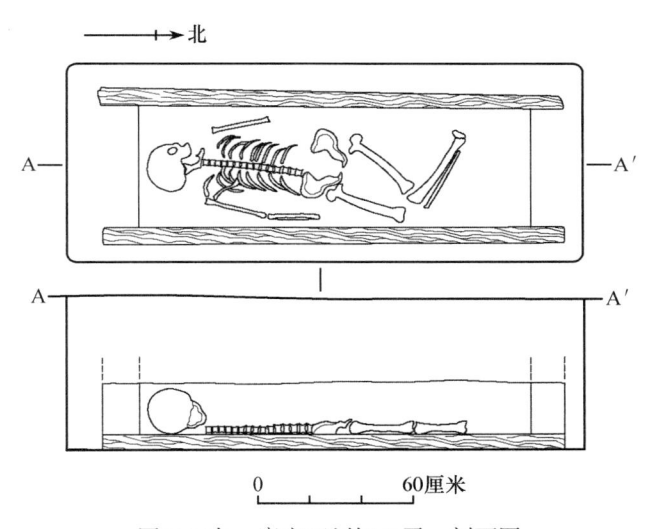

图二三九　康庄C地块M1平、剖面图

2. 随葬品

未发现随葬品。

二、M2

1. 墓葬形制

该墓位于发掘区西北部,北邻M1。开口于第2层下,南北向,方向205°。

墓平面呈长方形，竖穴土圹单棺墓。墓口距地表深1.7米，墓底距地表深2.7米。墓圹南北长2.3、东西宽1.2、深1米。内填花土，土质较松。内置单棺，棺木已朽，棺痕长1.9、宽0.6～0.78、残高0.1米。骨架保存较差，头向北，面向下，仰身直肢，为女性（图二四○）。

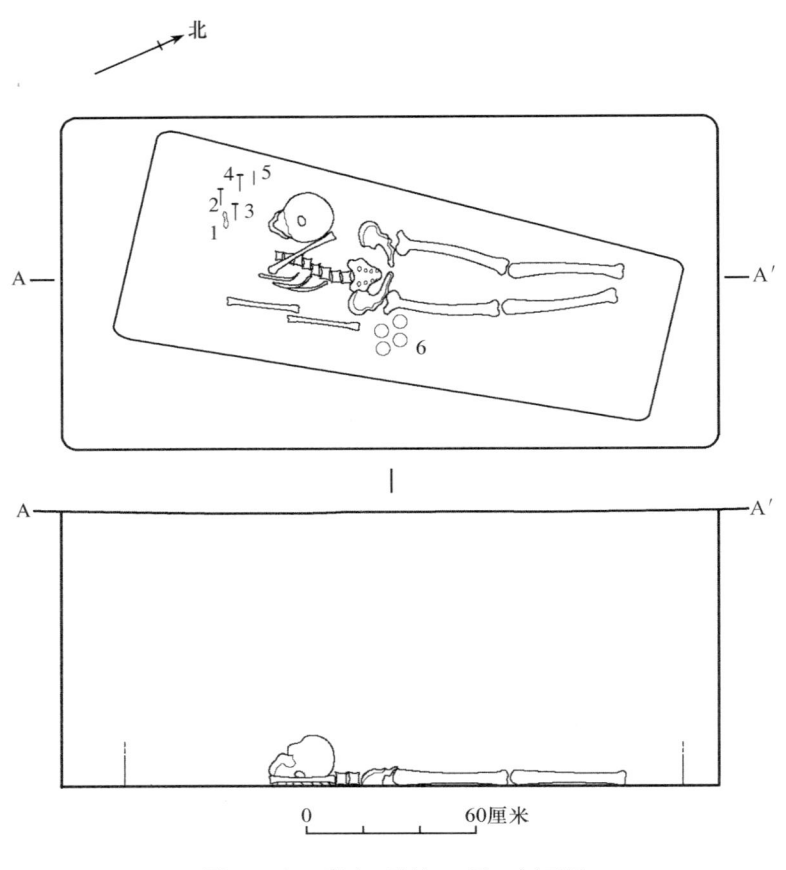

图二四○　康庄C地块M2平、剖面图
1.银押发　2～5.银簪　6.铜币

2. 随葬品

棺内头骨上方出土银押发1件、银簪4件，右上肢骨下方出土铜币4枚。

银押发　1件。M2:1，两端扁平弯曲呈叶状，中部束腰，两端錾刻折枝石榴纹，背面遗有錾刻凹痕。长10、宽0.6～1.3厘米（图二四一，1；图版五五，1）。

银簪　4件。M2:2，簪首圆形呈花瓣状，中部凸起呈圆环形，内焊接掐丝篆书"福"字，簪体呈圆柱锥形。长11厘米（图二四一，2；图版五五，2）。M2:3，簪首圆形呈花瓣状，中部凸起呈圆环形，内焊接掐丝篆书"寿"字，簪体呈圆柱锥形。长11厘米（图二四一，3；图版五五，3）。M2:4，簪首呈圆形片状，簪体呈圆柱锥形。长9.4厘米（图二四一，4；图版五五，4）。M2:5，簪首残，簪体呈圆柱锥形。长9.3厘米（图二四一，5；图版五六，1）。

铜币　4枚。标本M2:6-1，大平钱，圆形，正背面郭缘较窄。正面楷书"光緒元寶"四字，对读。背面铸蟠龙戏火珠。钱径3.35、郭厚0.13厘米（图二四一，6）。

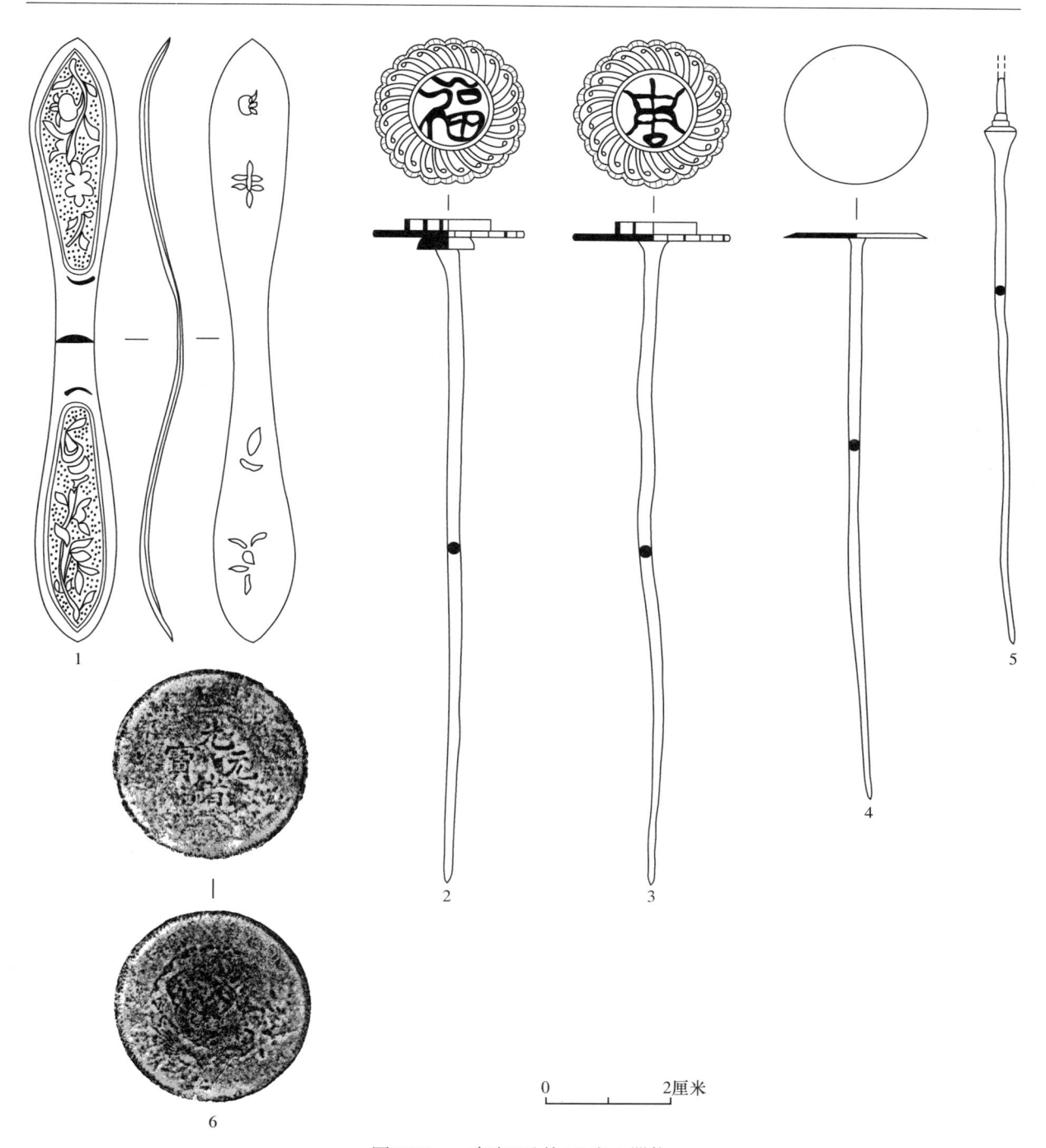

图二四一　康庄C地块M2出土器物

1. 银押发（M2:1）　2~5. 银簪（M2:2、M2:3、M2:4、M2:5）　6. 铜币（M2:6-1）

三、M3

1. 墓葬形制

该墓位于发掘区西北部，西邻M2。开口于第2层下，南北向，方向180°。

墓平面呈长方形，竖穴土圹双棺合葬墓。墓口距地表深1.7米，墓底距地表深2.3～2.7米。墓圹南北长2.2、东西宽2.1、深0.6～1米。内填花土，土质较松。内置双棺，棺木已朽。东棺长1.94、宽0.56～0.74、残高0.2米，棺板厚0.06～0.08米，前封板厚0.09米，后封板厚0.06米。骨架保存较差，头向南，面向上，仰身直肢，为男性。西棺长1.92、宽0.56～0.74、残高0.12米，棺板厚0.06～0.08米；骨架保存较差，头向南，面向上，仰身直肢，为女性（图二四二；图版五四，2）。

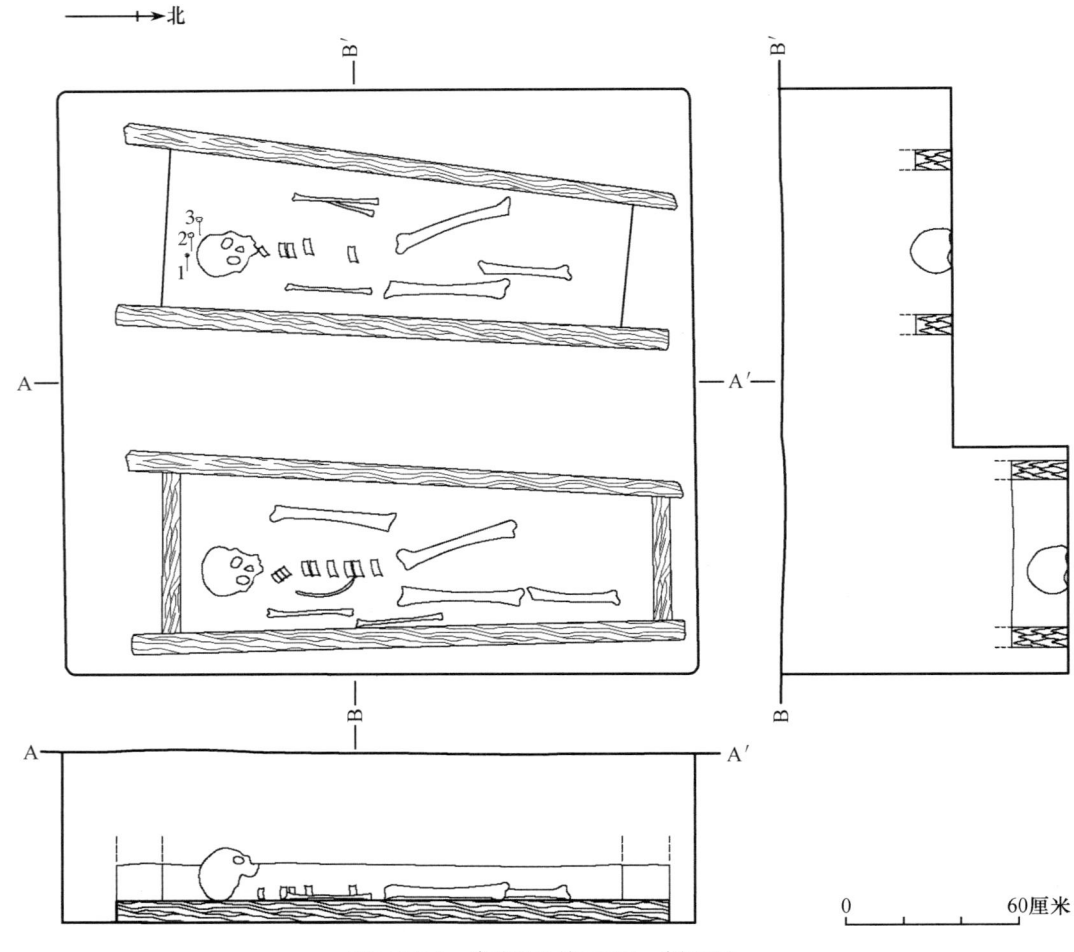

图二四二　康庄C地块M3平、剖面图

1～3. 银簪

2. 随葬品

西棺内头骨上方出土银簪3件。

银簪　3件。M3：1，簪首呈镂空花球状，簪体呈圆柱锥形。长10.8厘米（图二四三，1；图版五六，2）。M3：2、M3：3，形制相同。簪首锤揲成梅花形，呈伞状，簪体呈圆柱锥形。长9.2厘米（图二四三，2、3；图版五六，3、4）。

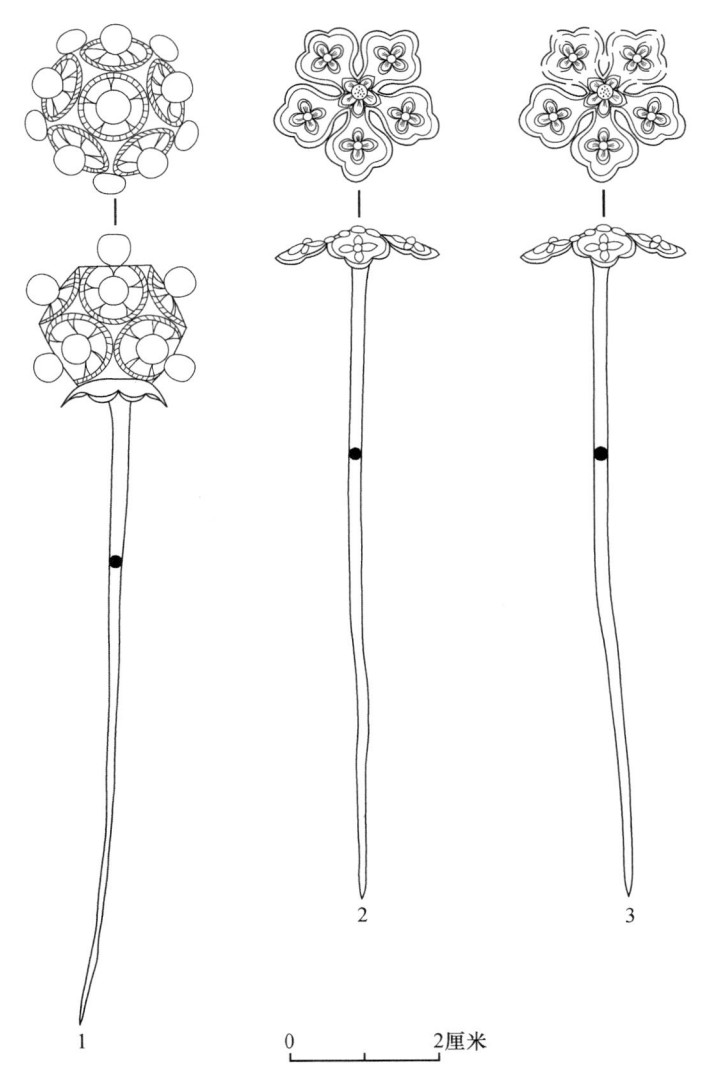

图二四三　康庄C地块M3出土银簪
1. M3：1　2. M3：2　3. M3：3

第六章　首创机务队墓葬

一、M1

1. 墓葬形制

该墓位于发掘区北部，南邻M2。开口于第2层下，南北向，方向10°。

墓平面呈梯形，竖穴土圹双棺合葬墓。墓口距地表深0.8米，墓底距地表深1.7~1.8米。墓圹南北长2.4、东西宽1.4~1.68、深0.9~1米。内填花土，土质较松。内置双棺，棺木已朽。东棺长1.92、宽0.44~0.7、残高0.3米，棺板厚0.04~0.1米；骨架保存较差，头向北，面向上，葬式不明，为男性。西棺长1.88、宽0.64~0.68、残高0.2米，棺板厚0.06~0.08米；骨架保存较差，头向东，面向上，仰身直肢，为女性（图二四四）。

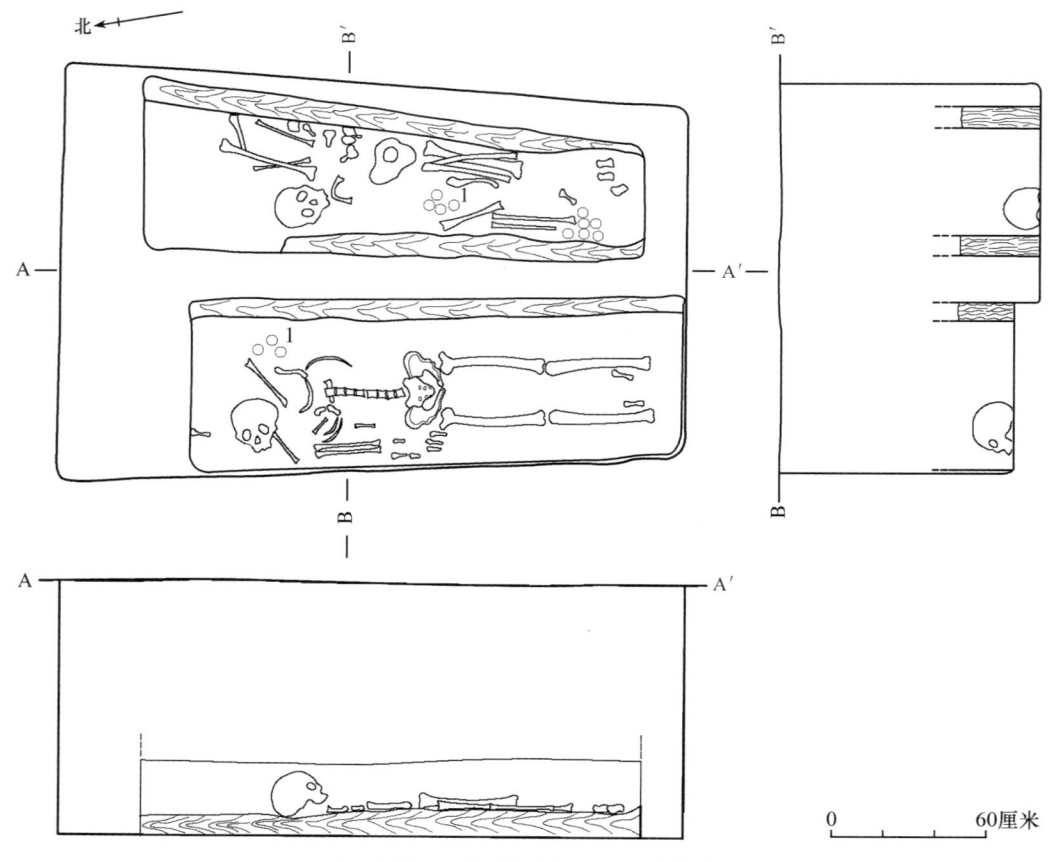

图二四四　首创机务队M1平、剖面图
1. 铜币

2. 随葬品

东棺内右下肢骨上、下方出土铜币共10枚；西棺内左上肢骨上方出土铜币3枚。

铜币　13枚。标本M1：1-1，大平钱，圆形，正背面郭缘较窄，正面楷书"大清銅幣"四字，对读。背面铸蟠龙戏火珠。钱径3.24、郭厚0.13厘米（图二四五）。

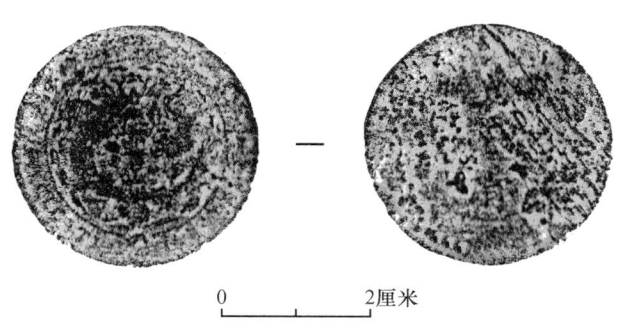

图二四五　首创机务队M1出土铜币（M1：1-1）（拓片）

二、M2

1. 墓葬形制

该墓位于发掘区北部，北邻M1。开口于第2层下，南北向，方向9°。

墓平面呈梯形，竖穴土圹双棺合葬墓。墓口距地表深0.7米，墓底距地表深1.6~1.76米。墓圹南北长2.06、东西宽1.08~1.36、深0.9~1.06米。内填花土，土质较松。内置双棺，棺木已朽。东棺痕长1.74、宽0.32~0.56、残高0.36米；骨架保存较差，头向东北，面向东南，葬式不明，为男性。西棺痕长1.32、宽0.4~0.46、残高0.16米；骨架保存较差，头向北，面向下，葬式不明，为女性（图二四六）。

2. 随葬品

东棺内右下肢骨上方出土铜钱4枚；西棺内左上肢骨下方出土银戒指2枚。

银戒指　2枚。形制相同。M2：1、M2：2，椭圆形，中部锤揲成桃状，两端呈扁条锥形。直径1.8厘米（图二四七，1、2；图版五六，5）。

铜钱　4枚。有洪化通宝、光绪重宝。

洪化通宝　2枚。标本M2：3-1，平钱，圆形，方穿，正背面郭缘较窄，正面楷书"洪化通寶"四字，对读。钱径2.45、穿径0.58、郭厚0.09厘米（图二四七，3；图版五六，6）。

光绪重宝　2枚。标本M2：3-2，平钱，圆形，方穿，正背面郭缘略宽，正面楷书"光緒重寶"四字，对读，背穿上下楷书"當拾"二字，左右为满文"宝源"局名。钱径2.46、穿径0.55、郭厚0.18厘米（图二四七，4；图版五六，6）。

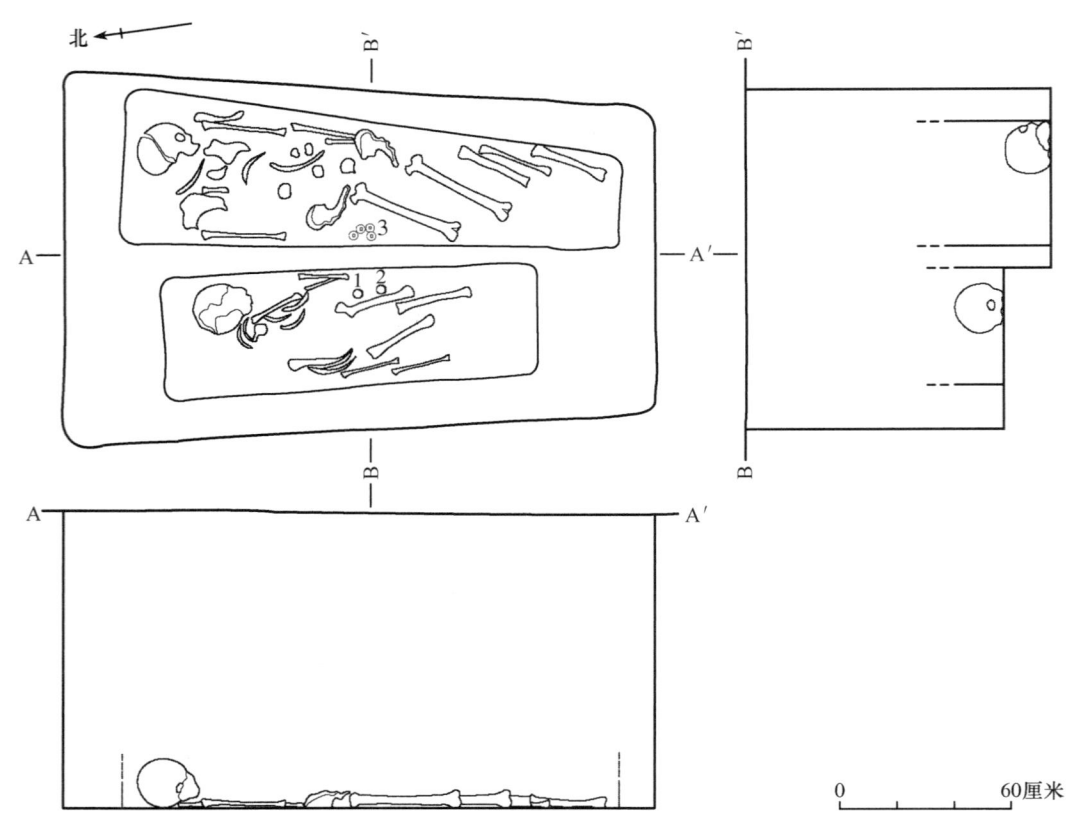

图二四六　首创机务队M2平、剖面图
1、2.银戒指　3.铜钱

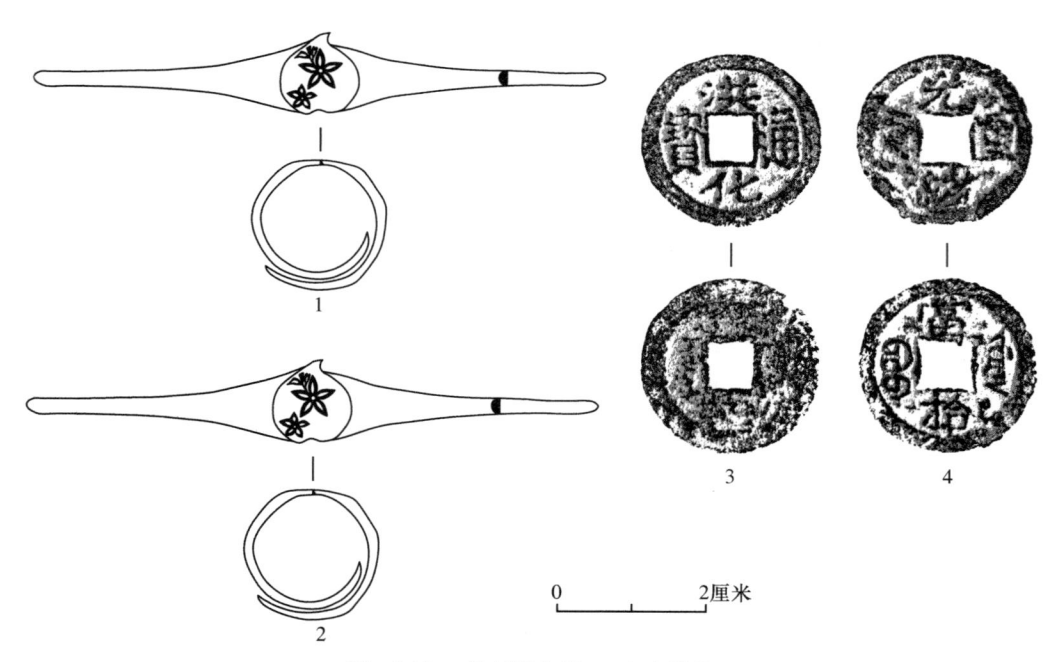

图二四七　首创机务队M2出土器物
1、2.银戒指（M2∶1、M2∶2）　3.洪化通宝（M2∶3-1）　4.光绪重宝（M2∶3-2）

第七章　青云店联宾墓葬

一、M1

1. 墓葬形制

该墓位于发掘区南部，东南邻M2。开口于第3层下，南北向，方向180°。

墓平面呈"甲"字形，竖穴土圹单棺砖室迁葬墓。墓口距地表深0.7米，墓底距地表深2.46米。墓圹南北长5.8、东西宽1.4~3.8、深1.76米。由墓道、甬道、墓室三部分组成（图二四八；图版五七，1）。

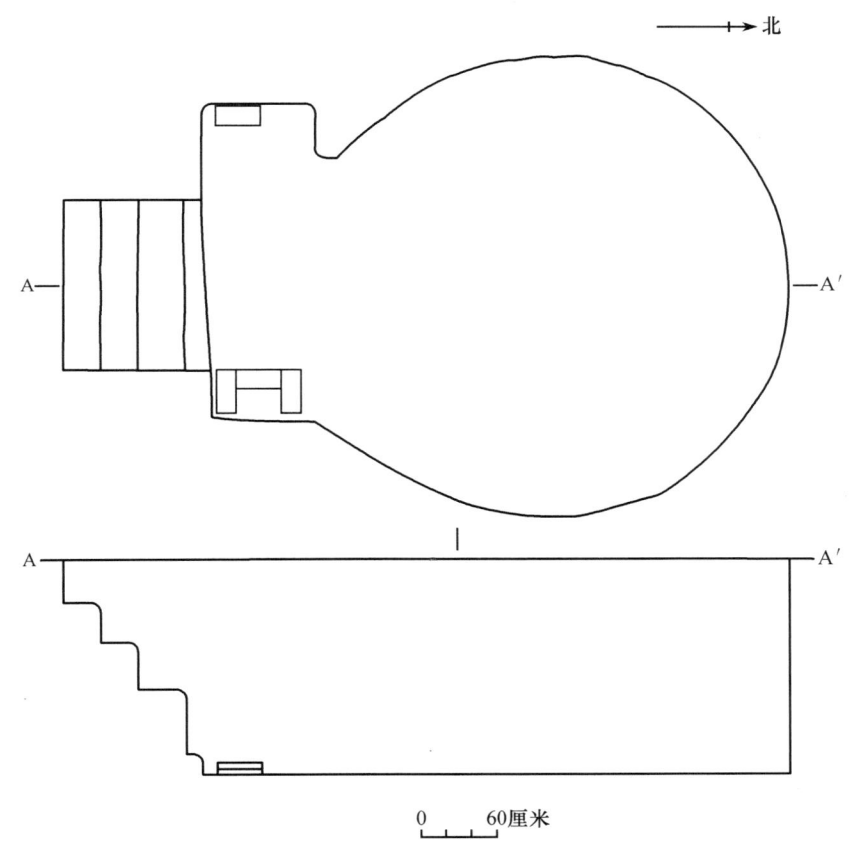

图二四八　青云店联宾M1平、剖面图

墓道位于甬道南部，平面呈长方形，南北长1.16、东西宽1.4、深1.76米。南部设有四级台阶：台阶①南北进深0.32、东西宽1.4、高0.36米；台阶②南北进深0.3、东西宽1.4、高0.32米；台阶③南北进深0.36、东西宽1.4、高0.4米；台阶④南北进深0.16、东西宽1.4、高0.54米。内填花土，土质较硬。

甬道位于墓道北部，券顶已破坏，东西宽2.64、南北进深0.36~0.68米，两壁残墙用长0.36、宽0.16、厚0.05米卧砖错缝依次向上砌筑，残高0.1~0.2米，墙厚0.16~0.36米。

墓室位于甬道北部，平面呈椭圆形，南北长3.8、东西宽3.8、深1.76米。未发现骨架。

2. 随葬品

未发现随葬品。

二、M2

1. 墓葬形制

该墓位于发掘区南部，西北邻M1。开口于第3层下，南北向，方向0°。

墓平面呈梯形，竖穴土圹单棺迁葬墓。墓口距地表深0.7米，墓底距地表深2米。墓圹南北长2.3、东西宽1.3~1.4、深1.3米。内填花土，土质较松。未发现骨架（图二四九；图版五七，2）。

2. 随葬品

未发现随葬品。

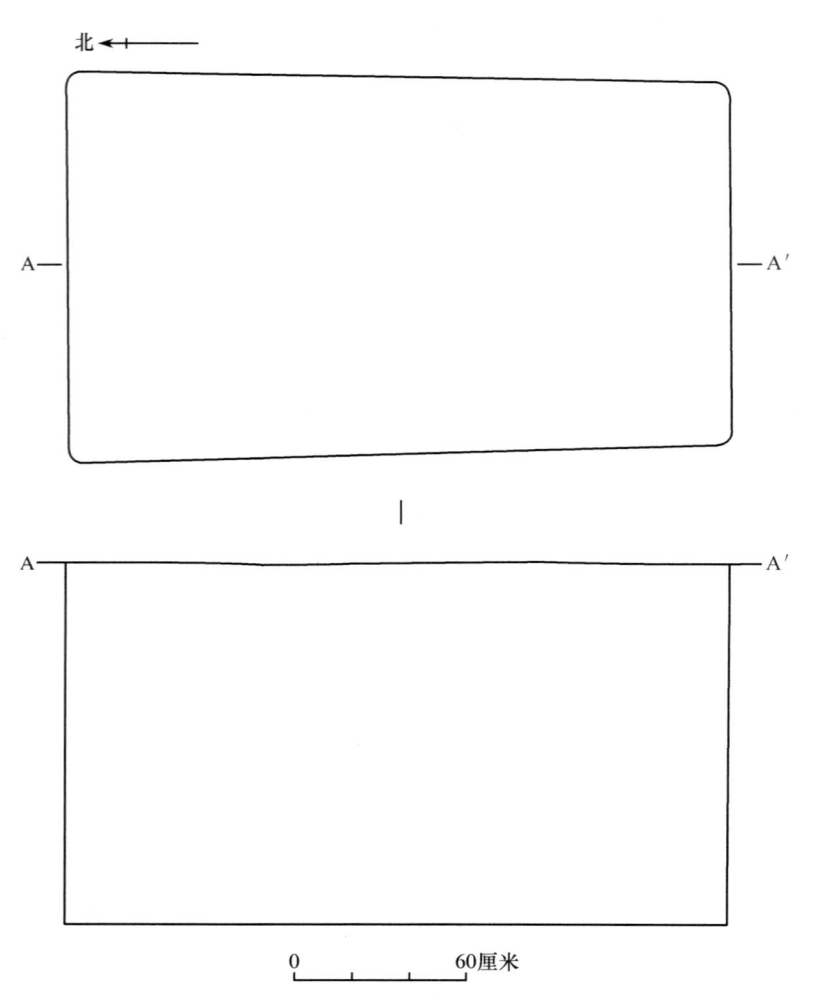

图二四九　青云店联宾M2平、剖面图

第八章　医学科学院墓葬

一、辽代墓葬

M1

1. 墓葬形制

该墓位于发掘区西北部，西南邻M7。开口于第3层下，南北向，方向180°。

墓平面呈"甲"字形，竖穴土圹单棺砖室墓。由于破坏严重，券顶已不存。墓口距地表深0.4米，墓底距地表深0.7~2.9米。墓圹南北长7.1、东西宽0.87~3.1、深0.3~2.5米。由墓道、墓门、墓室三部分组成（图二五〇；图版五八，1）。

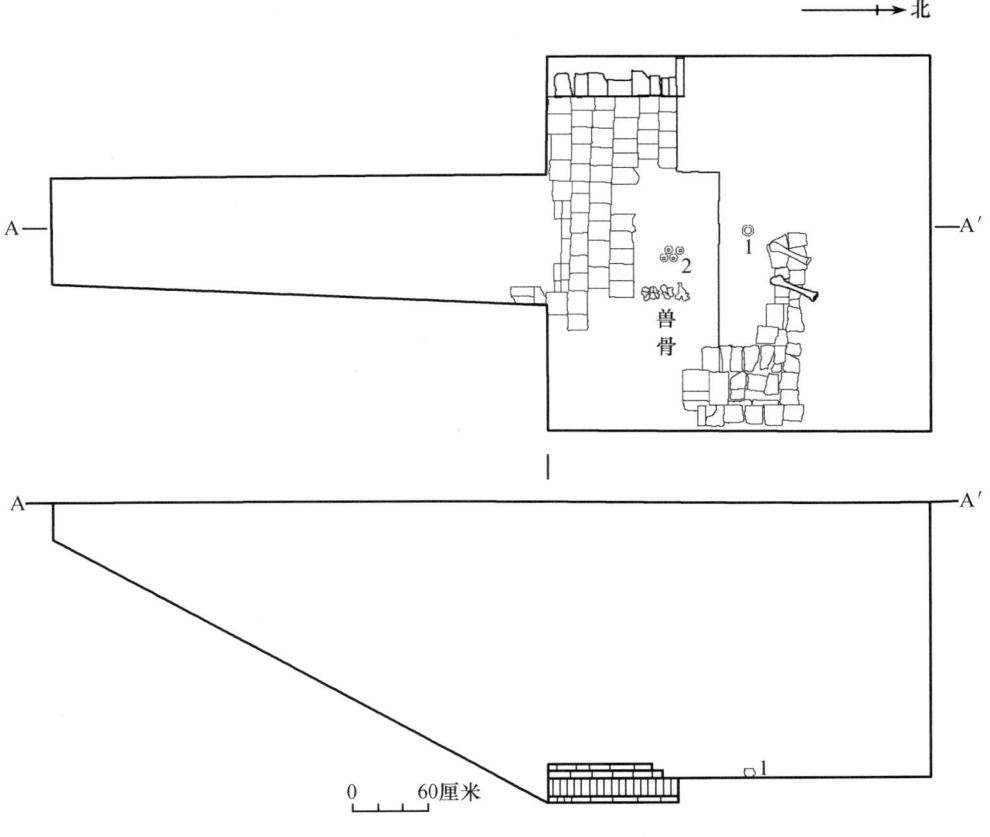

图二五〇　医学科学院M1平、剖面图
1. 陶罐　2. 铜钱

墓道位于墓门南部。平面呈梯形，南北长4、东西宽0.87～1.1米，东西两壁垂直平整。墓道呈斜坡状，坡度29°，坡长4.56、深0.3～2.5米。内填花土，土质较松。

墓门位于墓室南部。拱券已毁，仅残存东壁残墙。东西宽0.93、残高0.32米。封门砖已不存。

墓室位于墓门北部。平面近方形，南北长3.1、东西宽3.1、深2.3～2.5米。四壁墙已不存。南侧残存铺地砖，用青砖错缝平铺。北部置一近长方形棺床，东侧残存床面用青砖三顺两横错缝平铺，长3.1、宽1.7～2.05、高0.19米。西部置有器物台与棺床相连，用卧砖无序平铺。室东南侧存有零散兽骨，棺床上遗有零散下肢骨，葬式、性别不明。

2. 随葬品

棺床中南部出土陶罐1件；室内中部出土铜钱4枚。

陶罐　1件。M1∶1，泥质灰陶。敞口，尖圆唇，束颈，溜肩，鼓腹，平底。轮制，通体遗有轮旋痕。口径7.6、腹径9、底径3.2、高8厘米（图二五一，1；图版六四，1）。

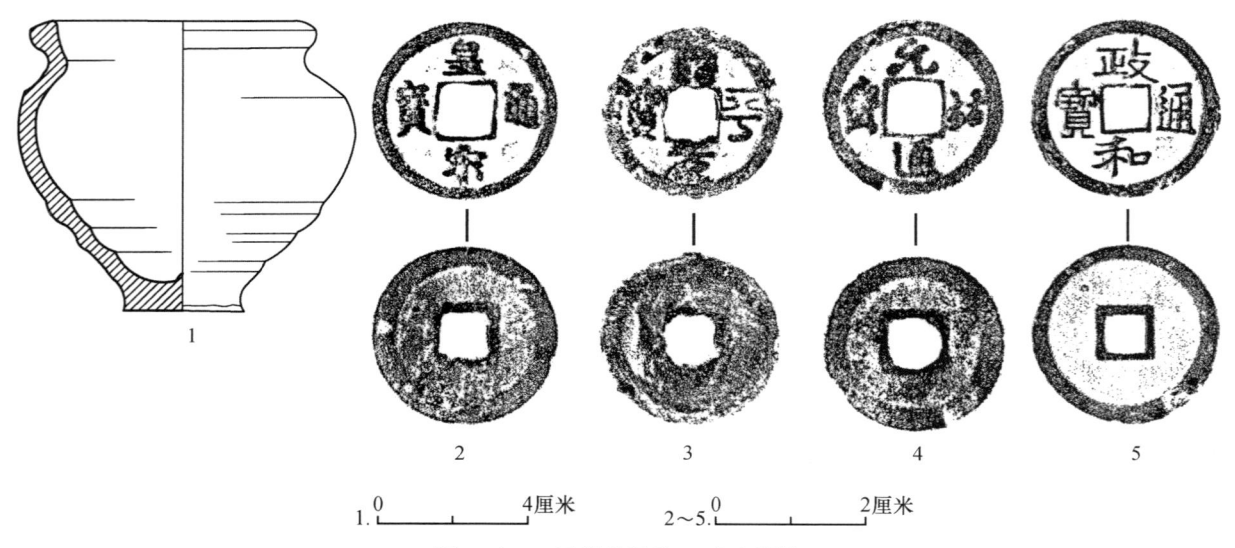

图二五一　医学科学院M1出土器物

1. 陶罐（M1∶1）　2. 皇宋通宝（M1∶2-1）　3. 治平元宝（M1∶2-2）　4. 元祐通宝（M1∶2-3）　5. 政和通宝（M1∶2-4）

铜钱　4枚。有皇宋通宝、治平元宝、元祐通宝、政和通宝。

皇宋通宝　1枚。M1∶2-1，平钱，圆形，方穿，正背面郭缘较窄，正面楷书"皇宋通寳"四字，对读。钱径2.5、穿径0.65、郭厚0.13厘米（图二五一，2；图版七七，1）。

治平元宝　1枚。M1∶2-2，平钱，圆形，方穿，正背面郭缘较窄，正面篆书"治平通寳"四字，旋读。钱径2.43、穿径0.64、郭厚0.15厘米（图二五一，3；图版七七，1）。

元祐通宝　1枚。M1∶2-3，平钱，圆形，方穿，正背面郭缘较窄，正面行书"元祐通寳"四字，旋读。钱径2.34、穿径0.66、郭厚0.12厘米（图二五一，4；图版七七，1）。

政和通宝　1枚。M1∶2-4，平钱，圆形，方穿，正背面郭缘较窄，正面楷书"政和通寳"

四字，对读。钱径2.5、穿径0.55、郭厚0.13厘米（图二五一，5；图版七七，1）。

二、金代墓葬

（一）M2

1. 墓葬形制

该墓位于发掘区西南部。开口于第3层下，东西向，方向270°。

墓平面呈长方形，竖穴土圹单棺双人合葬砖室墓。墓口距地表深0.4米，墓底距地表深2米。墓圹东西长2.4、南北宽1.2、深1.6米。墓室墙四壁垂直，用残青砖块错缝向上平砌，长2.3、宽0.69～1.03、残高0.35米。铺地砖用青砖残块错缝无序平铺。内葬两具人骨架：北侧骨架保存较好，头向西，面向北，仰身直肢，为女性；南侧骨架保存稍差，头向西，面向上，仰身直肢，为男性（图二五二；图版五八，2）。

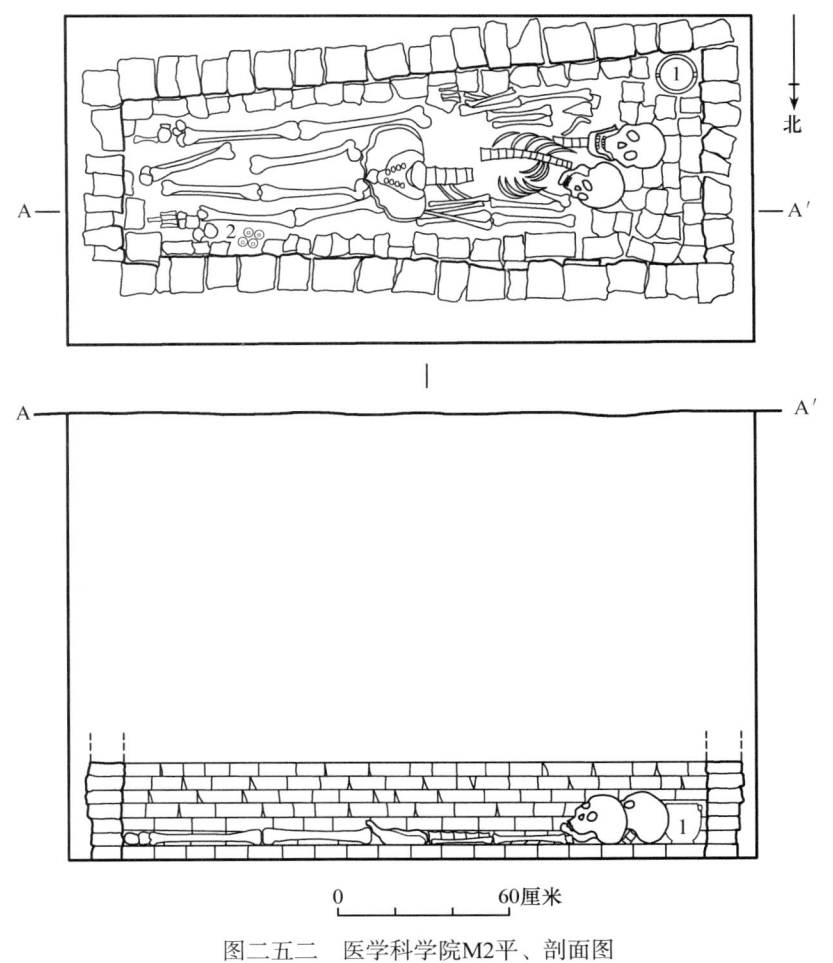

图二五二 医学科学院M2平、剖面图
1. 瓷罐　2. 铜钱

2. 随葬品

棺内头骨右前方出土瓷罐1件，左下肢骨外侧下方出土铜钱4枚。

瓷罐　1件。M2：1，直口，尖圆唇，直颈，折肩，斜弧腹，圈足。颈肩部置对称叶脉纹桥形双系。上腹及内壁施酱黑色釉，内口沿遗有流釉痕，下腹及圈足未施釉。轮制，通体遗有轮旋痕。口径11.6、腹径14.6、底径8、高14.6厘米（图二五三，1；图版六四，2）。

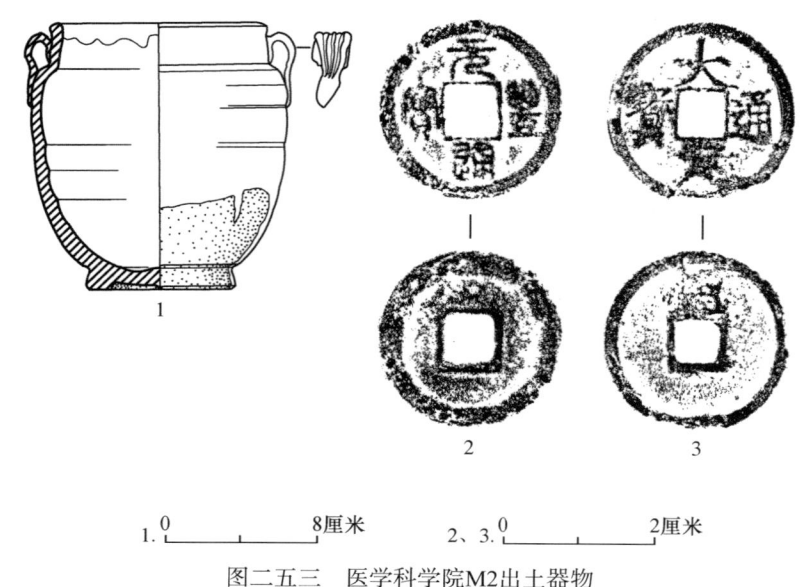

图二五三　医学科学院M2出土器物
1.瓷罐（M2：1）　2.元丰通宝（M2：2-1）　3.大定通宝（M2：2-2）

铜钱　4枚。有元丰通宝、大定通宝。

元丰通宝　2枚。标本M2：2-1，平钱，圆形，方穿，正背面郭缘略宽，正面篆书"元豐通寶"四字，旋读。钱径2.5、穿径0.66、郭厚0.15厘米（图二五三，2；图版七七，2）。

大定通宝　2枚。标本M2：2-2，平钱，圆形，方穿，正背面郭缘较窄，正面瘦金体"大定通寶"四字，对读。钱径2.53、穿径0.57、郭厚0.14厘米（图二五三，3；图版七七，2）。

（二）M3

1. 墓葬形制

该墓位于发掘区东部。开口于第3层下，东西向，方向280°。

墓平面呈长方形，竖穴土圹单棺砖室墓。墓口距地表深0.4米，墓底距地表深2.4米。墓圹东西长2.45、南北宽1.4、深2米。四壁垂直，内置单棺，棺木已朽，棺痕长2.2、宽1～1.04、残高0.08米。铺地砖用青砖残块错缝无序平铺。内葬一具人骨架，保存较好，头向西，面向上，仰身直肢，为男性（图二五四；图版五九，1）。

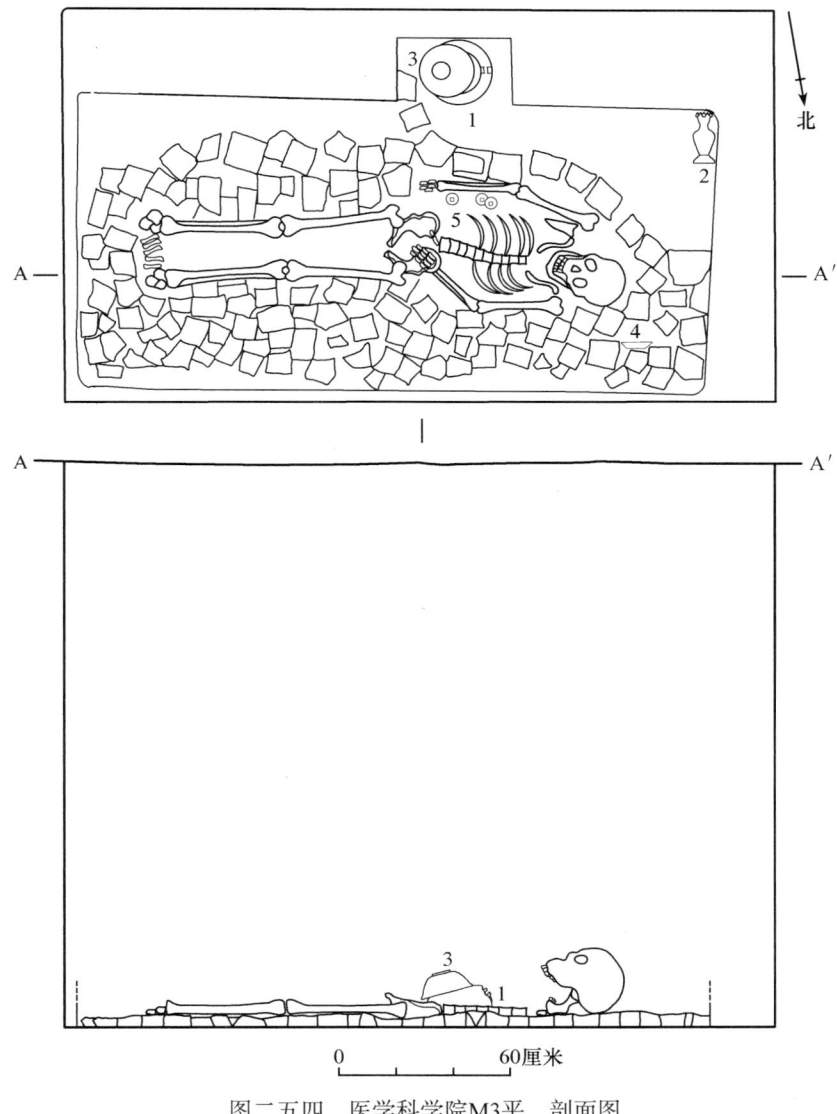

图二五四　医学科学院M3平、剖面图
1. 瓷罐　2. 瓷瓶　3. 瓷碗　4. 瓷盏　5. 铜钱

2. 随葬品

棺内右上肢骨外侧出土瓷罐、碗各1件，头骨左上方出土瓷盏1件，头骨右上方出土瓷瓶1件，右上肢骨内侧下方出土铜钱1枚。

瓷罐　1件。M3：1，敛口，方圆唇，斜颈，溜肩，鼓腹，圈足，颈肩部置对称双系。上腹及内壁施酱黑色釉，下腹及圈足未施釉。轮制，通体遗有轮旋痕。口径16.4、腹径21.6、底径9.6、高18.2厘米（图二五五，1；图版六四，3）。

瓷瓶　1件。M3：2，侈口，花瓣卷沿形敞口，尖圆唇，束颈，溜肩，斜弧腹，束腰，台形圈足。体及口沿内侧施乳白色釉泛蓝，腹部遗有椭圆形铜钉痕。轮制。口径6、腹径7.6、底

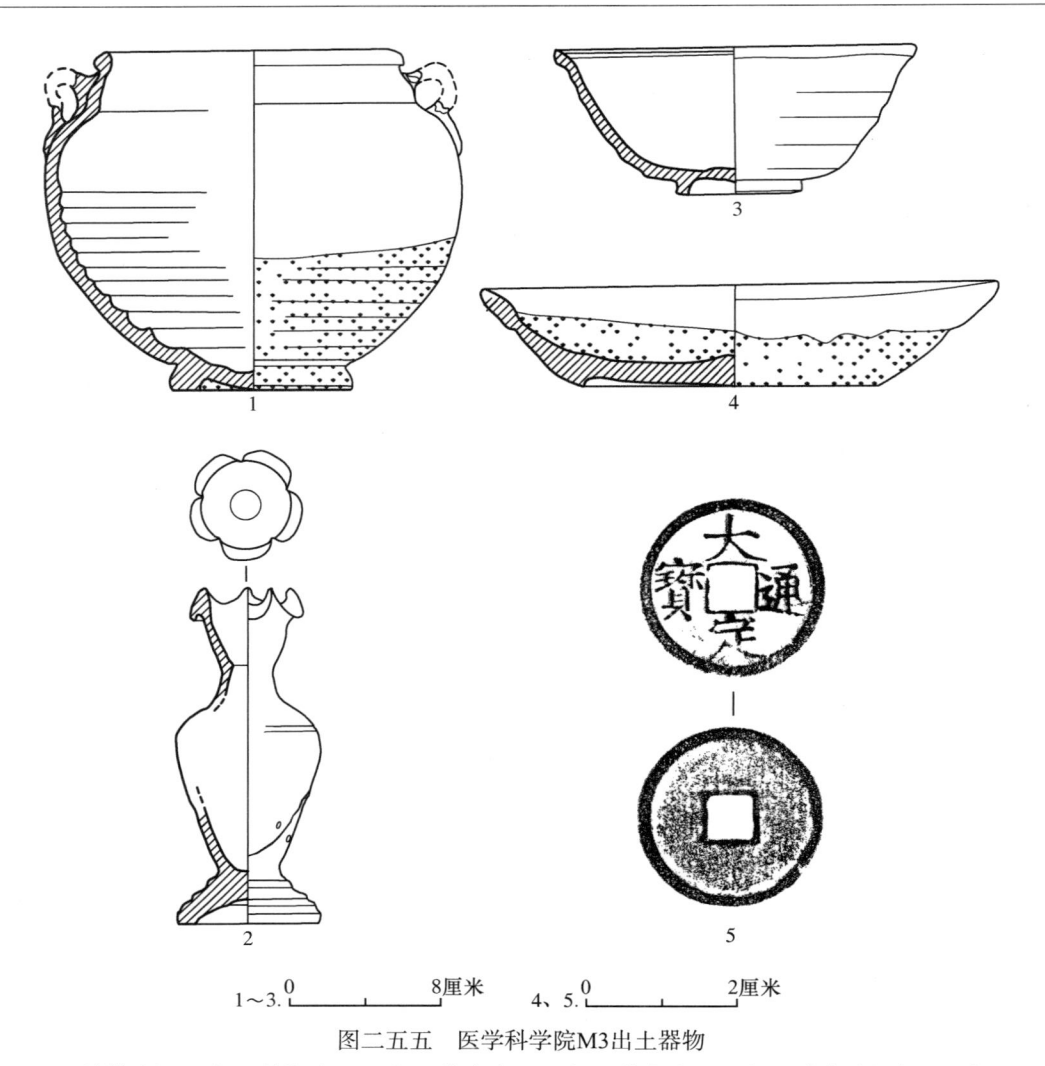

图二五五 医学科学院M3出土器物
1. 瓷罐（M3:1） 2. 瓷瓶（M3:2） 3. 瓷碗（M3:3） 4. 瓷盏（M3:4） 5. 大定通宝（M3:5）

径7.6、高18.4厘米（图二五五，2；图版六五，1）。

瓷碗 1件。M3:3，敞口微撇，尖圆唇，深弧腹，圈足。口沿及内壁施乳白色釉，外腹及圈足施酱黑色釉。轮制，通体遗有轮旋痕。口径19.2、底径6.6、高8厘米（图二五五，3；图版六四，4）。

瓷盏 1件。M3:4，敞口，尖圆唇，浅弧腹，假圈足。内外口沿施酱色釉，内壁及外腹部未施釉，露米黄色胎。轮制。口径6.9、底径4、高1.4厘米（图二五五，4；图版六四，5）。

大定通宝 1枚。M3:5，平钱，圆形，方穿，正背面郭缘较窄，正面瘦金体"大定通寳"四字，对读。钱径2.5、穿径0.57、郭厚0.13厘米（图二五五，5；图版七七，3）。

（三）M4

1. 墓葬形制

该墓位于发掘区东南部。开口于第3层下，东西向，方向270°。

墓平面呈长方形，竖穴土圹双棺合葬砖室墓。墓口距地表深0.4米，墓底距地表深1.6~1.9米。墓圹东西长2.4、南北宽1.82、深1.2~1.5米。内置双棺。北棺西、北两壁残墙用单层卧砖向上砌筑，底部垫棺用卧砖横向平砌，长2.08、宽0.8、残高0.2~0.64米；骨架保存较差，头向南，面向下，仰身直肢，为女性。南棺西壁残墙用单层卧砖向上砌筑，南部存有铺地砖，用残砖块错缝平铺，长2.08、宽0.5~0.6、残高0.1米；骨架保存较差，头向西，面向上，仰身直肢，为男性（图二五六；图版五九，2）。

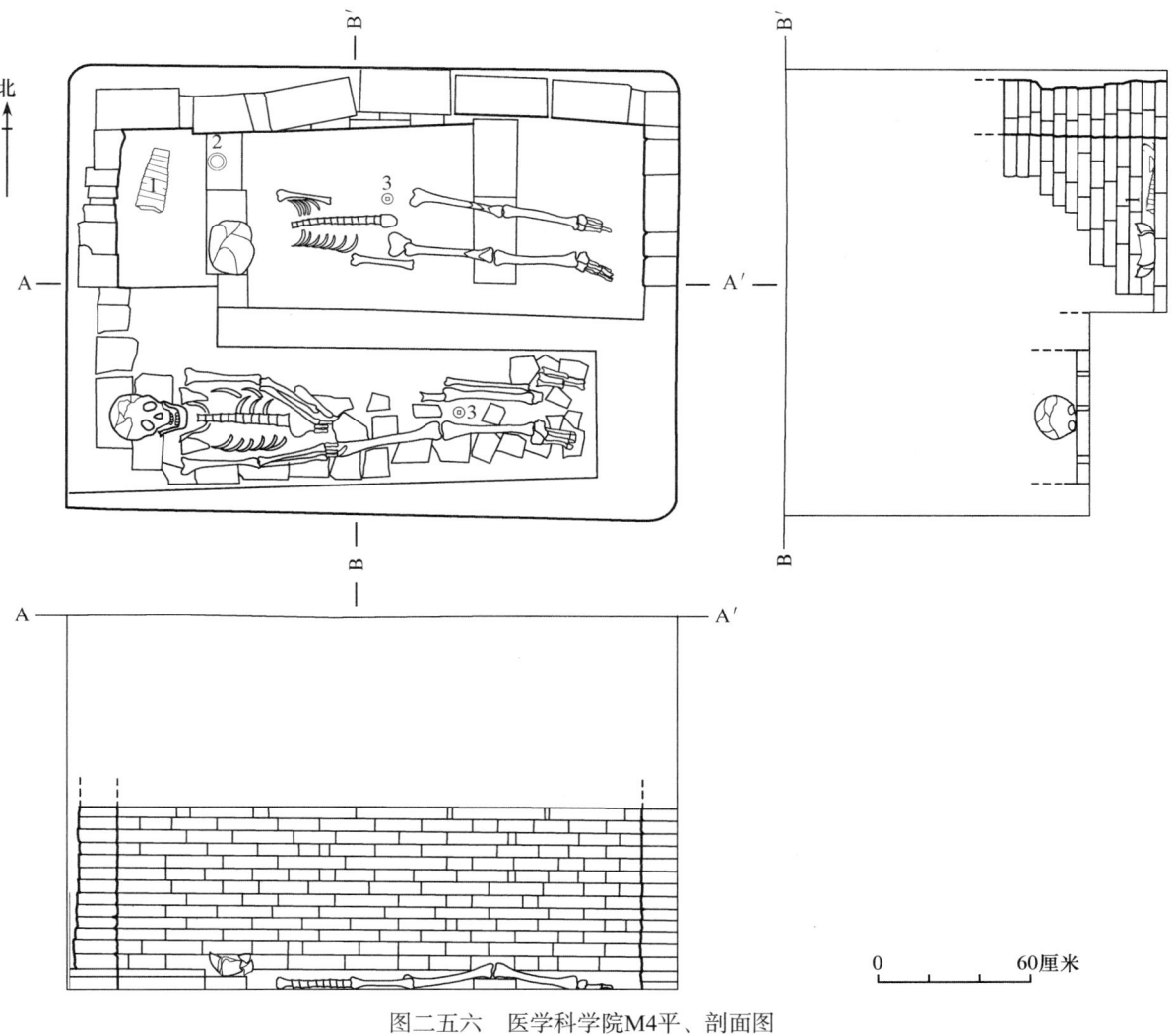

图二五六　医学科学院M4平、剖面图
1. 瓷瓶　2. 瓷盏　3. 铜钱

2. 随葬品

北棺内左前方出土瓷瓶、盏各1件，左下肢骨上方出土铜钱1枚；南棺内下肢骨中部出土铜钱1枚。

瓷瓶　1件。M4：1，口残，长弧腹，平底。腹部及内壁施酱绿色釉，下腹及底部未施釉。轮制。腹径11.2、底径6、残高26厘米（图二五七，1；图版六五，2）。

瓷盏　1件。M4：2，敞口，尖圆唇，浅弧腹，圈足。上腹、内上壁及底部施酱色釉，外下腹、内下壁及圈足未施釉。轮制。口径9、底径5、高2.3厘米（图二五七，2）。

铜钱　2枚。有熙宁元宝、大定通宝。

熙宁元宝　1枚。M4：3-1，平钱，圆形，方穿，正背面郭缘略宽，正面楷书"熙寧元寶"四字，旋读。钱径2.42、穿径0.67、郭厚0.14厘米（图二五七，3；图版七七，4）。

大定通宝　1枚。M4：3-2，平钱，圆形，方穿，正背面郭缘较窄，正面瘦金体"大定通寶"四字，对读。钱径2.53、穿径0.56、郭厚0.14厘米（图二五七，4；图版七七，4）。

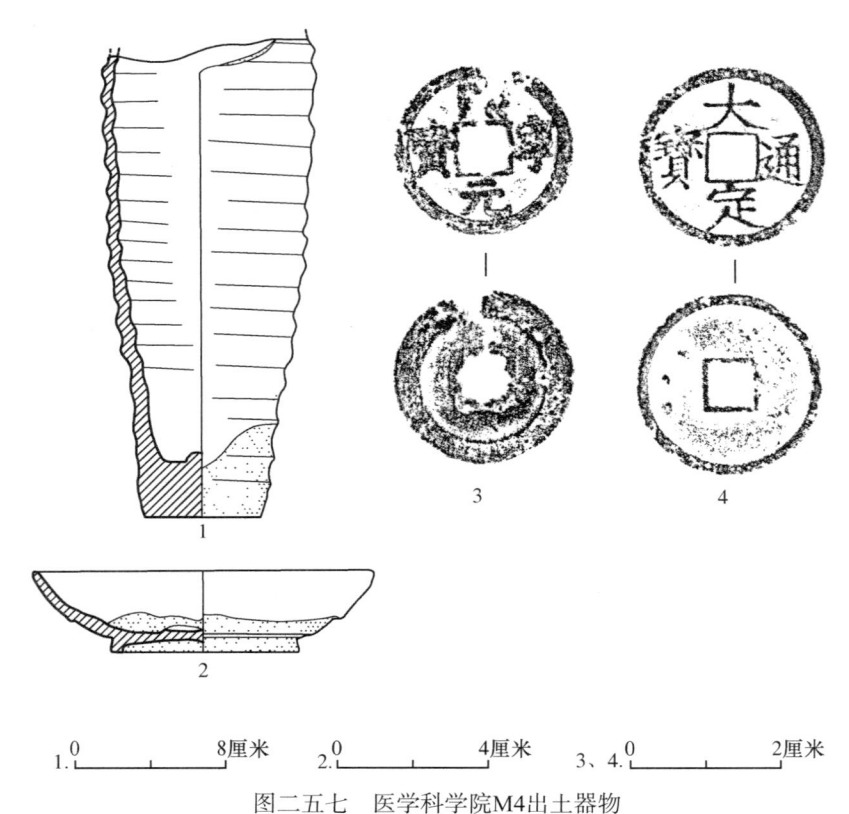

图二五七　医学科学院M4出土器物
1. 瓷瓶（M4：1）　2. 瓷盏（M4：2）　3. 熙宁元宝（M4：3-1）　4. 大定通宝（M4：3-2）

三、元 代 墓 葬

（一）M5

1. 墓葬形制

该墓位于发掘区东南部，东邻M6。开口于第3层下，南北向，方向180°。

墓平面近呈"甲"字形，竖穴土圹单棺砖室墓。墓口距地表深0.4米，墓底距地表深0.72~2.6米。墓圹南北长5.2、东西宽0.67~2.2、深0.32~2.2米。由墓道、墓门、墓室三部分组成（图二五八；图版六〇，1）。

墓道位于墓门南部。平面呈"T"形，南北长2.9、东西宽0.67~1.22米，东西两壁垂直平整。墓道呈斜坡状，坡度36°，坡长3.25、深0.32~2.2米。内填花土，土质较松。

墓门位于墓室南部。拱券已毁，用卧砖向上砌筑。门东西宽0.71、现高0.85米。封门用青砖呈倒"人"字形依次砌筑。

墓室位于墓门北部。平面呈长方形，南北长1.72、东西宽2、现深2.2米。顶部拱券结构已毁，现存墓室残墙，四壁长0.36、宽0.16、厚0.06米，卧砖错缝向上砌筑。墓室北中部置有棺床，平面近长方形，用青砖无序平铺，长0.74、宽0.34、高0.24米。未发现人骨架。

2. 随葬品

墓室内东中部、棺床东部出土陶罐各2件，东南部出土陶釜、瓷瓶各1件，靠西南壁出土瓷罐1件，墓门北部出土瓷碗、瓷盘各1件。

陶罐　4件。M5：1，泥质灰陶。直口，方圆唇，束颈，溜肩，圆鼓腹，平底。轮制，通体遗有轮旋痕。口径7.8、腹径9.2、底径4.2、高8.2厘米（图二五九，1；图版六六，1）。M5：2，泥质灰陶。敞口，尖圆唇，束颈，溜肩，斜弧腹，平底。轮制，腹部遗有轮旋痕。口径8.6、腹径9、底径3.6、高8.6厘米（图二五九，2；图版六六，2）。M5：3、M5：4，形制相同。泥质灰陶。敞口，凹沿，尖圆唇，束颈，溜肩，弧腹，平底。轮制，通体遗有轮旋痕。M5：3，口径7.8、腹径9、底径4、高8厘米（图二五九，3；图版六六，3）。M5：4，口径8、腹径8.8、底径4.2、高8.2厘米（图二五九，4；图版六六，4）。

陶釜　1件。M5：5，泥质灰陶。敛口，尖圆唇，置花式坡形錾手，深弧腹，平底。轮制。口径7、底径4.2、高4厘米（图二五九，5；图版六六，5）。

瓷罐　1件。M5：6，敛口，方圆唇，直颈，溜肩，鼓腹，圈足。颈肩部置对称叶脉纹桥形双系。上腹部及内壁施酱黑色釉，内外口沿、下腹及圈足未施釉。轮制，通体遗有轮旋痕。口径9.6、腹径12.4、底径6.8、高10厘米（图二五九，6；图版六七，1）。

瓷瓶　1件。M5：7，缸胎。敛口，斜平沿，方圆唇，束颈，斜肩，长弧腹，高脚，平

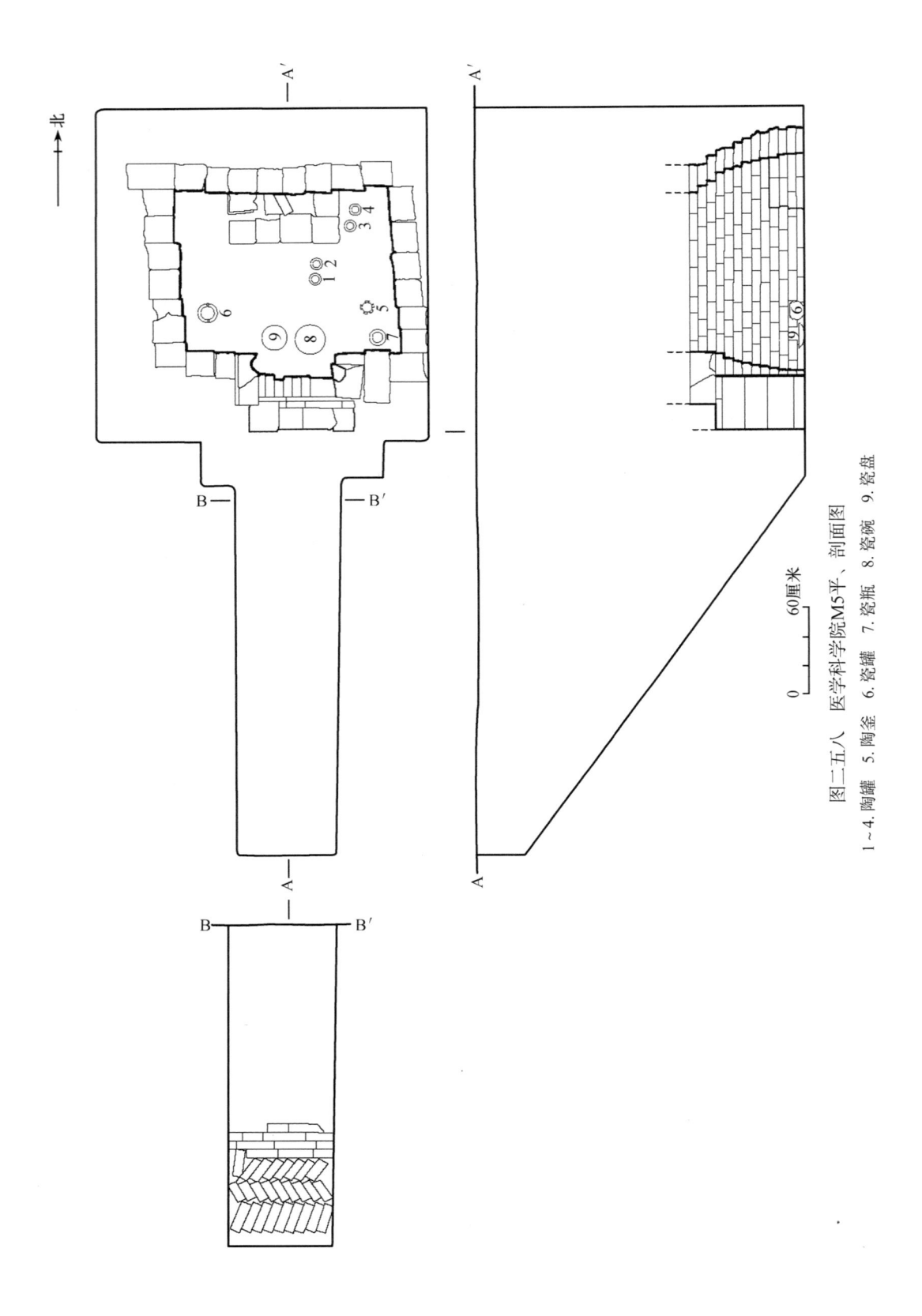

图二五八 医学科学院M5平、剖面图
1~4. 陶罐 5. 陶盆 6. 瓷罐 7. 瓷瓶 8. 瓷碗 9. 瓷盘

第八章　医学科学院墓葬　·221·

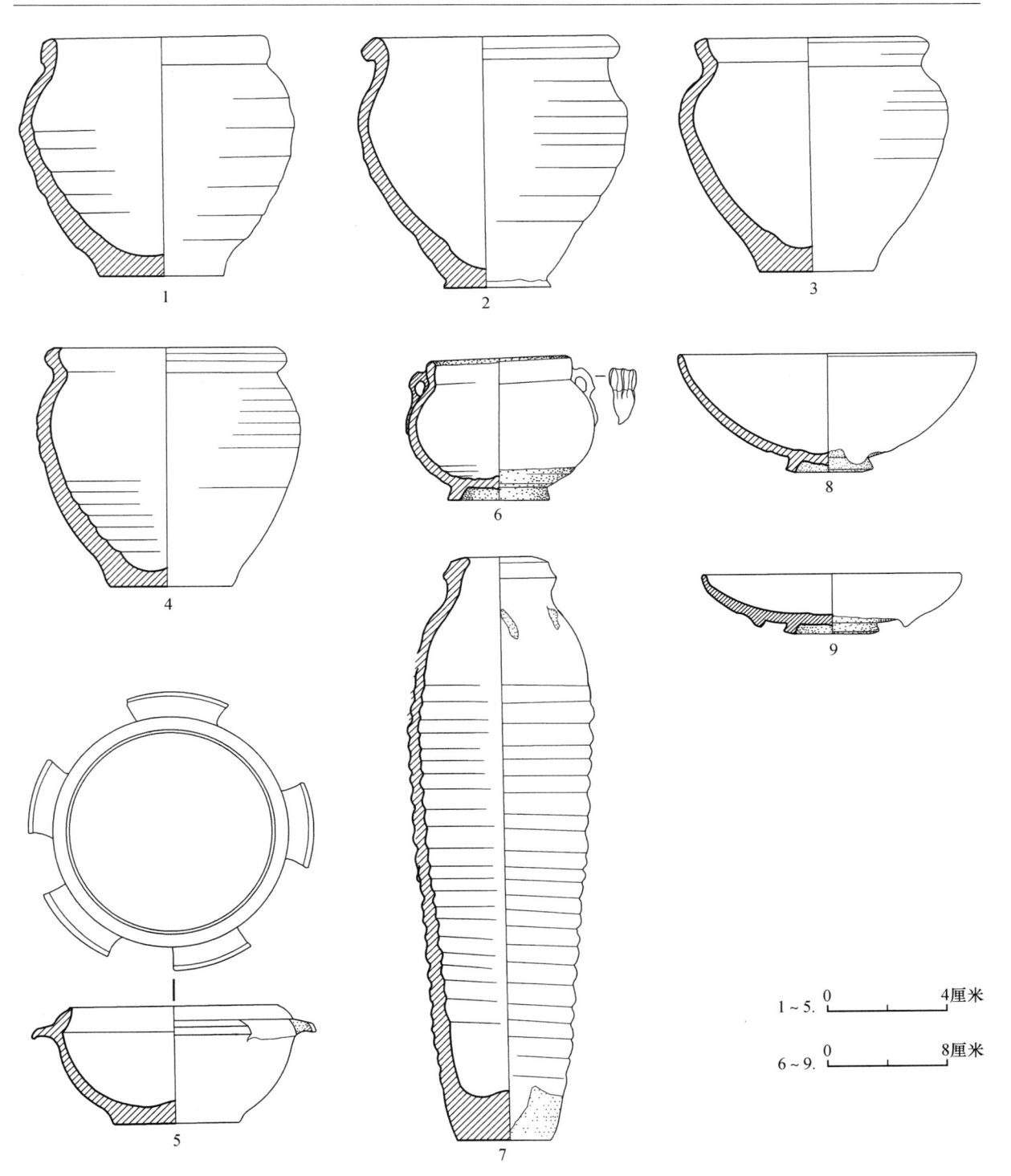

图二五九　医学科学院M5出土器物
1～4.陶罐（M5：1、M5：2、M5：3、M5：4）　5.陶釜（M5：5）　6.瓷罐（M5：6）
7.瓷瓶（M5：7）　8.瓷碗（M5：8）　9.瓷盘（M5：9）

底。肩部遗有五处长条形支钉痕，腹部饰数周凹弦纹。外腹及内壁施酱绿色釉，底部未施釉。轮制。口径6.6、腹径12.6、底径6.4、高40厘米（图二五九，7；图版六五，3）。

瓷碗　1件。M5∶8，敞口，尖圆唇，深弧腹，圈足。体施天蓝色釉，圈足未施釉，露米黄色胎。轮制，遗有流釉痕。口径20、底径5.8、高8.2厘米（图二五九，8；图版六七，2）。

瓷盘　1件。M5∶9，敞口，尖圆唇，浅弧腹，圈足。体施天青色釉，圈足未施釉，露米黄色胎。轮制，遗有流釉痕。口径17.2、底径6.2、高4.2厘米（图二五九，9；图版六七，3）。

（二）M6

1. 墓葬形制

该墓位于发掘区东南部，西邻M5。开口于第3层下，南北向，方向180°。

墓平面呈"甲"字形，竖穴土圹单棺砖室墓。墓口距地表深0.4米，墓底距地表深2.8米。墓圹南北长6.3、东西宽0.78~3.15、深2.4米。由墓道、墓门、墓室三部分组成（图二六〇；图版六〇，2）。

墓道位于墓门南部。平面呈"T"形，南北长3.3、东西宽0.78~1.43米，东西两壁垂直平整。墓道呈斜坡状，坡度36°，坡长3.6、深0.3~2.4米。内填花土，土质较松。

墓门位于墓室南部。拱券已毁，用卧砖向上砌筑。门东西宽1.28、高1.68米。封门用青砖错缝依次砌筑。

墓室位于墓门北部。平面呈椭圆形，口小底大，南北长2.2、东西宽1.74、底径2.46、现深2.4米。顶部拱券结构已毁，现存墓室残墙，四壁用长0.36、宽0.16、厚0.06米的卧砖错缝向上砌筑。墓室北部置有棺床，平面近半圆形，用青砖无序平铺，长1.74、宽1.16、高0.18米。棺床靠西北部发现头骨及零散肢骨，头向西，面向下，葬式、性别不明。

2. 随葬品

棺床西北、东南部及墓室内西部出土陶罐10件、陶盆7件、陶桶3件、陶釜2件、陶杯2件、陶盏2件、陶灯1件、瓷碗1件、瓷盘1件、铜镜1面、铜钱14枚，墓门两侧出土瓷瓶2件。

陶罐　10件。M6∶1~M6∶4，形制相同。泥质灰陶。敞口，尖圆唇，束颈，溜肩，斜弧腹，平底。轮制，通体遗有轮旋痕。M6∶1，口径7.4、腹径8.8、底径3.2、高8.2厘米（图二六一，1；图版六七，4）。M6∶2，口径7.8、腹径9、底径3.4、高8.2厘米（图二六一，2；图版六七，5）。M6∶3，口径7.8、腹径8.8、底径2.6、高7.6厘米（图二六一，3；图版六七，6）。M6∶4，口径8.4、腹径9.6、底径3.6、高8.2厘米（图二六一，4；图版六八，1）。M6∶5~M6∶9，形制相同。敞口，方圆唇，束颈，溜肩，斜弧腹，平底。轮制，通体遗有轮旋痕。M6∶5，口径8、腹径9.4、底径4.2、高8.6厘米（图二六一，5；图版六八，2）。M6∶6，口径8.2、腹径9.6、底径3.8、高8.6厘米（图二六一，6；图版六八，3）。M6∶7，口径7.8、腹径9.6、底径3.8、高8.6厘米（图二六一，7；图版六八，4）。M6∶8，口径7.4、腹径9.4、底径4、

第八章 医学科学院墓葬

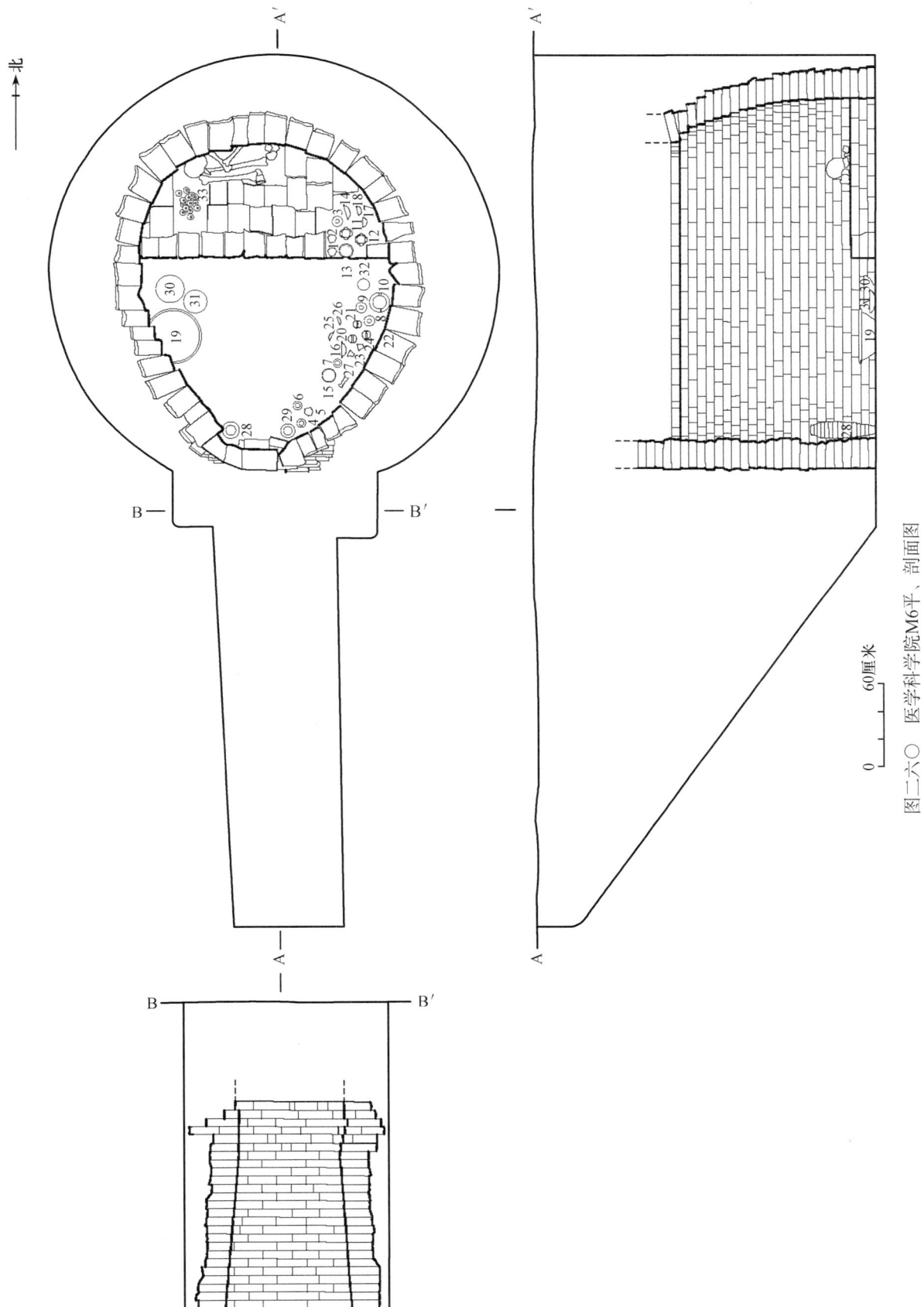

图二六〇 医学科学院M6平、剖面图
1~10.陶罐 11、12.陶釜 13~19.陶盆 20~22.陶桶 23、24.陶杯 25、26.陶盏 27.陶灯
28、29.瓷瓶 30.瓷碗 31.瓷盘 32.铜镜 33.铜钱

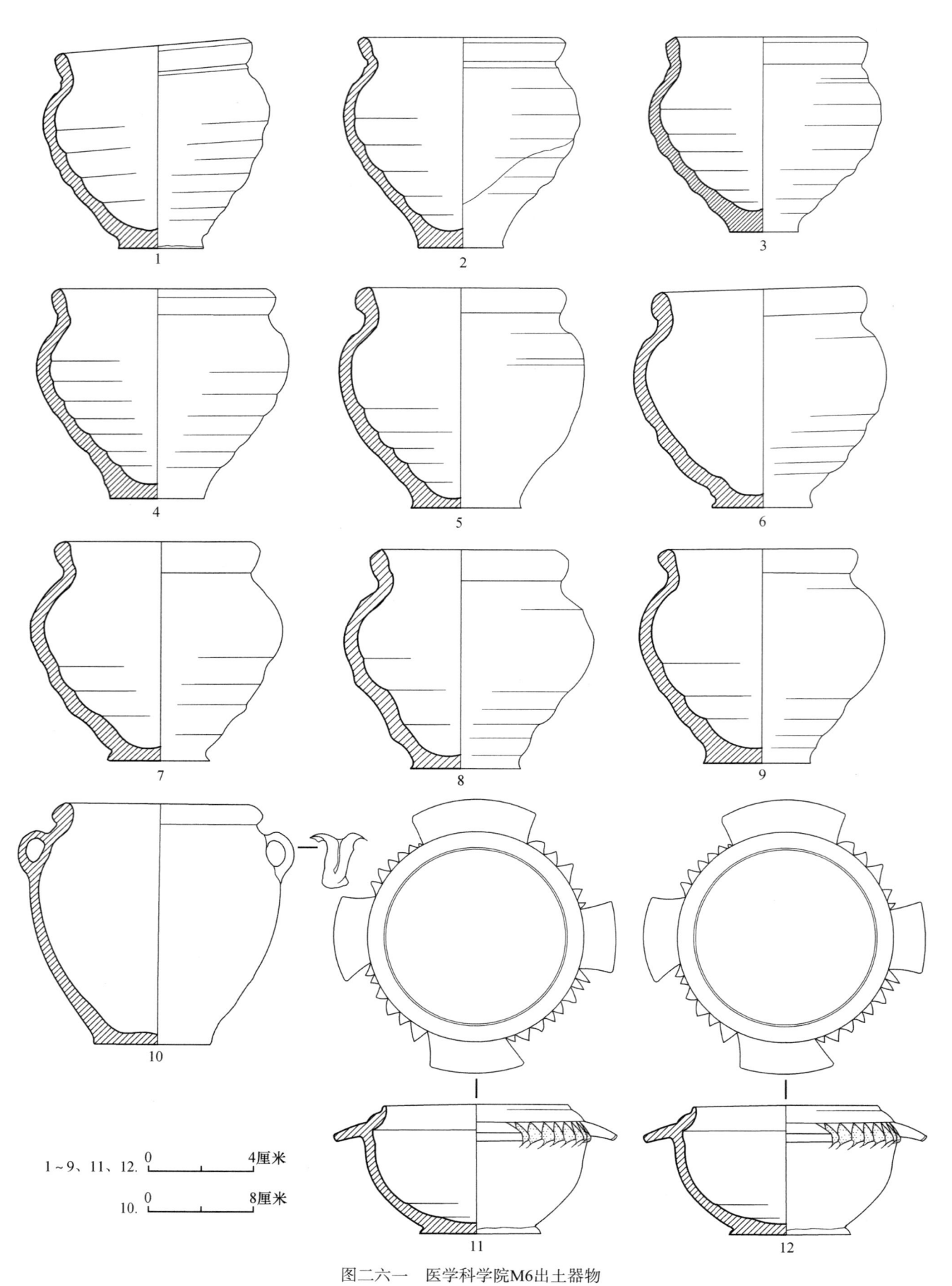

图二六一 医学科学院M6出土器物

1~10.陶罐（M6:1、M6:2、M6:3、M6:4、M6:5、M6:6、M6:7、M6:8、M6:9、M6:10） 11、12.陶釜（M6:11、M6:12）

高8.6厘米（图二六一，8；图版六八，5）。M6：9，口径7.6、腹径9.4、底径4、高8.4厘米（图二六一，9；图版六八，6）。M6：10，直口，方圆唇，束颈，溜肩，弧腹，平底。颈肩部置对称桥形双系。口径15.8、腹径19、底径8.8、高18.8厘米（图二六一，10；图版六九，1）。

陶釜　2件。形制相同。泥质灰陶。敛口，尖圆唇，锯齿状沿，置花式坡形錾手，深弧腹，平底。轮制。M6：11，口径8.2、底径3.5、高4厘米（图二六一，11；图版六九，2）。M6：12，口径7、底径4.6、高5厘米（图二六一，12；图版六九，3）。

陶盆　7件。M6：13、M6：14，形制相同。泥质灰陶。敞口，尖圆唇，凹沿，浅弧腹，平底内凹。轮制，通体遗有轮旋痕。M6：13，口径12、底径4、高3厘米（图二六二，1；图版七〇，1）。M6：14，口径14、底径6、高4厘米（图二六二，2；图版七〇，2）。M6：15、M6：16，形制相同。泥质灰陶。敞口，方圆唇，卷沿，浅弧腹，平底。轮制，通体遗有轮旋痕。M6：15，口径13.8、底径6、高4.2厘米（图二六二，3；图版七〇，3）。M6：16，口径12.2、底径4、高3.6厘米（图二六二，4；图版七〇，4）。M6：17、M6：18，形制相同。泥质灰陶。敞口微敛，尖圆唇，凹沿，斜肩，深弧腹，平底内凹。轮制，通体遗有轮旋痕。M6：17，口径8、腹径6.4、底径3.4、高3厘米（图二六二，5；图版七〇，5）。M6：18，口径7.5、腹径6.3、底径3、高3.5厘米（图二六二，6；图版七〇，6）。M6：19，泥质夹云母红陶。敞口，方圆唇，卷沿，斜弧腹，平底内凹。轮制，通体遗有轮旋痕。口径39.2、底径21.6、高12厘米（图二六二，7；图版七二，1）。

陶桶　3件。形制相同。泥质灰陶。敞口，尖圆唇，束颈，溜肩，鼓腹，平底。口颈部捏制圆柱桥形提梁。轮制，通体遗有轮旋痕。M6：20，口径6.5、腹径8、底径3.6、桶高7.8、通高10.3厘米（图二六二，8；图版七一，1）。M6：21，口径5.8、腹径7、底径2.8、桶高6.1、通高8.5厘米（图二六二，9；图版七一，2）。M6：22，口径5.8、腹径6.6、底径2.8、桶高6、通高7.8厘米（图二六二，10；图版七一，3）。

陶杯　2件。泥质灰陶。M6：23，敞口，尖圆唇，斜直腹，平底。轮制，通体遗有轮旋痕。口径6.7、底径2.9、高5.3厘米（图二六三，1；图版七二，2）。M6：24，敞口外侈，尖圆唇，斜直腹，饼足。轮制，通体遗有轮旋痕。口径6.7、底径2.8、高6.6厘米（图二六三，2；图版七二，3）。

陶盏　2件。形制相同。泥质灰陶。敞口，尖圆唇，浅弧腹，平底。轮制，通体遗有轮旋痕。M6：25，口径5.5、底径2.6、高1.4厘米（图二六三，3；图版七二，4）。M6：26，口径5.8、底径3.2、高1.4厘米（图二六三，4；图版七二，5）。

陶灯　1件。M6：27，泥质灰陶。盘口，方圆唇，束颈，溜肩，圆柱形体，平底。轮制，通体遗有轮旋痕。口径4.8、底径3.4、高10厘米（图二六三，5；图版七四，1）。

瓷瓶　2件。形制相同。缸胎。敛口，凹沿，尖唇，斜肩，长弧腹，高脚，平底。颈肩部遗有六处长条形支钉痕，腹部饰数周凹弦纹。外腹部及内壁施酱绿色釉，底部未施釉。轮制。M6：28，口径6.6、腹径13.8、底径5.6、高45.6厘米（图二六三，6；图版七三，1）。M6：29，口径6.4、腹径11、底径5.2、高40厘米（图二六三，7；图版七三，2）。

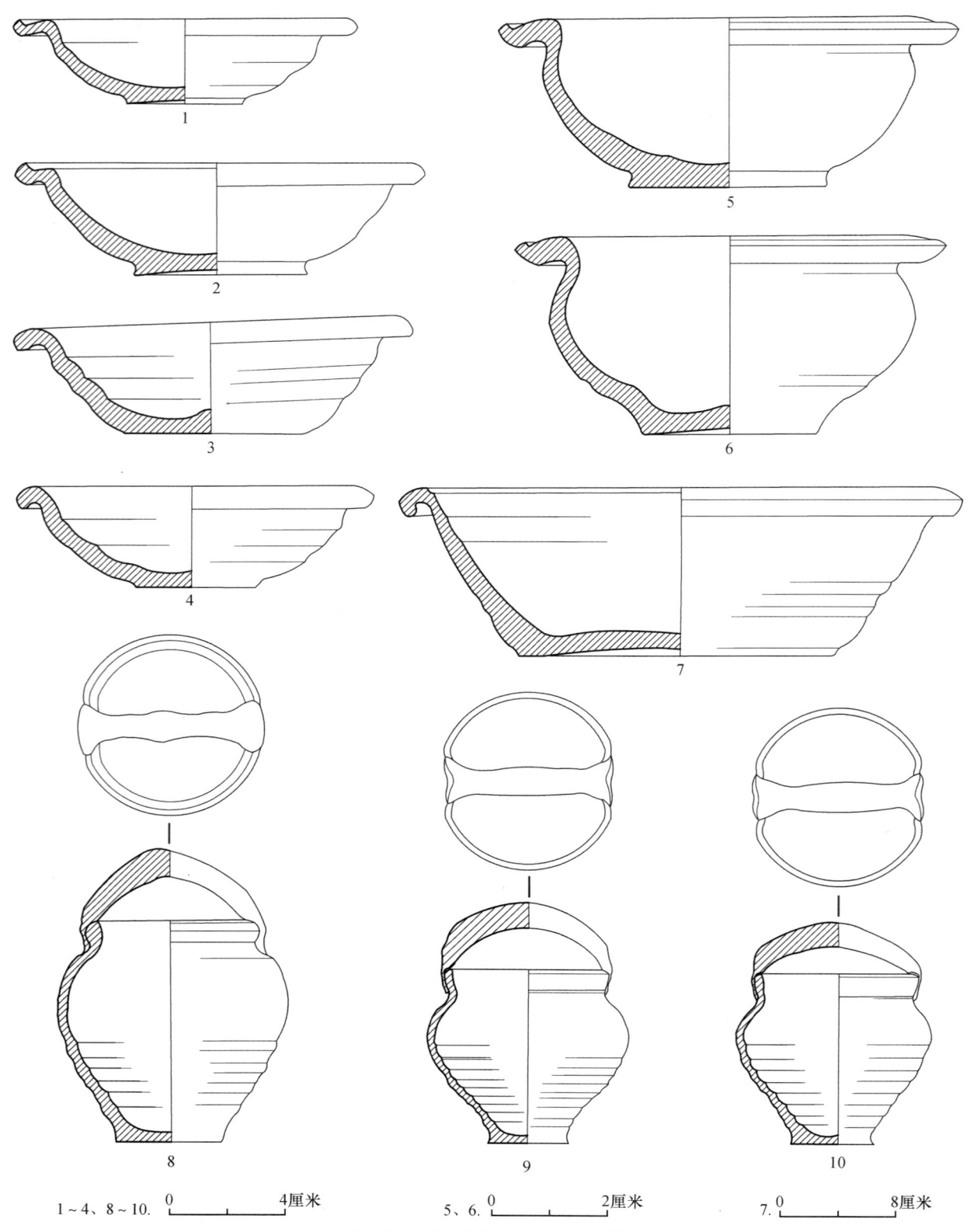

· 226 ·　大兴古墓葬考古发掘报告集

1~4、8~10. 　0 ——— 4厘米　　　5、6. 0 ——— 2厘米　　　7. 0 ——— 8厘米

图二六二　医学科学院M6出土器物

1~7. 陶盆（M6：13、M6：14、M6：15、M6：16、M6：17、M6：18、M6：19）
8~10. 陶桶（M6：20、M6：21、M6：22）

第八章　医学科学院墓葬

図二六三　医学科学院M6出土器物
1、2.陶杯（M6:23、M6:24）　3、4.陶盏（M6:25、M6:26）　5.陶灯（M6:27）
6、7.瓷瓶（M6:28、M6:29）　8.瓷碗（M6:30）　9.瓷盘（M6:31）　10.铜镜（M6:32）

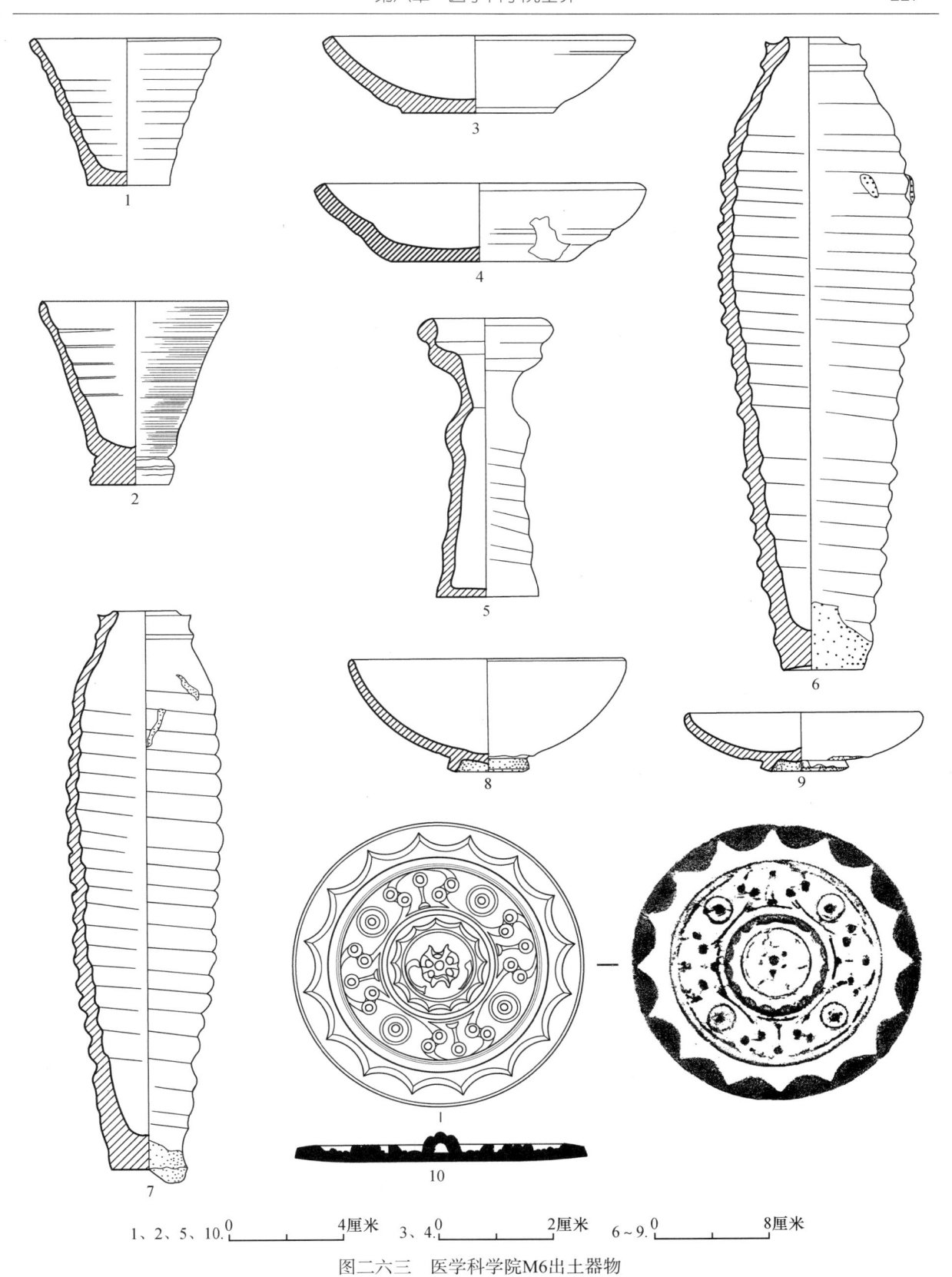

瓷碗　1件。M6：30，敞口，尖圆唇，深弧腹，圈足。体施天蓝色釉，圈足未施釉，遗有流釉痕，露米黄色胎。轮制。口径19.2、底径5.6、高8.2厘米（图二六三，8；图版七三，3）。

瓷盘　1件。M6：31，敞口，尖圆唇，浅弧腹，圈足。体施天蓝色釉，圈足未施釉，遗有流釉痕，露米黄色胎。轮制。口径16.2、底径6、高4.2厘米（图二六三，9；图版七三，4）。

铜镜　1面。M6：32，圆形，镜面略凸，半球状乳钉纹纽，椭圆形穿孔，内外镜缘饰花瓣状连弧纹，内铸凸起乳钉纹。直径10.2、缘宽0.7、缘厚0.3~0.5、纽高0.7厘米（图二六三，10；图版七四，2）。

铜钱　14枚。有开元通宝、咸平元宝、祥符元宝、皇宋通宝、至和元宝、熙宁元宝、元丰通宝、元祐通宝、元符通宝、圣宋元宝（图版七八，1）。

开元通宝　1枚。M6：33-1，平钱，圆形，方穿，正背面郭缘较窄，正面楷书"開元通寶"四字，对读，背穿上方铸半月纹。钱径2.44、穿径0.69、郭厚0.1厘米（图二六四，1）。

咸平元宝　1枚。M6：33-2，平钱，圆形，方穿，正背面郭缘较宽，正面楷书"咸平元寶"四字，旋读。钱径2.5、穿径0.6、郭厚0.12厘米（图二六四，2）。

祥符元宝　2枚。标本M6：33-3，平钱，圆形，方穿，正背面郭缘较宽，正面真书"祥符元寶"四字，旋读。钱径2.53、穿径0.55、郭厚0.1厘米（图二六四，3）。

皇宋通宝　1枚。M6：33-4，平钱，圆形，方穿，正背面郭缘较宽，正面篆书"皇宋通寶"四字，对读。钱径2.5、穿径0.63、郭厚0.13厘米（图二六四，4）。

至和元宝　1枚。M6：33-5，平钱，圆形，方穿，正背面郭缘略宽，正面篆书"至和元寶"四字，旋读。钱径2.34、穿径0.64、郭厚0.1厘米（图二六四，5）。

熙宁元宝　1枚。M6：33-6，平钱，圆形，方穿，正背面郭缘略宽，正面楷书"熙寧元寶"四字，旋读。钱径2.37、穿径0.62、郭厚0.15厘米（图二六四，6）。

元丰通宝　1枚。M6：33-7，平钱，圆形，方穿，正背面郭缘略宽，正面行书"元豐通寶"四字，旋读。钱径2.48、穿径0.66、郭厚0.12厘米（图二六四，7）。

元祐通宝　4枚。平钱，圆形，方穿，正背面郭缘较宽。标本M6：33-8，正面行书"元祐通寶"四字，旋读。钱径2.52、穿径0.53、郭厚0.1厘米（图二六四，8）。标本M6：33-9，正面篆书"元祐通寶"四字，旋读。钱径2.46、穿径0.54、郭厚0.11厘米（图二六四，9）。

元符通宝　1枚。M6：33-10，平钱，圆形，方穿，正背面郭缘较宽，正面行书"元符通寶"四字，旋读。钱径2.37、穿径0.58、郭厚0.12厘米（图二六四，10）。

圣宋元宝　1枚。M6：33-11，平钱，圆形，方穿，正背面郭缘较宽，正面行书"聖宋元寶"四字，旋读。钱径2.3、穿径0.67、郭厚0.12厘米（图二六四，11）。

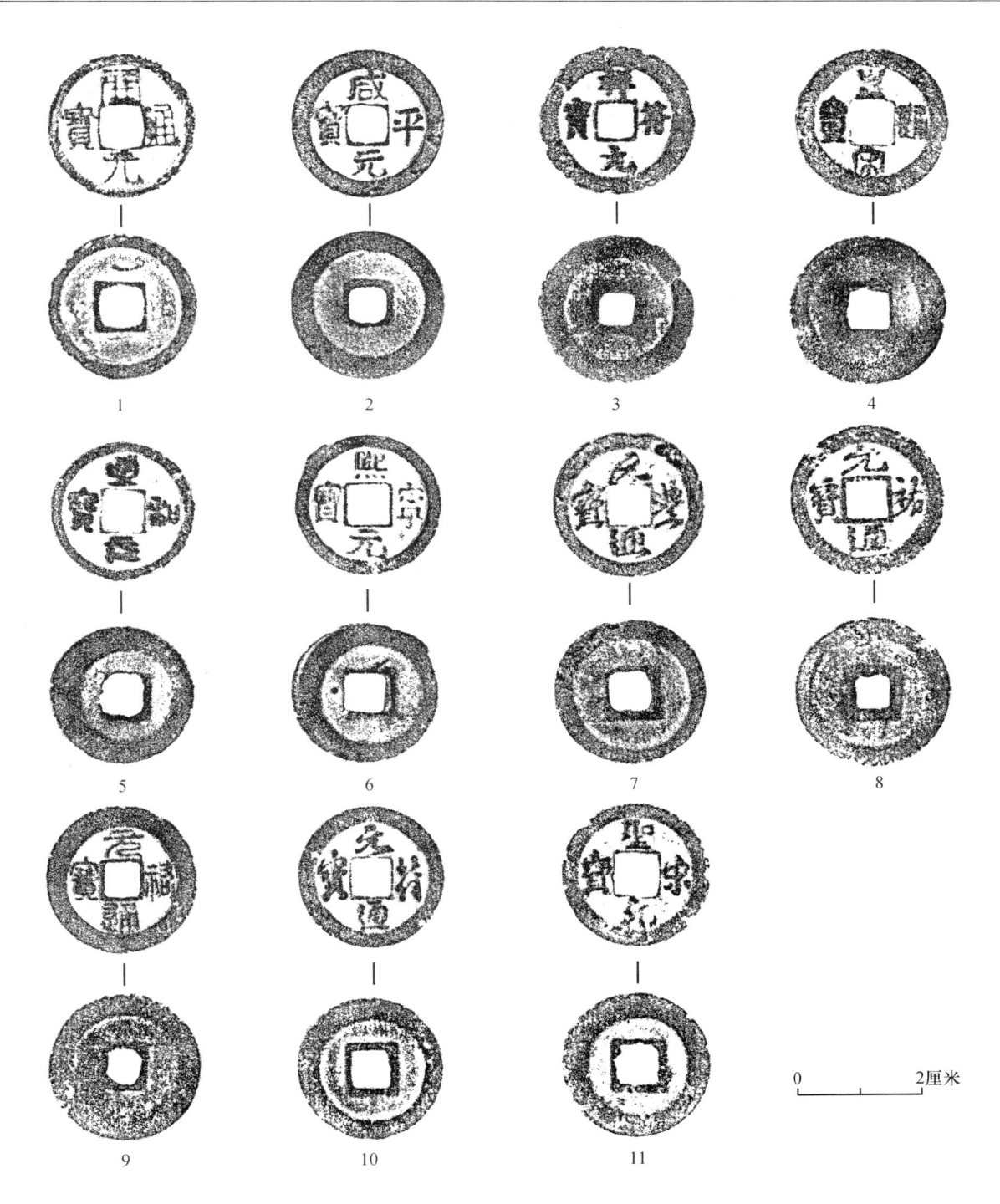

图二六四　医学科学院M6出土铜钱（拓片）

1. 开元通宝（M6：33-1）　2. 咸平元宝（M6：33-2）　3. 祥符元宝（M6：33-3）　4. 皇宋通宝（M6：33-4）
5. 至和元宝（M6：33-5）　6. 熙宁元宝（M6：33-6）　7. 元丰通宝（M6：33-7）　8、9. 元祐通宝（M6：33-8、M6：33-9）
10. 元符通宝（M6：33-10）　11. 圣宋元宝（M6：33-11）

四、明代墓葬

（一）M7

1. 墓葬形制

该墓位于发掘区西北部，东邻M10。开口于第2层下，东西向，方向266°。

墓平面呈梯形，竖穴土圹双棺合葬墓。墓口距地表深0.4米，墓底距地表深2米。墓圹东西长2.3、南北宽1.4～1.6、深1.6米。内置双棺，棺木已朽。北棺痕长2.2、宽0.5～0.7、残高0.2米；骨架保存稍差，头向西，面向北，仰身直肢，为男性；南棺痕长2、宽0.47～0.5、残高0.2米；骨架保存较好，头向西，面向上，仰身直肢，为女性（图二六五；图版六一，1）。

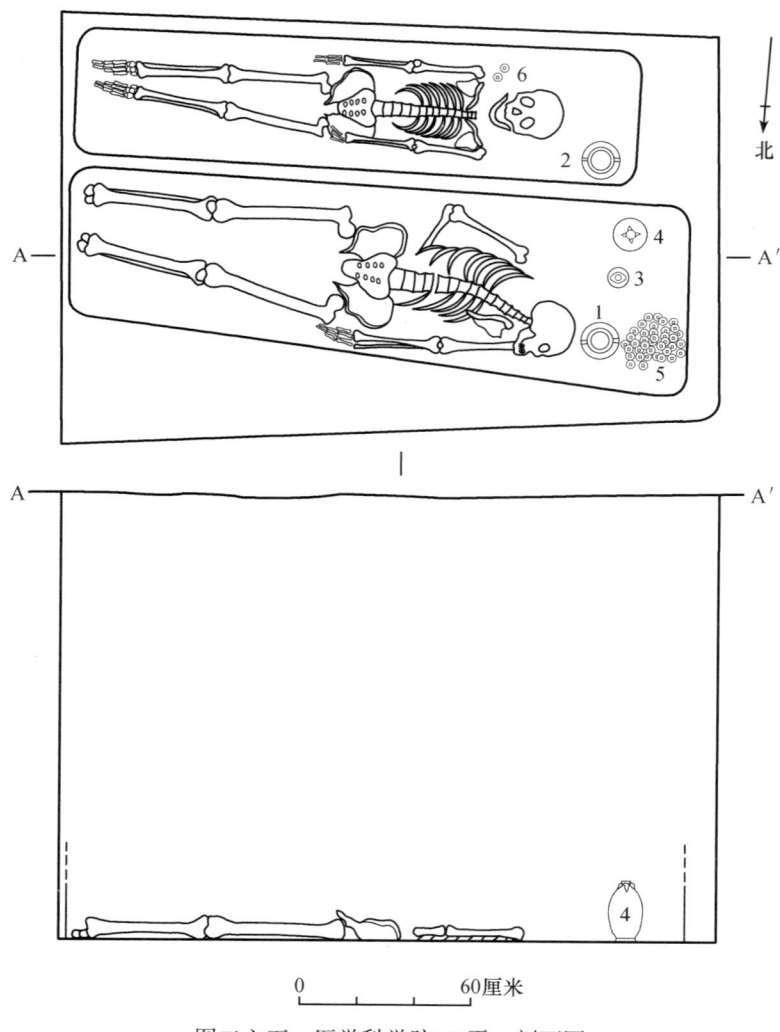

图二六五　医学科学院M7平、剖面图
1、2.瓷罐　3、4.瓷瓶　5、6.铜钱

2. 随葬品

北棺内头骨上方出土瓷罐1件、铜钱38枚，右上方出土瓷瓶2件；南棺内头骨左上方出土瓷罐1件，右上肢骨上方出土铜钱2枚。

瓷罐　2件。M7:1，敛口，圆唇，斜颈，圆肩，鼓腹，矮圈足。颈肩部置对称叶脉纹桥形双系。上腹及内壁施酱黑色釉，遗有流釉痕，下腹及圈足未施釉。轮制，通体遗有轮旋痕。口径11、腹径14.6、底径6.8、高11.4厘米（图二六六，1；图版七五，1）。M7:2，敛口，尖

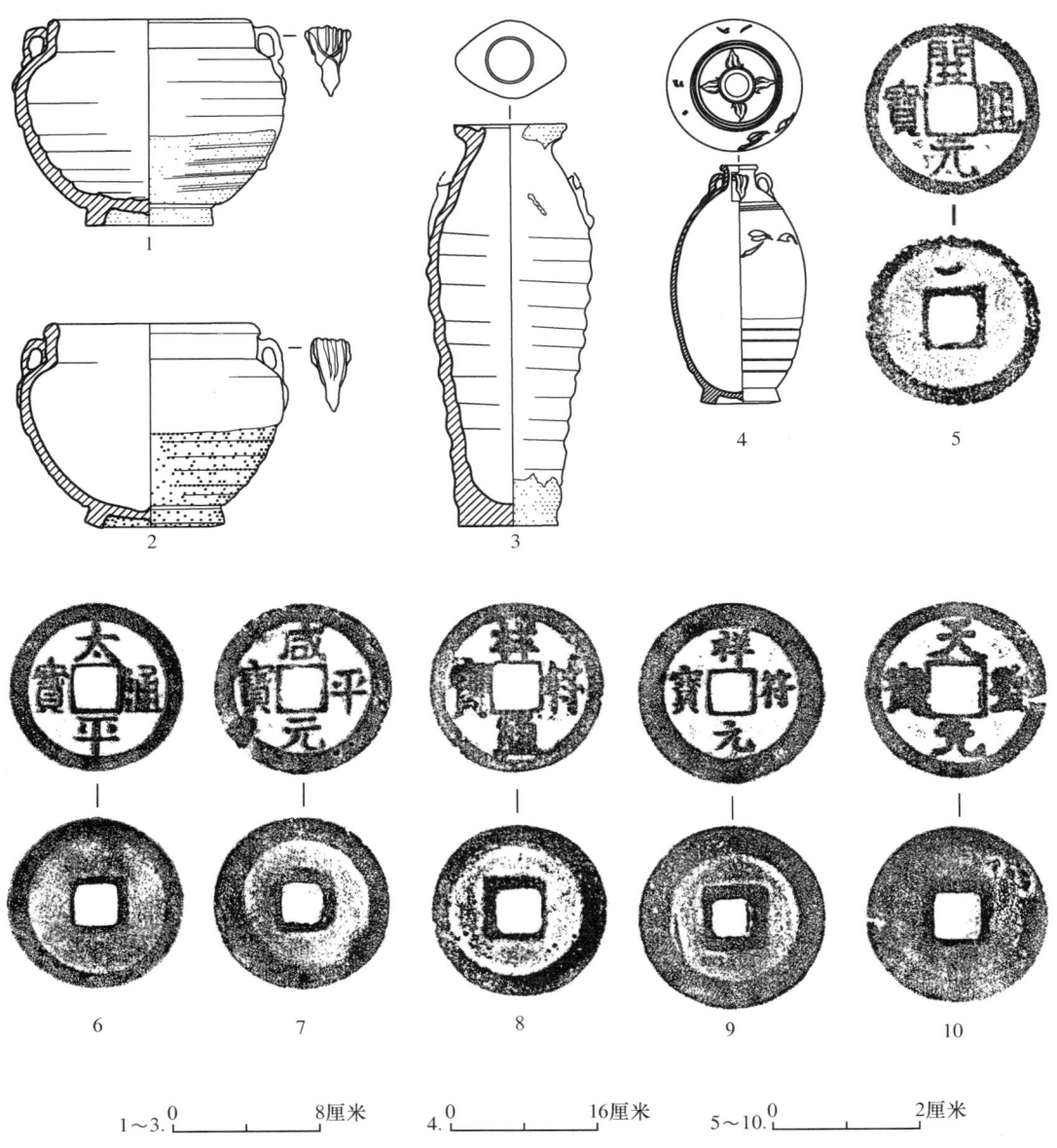

图二六六　医学科学院M7出土器物

1、2. 瓷罐（M7:1、M7:2）3、4. 瓷瓶（M7:3、M7:4）5. 开元通宝（M7:5-1）6. 太平通宝（M7:5-2）
7. 咸平元宝（M7:5-3）8. 祥符通宝（M7:5-4）9. 祥符元宝（M7:5-5）10. 天圣元宝（M7:5-6）

圆唇，直颈，折肩，弧腹，圈足。颈肩部置对称叶脉纹桥形双系。上腹及内壁施酱黑色釉，下腹及圈足未施釉。轮制，通体遗有轮旋痕。口径11.6、腹径14.2、底径7.6、高11.4厘米（图二六六，2；图版七五，2）。

瓷瓶　2件。M7∶3，缸胎。菱形直口，斜平沿，方圆唇，束颈，斜肩，斜弧腹，平底。颈肩部置对称双系，肩部遗有一处支钉痕。腹部饰数周凹弦纹。外腹部及内壁施酱绿色釉，下腹及底部未施釉。轮制。外口径4.4~6、内口径2.6、腹径8.6、底径5.4、高22.4厘米（图二六六，3；图版七六，1）。M7∶4，敞口，平沿，方圆唇，束颈，圆肩，长弧腹，圈足。颈肩部置叶脉纹桥形四系。肩部饰两周酱色釉弦纹，下部饰三组花卉纹；下腹部饰四周凹弦纹。上腹及内壁施乳白色釉，下腹及圈足施酱色釉。轮制。口径4、腹径14.6、底径8.6、高27厘米（图二六六，4；图版七六，2）。

铜钱　40枚。有开元通宝、太平通宝、咸平元宝、祥符通宝、祥符元宝、天圣元宝、景祐元宝、皇宋通宝、嘉祐通宝、熙宁元宝、元丰通宝、元祐通宝、绍圣元宝、圣宋元宝、大观通宝、政和通宝、正隆元宝、大定通宝（图版七八，2）。

开元通宝　1枚。M7∶5-1，平钱，圆形，方穿，正背面郭缘较窄，正面楷书"開元通寶"四字，对读，背穿上方铸半月纹。钱径2.45、穿径0.62、郭厚0.12厘米（图二六六，5）。

太平通宝　1枚。M7∶5-2，平钱，圆形，方穿，正背面郭缘较窄，正面隶书"太平通寶"四字，对读。钱径2.4、穿径0.58、郭厚0.1厘米（图二六六，6）。

咸平元宝　1枚。M7∶5-3，平钱，圆形，方穿，正背面郭缘较宽，正面真书"咸平元寶"四字，旋读。钱径2.43、穿径0.54、郭厚0.13厘米（图二六六，7）。

祥符通宝　1枚。M7∶5-4，平钱，圆形，方穿，正背面郭缘较宽，正面楷书"祥符通寶"四字，旋读。钱径2.42、穿径0.58、郭厚0.15厘米（图二六六，8）。

祥符元宝　2枚。标本M7∶5-5，平钱，圆形，方穿，正背面郭缘较宽，正面楷书"祥符元寶"四字，旋读。钱径2.68、穿径0.5、郭厚0.1厘米（图二六六，9）。

天圣元宝　1枚。M7∶5-6，平钱，圆形，方穿，正背面郭缘较窄，正面楷书"天聖元寶"四字，旋读。钱径2.51、穿径0.63、郭厚0.12厘米（图二六六，10）。

景祐元宝　2枚。平钱，圆形，方穿。M7∶5-7，正背面郭缘较宽，正面真书"景祐元寶"四字，旋读。钱径2.53、穿径0.64、郭厚0.1厘米（图二六七，1）。M7∶5-8，正背面郭缘略宽，正面篆书"景祐元寶"四字，旋读。钱径2.5、穿径0.7、郭厚0.14厘米（图二六七，2）。

皇宋通宝　8枚。平钱，圆形，方穿，正背面郭缘略宽。标本M7∶5-9，正面楷书"皇宋通寶"四字，对读。钱径2.5、穿径0.69、郭厚0.14厘米（图二六七，3）。标本M7∶5-10，正面篆书"皇宋通寶"四字，对读。钱径2.53、穿径0.66、郭厚0.12厘米（图二六七，4）。

嘉祐通宝　2枚。标本M7∶5-11，平钱，圆形，方穿，正背面郭缘略宽，正面楷书"嘉祐通寶"四字，对读。钱径2.4、穿径0.66、郭厚0.12厘米（图二六七，5）。

熙宁元宝　3枚。平钱，圆形，方穿，正背面郭缘较窄。标本M7∶5-12，正面楷书"熙寧元寶"四字，旋读。钱径2.43、穿径0.67、郭厚0.12厘米（图二六七，6）。标本M7∶5-13，正

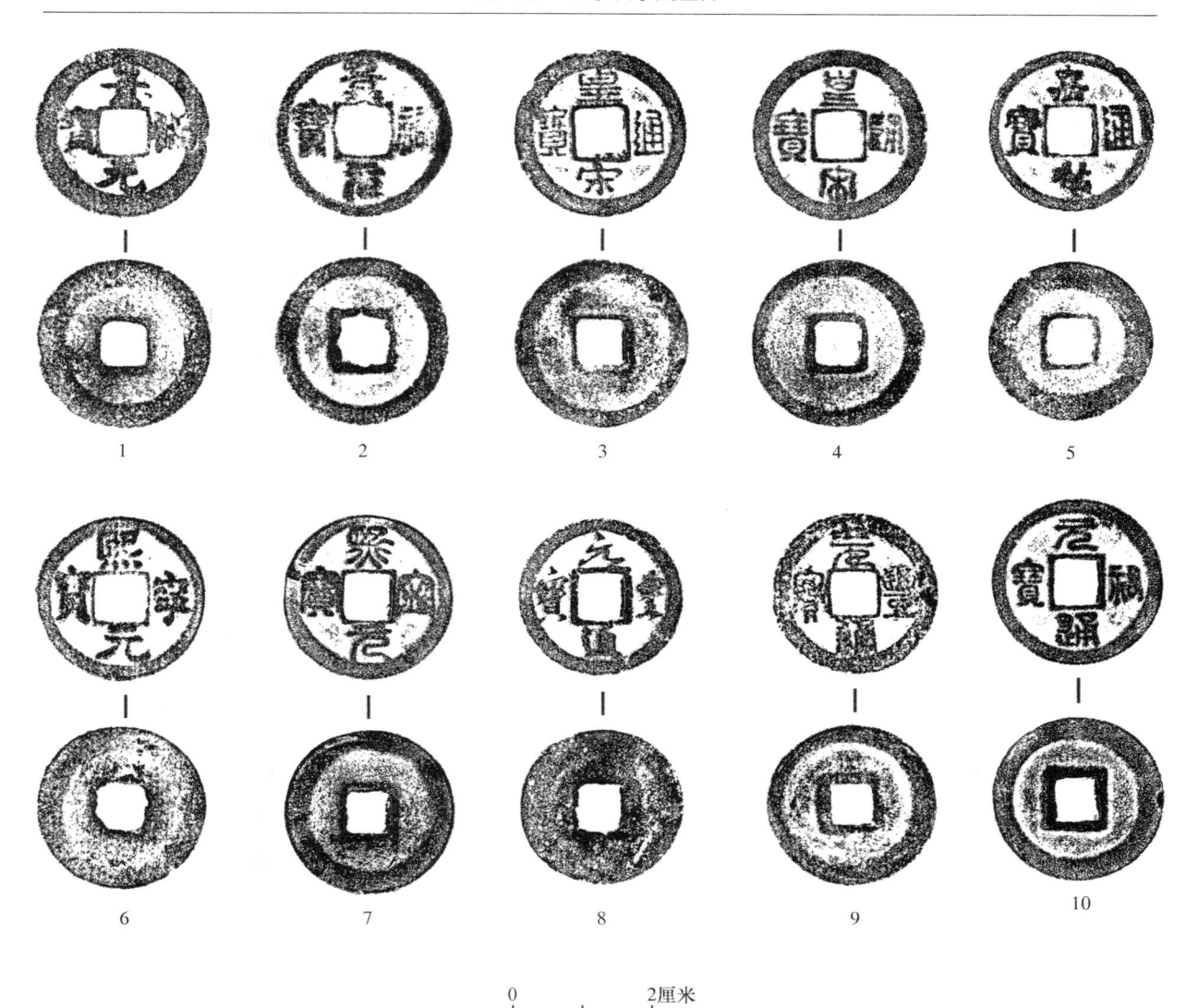

图二六七　医学科学院M7出土铜钱（拓片）

1、2. 景祐元宝（M7：5-7、M7：5-8）　3、4. 皇宋通宝（M7：5-9、M7：5-10）　5. 嘉祐通宝（M7：5-11）
6、7. 熙宁元宝（M7：5-12、M7：5-13）　8、9. 元丰通宝（M7：5-14、M7：5-15）　10. 元祐通宝（M7：5-16）

面篆书"熙宁元寶"四字，旋读。钱径2.47、穿径0.62、郭厚0.14厘米（图二六七，7）。

元丰通宝　3枚。平钱，圆形，方穿。标本M7：5-14，正背面郭缘较窄，正面行书"元豐通寶"四字，旋读。钱径2.36、穿径0.68、郭厚0.12厘米（图二六七，8）。标本M7：5-15，正背面郭缘略宽，正面篆书"元豐通寶"四字，旋读。钱径2.43、穿径0.56、郭厚0.12厘米（图二六七，9）。

元祐通宝　3枚。平钱，圆形，方穿，正背面郭缘略宽。标本M7：5-16，正面篆书"元祐通寶"四字，旋读。钱径2.36、穿径0.68、郭厚0.12厘米（图二六七，10）。标本M7：5-17，正面行书"元祐通寶"四字，旋读。钱径2.45、穿径0.7、郭厚0.1厘米（图二六八，1）。

绍圣元宝　1枚。M7：5-18，平钱，圆形，方穿，正背面郭缘略宽，正面篆书"绍聖元

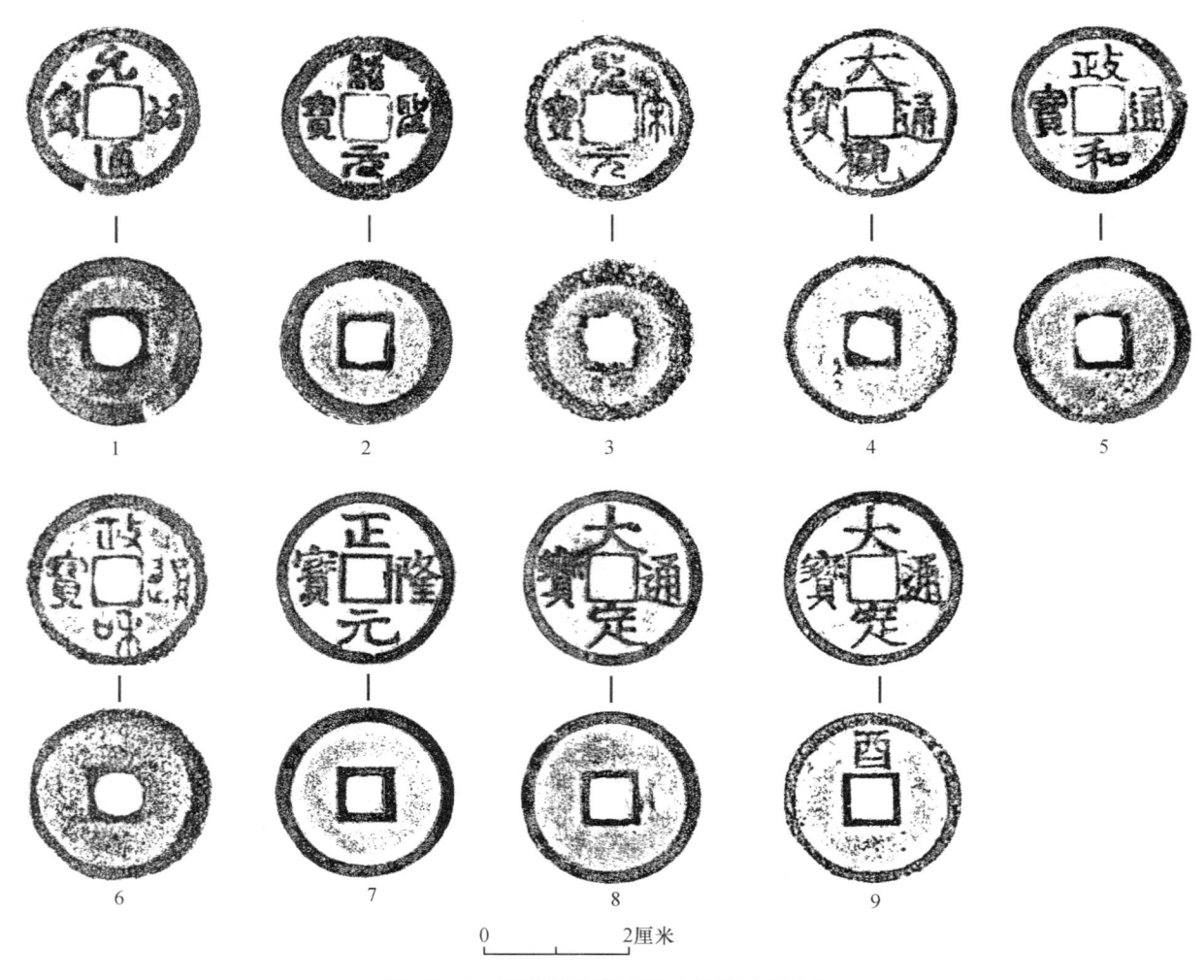

图二六八 医学科学院M7出土铜钱（拓片）

1. 元祐通宝（M7：5-17） 2. 绍圣元宝（M7：5-18） 3. 圣宋元宝（M7：5-19） 4. 大观通宝（M7：5-20）
5、6. 政和通宝（M7：5-21、M7：5-22） 7. 正隆元宝（M7：5-23） 8、9. 大定通宝（M7：6-1、M7：6-2）

寶"四字，旋读。钱径2.4、穿径0.58、郭厚0.15厘米（图二六八，2）。

圣宋元宝 1枚。M7：5-19，平钱，圆形，方穿，正背面郭缘略宽，正面篆书"聖宋元寶"四字，旋读。钱径2.42、穿径0.66、郭厚0.15厘米（图二六八，3）。

大观通宝 1枚。M7：5-20，平钱，圆形，方穿，正背面郭缘较窄，正面瘦金体"大觀通寶"四字，对读。钱径2.46、穿径0.55、郭厚0.15厘米（图二六八，4）。

政和通宝 2枚。平钱，圆形，方穿，正背面郭缘较窄。M7：5-21，正面楷书"政和通寶"四字，对读。钱径2.43、穿径0.63、郭厚0.12厘米（图二六八，5）。M7：5-22，正面篆书"政和通寶"四字，对读。钱径2.54、穿径0.6、郭厚0.1厘米（图二六八，6）。

正隆元宝 1枚。M7：5-23，平钱，圆形，方穿，正背面郭缘较窄，正面瘦金体"正隆元寶"四字，旋读。钱径2.5、穿径0.53、郭厚0.14厘米（图二六八，7）。

大定通宝 6枚。平钱，圆形，方穿，正背面郭缘较窄，正面瘦金体"大定通寶"四字，对读。标本M7：6-1，钱径2.52、穿径0.58、郭厚0.12厘米（图二六八，8）。标本M7：6-2，背穿上部楷书"酉"字。钱径2.51、穿径0.58、郭厚0.15厘米（图二六八，9；图版七七，5）。

（二）M8

1. 墓葬形制

该墓位于发掘区西北部，东北邻M7。开口于第2层下，东西向，方向265°。

墓平面呈梯形，竖穴土圹单棺墓。墓口距地表深0.4米，墓底距地表深1.6米。墓圹东西长2.4、南北宽2.2～2.4、深1.2米。内置单棺，棺木已朽，棺痕长1.9、宽0.45～0.7、残高0.1米。骨架保存较好，头向西北，面向上，仰身直肢，为男性（图二六九；图版六一，2）。

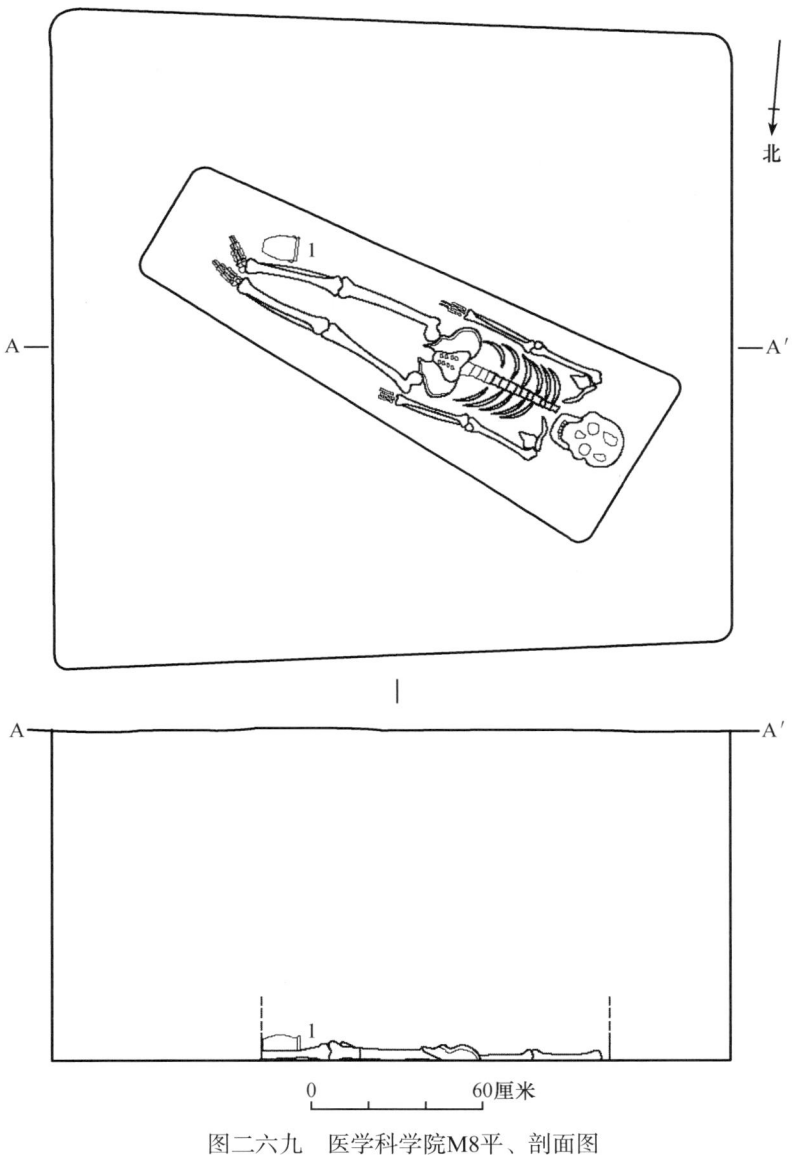

图二六九　医学科学院M8平、剖面图
1. 陶罐

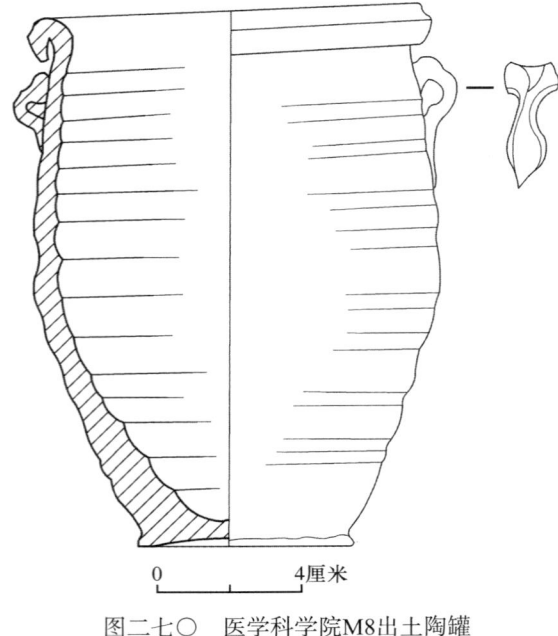

图二七〇 医学科学院M8出土陶罐（M8∶1）

2. 随葬品

棺内右下肢骨下方外侧出土陶罐1件。

陶罐 1件。M8∶1，泥质灰陶。敞口，凹沿，方圆唇，直颈，斜弧腹，平底。颈部置对称桥形双系。轮制，通体遗有轮旋痕。口径11.2、腹径11.2、底径6、高15.4厘米（图二七〇；图版七五，3）。

（三）M9

1. 墓葬形制

该墓位于发掘区西南部，北邻M12。开口于第3层下，东西向，方向250°。

墓平面呈长方形，竖穴土圹单棺墓。墓口距地表深0.4米，墓底距地表深2米。墓圹东西长2.06、南北宽0.8、深1.6米。内置单棺，棺木已朽，棺痕长1.86、宽0.6、残高0.18米。骨架保存较好，头向西，面向北，仰身直肢，为男性（图二七一；图版六二，1）。

2. 随葬品

棺内右上肢骨中部出土瓷罐1件。

瓷罐 1件。M9∶1，敛口，方圆唇，斜颈，溜肩，圆弧腹，圈足。颈肩部置对称叶脉纹桥形双系，口沿及腹部留有八处椭圆形铜钉痕。上腹及口沿内侧施酱黑色釉，下腹及圈足未施釉，遗有流釉痕。轮制，内壁遗有轮旋痕。口径11.4、腹径15、底径7.6、高12厘米（图二七二；图版七五，4）。

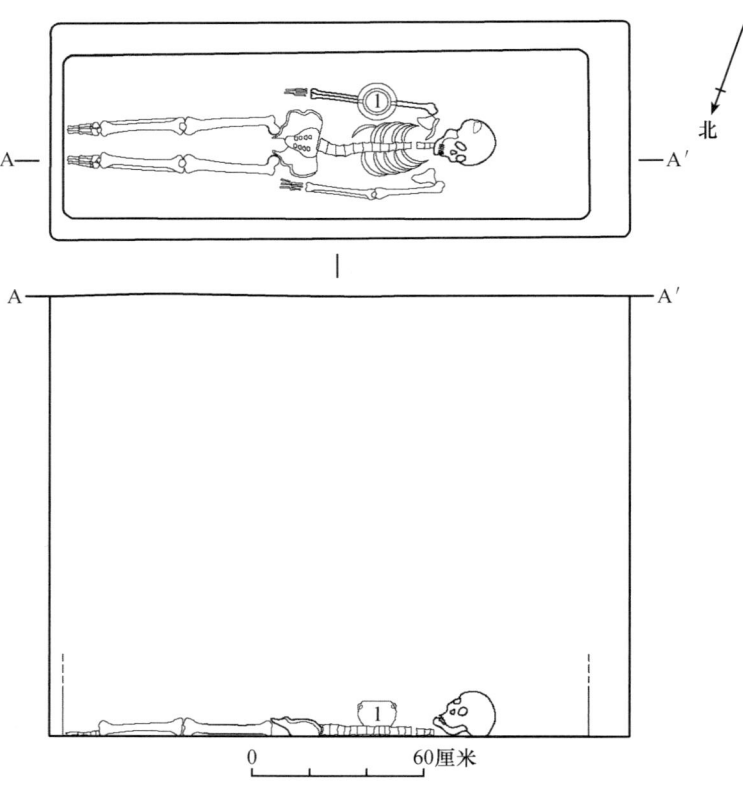

图二七一 医学科学院M9平、剖面图
1. 瓷罐

图二七二 医学科学院M9出土瓷罐（M9∶1）

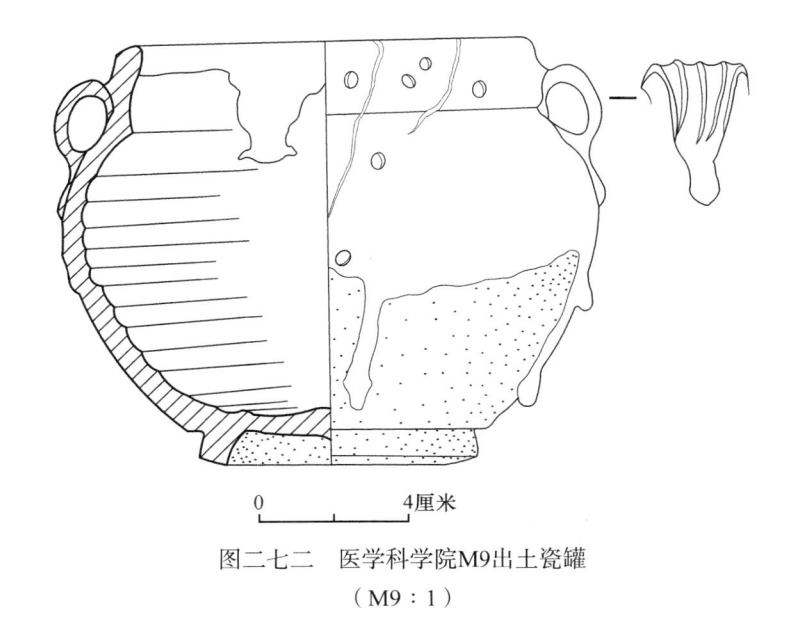

五、清代墓葬

（一）M10

1. 墓葬形制

该墓位于发掘区西北部，西邻M7。开口于第2层下，东西向，方向258°。

墓平面呈梯形，竖穴土圹单棺墓。墓口距地表深0.6米，墓底距地表深1.4米。墓圹东西长2.4、南北宽1.06~1.21、深0.8米。内填花土，土质较松。内置单棺，棺木已朽，棺痕长1.82、宽0.55~0.56、残高0.1米。骨架保存较差，头向西南，面向下，仰身直肢，为男性（图二七三；图版六二，2）。

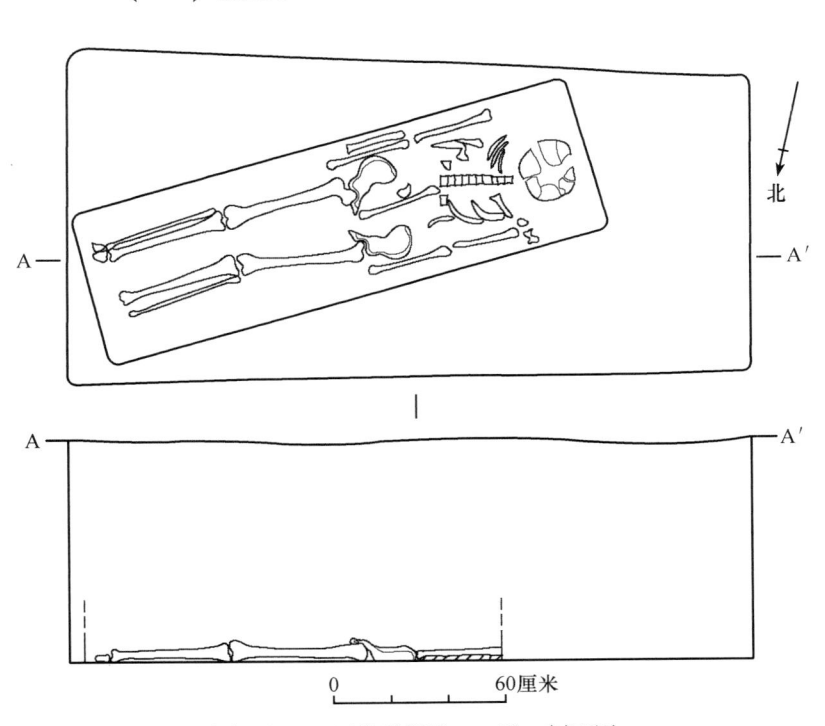

图二七三 医学科学院M10平、剖面图

2. 随葬品

未发现随葬品。

（二）M11

1. 墓葬形制

该墓位于发掘区西南部，南邻M12。开口于第2层下，东西向，方向269°。

墓平面呈梯形，竖穴土圹双棺合葬墓。墓口距地表深0.4米，墓底距地表深1.56米。墓圹东西长2.13、南北宽1.44~1.47、深1.16米。内填花土，土质较松。内置双棺，棺木已朽。北棺长1.7、宽0.56~0.66、残高0.2米，棺板厚0.06、底板厚0.07米；骨架保存稍好，头向西，面向上，仰身直肢，为男性。南棺长1.52、宽0.43~0.44、残高0.2米，棺板厚0.05~0.06、底板厚0.07米；骨架保存较差，头向西，面向上，仰身直肢，为女性（图二七四；图版六三，1）。

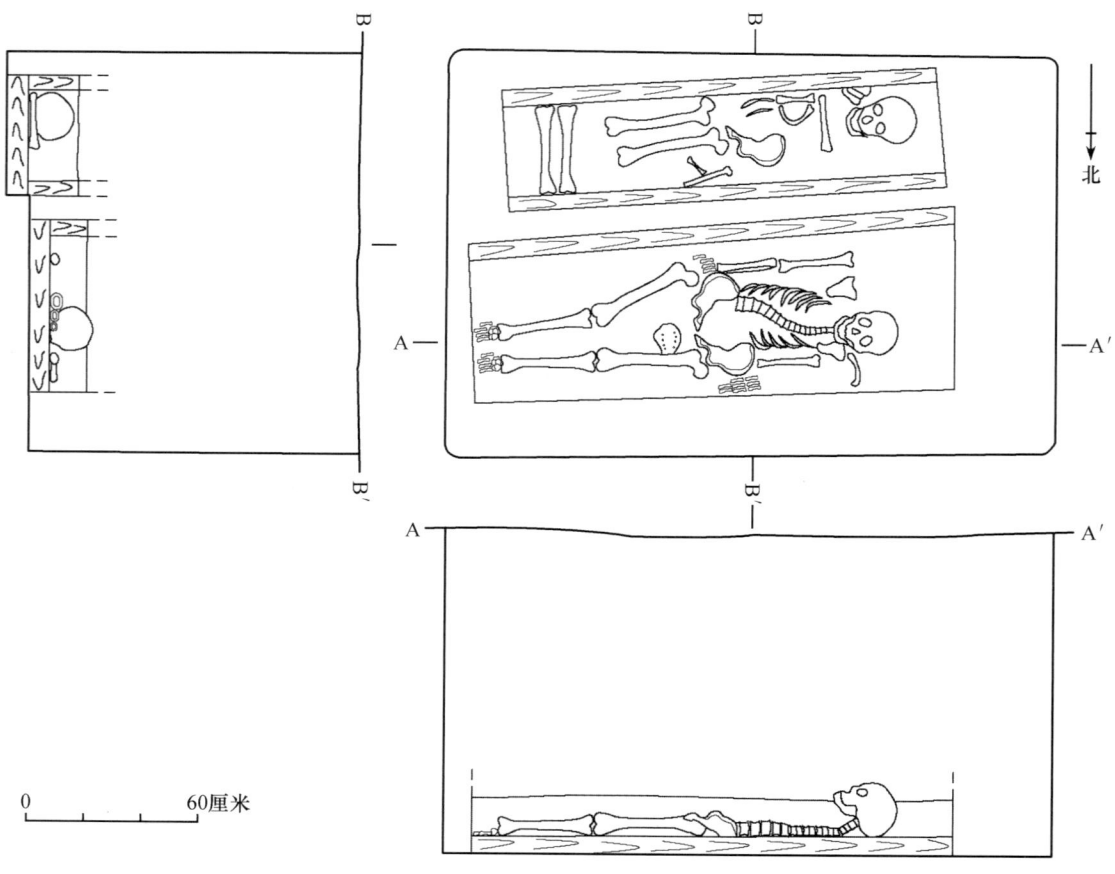

图二七四　医学科学院M11平、剖面图

2. 随葬品

未发现随葬品。

（三）M12

1. 墓葬形制

该墓位于发掘区西南部，北邻M11。开口于第2层下，东西向，方向252°。

墓平面呈梯形，竖穴土圹单棺墓。墓口距地表深0.86米，墓底距地表深1.95米。墓圹东西长2.76、南北宽1.03～1.1、深1.09米。内填花土，土质较松。内置单棺，棺木已朽，棺痕长2.26、宽0.55～0.59、残高0.1米。骨架保存较好，头向西，面向北，仰身直肢，为男性（图二七五；图版六三，2）。

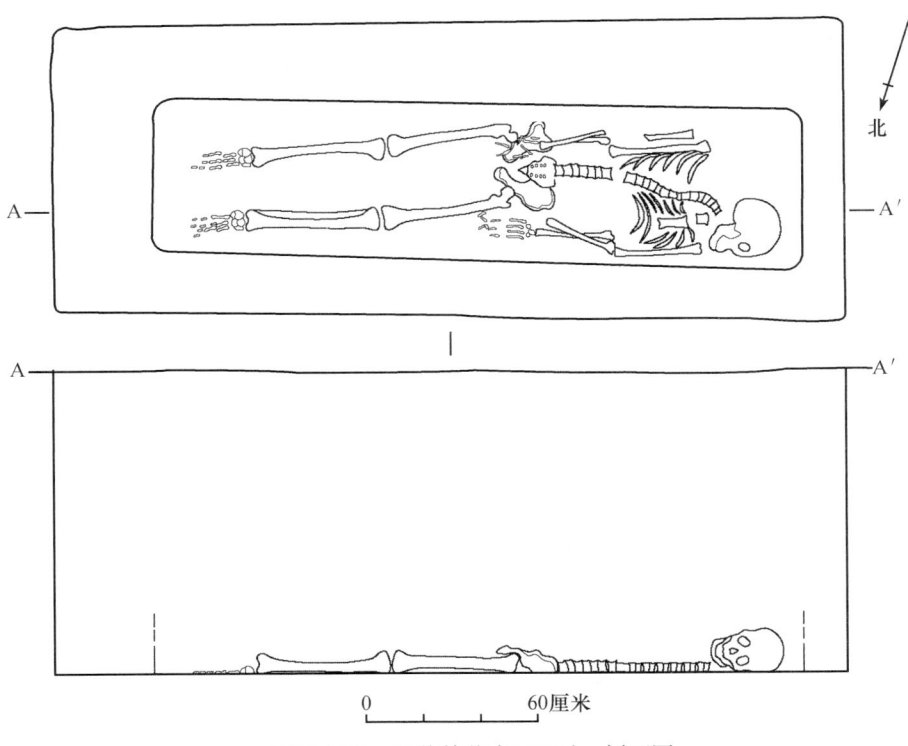

图二七五　医学科学院M12平、剖面图

2. 随葬品

未发现随葬品。

（四）M13

1. 墓葬形制

该墓位于发掘区西南部，东邻M12。开口于第2层下，东西向，方向262°。

墓平面呈长方形，竖穴土圹单棺墓。墓口距地表深0.4米，墓底距地表深2.02米。墓圹东西长2.73、南北宽1.02、深1.62米。内填花土，土质较松。内置单棺，棺木已朽，棺痕长2.24、宽0.57~0.67、残高0.16米。骨架保存较好，头向西，面向上，仰身直肢，为女性（图二七六）。

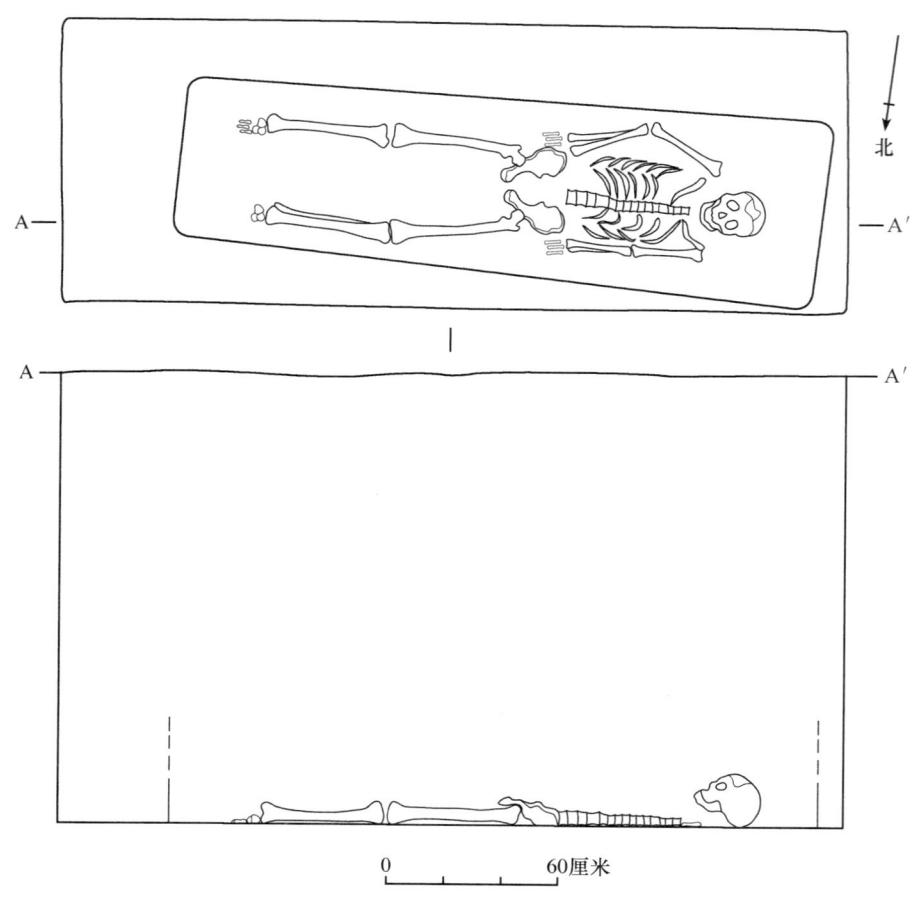

图二七六　医学科学院M13平、剖面图

2. 随葬品

未发现随葬品。

第九章　新城北区墓葬

一、汉代墓葬

（一）M1

1. 墓葬形制

该墓位于发掘区北部，东邻M12。开口于第4层下，南北向，方向190°。

墓平面呈刀形，竖穴土圹砖室墓。由于破坏严重，券顶已不存。墓口距地表深1.2米，墓底距地表深2.4米。墓圹南北长7.6、东西宽1.12~2.8、深1.2米。由墓道、甬道、墓室三部分组成（图二七七；图版七九，1）。

墓道位于甬道南部。平面呈长方形，南北长3.26、东西宽1.12~1.4米，东西两壁垂直平整。墓道呈斜坡状，坡度22°，坡长2.76、深0.3~1.2米。内填花土，土质较松。

甬道位于墓道北部。东西宽0.88、南北进深1.24米，顶部拱券式结构已毁，两壁砖墙保存完整，用青砖两顺一横交错向上砌筑，墙残高1.1~1.18米。

墓室位于甬道北部。平面呈长方形，南北长2.9、东西宽2.5、现深1.2米。顶部拱券结构已毁，现存四壁残墙，用长0.32、宽0.15、厚0.06米青砖在铺地砖上一甃二卧向上砌筑，四墙残高0.75~1、厚0.32米。铺地砖用青砖两横两顺交错无序平铺。未发现骨架。

2. 随葬品

未发现随葬品。

（二）M2

1. 墓葬形制

该墓位于发掘区西部，西北邻M3。开口于第4层下，南北向，方向350°。

墓平面呈长方形，竖穴土圹砖室墓。墓口距地表深1.2米，墓底距地表深2.6米。墓圹南北长3.14、东西宽1.4、深1.4米。顶部拱券结构已毁，现存四壁残墙，用长0.28、宽0.14、厚0.04米青砖在铺地砖上错缝向上平砌，四墙残高0.56、厚0.14米。铺地砖用青砖两横两顺交错无序平铺。未发现骨架（图二七八；图版七九，2）。

图二七七 新城北区M1平、剖面图

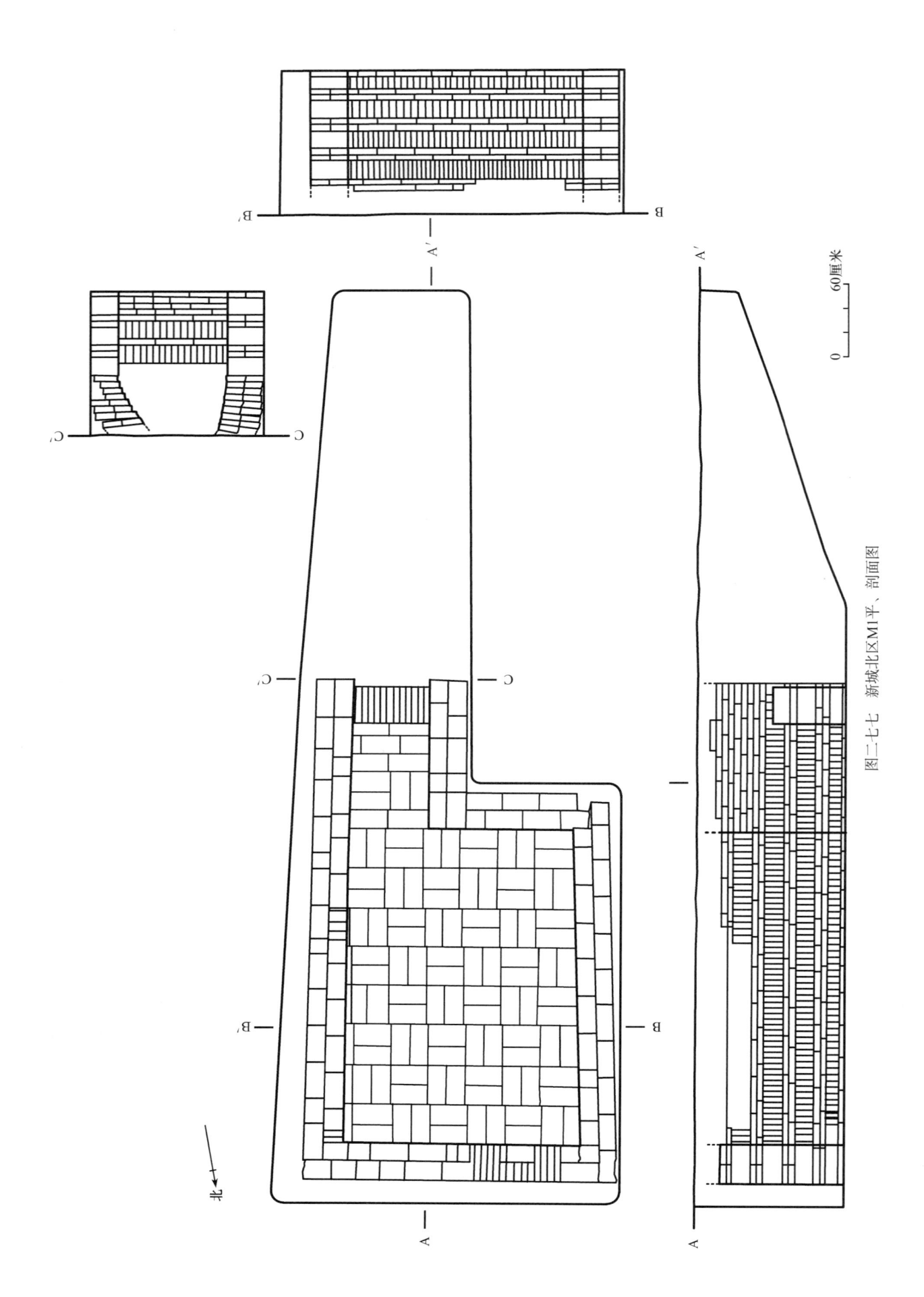

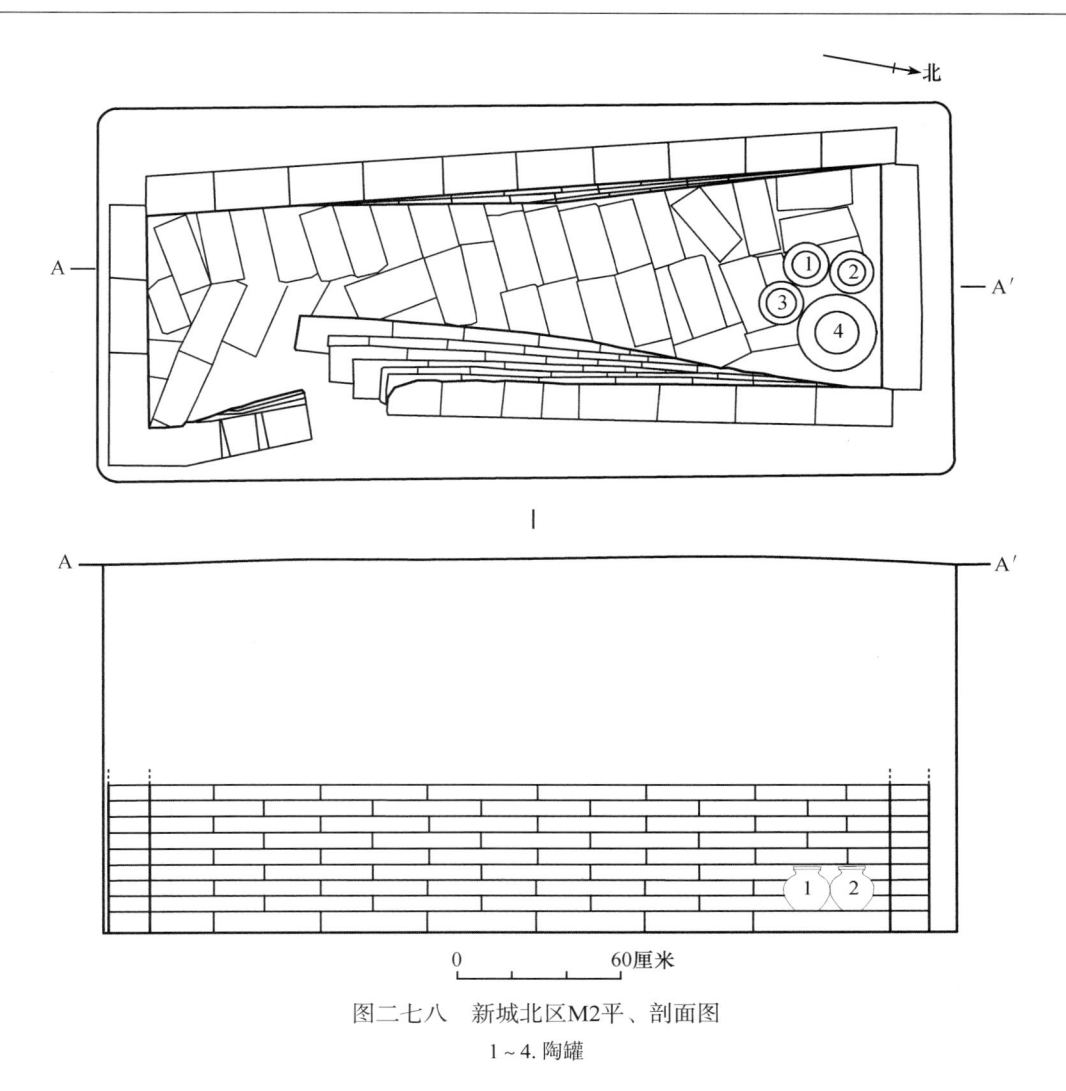

图二七八　新城北区M2平、剖面图
1~4.陶罐

2. 随葬品

墓室内左上方出土陶罐4件。

陶罐　4件。泥质灰陶。M2∶1~M2∶3，形制相同。敞口，斜平沿，双唇，短束颈，溜肩，圆弧腹，平底。腹部饰数周凸弦纹。轮制。M2∶1，口径10.3、腹径17、底径8.4、高17厘米（图二七九，1；图版八六，1）。M2∶2，口径10、腹径16、底径7.6、高17厘米（图二七九，2；图版八六，2）。M2∶3，口径11、腹径17.2、底径9.1、高17.5厘米（图二七九，3；图版八六，3）。M2∶4，敞口内敛，尖圆唇，短束颈，折肩，鼓腹，平底。上腹部饰数周凹弦纹，中腹部饰两组戳印刻划纹，下腹部饰交错粗绳纹。轮制。口径16、腹径29.2、底径8.6、高26厘米（图二七九，4；图版八六，4）。

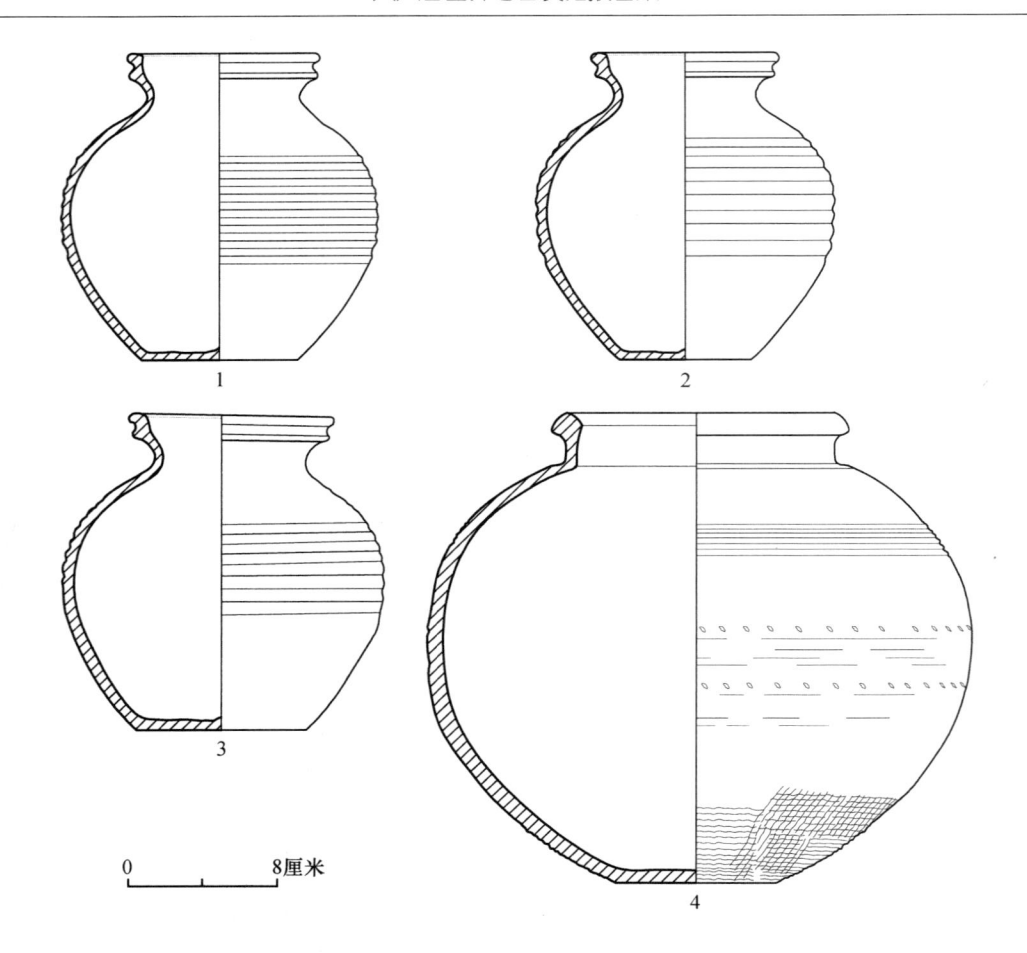

图二七九　新城北区M2出土陶罐
1. M2:1　2. M2:2　3. M2:3　4. M2:4

（三）M3

1. 墓葬形制

该墓位于发掘区西部，东南邻M2。开口于第4层下，南北向，方向15°。

墓平面呈长方形，竖穴土圹砖室墓。墓口距地表深1.2米，墓底距地表深1.96米。墓圹南北长3.16、东西宽1.1、深0.76米。顶部拱券结构已毁，现存四壁残墙，用长0.28、宽0.14、厚0.04米青砖在铺地砖上错缝向上平砌，四墙残高0.66~0.72、厚0.14米。铺地砖用青砖两横两顺交错无序平铺。未发现骨架（图二八〇；图版七九，3）。

2. 随葬品

墓室内东北、西北部出土陶罐2件。

陶罐　2件。形制相同。泥质灰陶。敞口，平沿，双唇，短束颈，斜肩，鼓腹，平底。腹部饰数周凸弦纹。轮制，内底部遗有一周轮旋痕。M3:1，口径10.6、腹径15.3、底径

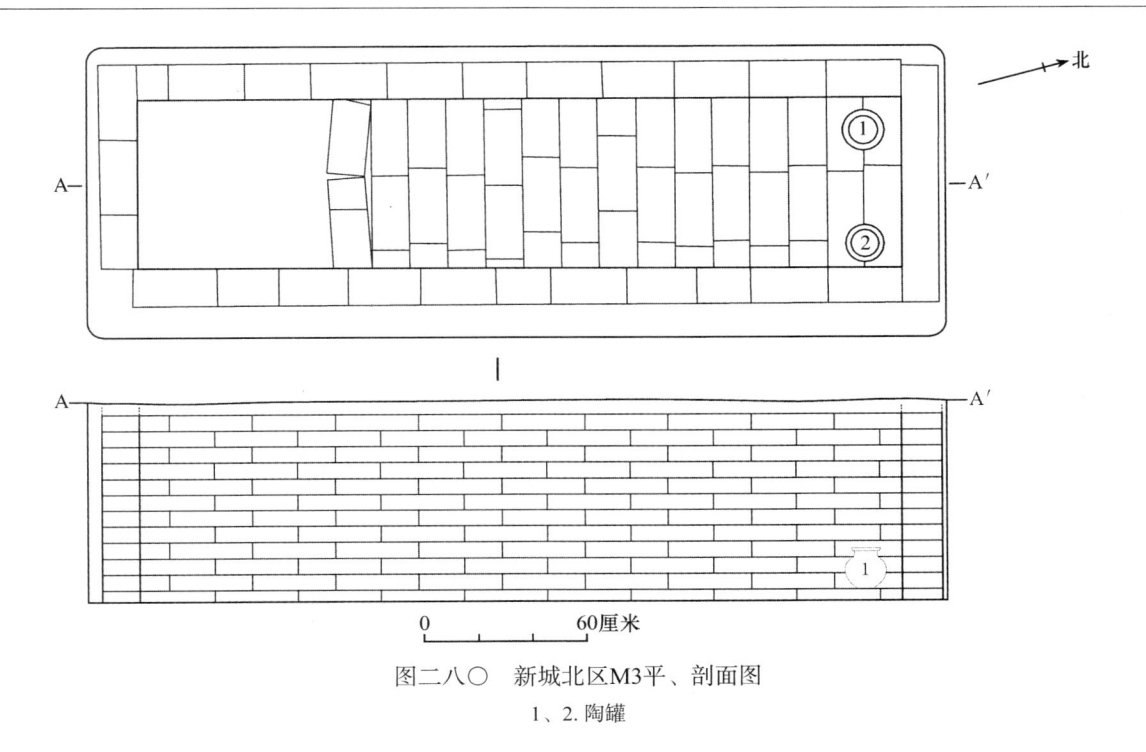

图二八〇　新城北区M3平、剖面图
1、2. 陶罐

5.3、高15.4厘米（图二八一，1；图版八六，5）。M3：2，口径10、腹径15.2、底径5.8、高14.4厘米（图二八一，2；图版八六，6）。

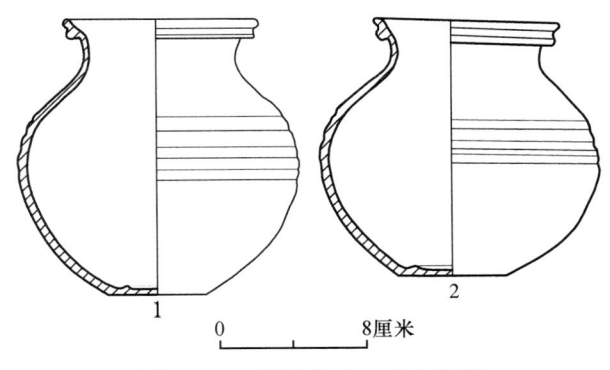

图二八一　新城北区M3出土陶罐
1. M3：1　2. M3：2

（四）M4

1. 墓葬形制

该墓位于发掘区西北部，北邻M5。开口于第4层下，南北向，方向185°。

墓平面呈刀形，竖穴土圹砖室墓。由于破坏严重，券顶已不存。墓口距地表深1.3米，墓底

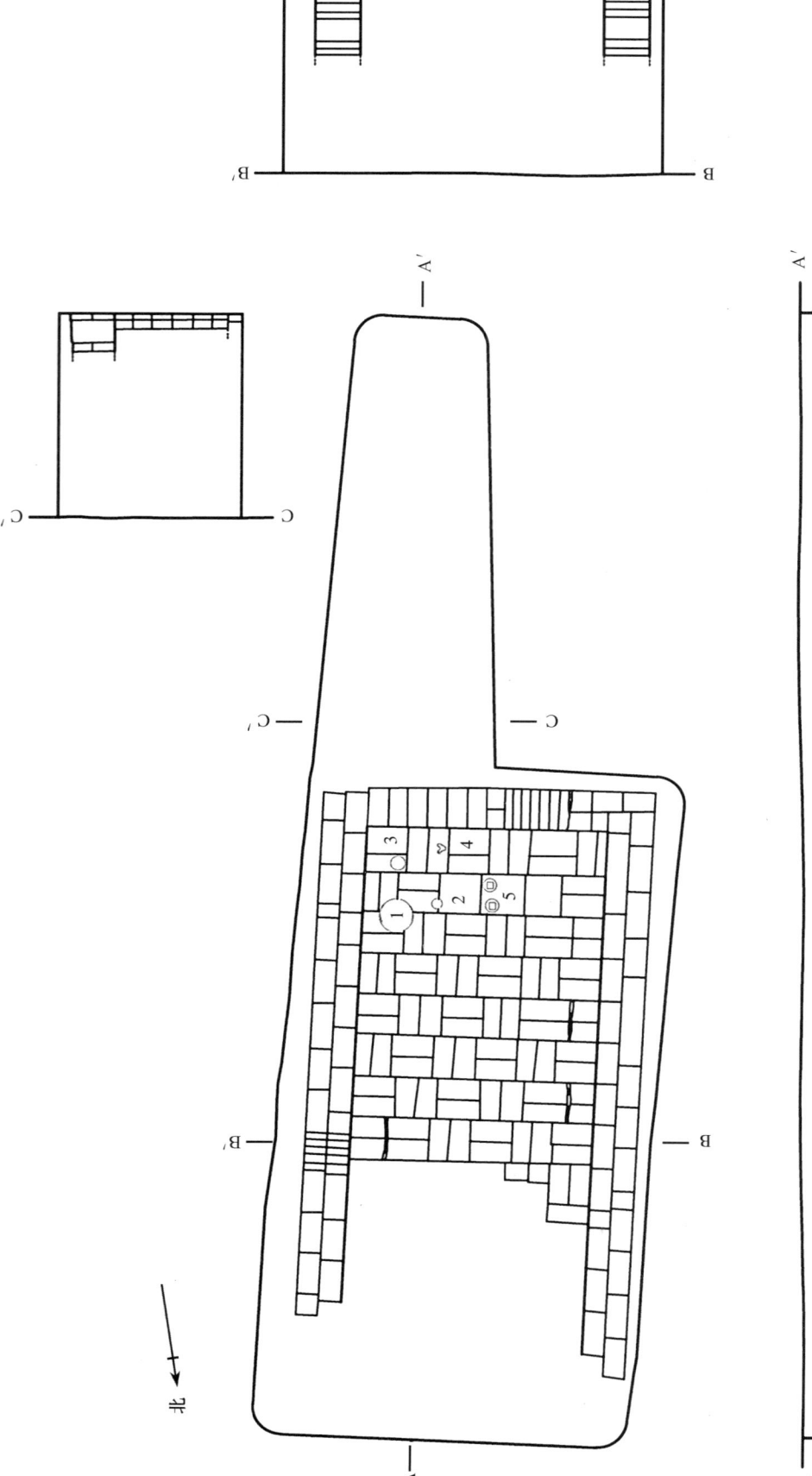

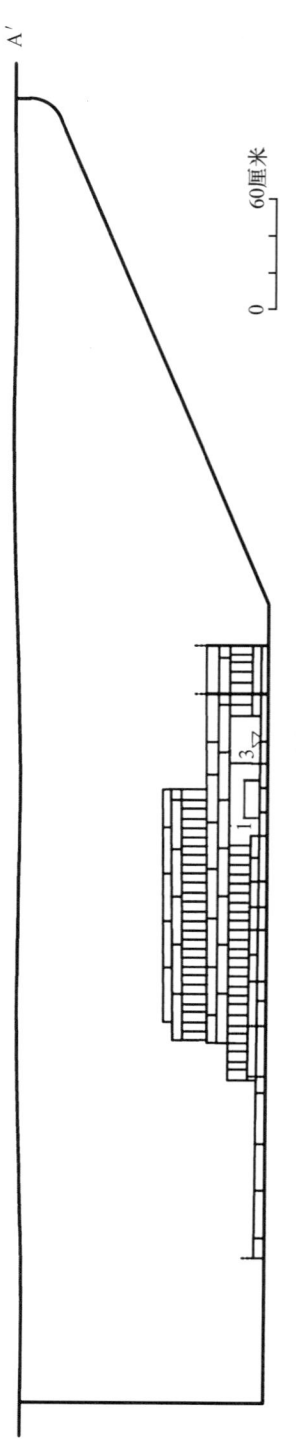

图二八三 新城北区M4平、剖面图
1. 陶径　2. 陶锅　3. 陶甑　4. 陶鸡　5. 铜钱

距地表深2.6米。墓圹南北长7.1、东西宽0.8~2.3、深1.3米。由墓道、墓门、墓室三部分组成（图二八二；图版八〇，1）。

墓道位于墓门南部。平面呈梯形，南北长2.84、东西宽0.8~1.1米，东西两壁垂直平整。墓道呈斜坡状，坡度23°，坡长3、深0.2~1.3米。内填花土，土质较松。

墓门位于墓道北部。东西宽0.88、南北进深0.26米，顶部拱券式砖已毁，两壁砖墙用青砖一横一顺交错向上砌筑，墙残高0.05~0.24米。

墓室位于墓门北部。平面呈长方形，南北长3.84、东西宽2.3、现深1.3米。顶部拱券结构已毁，现存四壁残墙，用长0.26、宽0.14、厚0.06米青砖在铺地砖上一甓一卧、一甓二卧向上砌筑，四墙残高0.05~0.54、厚0.28米。铺地砖用青砖两横两顺交错无序平铺。未发现骨架。

2. 随葬品

墓室内东南部出土陶瓮1件、陶锅1件、陶甑1件、陶鸡1件、铜钱2枚。

陶瓮　1件。M4∶1，泥质灰陶。敛口，方圆唇，斜直腹，平底。轮制。口径18.2、腹径20、底径19.5、高11.5厘米（图二八三，1；图版八七，1）。

陶锅　1件。M4∶2，泥质灰陶。直口，斜平沿，深弧腹，圜底。锅流已残。轮制。口径6.2、高4厘米（图二八三，2；图版八七，2）。

陶甑　1件。M4∶3，泥质灰陶。敞口，平沿，方圆唇，斜直腹，平底。底部置5个圆形箅孔。轮制。口径9、底径2.4、高4厘米（图二八三，3；图版八七，3）。

陶鸡　1件。M4∶4，泥质灰陶。站立状，头向一侧张望，仰首，竖颈，尖喙，圆目外

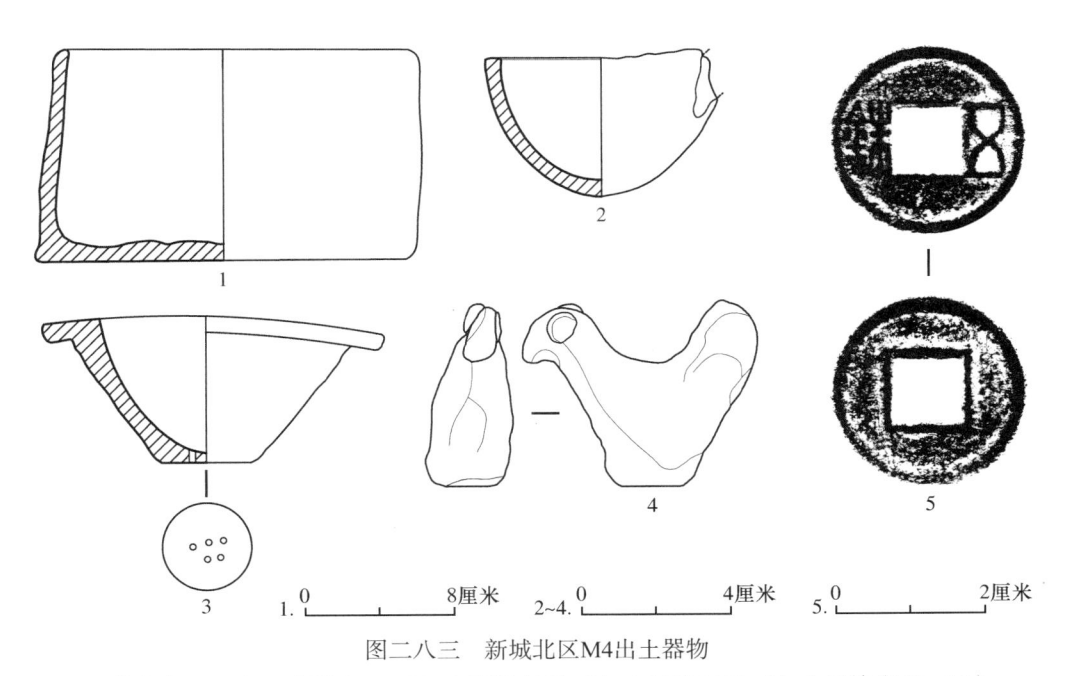

图二八三　新城北区M4出土器物
1.陶瓮（M4∶1）　2.陶锅（M4∶2）　3.陶甑（M4∶3）　4.陶鸡（M4∶4）　5.五铢（M4∶5-1）

凸，翘尾，椭圆形底座。手制，尾部遗有指捏痕。高5厘米（图二八三，4；图版八七，4）。

五铢　2枚。标本M4：5-1，平钱，圆形，方穿，正背面郭缘较窄，正面篆书"五铢"二字，顺读。"五"字两股交笔弯曲，上下横笔对称齐平。"铢"字金字旁上部三角形，下部四点竖笔较短，朱字旁上下均圆折，中部竖笔细长齐平，横笔略粗。钱径2.55、穿径0.9、郭厚0.12厘米（图二八三，5；图版九〇，5）。

（五）M5

1. 墓葬形制

该墓位于发掘区西北部，南邻M4。开口于第4层下，南北向，方向190°。

墓平面呈刀形，竖穴土圹砖室墓。由于破坏严重，券顶已不存。墓口距地表深1.2米，墓底距地表深2.9米。墓圹南北长6.92、东西宽0.8～3.6、深1.7米。由墓道、甬道、墓室三部分组成（图二八四；图版八〇，2）。

墓道位于甬道南部。平面呈梯方形，南北长2.92、东西宽0.8～1.2米，东西两壁垂直平整。墓道呈斜坡状，坡度25°，坡长3.2、深0.3～1.2米。内填花土，土质较松。

甬道位于墓道北部。东西宽0.9、南北进深0.57米，顶部拱券式结构已毁，两壁墙用平砖错缝向上砌筑，墙残高0.05～0.1米。

墓室位于甬道北部。平面呈长方形，南北长3.1、东西宽3.6、现深1.7米。顶部拱券结构已毁，现存四壁残墙，用长0.3、宽0.15、厚0.05米青砖在铺地砖上一竖一卧向上砌筑，四墙残高0.35～1.26、厚0.3米。室内北部置一器物台，上部已被破坏，用平砖错缝向上砌筑，长2.8、宽0.46、残高0.2米，铺地砖用青砖一横一顺交错无序平铺。未发现骨架。

2. 随葬品

墓室内北部出土陶奁1件、陶器盖2件、陶磨1件、陶器座1件、陶井1件、陶俑1件、陶狗1件、陶鸡1件、铜钱10枚。

陶奁　1件。M5：1，泥质灰陶。直口，方唇，直腹，平底内凹。上下腹部饰数周凸弦纹，底部遗有刀削痕。轮制。口径19.7、底径17、高9.4厘米（图二八五，1；图版八七，5）。

陶器盖　2件。泥质灰陶。博山式盖，敞口，平沿，尖圆唇，椭圆形顶，四周饰对称乳钉纹，下部饰一周凹弦纹，内壁遗有手捏痕。手轮兼制。M5：2，口径13.2、高6厘米（图二八五，2；图版八七，6）。M5：3，口径13、高6厘米（图二八五，3；图版八八，1）。

陶磨　1件。M5：4，泥质灰陶。上下分为两扇，圆饼形磨碾，中部对称半月形磨眼，一端置近方形磨棒；磨盘上面刻划数道凹槽扇形磨齿，中间置一椭圆形磨榫。磨制。直径9.7、通高4.6厘米（图二八五，4；图版八八，2）。

陶器座　1件。M5：5，泥质灰陶。上端残，六棱形器身，向下伸展呈斜坡状，喇叭形底座。磨制。底径8.1、残高8.6厘米（图二八五，5；图版八八，3）。

第九章　新城北区墓葬

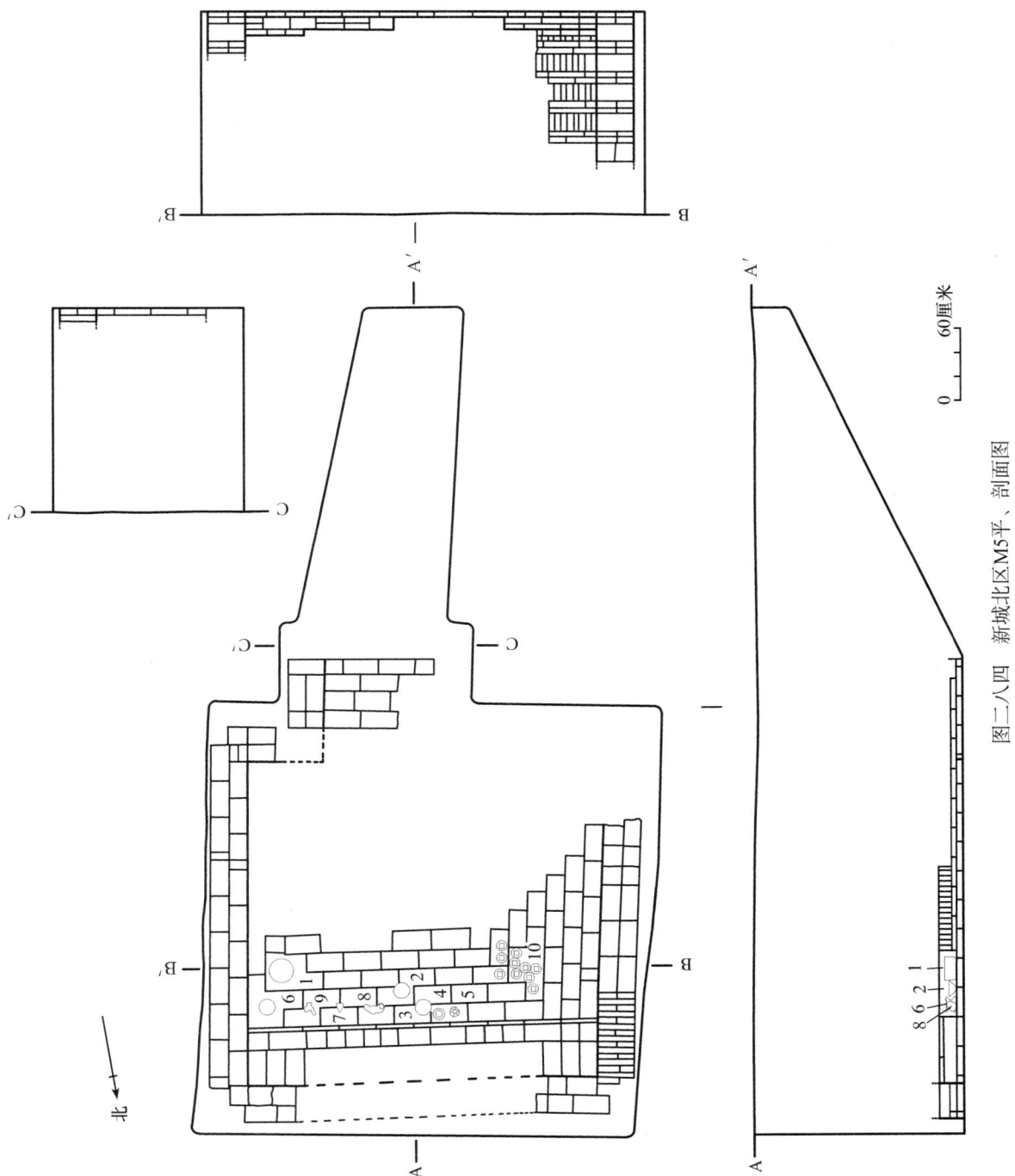

图二八四　新城北区M5平、剖面图
1. 陶瓷　2、3. 陶器盖　4. 陶磨　5. 陶器座　6. 陶井　7. 陶俑　8. 陶狗　9. 陶鸡　10. 铜钱

图二八五 新城北区M5出土器物

1.陶奁（M5:1） 2、3.陶器盖（M5:2、M5:3） 4.陶磨（M5:4） 5.陶器座（M5:5） 6.陶井（M5:6）
7.陶俑（M5:7） 8.陶狗（M5:8） 9.陶鸡（M5:9） 10.五铢（M5:10-1）

陶井　1件。M5:6，泥质灰陶。井口两端削成半圆形，直口，平沿，束颈，平底外展，中部凸起，四周遗有刀削痕。手轮兼制。口径11.7、底径13、高9厘米（图二八五，6；图版八八，4）。

陶俑　1件。M5：7，泥质灰陶。站立状，头戴官帽，斜坡状顶，昂首，双目仰视，身穿官袍，双手抱拳，挽袖环于胸前。手磨兼制。高7.6厘米（图二八五，7；图版八八，5）。

陶狗　1件。M5：8，泥质灰陶。侧卧状，嘴合拢，双耳高耸，双目凸起，颈部高昂，头向一侧仰望，四腿蜷缩俯卧，尾巴内卷，体态健壮，内部中空。手磨兼制。长16.6、高8.6厘米（图二八五，8；图版八八，6）。

陶鸡　1件。M5：9，泥质灰陶。站立状，仰首，竖颈，短喙，单翅，羽翼清晰，尾残，腹部下置近方圆形座。磨制。残长9.6、高10厘米（图二八五，9；图版八九，1）。

五铢　10枚。标本M5：10-1，平钱，圆形，方穿，正背面郭缘较窄，正面篆书"五铢"二字，顺读。"五"字两股交笔弯曲，上下两横笔对称齐平。"铢"字金字旁上部三角形，下部四点竖笔较短，朱字旁上下均圆折，中部竖笔细长齐平，横笔略粗。钱径2.56、穿径0.96、郭厚0.13厘米（图二八五，10）。

（六）M6

1. 墓葬形制

该墓位于发掘区西北部，东南邻M5。开口于第4层下，南北向，方向190°。

墓平面呈刀形，竖穴土圹砖室墓。由于破坏严重，券顶已不存。墓口距地表深1.2米，墓底距地表深2.8米。墓圹南北长6.7、东西宽0.8～2.2、深1.6米。由墓道、墓门、墓室三部分组成（图二八六；图版八一，1）。

墓道位于墓门南部。平面呈梯形，南北长2.7、东西宽0.8～1.07米，东西两壁垂直平整。墓道呈斜坡状，坡度26°，坡长3、深0.3～1.6米。内填花土，土质较松。

墓门位于墓道北部，东西宽0.9、南北进深0.3米，顶部拱券式结构已毁。

墓室位于墓门北部。平面呈长方形，南北长3.7、东西宽2.1、现深1.6米。顶部拱券结构已毁，现存四壁残墙，用长0.28、宽0.15、厚0.05米青砖在铺地砖上一丁一卧向上砌筑，四墙残高0.1～0.3、厚0.3米。室内北部置一器物台，上部已被破坏，用青砖错缝向上平砌，长1.5、宽0.47、残高0.05米。铺地砖用卧砖无序平铺。未发现骨架。

2. 随葬品

墓室内西北部出土铜钱10枚。

五铢　10枚。平钱，圆形，方穿，正背面郭缘较窄，正面篆书"五铢"二字，顺读。"五"字两股交笔弯曲，上下两横笔对称齐平。"铢"字金字旁上部三角形，下部四点竖笔较短，朱字旁上下均圆折，中部竖笔细长齐平，横笔略粗。标本M6：1-1，钱径2.6、穿径0.9、郭厚0.12厘米（图二八七，1）。标本M6：1-2，钱径2.58、穿径0.91、郭厚0.13厘米（图二八七，2）。

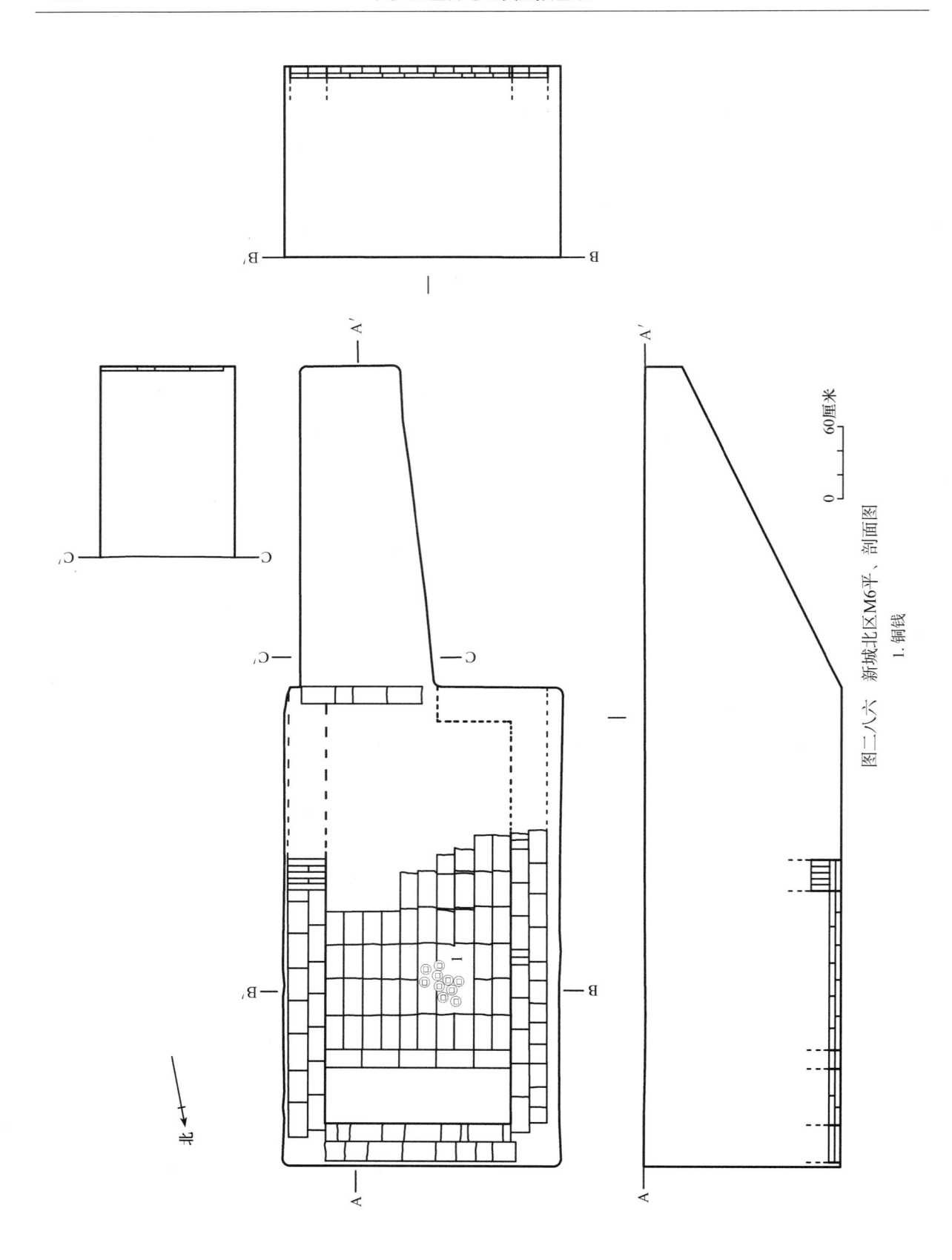

图二八六 新城北区M6平、剖面图

1. 铜钱

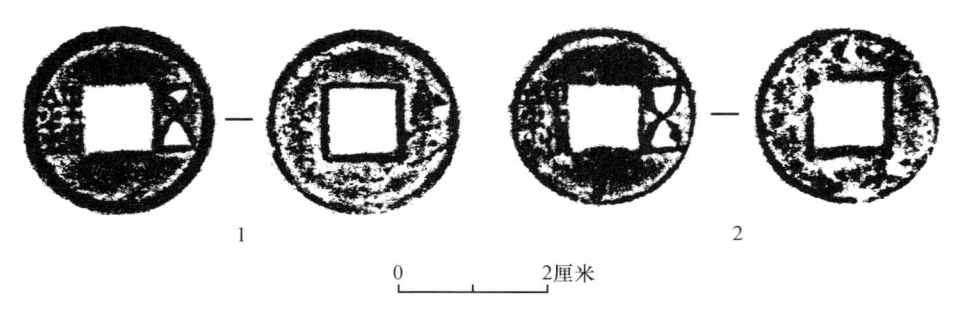

图二八七　新城北区M6出土五铢（拓片）
1. M6：1-1　2. M6：1-2

（七）M7

1. 墓葬形制

该墓位于发掘区西北部，西邻M8。开口于第4层下，南北向，方向190°。

墓平面呈梯形，竖穴土圹砖室墓。墓口距地表深1.3米，墓底距地表深2米。墓圹南北长2.5、东西宽0.8～1.2、深0.7米。顶部拱券结构已毁，现存四壁残墙，用长0.2、宽0.14、厚0.06米青砖在铺地砖上错缝向上砌筑，四墙残高0.4～0.5、厚0.14米。铺地砖用碎砖交错无序平铺。未发现骨架（图二八八；图版八一，2）。

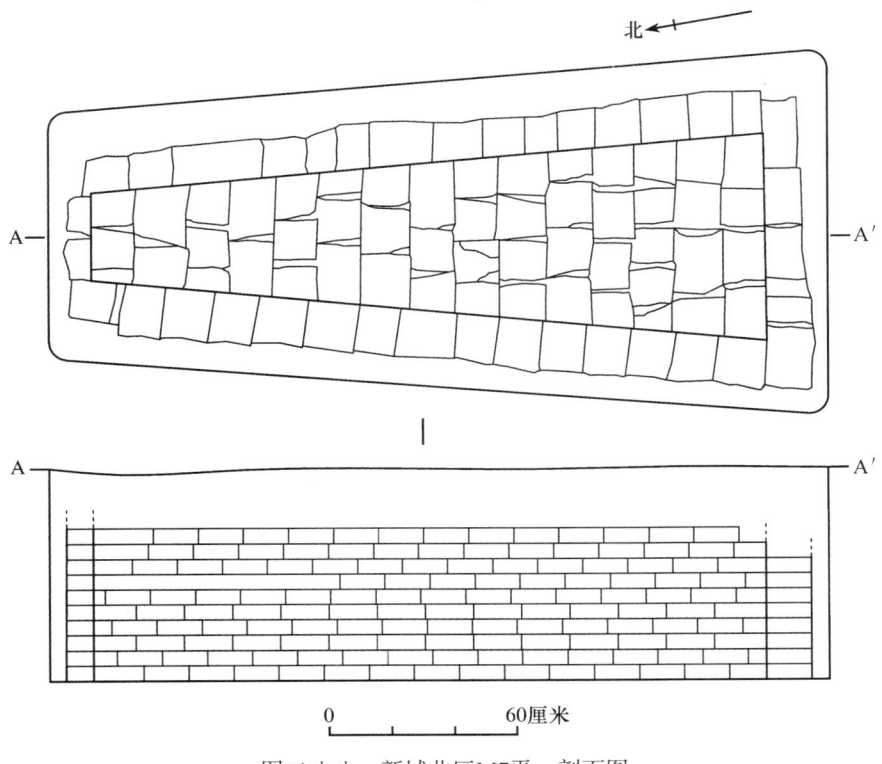

图二八八　新城北区M7平、剖面图

2. 随葬品

未发现随葬品。

（八）M8

1. 墓葬形制

该墓位于发掘区西北部，东邻M7。开口于第4层下，南北向，方向175°。

墓平面呈梯形，竖穴土圹砖室墓。墓口距地表深1.2米，墓底距地表深2.1米。墓圹南北长2.82、东西宽1.1～1.4、深0.9米。顶部拱券结构已毁，现存四壁残墙，用长0.3、宽0.15、厚0.05米青、红砖错缝向上平砌，四墙残高0.53～0.65、厚0.15米。未发现骨架（图二八九；图版八二，1）。

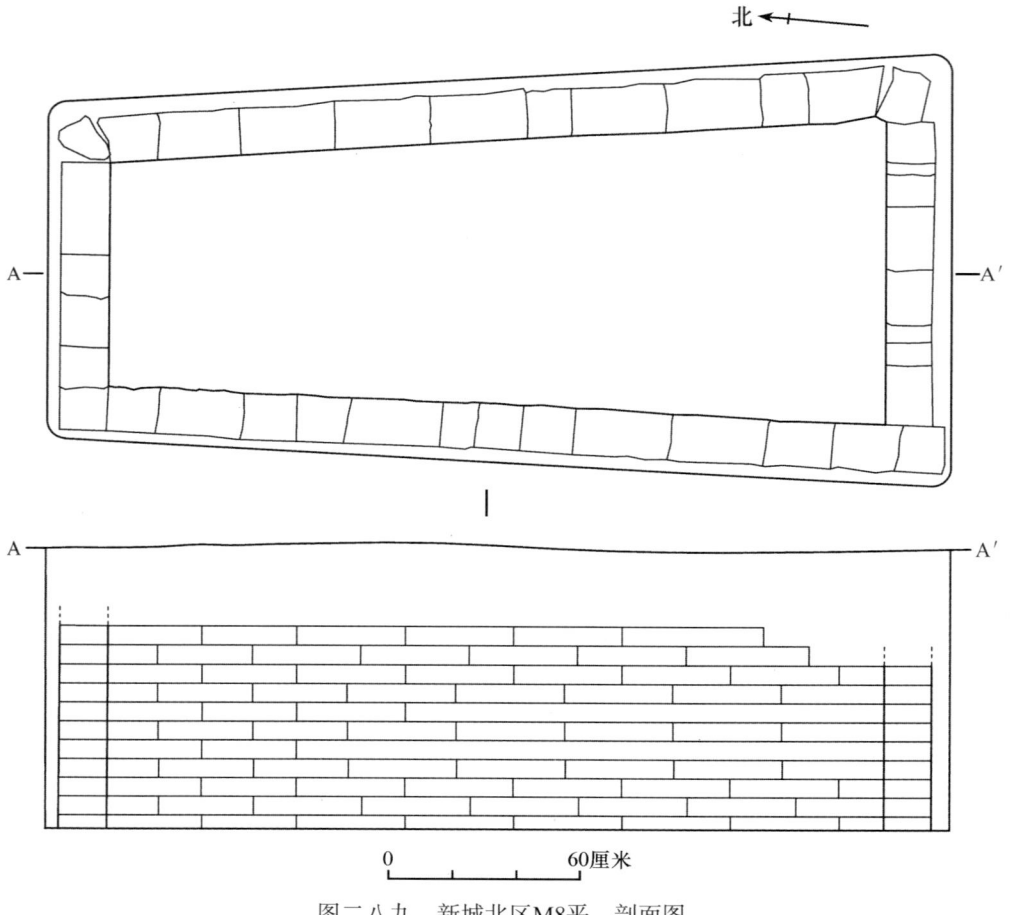

图二八九　新城北区M8平、剖面图

2. 随葬品

未发现随葬品。

（九）M9

1. 墓葬形制

该墓位于发掘区西北部，东南邻M8。开口于第4层下，南北向，方向195°。

墓平面呈长方形，竖穴土圹砖室墓。墓口距地表深1.2米，墓底距地表深2米。墓圹南北长3.3、东西宽0.9、深0.8米。顶部拱券结构已毁，现存四壁残墙，用长0.3、宽0.16、厚0.05米青砖错缝向上平砌，四墙残高0.35、厚0.16米。内填花土，土质较松。未发现骨架（图二九〇；图版八二，2）。

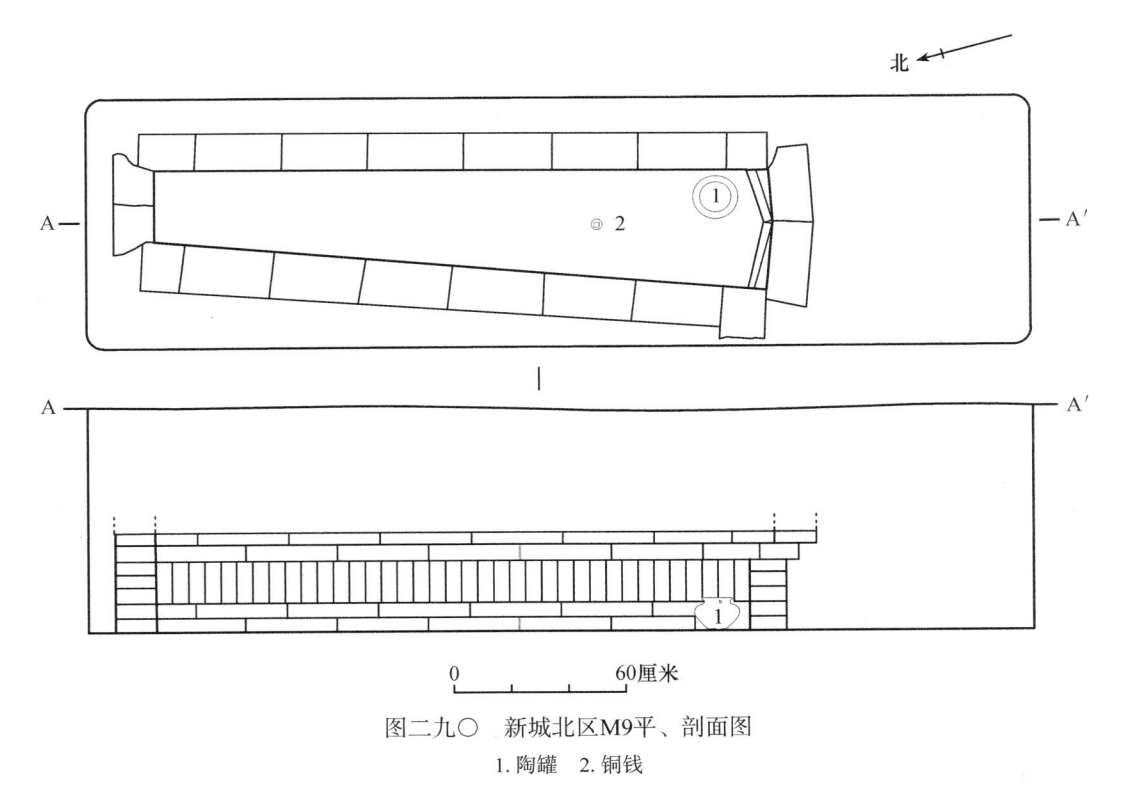

图二九〇　新城北区M9平、剖面图
1. 陶罐　2. 铜钱

2. 随葬品

墓室内南部出土陶罐1件、铜钱1枚。

陶罐　1件。M9：1，泥质灰陶。敞口，平沿，尖圆唇，束颈，斜肩，扁鼓腹，平底。颈部置2个椭圆形漏孔。轮制。口径10.8、腹径15.6、底径6.1、高11厘米（图二九一，1；图版八九，2）。

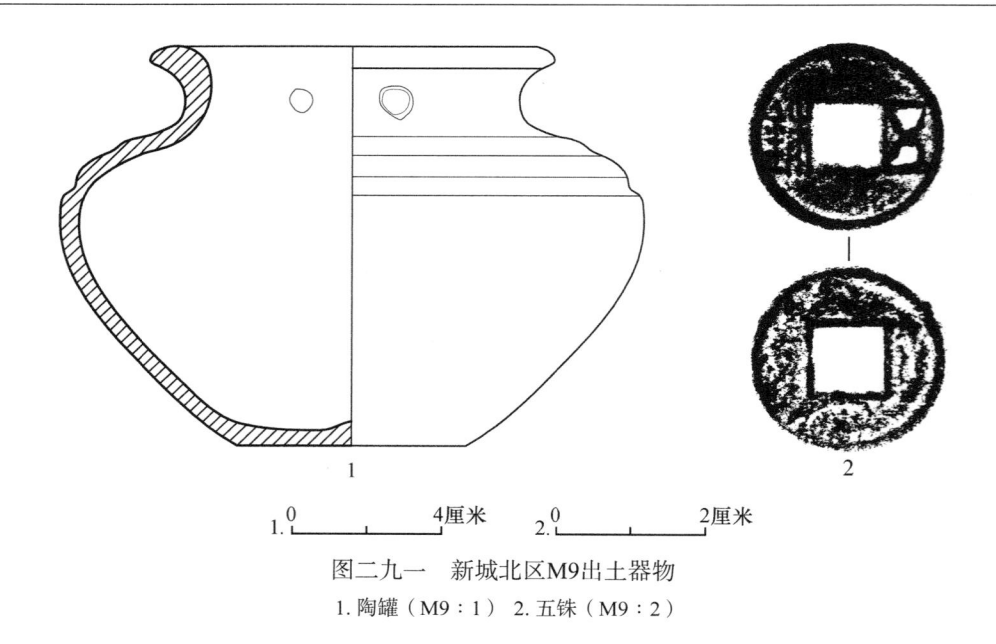

图二九一　新城北区M9出土器物
1. 陶罐（M9∶1）　2. 五铢（M9∶2）

五铢　1枚。M9∶2，平钱，圆形，方穿，正背面郭缘较窄，正面篆书"五铢"二字，顺读。"五"字两股交笔弯曲，上下两横笔对称齐平。"铢"字金字旁上部三角形，下部四点竖笔较短，朱字旁上下均圆折，中部竖笔细长齐平，横笔略粗。钱径2.58、穿径0.92、郭厚0.12厘米（图二九一，2）。

二、北魏墓葬

M10

1. 墓葬形制

该墓位于发掘区西北部，西北邻M7。开口于第4层下，南北向，方向185°。

墓平面呈刀形，竖穴土圹砖室墓。由于破坏严重，券顶已不存。墓口距地表深1.2米，墓底距地表深2.8米。墓圹南北长7.2、东西宽0.9~3.16、深1.6米。由墓道、甬道、墓室三部分组成（图二九二；图版八三，1）。

墓道位于甬道南部。平面呈梯方形，南北长3.3、东西宽0.9~1.2米，东西两壁垂直平整。墓道呈斜坡状，坡度23°，坡长3.56、深0.2~1.6米。内填花土，土质较松。

甬道位于墓道北部。东西宽1.7、南北进深0.6米，保存完整，两壁墙用青砖一甓一卧错缝向上砌筑三层起券，通高1.36、墙厚0.3米，甬道内用青砖依次向上平砌。

墓室位于甬道北部。平面近长方形，南宽北窄，南北长3、东西宽3.16、现深1.6米。顶部拱券结构已毁，现存四壁残墙，用长0.3、宽0.15、厚0.06米青砖在铺地砖上一甓二卧依次向上砌筑，四墙残高1.14~1.42、厚0.3米。铺地砖用青砖横顺交错无序平铺。未发现骨架。

第九章 新城北区墓葬

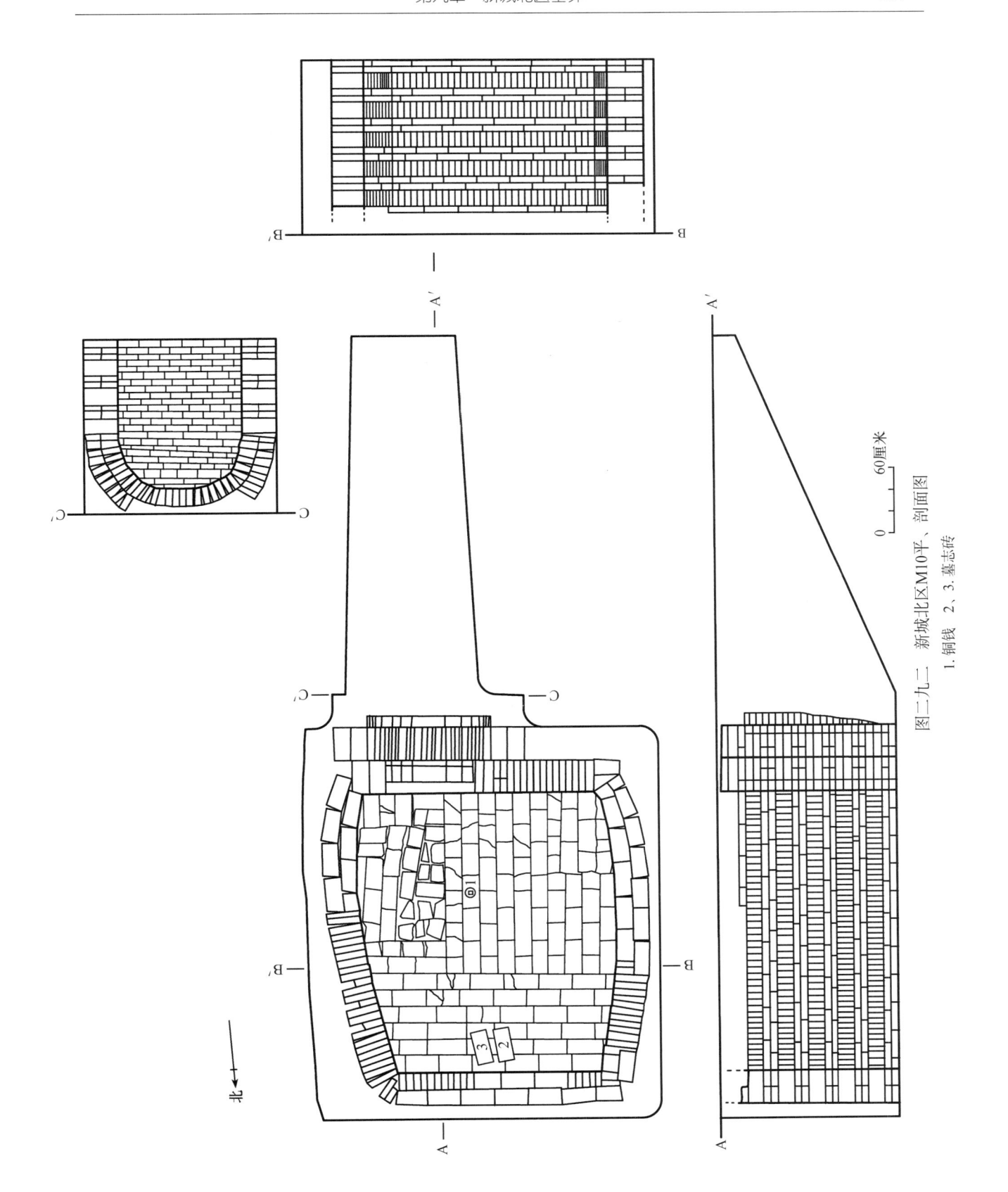

图二九二 新城北区M10平、剖面图
1.铜钱 2、3.墓志砖

2. 随葬品

墓室内中部出土墓志砖2块、铜钱1枚。

货泉　1枚。M10:1，小平钱，圆形，方穿，正背面郭缘较窄，正面悬针篆书"货泉"二字，顺读。钱径2.16、穿径0.68、郭厚0.1厘米（图二九三；图版九〇，6）。

墓志砖　2块。长方形，砖铭读法从上至下、从右至左。M10:2，长30、宽14、厚0.5厘米，内容为"蓟县民平奉亲铭"（图二九四，1；图版八九，3）。M10:3，长30、宽14、厚0.5厘米，内容为"大魏景明四年十一月一日蓟县民平奉亲燕郡功曹妻程夫人之铭"，景明是北魏宣武帝拓跋恪的年号。据志文，墓主人应为曹妻程夫人，死于北魏景明四年（503年）（图二九四，2；图版八九，4）。

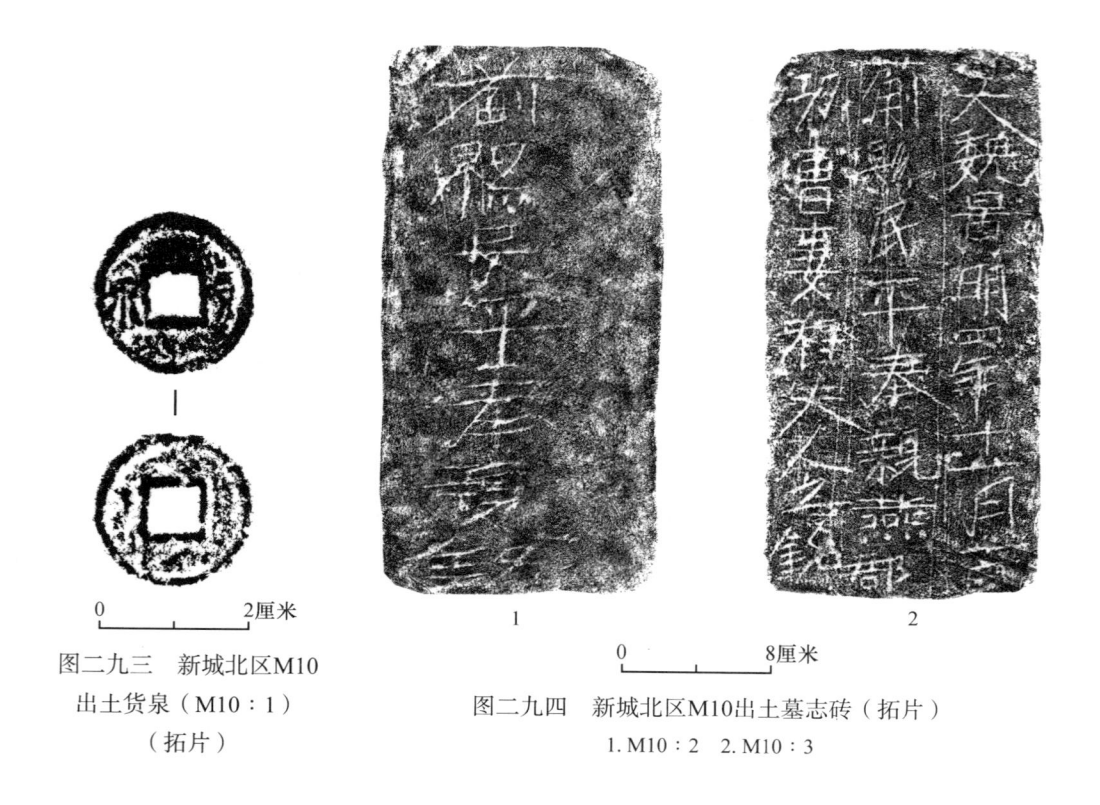

图二九三　新城北区M10出土货泉（M10:1）（拓片）

图二九四　新城北区M10出土墓志砖（拓片）
1. M10:2　2. M10:3

三、唐代墓葬

（一）M11

1. 墓葬形制

该墓位于发掘区中部，北邻M12。开口于第3层下，南北向，方向175°。

墓平面略呈"甲"字形，竖穴土圹砖室墓。由于破坏严重，券顶已不存。墓口距地表深1.2米，墓底距地表深2.6~2.8米。墓圹南北长6.6、东西宽0.72~3.12、深1.4~1.6米。由墓道、墓门、墓室三部分组成（图二九五；图版八三，2）。

墓道位于墓门南部。平面呈梯形，南北长2.64、东西宽0.72~0.94米，东西两壁垂直平整。墓道呈斜坡状，坡度35°，坡长2.9、深0.4~1.6米。内填花土，土质较松。

墓门位于墓道北部。东西宽2.22、南北进深0.56米，顶部拱券式结构已毁，仅残存墓圹。内填花土，土质较松。

墓室位于墓门北部。平面呈圆角方形，南北长3.4、东西宽3.12、现深1.4~1.6米。顶部拱券结构已毁，现存西北壁残墙，用长0.36、宽0.18、厚0.06米青砖一甃一卧依次向上砌筑，墙残高0.6~0.66、厚0.18米。西北部用砖竖砌仿柱一个，残高0.66米。北部置一土制棺床，平面呈"7"字形，东西长2.68、南北宽1.1~1.84、残高0.22米。未发现骨架。

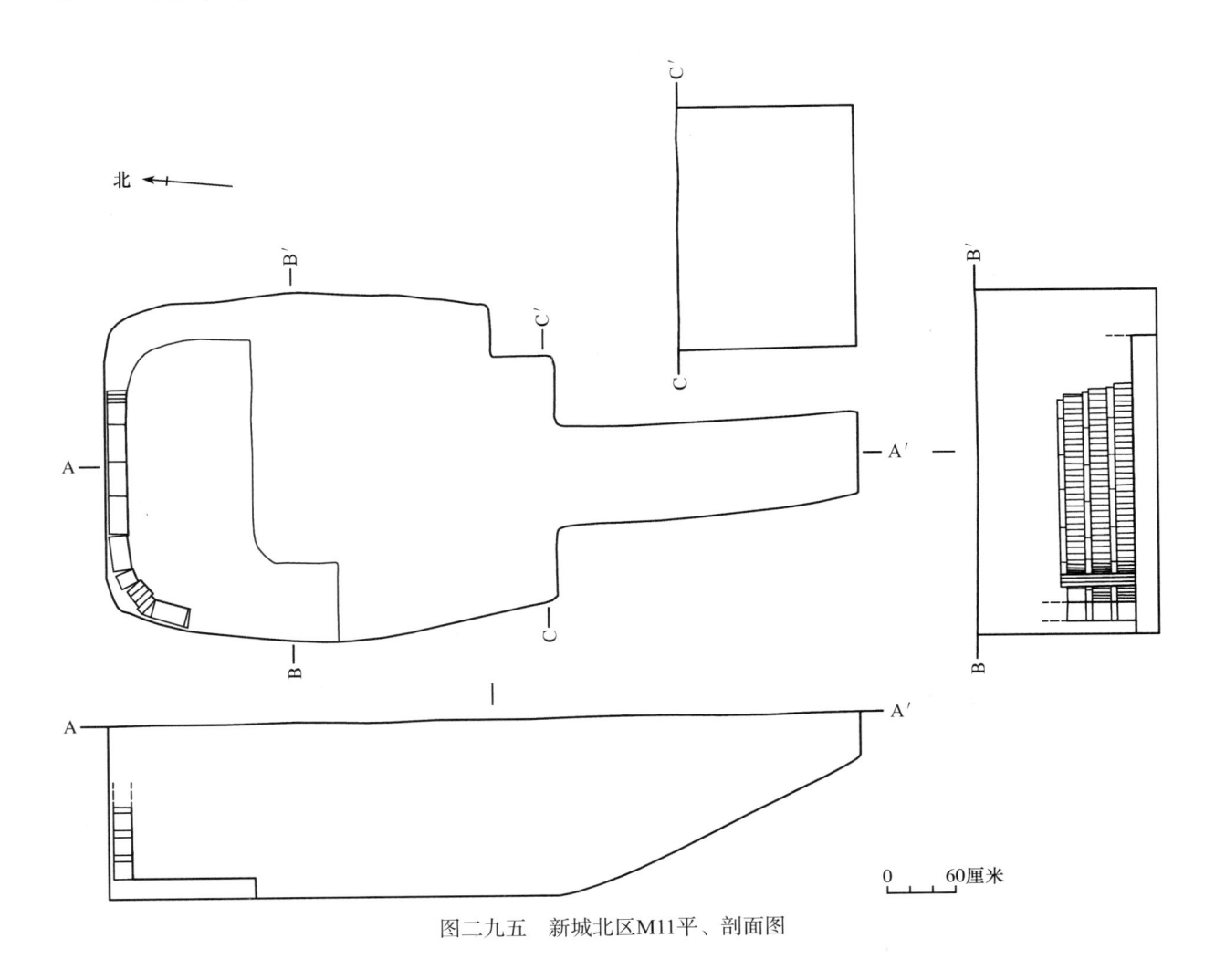

图二九五　新城北区M11平、剖面图

2. 随葬品

未发现随葬品。

（二）M12

1. 墓葬形制

该墓位于发掘区北部，西邻M1。开口于第3层下，南北向，方向170°。

墓平面呈梯形，竖穴土圹砖室墓。墓口距地表深1.2米，墓底距地表深1.4米。墓圹南北长2.06、东西宽0.62~0.84、深0.2米。顶部拱券结构已毁，现存四壁残墙，用长0.36、宽0.16、厚0.06米青砖错缝向上平砌，四墙残高0.18、厚0.16米。未发现骨架（图二九六；图版八四，1）。

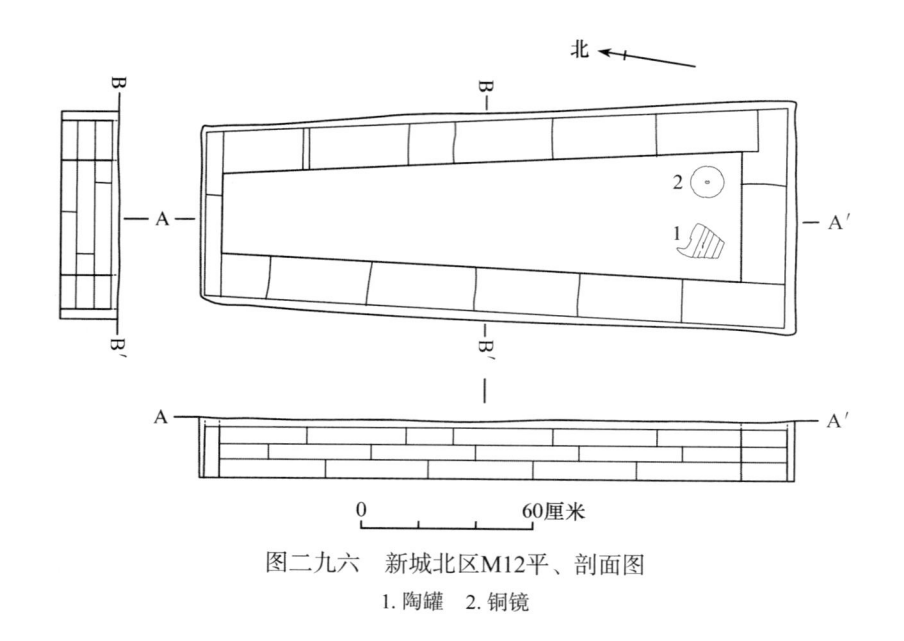

图二九六　新城北区M12平、剖面图
1. 陶罐　2. 铜镜

2. 随葬品

墓室内南部出土陶罐1件、铜镜1面。

陶罐　1件。M12：1，泥质灰陶。口残，斜弧腹，平底。轮制，内外腹部遗有轮旋痕。腹径12.4、底径6、残高14.4厘米（图二九七，1）。

铜镜　1面。M12：2，圆形，呈六面葵状，镜面略凸，半球形纽，椭圆形穿孔，上铸六朵梅花纹。直径11.6、缘宽0.45、缘厚0.32、纽高0.7、纽径1.4、孔径3.7、肉厚0.25厘米（图二九七，2；图版九〇，1）。

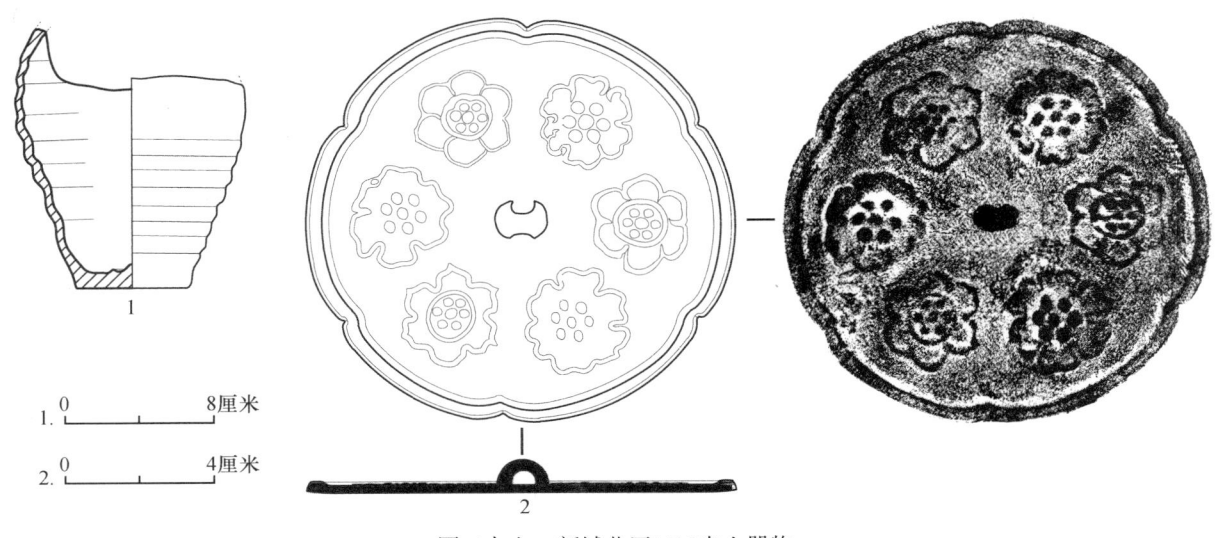

图二九七　新城北区M12出土器物
1. 陶罐（M12∶1）　2. 铜镜（M12∶2）

（三）M13

1. 墓葬形制

该墓位于发掘区北部，南邻M12。开口于第3层下，南北向，方向180°。

墓平面呈"甲"字形，竖穴土圹砖室墓。由于破坏严重，券顶已不存。墓口距地表深1.2米，墓底距地表深2.6～2.9米。墓圹南北长7.6、东西宽0.9～3.3、深1.4～1.7米。由墓道、甬道、墓室三部分组成（图二九八；图版八四，2）。

墓道位于甬道南部。平面呈"T"字形，南北长3.8、东西宽0.9～1米，东西两壁垂直平整。墓道呈斜坡状，坡度25°，坡长3.6、深0.2～1.7米。内填花土，土质较松。

甬道位于墓道北部。东西宽0.8、南北进深0.66米，保存完整，两壁墙用青砖一竖一卧、一竖二卧错缝向上砌筑三层起券，通高1.43、墙厚0.68米。

墓室位于甬道北部。平面呈椭圆形，南北长3.12、东西宽2.66、现深1.7米。顶部拱券结构已毁，现存四壁残墙，用长0.34、宽0.16、厚0.06米青砖一竖一卧、一竖二卧错缝依次向上砌筑，四墙残高0.66～1.34米，墙四角用青砖砌有斗拱仿木结构立柱，残高0.7～0.86米。墓室北部置一棺床，东西长2.66、南北宽2.06、残高0.32米，棺床边沿用青砖交错平砌。未发现骨架。

2. 随葬品

墓室内棺床东南部出土釉陶碗1件。

釉陶碗　1件。M13∶1，敞口，方圆唇，浅弧腹，平底内凹。口沿及内部施酱黄色釉，腹

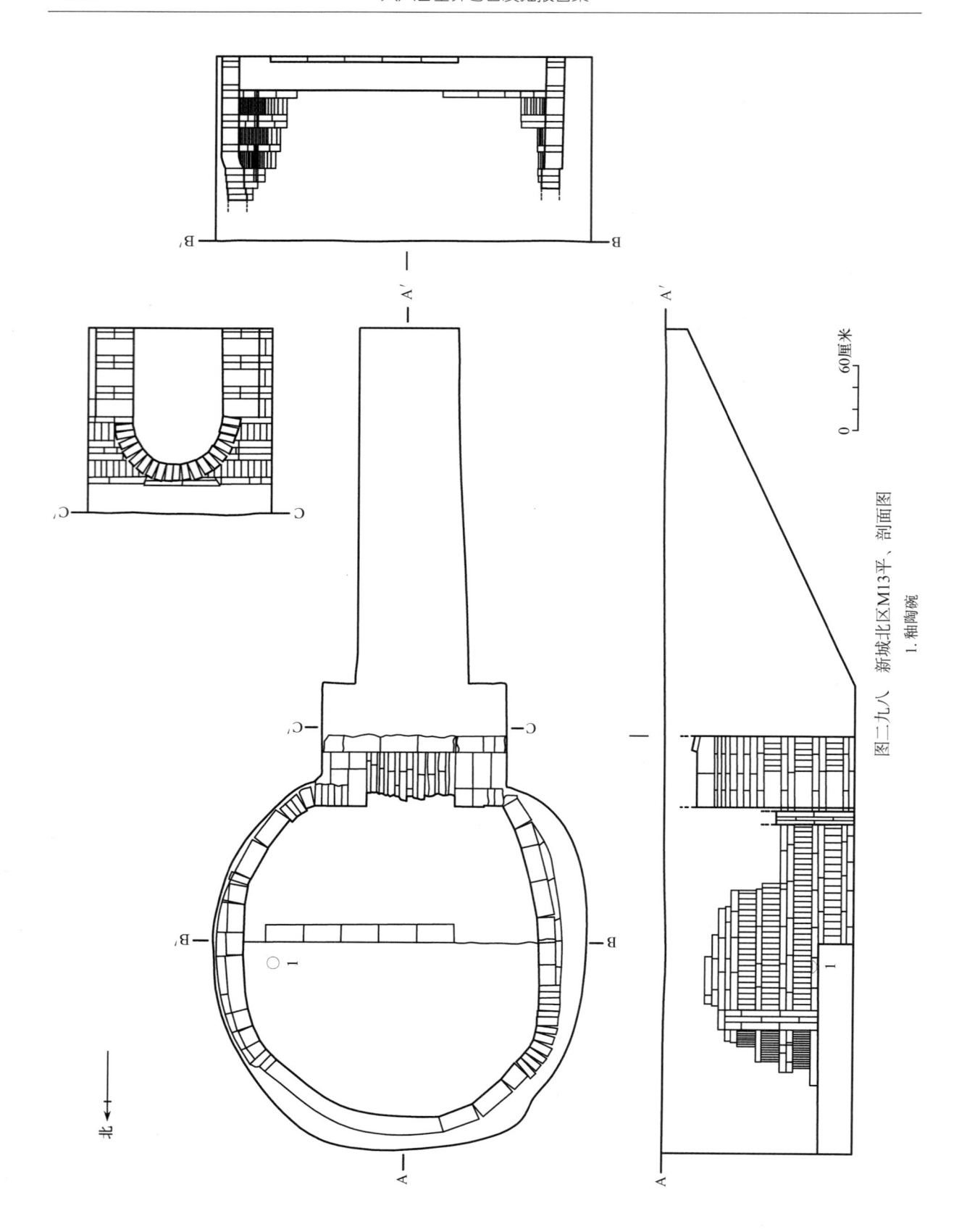

图二九八 新城北区M13平、剖面图
1. 釉陶碗

及底部未施釉，露黄褐色胎，胎质较细腻，遗有流釉痕。泥质黄褐陶。轮制。口径11.4、底径3.5、高4.4厘米（图二九九；图版九〇，2）。

图二九九　新城北区M13出土釉陶碗（M13∶1）

四、清代墓葬

（一）M14

1. 墓葬形制

该墓位于发掘区西南部，南邻M15。开口于第2层下，南北向，方向0°。

墓平面呈梯形，竖穴土圹双棺合葬墓。墓口距地表深0.5米，墓底距地表深1.3米。墓圹南北长2.6、东西宽1.6~2、深0.8米。内填花土，土质较松。内置双棺，棺木已朽。东棺长2.2、宽0.7~0.84、残高0.3米，棺板厚0.04~0.08米，前、后封板厚0.05~0.06米，底板厚0.07米；骨

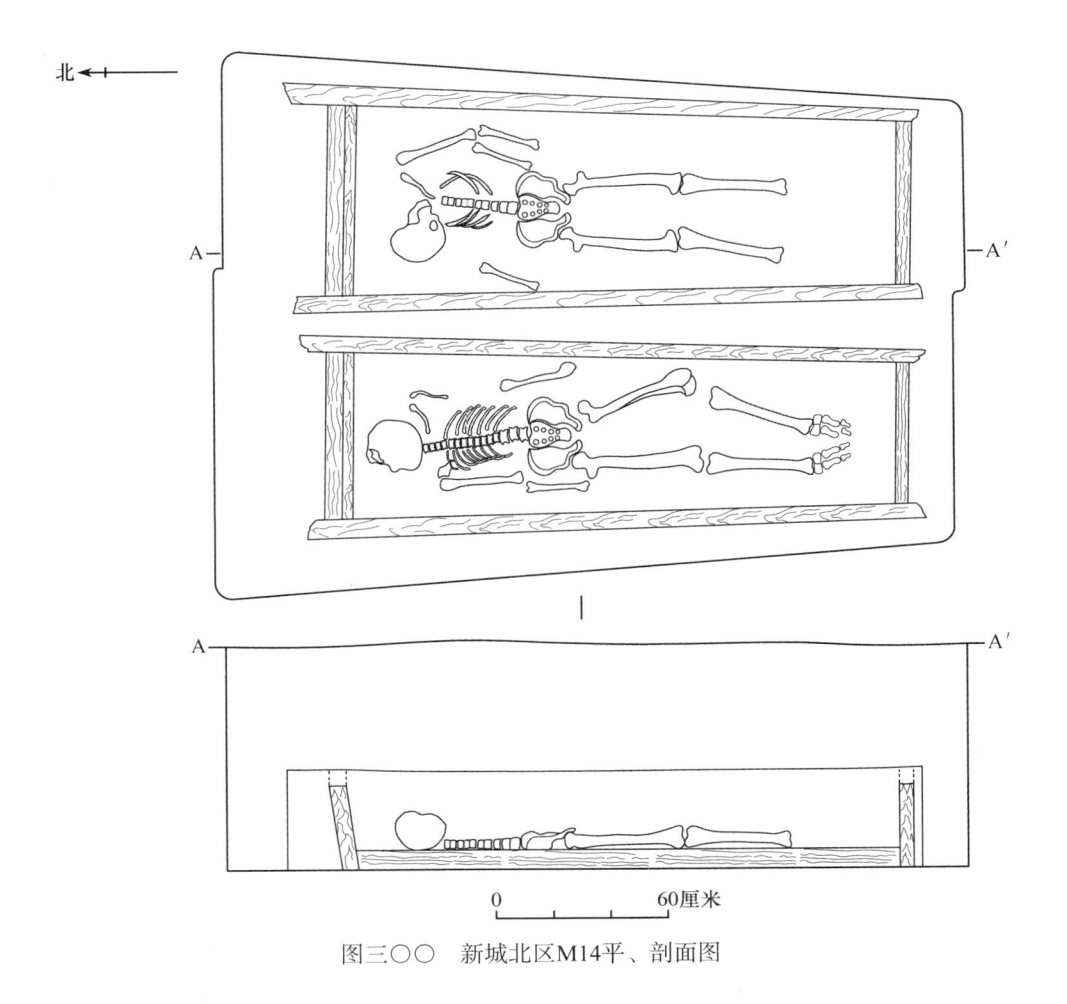

图三〇〇　新城北区M14平、剖面图

架保存稍差，头向西，面向南，仰身直肢，为男性。西棺长2.18、宽0.6~0.7、残高0.3米，棺板厚0.05~0.07米，前、后封板厚0.05~0.06米，底板厚0.07米；骨架保存稍差，头向南，面向下，仰身直肢，为女性（图三〇〇；图版八五，1）。

2. 随葬品

未发现随葬品。

（二）M15

1. 墓葬形制

该墓位于发掘区西南部，北邻M14。开口于第2层下，东北—西南向，方向40°。

墓平面呈不规则形，竖穴土圹双棺合葬墓。墓口距地表深0.5米，墓底距地表深1.3~1.4米。墓圹南北长2.2~2.6、东西宽1.5~1.8、深0.8~0.9米。内填花土，土质较松。内置双棺，

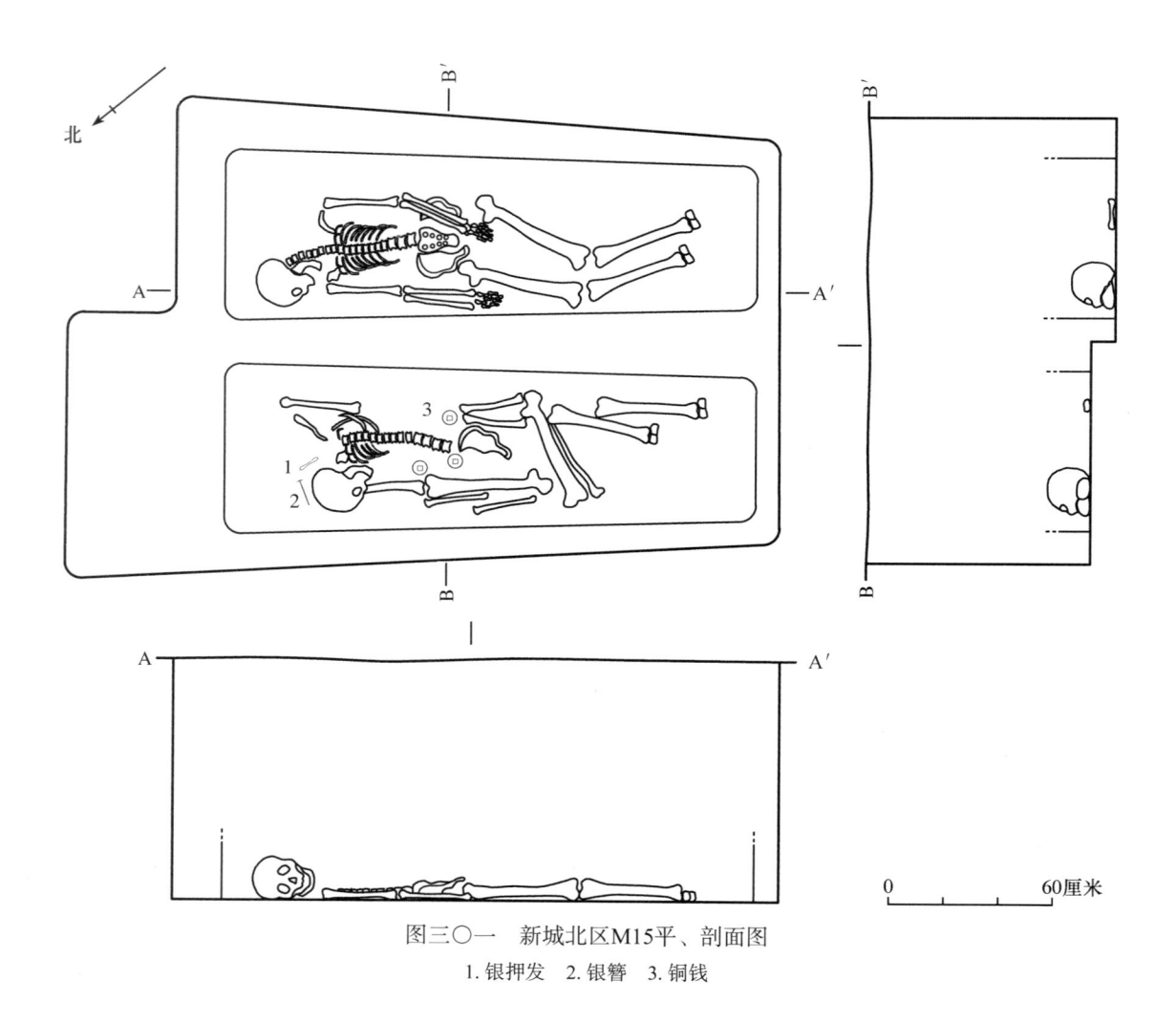

图三〇一　新城北区M15平、剖面图
1. 银押发　2. 银簪　3. 铜钱

棺木已朽。东棺痕长1.94、宽0.54~0.64、残高0.2米；骨架保存稍好，头向北，面向西，侧身屈肢，为男性。西棺痕长1.94、宽0.54~0.64、残高0.1米；骨架保存较差，头向北，面向西，侧身屈肢，为女性（图三〇一；图版八五，2）。

2. 随葬品

西棺头骨上方出土银押发1件、银簪1件，左右上肢骨中部出土铜钱3枚。

银押发　1件。M15：1，两端圆尖弯曲呈叶状，中间束腰，器体两端錾刻折枝佛手花纹。长8厘米（图三〇二，1；图版九〇，3）。

银簪　1件。M15：2，首呈方形，四周錾刻三角纹，三角纹内饰圆珠纹，间隔一周细线纹，中部饰折枝梅花纹，体呈圆柱锥状。长10厘米（图三〇二，2；图版九〇，4）。

铜钱　3枚。锈蚀严重，无法辨认。

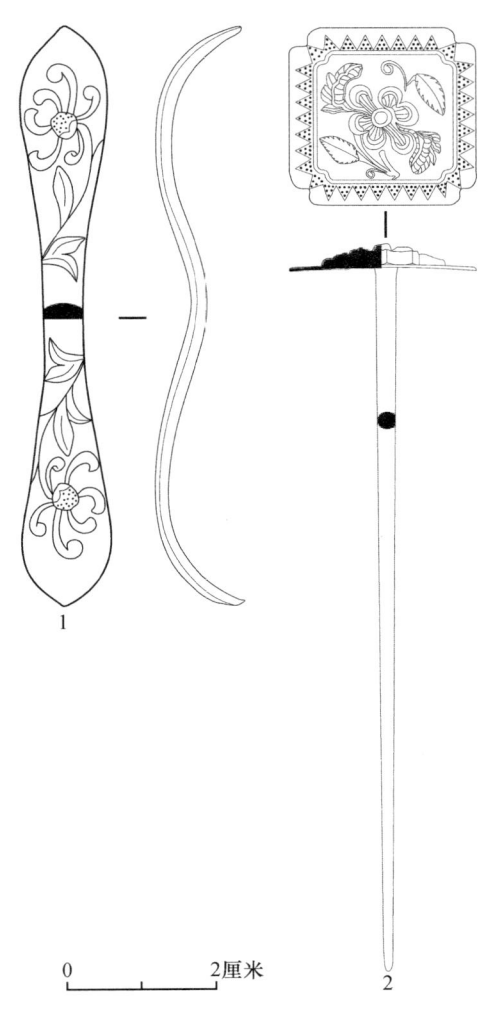

图三〇二　新城北区M15出土器物
1. 银押发（M15：1）　2. 银簪（M15：2）

（三）M16

1. 墓葬形制

该墓位于发掘区西南部，西南邻M15。开口于第2层下，南北向，方向35°。

墓平面呈不规则形，竖穴土圹双棺迁葬墓。墓口距地表深0.5米，墓底距地表深1.4～1.5米。墓圹南北长2.36～2.4、东西宽2.1、深0.9～1米。内填花土，土质较松。内置双棺，棺木已朽。东棺痕长2.04、宽0.64～0.74、残高0.2米；未发现骨架。西棺痕长1.94、宽0.54～0.64、残高0.1米；未发现骨架（图三〇三）。

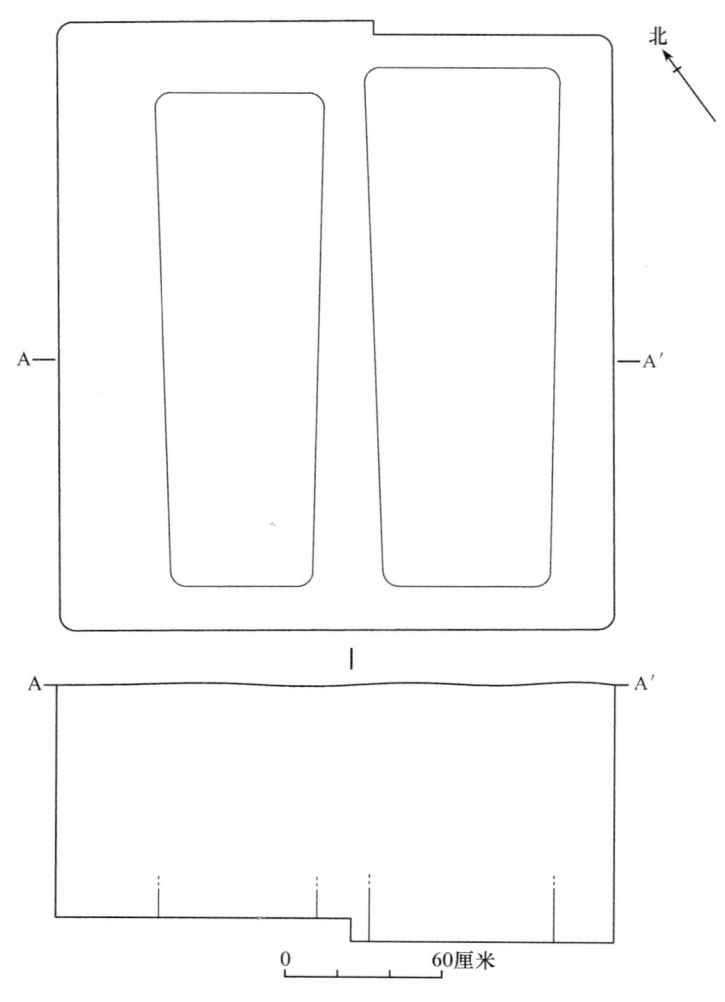

图三〇三　新城北区M16平、剖面图

2. 随葬品

未发现随葬品。

第十章 初步分析

大兴墓地共发掘墓葬161座，其中汉代墓葬9座、北魏墓葬1座、唐代墓葬3座、辽代墓葬2座、金代墓葬3座、元代墓葬2座、明代墓葬17座、清代墓葬124座。墓葬除部分保存相对较好，大部分遭到不同程度的破坏，墓葬出土了陶器、釉陶器、瓷器、玉器、银器、铜器、铁器、骨器等随葬器物，具有鲜明的时代特点。

一、汉代墓葬

9座，均属新城北区，编号为M1～M9。M1、M4～M6为刀形竖穴土圹砖室墓，与丰台王佐M21、M23[1]，丰台南苑槐房M25、M26[2]等形制相近。M2、M3、M9为长方形竖穴土圹砖室墓，与亦庄博兴路M5[3]，丰台王佐M20、M58[4]等形制相近。M7、M8为梯形竖穴土圹砖室墓，与西屯Ⅰ区M236、M309[5]形制相近。

随葬器物中，陶罐M2：1～M2：4、M3：1、M3：2、M9：1与丰台王佐M58：1、M58：3[6]器形相近。陶狗M5：8与丰台王佐M12：9、M23：13[7]器形相近。陶鸡M5：9与丰台王佐M23：9、M23：10[8]器形相近。M4～M6、M9所出五铢钱，具有东汉中晚期铜钱的典型特征。

新城北区汉墓分为不带墓道砖室墓和带墓道砖室墓，两种墓葬随葬器物有明显差别：不带墓道砖室墓出土器物者基本为陶罐及少量铜钱，所出陶罐具有北京东汉早中期器物特点；带墓道砖室墓出土器物者器类相对丰富，有陶仓、锅、甑、井、磨、俑、鸡、狗、器座等，均为北京地区东汉中晚期常见器物。两种墓葬集中分布，墓葬之间无叠压打破关系，可能为同一墓地不同时期的家族墓葬。

---

[1] 北京市文物研究所：《丰台王佐遗址》，科学出版社，2010年。
[2] 北京市文物研究所：《丰台南苑汉墓》，科学出版社，2019年。
[3] 北京市文物研究所：《北京亦庄考古发掘报告（2003～2005）》，科学出版社，2009年。
[4] 北京市文物研究所：《丰台王佐遗址》，科学出版社，2010年。
[5] 北京市文物研究所、延庆县文物管理所：《北京市延庆县西屯墓地西区（Ⅰ区）考古发掘简报》，《北京文博》2012年第4期。
[6] 北京市文物研究所：《丰台王佐遗址》，科学出版社，2010年。
[7] 北京市文物研究所：《丰台王佐遗址》，科学出版社，2010年。
[8] 北京市文物研究所：《丰台王佐遗址》，科学出版社，2010年。

二、北魏墓葬

1座，即新城北区M10，为刀形竖穴土圹砖室墓，与轨道交通大兴线枣园路站M16[①]形制相近。

墓中出土墓志砖M10：2、M10：3，志文为"蓟县民平奉亲铭"、"大魏景明四年十一月一日蓟县民平奉亲燕郡功曹妻程夫人之铭"，志文中景明是北魏宣武帝拓跋恪的年号，墓主人应为曹妻程夫人，死于北魏景明四年（503年），具体下葬时间为十一月一日，因而该墓年代为北魏中晚期。此外，北魏墓葬出土墓志砖在大兴十二平方千米等地也有一定发现，可见，其应为北京地区北魏墓葬的特点之一。

三、唐代墓葬

3座，均属新城北区，编号为M11～M13。M11、M13为"甲"字形竖穴土圹砖室墓，其中M11近弧方形墓室与轨道交通大兴线枣园路站M23[②]，朝阳区生物院小区M49、M59[③]等形制相近。M13圆形墓室与密云大唐庄M75[④]形制相近。M12梯形竖穴土圹砖室墓与大兴北程庄M24、M46[⑤]形制相近。由唐早期的长方形，发展到弧方形，再到唐晚期圆形，这种墓葬演变在北京地区多有发现。

随葬器物中，六面葵形梅花纹镜M12：2与大兴北程庄出土八面莲瓣形枝叶纹镜M46：1[⑥]、先农坛出土八面莲瓣形素面镜M1：2[⑦]相似，主要盛行于唐代中期偏早阶段，做工细腻，镜面抛光度较强；中唐时期数量下降；到了晚唐时期制作粗陋，抛光度普遍较差，并且出土较少。釉陶碗M13：1与密云新城M1：7[⑧]器形相近。综上判断该3座墓葬年代大致为唐代中晚期。

四、辽代墓葬

2座，即青云店联宾M1、医学科学院M1。青云店联宾M1为带墓道竖穴土圹砖室墓，其椭

---

① 北京市文物研究所：《小营与西红门——北京大兴考古发掘报告》，上海古籍出版社，2018年。
② 北京市文物研究所：《小营与西红门——北京大兴考古发掘报告》，上海古籍出版社，2018年。
③ 北京市文物研究所：《北京朝阳区生物院住宅小区唐代墓葬发掘简报》，《北京文博》2004年第4期。
④ 北京市文物研究所：《密云大唐庄——白河流域古代墓葬发掘报告》，上海古籍出版社，2010年。
⑤ 北京市文物研究所：《大兴北程庄墓地——北魏、唐、辽、金、清代墓葬发掘报告》，科学出版社，2010年。
⑥ 北京市文物研究所：《大兴北程庄墓地——北魏、唐、辽、金、清代墓葬发掘报告》，科学出版社，2010年。
⑦ 北京市文物研究所：《北京市先农坛唐墓发掘简报》，《北京文博》2008年第1期。
⑧ 北京市文物研究所：《密云新城0306街区B地块唐墓发掘简报》，《北京文博文丛》2018年第1辑。

圆形墓室与密云大唐庄M18[①]、昌平张营北区M87[②]形制相近。医学科学院M1为带墓道竖穴土圹单棺砖室墓，其近方形墓室与轨道交通大兴线枣园路站M2[③]形制相近。

随葬器物中，医学科学院出土陶罐M1∶1与轨道交通大兴线枣园路站M25∶11[④]器形基本相近。综上判断2座墓葬年代大致为辽代中晚期。

五、金代墓葬

3座，即医学科学院M2～M4。M2为长方形竖穴土圹单棺双人合葬砖室墓，M3为竖穴土圹单棺砖室墓，M4为竖穴土圹双棺合葬砖室墓。M2、M3与亦庄X42号地M12[⑤]，徐水西黑山M31、M35[⑥]形制相近。M4与亦庄X42号地M8[⑦]形制相近。

随葬器物中，瓷罐M3∶1与徐水西黑山M3∶1、M11∶2[⑧]器形相近。瓷盏M3∶4与徐水西黑山M3∶3、M11∶6[⑨]器形相近。

金初女真人埋葬习俗，无棺椁之具，随着汉化的加深及社会经济的发展，墓葬习俗发生很大变化，从简单的长方形竖穴土坑墓发展到砖室墓。随葬品由简单的马具、陶器、铁器发展到瓷器、玉器、金器等。金代墓葬从建国到海陵王迁都为早期发展阶段，海陵王南迁至明昌前为中期发展阶段，明昌至金亡为晚期发展阶段。随葬器物中出土北宋元丰通宝和本朝铜钱大定通宝，综合判断该3座墓葬年代为金代中晚期。

六、元代墓葬

2座，医学科学院M5、M6，为"甲"字形竖穴土圹单棺砖室墓。M5近长方形墓室与

---

① 北京市文物研究所：《密云大唐庄——白河流域古代墓葬发掘报告》，上海古籍出版社，2010年。
② 北京市文物研究所：《昌平张营遗址北区墓葬发掘报告》，《北京考古》（第二辑），北京燕山出版社，2008年。
③ 北京市文物研究所：《小营与西红门——北京大兴考古发掘报告》，上海古籍出版社，2018年。
④ 北京市文物研究所：《小营与西红门——北京大兴考古发掘报告》，上海古籍出版社，2018年。
⑤ 北京市文物研究所：《北京亦庄考古发掘报告（2003～2005）》，科学出版社，2009年。
⑥ 南水北调中线干线工程建设管理局、河北省南水北调工程建设委员会办公室、河北省文物局：《徐水西黑山——金元时期墓地发掘报告》，文物出版社，2007年。
⑦ 北京市文物研究所：《北京亦庄考古发掘报告（2003～2005）》，科学出版社，2009年。
⑧ 南水北调中线干线工程建设管理局、河北省南水北调工程建设委员会办公室、河北省文物局：《徐水西黑山——金元时期墓地发掘报告》，文物出版社，2007年。
⑨ 南水北调中线干线工程建设管理局、河北省南水北调工程建设委员会办公室、河北省文物局：《徐水西黑山——金元时期墓地发掘报告》，文物出版社，2007年。

顺义新城M1[①]形制相近。M6椭圆形墓室与京平高速M3、M4[②]，徐水西黑山M9、M10、M17[③]形制相近。

随葬器物中，陶罐M5：2、M5：3、M6：1~M6：9与昌平城关M7：2[④]形制相近，M6：10与顺义新城M1：1~M1：3[⑤]器形相近。陶桶M6：20~M6：22与东城广渠门内大街M5：15[⑥]器形相近。陶盆M6：18与石景山金顶街M17：4[⑦]器形相近。陶灯M6：27与朝阳呼家楼M18：19[⑧]器形相近。瓷罐M5：6与徐水西黑山M10：12[⑨]器形相近。瓷瓶M5：7、M6：28、M6：29与徐水西黑山M9：1、M17：1[⑩]器形相近。瓷罐M5：6与京平高速M4：8[⑪]器形相近。瓷碗M5：8、M6：30与京平高速M4：5[⑫]器形相近。综上判断该2座墓年代大致为元代中早期。

七、明代墓葬

17座，均为竖穴土圹墓。依墓内墓棺多寡分为单棺、双棺两类。其中单棺墓11座，即采育西组团M25、M27、M28、M35、M36、M39、M56~M58，医学科学院M8、M9；双棺墓6座，即采育西组团M21、M30、M40、M42、M61，医学科学院M7。单棺墓、双棺墓均为北京

[①] 北京市文物研究所：《北京顺义新城第五街区元墓发掘简报》，《北京文博文丛》2017年第2辑。

[②] 北京市文物研究所、平谷区文物管理所：《京平高速公路工程考古发掘报告》，《北京考古》（第二辑），北京燕山出版社，2008年。

[③] 南水北调中线干线工程建设管理局、河北省南水北调工程建设委员会办公室、河北省文物局：《徐水西黑山——金元时期墓地发掘报告》，文物出版社，2007年。

[④] 黄秀纯、雷少雨：《北京地区发现的元代墓葬》，《北京文物与考古》（第二辑），北京燕山出版社，1991年。

[⑤] 北京市文物研究所：《北京顺义新城第五街区元墓发掘简报》，《北京文博文丛》2017年第2辑。

[⑥] 黄秀纯、雷少雨：《北京地区发现的元代墓葬》，《北京文物与考古》（第二辑），北京燕山出版社，1991年。

[⑦] 黄秀纯、雷少雨：《北京地区发现的元代墓葬》，《北京文物与考古》（第二辑），北京燕山出版社，1991年。

[⑧] 黄秀纯、雷少雨：《北京地区发现的元代墓葬》，《北京文物与考古》（第二辑），北京燕山出版社，1991年。

[⑨] 南水北调中线干线工程建设管理局、河北省南水北调工程建设委员会办公室、河北省文物局：《徐水西黑山——金元时期墓地发掘报告》，文物出版社，2007年。

[⑩] 南水北调中线干线工程建设管理局、河北省南水北调工程建设委员会办公室、河北省文物局：《徐水西黑山——金元时期墓地发掘报告》，文物出版社，2007年。

[⑪] 北京市文物研究所、平谷区文物管理所：《京平高速公路工程考古发掘报告》，《北京考古》（第二辑），北京燕山出版社，2008年。

[⑫] 北京市文物研究所、平谷区文物管理所：《京平高速公路工程考古发掘报告》，《北京考古》（第二辑），北京燕山出版社，2008年。

地区明代墓葬中较为常见的形制。

明代墓葬出土随葬品有陶器、瓷器、银器、铜钱等。铜钱既有本朝钱币洪武通宝、嘉靖通宝、万历通宝、天启通宝、崇祯通宝，也有唐代钱币开元通宝，北宋钱币太平通宝、淳化元宝、咸平元宝、景德元宝、祥符通宝、祥符元宝、天禧元宝、天圣元宝、景祐元宝、皇宋通宝、嘉祐通宝、嘉祐元宝、熙宁元宝、元丰通宝、元祐通宝、绍圣元宝、圣宋元宝、崇宁通宝、崇宁重宝、大观通宝、政和通宝、宣和通宝，金代钱币正隆元宝、大定通宝。双系半釉瓷罐采育西组团M30∶1及医学科学院M7∶1、M7∶2、M9∶1与昌平沙河明墓M33∶1、M37∶1[①]器形相近，采育西组团M56出土洪武通宝，因而该5座墓葬年代为明代早期。采育西组团M21、M39、M42、M58出土万历通宝，M36出土天启通宝，M35、M61出土崇祯通宝，因而该7座墓葬年代为明代晚期。M25、M27、M28、M40、M57出土北宋时期铜钱，未出本朝铜钱，结合墓葬形制或其他出土器物，初步推断该5座墓葬为明代墓葬。

八、清代墓葬

124座，均为竖穴土圹墓。依墓内墓棺多寡分为单棺、双棺、三棺墓三类。其中单棺墓54座、双棺墓67座、三棺墓2座、葬具不明墓1座。墓葬除了出土陶器、釉陶器、瓷器、首饰等北京清代墓葬常见器类外，还出土了一定数量的北宋、明、清各时期的铜钱。依墓葬所出铜钱可将清代墓葬大体分为四个时期。

采育西组团M22、M32、M38、M64~M66、M69~M71、M75、M78、M80，黄村双高花园M24，出有清代早期铜钱顺治通宝、康熙通宝，结合墓葬其他出土器物，推断该批墓葬年代为清代早期。

采育西组团M2、M9、M11、M12、M15、M17~M20、M24、M44、M47、M51、M55、M63，黄村双高花园M6、M21、M22、M35，除了出有北宋晚期铜钱大观通宝、明代晚期铜钱天启通宝外，还出有清代中期铜钱雍正通宝、乾隆通宝、嘉庆通宝、道光通宝，结合墓葬其他出土器物，推断该批墓葬年代为清代中期。

采育西组团M3、M4、M6、M43、M46、M48~M50、M52、M60、M76、M77，黄村双高花园M1、M4、M10、M11、M14、M15、M20、M25、M31、M32，康庄安置房M3、M8，康庄C地块M2，首创机务队M1、M2，除了出有北宋时期铜钱天禧通宝、元丰通宝、大观通宝，明代中期铜钱弘治通宝以外，还出有清代晚期铜钱咸丰通宝、咸丰重宝、同治重宝、光绪通宝、光绪元宝、宣统通宝、大清铜币等，推断该批墓葬年代为清代晚期。

此外，采育西组团M1、M5、M7、M8、M10、M13、M14、M16、M23、M26、M29、M31、M33、M34、M37、M41、M45、M53、M54、M59、M62、M67、M68、M72~M74、

---

① 北京市文物研究所：《昌平沙河——汉、西晋、唐、元、明、清代墓葬发掘报告》，科学出版社，2012年。

M79，黄村双高花园M2、M3、M5、M7~M9、M12、M13、M16~M19、M23、M26~M30、M33、M34、M36、M37，康庄安置房M1、M2、M4~M7，康庄C地块M1、M3，青云店联宾M2，医学科学院M10~M13，新城北区M14~M16，未出土明确纪年铜钱，结合墓葬形制、其他出土器物及与周围墓葬的关系，初步推断该批墓葬为清代墓葬。

清代墓葬近年在北京地区发现较多，奥运场馆[①]、房山南正[②]、丰台王佐[③]、丰台丽泽[④]、海淀中坞[⑤]、大兴小营与西红门[⑥]等各个区县均有密集发现。对北京清代墓葬进行考古学研究，不仅有助于北京史的深入研究，而且也是考古学发展的内在要求。

---

① 北京市文物局、北京市文物研究所：《北京奥运场馆考古发掘报告》，科学出版社，2007年。
② 北京市文物研究所：《房山南正遗址——拒马河流域战国以降时期遗址发掘报告》，科学出版社，2008年。
③ 北京市文物研究所：《丰台王佐遗址》，科学出版社，2010年。
④ 北京市文物研究所：《丽泽墓地——丽泽金融商务区园区规划绿地工程发掘报告》，科学出版社，2016年。
⑤ 北京市文物研究所：《海淀中坞——北京市南水北调配套工程团城湖调节池工程考古发掘报告》，科学出版社，2017年。
⑥ 北京市文物研究所：《小营与西红门——北京大兴考古发掘报告》，上海古籍出版社，2018年。

附 表

附表一 采育西组团明、清代墓葬登记表

墓号	层位	方向	形状与结构	墓口 长×宽-深米	墓底 长×宽-深米	葬具	葬式	人骨保存情况	性别	随葬品	年代	备注
M1	②层下	30°	梯形竖穴土圹墓	2.2×(1.8~2)-0.5	2.2×(1.8~2)-(0.9~1.3)	双棺	东：不明 西：仰身直肢	较差	东：男 西：女	无	清	
M2	②层下	355°	梯形竖穴土圹墓	2.5×(1.9~2.1)-0.5	2.5×(1.9~2.1)-0.9	单棺	仰身直肢	较好	男	铜钱5	清	
M3	②层下	0°	梯形竖穴土圹墓	2.4×(3.41~3.78)-0.5	2.4×(3.41~3.78)-1.3	双棺	东：仰身直肢 西：不明	较差	东：男 西：女	银簪6、银耳环2、银元宝2、铜钱72	清	
M4	②层下	0°	长方形竖穴土圹墓	2.2×2.16-0.4	2.2×2.16-(0.8~1.1)	双棺	仰身直肢	较差	东：男 西：女	铜钱55、铜币50	清	
M5	②层下	355°	梯形竖穴土圹墓	2.3×(1.7~1.8)-0.45	2.3×(1.7~1.8)-0.85	双棺	仰身直肢	较好	东：男 西：女	陶罐1、瓷罐1	清	
M6	②层下	280°	梯形竖穴土圹墓	2.3×(1.92~1.98)-0.7	2.3×(1.92~1.98)-1.1	双棺	仰身直肢	较好	东：男 西：女	釉陶罐1、料珠1、铜币3	清	
M7	②层下	353°	梯形竖穴土圹墓	2.7×(2.1~2.4)-0.3	2.7×(2.1~2.4)-0.9	双棺	不明	较差	不明	无	清	西格为迁葬墓
M8	②层下	355°	长方形竖穴土圹墓	2.3×2.1-0.5	2.3×2.1-1.3	双棺	东：仰身直肢 西：侧身屈肢	较差	东：男 西：女	陶盏1、瓷罐2	清	
M9	②层下	356°	不规则形竖穴土圹墓	(2.7~2.9)×(1.7~1.9)-0.5	(2.7~2.9)×(1.7~1.9)-1.1	双棺	仰身直肢	较差	东：男 西：女	银簪1、铜钱14	清	
M10	②层下	0°	梯形竖穴土圹墓	2.3×(1.62~1.7)-0.5	2.3×(1.62~1.7)-1.6	单棺	仰身直肢	较差	男	无	清	
M11	②层下	0°	梯形竖穴土圹墓	2.68×(1.6~1.72)-0.5	2.68×(1.6~1.72)-1.8	双棺	仰身直肢	东：较差 西：较好	东：女 西：男	银簪2、铜钱15	清	

续表

墓号	层位	方向	形状与结构	墓口 长×宽-深厘米	墓底 长×宽-深厘米	葬具	葬式	人骨保存情况	性别	随葬品	年代	备注
M12	②层下	5°	梯形竖穴土圹墓	3.13×(1.86~1.92)-0.5	3.13×(1.86~1.92)-1.55	双棺	仰身直肢	较差	东：女 西：男	银扁方1、银簪2、铜钱5	清	
M13	②层下	358°	长方形竖穴土圹墓	2.6×1.1-0.5	2.6×1.1-1.3	单棺	仰身直肢	较差	男	瓷罐1	清	
M14	②层下	353°	长方形竖穴土圹墓	2.6×1-0.5	2.6×1-1.44	单棺	仰身直肢	较好	男	无	清	
M15	②层下	355°	不规则形竖穴土圹墓	(2.49~2.73)×(1.69~1.72)-0.5	(2.49~2.73)×(1.69~1.72)-0.98	双棺	东：仰身直肢 西：侧身屈肢	东：较好 西：较差	东：女 西：男	铜钱8	清	
M16	②层下	348°	梯形竖穴土圹墓	2.8×(2.21~2.3)-0.5	2.8×(2.21~2.3)-1.1	单棺	仰身直肢	较差	男	釉陶罐1	清	
M17	②层下	0°	梯形竖穴土圹墓	2.6×(1.8~1.9)-0.5	2.6×(1.8~1.9)-1.2	双棺	仰身直肢	东：较差 西：稍差	东：男 西：女	铜扁方1、铜钱7	清	
M18	②层下	0°	梯形竖穴土圹墓	2.4×(1.72~2)-0.5	2.4×(1.72~2)-1.2	双棺	仰身直肢	东：较差 西：较差	东：男 西：女	铜钱4	清	
M19	②层下	353°	梯形竖穴土圹墓	2.98×(2.53~2.66)-0.5	2.98×(2.53~2.66)-(1.72~1.96)	双棺	东：仰身直肢 西：不明	东：不明 西：较差	东：不明 西：女	釉陶罐1、铜钱2	清	东棺为迁葬墓
M20	②层下	356°	梯形竖穴土圹墓	2.5×(2.13~2.22)-0.5	2.5×(2.13~2.22)-(1.08~1.19)	双棺	仰身直肢	较差	东：男 西：女	陶罐1、铜钱9	清	
M21	②层下	355°	梯形竖穴土圹墓	2.6×(2.4~2.61)-0.4	2.6×(2.4~2.61)-1.1	双棺	东：仰身直肢 西：不明	较差	东：男 西：女	瓷罐1、铜钱12	明	
M22	②层下	10°	梯形竖穴土圹墓	2.6×(1.8~2.2)-0.6	2.6×(1.8~2.2)-1.5	双棺	东：仰身直肢 西：不明	东：稍差 西：较差	东：男 西：女	釉陶罐2、铜钱7	清	
M23	②层下	22°	梯形竖穴土圹墓	2.42×(0.8~0.84)-0.5	2.42×(0.8~0.84)-1.1	单棺	仰身直肢	较好	男	无	清	
M24	②层下	355°	梯形竖穴土圹墓	2.6×(1.8~1.9)-0.3	2.6×(1.8~1.9)-(0.84~0.9)	双棺	仰身直肢	较差	东：男 西：女	釉陶罐2、铜钱4	清	

续表

墓号	层位	方向	形状与结构	墓口 长×宽-深米	墓底 长×宽-深米	葬具	葬式	人骨保存情况	性别	随葬品	年代	备注
M25	②层下	0°	长方形竖穴土圹墓	2.12×0.9-0.5	2.12×0.9-1.1	单棺	仰身直肢	较差	男	瓷罐1、铜钱1	明	
M26	②层下	355°	梯形竖穴土圹墓	2.85×(2.66~2.73)-0.5	2.85×(2.66~2.73)-1.16	双棺	仰身直肢	东：稍差 西：较差	东：男 西：女	陶罐1、釉陶罐1	清	
M27	②层下	355°	梯形竖穴土圹墓	2.62×(1.52~1.6)-0.5	2.62×(1.52~1.6)-0.9	单棺	不明	不明	不明	铜钱1	明	迁葬墓
M28	②层下	260°	梯形竖穴土圹墓	2.5×(2~2.2)-0.45	2.5×(2~2.2)-0.77	单棺	不明	不明	不明	铁棺环1、铜钱1	明	火葬墓
M29	②层下	265°	长方形竖穴土圹墓	1.92×1.34-0.5	1.92×1.34-1	单棺	不明	不明	不明	无	清	迁葬墓
M30	②层下	3°	梯形竖穴土圹墓	2.28×(2~2.4)-0.5	2.28×(2~2.4)-0.82	双棺	东：仰身直肢 西：不明	较差	东：男 西：女	瓷罐2	明	
M31	②层下	355°	梯形竖穴土圹墓	2.65×(1.3~1.35)-0.5	2.65×(1.3~1.35)-0.7	单棺	侧身屈肢	稍差	男	釉陶罐1	清	
M32	②层下	356°	梯形竖穴土圹墓	2.7×(1.39~1.8)-0.5	2.7×(1.39~1.8)-0.64	单棺	仰身直肢	稍差	男	铜钱1	清	
M33	②层下	357°	长方形竖穴土圹墓	2.4×1.5-0.5	2.4×1.5-1.06	单棺	仰身直肢	稍好	男	瓷罐1	清	
M34	②层下	350°	梯形竖穴土圹墓	2.1×(1.1~1.2)-0.4	2.1×(1.1~1.2)-0.9	单棺	仰身直肢	稍差	男	陶罐1	清	
M35	②层下	357°	长方形竖穴土圹墓	2.5×1.4-0.5	2.5×1.4-0.8	单棺	仰身直肢	较差	男	瓷罐1、铜钱2	明	
M36	②层下	350°	梯形竖穴土圹墓	2.6×(1.4~1.5)-0.4	2.6×(1.4~1.5)-1.3	单棺	不明	不明	不明	铜钱3	明	迁葬墓
M37	②层下	348°	不规则形竖穴土圹墓	(3.1~3.14)×(2.8~2.9)-0.4	(3.1~3.14)×(2.8~2.9)-0.8	三棺	仰身直肢	东：较差 中：稍差 西：稍好	东：男 中：女 西：女	陶罐1、瓷罐2	清	

续表

墓号	层位	方向	形状与结构	墓口 长×宽-深/米	墓底 长×宽-深/米	葬具	葬式	人骨保存情况	性别	随葬品	年代	备注
M38	②层下	0°	梯形竖穴土圹墓	2.7×(1.6~1.68)-0.4	2.7×(1.6~1.68)-(1~1.2)	双棺	仰身直肢	东：较好 西：较差	东：男 西：女	陶罐1、瓷罐1、铜钱20	清	
M39	②层下	355°	长方形竖穴土圹墓	2.74×1.4-0.4	2.74×1.4-1.4	单棺	仰身直肢	较好	男	陶罐1、铜钱3	明	
M40	②层下	18°	梯形竖穴土圹墓	2.7×(1.78~1.94)-0.5	2.7×(1.78~1.94)-1.14	双棺	仰身直肢	较差	东：男 西：女	陶罐1、铜钱1	明	
M41	②层下	3°	长方形竖穴土圹墓	2.63×1.3-0.4	2.63×1.3-(1.1~1.2)	双棺	东：仰身直肢 西：不明	东：稍差 西：较差	东：男 西：女	无	清	
M42	②层下	0°	梯形竖穴土圹墓	3×(2.4~2.44)-0.5	3×(2.4~2.44)-(0.95~1.15)	双棺	仰身屈肢	较差	女	陶罐1、铜钱2	明	
M43	②层下	265°	梯形竖穴土圹墓	2.58×(1.3~1.32)-0.4	2.58×(1.3~1.32)-0.74	双棺	仰身直肢	北：较差 南：稍差	北：男 南：女	银簪1、铜钱8	清	
M44	②层下	263°	梯形竖穴土圹墓	2.82×(1.52~1.62)-0.4	2.82×(1.52~1.62)-0.7	双棺	仰身直肢	较好	北：男 南：女	铜钱4	清	北棺为迁葬墓
M45	②层下	270°	梯形竖穴土圹墓	2.1×(1.32~1.4)-0.4	2.1×(1.32~1.4)-0.7	双棺	仰身直肢	较差	北：男 南：女	无	清	迁葬墓
M46	②层下	267°	梯形竖穴土圹墓	3.1×(1.8~1.92)-0.4	3.1×(1.8~1.92)-0.9	双棺	仰身直肢	稍好	北：男 南：女	铜钱3	清	
M47	②层下	265°	不规则形竖穴土圹墓	(2.66~3.16)×1.7-0.4	(2.66~3.16)×1.7-0.7	双棺	仰身直肢	北：较差 南：稍差	北：男 南：女	陶罐1、银簪3、骨簪1、铜钱10	清	
M48	②层下	270°	不规则形竖穴土圹墓	(2.56~2.6)×1.7-0.4	(2.56~2.6)×1.7-0.84	双棺	仰身直肢	北：较差 南：稍差	北：男 南：女	瓷碗1、铜钱15	清	
M49	②层下	263°	梯形竖穴土圹墓	2.6×(1.6~1.7)-0.4	2.6×(1.6~1.7)-0.68	单棺	仰身直肢	稍差	女	银簪2、银耳环2、铜钱11	清	
M50	②层下	256°	梯形竖穴土圹墓	2.4×(1.3~1.46)-0.4	2.4×(1.3~1.46)-0.64	单棺	仰身直肢	稍差	男	陶罐1、铜币6	清	

续表

墓号	层位	方向	形状与结构	墓口 长×宽-深米	墓底 长×宽-深米	葬具	葬式	人骨保存情况	性别	随葬品	年代	备注
M51	②层下	270°	不规则形竖穴土圹墓	(2.54~2.68)×1.9-0.4	(2.54~2.68)×1.9-0.6	双棺	北:仰身直肢 南:不明	北:稍好 南:不明	北:男 南:不明	铜钱5	清	南棺为迁葬墓
M52	②层下	264°	不规则形竖穴土圹墓	(2.4~2.6)×(2.3~2.5)-0.4	(2.4~2.6)×(2.3~2.5)-0.8	双棺	仰身直肢	北:较差 南:稍好	北:女 南:男	铜钱10	清	
M53	②层下	267°	长方形竖穴土圹墓	2.46×2.4-0.4	2.46×2.4-0.7	双棺	不明	不明	不明	无	清	迁葬墓
M54	②层下	23°	长方形竖穴土圹墓	2.52×1.3-0.4	2.52×1.3-0.62	单棺	不明	不明	不明	无	清	迁葬墓
M55	②层下	342°	梯形竖穴土圹墓	3×(1.7~2)-0.4	3×(1.7~2)-1	双棺	仰身直肢	东:稍差 西:较差	东:男 西:女	陶罐1、银簪3、银押发1、铜钱43	清	
M56	②层下	340°	梯形竖穴土圹墓	2.79×(0.9~0.96)-0.4	2.79×(0.9~0.96)-0.8	单棺	不明	较差	不明	陶罐1、铜钱3	明	
M57	②层下	355°	梯形竖穴土圹墓	2.54×(0.92~1.2)-0.4	2.54×(0.92~1.2)-0.8	单棺	仰身直肢	较差	女	瓷罐1、铜钱10	明	
M58	②层下	340°	梯形竖穴土圹墓	3×(1.4~1.5)-0.4	3×(1.4~1.5)-0.8	单棺	仰身直肢	较差	男	瓷罐1、铜钱2	明	
M59	②层下	340°	梯形竖穴土圹墓	2.2×(0.83~0.9)-0.4	2.2×(0.83~0.9)-0.94	单棺	仰身直肢	较好	男	铜币6	清	
M60	②层下	162°	梯形竖穴土圹墓	2.45×(0.9~1.02)-0.45	2.45×(0.9~1.02)-0.66	单棺	仰身直肢	稍好	男	无	清	
M61	②层下	343°	长方形竖穴土圹墓	2.34×2-0.45	2.34×2-0.7	双棺	东:不明 西:仰身直肢	东:不明 西:较差	东:不明 西:女	瓷罐2、铜钱2	明	东棺为迁葬墓
M62	②层下	357°	梯形竖穴土圹墓	2.2×(0.77~0.84)-0.4	2.2×(0.77~0.84)-0.51	单棺	不明	不明	不明	无	清	迁葬墓
M63	②层下	5°	长方形竖穴土圹墓	2.6×2.1-0.3	2.6×2.1-(0.7~0.8)	双棺	仰身直肢	较差	东:男 西:女	铜钱4	清	

续表

墓号	层位	方向	形状与结构	墓口 长×宽-深/米	墓底 长×宽-深/米	葬具	葬式	人骨保存情况	性别	随葬品	年代	备注
M64	②层下	350°	梯形竖穴土圹墓	2.54×(0.87~1.1)-0.4	2.54×(0.87~1.1)-0.8	单棺	仰身直肢	较差	男	铜钱2	清	
M65	②层下	350°	梯形竖穴土圹墓	2.42×(0.86~0.92)-0.4	2.42×(0.86~0.92)-0.56	单棺	仰身直肢	较差	男	釉陶罐1、铜钱4	清	
M66	②层下	350°	梯形竖穴土圹墓	2.58×(1.34~1.4)-0.4	2.58×(1.34~1.4)-0.8	单棺	仰身直肢	较差	男	铜钱15	清	
M67	②层下	353°	梯形竖穴土圹墓	2.3×(0.8~0.94)-0.4	2.3×(0.8~0.94)-0.58	单棺	不明	不明	不明	无	清	迁葬墓
M68	②层下	352°	梯形竖穴土圹墓	2.42×(1.48~1.52)-0.4	2.42×(1.48~1.52)-(0.6~0.97)	双棺	东：侧身屈肢 西：仰身屈肢	东：较差 西：稍差	东：男 西：女	瓷罐1	清	
M69	②层下	355°	长方形竖穴土圹墓	2.63×2.37-0.4	2.63×2.37-(0.74~0.87)	双棺	不明	不明	不明	铜钱1	清	迁葬墓
M70	②层下	355°	不规则形竖穴土圹墓	(2.2~2.5)×(1.92~2.17)-0.4	(2.2~2.5)×(1.92~2.12)-(0.6~0.7)	双棺	不明	较差	东：男 西：女	釉陶罐1、铜钱7	清	
M71	②层下	356°	不规则形竖穴土圹墓	(2.6~2.96)×2.1-0.4	(2.6~2.96)×2.1-1.1	双棺	东：仰身直肢 西：侧身屈肢	东：稍差 西：较差	东：男 西：女	釉陶罐1、瓷罐1、铜钱36	清	
M72	②层下	48°	梯形竖穴土圹墓	2.4×(0.82~0.92)-0.5	2.4×(0.82~0.92)-1.1	单棺	仰身直肢	稍好	男	无	清	
M73	②层下	52°	梯形竖穴土圹墓	2.4×(1.7~1.8)-0.5	2.4×(1.7~1.8)-1.2	双棺	仰身直肢	稍好	北：女 南：男	陶罐1	清	
M74	②层下	52°	梯形竖穴土圹墓	2.24×(0.7~0.72)-0.4	2.24×(0.7~0.72)-0.83	单棺	仰身直肢	较差	男	无	清	
M75	②层下	270°	长方形竖穴土圹墓	2.56×1.96-0.4	2.56×1.96-0.95	双棺	仰身直肢	北：较差 南：稍差	北：男 南：女	陶罐1、铜钱1	清	

续表

墓号	层位	方向	形状与结构	墓口 长×宽-深/米	墓底 长×宽-深/米	葬具	葬式	人骨保存情况	性别	随葬品	年代	备注
M76	②层下	3°	梯形竖穴土圹墓	2.28×(1.8~2.1)-0.5	2.28×(1.8~2.1)-(0.74~0.9)	双棺	仰身直肢	较差	东：男 西：女	铜钱3、铜币11	清	
M77	②层下	15°	梯形竖穴土圹墓	2.4×(1.64~1.72)-0.5	2.4×(1.64~1.72)-(1.26~1.36)	双棺	仰身直肢	东：稍差 西：较差	东：男 西：女	瓷碗1、银耳环1、银押发2、铜钱3、铜币7	清	
M78	②层下	0°	长方形竖穴土圹墓	2.48×1.62-0.4	2.48×1.62-0.64	单棺	仰身直肢	较差	男	铜钱3	清	
M79	②层下	357°	长方形竖穴土圹墓	2.54×1.2-0.4	2.54×1.2-0.68	单棺	不明	较差	不明	瓷罐1	清	
M80	②层下	357°	不规则形竖穴土圹墓	(2.5~2.8)×2-0.4	(2.5~2.8)×2-(0.8~1.05)	双棺	东：侧身屈肢 西：仰身直肢	东：较差 西：稍差	东：男 西：女	陶罐1、瓷罐1、铜钱25	清	

附表二 黄村双高花园清代墓葬登记表

墓号	层位	方向	形状与结构	墓口 长×宽-深/米	墓底 长×宽-深/米	葬具	葬式	人骨保存情况	性别	随葬品	年代	备注
M1	②层下	320°	不规则形竖穴土圹墓	(2.2~2.34)×(1.7~1.8)-0.7	(2.2~2.34)×(1.7~1.8)-(1.2~1.36)	双棺	东：仰身直肢 西：侧身屈肢	东：较好 西：较差	东：男 西：女	银簪3、银耳环2、铜钱4	清	
M2	②层下	357°	长方形竖穴土圹墓	2.4×1.6-0.7	2.4×1.6-(1.2~1.3)	双棺	仰身直肢	东：较好 西：较差	东：男 西：女	银簪2	清	
M3	②层下	350°	长方形竖穴土圹墓	2.2×0.88-0.7	2.2×0.88-1.5	单棺	侧身屈肢	稍好	男	无	清	
M4	②层下	32°	梯形竖穴土圹墓	2.68×(1.7~1.8)-0.7	2.68×(1.7~1.8)-1.2	双棺	仰身直肢	较差	东：男 西：女	铜钱3	清	
M5	②层下	340°	梯形竖穴土圹墓	2.5×(1.6~1.68)-0.7	2.5×(1.6~1.68)-1.16	双棺	仰身直肢	较差	东：男 西：女	银押发1、银簪1	清	

续表

墓号	层位	方向	形状与结构	墓口 长×宽-深米	墓底 长×宽-深米	葬具	葬式	人骨保存情况	性别	随葬品	年代	备注
M6	②层下	355°	梯形竖穴土圹墓	2.46×(1.5~1.62)-0.7	2.46×(1.5~1.62)-1.7	双棺	东：侧身屈肢 西：仰身屈肢	东：稍差 西：较差	东：男 西：女	陶罐2、银扁方1、铜钱2	清	
M7	②层下	354°	长方形竖穴土圹墓	2.1×0.96-0.7	2.1×0.96-1.65	单棺	仰身直肢	较差	男	瓷罐1	清	
M8	②层下	357°	梯形竖穴土圹墓	2.38×(0.78~0.86)-0.7	2.38×(0.78~0.86)-1.5	单棺	仰身直肢	稍差	男	无	清	
M9	②层下	356°	不规则形竖穴土圹墓	2.52×(1.6~1.8)-0.7	2.52×(1.6~1.8)-1.54	双棺	东：仰身直肢 西：侧身屈肢	东：稍差 西：较差	东：男 西：女	银扁方1、银耳环1、铜钱1	清	
M10	②层下	358°	长方形竖穴土圹墓	2.28×1.04-0.7	2.28×1.04-1.48	单棺	侧身屈肢	较差	女	银扁方4、铜钱1	清	
M11	②层下	358°	梯形竖穴土圹墓	2.4×(1.08~1.1)-0.7	2.4×(1.08~1.1)-0.9	单棺	仰身直肢	较差	不明	铜钱1	清	
M12	②层下	352°	梯形竖穴土圹墓	2.2×(0.83~0.92)-0.7	2.2×(0.83~0.92)-1.1	单棺	仰身直肢	较差	男	无	清	
M13	②层下	0°	长方形竖穴土圹墓	2.3×1.01-0.7	2.3×1.01-1.7	单棺	侧身屈肢	稍差	女	银耳环2	清	
M14	②层下	355°	梯形竖穴土圹墓	2.2×(0.88~0.98)-0.7	2.2×(0.88~0.98)-1.54	单棺	仰身直肢	稍差	男	铜钱2	清	
M15	②层下	350°	不规则形竖穴土圹墓	(2.22~2.32)×(1.66~1.86)-0.7	(2.22~2.32)×(1.66~1.86)-1.3	双棺	仰身直肢	东：较差 西：稍差	东：男 西：女	银簪5、铜钱1	清	
M16	②层下	0°	梯形竖穴土圹墓	2.1×(0.88~0.92)-0.7	2.1×(0.88~0.92)-1.4	单棺	仰身直肢	稍好	男	无	清	
M17	②层下	6°	梯形竖穴土圹墓	2.6×(1.52~1.58)-0.7	2.6×(1.52~1.58)-1.46	双棺	仰身直肢	较差	东：男 西：女	无	清	
M18	②层下	332°	不规则形竖穴土圹墓	(2.38~2.48)×1.68-0.7	(2.38~2.48)×1.68-1.72	双棺	东：仰身直肢 西：不明	东：稍好 西：较差	东：男 西：女	银扁方1、银簪2	清	

续表

墓号	层位	方向	形状与结构	墓口 长×宽·深/米	墓底 长×宽·深/米	葬具	葬式	人骨保存情况	性别	随葬品	年代	备注
M19	②层下	0°	梯形竖穴土圹墓	2.1×(1.46~1.82)-0.7	2.1×(1.46~1.82)-1.7	双棺	东：侧身屈肢 西：仰身直肢	较差	东：男 西：女	无	清	
M20	②层下	275°	梯形竖穴土圹墓	2.6×(1.86~1.96)-0.7	2.6×(1.86~1.96)-1.5	双棺	仰身直肢	较差	北：男 南：女	银簪1、银耳环2、铜币3	清	
M21	②层下	272°	梯形竖穴土圹墓	2.4×(1.2~1.3)-0.7	2.4×(1.2~1.3)-1.4	单棺	不明	较差	不明	铜钱7	清	迁葬墓
M22	②层下	270°	长方形竖穴土圹墓	2.3×1.1-0.7	2.3×1.1-1.6	单棺	仰身直肢	稍差	男	铜钱1	清	
M23	②层下	275°	不规则形竖穴土圹墓	(2.38~2.56)×(1.88~1.94)-0.7	(2.38~2.56)×(1.88~1.94)-1.76	双棺	仰身直肢	北：较差 南：稍差	北：男 南：女	无	清	
M24	②层下	268°	梯形竖穴土圹墓	2.26×(1.56~1.6)-0.7	2.26×(1.56~1.6)-1.9	双棺	北：侧身屈肢 南：仰身直肢	北：较差 南：稍差	北：男 南：女	铜钱1	清	
M25	②层下	275°	梯形竖穴土圹墓	1.98×(0.76~0.86)-0.7	1.98×(0.76~0.86)-1.15	单棺	仰身直肢	较差	女	银押发1、银簪4、铜钱2	清	
M26	②层下	270°	梯形竖穴土圹墓	2.16×(2.6~2.88)-0.7	2.16×(2.6~2.88)-(1.1~1.2)	三棺	仰身直肢	北：稍差 中：较差 南：较差	北：男 中：女 南：女	铜钱1	清	
M27	②层下	274°	梯形竖穴土圹墓	2.4×(0.72~1.08)-0.7	2.4×(0.72~1.08)-1.4	单棺	不明	不明	不明	无	清	迁葬墓
M28	②层下	270°	不规则形竖穴土圹墓	(2.2~2.4)×(1.7~1.78)-0.7	(2.2~2.4)×(1.7~1.78)-1.9	双棺	仰身直肢	稍差	北：男 南：女	无	清	
M29	②层下	278°	长方形竖穴土圹墓	2.3×0.8-0.7	2.3×0.8-1.24	单棺	仰身直肢	较差	男	无	清	
M30	②层下	270°	长方形竖穴土圹墓	2.24×0.88-0.7	2.24×0.88-1.1	单棺	仰身屈肢	稍好	男	无	清	
M31	②层下	222°	梯形竖穴土圹墓	2.64×(1.48~1.78)-0.7	2.64×(1.48~1.78)-1.34	双棺	北：侧身屈肢 南：仰身直肢	北：稍差 南：较差	北：女 南：男	银押发1、银簪1、铜钱9	清	

续表

墓号	层位	方向	形状与结构	墓口 长×宽-深米	墓底 长×宽-深米	葬具	葬式	人骨保存情况	性别	随葬品	年代	备注
M32	②层下	270°	长方形竖穴土圹墓	2.28×1.08-0.7	2.28×1.08-1.78	单棺	侧身屈肢	较差	男	铜钱3	清	
M33	②层下	272°	梯形竖穴土圹墓	2.32×（1.14～1.18）-0.7	2.32×（1.14～1.18）-1.22	单棺	仰身直肢	较差	男	无	清	
M34	②层下	280°	长方形竖穴土圹墓	2.96×1.52-0.7	2.96×1.52-1.54	单棺	仰身直肢	稍差	男	无	清	
M35	②层下	275°	梯形竖穴土圹墓	2.44×（1.34～1.42）-0.7	2.44×（1.34～1.42）-1.5	双棺	仰身直肢	北：稍差 南：较差	北：男 南：女	银簪1，铜钱10	清	
M36	②层下	270°	长方形竖穴土圹墓	1.98×1.4-0.7	1.98×1.4-（1.28～1.66）	双棺	仰身直肢	北：稍差 南：较差	北：男 南：女	瓷罐1，铜钱2	清	
M37	②层下	270°	梯形竖穴土圹墓	2.38×（1.46～1.82）-0.7	2.38×（1.46～1.82）-1.7	双棺	仰身直肢	北：稍差 南：较差	北：男 南：女	陶罐1	清	

附表三 康庄安置房清代墓葬登记表

墓号	层位	方向	形状与结构	墓口 长×宽-深米	墓底 长×宽-深米	葬具	葬式	人骨保存情况	性别	随葬品	年代	备注
M1	②层下	245°	长方形竖穴土圹墓	2.58×1.28-0.2	2.58×1.28-0.9	单棺	不明	较差	男	无	清	
M2	②层下	317°	长方形竖穴土圹墓	2.1×0.84-0.6	2.1×0.84-1.06	单棺	仰身直肢	较差	男	无	清	
M3	②层下	320°	长方形竖穴土圹墓	2.2×1.48-0.6	2.2×1.48-（1.3～1.4）	双棺	仰身直肢	东：稍差 西：较差	东：男 西：女	银押发1，银簪3，银耳环2，铜钱2，铜币1	清	
M4	②层下	332°	长方形竖穴土圹墓	2.1×1.6-0.4	2.1×1.6-1.2	单棺	仰身直肢	较差	男	无	清	

续表

墓号	层位	方向	形状与结构	墓口 长×宽-深/米	墓底 长×宽-深/米	葬具	葬式	人骨保存情况	性别	随葬品	年代	备注
M5	②层下	354°	长方形竖穴土圹墓	2.3×1.1-0.4	2.3×1.1-1.5	单棺	不明	不明	不明	无	清	迁葬墓
M6	②层下	352°	长方形竖穴土圹墓	2.24×2.12-0.4	2.24×2.12-1.33	不明	不明	不明	不明	无	清	迁葬墓
M7	②层下	355°	不规则形竖穴土圹墓	(2.12~2.14)×1.92-0.4	(2.12~2.14)×1.92-1.36	双棺	不明	不明	不明	无	清	迁葬墓
M8	②层下	345°	梯形竖穴土圹墓	2.28×(1.56~1.68)-0.4	2.28×(1.56~1.68)-1	双棺	仰身直肢	稍差	东：女 西：男	银簪1、银耳环1、银戒指1、玉坠饰1、铜钱5、铜币1	清	

附表四　康庄C地块清代墓葬登记表

墓号	层位	方向	形状与结构	墓口 长×宽-深/米	墓底 长×宽-深/米	葬具	葬式	人骨保存情况	性别	随葬品	年代	备注
M1	②层下	180°	长方形竖穴土圹墓	2×0.8-1.7	2×0.8-2.4	单棺	仰身屈肢	稍差	男	无	清	
M2	②层下	205°	长方形竖穴土圹墓	2.3×1.2-1.7	2.3×1.2-2.7	单棺	仰身直肢	较差	女	银押发1、银簪4、铜币4	清	
M3	②层下	180°	长方形竖穴土圹墓	2.2×2.1-1.7	2.2×2.1-(2.3~2.7)	双棺	仰身直肢	较差	东：男 西：女	银簪3	清	

附表五 首创机务队清代墓葬登记表

墓号	层位	方向	形状与结构	墓口 长×宽-深/米	墓底 长×宽-深/米	葬具	葬式	人骨保存情况	性别	随葬品	年代	备注
M1	②层下	10°	梯形竖穴土圹墓	2.4×(1.4~1.68)-0.8	2.4×(1.4~1.68)-(1.7~1.8)	双棺	东：不明 西：仰身直肢	较差	东：男 西：女	铜币13	清	
M2	②层下	9°	梯形竖穴土圹墓	2.06×(1.08~1.36)-0.7	2.06×(1.08~1.36)-(1.6~1.76)	双棺	不明	较差	东：男 西：女	银戒指2、铜钱4	清	

附表六 青云店联宾辽、清代墓葬登记表

墓号	层位	方向	形状与结构	墓道 长×宽-深/米	墓口 长×宽-深/米	墓底 长×宽-深/米	葬具	葬式	人骨保存情况	性别	随葬品	年代	备注
M1	③层下	180°	"甲"字形竖穴土圹砖室墓	1.16×1.4-1.76	5.8×(1.4~3.8)-0.7	5.8×(1.4~3.8)-2.46	不明	不明	不明	不明	无	辽	迁葬墓
M2	③层下	0°	梯形竖穴土圹砖室墓	无	2.3×(1.3~1.4)-0.7	2.3×(1.3~1.4)-2	单棺	不明	不明	不明	无	清	迁葬墓

附表七 医学科学院辽至清代墓葬登记表

墓号	层位	方向	形状与结构	墓道 长×宽-深/米	墓口 长×宽-深/米	墓底 长×宽-深/米	葬具	葬式	人骨保存情况	性别	随葬品	年代	备注
M1	③层下	180°	"甲"字形竖穴土圹砖室墓	4×(0.87~1.1)-(0.3~2.5)、坡长4.56	7.1×(0.87~3.1)-0.4	7.1×(0.87~3.1)-(0.7~2.9)	单棺	不明	较差	不明	陶罐1、铜钱4	辽	
M2	③层下	270°	长方形竖穴土圹砖室墓	无	2.4×1.2-0.4	2.4×1.2-2	单棺	仰身直肢	北：较好 南：稍差	北：女 南：男	瓷罐1件、铜钱4	金	双人合葬
M3	③层下	280°	长方形竖穴土圹砖室墓	无	2.45×1.4-0.4	2.45×1.4-2.4	单棺	仰身直肢	较好	男	瓷罐1、瓷瓶1、瓷碗1、瓷盏1、铜钱1	金	

续表

墓号	层位	方向	形状与结构	墓道 长×宽-深/米	墓口 长×宽-深/米	墓底 长×宽-深/米	葬具	葬式	人骨保存情况	性别	随葬品	年代	备注
M4	③层下	270°	长方形竖穴土圹砖室墓	无	2.4×1.82-0.4	2.4×1.82-(1.6~1.9)	双棺	仰身直肢	较差	北：女 南：男	瓷瓶1、瓷盏1、铜钱2	金	
M5	③层下	180°	"甲"字形竖穴土圹砖室墓	2.9×(0.67~1.2)-(0.32~2.2)，坡长3.25	5.2×(0.67~2.2)-0.4	5.2×(0.67~2.2)-(0.72~2.6)	单棺	不明	不明	不明	陶罐4、陶盌1、瓷罐1、瓷瓶1、瓷碗1、瓷盘1	元	
M6	③层下	180°	"甲"字形竖穴土圹砖室墓	3.3×(0.78~1.43)-(0.3~2.4)，坡长3.6	6.3×(0.78~3.15)-0.4	6.3×(0.78~3.15)-2.8	单棺	不明	较差	不明	陶罐10、陶桶3、陶盆7、陶罐2、陶杯2、瓷瓶2、陶灯1、瓷瓶1、瓷碗1、瓷盘1、铜镜1、铜钱14	元	
M7	②层下	266°	梯形竖穴土圹墓	无	2.3×(1.4~1.6)-0.4	2.3×(1.4~1.6)-2	双棺	仰身直肢	北：稍差 南：较好	北：男 南：女	瓷罐2、瓷瓶2、铜钱40	明	
M8	②层下	265°	梯形竖穴土圹墓	无	2.4×(2.2~2.4)-0.4	2.4×(2.2~2.4)-1.6	单棺	仰身直肢	较好	男	陶罐1	明	
M9	③层下	250°	长方形竖穴土圹墓	无	2.06×0.8-0.4	2.06×0.8-2	单棺	仰身直肢	较差	男	瓷罐1	明	
M10	②层下	258°	梯形竖穴土圹墓	无	2.4×(1.06~1.21)-0.6	2.4×(1.06~1.21)-1.4	单棺	仰身直肢	较差	男	无	清	
M11	②层下	269°	梯形竖穴土圹墓	无	2.13×(1.44~1.47)-0.4	2.13×(1.44~1.47)-1.56	双棺	仰身直肢	北：稍好 南：较差	北：男 南：女	无	清	
M12	②层下	252°	梯形竖穴土圹墓	无	2.76×(1.03~1.1)-0.86	2.76×(1.03~1.1)-1.95	单棺	仰身直肢	较好	男	无	清	
M13	②层下	262°	长方形竖穴土圹墓	无	2.73×1.02-0.4	2.73×1.02-2.02	单棺	仰身直肢	较好	女	无	清	

附表八 新城北区汉、北魏、唐、清代墓葬登记表

墓号	层位	方向	形状与结构	墓道 长×宽-深/米	墓口 长×宽-深/米	墓底 长×宽-深/米	葬具	葬式	人骨保存情况	性别	随葬品	年代	备注
M1	④层下	190°	刀形竖穴土圹砖室墓	3.26×(1.12~1.4)-(0.3~1.2)，坡长2.76	7.6×(1.12~2.8)-1.2	7.6×(1.12~2.8)-2.4	不明	不明	不明	不明	无	汉	
M2	④层下	350°	长方形竖穴土圹砖室墓	无	3.14×1.4-1.2	3.14×1.4-2.6	不明	不明	不明	不明	陶罐4	汉	
M3	④层下	15°	长方形竖穴土圹砖室墓	无	3.16×1.1-1.2	3.16×1.1-1.96	不明	不明	不明	不明	陶罐2	汉	
M4	④层下	185°	刀形竖穴土圹砖室墓	2.84×(0.8~1.1)-(0.2~1.3)，坡长3	7.1×(0.8~2.3)-1.3	7.1×(0.8~2.3)-2.6	不明	不明	不明	不明	陶奁1、陶钢1、陶鸡1、陶瓶1、铜钱2	汉	
M5	④层下	190°	刀形竖穴土圹砖室墓	2.92×(0.8~1.2)-(0.3~1.2)，坡长3.2	6.92×(0.8~3.6)-1.2	6.92×(0.8~3.6)-2.9	不明	不明	不明	不明	陶奁1、陶器盖2、陶磨1、陶器座1、陶井1、陶俑1、陶狗1、陶鸡1、铜钱10	汉	
M6	④层下	190°	刀形竖穴土圹砖室墓	2.7×(0.8~1.07)-(0.3~1.6)，坡长3	6.7×(0.8~2.2)-1.2	6.7×(0.8~2.2)-2.8	不明	不明	不明	不明	铜钱10	汉	
M7	④层下	190°	梯形竖穴土圹砖室墓	无	2.5×(0.8~1.2)-1.3	2.5×(0.8~1.2)-2	不明	不明	不明	不明	无	汉	
M8	④层下	175°	梯形竖穴土圹砖室墓	无	2.82×(1.1~1.4)-1.2	2.82×(1.1~1.4)-2.1	不明	不明	不明	不明	无	汉	
M9	④层下	195°	长方形竖穴土圹砖室墓	无	3.3×0.9-1.2	3.3×0.9-2	不明	不明	不明	不明	陶罐1、铜钱1	汉	
M10	④层下	185°	刀形竖穴土圹砖室墓	3.3×(0.9~1.2)-(0.2~1.6)，坡长3.56	7.2×(0.9~3.16)-1.2	7.2×(0.9~3.16)-2.8	不明	不明	不明	不明	铜钱1、墓志砖2	北魏	
M11	③层下	175°	"甲"字形竖穴土圹砖室墓	2.64×(0.72~0.94)-(0.4~1.6)，坡长2.9	6.6×(0.72~3.12)-1.2	6.6×(0.72~3.12)-(2.6~2.8)	不明	不明	不明	不明	无	唐	

续表

墓号	层位	方向	形状与结构	墓道 长×宽-深/米	墓口 长×宽-深/米	墓底 长×宽-深/米	葬具	葬式	人骨保存情况	性别	随葬品	年代	备注
M12	③层下	170°	梯形竖穴土圹砖室墓	无	2.06×(0.62~0.84)-1.2	2.06×(0.62~0.84)-1.4	不明	不明	不明	不明	陶罐1、铜镜1	唐	
M13	③层下	180°	"甲"字形竖穴土圹砖室墓	3.8×(0.9~1)-(0.2~1.7)，坡长3.6	7.6×(0.9~3.3)-1.2	7.6×(0.9~3.3)-(2.6~2.9)	不明	不明	不明	不明	釉陶碗1	唐	
M14	②层下	0°	梯形竖穴土圹墓	无	2.6×(1.6~2)-0.5	2.6×(1.6~2)-1.3	双棺	仰身直肢	稍差	东：男 西：女	无	清	
M15	②层下	40°	不规则形竖穴土圹墓	无	(2.2~2.6)×(1.5~1.8)-0.5	(2.2~2.6)×(1.5~1.8)-(1.3~1.4)	双棺	侧身屈肢	东：稍好 西：较差	东：男 西：女	银押发1、银簪1、铜钱3	清	
M16	②层下	35°	不规则形竖穴土圹墓	无	(2.36~2.4)×2.1-0.5	(2.36~2.4)×2.1-(1.4~1.5)	双棺	不明	不明	不明	无	清	迁葬墓

附表九　采育西组团明、清代墓葬出土铜钱统计表[①]

单位	编号	种类	钱径/厘米	穿径/厘米	郭厚/厘米	备注
M2∶1	1	乾隆通宝	2.5	0.47	0.1	宝泉
	2	嘉庆通宝	2.6	0.51	0.12	宝泉
M3∶11	1	大观通宝	2.48	0.6	0.11	
	2	乾隆通宝	2.56	0.56	0.1	宝泉
	3	乾隆通宝	2.28	0.53	0.14	宝源
	4	嘉庆通宝	2.36	0.55	0.09	宝源
	5	道光通宝	2.16	0.55	0.13	宝泉
	6	咸丰通宝	2.2	0.54	0.13	宝泉
	7	咸丰通宝	1.94	0.47	0.15	宝源
	8	同治重宝	2.76	0.62	0.13	当十、宝泉
M3∶12	1	同治重宝	2.66	0.55	0.13	当十、宝泉
	2	光绪通宝	2.22	0.53	0.14	宝泉
	3	光绪通宝	2.22	0.48	0.12	宝源
	4	光绪重宝	2.66	0.58	0.14	当拾、宝源
	5	宣统通宝	1.92	0.38	0.13	宝泉
	6	宽永通宝	2.41	0.6	0.1	
M4∶1	1	嘉祐通宝	2.4	0.7	0.09	
	2	嘉祐元宝	2.35	0.68	0.11	
	3	顺治通宝	2.68	0.55	0.08	浙、宝浙
	4	乾隆通宝	2.32	0.58	0.12	宝泉
	5	乾隆通宝	2.54	0.47	0.09	宝泉
	6	嘉庆通宝	2.46	0.58	0.12	宝泉
	7	道光通宝	2.54	0.56	0.14	宝泉
	8	道光通宝	2.18	0.56	0.14	宝泉
	9	道光通宝	2.52	0.46	0.12	宝泉
	10	光绪通宝	2.28	0.52	0.1	宝泉
	11	光绪通宝	2.4	0.44	0.08	宝晋
	12	光绪通宝	2.3	0.43	0.12	宝源
	13	光绪通宝	1.84	0.42	0.08	宝源
	14	光绪重宝	2.66	0.54	0.17	当拾、宝泉
	15	宣统通宝	1.92	0.38	0.09	宝泉
	16	宣统通宝	1.88	0.38	0.12	宝泉
	17	宽永通宝	2.45	0.6	0.11	十
M4∶2	1	大清铜币	2.82		0.14	当制钱十文
	2	大清铜币	2.8		0.13	当制钱十文
	3	光绪元宝	2.77		0.14	宝广
M6∶3	1	大清铜币	3.3		0.13	己酉

① 各墓葬出土铜钱数量不一，部分墓葬出土铜钱数量较多，故此处选取同类同型铜钱中的典型标本进行统计。

续表

单位	编号	种类	钱径/厘米	穿径/厘米	郭厚/厘米	备注
M9:2	1	雍正通宝	2.54	0.52	0.13	宝泉
M9:3	1	乾隆通宝	2.56	0.54	0.11	宝泉
M11:3	1	乾隆通宝	2.34	0.54	0.13	宝泉
M11:4	1	乾隆通宝	2.38	0.5	0.12	宝源
M12:4	1	乾隆通宝	2.53	0.5	0.12	宝泉
M12:4	2	乾隆通宝	2.51	0.56	0.09	宝泉
M15:1	1	乾隆通宝	2.55	0.5	0.11	宝泉
M15:2	1	乾隆通宝	2.44	0.54	0.12	宝泉
M17:2	1	康熙通宝	2.32	0.5	0.07	宝泉
M17:3	1	乾隆通宝	2.34	0.48	0.14	宝泉
M18:1	1	乾隆通宝	2.24	0.46	0.14	宝泉
M18:1	2	乾隆通宝	2.42	0.58	0.13	宝源
M19:2	1	乾隆通宝	2.34	0.48	0.15	宝源
M20:2	1	元丰通宝	2.89	0.65	0.16	
M20:2	2	弘治通宝	2.32	0.48	0.1	
M20:3	1	乾隆通宝	2.24	0.5	0.13	宝泉
M21:3	1	万历通宝	2.53	0.52	0.12	
M22:3	1	康熙通宝	2.3	0.5	0.1	宝泉
M24:3	1	乾隆通宝	2.5	0.52	0.12	宝泉
M25:2		祥符通宝	2.47	0.63	0.09	
M27:1		景德元宝	2.44	0.5	0.09	
M28:2		天禧元宝	2.34	0.54	0.09	
M32:1		康熙通宝	2.25	0.48	0.1	宝源
M35:2	1	崇祯通宝	2.63	0.59	0.11	
M36:1	1	天启通宝	2.55	0.47	0.12	
M36:1	2	天启通宝	2.56	0.49	0.13	
M38:3	1	顺治通宝	2.74	0.54	0.11	宝泉
M38:3	2	顺治通宝	2.78	0.52	0.13	東、山东省
M38:3	3	顺治通宝	2.75	0.53	0.12	宣、直隶宣府
M38:3	4	康熙通宝	2.78	0.54	0.08	宝泉
M38:3	5	康熙通宝	2.72	0.49	0.1	临、山东省临清
M38:3	6	康熙通宝	2.79	0.53	0.08	原、山西省
M38:3	7	康熙通宝	2.77	0.56	0.11	蓟、直隶蓟州
M39:2	1	万历通宝	2.58	0.58	0.13	
M40:2		崇宁重宝	3.4	0.8	0.17	
M42:2		元丰通宝	2.76	0.62	0.12	
M42:3		万历通宝	2.56	0.52	0.11	
M43:2	1	嘉庆通宝	2.4	0.54	0.12	宝泉
M43:2	2	道光通宝	2.26	0.55	0.12	宝源
M43:2	3	同治重宝	2.66	0.61	0.11	当十、宝泉

续表

单位	编号	种类	钱径/厘米	穿径/厘米	郭厚/厘米	备注
M44：1	1	乾隆通宝	2.48	0.62	0.08	宝泉
	2	嘉庆通宝	2.48	0.54	0.11	宝泉
	3	道光通宝	2.38	0.52	0.12	宝泉
	4	宽永通宝	2.4	0.68	0.06	
M46：1	1	康熙通宝	2.45	0.58	0.13	宝泉
	2	乾隆通宝	2.34	0.58	0.14	宝泉
M46：2		咸丰重宝	3.3	0.68	0.25	當十、宝泉
M47：6	1	嘉庆通宝	2.45	0.54	0.13	宝泉
	2	嘉庆通宝	2.58	0.5	0.11	宝源
M47：7	1	道光通宝	2.54	0.52	0.13	宝泉
	2	道光通宝	2.5	0.49	0.12	宝泉
M48：2	1	乾隆通宝	2.28	0.56	0.14	宝泉
	2	乾隆通宝	1.82	0.55	0.06	宝泉
	3	乾隆通宝	2.6	0.52	0.13	宝雲
	4	乾隆通宝	2.48	0.58	0.12	宝昌
M48：3	1	嘉庆通宝	2.38	0.52	0.14	宝源
	2	道光通宝	2.09	0.52	0.14	宝泉
	3	道光通宝	2.4	0.52	0.13	宝源
	4	同治重宝	2.3	0.58	0.09	當十、宝泉
M49：6	1	乾隆通宝	2.45	0.52	0.13	宝泉
	2	嘉庆通宝	2.44	0.53	0.14	宝源
	3	嘉庆通宝	2.55	0.56	0.11	宝蘇
	4	道光通宝	2.41	0.52	0.12	宝泉
	5	光绪通宝	2.14	0.5	0.12	宝泉
	6	光绪通宝	2.34	0.48	0.1	宝直
M50：2	1	大清铜币	3.31		0.12	
M51：1	1	万历通宝	2.52	0.52	0.12	
	2	顺治通宝	2.62	0.58	0.09	宝泉
	3	乾隆通宝	2.45	0.48	0.12	宝泉
	4	道光通宝	2.52	0.48	0.14	宝泉
M52：1	1	天禧通宝	2.34	0.58	0.11	
	2	康熙通宝	2.34	0.55	0.13	宝泉
	3	乾隆通宝	2.37	0.58	0.09	宝泉
	4	嘉庆通宝	2.38	0.56	0.09	宝源
	5	道光通宝	2.36	0.52	0.13	宝源
	6	光绪通宝	2.25	0.52	0.12	宝泉
M55：6	1	乾隆通宝	2.53	0.56	0.1	宝泉
	2	乾隆通宝	2.52	0.52	0.1	宝源
M55：7	1	道光通宝	2.52	0.54	0.13	宝泉

续表

单位	编号	种类	钱径/厘米	穿径/厘米	郭厚/厘米	备注
M56：2	1	崇宁通宝	3.52	0.78	0.25	
	2	宣和通宝	2.38	0.55	0.11	
	3	洪武通宝	3.21	0.68	0.19	
M57：2	1	淳化元宝	2.4	0.58	0.07	
	2	天圣元宝	2.42	0.62	0.09	
	3	景祐元宝	2.4	0.6	0.1	
	4	皇宋通宝	2.48	0.65	0.08	
	5	嘉祐元宝	2.5	0.65	0.1	
	6	熙宁元宝	2.48	0.64	0.1	
M58：2	1	万历通宝	2.51	0.55	0.11	
M60：1	1	大清铜币	3.2		0.14	
M61：3		嘉靖通宝	2.48	0.52	0.11	
M61：4		崇祯通宝	2.62	0.52	0.15	
M63：1	1	天启通宝	2.55	0.5	0.12	
M63：2	1	乾隆通宝	2.49	0.55	0.11	宝泉
M64：1	1	康熙通宝	2.3	0.5	0.1	宝泉
	2	康熙通宝	2.31	0.49	0.1	宝泉
M65：2	1	康熙通宝	2.64	0.54	0.11	宝泉
	2	康熙通宝	2.65	0.54	0.12	宝泉
M66：1	1	康熙通宝	2.32	0.46	0.11	宝泉
	2	康熙通宝	2.56	0.54	0.06	宝河
M69：1		康熙通宝	2.23	0.55	0.08	宝泉
M70：2	1	顺治通宝	2.62	0.52	0.11	宝泉
M70：3	1	康熙通宝	2.75	0.64	0.11	宝泉
M71：3	1	顺治通宝	2.77	0.58	0.12	宝泉
	2	顺治通宝	2.68	0.55	0.11	東、山东省
M71：4	1	康熙通宝	2.86	0.52	0.14	宝泉
	2	康熙通宝	2.76	0.62	0.12	宝源
	3	康熙通宝	2.72	0.52	0.12	臨、山东省临清
M75：2		康熙通宝	2.81	0.55	0.08	宝泉
M76：1	1	光绪通宝	2.22	0.48	0.14	宝泉
	2	宣统通宝	1.88	0.36	0.1	宝泉
M76：2	1	光绪元宝	3.22		0.13	
M77：5	1	咸丰重宝	2.65	0.65	0.16	當十、宝泉
	2	光绪重宝	2.88	0.52	0.17	當拾、宝泉
M77：6	1	大清铜币	3.28		0.12	己酉
M78：1	1	顺治通宝	2.75	0.62	0.11	宝泉
	2	康熙通宝	2.76	0.55	0.11	宝源
M80：3	1	康熙通宝	2.83	0.51	0.13	宝泉
	2	康熙通宝	2.78	0.56	0.11	宝源

附表一〇　黄村双高花园清代墓葬出土铜钱统计表

单位	编号	种类	钱径/厘米	穿径/厘米	郭厚/厘米	备注
M1:6	1	道光通宝	2.33	0.56	0.14	宝泉
	2	道光通宝	2.32	0.58	0.15	宝泉
	3	道光通宝	2.32	0.52	0.15	宝源
	4	光绪通宝	2.24	0.46	0.13	宝源
M4:1	1	光绪通宝	2	0.47	0.1	宝泉
M4:2		宣统通宝	1.93	0.38	0.1	宝泉
M6:4	1	嘉庆通宝	2.46	0.53	0.15	宝源
M10:7		咸丰重宝	2.8	0.7	0.2	当十、宝源
M11:1		咸丰重宝	2.9	0.66	0.24	当十、宝源
M14:1	1	同治重宝	3	0.62	0.18	当十、宝泉
M15:6		同治重宝	3	0.62	0.2	当十、宝泉
M20:4	1	光绪元宝	2.73		0.15	
M21:1	1	乾隆通宝	2.32	0.54	0.15	宝泉
	2	道光通宝	2.47	0.51	0.15	宝泉
M22:1		道光通宝	2.24	0.6	0.13	宝源
M24:1		康熙通宝	2.5	0.57	0.07	宝泉
M25:6	1	嘉庆通宝	2.45	0.58	0.12	宝源
	2	光绪重宝	2.48	0.62	0.1	当拾、宝泉
M31:3	1	乾隆通宝	2.42	0.5	0.12	宝泉
	2	乾隆通宝	2.27	0.55	0.16	宝直
	3	道光通宝	2.43	0.55	0.14	宝泉
	4	咸丰重宝	2.64	0.7	0.13	当十、宝泉
	5	咸丰重宝	2.85	0.6	0.2	当十、宝源
	6	同治重宝	2.86	0.6	0.17	当十、宝泉
M32:1	1	道光通宝	2.5	0.54	0.14	宝泉
	2	咸丰通宝	2.2	0.5	0.16	宝泉
	3	宣统通宝	1.95	0.36	0.1	宝泉
M35:2	1	乾隆通宝	2.17	0.54	0.14	宝泉
	2	乾隆通宝	2.4	0.55	0.1	宝源
	3	嘉庆通宝	2.29	0.59	0.12	宝泉
	4	道光通宝	2.35	0.57	0.14	宝泉

附表一一　康庄安置房清代墓葬出土铜钱统计表

单位	编号	种类	钱径/厘米	穿径/厘米	郭厚/厘米	备注
M3:7	1	光绪通宝	2.24	0.52	0.12	宝泉
	2	光绪通宝	2.32	0.56	0.14	宝源
M3:8		光绪元宝	2.5		0.15	

续表

单位	编号	种类	钱径/厘米	穿径/厘米	郭厚/厘米	备注
M8:5	1	咸丰重宝	3.25	0.64	0.21	当十、宝泉
M8:6	1	光绪重宝	3.15	0.6	0.15	当十、宝源
	2	光绪重宝	2.74	0.55	0.15	当拾、宝泉
	3	光绪重宝	2.52	0.55	0.15	当拾、宝源
M8:7		光绪元宝	3.23		0.15	

附表一二　康庄C地块清代墓葬出土铜钱统计表

单位	编号	种类	钱径/厘米	穿径/厘米	郭厚/厘米	备注
M2:6	1	光绪元宝	3.35		0.13	

附表一三　首创机务队清代墓葬出土铜钱统计表

单位	编号	种类	钱径/厘米	穿径/厘米	郭厚/厘米	备注
M1:1	1	大清铜币	3.24		0.13	
M2:3	1	洪化通宝	2.45	0.58	0.09	
	2	光绪重宝	2.46	0.55	0.18	当拾、宝源

附表一四　医学科学院辽至清代墓葬出土铜钱统计表

单位	编号	种类	钱径/厘米	穿径/厘米	郭厚/厘米	备注
M1:2	1	皇宋通宝	2.5	0.65	0.13	
	2	治平元宝	2.43	0.64	0.15	
	3	元祐通宝	2.34	0.66	0.12	
	4	政和通宝	2.5	0.55	0.13	
M2:2	1	元丰通宝	2.5	0.66	0.15	
	2	大定通宝	2.53	0.57	0.14	
M3:5		大定通宝	2.5	0.57	0.13	
M4:3	1	熙宁元宝	2.42	0.67	0.14	
	2	大定通宝	2.53	0.56	0.14	
M6:33	1	开元通宝	2.44	0.69	0.1	
	2	咸平元宝	2.5	0.6	0.12	
	3	祥符元宝	2.53	0.55	0.1	
	4	皇宋通宝	2.5	0.63	0.13	
	5	至和元宝	2.34	0.64	0.1	
	6	熙宁元宝	2.37	0.62	0.15	
	7	元丰通宝	2.48	0.66	0.12	
	8	元祐通宝	2.52	0.53	0.1	
	9	元祐通宝	2.46	0.54	0.11	
	10	元符通宝	2.37	0.58	0.12	
	11	圣宋元宝	2.3	0.67	0.12	

续表

单位	编号	种类	钱径/厘米	穿径/厘米	郭厚/厘米	备注
M7∶5	1	开元通宝	2.45	0.62	0.12	
	2	太平通宝	2.4	0.58	0.1	
	3	咸平元宝	2.43	0.54	0.13	
	4	祥符通宝	2.42	0.58	0.15	
	5	祥符元宝	2.68	0.5	0.1	
	6	天圣元宝	2.51	0.63	0.12	
	7	景祐元宝	2.53	0.64	0.1	
	8	景祐元宝	2.5	0.7	0.14	
	9	皇宋通宝	2.5	0.69	0.14	
	10	皇宋通宝	2.53	0.66	0.12	
	11	嘉祐通宝	2.4	0.66	0.12	
	12	熙宁元宝	2.43	0.67	0.12	
	13	熙宁元宝	2.47	0.62	0.14	
	14	元丰通宝	2.36	0.68	0.12	
	15	元丰通宝	2.43	0.56	0.12	
	16	元祐通宝	2.36	0.68	0.12	
	17	元祐通宝	2.45	0.7	0.1	
	18	绍圣元宝	2.4	0.58	0.15	
	19	圣宋元宝	2.42	0.66	0.15	
	20	大观通宝	2.46	0.55	0.15	
	21	政和通宝	2.43	0.63	0.12	
	22	政和通宝	2.54	0.6	0.1	
	23	正隆元宝	2.5	0.53	0.14	
M7∶6	1	大定通宝	2.52	0.58	0.12	
	2	大定通宝	2.51	0.58	0.15	

附表一五　新城北区汉、北魏墓葬出土铜钱统计表

单位	编号	种类	钱径/厘米	穿径/厘米	郭厚/厘米	备注
M4∶5	1	五铢	2.55	0.9	0.12	
M5∶10	1	五铢	2.56	0.96	0.13	
M6∶1	1	五铢	2.6	0.9	0.12	
	2	五铢	2.58	0.91	0.13	
M9∶2		五铢	2.58	0.92	0.12	
M10∶1		货泉	2.16	0.68	0.1	

后　　记

　　本报告是北京市文物研究所2007~2017年北京市大兴区古墓葬考古发掘报告集，项目包括采育镇西组团项目二期工程、黄村镇双高花园小区二期工程、黄村镇康庄项目安置房用地工程、大兴新城康庄项目C地块两限房工程、首创机务队两限房项目、青云店镇北京联宾塑胶印刷生产车间及综合楼扩建工程、中国医学科学院病原生物学研究所新建工程、新城北区地块项目，是北京考古工作的成果汇编。

　　本报告是集体劳动的成果，由张智勇、曾祥江、戢征、刘乃涛执笔。

　　报告所涉及的项目时间跨度较大，从采育西组团到新城北区项目，涵盖了我工作之初到2017年在大兴区进行的部分发掘工作，另有其他大兴发掘项目随着田野工作的结束尚能得到及时整理、发表，故未收集于本报告中。限于配合北京城市基本建设各项考古工作的大量开展，长年野外奔波，室内整理无暇顾及，只能利用工作之余进行，整理难言系统，加之人手不足，其他项目的整理工作同时进行，因而报告整理时断时续。考虑到大兴各项目墓葬的地域特点及资料积压问题的存在，故本书采用报告集形式集中整理。报告整理的过程也是我这些年考古工作的一个回顾，看着手头上的资料，时光荏苒，往事重现，好像又回到当年发掘的"峥嵘"岁月，从北京大兴到各个区县，不断努力追求的过程留下了成长的足迹。

　　报告的整理与出版工作得到了北京市文物研究所白岩所长、刘文华书记的大力支持，郭京宁、魏永鑫副所长的诸多帮助；考古研究二室刘乃涛主任为报告的出版做了大量的工作；科学出版社编辑孙莉、王蕾女士为报告编辑出版付出了很多辛苦。在此，谨向发掘及报告整理与出版中给予支持、帮助的领导与同仁，致以诚挚的谢意！

　　本报告由于时间仓促及能力所限，错漏之处在所难免，诸多信息有待深入发掘。也许学术探索的道路就是这样，不断前行中总是会有种种遗憾和欠缺相伴，就如同我们在漫漫旅途中不可能把所有风景尽收眼底，好在还要继续前行。

张智勇

2019年8月

图版一

1. 墓葬局部（回填）

2. 墓葬局部（回填）

采育西组团墓葬局部

图版二

1. M5

2. M6

采育西组团M5、M6

图版三

1. M9

2. M11

采育西组团M9、M11

图版四

1. M14

2. M15

采育西组团 M14、M15

图版五

1. M17

2. M18

采育西组团M17、M18

图版六

1. M20

2. M22

采育西组团M20、M22

图版七

1. M23

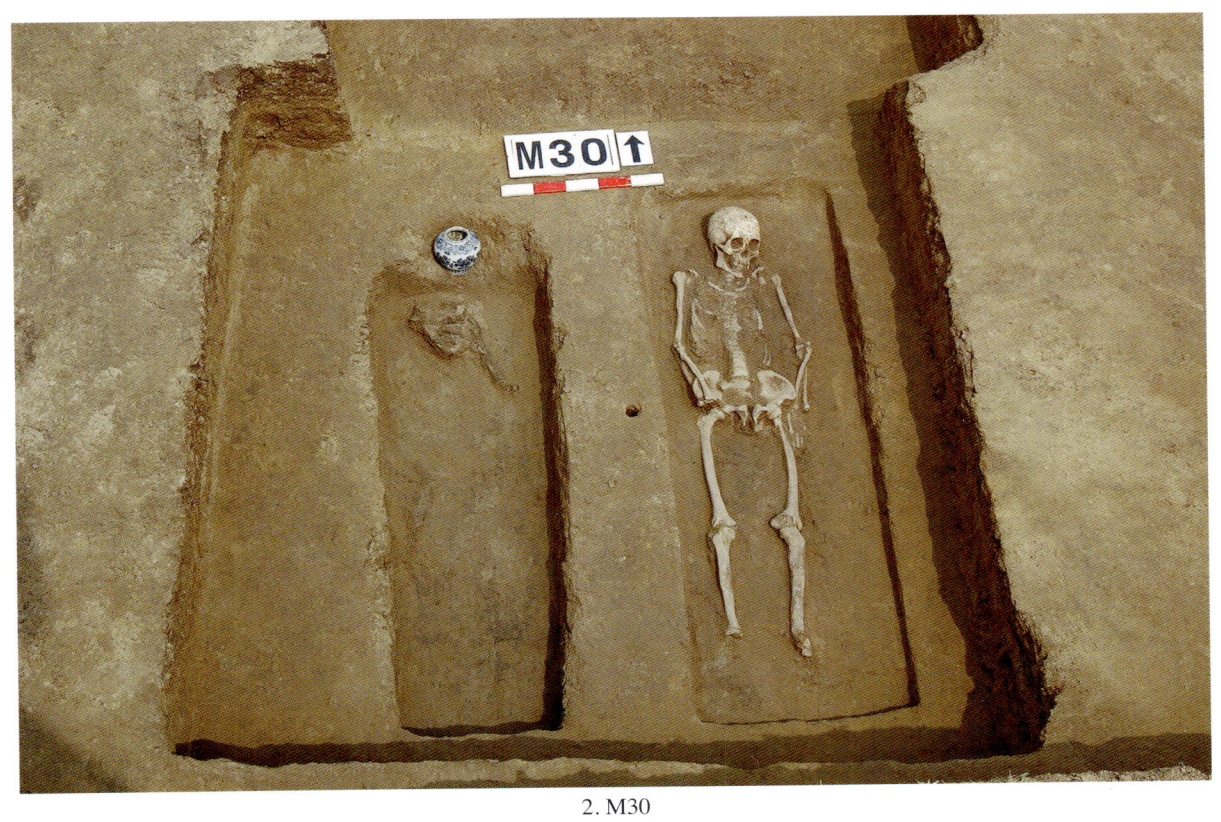

2. M30

采育西组团M23、M30

图版八

1. M33
2. M34 
3. M38 
4. M39 

采育西组团M33、M34、M38、M39

1. M40

2. M41

3. M42

采育西组团 M40~M42

图版一〇

1. M44

2. M45

3. M46

4. M47

采育西组团 M44~M47

图版一一

1. M55

2. M59

3. M63

采育西组团M55、M59、M63

图版一二

1. M71

2. M72

3. M73

采育西组团M71~M73

图版一三

1. M77

2. M80

采育西组团M77、M80

图版一四

1. 陶罐（M5∶1）

2. 陶盏（M8∶1）

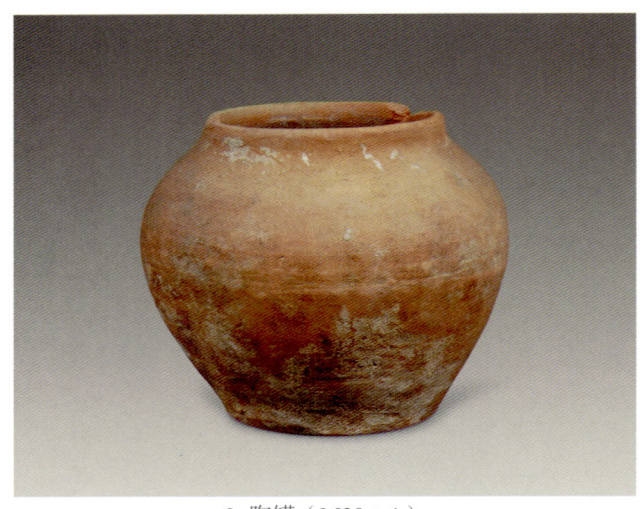

3. 陶罐（M20∶1）

4. 陶罐（M26∶1）

5. 陶罐（M34∶1）

6. 陶罐（M37∶1）

采育西组团M5、M8、M20、M26、M34、M37出土陶器

图版一五

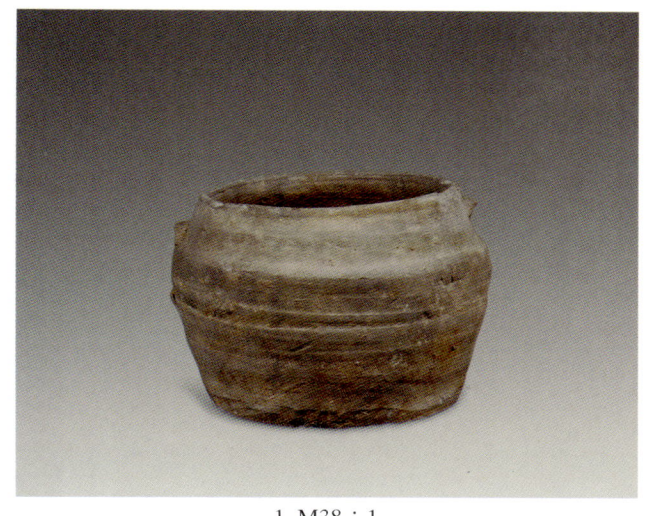

1. M38∶1

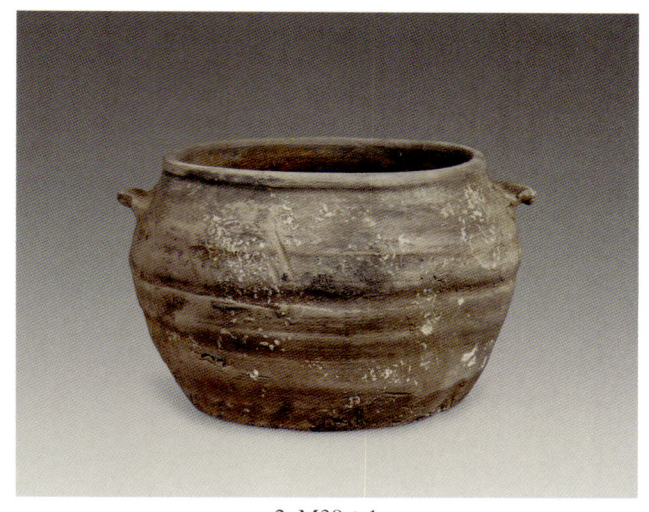

2. M39∶1

3. M40∶1

4. M42∶1

5. M47∶1

6. M50∶1

采育西组团M38~M40、M42、M47、M50出土陶罐

图版一六

1. M55:1

2. M73:1

3. M56:1

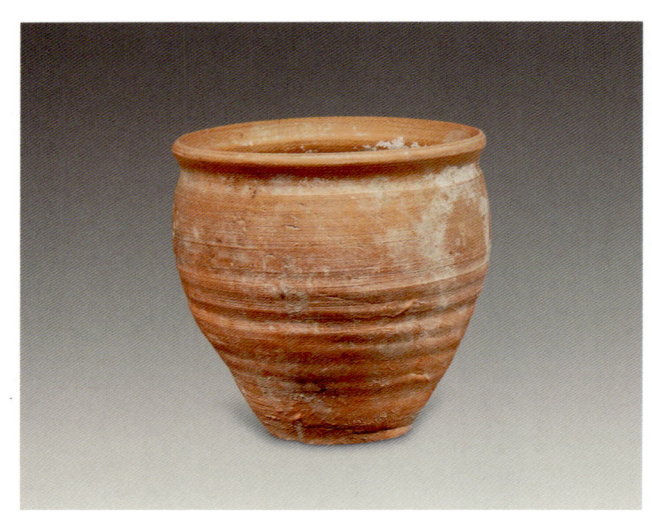

4. M75:1

5. M80:1

采育西组团M55、M56、M73、M75、M80出土陶罐

图版一七

1. M6∶1

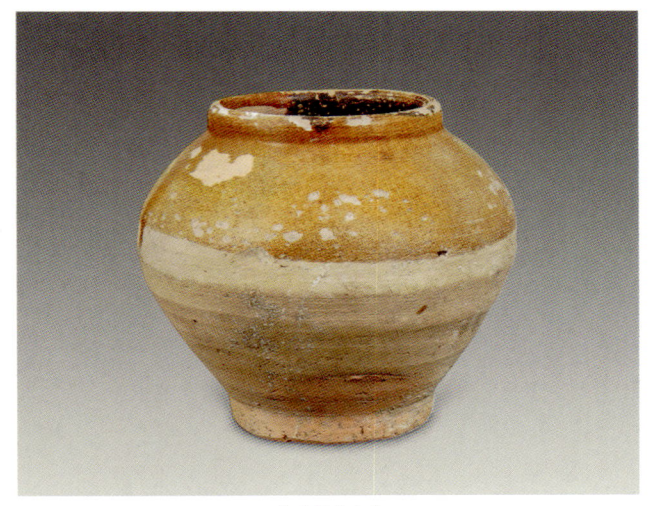

2. M16∶1

3. M19∶1

4. M22∶1

5. M22∶2

6. M24∶1

采育西组团M6、M16、M19、M22、M24出土釉陶罐

图版一八

1. M24：2
2. M26：2 
3. M31：1 
4. M65：1 
5. M70：1 
6. M71：1 

采育西组团M24、M26、M31、M65、M70、M71出土釉陶罐

图版一九

1. M5∶2

2. M8∶2

3. M8∶3

4. M13∶1

5. M21∶1

6. M21∶2

采育西组团M5、M8、M13、M21出土瓷罐

图版二〇

1. M25：1

2. M30：1

3. M33：1

4. M35：1

5. M30：2

采育西组团M25、M30、M33、M35出土瓷罐

图版二一

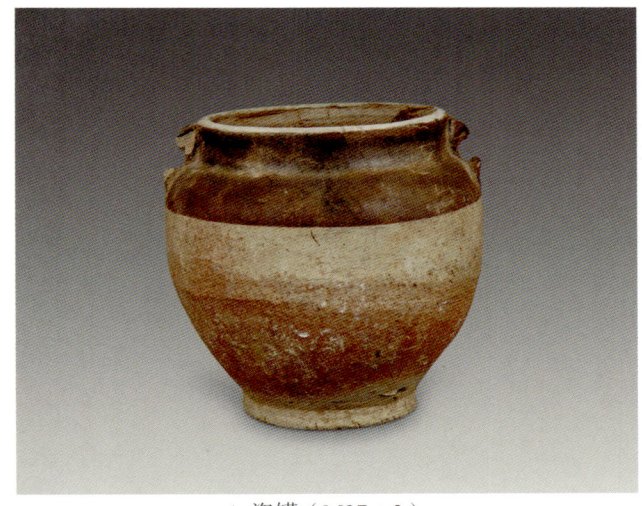

1. 瓷罐（M37:2）

2. 瓷罐（M37:3）

3. 瓷罐（M38:2）

4. 瓷罐（M57:1）

5. 瓷碗（M48:1）

采育西组团M37、M38、M48、M57出土瓷器

图版二二

1. 瓷罐（M58:1）

2. 瓷罐（M61:1）

3. 瓷罐（M61:2）

4. 瓷罐（M68:1）

5. 瓷罐（M71:2）

6. 瓷碗（M77:1）

采育西组团M58、M61、M68、M71、M77出土瓷器

图版二三

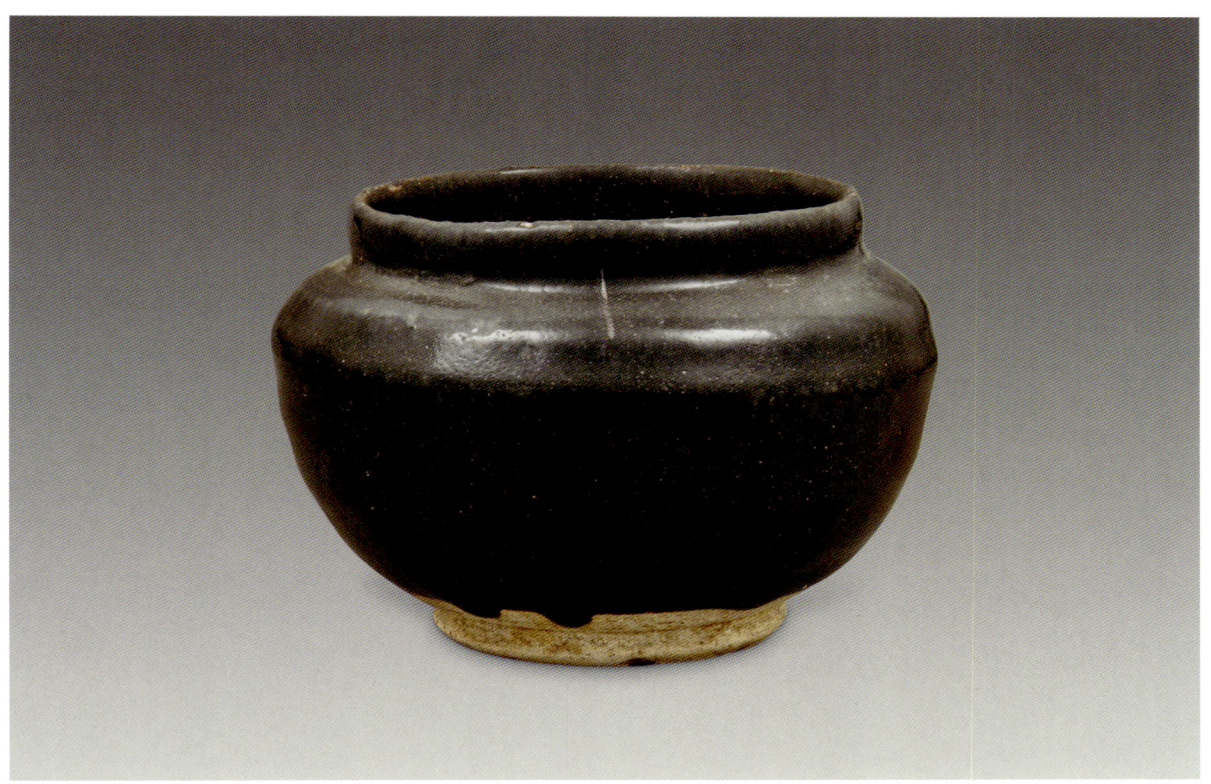

1. M79:1

2. M80:2

采育西组团M79、M80出土瓷罐

图版二四

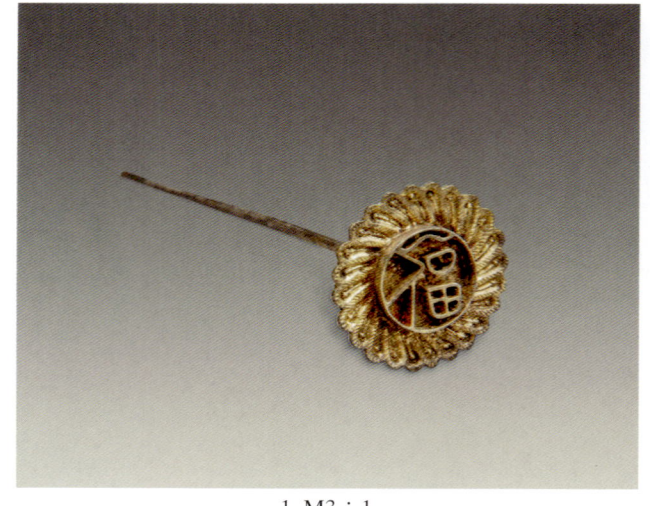

1. M3:1

2. M3:2

3. M3:3

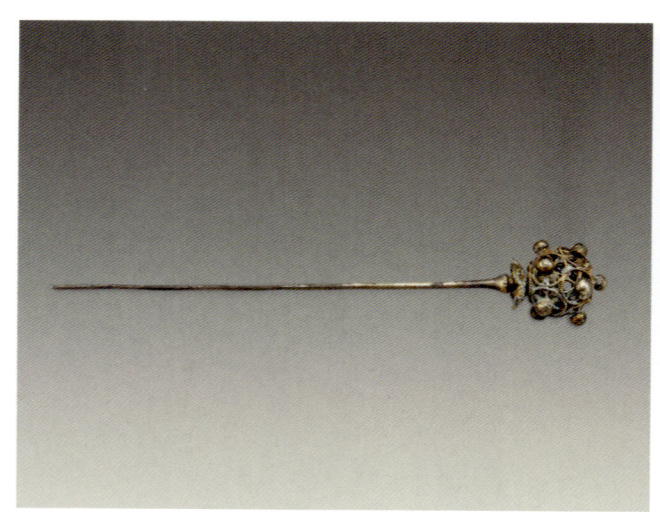

4. M3:4

采育西组团M3出土银簪

图版二五

1. 银簪（M3:5）

2. 银簪（M3:6）

3. 银耳环（M3:7）

4. 银耳环（M3:8）

5. 银元宝（M3:9）

6. 银元宝（M3:10）

采育西组团M3出土银器

图版二六

1. 料珠（M6：2）

2. 银簪（M9：1）

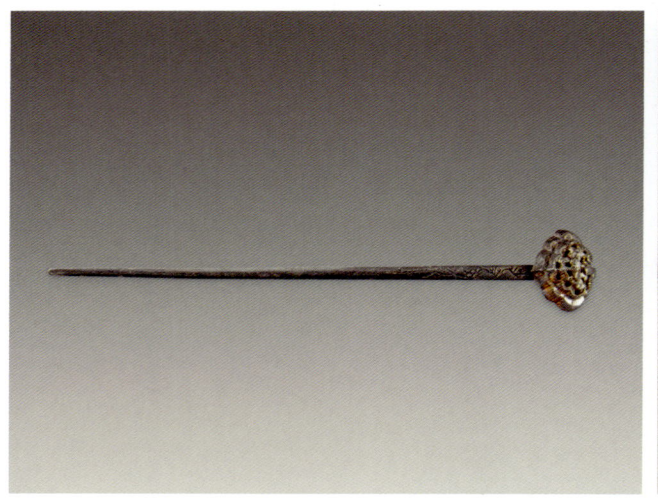

3. 银簪（M11：1）

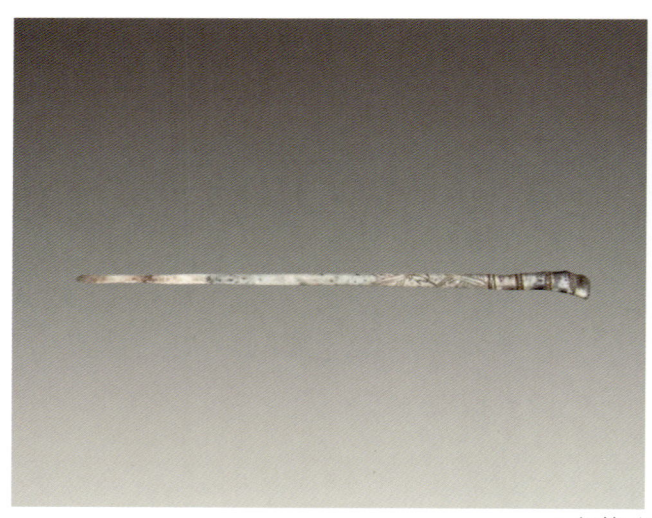

4. 银簪（M11：2）

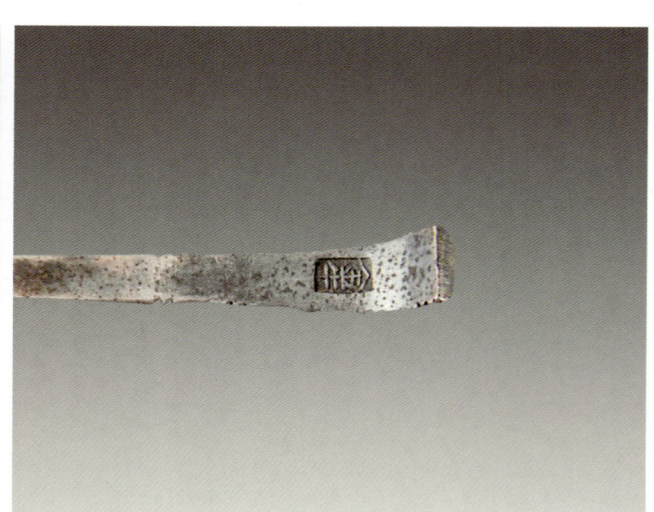

采育西组团M6、M9、M11出土器物

图版二七

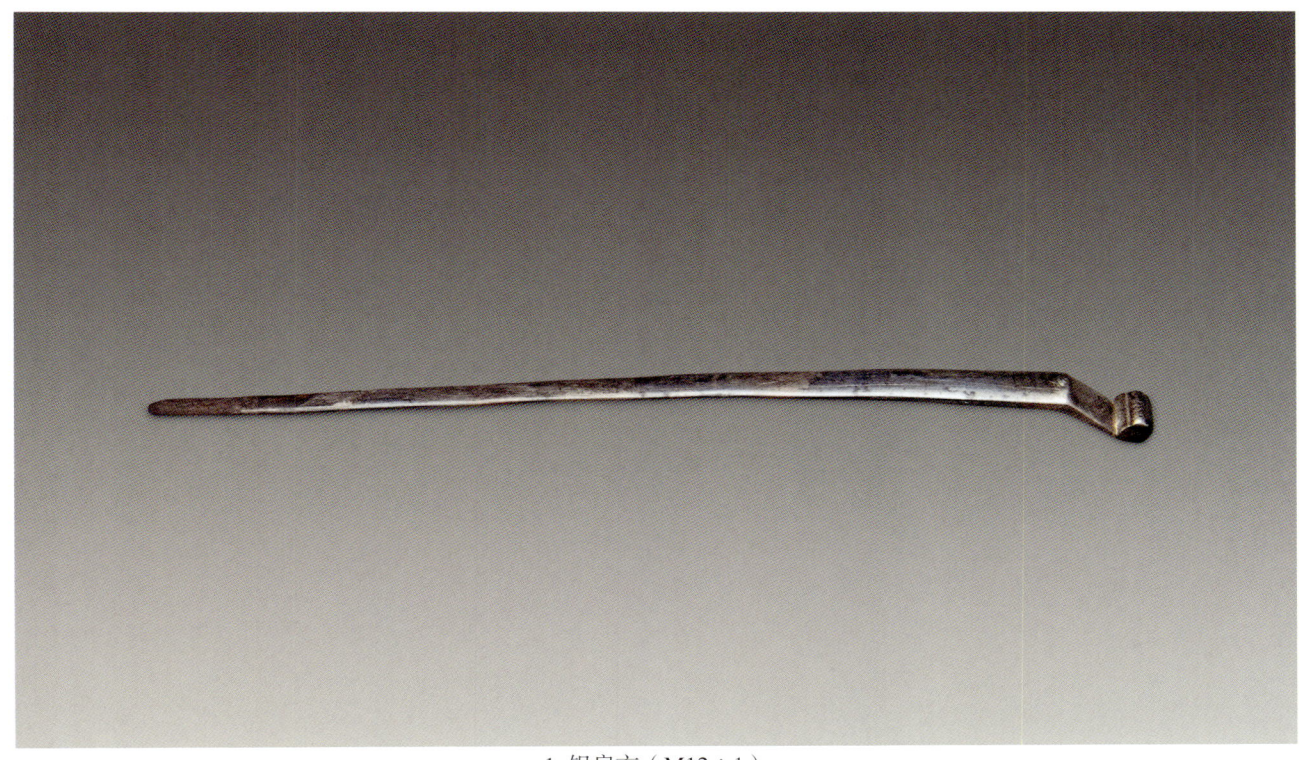

1. 银扁方（M12:1）

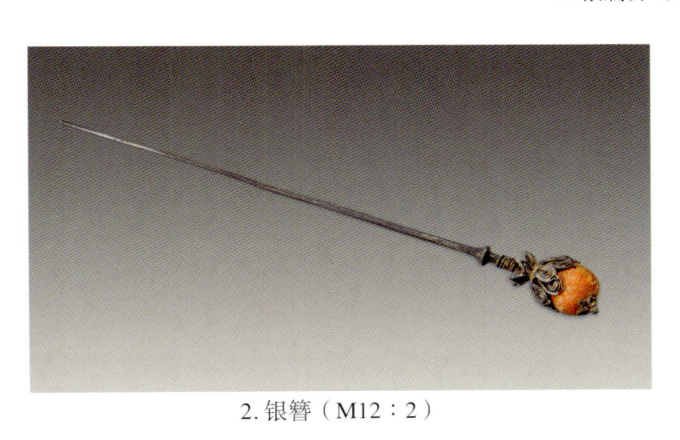

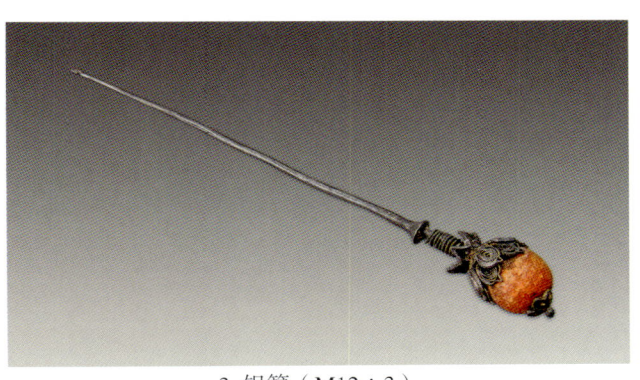

2. 银簪（M12:2）

3. 银簪（M12:3）

4. 铜扁方（M17:1）

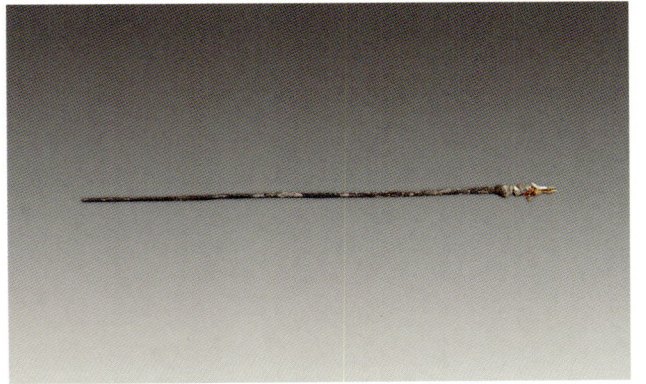

5. 银簪（M43:1）

采育西组团M12、M17、M43出土器物

图版二八

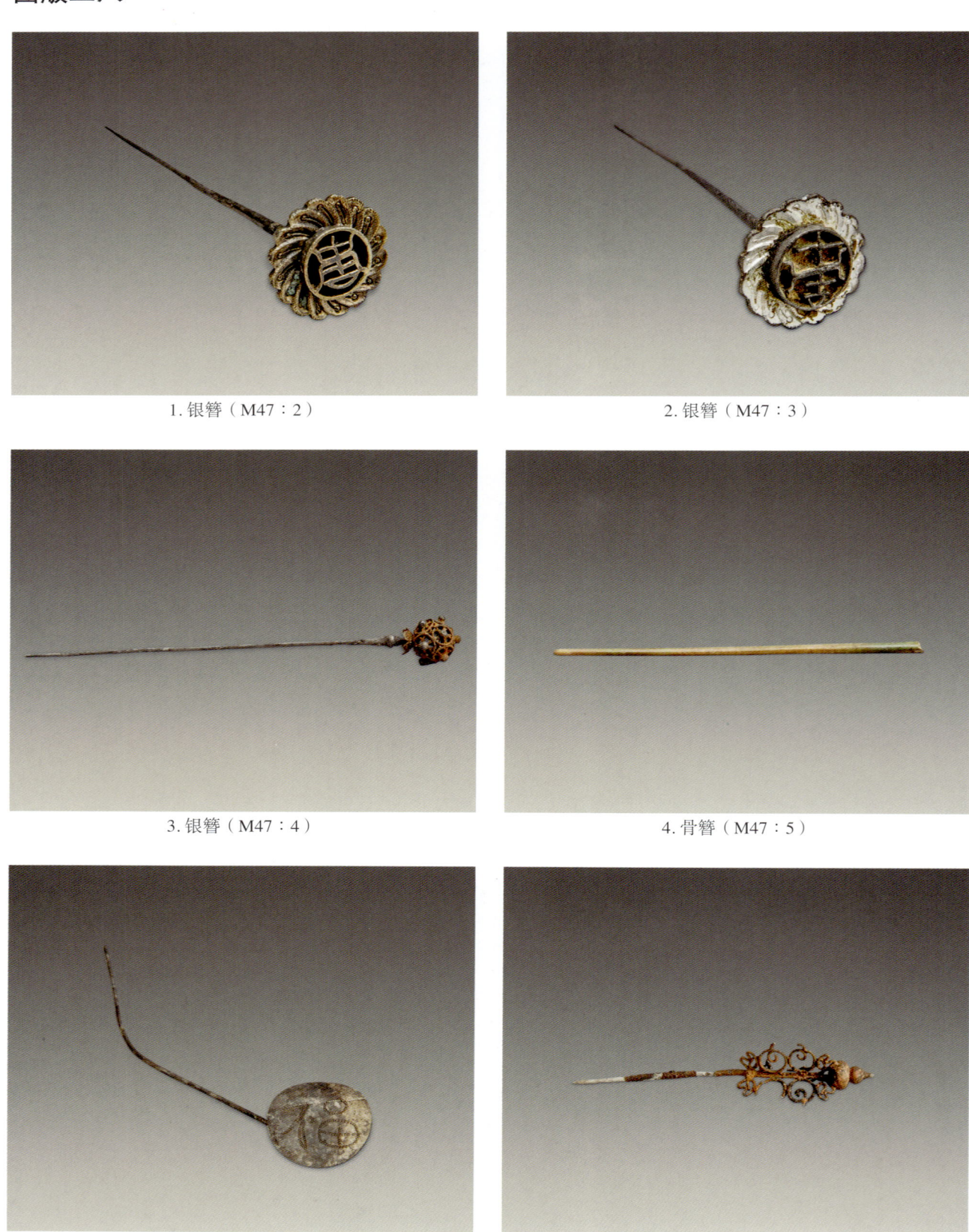

1. 银簪（M47:2）

2. 银簪（M47:3）

3. 银簪（M47:4）

4. 骨簪（M47:5）

5. 银簪（M49:1）

6. 银簪（M49:2）

采育西组团M47、M49出土器物

图版二九

1. 骨簪（M49：3）

2. 银耳环（M49：4）

3. 银耳环（M49：5）

4. 银押发（M55：2）

5. 银簪（M55：3）

6. 银簪（M55：4）

采育西组团M49、M55出土器物

图版三〇

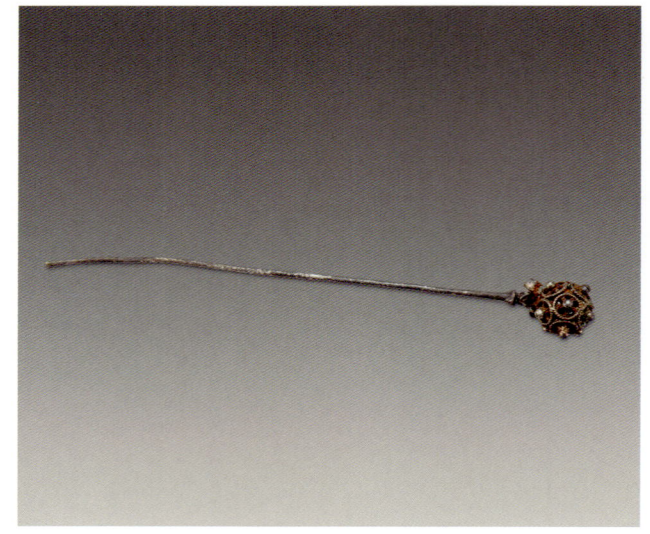

1. 银簪（M55:5）

2. 银耳环（M77:3、M77:4）

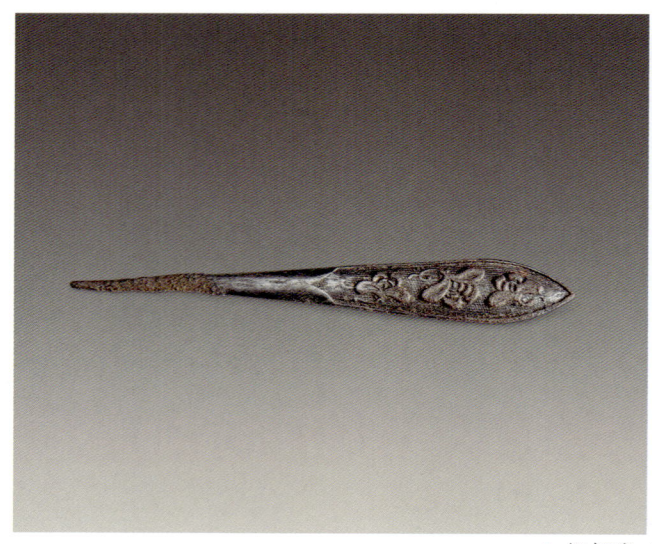

3. 银押发（M77:2）

采育西组团M55、M77出土银饰

图版三一

1. M3:11、M3:12

2. M4:1

3. M4:1

4. M4:1、M4:2

5. M9:2、M9:3

6. M15:1、M15:2

采育西组团M3、M4、M9、M15出土铜钱

图版三二

1. M21:3、M21:4

2. M35:2-1

3. M36:1

4. M38:3

5. M40:2

6. M48:2-3、M48:3-3

采育西组团M21、M35、M36、M38、M40、M48出土铜钱

图版三三

1. 发掘前现场

2. 墓葬局部（回填）

黄村双高花园发掘前现场、墓葬局部

图版三四

1. M1

2. M2

黄村双高花园M1、M2

图版三五

1. M3

2. M4

黄村双高花园M3、M4

图版三六

1. M5

2. M6

黄村双高花园M5、M6

图版三七

1. M7

2. M8

3. M9

4. M10

黄村双高花园 M7~M10

图版三八

1. M12

2. M13

3. M14

4. M15

黄村双高花园M12~M15

图版三九

1. M16

2. M17

3. M18

4. M19

黄村双高花园M16~M19

图版四〇

1. M23

2. M24

黄村双高花园M23、M24

1. M25

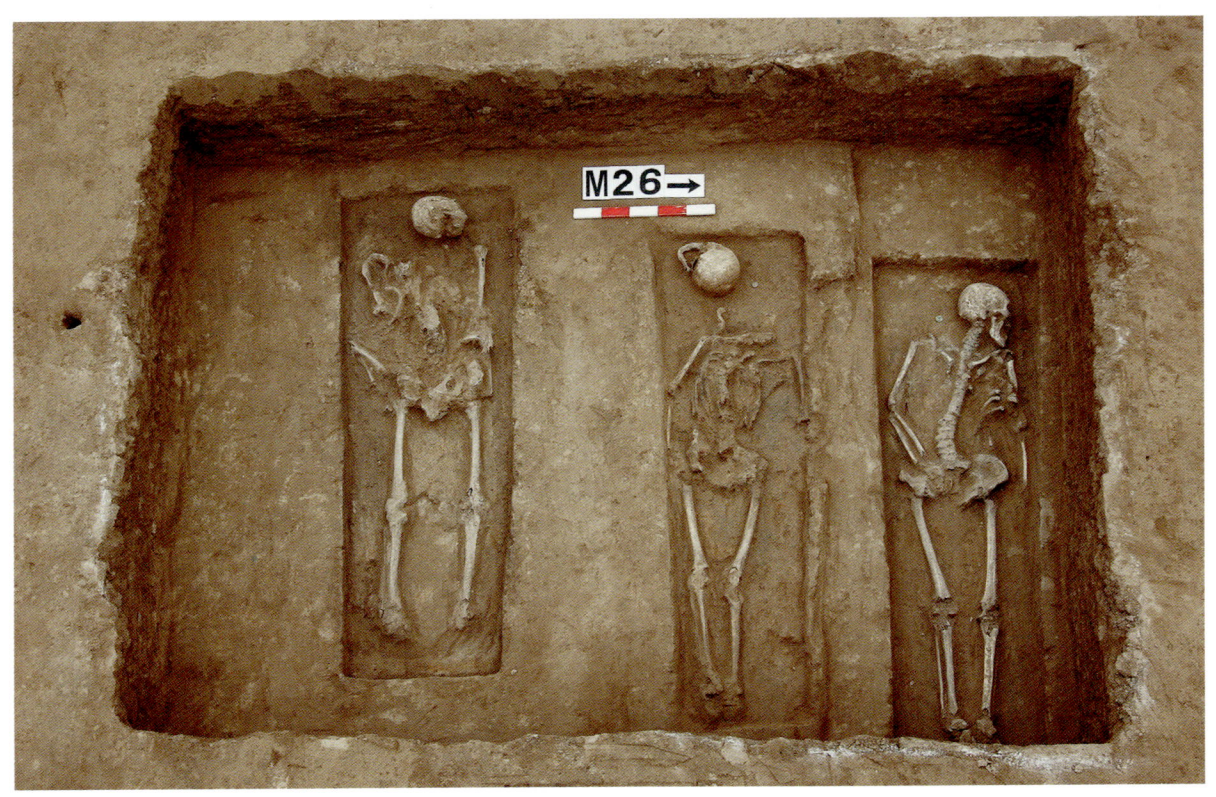

2. M26

黄村双高花园M25、M26

图版四二

1. M28

2. M29

3. M30

4. M31

黄村双高花园M28～M31

图版四三

1. 陶罐（M6∶1）

2. 陶罐（M6∶2）

3. 瓷罐（M7∶1）

4. 瓷罐（M36∶1）

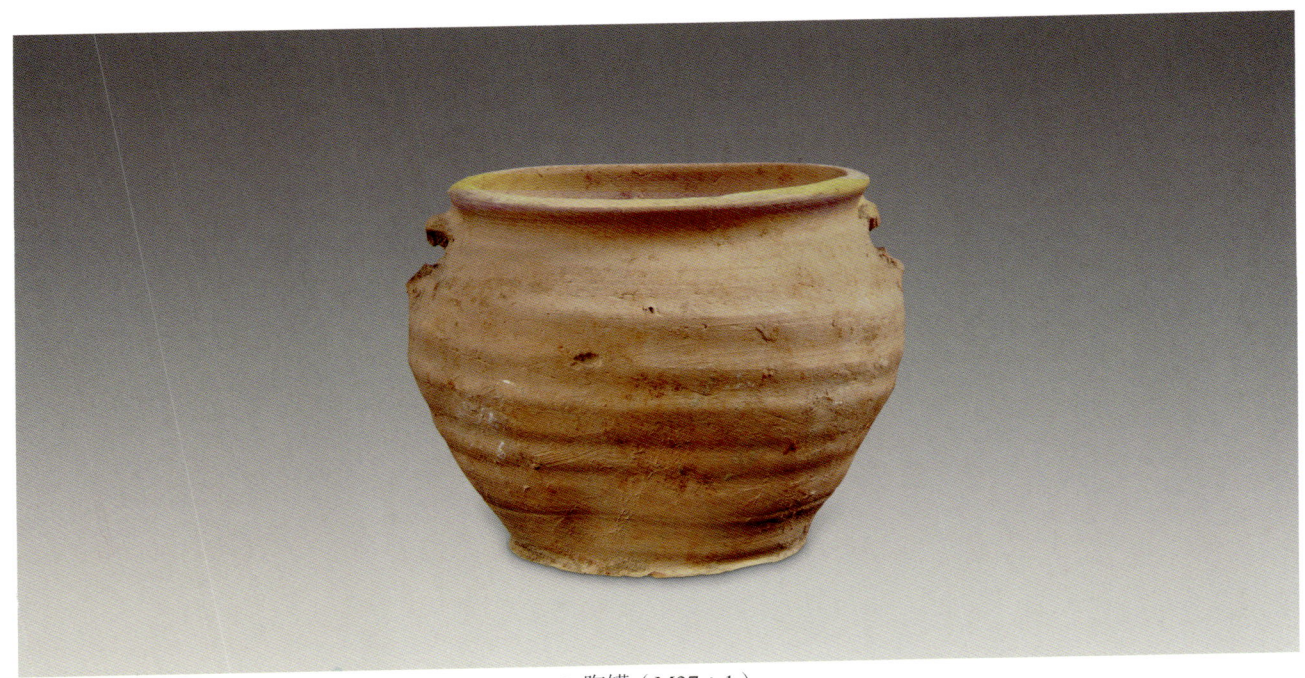

5. 陶罐（M37∶1）

黄村双高花园M6、M7、M36、M37出土器物

图版四四

1. 银簪（M1∶1）

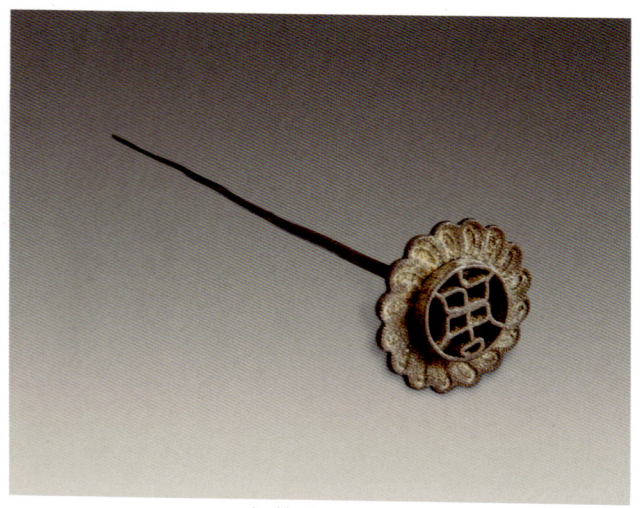

2. 银簪（M1∶2）

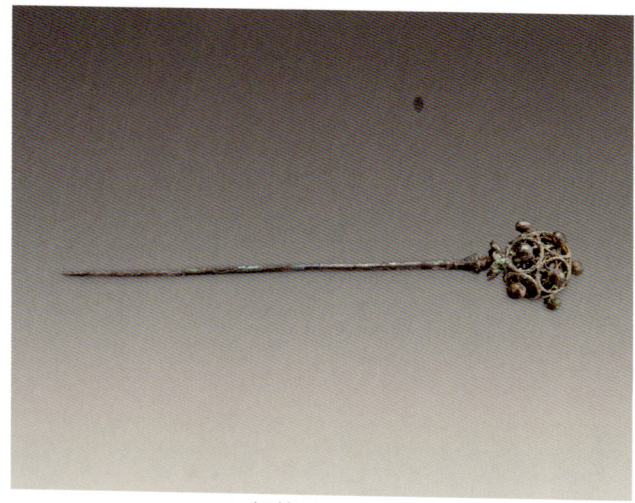

3. 银簪（M1∶3）

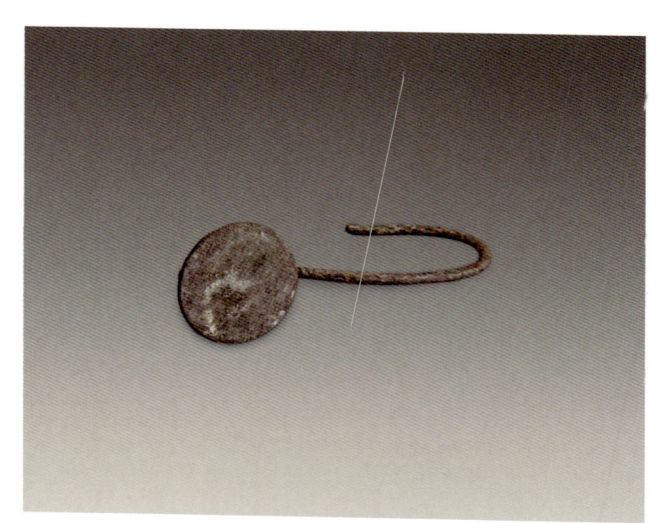

4. 银耳环（M1∶4）

5. 银耳环（M1∶5）

6. 银簪（M2∶1）

黄村双高花园M1、M2出土银饰

图版四五

1. 银簪（M2:2）

2. 银押发（M5:1）

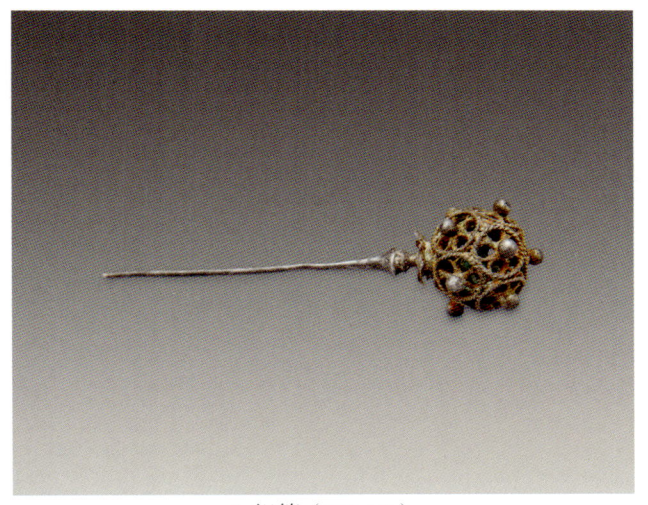

3. 银簪（M5:2）

4. 银扁方（M6:3）

5. 银扁方（M9:1）

6. 银扁方（M10:1）

黄村双高花园M2、M5、M6、M9、M10出土银饰

图版四六

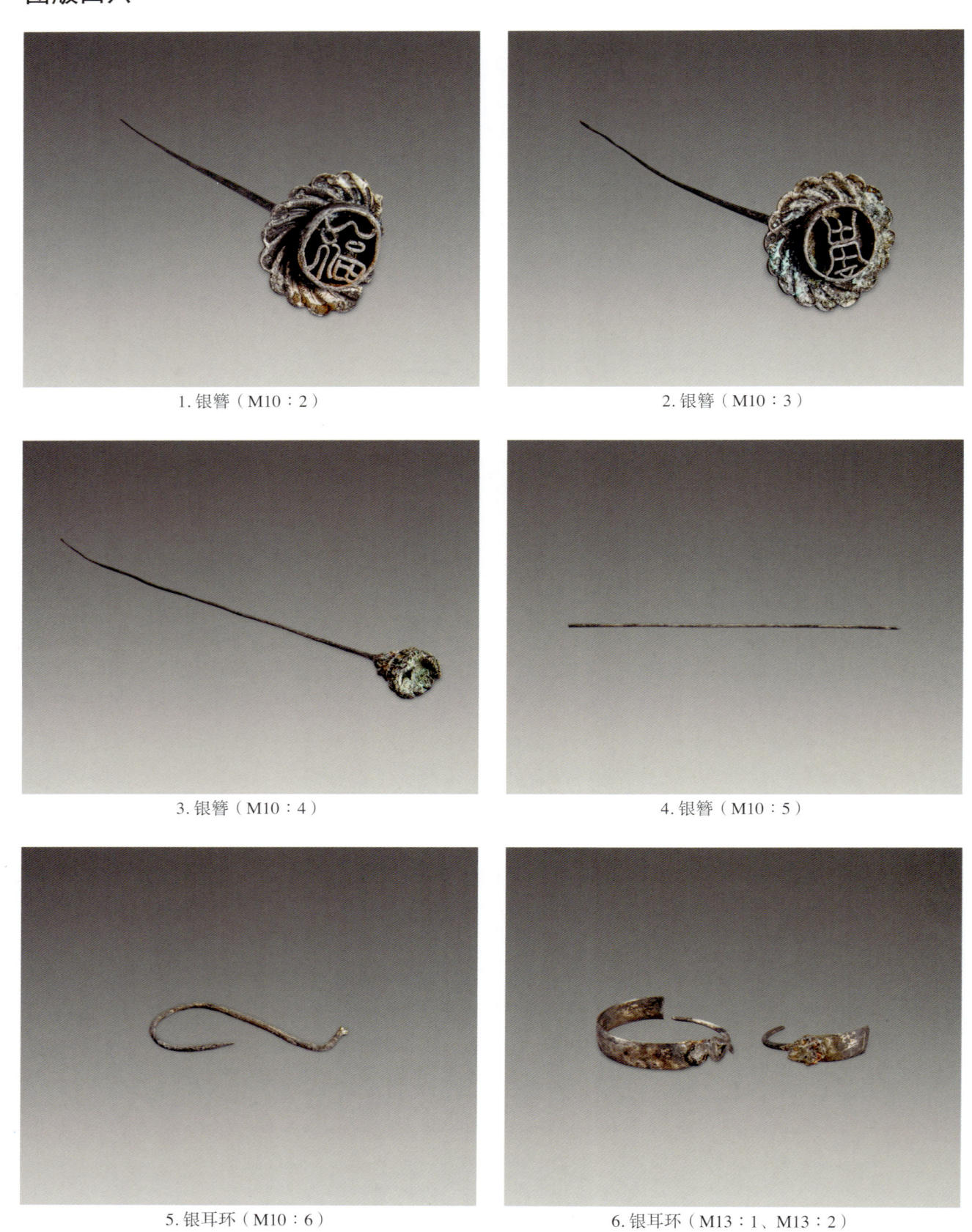

1. 银簪（M10:2）

2. 银簪（M10:3）

3. 银簪（M10:4）

4. 银簪（M10:5）

5. 银耳环（M10:6）

6. 银耳环（M13:1、M13:2）

黄村双高花园M10、M13出土银饰

图版四七

1. 银簪（M15:1）

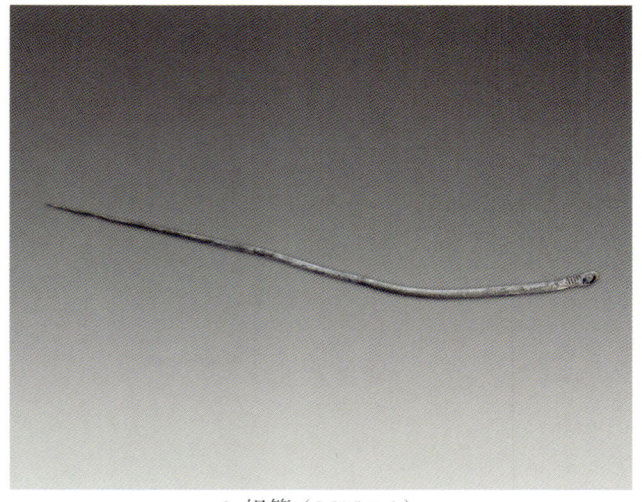

2. 银簪（M15:4）

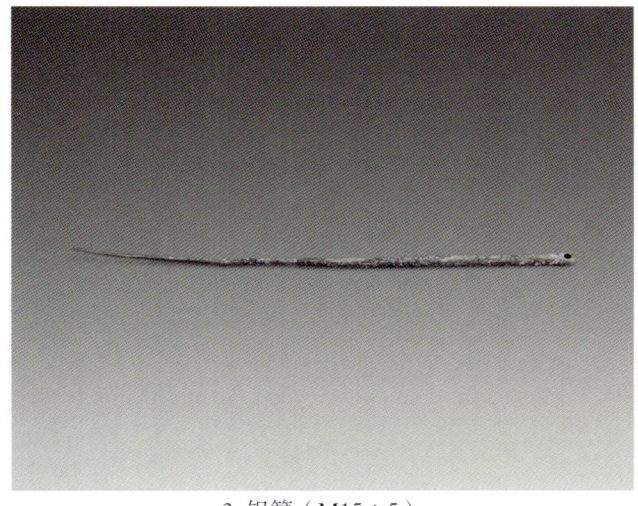

3. 银簪（M15:5）

4. 银簪（M18:2）

5. 银扁方（M18:1）

黄村双高花园M15、M18出土银饰

图版四八

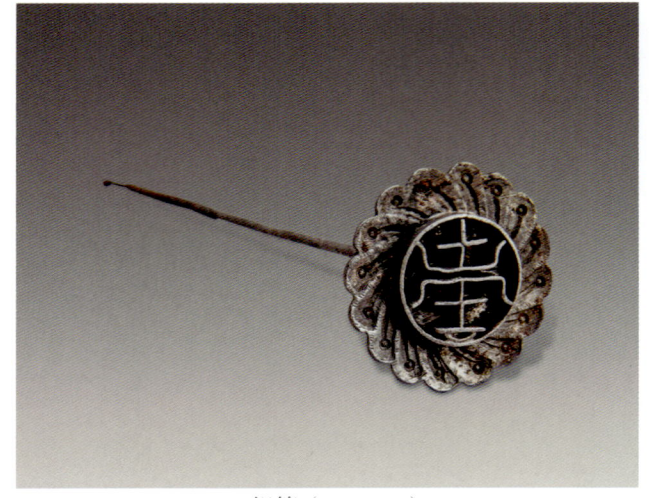

1. 银簪（M18:3）

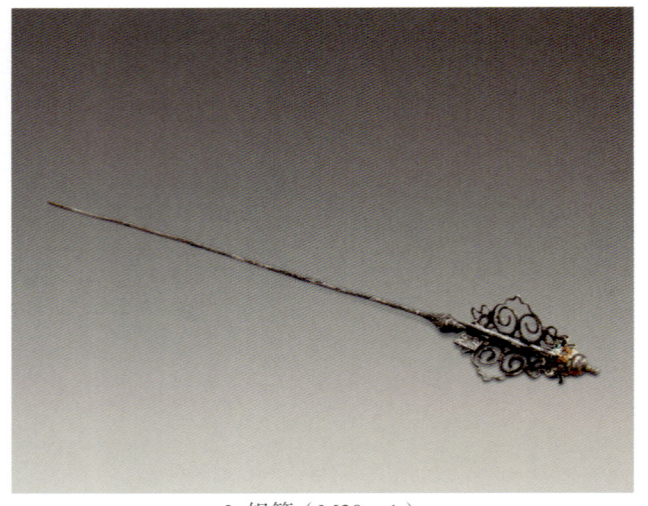

2. 银簪（M20:1）

3. 银耳环（M20:2、M20:3）

4. 银押发（M25:1）

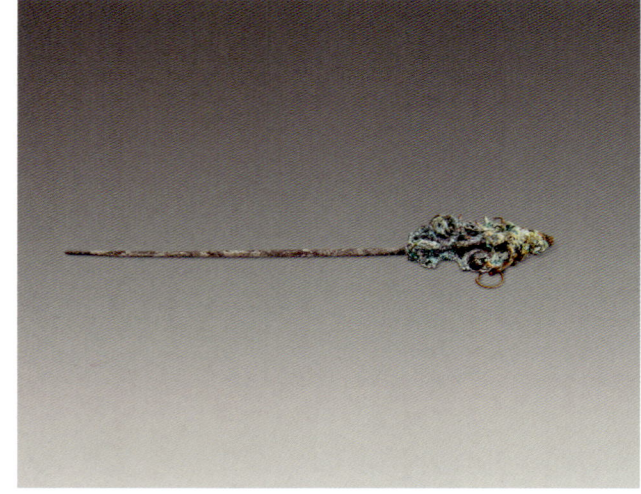

5. 银簪（M25:2）

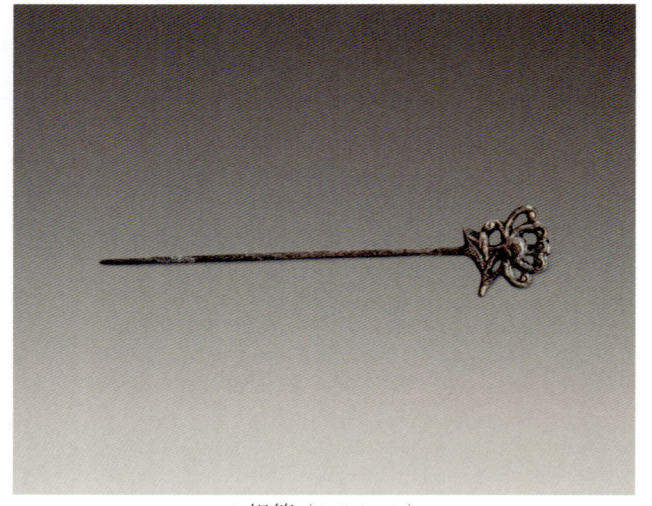

6. 银簪（M25:3）

黄村双高花园M18、M20、M25出土银饰

图版四九

1. 银簪（M25：4）

2. 银簪（M25：5）

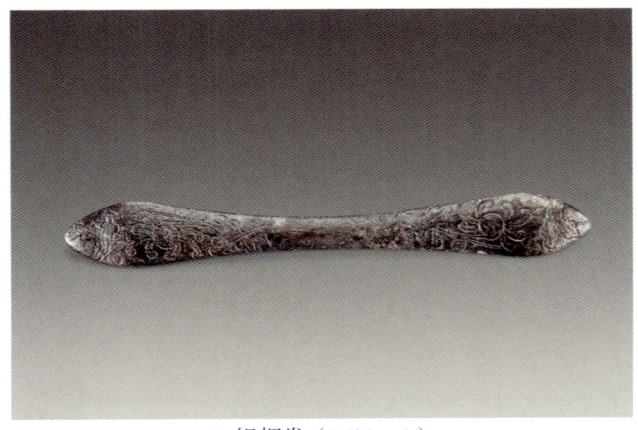

3. 银押发（M31：1）

4. 银簪（M31：2）

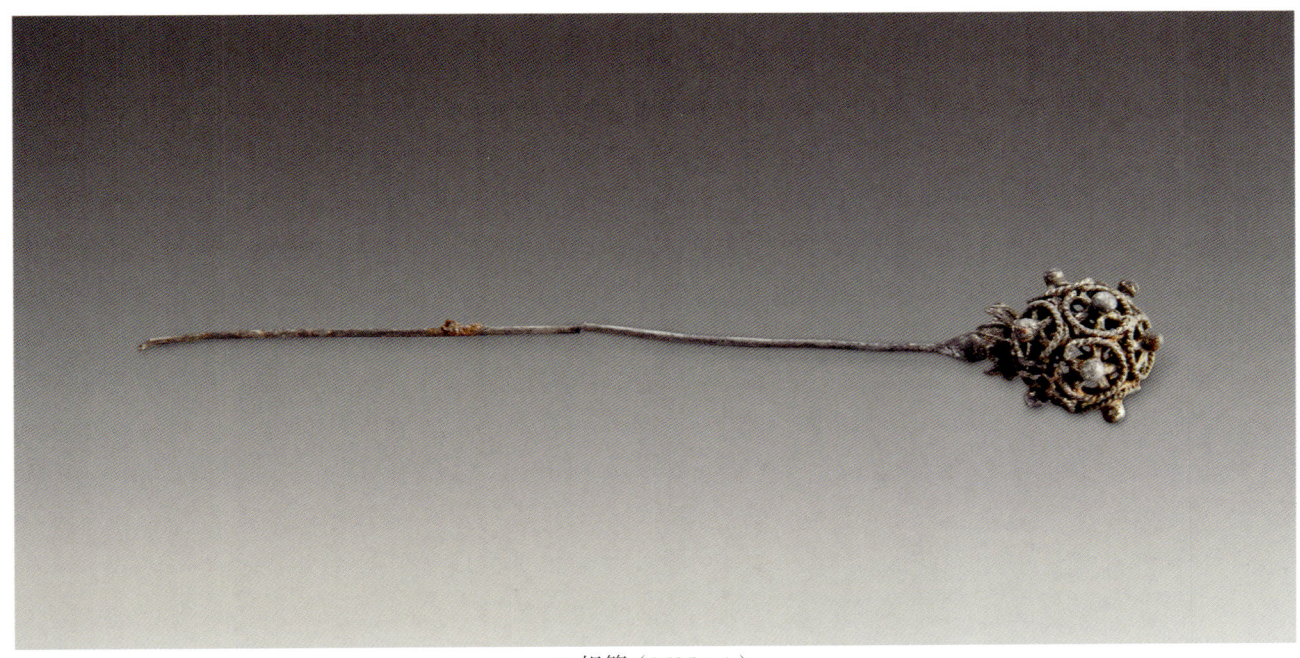

5. 银簪（M35：1）

黄村双高花园M25、M31、M35出土银饰

图版五〇

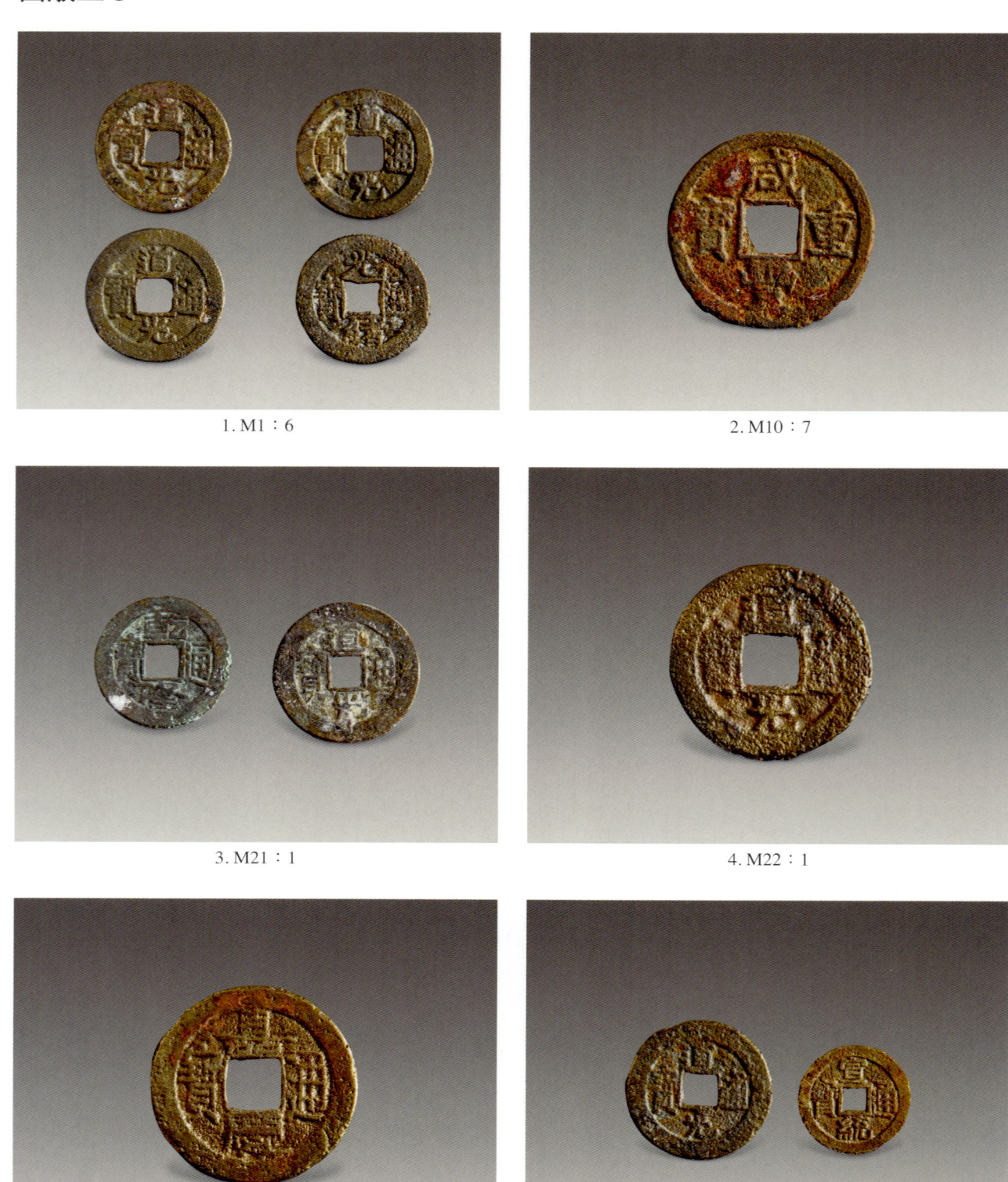

1. M1：6

2. M10：7

3. M21：1

4. M22：1

5. M25：6-1

6. M32：1-1、M32：1-3

黄村双高花园M1、M10、M21、M22、M25、M32出土铜钱

图版五一

1. M2
2. M3 
3. M8 

康庄安置房M2、M3、M8

图版五二

1. 银押发（M3:1）

2. 银簪（M3:2）

3. 银簪（M3:3）

4. 银簪（M3:4）

5. 银耳环（M3:5）

6. 银耳环（M3:6）

康庄安置房M3出土银饰

图版五五

1. 银押发（M2∶1）

2. 银簪（M2∶2）

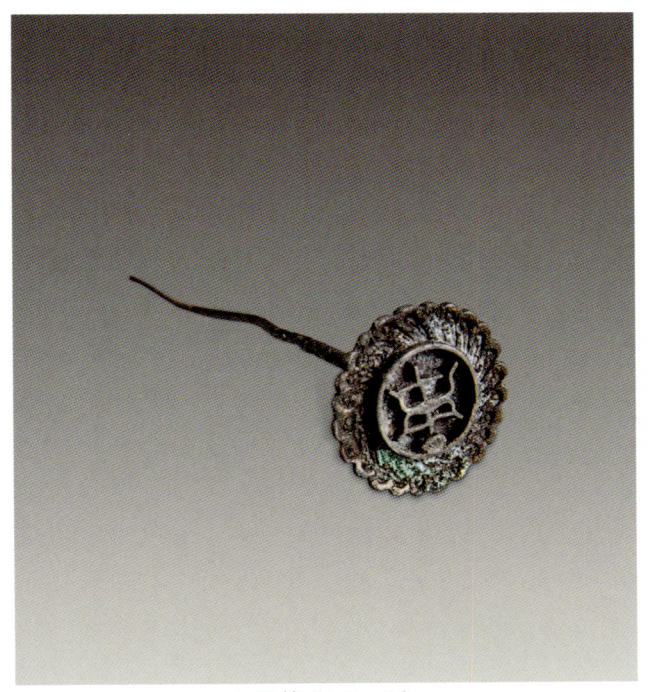

3. 银簪（M2∶3）

4. 银簪（M2∶4）

康庄C地块M2出土银饰

图版五六

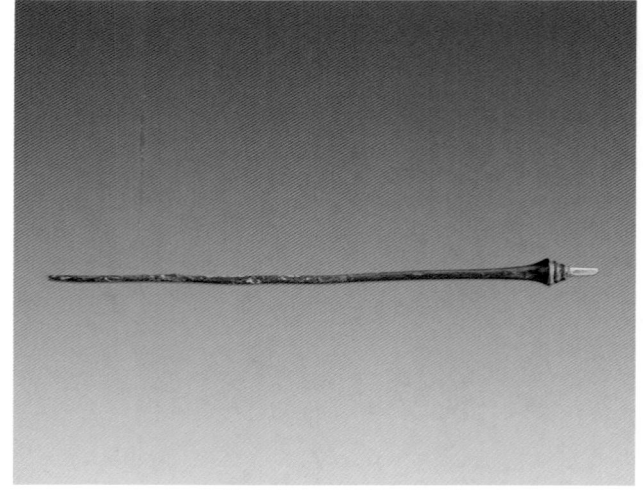

1. 银簪（康庄C地块M2∶5）

2. 银簪（康庄C地块M3∶1）

3. 银簪（康庄C地块M3∶2）

4. 银簪（康庄C地块M3∶3）

5. 银戒指（首创机务队M2∶1、M2∶2）

6. 铜钱（首创机务队M2∶3）

康庄C地块、首创机务队出土器物

1. M1

2. M2

青云店联宾M1、M2

图版五八

1. M1

2. M2

医学科学院M1、M2

图版五九

1. M3

2. M4

医学科学院M3、M4

图版六〇

1. M5

2. M6

医学科学院M5、M6

1. M7

2. M8

医学科学院M7、M8

图版六二

1. M9

2. M10

医学科学院M9、M10

1. M11

2. M12

医学科学院 M11、M12

图版六四

1. 陶罐（M1∶1）

2. 瓷罐（M2∶1）

3. 瓷罐（M3∶1）

4. 瓷碗（M3∶3）

5. 瓷盏（M3∶4）

医学科学院M1～M3出土器物

图版六五

医学科学院M3~M5出土瓷瓶

1. M3:2

2. M4:1

3. M5:7

医学科学院M3~M5出土瓷瓶

图版六六

1. 陶罐（M5：1）
2. 陶罐（M5：2） 
3. 陶罐（M5：3） 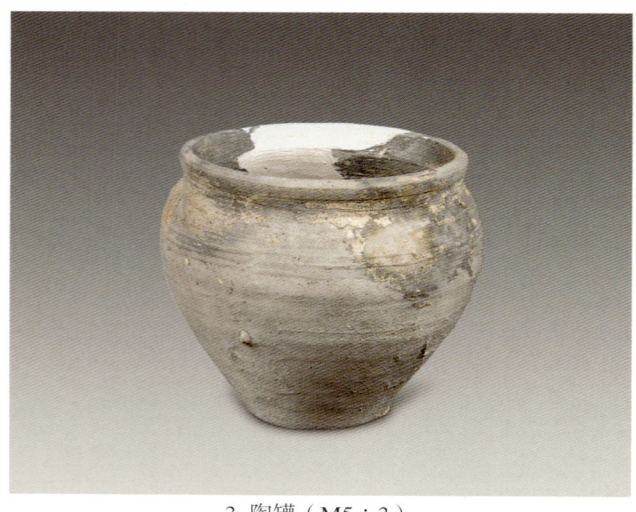
4. 陶罐（M5：4） 
5. 陶釜（M5：5） 

医学科学院M5出土陶器

图版六七

1. 瓷罐（M5∶6）

2. 瓷碗（M5∶8）

3. 瓷盘（M5∶9）

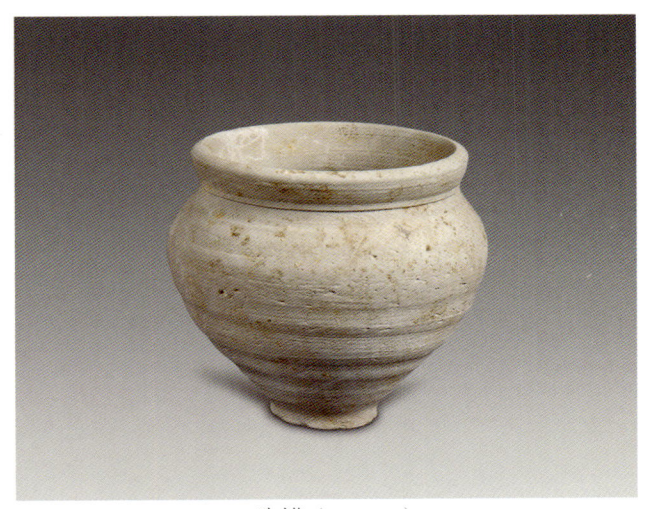

4. 陶罐（M6∶1）

5. 陶罐（M6∶2）

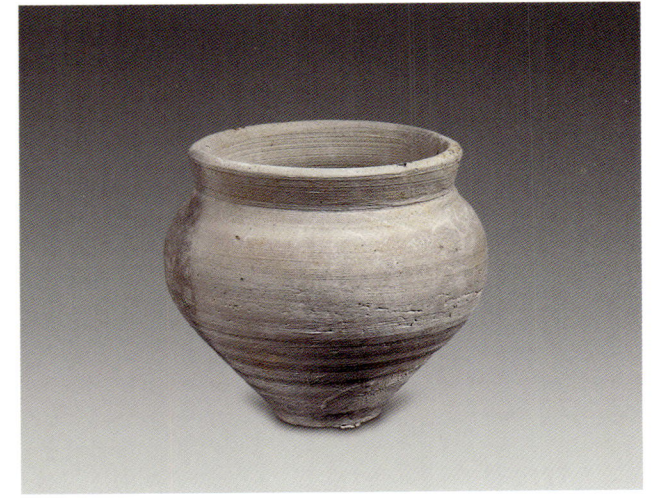

6. 陶罐（M6∶3）

医学科学院M5、M6出土器物

图版六八

1. M6∶4

2. M6∶5

3. M6∶6

4. M6∶7

5. M6∶8

6. M6∶9

医学科学院M6出土陶罐

图版六九

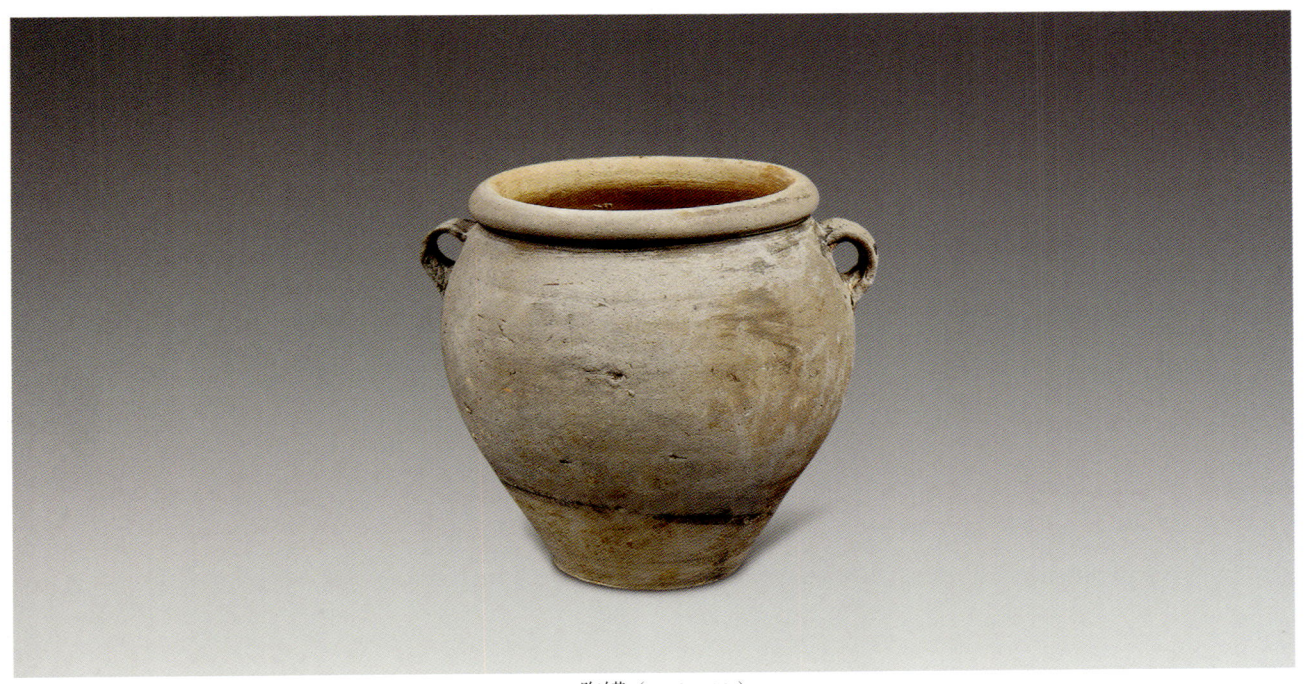

1. 陶罐（M6：10）

2. 陶釜（M6：11）

3. 陶釜（M6：12）

医学科学院M6出土陶器

图版七〇

1. M6:13
2. M6:14 
3. M6:15 
4. M6:16 
5. M6:17 
6. M6:18 

医学科学院M6出土陶盆

图版七一

1. M6∶20

2. M6∶21

3. M6∶22

医学科学院M6出土陶桶

图版七二

1. 陶盆（M6：19）

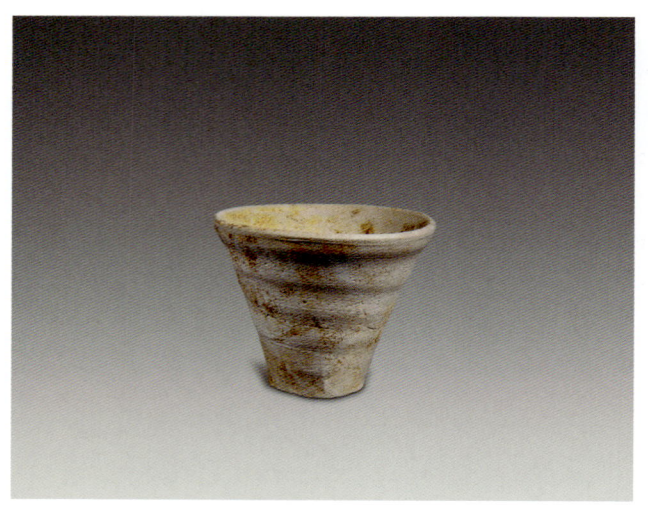

2. 陶杯（M6：23）

3. 陶杯（M6：24）

4. 陶盏（M6：25）

5. 陶盏（M6：26）

医学科学院M6出土陶器

图版七三

1. 瓷瓶（M6：28）

2. 瓷瓶（M6：29）

3. 瓷碗（M6：30）

4. 瓷盘（M6：31）

医学科学院M6出土瓷器

图版七四

1. 陶灯（M6：27）

2. 铜镜（M6：32）

医学科学院M6出土器物

图版七五

1. 瓷罐（M7∶1）

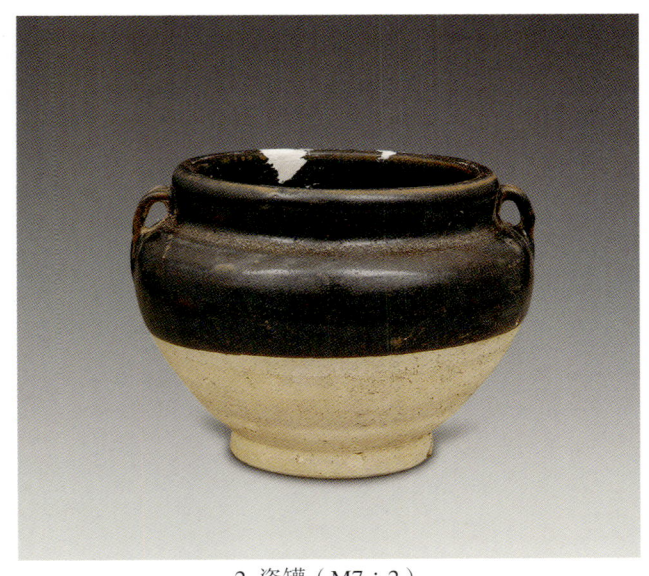

2. 瓷罐（M7∶2）

3. 陶罐（M8∶1）

4. 瓷罐（M9∶1）

医学科学院M7~M9出土器物

图版七六

1. M7:3

2. M7:4

医学科学院M7出土瓷瓶

图版七七

1. M1∶2

2. M2∶2-1、M2∶2-2

3. M3∶5

4. M4∶3

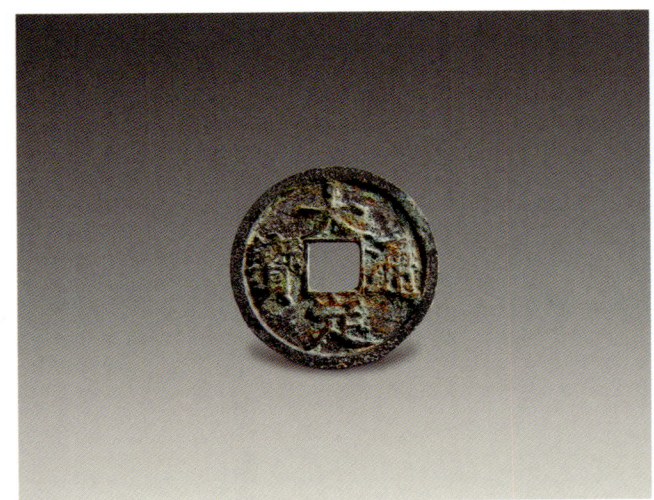

5. M7∶6-2（正、背面）

医学科学院M1～M4、M7出土铜钱

图版七八

1. M6∶33

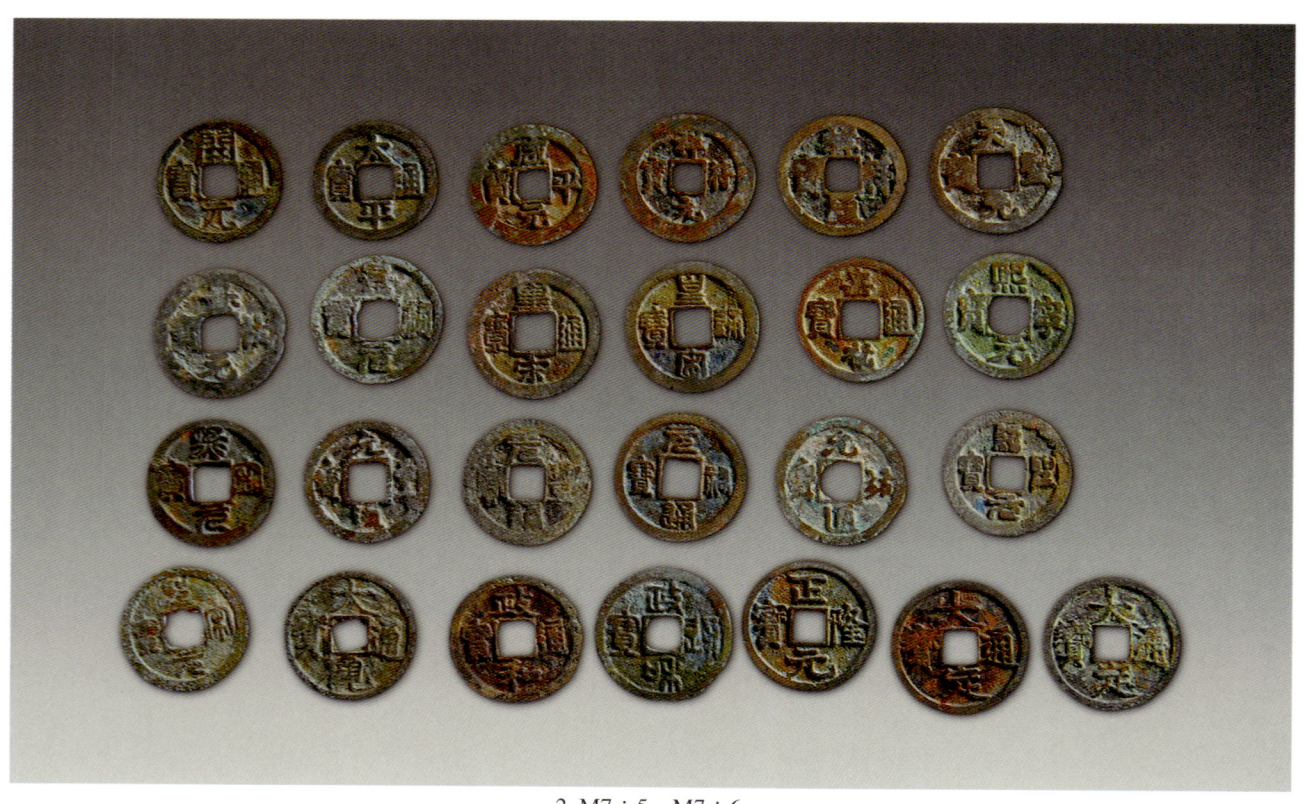

2. M7∶5、M7∶6

医学科学院M6、M7出土铜钱

图版七九

1. M1

2. M2

3. M3

新城北区 M1～M3

图版八〇

1. M4

2. M5

新城北区M4、M5

图版八一

1. M6

2. M7

新城北区M6、M7

图版八二

1. M8

2. M9

新城北区M8、M9

1. M10

2. M11

新城北区M10、M11

图版八四

1. M12

2. M13

新城北区M12、M13

图版八五

1. M14

2. M15

新城北区M14、M15

图版八六

1. M2:1

2. M2:2

3. M2:3

4. M2:4

5. M3:1

6. M3:2

新城北区M2、M3出土陶罐

图版八七

1. 陶㼽（M4:1）

2. 陶锅（M4:2）

3. 陶甑（M4:3）

4. 陶鸡（M4:4）

5. 陶㼽（M5:1）

6. 陶器盖（M5:2）

新城北区M4、M5出土陶器

图版八八

1. 陶器盖（M5:3）

2. 陶磨（M5:4）

3. 陶器座（M5:5）

4. 陶井（M5:6）

5. 陶俑（M5:7）

6. 陶狗（M5:8）

新城北区M5出土陶器

图版八九

1. 陶鸡（M5：9）

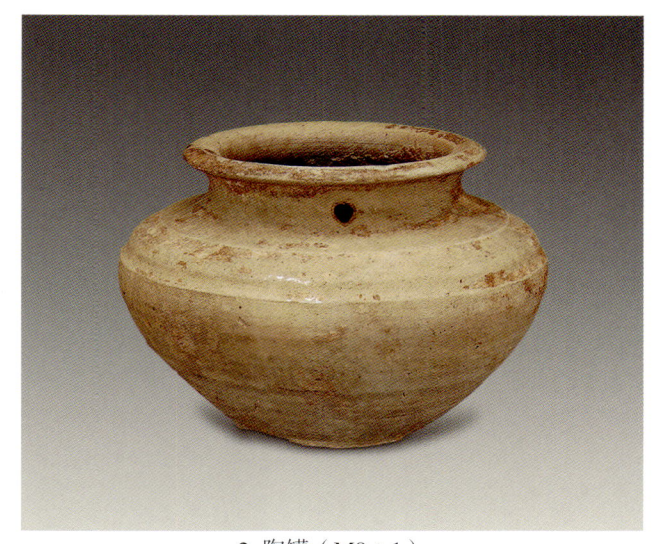

2. 陶罐（M9：1）

3. 墓志砖（M10：2）

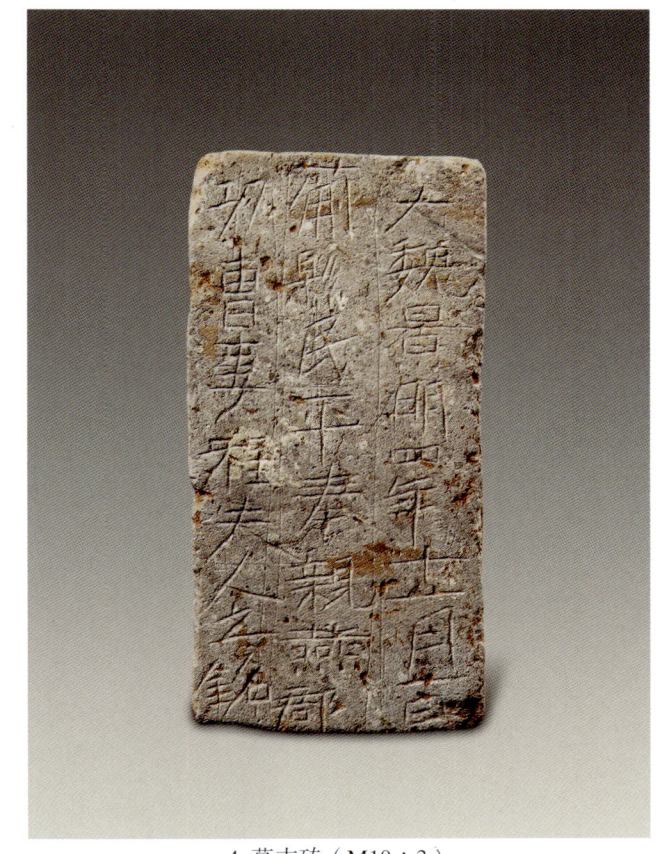

4. 墓志砖（M10：3）

新城北区M5、M9、M10出土器物

图版九〇

1. 铜镜（M12:2）
2. 釉陶碗（M13:1） 
3. 银押发（M15:1） 
4. 银簪（M15:2） 
5. 铜钱（M4:5） 
6. 铜钱（M10:1） 

新城北区M4、M10、M12、M13、M15出土器物